김소영, 합격DREAM

공무원면접

4주완

국가직 9·7급 / 민경채 7·5급

행정직·세무직·공안직·기술직 전 직렬 대비

김소영 편저

2024

eduwill × 박영사

「2024 김소영 합격 DREAM 공무원면접 4주완성」은 국가직 9·7급, 민경채 7·5급 공무원 면접을 준비하는 수험생을 위해 집필한 수험서입니다. 본 교재의 핵심은 '독학완성'입니다. 스터디를 하지 않고 혼자서 면접을 준비하는 수험생분들도 책 한 권으로 완벽한 면접준비를 할 수 있도록 정보수집부터 분석·풀이법까지 낱낱이 정보를 공개하였습니다. 「2024 김소영 합격 DREAM 공무원면접 4주완성」은 다음과 같은 사항에 중점을 두어 집필하였습니다.

▶ 1단계: 국가직 면접 이해 및 2024 면접전략 수립 [PART 01~02]
면접준비의 핵심은 '방향성'입니다. 국가직 면접 절차부터 새롭게 개정된 2024 면접 평가방식 그리고 평가기준에 맞는 면접전략 수립을 통해 국가직 면접에서 꼭 준비해야 할 필수 면접전략을 다루었습니다. 특히 면접전략에는 수험생들이 가장 어려워하는 부처·직무 정보와 경험(공직·직무·조직)을 파악하고 분석하는 방법을 낱낱이 공개하였으며, 정보를 정리하는 노하우까지 수록했습니다.

▶ 2단계: 면접유형별 전략·분석·265개 우수사례 [PART 03~06]
면접 '합격'을 위한 유형별 전략·분석·우수사례를 확인할 수 있습니다. 유형별로 단계별 준비전략부터 김소영만의 면접분석법, 2023 기출풀이 및 265개의 모범사례를 교재에 담았습니다. 특히 우수답안과 미흡답안의 차이점, 면접에서 [우수]를 받은 합격자의 사례를 중점적으로 수록했으니, 필기점수가 불안한 수험생들은 세부적으로 내용을 검토해 주시기 바랍니다. 또한 이번 개정판에는 한 눈에 들어오는 'CHECK POINT'를 넣었습니다. 이를 숙지한다면, 면접에 유용한 팁을 얻을 수 있을 것입니다.

▶ 3단계: 공직 10대 필수지식 및 2024 핵심정책, 직렬별 기출 [PART 07~08]
면접준비에서 절대 빠져선 안 되는 배경지식을 담았습니다. 공직가치, 적극행정 등의 공직지식부터 2024 부처별 주요정책 등 정부에서 강조하는 필수주제를 엄선하여 수록했습니다. 마지막으로 직렬별 기출자료를 통해 전공지식이 무엇인지 확인하고 준비한다면 면접에서의 강력한 무기가 될 것입니다.

본 교재가 국가직 면접을 준비하는 모든 수험생들의 합격으로 향하는 길을 비추는 밝은 등불이 되었으면 좋겠습니다. 예비 공무원 수험생분들께 도움이 되길 바라며 감사의 인사를 전하고자 합니다. 책이 만들어지기까지 많은 분들의 도움이 있었습니다. 책의 출간을 위해 혼신의 힘을 다해주신 박영사 조성호 이사님, 김경수 과장님, 이영경 대리님 및 직원분들께 진심으로 감사의 말씀을 드립니다.

2024년 3월

김소영

김소영 합격 Dream 카페 ▶

3단계 구성 (책 활용법)

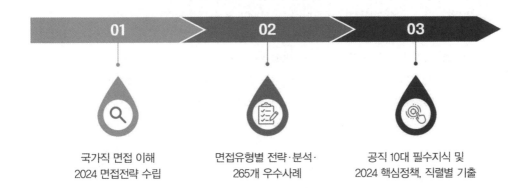

01 국가직 면접 이해
2024 면접전략 수립

02 면접유형별 전략·분석·
265개 우수사례

03 공직 10대 필수지식 및
2024 핵심정책, 직렬별 기출

PART 01 | 국가직 9·7급 면접 이해

PART 05 | 5분발표 과제 & 질의응답

PART 06 | 개별면접 스피치

PART 07 | 공직지식

PART 08 | 2024 달라지는 정부정책

PART 09 | 국가직 직렬별 주요기출

부록 | 국가직 직렬별 기출요약

CHECK POINT

PART

01

국가직 9·7급 면접 이해

CHAPTER 01 국가직 9·7급 면접 이해

POINT 01 면접절차 개요

01 국가직 9급

응시자 교육 및 각종 서식 작성	• 출석확인 및 면접시험 응시요령 교육 • 경험·상황 면접과제 작성(20분) • 면접시험 평정표(2매) 작성	응시자 대기장

⇩

5분발표 과제검토	조별 응시순서에 따라 별도 장소에서 5분발표 과제검토(10분)	발표문 검토장

⇩

신분확인	시험관리관에게 응시표와 신분증을 제출한 후 본인 여부 확인	면접장

⇩

입실	면접시험 평정표를 본인 기준 오른쪽 면접위원에게 제출한 뒤 착석	면접실

⇩

면접	총 30분 이내: 5분발표(10분 내외) + 경험·상황면접(20분 내외)	면접실

02 국가직 7급

응시자 교육 및 각종 서식 작성	• 출석확인 및 면접시험 응시요령 교육 • 경험·상황 면접과제 작성(20분) • 면접시험 평정표(3매) 작성	응시자 대기장

⇩

개인발표문 작성	각 조별 응시순서에 따라 개인발표문(4매) 작성(30분)	발표문 작성장

⇩

신분확인	시험관리관에게 응시표와 신분증을 제출한 후 본인 여부 확인	면접장

⇩

입실	개인발표문(3매)을 가운데 면접위원에게 제출 후 면접위원 전면에 배치된 좌석에 착석	면접실

⇩

면접	총 40분 이내: 개인발표(15분 내외) + 경험 · 상황면접(25분 내외)	면접실

PART
01

POINT 02 [9급] 세부 면접절차 안내

01 현장도착

면접 당일 '조 및 순번 확인 후 응시자 대기장(1전시관 5번 홀) 입장

▶ 입실시간: 오전 08:00, 오후 12:20

▶ 수험생 07:40쯤 응시자 대기장 입실 진행

확인방법	• 사이버국가고시센터 → [마이페이지] → [원서제출 내역] → [면접 조 및 조 내 순번 확인] • 휴대전화 문자메시지 안내, 국민비서 알림
공개시각	응시자의 해당 면접일 오전(07:10 ~ 07:20), 오후(11:40 ~ 11:50) ※ 문자메시지 수신을 위해 사이버국가고시센터에서 개인정보 최신화 필수

▶ 응시자 대기장 외부

02 응시자 대기장 – 5홀

출석확인 사전교육	• [08:10] 출석확인 및 면접시험 응시요령 교육 – 약 20분간 면접시험 응시요령 7단계 교육 진행

	1단계	면접 진행 단계
	2단계	전자기기 반납(휴대폰, 태블릿 및 스마트워치 등)
	3단계	면접시험 평정표 배부 및 응시번호 앞자리 4숫자 가리기
	4단계	경험·상황 면접과제 작성
	5단계	면접과제 회수 및 5분 발표장 안내
	6단계	면접장 배치표 안내
	7단계	면접 이후 설문조사 안내

출석확인 사전교육	– 면접시험 평정표(2매) 작성 • 교육 이후: 약 5~10분간 휴식시간

경험·상황
면접과제
	• 경험·상황 면접과제 작성(20분)
	  – 모든 응시자 경험·상황 면접과제 작성
	  – 구역별로 대형 스크린에 시간안내가 되어 있어 과제작성에 어려움 없음
	  – 시험감독관, 작성종료 10분·5분·3분 전 남은 시간 안내
	  – 과제작성 종료 후 20~30분간 휴식시간
	    ※ 경험·상황 면접과제 작성 시작시간 및 휴식시간은 다를 수 있음
	• 작성 이후: 각 조 1번부터 5분발표 작성을 위해 면접 시험장으로 이동

※ 위 내용은 오전 조 기준으로 설명하였으며, 요일별 시간차 존재

■: 응시자 대기장 Time Table

오전

순번	응시교육	경험·상황 과제작성	휴식	이동
1	08:10~08:30	08:35~08:55	09:00~09:20	09:30
2				10:00
3				10:40

오후

순번	응시교육	경험·상황 과제작성	휴식	이동
1	11:40~12:00	12:05~12:25	12:30~12:50	12:55
2				13:30
3				14:05
4				14:40
5				15:15
6				15:50

※ 후기를 바탕으로 재구성한 시간이므로, 요일별 시간차 존재

💡 Check Point 모르면 손해 보는 면접장 꿀팁

과제작성 참고사항	손목시계	• 손목시계 착용 권장 • 대형스크린이 구역별로 존재하나, 스크린이 흐릿해 맨 뒷줄에서는 스크린 시계가 보이지 않거나, 맨 앞줄 가장자리에 앉는 수험생은 대형 스크린의 사각지대여서 스크린 시계가 잘 보이지 않는다는 후기 다수 • 시험감독관이 남은 시간을 안내하지만, 잘 들리지 않는다는 후기 다수
	볼펜	• 0.38mm 또는 1.0mm 추천 • 감압지는 생각보다 잘 작성되므로, 평소 감압지 작성훈련을 하고 본인에게 맞는 펜을 지참할 것

휴식시간 및 대기시간		• 응시자 대기장 내 개인자료 열람 가능 ※ 5분발표 과제작성 이후 이동 및 대기시간에는 개인자료 열람 불가 • 경험·상황 면접과제 복기

수험번호	자료열람
1번	1번 수험생의 경우, 경험·상황 면접과제 작성 이후 주어지는 10~20분의 휴식시간이 유일하게 면접자료를 정리할 수 있는 시간이므로, 면접 당일 전략적인 준비를 할 필요가 있음 • 응시자 대기장 입실 전 미리 화장실 다녀오기 • 휴식시간 활용: 경험·상황 면접과제 복기 및 후속질문 검토
그 외	1번 외 수험생의 경우, 대기시간은 최대 3시간이므로 주어진 대기시간을 알차게 활용해야 함 • 집중도 향상을 위한 간식, 음료, 가벼운 식사 등 챙겨갈 것 • 경험·상황 면접과제 복기 및 후속질문 검토 • 개인자료 열람하여 면접준비: 휴대폰 및 전자기기는 사전에 수거하므로, 미리 프린트하여 가져갈 것

면접장 온도	• 시원·서늘하다는 의견이 있으나, 대다수가 춥다는 의견 • 오후면접에도 에어컨 바람에 대비하여 겉옷, 가디건, 얇은 담요 등 챙겨갈 것

면접 복장	복장	• 대부분 정장을 착용하였으며 검정색, 남색 및 회색 계열이 다수 • 반팔 티셔츠, 니트 착용 후 킨텍스에서 옷을 갈아입거나, 발판셔츠 착용 후 입실 전에 재킷 착용하기도 함
	신발	운동화, 슬리퍼 착용 후 개별면접 짐 보관장소에서 구두로 갈아 신을 것
	화장	눈 화장하는 경우와 그렇지 않은 경우 50:50

시험장 동선	• 22년과 달리 응시자 대기장과 면접 시험장(4홀) 간 거리는 약 500m 정도로, 3분 정도 소요 • 동선은 짧지만 되도록 운동화나 슬리퍼를 신고 이동할 것을 권장

결시생	앞 번호가 결시생일 경우, 본인이 결시생 번호로 들어감 예 오후 1번 결시생 발생 → 오후 2번 수험생이 오후 1번으로 배정

▶ 응시자 대기장 내부 – 전자기기 제출 전

▶ 면접 시험장으로 이동

03 면접 시험장 - 4홀

발표문 검토장	**[5분발표 과제작성(10분)]** • 발표문 검토장 도착 후 10분가량 발표문 작성 • 시험감독관이 작성종료 5분·3분 전 남은 시간 안내
면접장	**[1차대기] 본인확인** • 면접실 앞 테이블에서 해당 면접조 담당 시험관에게 응시표·신분증 제출 후 본인확인 • 테이블에 개인 짐 놓고 4명씩 한 줄로 대기 • 2차대기 진행순서 안내(발바닥 그림 붙여진 곳 대기, 차임벨 소리 후 입실) • 화장실 다녀올 시간 있음
	[2차대기] 면접 직전 면접실 파티션 앞(발바닥 그림 붙여진 곳) 대기, 차임벨('삐-') 소리 후 입장
면접실	**[대면면접]** • 면접시험 평정표(2매)를 본인 기준 오른쪽 면접위원에게 제출 후 착석 • 대면면접(30분): 5분발표(5분 이내) + 5분발표 후속질문(5분) + 경험·상황 관련 후속질문(20분)

※ 위 내용은 오전 조 기준으로 설명하였으며, 요일별 시간차 존재

■■ 대면면접

시간	세부내용	
10분	5분발표(5분 이내)	5분발표 후속질문(5분)
20분	경험형 후속질문(8~10분)	
	상황형 후속질문(8~10분)	
	기타 개별질문(0~4분)	

■■ 면접 시험장 Time Table

오전

순번	5분발표 작성	대면면접 진행시간
1	09:35~09:45	10:10~10:40
2	10:20~10:30	10:50~11:20
3	11:00~11:10	11:30~12:00

오후

순번	5분발표 작성	대면면접 진행시간(30분)
1	13:00~13:10	13:30~14:00
2	13:40~13:50	14:10~14:40
3	14:20~14:30	14:50~15:20
4	15:00~15:10	15:30~16:00
5	15:40~15:50	16:10~16:40
6	16:20~16:30	16:50~17:20

※ 후기를 바탕으로 재구성한 시간이므로, 요일별 시간차 존재

■ 면접장 도면

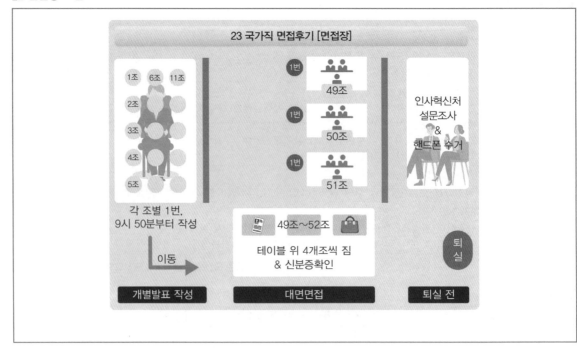

※ 후기를 바탕으로 재구성한 배치이며, 2024년 배치는 달라질 수 있음

■ 면접실

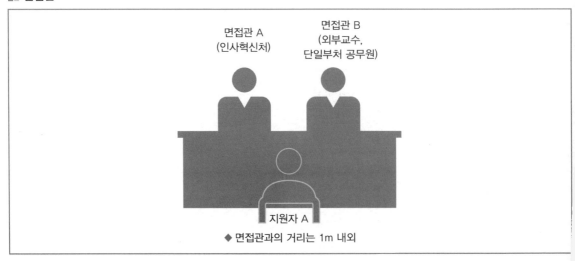

💡 Check Point 면접위원 100% 마스터하기

1. 면접위원 구성

국가직 면접위원은 9급 두 명, 7급 세 명으로 구성되고, 일반적으로 인사혁신처 공무원, 단일부처 공무원, 외부교수가 면접에 참여하며, 연령대는 30~60대까지 다양하게 구성되어 있음

면접관 1		[인사혁신처 공무원] • 질문지에 있는 5분발표 과제 후속질문 및 상황과제 후속질문을 주로 하는 편 • 공직이슈 및 개선사항에 대한 이해도가 높은 편 • 냉철한 분위기의 면접관, 친절한 분위기의 면접관 반반
면접관 2	2-1	[외부교수] • 주로 다수부처 직렬에 해당 • 질문리스트에 없는 질문을 하려고 노력함 • 질문하고 싶은 내용을 일목요연하게 정리하지 못하는 분들이 꽤 많음. 그래서 질문을 질질 끌기도 하고, 혼자 다시 정리해 보려고 하시다가 얼버무리기도 함 • 질문의 의도를 제대로 파악하지 못해 "○○에 대해 말씀드리면 될까요?"라고 여쭈어 본 후 답변함 • 때로는 면접관 본인이 던진 질문을 번복하기도 함 예 "제 질문이 어려웠죠? 다른 질문 드릴게요."
	2-2	[동일부처 공무원] • 주로 단일부처 직렬에 해당 • 동일부처 공무원으로서 날카로운 질문이 다수 • 직무(업무) 관련 상황질문, 전공질문, 경험형 후속질문을 담당

2. 직렬별 면접위원 구성

2023년 후기를 바탕으로 구성한 내용으로서 참고용으로 확인하길 바람

행정직	일반행정	인사혁신처·타 부처, 인사혁신처·외부교수 등
	교육행정	인사혁신처·교육부 등
	경찰행정	인사혁신처·경찰청 등
	선거행정	인사혁신처·중앙선거관리위원회 등
	우정직	인사혁신처·우정직 등
	고용노동	인사혁신처·고용노동부, 고용노동부·고용노동부 등
	직업상담	인사혁신처·고용노동부 등
	통계직	인사혁신처·통계청 등
	감사직	인사혁신처·감사원 등
공안직	검찰직	인사혁신처·법무부, 인사혁신처·검찰직 등
	마약수사	인사혁신처·마약수사 등
	보호직	인사혁신처·보호직(소년원), 법무부·보호직 등
	철도경찰	인사혁신처·국토부, 인사혁신처·철도특별사법경찰대 등

	출입국관리	인사혁신처·출관직 등
공안직	교정직	인사혁신처·교정직 등
	관세직	인사혁신처·관세직 등
세무직	세무직	인사혁신처·세무직 등
기술직	전산직	인사혁신처·외부교수(전산전문 ○/×), 전산직7급·외부교수 등
	토목직	인사혁신처·국토부, 국토부·외부교수 등
	건축직	인사혁신처·건축직(허가업무 담당), 건축직·외부교수 등
	전기직	인사혁신처·전기직, 전기직·외부교수 등
	기계직	인사혁신처·기계직, 기계직·외부교수 등
	화공직	인사혁신처·화공직, 화공직·외부교수 등
	임업직	인사혁신처·임업직 등
	농업직	인사혁신처·농업직 등
	조경직	인사혁신처·산림청, 인사혁신처·국토부 등
	방재안전	인사혁신처·행안부(안전업무 담당), 인사혁신처·외부교수 등
	방송통신	인사혁신처·산림청, 인사혁신처·외부교수 등

3. 면접상황에서의 면접위원 모습

분위기	• 팀 편차 – 면접관이 1개의 팀이 아닌 여러 개의 팀으로 구성되어 있어 같은 직렬이더라도 배정된 팀에 따라 분위기는 달라질 수 있음 – 전체적으로 편안한 분위기를 유도하나, 간혹 표정변화가 없거나 무뚝뚝한 면접관도 있음 　예 처음 들어가자마자 면접위원들이 긴장하지 말고 편하게 보라며 격려하고, 답변할 때도 계속 고개를 끄덕끄덕 해 주심 　예 긴장을 했는지 5분발표(책임감 부분)를 하다가 갑자기 뚝 끊겼는데, 괜찮다고 긴장하지 말고 하던 데부터 다시 하라고 하셔서 "죄송합니다."하고 끝까지 일정한 목소리로 마침 　예 질문지 보고 질문하시는데, 면접자가 이해를 잘 못하는 것 같으면 원하는 대답방향으로 유도해 주심(○○했을 때의 장점 같은 것) • 직렬별 편차 – 단일부처, 공안직렬은 긴장감 있게 면접이 진행되는 경우가 많았음. 의도적으로 무거운 분위기를 유도하는 것은 아니고, 제한시간 내에 다양한 질문을 통해 지원자를 평가해야 하므로, 그 과정에서 리액션 할 시간이 없음
말소리	면접관 질문이 들리지 않을 경우, 의자를 당겨 앉을 것
진행시간	• 대면면접 진행시간은 약 30분(28~32분) • 면접종료 2~3분 전 시험감독관이 피켓 들고 뒤에서 시간안내

POINT 03 [7급] 세부 면접절차 안내

01 현장도착

국가공무원 인재개발원 과천분원
▶ 과천정부청사역 6번 출구 → 버스승강장 셔틀버스 탑승 → 늘새롬관 1층(응시자 대기장)
▶ 건물 앞에서 면접 조 및 조 내 순번 확인 후 응시자 대기장 입장
▶ 입실시간: 오전 08:00, 오후 12:10

확인방법	• 사이버국가고시센터 → [마이페이지] → [원서제출 내역] → [면접 조 및 조 내 순번 확인] • 휴대전화 문자메시지 안내, 국민비서 알림
공개시각	응시자의 해당 면접일 오전(07:10~07:20), 오후(11:40~11:50) ※ 문자메시지 수신을 위해 사이버국가고시센터에서 개인정보 최신화 필수

02 응시자 대기장

▶ 국가직 9급 진행과정과 유사

03 발표문 작성장 및 면접실

발표문 작성장	[개인발표문 작성(30분)] • 면접자 대기실 3층에 올라가 한 강의실에서 작성 갑자기 "15초 후에 작성 시작하겠습니다."라고 공지한 후 작성시작(경험·상황 과제작성 상황과 동일) • 감압지(NCR용지)로 작성(작성 잘 안 될 경우, 마지막장 복사 가능) • 작성 후 배부받은 L자 파일 내 개인발표 작성지 넣음
면접장 이동	• 1~15조: 면접자 대기실과 같은 건물에서 면접진행(1~5조: 2층, 6~15조: 3층) • 16~3n조: 면접자 대기실과 같은 건물에서 개별과제 작성 후 셔틀버스 타고 다른 건물로 이동(16~33 조: 2층, 34~3n조: 3층)
면접장	[면접대기] • 면접 직전 작은 대기실로 이동 후 개인발표 작성지 제외한 모든 짐을 테이블 위에 둠(면접시험 평정표 는 사전에 면접위원에게 제출) • 면접시작 3분 전 면접장 앞 의자로 이동 • 입장 직전 차임벨('삐−') 소리 후 모든 지원자가 동시에 들어감(노크필수)
면접실	[대면면접 시작] • 개인발표문(3매)을 가운데 면접위원에게 제출 후 착석 • 면접관과의 거리는 1.5m • 대면면접(40분): 개인발표(8분 이내) + 개인발표 후속질문(7분) + 경험·상황 관련 후속질문(25분)

■■ 대면면접

시간	세부내용	
15분	개인발표(약 8분 내외)	후속 질의·응답(약 7분 내외)
25분	경험형 후속질문(10분 내외)	
	상황형 후속질문(10분 내외)	
	기타 개별질문(5분 내외)	

■■ 면접장 Time Table
오후

조	발표문 작성장 이동	개인발표문 작성(30분)	대면면접(40분)
1조	13:25	13:40~14:10	14:30~
2조	14:10	14:25~14:55	15:15~
3조	15:00	15:15~15:45	16:05~
4조	15:45	16:00~16:30	16:50~

※ 후기를 바탕으로 재구성한 시간이므로, 요일별 시간차 존재

POINT 04 [민경채 7·5급] 세부 면접절차 안내

01 현장도착

국가공무원 인재개발원 과천분원
▶ 과천정부청사역 6번 출구 → 버스 승강장 셔틀버스 탑승
▶ 건물 앞에서 면접 조 및 조 내 순번 확인 후 응시자 대기장 입장

확인방법	• 사이버국가고시센터 →[마이페이지]→[원서제출 내역]→[면접 조 및 조 내 순번 확인] • 휴대전화 문자메시지 안내, 국민비서 알림
공개시각	응시자의 해당 면접일 오전(07:10 ~ 07:20), 오후(11:40 ~ 11:50) ※ 문자메시지 수신을 위해 사이버국가고시센터에서 개인정보 최신화 필수

▶ 입실시간

구분	5급		7급	
	시험장 개방	출석	시험장 개방	출석
오전	07:20	~07:50까지	07:30	~08:00까지
오후	11:30	~12:00까지	11:00	~11:30까지

02 응시자 대기장

▶ 국가직 9급 진행과정과 유사

03 발표문 작성장 및 면접실

발표문 작성장	[개인발표문 작성(30분)] • 조별로 이동 후, 한 강의실에서 작성 　※ 갑자기 "15초 후에 작성 시작하겠습니다"라고 공지 후 작성시작(경험·상황 과제작성 상황 동일) • A4 작성지에 내용작성 • 작성 후 배부받은 L자 파일 내 개별발표 작성지 넣음
면접장 이동	1~8조, 9~12조의 면접층이 다름
면접장	[면접대기] • 면접 직전 각 1번만 대기실로 이동하여 10분 대기 • 개인발표 작성지를 제외한 모든 짐은 테이블 위에 둠(평정표는 사전에 면접위원에게 제출) • 입장 직전 시험관리관의 입실신호에 따라 입실(노크필수)
면접실	[대면면접 시작] • 개인발표 과제작성 원본은 본인이 소지하여 발표에 활용(사본은 시험관리관이 평정표와 함께 면접위원에게 사전전달) • 면접위원: 7급(4명), 5급(3명) • 면접관과의 거리: 1.5m 정도 • 면접종료: 오전 응시자는 오후 응시자가 모두 입실한 후 귀가 가능(12시경).

■ 7급 대면면접(35분)

시간	세부내용	
15분	개인발표(약 8분 내외)	후속 질의·응답(약 7분 내외)
20분	경험형 후속질문(8분 내외)	
	상황형 후속질문(8분 내외)	
	직무수행계획서 및 전문분야질문(4분 내외)	

■ 5급 대면면접(50분)

시간	세부내용	
15분	개인발표(약 8분 내외)	후속 질의·응답(약 7분 내외)
35분	경험형 후속질문(10분 내외)	
	상황형 후속질문(10분 내외)	
	직무수행계획서 및 전문분야질문(15분 내외)	

02 2024 면접 평가방식 NEW

POINT 01 2024 평정표 및 평가방법

01 평정표의 이해

평정표란 면접에서 수험생을 평가하는 평가지표이다. 기존에는 5가지 평정요소로 수험생을 평가했으나, 2024년부터는 새로 정립된 4가지의 공무원 인재상을 평정요소로서 전면개편하였다. 개정된 평정표의 핵심은 '함께 일하고 싶은 공무원상'이다. 공직자로서 갖춰야 할 역량과 고성과를 위한 인재의 특성을 반영하여 공직적격성과 직무적격성을 평가하게 된다.

■: 면접시험 평정요소 개정내용

	개정 전
가	공무원으로서의 정신자세
나	전문지식과 그 응용능력
다	의사표현의 정확성과 논리성
라	예의·품행 및 성실성
마	창의력·의지력 및 발전가능성

→

	개정 후	
가. 소통·공감	국민 등과 소통하고 공감하는 능력
나. 헌신·열정	국가에 대한 헌신과 직무에 대한 열정적인 태도
다. 창의·혁신	창의성과 혁신을 이끄는 능력
라. 윤리·책임	공무원으로서의 윤리의식과 책임성

+ 시험 실시기관의 장이 필요하다고 인정하는 평정요소

■: 2024 개정 평정표(공무원임용시험령 제5조 제3항)

평정요소	위원평정		
	상	중	하
가. 소통·공감			
나. 헌신·열정			
다. 창의·혁신			
라. 윤리·책임			
계	개	개	개
위원서명	성명		(서명)

02 평가방법

면접관은 지원자의 답변을 바탕으로 4가지 평정요소에 대해 상, 중, 하로 평가하며, 면접점수는 우수, 보통, 미흡 중 하나로 평가한다.

■■ 최종합격자 결정(공무원임용시험령 제25조 제5항)

우수	위원의 과반수가 제5조 제3항의 평정요소 모두를 "상"으로 평정한 경우: "우수"
보통	'우수' 및 '미흡' 외의 경우: "보통" 면접시험에서의 보통은 우수등급을 받은 응시자 수를 포함하여 선발예정인원에 달할 때까지 필기시험 성적순으로 합격하게 된다.
미흡	위원의 과반수가 제5조 제3항의 평정요소 중 2개 항목 이상을 "하"로 평정하였거나, 위원의 과반수가 어느 하나의 동일한 평정요소를 "하"로 평정한 경우: "미흡"

POINT 02 평정표 분석: 하위역량 평가내용

01 평정표 분석의 중요성

'평정표의 개념 이해는 면접준비의 첫 시작'

평정표 분석이 중요한 이유는 면접관이 원하는 공직자의 모습을 다양한 관점에서 확인할 수 있기 때문이다. 또한 이를 통해 면접관의 시선을 이해함으로써 주요질문의 우선순위를 파악할 수 있다. 특히 지원자가 면접장에서 예상치 못한 질문을 받았을 때 평정요소에 맞는 답변을 한다면 면접관을 설득할 수 있다.

02 평정표 분석: 하위역량 평가내용 ★★★

	개정 후	개정 전
소통·공감	[FOCUS] 대인관계 및 개인 → 개별면접 • 대인관계 및 조직적합성: 중간관리자·사무관 등 상하 간 관계, 갈등관리, 의사소통 능력, 집단의 목표 이해, 자기조절능력, 협동심, 구성원 독려 및 이해·적응력 등 • 개인: 직무상황에 대한 긍정성, 스트레스 관리 등	(다) · (라)
헌신·열정	[FOCUS] 직무 전문성 및 목표의식 → 경험과제, 개별면접 • 헌신: 직무전문성 및 노력사항 – 전문지식, 직무역량, 전문성 향상을 위한 노력사항 – 기관에 대한 관심도, 이슈에 대한 견해 • 열정: 미래 목표의식 목표의식, 자기개발, 직무역량 적용 실천계획	(나)

창의·혁신	[FOCUS] 다각도적 관점·사고력 → 9급 [상황과제, 개별면접] → 7급 [개별발표, 상황과제, 개별면접] • 사고력: 분석력, 판단력, 문제해결능력(우선순위 도출, 현실적 대안제시, 대안별 장단점, 파급효과, 장애요인 등), 정보파악능력, 적극적 실천의지 • 관련 경험: 문제해결 경험, 자기개발 경험, 실천계획 등	(마)
윤리·책임	[FOCUS] 공직역량→5분발표, 개별면접 • 국가관, 공직관, 윤리관 등 공직지식 및 공직역량 • 공직이슈의 이해도, 업무수행의 성실성	(가)

03 평정표 분석: 하위역량 후속질문 TOP 05

	개정 후	개정 전
소통·공감	Q. 본인의 의견에 반대하는 상사·동료를 어떻게 설득할 것인지? Q. 타 부서의 협조를 어떻게 이끌어 낼 것인지? Q. 조직에서 필요하다고 생각하는 역량은? Q. 갈등해결 경험이 있는지? Q. 평소 스트레스 관리는 어떻게 하는지?	(다)·(라)
헌신·열정	Q. ○○경험 / 전공 / 자격증 / 강점 등이 업무에 어떤 도움이 되는지? Q. 직무강점 / 부족한 점 / 직무전문성 향상을 위해 노력한 점 Q. ○○부서 관련하여 아는 사업 혹은 정책 있는지? Q. 관심정책 2개 중 한 개를 자세히 설명하라. Q. ○○정책이 국민 / 사회에 미칠 영향력 또는 국민이 가져갈 이득에 대해 설명하라.	(나)
창의·혁신	Q. ○○문제를 개선하기 위한 방안 예 공직문화, 관심정책 등 Q. ○○과제를 작성할 때 중점적으로 생각한 부분 Q. ○○ 도입 외 또 다른 방안 예 시스템 도입 Q. ○○을 구체적으로 실현시킬 방안 예 공청회, 모니터링 등 Q. 문제를 해결한 경험 / 창의력을 발휘한 경험	(마)
윤리·책임	Q. 중요하다고 생각하는 또 다른 공직가치 Q. 공직가치가 국민 / 사회 / 공직에 미칠 영향력 Q. 공직가치로 발생할 수 있는 문제점 Q. ○○의 개념, 중요성, 관련 사례 예 적극행정, 이해충돌방지법 Q. 공직가치 관련 경험 / 해당 역량 향상을 위해 노력한 점	(가)

CHAPTER 03

남들보다 앞서가는 면접꿀팁 TOP 10

POINT 01 블라인드 면접, 말해도 되는 것과 안 되는 것은 무엇인가요?

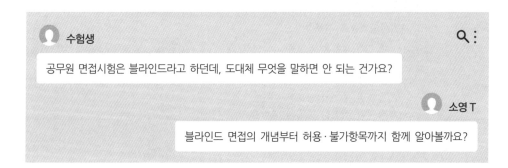

수험생 Q :

공무원 면접시험은 블라인드라고 하던데, 도대체 무엇을 말하면 안 되는 건가요?

소영 T

블라인드 면접의 개념부터 허용 · 불가항목까지 함께 알아볼까요?

01 블라인드 면접: 평등한 기회, 공정한 채용

- 블라인드 면접이란 채용과정에서 편견이 개입되어 불합리한 차별을 야기할 수 있는 항목을 제외하고, 오로지 지원직무능력(실력)만을 평가하는 방식을 의미하는데, 공무원 시험은 2005년부터 응시원서에서 학력란을 폐지하고 블라인드 면접을 도입하였다.
- 출신학교 및 지역 등 불합리한 차별을 야기하는 스펙 중심의 채용은 우수한 공직인력 선발의 기회를 감소시키며, 전문성 확보 측면에 있어 국민으로부터 그 신뢰감을 의심받을 수 있다.
- 블라인드 면접의 가장 큰 장점은 공정성 · 신뢰성 · 경쟁력 강화와 사회적 비용의 감소이다.

02 블라인드 면접의 '감점' 항목

면접위원은 수험생에 대해 아는 것이 전혀 없다. 수험생의 학력, 거주지, 자격증 취득 여부 등에 대해서도 알 수 없다. 즉, 수험생에 대한 정보가 백지상태인 셈이다. 그러니 필기시험 점수가 조금 낮더라도 자신감 있게 면접을 보길 바란다. 면접시험의 공정한 평가를 위해 수험생의 정보를 알지 못하니 수험생 또한 면접에서 금기시되는 발언을 해서는 안 된다. 하단의 표를 보며 말해도 되는 내용과 그렇지 않은 내용을 구별해서 답변해 보자.

구분	허용	불가
학력	학과 경영학과를 졸업하여 ~	학교 저는 경희대학교를 재학·졸업하며 ~
경력 및 사회생활	주요산업·근무부서·담당업무·직책 • 마케팅 업무를 맡으며 ~ • 마케팅 부서장으로서 ~ • 금융기관에서 채권업무를 담당하며 ~ • 서비스직에서 아르바이트를 하며 ~ • 카페·베이커리 가게에서 ~	근무기관(기업명) • 우리은행에서 근무하며 ~ • 파리바게트에서 아르바이트하며 ~
자격증	토목기사자격증을 취득하여 ~	–
가족직업	• 지인 중 공직생활을 오래한 ~ • 부모님께서 정직, 도덕의 삶을 강조하였습니다. 그 영향을 받아 ~ → 직접표현 NO! 간접표현 YES! → 부모님의 직업은 공직의 영향을 받은 '가치관'으로 돌려 표현	• 저희 부모님께서 교육부 공무원으로 근무하시는데 ~ • 저희 누나·형·동생이 경찰공무원인데 ~
출신지	수도권에서 생활하며 ~	• 성남시민이며 ~ • 수원시에서 태어나 ~
나이	–	언급불가
종교 및 정치적 견해	제가 봉사단체·동아리에서 벽화봉사를 하며 ~ → 종교단체에서의 봉사활동에 대한 직접적인 언급은 안 되며, 순화하여 표현	제가 ○○교회에서 벽화봉사활동을 했을 때 ~

TIP

▶ 종교 및 정치적 견해 관련

국가공무원법 제59조의2【종교중립의 의무】① 공무원은 종교에 따른 차별 없이 직무를 수행하여야 한다.

제65조【정치 운동의 금지】① 공무원은 정당이나 그 밖의 정치단체의 결성에 관여하거나 이에 가입할 수 없다.

② 공무원은 선거에서 특정 정당 또는 특정인을 지지 또는 반대하기 위한 (다음의) 행위를 하여서는 아니 된다.

▶ 나이 관련

평정표를 살펴보면 주민등록번호를 기재하는 공란이 있다. 작성 시 주민등록번호 앞자리(연도)는 제외하고 작성하기 때문에 면접위원은 지원자의 나이를 알 수 없다.

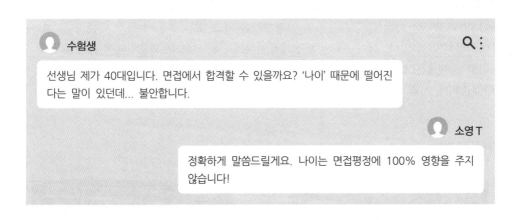

30대 후반에서 50대 초반의 지원자분들이 면접시험에 앞서 가장 걱정하는 내용이다. 공무원 면접은 50대도 합격할 만큼 나이는 중요하지 않다. 필자의 22년 합격생 중에서도 40~50대가 총 4명이었다.

01 국가공무원 9급 공채시험 최종 합격자 현황

■ 남·여 합격자 현황 (단위: 명)

구분	합계	남	여
2023년	5,536	2,770(50.0%)	2,766(50.0%)
2022년	6,126	2,812(45.9%)	3,314(54.1%)

■ 연령별 현황 (단위: 명)

구 분	계	19세 이하	20~29세	30~39세	40~49세	50세 이상
2023년도	5,536	6 (0.1%)	3,430 (62.0%)	1,753명 (31.7%)	299 (5.4%)	48명 (0.8%)
2022년도	6,126	0 (0.0%)	3,988 (65.1%)	1,754 (28.6%)	342 (5.6%)	42 (0.7%)
2021년도	5,629	4 (0.1%)	3,797 (67.4%)	1,544 (27.4%)	236 (4.2%)	48 (0.9%)
증 감		0.1%p 감	2.3%p 감	1.2%p 증	1.4%p 증	0.2%p 감

위 지료를 보면, 20대부터 50대까지의 합격자가 있다는 것을 확인할 수 있다. 어떤 수험생은 '에이, 그래도 20대가 압도적으로 많네요.'라고 생각할 수 있지만, 이는 잘못된 생각이다. 통상적으로 공무원 시험을 준비하는 나이 대를 생각해 보자. 20~30대가 가장 많을 수밖에 없다. 보통 40~50대의 경우, "지금부터 취업을 준비해야지!"라고 생각하는 분들보다 이미 직장생활을 하고 있는 분들이 많기 때문이다. 따라서 합격자 나이는 상대적일 수밖에 없다. 국가공무원 면접채용의 경우, 40~50대 채용인원에 제한을 두고 있지 않기 때문에 노력한 자에게는 합격의 키가 주어질 수밖에 없다. 객관적 자료에서 입증되었듯이 '나이'에 연연하지 말고 면접준비에 시간을 쏟아보자.

02 수강생 합격자

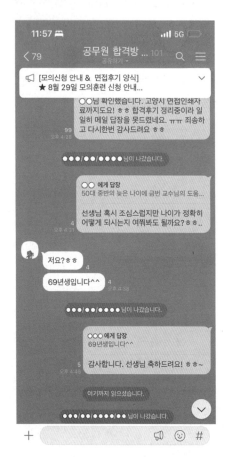

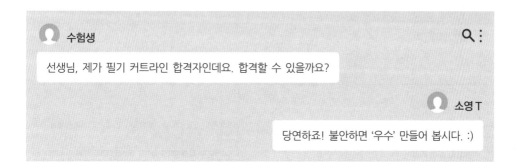

01 최종합격자 결정기준

최종합격자 결정(공무원임용시험령 제25조 제5항)

[우수] 필기시험 성적순위와 관계없이 '합격'
[보통] "우수" 등급을 받은 응시자 수를 포함하여 선발예정인원에 달할 때까지 필기시험 성적순으로 합격
[미흡] 필기시험 성적순위와 관계없이 '불합격'

필자가 수년간 면접코칭을 하면서 느낀 점은 5년 전후로 면접질문이 굉장히 날카로워졌다는 것이다. 5년 전만 해도 '중요하게 생각하는 공직가치는?', '지원자의 직무강점은?'과 같은 단순한 질문이 나왔지만, 현재는 '시스템 도입 시 고려사항 및 장단점은?', '공직사회에서 도전정신이 힘든 이유는?' 등 공직적격성 평가시 실무능력을 확인하는 날카로운 질문이 자주 나온다. 여기서 필자가 강조하고 싶은 것은 필기시험 점수가 하위권이더라도, 면접질문의 의도와 핵심을 파악한다면 '우수'를 받을 가능성이 높아진다는 것이다. '피할 수 없다면 즐겨라.'라는 말이 있듯이 필기시험 점수는 되돌릴 수 없다. 앞으로 어떻게 하면 합격할 수 있는지만 고민하자.

02 필기 커트라인 합격자

필자의 카페에서 합격후기를 살펴보면 필기 커트라인 합격자가 꽤 많다. 열심히 준비하면 합격의 문은 열려 있다. 자신감을 갖자!

[강의후기] 합격생 후기 >

2022 경찰행정 커트라인 합격 후기

예비 수강생 🔒 1:1 채팅
2022.07.07. 10:42 조회 113   💬 댓글 1 URL 복사 ⋮

합격/성적 조회

🏠 홈 > 마이페이지 > 합격/성적 조회

《성적보기》를 클릭하면 성적의
상세한 내용을 보실수 있습니다.

응시년도	2022
응시지역	서울
응시번호	
응시직렬	행정직(경찰청:전국:일반)
응시자명	
주민등록번호	

2023 국가직 검찰직 에듀윌 김소영 면접 합격 후기

Glnny22 예비 수강생 🔒 구독 새 채팅
2023.07.06. 16:14 조회 68   💬 댓글 0 URL 복사 ⋮

응시년도	2023
응시지역	경기(북부)
응시번호	
응시직렬	검찰직(검찰:일반)
응시자명	
주민등록번호	

차수	합격여부		
	1차 시험	합격	성적보기
	2차 시험		
	3차 시험	합격	–

저는 필기성적이 에 의안아서 꼭 우수를 받아야 하는 상황이어서 프리의로의 수업을 들을까 고민했지만, 여러
가지 사정이 있어서 김소영 교수님의 베이직 입강을 수강했습니다.

2023 국가직, 우정사업본부, 행정직, 인천/경기, 커트라인 탈출 후기

성일 현장 우정직 예비 수강생 🔒 구독 새 채팅
2023.07.05. 10:55 조회 115   💬 댓글 2 URL 복사 ⋮

《성적보기》를 클릭하면 성적의 상세한 내용을 보실 수 있습니다.

응시년도	2023
응시지역	경기(북부)
응시번호	
응시직렬	행정직(우정사업본부·지역·일반)
응시자명	유성일
주민등록번호	

차수	합격여부		
	1차 시험	합격	
	2차 시험		
	3차 시험	합격	–

우정사업본부 행정직 준비생 이영습니다. 지금은 제등후보자가 됐네요.
행정직 커트라인 점수에 걸려있는 상황이었습니다. +1점도 아니고, 딱 그냥 커트 점수로 개가 면접우수를 받았나봐요. 감사합니다.

POINT 04	**정책·시책·사업·이슈의 차이점이 무엇인가요?**

👤 **수험생**   🔍 ⋮

면접후기를 보면 면접관이 "지원부처 관련해서 관심 있는 정책 있나요?", "○○과
관련된 사업에 대해 말씀해 보세요." 등의 질문을 하는데요. 정책과 사업의 차이점
은 무엇인가요? 또 뉴스를 보다 보면 시책이라는 내용도 언급되는데, 그 차이점이
궁금합니다.

👤 **소영T**

정책과 사업을 구분하지 못해도 면접에 전혀 지장을 주지 않습니다. 다만, 수험생들이 부
처정보를 공부하는 과정에서 정책, 사업, 시책 등 정확한 용어를 정리하면 공부하기가 훨
씬 수월하겠죠. :) 제가 그 차이점을 알려드리겠습니다!

01 구분

정책	개념	• 정책은 정부 또는 공공기관이 문제를 해결하거나 목표를 달성하기 위해 결정한 행동 방침 또는 지침이며, 법령·사업·사업계획·결정 등 모두 정책에 포함된 개념이다. 즉, 시책이나 사업을 실시하기 이전 단계로서 시책 및 사업의 목적 또는 목표를 정하고 관련 내용을 체계화한 것을 의미한다. • 예시: 경제정책, 복지정책, 환경정책, 산업정책 등

	세부 개념	• 정책은 국가가 사회적으로 필요한 가치를 전제로 특정한 목표를 이룩하기 위해 정부가 공식적으로 결정한 전략이며, 정책은 한 번 수립하여 집행하는 일시적 과정이 아니라 지속적으로 수정과 보완을 거치는 반복적 과정이다.
		• 정책은 목적과 수단을 모두 포함하며, 사업의 방향성을 내세워 주는 프레임으로서 잘 보이지 않는 사업의 근거가 될 수 있다.
		    - 정책은 주요 사회이슈에 따라 조정·완화·개선하는 과정을 거침
		    - 완화된 정책에서 제시한 행동지침에 따라 사업을 계획하고 실천하게 됨

시책		• 일반적으로 '정책을 시행'한다는 의미에서 정책과 별 차이는 없다(정책을 시행한다 = 시책). • 하지만 당면한 정책이라는 의미인 시책의 경우, 현 시국에서 진행하고 있는 정책이나 곧 집행예정인 정책을 의미하기도 하며(신설정책), 정책의 집행시기와 문맥에 따라서 다르게 해석한다.
사업		• 사업은 정책과 목표를 명확히 설정한 후 이를 달성하기 위한 구체적 실현을 나타낸다. 즉, 정책(시책)이 실현된 것을 의미한다. • 사업은 수단 부분만을 추출하여 반영한다. 즉, 사업의 명칭만으로도 사업내용을 추정할 수 있도록 구체적으로 표현된다. • 우리가 흔히 접할 수 있는 정책계획 및 실행의 90% 이상은 사업에 해당되며, 대부분 사람들이 이를 정책 또는 정책사업이라고 표현한다.
이슈		최근 사회적으로 관심을 이끄는 논쟁거리를 의미한다.

02 사례

동물보호

동물보호정책제도	• 동물보호 및 복지 분야의 전문가의견 수렴을 통한 정책기준 마련 • 성숙한 반려동물문화 기반조성 • 동물의 학대방지 등을 위한 동물보호 감시체제 구축 • 동물보호시설 내 돌봄환경 개선을 통한 동물복지 실현 및 인식개선 • 유실, 유기동물과 피해학대동물의 신속한 구조 및 적절한 보호·관리를 통한 동물보호의식 고취
동물보호사업	• 동물복지 향상 및 동물보호 전문역량 강화: 등록제 실행 및 강화 사업 예 동물등록제를 위한 동물 내·외장칩 발행 • 동물복지문화 정착: 반려문화 공간확보를 위한 놀이공간 조성 예 반려동물놀이터 • 길고양이 관리대책 강화: 길고양이 중성화 수술을 통한 적정 개체 수 조절 예 지자체 – 동물병원 협업, 중성화수술 진행 • 반려동물 관련 영업장 지도 및 단속강화: 반려동물 관련 영업장 지도점검 강화(년 1회 이상) • 동물복지 서비스 강화: 돌봄취약가구 반려동물 의료서비스지원 예 취약계층 월 10만원 지원

POINT 05 공무원 사건사고 예민이슈, 공부해야 하나요?

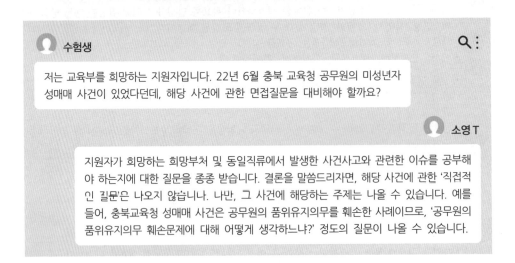

수험생

저는 교육부를 희망하는 지원자입니다. 22년 6월 충북 교육청 공무원의 미성년자 성매매 사건이 있었다던데, 해당 사건에 관한 면접질문을 대비해야 할까요?

소영 T

지원자가 희망하는 희망부처 및 동일직류에서 발생한 사건사고와 관련한 이슈를 공부해야 하는지에 대한 질문을 종종 받습니다. 결론을 말씀드리자면, 해당 사건에 관한 '직접적인 질문'은 나오지 않습니다. 다만, 그 사건에 해당하는 주제는 나올 수 있습니다. 예를 들어, 충북교육청 성매매 사건은 공무원의 품위유지의무를 훼손한 사례이므로, '공무원의 품위유지의무 훼손문제에 대해 어떻게 생각하느냐?' 정도의 질문이 나올 수 있습니다.

과거 A지역 시장의 성추행 사건이 크게 이슈화되었던 적이 있다. 당시 A지역 지방직 공무원 면접시험에서 해당 사건을 겨냥한 직접적인 질문은 나오지 않았지만, '고위공무원의 성추행에 대한 의견', '직장 내 성추행 문제 근절방안' 등을 묻는 질문이 꽤 많이 나왔다.

POINT 06 면접질문, 예측하는 방법이 있을까요?

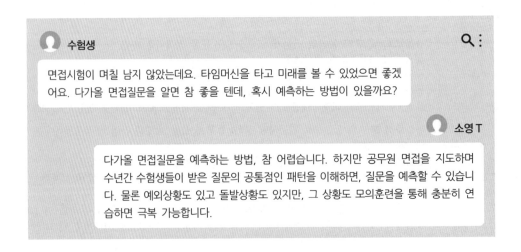

수험생

면접시험이 며칠 남지 않았는데요. 타임머신을 타고 미래를 볼 수 있었으면 좋겠어요. 다가올 면접질문을 알면 참 좋을 텐데, 혹시 예측하는 방법이 있을까요?

소영 T

다가올 면접질문을 예측하는 방법, 참 어렵습니다. 하지만 공무원 면접을 지도하며 수년간 수험생들이 받은 질문의 공통점인 패턴을 이해하면, 질문을 예측할 수 있습니다. 물론 예외상황도 있고 돌발상황도 있지만, 그 상황도 모의훈련을 통해 충분히 연습하면 극복 가능합니다.

01 기출패턴은 반드시 숙지할 것: 확률 90%

교재에 수록된 기출패턴은 23년도 당해 기출패턴만이 아닌 3개년 기출패턴이다. 국가직 9급 면접에서 기출패턴이 적중하는 이유는 그 특성 때문이다. 수천 명의 지원자를 일주일 내로 수십 명의 면접관이 객관적인 기준으로 평가하기 위해서는 일정한 패턴이 나타날 수밖에 없다. 또한 5분발표와 경험·상황 면접과제의 경우, 직렬과 관계없이 동일한 주제가 주어지므로 검증된 질문만이 지원자를 객관적으로 평가할 수 있을 것이다.

02 최근 이슈와 관련된 '법령·제도'를 숙지할 것

면접 기출패턴은 반복되는 패턴, 즉 공식적인 패턴을 의미한다. 추가로 "'새로운 질문'은 없을까요?"라고 묻는다면 최근 이슈와 관련된 '법령·제도'를 확인해 보기 바란다. 공통 법령 및 제도는 공직에 관련된 것이고, 별도 법령은 수험생이 지원한 '직류'에 관련된 것이다. 특히 공직에 관련된 법령은 반드시 확인해야 하는데, 공직에 관련된 법령이란 「부정청탁 및 금품 등 수수의 금지에 관한 법률(일명 김영란법)」과 같이 공직사회의 기강확립을 위해 제정된 법안을 의미한다. 향후 공직생활을 수행할 수험생이 공직자로서 갖춰야 할 자세와 기본적인 법령을 숙지하고 있어야 신뢰도가 생기기 마련이므로, 반드시 확인해야 한다.

'적극행정' 제도를 예로 들어 보자. 이는 이전부터 존재하던 제도였지만, 공직사회에서는 2018년 하반기부터 정부부처를 중심으로 적극행정을 권장하고 활성화하면서 여러 부처에서 적극행정 전담팀이 개설되기 시작하였다. 이후 국가직 9급 면접질문으로 등장하였는데, 2019년도부터 '적극행정의 개념'을 자주 물었고, 2020년도에는 '적극행정 사례', 2021~2022년도에는 '적극행정의 한계점'이 주요질문으로 나왔다. 공직에서 강조되는 이슈가 주요질문으로 나오기 시작하면서 이는 해를 거듭할수록 심화질문[개념 > 사례 > 문제점(한계점) 및 개선방안]으로 파생되고 있다.

2022년도 공직법령으로 「공직자의 이해충돌방지법」에 관한 질문이 자주 나왔는데, 2022년 5월 19일 「이해충돌방지법」이 개정되면서 당해 국가직 9급 면접에서는 많이 나오지 않았지만, 지방직 9급 면접에서는 질문빈도가 굉장히 높았다. 이처럼 공직사회의 최신 이슈와 법령·제도는 반드시 확인해야 한다. 또한 직류 관련 법령의 경우, 면접관이 종종 '지원직렬과 관련한 법령에 대해 아는 대로 말하라'는 식으로 질문하기 때문에 미리 준비하는 것이 좋을 것이다.

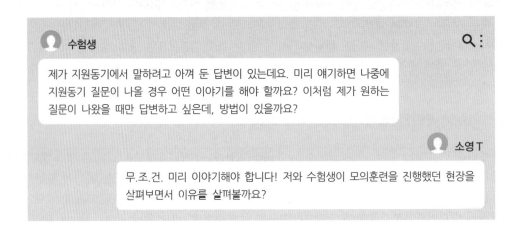

> **수험생**
>
> 제가 지원동기에서 말하려고 아껴 둔 답변이 있는데요. 미리 얘기하면 나중에 지원동기 질문이 나올 경우 어떤 이야기를 해야 할까요? 이처럼 제가 원하는 질문이 나왔을 때만 답변하고 싶은데, 방법이 있을까요?
>
> **소영 T**
>
> 무.조.건. 미리 이야기해야 합니다! 저와 수험생이 모의훈련을 진행했던 현장을 살펴보면서 이유를 살펴볼까요?

01 내가 원하던 질문이 나오지 않을 수도 있다.

필자가 수험생에게 제공한 기출패턴 질문의 양은 어마어마하다. 수험생 한 명에게 모든 질문을 하진 않겠지만, 수험생들마다 받는 질문은 모두 다를 것이다. 이처럼 면접질문을 예상하고 답변을 준비했는데 본인이 원하는 질문이 나오지 않을 때가 분명히 있을 것이다. 그렇기 때문에 미리 이야기해야 한다! '지원동기'를 키워드로 다음의 모의면접 상황을 살펴보자.

▌모의훈련 현장사례
□ 1차 모의훈련

Q. (자기소개 꼬리질문) 사회복지 실습현장에서 느꼈던 문제점이 무엇인가요?
A. (… 주저하며 … 30초 뒤 답변) 사례관리 프로그램에서 어르신들을 만나는 프로그램을 진행했었습니다. 당시 어르신들의 건강상태와 경제적 어려움을 알게 되었습니다. 당시 공적 부조금, 민간단체 지원금을 지원받아 어르신들의 어려움은 해소되었지만 열악한 주거환경으로 인해 여전히 곤란함을 호소하는 모습을 볼 수 있었습니다. 이를 보며 정부에서 지원하는 저소득층 주거서비스 연계 등처럼 어르신들이 현장에서 겪는 문제점을 해결해 주고 싶다는 생각을 하게 되었습니다.

▼

□ 피드백 상황

[T] 답변을 주저했던 이유가 뭔가요?
[A] 해당 사례는 지원동기 내용이기 때문인데요. … 위 내용에 대해 답변을 했는데, 다음 질문으로 지원동기를 물어보시면 어떡하나요?

[T] 해당 내용이 지원동기군요. 답변 후 한 마디 멘트만 덧붙여 대답하시면 됩니다. 예를 들어, "문제상황을 직접 경험했기 때문에 공직생활을 해야 하는 명확한 이유가 생겼습니다.", "이는 제가 공직에 몸담고 싶은 이유이기도 합니다."라는 멘트만 마지막에 넣으시면 되죠!

[A] 그럼 '지원동기'는요?

[T] 지원자 분께서 '이는 제가 공직에 몸담고 싶은 이유이기도 합니다.'라고 말씀하셨으니, 지원동기는 안 물어 보시겠죠? 혹여나 '지원동기를 말해보세요.'라는 질문을 받는다고 하더라도 "앞서 제가 말씀드린 것처럼 ~" 하고 간략하게 내용을 풀어 이야기하시면 됩니다.

[A] 오! 그런 방법이 있었네요!

▼

□ 2차 모의훈련

Q. 사회복지 실습현장에서 느꼈던 문제점이 무엇인가요?

A. 사례관리 프로그램에서 어르신들을 만나는 프로그램을 진행했었습니다. 당시 어르신들의 건강상태와 경제적 어려움을 알게 되었습니다. 당시 공적 부조금, 민간단체 지원금을 지원받아 어르신들의 어려움은 해소되었지만, 열악한 주거환경으로 인해 여전히 곤란함을 호소하는 모습을 볼 수 있었습니다. 이를 보며 정부에서 지원하는 저소득층 주거서비스 연계 등처럼 어르신들이 현장에서 겪는 문제점을 해결해 주고 싶다는 생각을 하게 되었습니다. 이처럼 현장에서 문제를 경험했기 때문에 해당 문제를 해결할 수 있는 공직에 몸담고 싶은 마음이 더욱 간절해졌습니다.

위 사례는 필자와 수험생이 함께 모의훈련을 했던 내용을 정리한 자료이다. 면접시험을 앞두고 주의해야 할 한 가지는 "내가 생각하는 질문이 그.대.로. 나오겠지."라고 생각해서는 안 된다는 점이다. 수험생이 생각했던 질문이 나오지 않을 수도 있다! 그럴 때는 일단 답변하고 위 사례처럼 지원동기라는 뉘앙스를 풍겨 주면 된다.

02 질문의 의도를 파악하면 원하는 질문이 나온다.

준비한 답변을 아끼지 말아야 할 또 다른 이유는, 수험생이 충분히 답변할 수 있는 질문인데 질문의 의도를 파악하지 못해서 답변하지 못하는 경우가 있기 때문이다. 이를 테면 '꼭 ○○부처에 와야 하나요?', '지원자의 전공이랑 다른데 ○○부처에서 일을 잘할 수 있나요?'처럼 준비한 지원동기로 답변할 수 있는 내용임에도, 기존에 생각했던 '지원동기에 대해 말씀해 보세요.', '지원자가 ○○부처에 오고 싶은 이유가 뭔가요?' 등의 질문이 아니기 때문에 답변을 못하는 경우이다. 이러한 경우를 대비해서 준비한 답변을 여러 질문에 활용하는 연습을 반드시 해야 한다.

POINT 08 이미 답변을 했는데, 후속질문의 답변내용과 중복되면 어떡하죠?

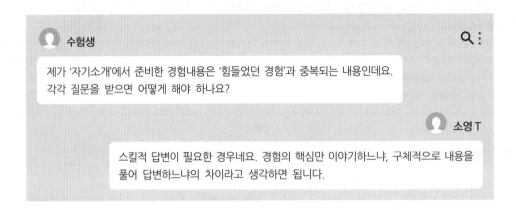

수험생

제가 '자기소개'에서 준비한 경험내용은 '힘들었던 경험'과 중복되는 내용인데요.
각각 질문을 받으면 어떻게 해야 하나요?

소영 T

스킬적 답변이 필요한 경우네요. 경험의 핵심만 이야기하느냐, 구체적으로 내용을
풀어 답변하느냐의 차이라고 생각하면 됩니다.

▌모의훈련 현장사례

□ 1차 모의훈련

> Q. 지원자분, 자기소개 해 주시겠습니까?
> A. 직무강점 2가지로 자기소개 하겠습니다.
>   첫째, 저는 실무경험이 있는 지원자입니다. 의회에서 기간제 근로경험을 하며 각 상임위원회별로 상이한 주제에 대해 상식을 미리 파악하는 것이 중요하다고 생각하여, 부족한 상식을 보완하기 위해 기관 사이트에서 용어를 미리 검색해 기록의 정확성 향상에 기여했던 적이 있습니다. 둘째, …
> Q. 해당 경험을 수행하며 힘들었던 점이 무엇인가요?
> A. (…) 아 … 그게 …

▼

□ 피드백 상황

> [T] 답변을 주저했던 이유가 뭔가요?
> [A] 그게 … 자기소개에서 말했던 첫 번째 경험과 중복돼서요. 아 어떡하죠? 힘들었던 경험을 다른 경험으로 찾아볼까요? 아니면 자기소개 내용을 바꿀까요?
> [T] 지금 면접 3일 전인 거 아시죠? 오히려 혼선만 불러일으킬 뿐, 지금은 실제 면접현장에서의 대응력을 기르는 게 중요해요. 방법이 있습니다. 경험의 핵심만 이야기하느냐, 구체적으로 내용을 풀어서 대답하느냐에 차이를 두어 답변하시면 됩니다. 지원자분이 답변한 내용은 '경험소재'가 같을 뿐이지, 해당 경험에서 구체적으로 어떤 점이 어려웠는지 답변은 안 해 주셨잖아요.
> [A] 그런데 … 사실 용어를 검색하고 숙지하는 그 반복되는 과정이 참 힘들었거든요 …
> [T] 그렇죠, 그럴 수 있어요. 좀 더 구체적으로 이야기해야 해요. 그리고 힘들다는 표현은 꼭 해 주시구요. 예를 들어, 용어를 찾는 게 힘든 건지, 용어를 숙지하는 게 힘든 건지. 또 숙지하는 게 힘들었다면 무엇이 힘들었는지를 자세히 이야기해야 합니다.

▼

□ 2차 모의훈련

Q. 지원자분, 자기소개 해 주시겠습니까?
A. 직무강점 2가지로 자기소개 하겠습니다.
   첫째, 저는 실무경험이 있는 지원자입니다. 의회에서 기간제 근로경험을 하며 각 상임위원회별로 상이한 주제에 대해 상식을 미리 파악하는 것이 중요하다고 생각하여, 부족한 상식을 보완하기 위해 기관 사이트에서 용어를 미리 검색해 기록의 정확성 향상에 기여했던 적이 있습니다. 둘째, …
Q. 해당 경험을 수행하며 힘들었던 점이 무엇인가요?
A. 네. 앞서 말씀드렸던 의회에서의 기간제 근로경험 당시, 용어를 검색하고 숙지하는 과정이 힘들었습니다. 도시건설위원회에서 행정감사 기록 때의 경험을 바탕으로 (구체적으로) 말씀드리겠습니다. 당시 상하수도 관련 행정감사가 시행 중이었습니다. (중략) 상하수도 용어는 전문가만 알 수 있는 용어였기 때문에 회의자료를 기록할 때 기록자가 용어에 대한 이해가 없으면 회의에 큰 피해를 줄 수 있다고 생각했습니다. 이를 위해 신문 사이트나 시청에서 해당 용어를 공부하고 미리 숙지했습니다. 전문가들이 자주 사용하는 용어라 용어를 보는 즉시 그 뜻을 이해하는 과정이 생각보다 오래 걸렸지만, 다행히 회의 전까지 용어를 숙지하게 되었고 막힘없이 기록을 할 수 있었습니다.

POINT 09 면접 3일 전, 부족한 지식을 발견하면 어떡하죠?

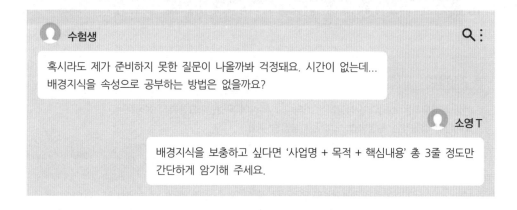

■ 모의훈련 현장사례

□ 1차 모의훈련

Q. 현장에서 느낀 어르신들의 문제점에 대한 대안책으로 '주거서비스'를 언급했는데, 주거서비스 외에 필요한 것은 무엇인가요?
A. 주거서비스 외 어르신들의 건강이 좋지 않았습니다. … (3초간 정적) … 건강관리 프로그램이 활성화되었으면 합니다. …

▼

□ 피드백 상황

[T] 답변 왜 못하셨어요? 예상치 못한 질문인가요?
[A] 네 … 이 질문은 예상치 못했는데 … 어떡하죠? 면접이 얼마 안 남았어요 …
[T] 괜찮아요. 관련 사업내용 확인하고 '사업명' + '목적' + '핵심내용'만 숙지해서 바로 답변에 넣어주세요. 지금 바로 찾아볼까요? (내용확인 중)
[T] 준비되었다면, 다시 답변해 볼까요?

▼

□ 2차 모의훈련

Q. 현장에서 느낀 어르신들의 문제점에 대한 대안책으로 '주거서비스'를 언급했는데, 주거서비스 외에 필요한 것은 무엇인가요?
A. 주거서비스 외 어르신들의 건강이 좋지 않았습니다. 예를 들어 ○○, ○○질환 등의 건강문제를 현장에서 보게 되었습니다. 그래서 주거서비스 외에도 건강관리 프로그램이 활성화되어야 한다고 생각합니다. 현재 보건복지부는 어르신들의 건강관리 활성화를 위한 AI-IoT 기반 어르신 건강관리 사업을 통해 건강취약계층 노인을 위한 (비)대면 건강서비스를 제공하고, 블루투스 활동량계 등 건강기기 4종을 제공하고 있는 것으로 알고 있습니다. 공무원으로서 현장에서 발견되는 문제점을 찾아 복지서비스 향상에 기여할 수 있도록 하겠습니다.

POINT 10 전원합격 100%를 이끄는 스터디 노하우는 무엇인가요?

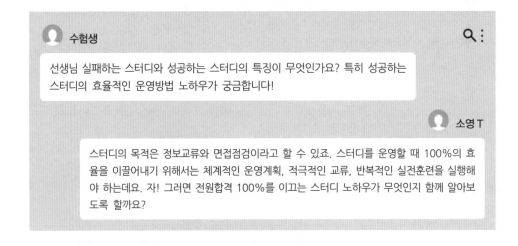

선생님 실패하는 스터디와 성공하는 스터디의 특징이 무엇인가요? 특히 성공하는 스터디의 효율적인 운영방법 노하우가 궁금합니다!

소영 T

스터디의 목적은 정보교류와 면접점검이라고 할 수 있죠. 스터디를 운영할 때 100%의 효율을 이끌어내기 위해서는 체계적인 운영계획, 적극적인 교류, 반복적인 실전훈련을 실행해야 하는데요. 자! 그러면 전원합격 100%를 이끄는 스터디 노하우가 무엇인지 함께 알아보도록 할까요?

01 스터디 운영방법

스터디는 되도록이면 다양한 직렬이 모인 혼합 스터디를 권장하고 싶다. 국가직 면접후기를 살펴보면, 직렬에 특화된 제시문과 후속질문보다는 공통 제시문과 후속질문이 나오기 때문에 형식적인 질문에 대비하는 연습이 필요하다. 따라서 정책, 이슈 등 다양한 배경지식과 상식 등의 정보를 교류할 수 있는 혼합 스터디를 선택함으로써 많은 수험생들이 우려하는 형식적이고 제한적인 답변문제를 개선할 수 있다.

운영방식	대면	대면 스터디는 특정 장소에서 최소 3인에서 최대 8인의 수험생들이 모여 진행하는 방식이다. 대면 스터디의 장점은 실전 모의훈련을 현장감 있게 진행할 수 있다는 점이다. 또한 준비과정에서 서로에게 동기부여를 해 줌으로써 멘탈관리를 받을 수 있다는 점에서 끈끈한 동료애가 생기기도 한다.
	비대면	줌 스터디는 시간과 장소에 제약 없이 운영할 수 있다. 주로 거주지가 먼 팀원과 스터디를 할 때 이용하거나, 대면 스터디원들이 면접 1주일 전 효율적으로 시간을 활용하기 위해 이용하기도 한다.
정보교류	카카오톡	단체채팅방이나 오픈채팅방을 운영하며 스터디를 하는 방식이다. 최신 뉴스기사를 스크랩하거나 정책, 사회현안 등 다양한 자료를 쉽게 공유하기 위해 사용된다.
	카페, 구글드라이브	카페(네이버, 다음), 구글드라이브는 자료를 공유하거나 스터디 과제를 피드백하는 목적으로 사용된다.

02 실패하는 스터디

마음만 앞선 스터디	국가직 면접을 위해 충분한 지식이 쌓이지 않은 상황에서 무턱대고 실전연습을 하는 것은 면접 준비시간을 낭비하는 일과 다름없다. 맹목적인 실전연습보단 면접유형별로 어떠한 주제가 출제되고, 가장 빈출이 높은 주제는 무엇인지 충분히 고심하여 실전훈련을 해야 한다. 이를 위해 본 교재에 언급된 PART별 테마를 미리 정독하고 훈련하길 바란다.
모의훈련만 진행하는 스터디	가끔 팀원 간에 피드백을 하지 않고 실전훈련만 진행한 후 스터디를 마치는 경우를 본 적이 있다. 팀원의 문제점이 무엇인지, 더 좋은 답변은 없는지 등 의견을 공유하는 시간을 갖지 않고 스터디를 마치면, 팀원 모두 향후 집중적으로 준비해야 할 방향성을 잃을 수 있다. 따라서 면접 일주일 전까지는 50%의 모의훈련과 50%의 아이디어회의로 나누도록 하자.
수동적인 스터디	면접준비를 시작할 때 누구나 스터디의 필요성에 대해서는 알고 있을 것이다. 짧게는 한 달, 길게는 두 달 정도의 시간을 효율적으로 관리하며 스터디 운영을 해야 하는데, 일부 수험생들은 그렇지 못한 경우가 종종 있다. 보통 스터디 운영방식을 잘 모르거나, 타인과 정보를 공유해야 하는 부담감으로 방어적인 태도를 취하는 경우, 그리고 다른 팀원에게 의지만 한 채 수동적으로 참여했을 때 스터디가 흐지부지 되는 경우가 많다. '다른 사람이 나를 도와주겠지'와 같은 비양심적인 생각보다는 서로 도움을 주는 스터디가 되도록 해야 한다.

03 성공하는 스터디

■■ 구체적 운영계획

초기	[필기합격자 발표 전] 정보습득 초기 스터디는 필기합격자 발표 이전까지 진행하는 스터디로, 주1~2회 정도 만난다. 스터디 초기엔 모의훈련보다는 정보습득이 우선이므로, 약 70%는 각자 준비한 정보를 공유하고, 사례 및 개인경험에 대한 아이디어를 나누는 시간을 갖는다. 나머지 30%는 빈출도가 높은 5분발표 과제, 상황 과제 등 공통주제를 함께 풀고, 우수답변을 훈련하는 시간을 갖도록 한다.
중기	[필기합격자 발표 후] 60% 면접유형별 훈련 + 40% 피드백 중기 스터디는 필기합격자 발표 직후 운영하는 스터디로, 면접일까지 약 30일 정도 앞둔 상황이다. 이때는 공직가치 사례, 개인경험, 부처 관련 배경지식이 60% 이상 준비되어야 하고, 본격적으로 실전 모의훈련을 시작해야 한다. 단순히 과제작성에만 그치지 않고 개별질문의 후속질문을 통해 우수답변을 만들어 가는 훈련을 해야 한다. 60%의 모의훈련과 40%의 아이디어 및 답변 피드백으로 구성하는 것이 가장 좋다.
후기	[면접 7일~10일 진] 역할배분, 스디디 그로스 후기 스터디는 면접일로부터 약 7일~10일 전에 운영하는 스터디로, 이 시기는 80%의 모의훈련과 20%의 피드백이 이뤄져야 하고, 본인의 취약한 부분을 집중적으로 준비해야 한다. 특히 면접유형별로 1일 1개씩 과제를 풀고, 스터디원들끼리 면접위원, 면접자의 역할을 정해 긴장감 있는 실전훈련을 해야 한다. 또한 실전훈련의 긴장감을 더하기 위해 타 스터디원과 함께 훈련하기를 적극 권장한다. 긴장감은 물론 다양한 사고와 발상을 바탕으로 예상치 못한 피드백을 받을 수 있기 때문이다.

■■ 역할 및 태도

팀장	[리더십·책임감·희생정신] 스터디에는 다양한 성향의 사람들이 모인다. 모두가 소극적일 수 있고, 모두가 적극적일 수 있으며, 반반의 성향일 수도 있다. 어떠한 상황에서든지 스터디를 이끄는 책임자는 꼭 필요하다. 그리고 이유를 불문하고 책임자가 되었다면 스터디를 잘 운영할 수 있어야 한다. 스터디가 효과적으로 운영될 수 있도록 구체적인 스케줄을 만들고, 스터디 참여 유무도 확인하며, 질문사항은 미리 정리한 뒤 담당 강사에게 묻는 역할을 해 줘야 한다.
스터디원	[팔로워십·책임감·희생정신] 스터디원 또한 팀장이 스터디를 이끄는 과정에서 지치지 않도록 역할분담을 통해 모의훈련에 필요한 예상자료를 만들고, 필요한 정보를 책임감 있게 수집할 수 있어야 한다. 만약 스터디원 중에서 문제를 이해하지 못하거나 답변에 큰 어려움을 겪는 수험생이 있을 경우, 그 스터디원이 잘 따라올 수 있는 환경도 조성해야 한다. 스터디는 '누군가가 하겠지', '나만 잘하면 돼'가 아닌 모두 함께 잘해야 효과적으로 운영될 수 있다.

memo

PART

02

합격전략: 정보분석 및 경험준비

CHAPTER 01 [5분발표] 공직가치 및 공직지식

POINT 01 | 점검: 공직지식 및 정보 확인방법

01 필수지식

1. 빈출 99% · 활용 99%

공직경험 정리는 CHAPTER 03에서 확인 가능하다.

지식	공직가치(개념, 사례, 문제점 개선방안)
	적극행정(정의, 사례, 한계점 개선방안)
	공무원 의무(6대 의무)
	공무원 역할(특징, 장단점, 신뢰도 향상방안)
경험	공직가치 관련 본인의 경험
견해	공직가치의 필요성, 영향(국가, 국민), 공직에 지원하게 된 계기

2. 공직지식

구분	숙지 내용	
공직가치	지식 · 경험 · 견해	
적극행정	지식	
공무원 의무	지식 · 경험	
공무원 헌장		키워드(명칭 · 특색)
공무원 행동강령		
청탁금지법(김영란법)	–	
이해충돌방지법		
소극행정		

> **TIP**
>
> **용어 이해하기: 키워드**
> 공직지식의 명칭(용어명)을 나타낸다. 주로 용어명, 기능, 특색만 간단히 정리하여 개별면접 후속질문의 말재료로 활용한다.

> TIP

공직지식 사용법

• 공직가치: 5분발표 과제의 주제이다. 해당 제시문에서 공직가치를 유추하여 답변을 완성시켜야 하므로, 공직가치의 개념은 물론 지식·경험·견해 모두 정리하도록 하자.

• 그 외 공직지식: 적극행정, 공무원행동강령의 일부 내용의 경우, 5분발표 과제와 상황 과제를 작성하는 데 활용되기도 하지만, 대부분 개별면접 후속질문의 말재료로 활용된다.

02 정보 확인방법

구분	준비사항
공직가치	• 공직가치 유형 이해, 관련 사례 및 경험 준비 • [필수] 공직관(책임감·공정성·투명성), 윤리관(청렴성·공익성) • [정보탐색] 본 교재 참고

적극행정	• 적극행정 사례 준비
	[정보탐색]
	• '적극행정ON' 사이트 또는 '희망부처 홈페이지'
	  – 단일부처의 경우, 단일부처의 홈페이지 탐색
	  – 단일부처 중 특수직렬의 경우, 실국본부 홈페이지 탐색
	    예 보호직 – 법무부의 범죄예방정책국 홈페이지 탐색
	• 사이트에서 찾기 힘든 경우: 포털 사이트 검색→'기사' 연도별 적극행정 사례 탐색(최신순으로 확인)
	    예 경찰청: 홈페이지 및 행안부(적극행정ON) 사이트 찾기 힘듦→기사 연도별 '경찰청 적극행정' 탐색
	[우선순위]
	• 반드시 중앙행정기관 사례여야 할 것
	• 중앙행정기관 중 희망부처여야 할 것
	• 적극행정 사례 중 우수사례부터 탐색(없다면 일반사례)

공무원의무	• 공무원 6대 의무에 관한 지식, 사례 및 경험 준비 • [필수] 성실의 의무, 친절·공정의 의무, 청렴의 의무 • [정보탐색] 본 교재 참고

01 지식(개념 · 사례) · 경험

1. 공직가치 정리

분류	공직가치	세부정리	내용
공직관	책임감	행동준칙	맡은 업무에 대하여 높은 수준의 전문성을 유지하며, 어떠한 압력에도 굴하지 않고 소신 있게 처리한다.
		세부키워드	전문성, 효율성, 봉사정신, 소명의식
		관련정책(제도)	• 적극행정 　- 개념: 공무원이 불합리한 규제의 개선 등 공공의 이익을 위하여 창의성과 전문성을 바탕으로 적극적으로 업무를 처리하는 행위 　- 장점: 참신한 문제해결방안을 찾을 수 있도록 도움 　- 키워드: 미래지향적, 변화지향적, 자기주도적, 공익지향적 • 추가 숙지내용: 소극행정, 적극행정의 한계 및 보완점
		사례	[적극행정 우수사례: 전국 최초 건설일용근로자 사회보험료 지원] • 배경: 열악한 근로환경(저임금, 산업재해)으로 건설업 기피현상 및 숙련인력 부족, 사회보험 가입회피를 위해 단기근로, 비정규직 선호 • 목표: 악순환구조를 선순환구조로 전환→가격경쟁이 아닌 기술경쟁→건설산업 경쟁력 향상 & 건설근로자의 사회안정망 강화를 통해 청년층을 건설업으로 유도 • 해결과정 　- 간담회, 보도자료, 전문가 기고 등 긍정적 여론형성 　- 시의원 · 노조 · 건설협회 · 근로자공제회 등 이해당사자 소통 강화 • 성과 　- 청년층 유입확보, 생산기반 강화, 공사품질 향상, 안정성 확보 　- 서울시 및 투자출연기관에서 5천만원 이상 발주한 건설공사 대상 　- 사업자별 월 8일 이상 근로한 경우 국민연금 및 건강보험 본인 부담금에 대해 최대 80% 차등지원 　- 6개월간 총 188개 현장 2,225명의 건설일용근로자에게 사회보험료 지원
		경험	공공데이터 청년인턴, 사회적 약자 문제, 재난발생 시 비상구 · 소화기 위치 알려주는 앱개발 등
	투명성		−
	공정성		−

① 국가관

공직가치	애국심
세부정리	내용(개념 / 주요 내용 / 결과)
행동준칙	대한민국의 헌법과 법을 준수하고, 국가와 국기에 담긴 정신과 의미를 수호하며, 우리 역사를 이해하고 전통과 문화를 창조적으로 발전시킨다.
세부키워드	헌법정신, 역사의식, 자긍심, 헌신성, 사명감
경험	• 대한민국 국민으로서 역사학습의 중요성을 인식하여 한국사능력검정시험 응시 → 일본과의 독도 영유권 분쟁, 중국의 동북공정과 관련된 역사 공부 • 지난 3월 1일 개관한 국립 대한민국임시정부기념관 방문 → 책으로만 보던 임정의 활동을 실제로 본 후 현재가 얼마나 치열하게 투쟁한 결과인지 깨달음 → 나라를 되찾는 것뿐만 아니라 어떤 독립국가를 만들 것인가가 주요 당면과제였다는 사실에 깊은 존경심을 느낌 → 입직 후 국가와 국민을 위해 맡은 바를 최선을 다해 수행하겠다는 다짐을 하게 됨

공직가치	민주성
세부정리	내용(개념 / 주요 내용 / 결과)
행동준칙	국민이 자유롭게 참여하고 이견을 이야기할 수 있도록 하여 공개행정을 실천한다(국민의 참여와 결정을 존중).
세부키워드	개방성, 공동체의식
관련 정책	[사업주 직업능력개발훈련 '최소 훈련시간' 요건 완화] 주 52시간제 시행과 비대면 훈련이 활성화되고 있는 기업현장에 맞지 않는다는 현장의견을 반영해 기존 훈련시간인 16시간 이상 이수요건을 4시간 이상으로 완화
사례	공청회, 간담회, 국민참여정책 소통 공모전
경험	• 대학교 3학년 때 과대표를 맡음 → 당시 코로나19로 전 학기 비대면수업이 결정되면서 향후 학과행사를 하지 못하게 됨 → 학기 초 납부했던 학회비 반환과 관련하여 학우들의 의견을 수렴할 필요가 있었고, 카카오톡 익명 채팅방을 이용해 3학년 학우들의 다양한 의견을 수렴 • 대학교 합창단 임기 말에 회비감사와 내년 활동방안에 대해 토론 → 단원들이 직접 회비 사용내역을 검토하고, 올해 임원단의 활동내역을 점검 → 또한 내년 활동 개선방안 및 운영방침에 대해 다 같이 의견을 나누는 시간 가짐 → 44기 임원단으로서 43기 감사 때 이를 꼼꼼하게 적어 두고 임기 때 반영(보통 연주회는 2학기 때 하는데, 1학기 행사부족 건의로 1학기 여름 대학생 연합합창회 참여 등)

공직가치	다양성
세부정리	내용(개념 / 주요 내용 / 결과)
행동준칙	글로벌시대의 다양한 생각과 문화를 존중하고, 인류의 평화와 공명에 기여한다.
세부키워드	개방성, 공동체의식
관련 정책	[국가공무원법] 국가기관의 장은 대통령령 등으로 정하는 바에 따라 장애인·이공계전공자·저소득층 등에 대한 채용·승진·전보 등 인사관리상의 우대와 실질적인 양성평등을 구현하기 위한 적극적인 정책을 실시할 수 있다.

사례	[균형인사지침] 공직 내 실질적 양성평등의 실현과 사회적 소수집단의 공직임용을 지원하고, 다양한 인재가 공직 내에서 차별 없이 능력을 발휘할 수 있는 근무여건 조성을 위한 인사관리의 기본방향을 제시
경험	• 대학교 2, 3학년 때 상담 실습시간에 다양한 학우들을 상담 → 예컨대 진로를 결정하는 데 가장 중요한 최우선의 가치는 당연히 내가 하고 싶은 일이라고 생각했음 → 그러나 사람들마다 최우선의 가치는 돈, 직업전망 등 다 달랐음 → 이를 통해 다양한 생각과 각자의 다름을 존중하고 이해하는 태도를 배움 • 복지정책론 팀프로젝트 주제선정 회의 → 교수님께서 정해주신 책 중 하나를 선정하여 서평을 발표하는 것이 주제였음 → 어려운 책을 선정할수록 높은 가산점이 붙는 채점방식 → 두 가지 갈등 발생(어려운 책 or 무난한 책, 역할 나누기) → 모든 팀원들의 의견과 이유를 듣고 의견을 조정하여 두 번째로 가산점이 높은 책을 선택하고, 각자 만족할 만한 역할을 맡을 수 있었음

② 공직관

공직가치	책임감
세부정리	내용(개념 / 주요 내용 / 결과)
행동준칙	맡은 업무에 대하여 높은 수준의 전문성을 유지하며, 어떠한 압력에도 굴하지 않고 소신 있게 처리하는 직업의식을 갖는다.
세부키워드	효율성, 전문성, 봉사정신, 소명의식
관련 정책	• K-디지털 트레이닝 훈련 　- 기업과 훈련기관이 연계하여 디지털 훈련과정 설계 　- 민·관 협력 기반의 청년 일자리문제 해결을 위한 기업주도형 인재양성을 추진 • 중장년 새출발 크레딧 　- 기존 대기업의 재취업 지원서비스 제공 의무화 정책 ○, 중소기업은 사각지대 존재 　- 국민내일배움카드를 통해 중장년 재직자의 경력설계 지원
사례	• 2년여 전, 지인이 코로나19 프리랜서 지원금 뉴스 시청 → 고노부 홈페이지에 내용이 없어 직접 전화 → 관련 주무관은 진심 어린 사과를 하고, 친절하고 적극적으로 응대 → 다수의 민원전화에도 끝까지 담당 공무원으로서 책임의식을 가지고 효율적으로 응대한 사례 • 2021년 고용노동부 적극행정 우수사례(국민취업지원제도 대상자 중 신용불량자에게 고용센터 전용계좌를 개설해 구직촉진수당 현금으로 지급) → 고노부 소속 공무원으로서 책임 의식을 갖고 제도의 사각지대에 놓인 국민을 보호하고, 국민취업지원제도의 효율성을 높임
경험	• 대학교 3학년 때 학년 과대표 → 조별과제를 위해 조를 짜는 과정에서 외국인 유학생 홀로 조를 짜지 못함 → 과대표로서 책임감을 느껴 조원에게 양해를 구하고 조원으로서 참여시킴 → 계속 소극적으로 참여하는 유학생에게 먼저 다가감 → 나의 노력에 마음을 열고 적극적으로 참여 → 이후 좋은 성적을 받음 • 대학교 2학년 평생교육 프로그램 개발론 수업 당시 3인 1조로 평생교육 프로그램을 개발·발표하는 과제를 하게 됨 → 모의 프로그램이지만 실제 시행예정 프로그램처럼 강사·장소 등을 섭외 → 강사께 연락하여 이름 및 경력 표기 여부 허락을 요청했지만, 강사 거절 → PPT 발표 기한까지 얼마 남지 않은데다가 시험기간(시간촉박)까지 겹침 → 팀과제 완성을 위해 자진해서 강사를 찾아가 다시 설득 → 허락받고 좋은 성적을 얻음

공직가치	공정성
세부정리	내용(개념 / 주요 내용 / 결과)
행동준칙	모든 업무는 신중히 검토하고, 내부규정 및 행정절차에 따라 공정하게 처리한다.
세부키워드	준법의식
관련 정책	공무원 6대 의무 중 친절·공정의 의무가 공무원 헌장에 명시되어 있음(공무원은 … 규범과 건전한 상식에 따라 행동한다)
경험	• 대학교 2학년 때 교내 도서관 근로장학생(1층 대표 장학생) → 매달 새로 들어오는 도서와 비디오의 등록업무가 매우 복잡하여 근로장학생들이 기피해서 달마다 돌아가며 담당하는 규정이 있음 → 도서관에 온 선착순으로 하고 싶은 업무를 하자는 의견이 제기되었지만, 기피업무를 하는 사람만 계속해서 하게 된다는 문제발생 → 기존 규정을 지켜 업무를 수행하도록 함 • 교양 필수과목 사회학개론 시험 → 오전·오후반 시험문제가 동일 → 당시 오후반이었고, 동기가 오전반이어서 시험문제를 알려주겠다고 했으나, 이를 거절하고 공정하게 시험응시

공직가치	투명성
세부정리	내용(개념 / 주요 내용 / 결과)
행동준칙	국민의 알권리를 존중하며, 공공정보를 적극적으로 개방하고 공유한다(국민의 알권리 보장).
세부키워드	준법의식
사례	공청회, 간담회, 국민참여정책 소통 공모전, 각 부처의 유튜브·블로그에 정책홍보
경험	대학교 3학년 때 과대표를 맡음 → 당시 코로나19로 전 학기 비대면 수업을 결정하면서 향후 학과행사를 하지 못하게 됨 → 학회비 반환과 관련하여 학우들의 다양한 의견을 수렴 → 이미 사용한 학회비를 제외하고 반환하기로 결정 → 대신 학기 초에 사용했던 학회비 내역을 전부 공개하기로 학생회 회의에서 결정

③ 윤리관

공직가치	청렴성
세부정리	내용(개념 / 주요 내용 / 결과)
행동준칙	공직자의 청렴이 국민신뢰의 기본임을 이해하며, 어떠한 사적 이익이나 외부 청탁에도 흔들리지 않는다.
세부키워드	준법의식, 적극성, 성실성
관련 정책	공무원 6대 의무 중 청렴의 의무, 공무원 헌장 명시(공무원은 … 청렴을 생활화한다)
사례	부정청탁 및 금품등 수수의 금지에 관한 법률 제정 → 과거보다 사익추구의 유혹으로부터 공직사회가 청렴성을 유지할 수 있게 됨
경험	• 고등학교 2학년 때 선도부 신입부원 면접을 진행 → 친구가 자신의 동생이 지원자라며 합격시켜 줄 것을 요구 → 당시 선도부는 지원자가 100명 가까이 될 만큼 많은 1학년 학생들이 선도부원이 되길 희망함 → 사사로운 친분 때문에 수많은 학생이 면접을 위해 할애한 시간과 노력을 헛되이 할 수 없었기에 면접 여부와 관계없이 동생을 합격시킬 수는 없다고 거절함 • 학회에 처음 들어갔을 때 당시 임원단 회비를 개인적으로 횡령한 사건이 있었음 → 회비는 조직을 위해 쓰여야 하므로, 다음 연도 부학회장이 되어 회비사용 내부지침을 만듦(학회 주행사 위주로 예산편성 + 회비사용 시 전 학회원들의 허락 필요 + 임기 끝날 때 영수증 감사)

CHAPTER 01 · [5분발표] 공직가치 및 공직지식 **51**

공직가치	도덕성
세부정리	내용(개념 / 주요 내용 / 결과)
행동준칙	준법정신을 생활화하고, 공중도덕 및 양심을 준수한다.
세부키워드	적극성, 성실성, 준법의식
관련 정책	–
사례	–
경험	• 대학생 시절 캠퍼스 내에서 현금 10만 원이 들어 있는 지갑을 주움 → 지갑 내에 있던 학생증 카드와 지갑의 사진을 찍어 SNS 학교 알림 페이지에 제보하여 주인에게 돌려줄 수 있었음 • 코로나19로 인한 방역지침이 강화되던 때 방역지침을 어긴 적 없음(방역패스, 밀접접촉자 자가격리, 마스크 착용 등) → 국가적 위기 상황에서 준칙을 지키는 것은 당연하다고 생각함

공직가치	공익성
세부정리	내용(개념 / 수요 내용 / 결과)
행동준칙	봉사활동과 기부 등을 통해 생활 속에서 국민에 대한 봉사자로서 역할을 다한다.
세부키워드	적극성, 성실성
관련 정책	• 고령자 고용지원금 신설(고령화와 생산가능인구 감소에 대비, 60세 이상 근로자 수가 증가하는 사업주에게 인센티브 부여) • 공공기관 및 정부 지자체의 장애인 의무고용률 상향 + 장애인 신규고용 장려금 지원사업 신설(장애인 고용촉진 유도) • 청년 일자리 도약장려금 사업 신설(중소기업이 취업을 어려워하는 청년을 정규직으로 신규채용 시 지원 → 청년 일자리 창출과 기업부담 감소) • 관공서 공휴일 민간기업 적용확대(5인 이상 30인 미만 사업장에도 적용) • 플랫폼 종사자 고용보험 적용시행(단계적으로 확대하는 "전 국민 고용보험" 추진계획의 일부, 퀵서비스·대리운전 기사까지 고용보험 적용)
사례	고용노동부 적극행정 우수사례 중 외국인근로자들의 산업재해 안전교육을 위해 국적별·업종별로 구분된 QR코드가 탑재된 교육카드를 제작하고 배포한 사례가 있음 → 이 QR코드를 찍으면 언제 어디서나 각 나라의 언어로 산업재해 안전교육을 받을 수 있음 → 산업현장의 외국인근로자 수에 비해 의사소통의 어려움으로 인한 관련 예방교육체계가 부족했으나, 적극성을 발휘해 해결 → 산업재해 예방이라는 공익을 실현
경험	• 코로나19 관련 교내봉사(수업하는 건물 내 출입학생들 체온측정 및 방문자 출입기록 작성을 위한 안내) → 크게 어려운 일은 아니었으나, 건물에 출입하는 많은 학생, 교수, 학교관계자들을 상대로 장시간 근무해야 하므로 힘들었음 → 그러나 일주일간의 노력이 공공의 이익에 이바지되었다는 점에서 큰 보람을 느낌 • 사회복지관에서 6개월간 주 3회씩 봉사활동 경험 → 오전에는 독거노인을 위한 도시락 배달, 오후에는 방과 후 초등학생을 교육하고 안전하게 귀가시켜주는 업무 담당 → 독거노인의 안위를 고려하여 오후 업무 귀가 시 독거노인 도시락이 그대로 놓여 있는지 재확인하곤 함(의무 아님) → 도시락이 복도에 그대로 놓여 있을 때는 독거노인의 상태가 위급할 수 있으므로 복지관에 빠르게 알려야 하기 때문 → 사회적 약자를 위한 복지시스템을 실질적으로 배우고 이해하게 됨

2. 적극행정 정리

• 희망부처: 과학기술정보통신부(22년 적극행정)

분류	내용(개념 / 주요 내용 / 결과)
정책명	응급환자 지킴이 AI 앰뷸런스
주요내용	• 배경 　– 응급환자 이송 시 최초 도착한 병원에서 다른 병원으로 이송하는 사례가 많음 　– 2018~2020년 약 7,700명이 응급실 이송 중 사망(매일 8.5명 사망) 　– 특히 코로나19 이후 이송에 어려움 커짐 　– 환자상태를 정확히 파악해 적합한 병원으로의 이송 필요 • 주요 내용 　– 환자이송: 응급차 안에서 AI가 구급대원과 환자 사이의 대화에서 음성과 영상, 생체신호 등을 확인해 진단명과 확률을 제시하고, 5G망을 통해 가장 적합한 병원으로 안내 　– 병원: 병원에서는 환자에게 적합한 인력과 필요한 장비를 사전에 준비 • 성과 　– 평균 이동시간 3분 단축, 응급센터에서 응급환자 사전 인지시간 7분 확보 　– 구급대원들의 구급활동 지원과 관련된 4대 질환 중증도 분류 약 85%, 구급활동일지 기록 정확도 약 96% 달성
의견정리	AI가 응급의료진의 손발이 되어 소중한 생명을 살리는 대표적인 사례라고 생각되며, 응급의료 지원사업에서 최고의 역량을 발휘해 많은 시민들의 생명 지킴이로 거듭날 것이라고 생각함

☼ Check Point 상위 1%의 암기스킬: 공직편

면접준비를 하다 보면 면접 직전까지 암기할 내용이 많아짐에 따라 본질적으로 오랫동안 암기한 내용도 잊어버리는 일이 다반수이다. 효과적으로 다량의 내용을 암기하는 방법에 대해 살펴보도록 하자.

1. 대표주제: 만다라트 기법

암기해야 할 핵심주제를 한 페이지로 정리하는 방법이다. 맨 가운데 사각형에는 대표주제를 작성하고, 가운데 사각형을 둘러싼 8칸의 사각형에는 대표주제와 관련된 핵심주제 키워드를 작성하는 것이다.

[예시 1]

공직가치	적극행정	공무원의무
청탁금지법 (김영란법)	공직지식 [대표주제]	공무원행동강령
이해충돌방지법	소극행정	공무원헌장

스마트워크	챗GPT	디지털행정
점심시간 휴무제	공직이슈 [대표주제]	MZ공무원 퇴사
학령인구 감소	적극행정	퇴직공무원

2. 핵심주제: 마인드 맵

마인드맵은 '생각의 지도'라는 의미로, 주제와 관련된 다양한 정보를 확장시켜 핵심주제를 한 눈에 파악하는 것이다. 핵심주제에서 파생된 세부주제 키워드를 작성해서 다양한 정보를 빠르게 암기하도록 하자.

[예시 1] 예시 2의 스마트워크 마인드맵 활용 사례

스마트워크	챗GPT	디지털행정
점심시간 휴무제	공직이슈 [대표주제]	MZ공무원 퇴사
학령인구감소	적극행정	퇴직공무원

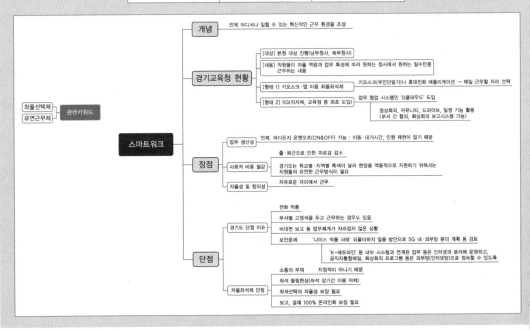

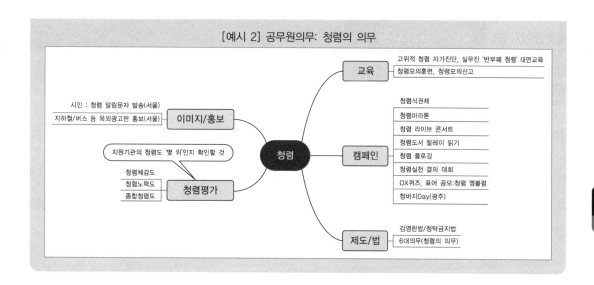

[예시 2] 공무원의무: 청렴의 의무

02 키워드

키워드는 '명칭(용어명), 목적 및 특색'만 간략히 정리해서 암기하도록 하자.

구분	행정키워드 (주요 포털 및 제도)	목적 및 기능
국민참여 사이트	적극행정 국민추천 (적극행정ON)	생활 속 어려움을 해결하는 데 기여한 정책 추천
	국민공보(정부24)	중앙부처 및 지자체 공모전 참여
	국민신문고	공공민원창구(제도·정책에 대한 의견 제안, 민원고발 등)
	국민추천제	주변의 참신하고 유능한 인재를 추천하는 선진 인사시스템
	국민정책토론 국민정책제안	정부의 정책결정 및 집행에 있어 국민의견 수렴(정부의 제도·정책에 대한 토론)
적극행정 지원사이트	적극행정 법제지원	적극행정 실천 기여(법령의 입안·정비 등 법제행정 구현)
	사전컨설팅제도	감사기관 컨설팅(제도·규정의 불분명함, 선례가 없는 제도 관련)
	적극행정 위원회	자제 감사기구, 정책수립 및 추진 심의
적극행정 보호사이트	적극행정 감사면책	공익 목적의 정책실현에 대한 면책제도
	적극행정 징계면제	
소극행정 근절사이트	소극행정 신고센터	적당편의, 탁상행정, 복지부동 등 소극행정 엄정조치를 위한 신고제도

01 구체적 설명

1. 활용방법

활용	개별면접에서 직접질문을 받을 경우, 지식(개념·사례)·경험을 구체적으로 풀어서 답변한다. ※ 직접질문: [조건]이 명확한 질문을 의미하며, 배경지식이 없다면 답변할 수 없는 질문유형이다.
소재	지식(개념·사례)·경험

■■ 직접질문 예시

[직접질문]
Q1. 지원자가 중요하게 생각하는 공직가치는?
Q2. 적극행정의 문제점과 해결방안에 대해 말하라.
Q3. 공무원의 6대 의무를 말하고, 이 중 중요하게 생각하는 의무와 이유에 대해 말하라.
→ 직접질문이란 면접위원(면접관)이 듣고 싶어 하는 답변이 명확한 경우를 의미하며, 수험생은 질문조건에 맞는 답을 해야 한다. 또한 수험생이 공직가치, 적극행정(문제점·개선방안), 6대 의무를 사전에 공부하지 않았다면 절대 답변할 수 없는 질문이기도 하다.

[지원자의 답변]
A1. 네. 제가 중요하게 생각하는 공직가치는 …
A2. 적극행정의 문제점은 … 입니다. 이에 대한 해결방안은 … 입니다.
A3. 공무원의 6대 의무는 … 로 총 6가지입니다. 이 중 제가 중요하게 생각하는 의무는 … 이고, 그 이유는 … 입니다.
→ 지원자의 답변은 면접질문의 조건에 맞아야 하며, 이때 구체적인 배경지식을 함께 답변해야 한다.

2. 대표사례

Q1 적극행정을 강조했는데, 검찰청 적극행정 사례에 대해 아는 것이 있는지? 아쉬운 점은?

문제조건	적극행정 사례
답변핵심	사례를 구체적으로 답변할 수 있어야 함

"검찰청 적극행정의 사례는 대검찰청 유튜브 방송이라고 생각합니다. 대검찰청 유튜브 방송에서는 검찰청의 업무소개, 실제범죄 사례 그리고 피해자 지원업무 등을 소개하고 있습니다. 그래서 이러한 대검찰청 유튜브는 국민들에게 검찰의 다양한 정보를 집에서도 확인할 수 있게끔 한다는 점에서 좋은 적극행정 사례라고 생각합니다. → 사례를 구체적으로 답변
다만, 아쉬운 점으로는 구독자 수나 시청률이 많이 나오지 않기 때문에 접근성이 쉽다고 하더라도 접근하는 국민들이 많지 않아 오히려 기대효과가 많이 낮다고 생각하며, 이러한 점을 개선하려면 자극적인 내용만 찾기보다는 좀 더 우리 국민들의 삶과 직결된 범죄사건, 예컨대 보이스피싱이나

물가사범 그리고 유해음식과 같은 폭넓은 내용들을 다루고 홍보를 지속적으로 한다면, 더 많은 국민들이 보게 되고 기대효과도 높아질 것이라고 생각합니다."

Q2 임용 후 지원자가 추진하고 싶은 적극행정은?

문제조건	추진하고 싶은 적극행정
답변핵심	추진하고 싶은 적극행정과 구체적 추진내용을 언급해야 함

"제가 검찰청에 들어가서 하고 싶은 적극행정은 검찰청의 피해자 지원업무와 같은 국민들에게 친근하게 다가가는 업무내용들을 유튜브 방송이나 sns로 홍보하는 것입니다. 실제로 저의 지인들을 비롯한 국민들은 검찰이 수사업무만을 하기 때문에 친근감이 낮다고 생각하고 있습니다. 하지만 실제로 검찰은 범죄피해자 지원센터와 같은 기관과 협력하여 피해자를 지원하면서 국민들에게 친근하게 다가가는 모습들을 보이고 있습니다. → 추진내용
그래서 저는 이러한 검찰의 친근한 업무들을 국민들에게 소개해 친근감을 높이고 싶습니다."

02 키워드 나열

1. 활용방법

활용	직접질문 답변 외에 지원자가 추가적으로 배경지식을 어필하고 싶은 경우(보충답변)에 사용하거나, 간략한 답변을 해야 할 경우에 사용된다. 추가로 마무리멘트에 사용되기도 한다.
소재	키워드: 명칭(용어명), 목적, 특색

▪▪ 간접질문 예시

[간접질문]
Q1. 최근 경찰에 대한 이미지가 좋지 않은 이유는?
Q2. 조직에서 적극행정을 하다가 조직에 피해를 준다면?
Q3. 공무원의 역할이 무엇이라고 생각하는지?
　　→ 위 질문들의 특징은 각양각색의 답변이 나올 수 있다는 것이다. 사회복지직 공무원의 역할을 예로 들면, 자원연결자(취업정보 제공 및 알선, 지역사회자원 개발 및 연결 등), 사례관리자(일상생활 실태파악, 현장의 지속적 점검 및 사후관리 등), 상담가(심리적 문제해결 및 물적 자원 지원을 위한 상담 등)의 역할 등 다양한 답변이 나올 수 있다.
　　→ 따라서 주요 키워드(명칭)와 관련된 구체적인 사례, 지식이 아닌 주요 키워드(명칭) 자체만을 나열해 답변을 종료해야 한다.

[지원자의 답변]
A1. 경찰에 대한 이미지가 안 좋은 이유는 … 입니다. (조건충족답변) 경찰청에서는 이를 해결하기 위해 … 노력을 하고 있습니다. (보충답변)
A2. 조직에 피해를 주는 상황은 … 한 경우가 있다고 생각합니다. 이에 따라서 … 하게 행동하겠습니다. (조건충족답변). 이를 위해 ○○부처에서는 … 한 제도를 시행하고 있습니다. (보충답변)

CHAPTER 01 · [5분발표] 공직가치 및 공직지식 **57**

A3. 공무원의 역할은 … 이라고 생각합니다. 그 이유는 … 이기 때문입니다. (조건충족답변) 특히 ○○부처
에서는 … 를 활성하기 위해 … 한 노력을 하고 있습니다. (보충답변)
→ 질문조건을 충족하는 답변을 한 뒤 추가적으로 어필하고 싶은 배경지식(행정키워드)을 언급하고
있다.

2. 대표사례

Q1 조직에서 적극행정을 하다가 조직에 피해를 준다면?

문제조건	적극행정 시 조직피해 해결방안
답변핵심	해결방안을 구체적으로 언급해야 함
행정키워드	사전예방을 위한 [사전컨설팅제도] 언급

"우선 피해 정도에 대한 파악을 할 것입니다. 제 과실로 조직에 피해가 간 정도를 측정하고, 이에
대한 사후대처, 즉 피해를 최소화할 수 있는 방안을 찾고, 제 능력이 닿는 한 최대한 수습하겠습
니다.

실제로 제가 첫 아르바이트를 했을 때 바쁜 점심시간에 포스기계를 잘못 만져 고장난 적이 있습니
다. 당시 이를 해결하기 위해 계산기를 사용하고 수기로 영수증을 일일이 작성하였습니다. 바쁜 시
간이 끝난 후 매상정리 또한 스스로 하였습니다. 이후 포스기계를 고친 후에는 포스 사용법을 확실
하게 숙지하여 이런 일이 없도록 하였습니다.

이처럼 문제를 해결하고 사후대처에 대한 노력을 하겠지만, 적극행정 시 문제가 발생하지 않도록
<u>적극행정의 적법성과 타당성을 검토해주는 사전컨설팅제도를 이용</u>하여 조직은 물론이고 국민에게
도 피해가 가지 않는 적법한 정책을 추진하겠습니다."
→ [마무리멘트] 적극행정 문제를 예방할 수 있는 방법인 사전컨설팅제도(행정키워드) 답변

Q2 최근 경찰에 대한 이미지가 좋지 않은 이유

문제조건	경찰에 대한 이미지가 저하된 원인
답변핵심	원인, 관련 사례를 구체적으로 언급해야 함
행정키워드	이미지 해결을 위한 [주요 제도] 나열

"행정환경이 변화하면서 새로운 유형의 범죄들이 증가하고, 이에 대한 대처가 늦어지거나 수사에
혼선을 빚는 등으로 국민신뢰가 감소된 것이 문제가 아닐까 추측합니다. 범죄의 예방과 제압에 있
어서 시민의 신뢰와 협력 없이는 원활한 활동을 기대하기 어렵습니다.

<u>현재 경찰청 유튜브에는 다양한 이슈, 보이스피싱 사례나 블랙박스를 활용한 교통안전교육 사례
등을 재미있게 설명해주고 있습니다. 2022년 디지털고객만족도 조사의 사회안전 분야에서 경찰청
이 8연속 1위를 차지하였습니다.</u> → [보충답변] 이미지 개선을 위해 경찰청이 노력하는 사례를 행정키
워드로 나열

이처럼 경찰활동에 대한 홍보를 통해 국민에게 다가감으로써 경찰업무의 특수성을 알리고, 업무수
행의 어려움을 충분히 인식하게 하여 국민의 협조와 지지를 얻는 것이 필수적이라고 생각합니다."

CHAPTER 02

[경험형 과제] 부처·직무

POINT 01 점검: 주요 지식 및 정보 확인방법

01 필수지식

1. 빈출 99%·활용 99%

직무경험 정리는 CHAPTER 03에서 확인 가능하다.

지식	[경험과제] 부처·부서
	[경험질문] 정책, 이슈(부처·직무)
경험	[경험과제] 직무 관련 경험
	[기타질문] 전공지식
견해	직무에 관심을 갖게 된 계기, 전공과 직무와의 관련성, 정책(사업)에 대한 견해, 국가·국민에 미칠 영향

2. 필수준비: 경험형 과제 후속질문 대비

구분		숙지내용	
직무	특색	• 역할(하는 일) • 장단점(좋은 점과 힘든 점)	관련 법령(3~5개)
	전공	전공이론	
	역량	직무강점, 전문성을 쌓기 위해 노력한 점, 도움된 경험, 전공과 직무의 관련성 등	
부처		역할(하는 일)·이슈(사례)	
정책		• 개선 필요 정책 (2개) • 관심 있는 정책 (2개) • 담당·추진 희망 정책 (2개) • 직무이슈(문제 및 개선점) (2개)	

⑩ 정보 확인방법

1. 부처·부서·직무

구분	내용

홈페이지	• 사이트 내 조직도 > 관심부서 > 업무 확인
	   – 임용부처가 정해진 직류는 단일부처 홈페이지 확인
	   – 임용부처가 정해지지 않은 직류는 희망부처 홈페이지 확인
	 • 홈페이지 '정책자료' > '정책자료실' / '통계지표' > 통계자료, 실태조사 등
	 • 관련 부서 업무편람–합격자의 업무분석 예시: 고용노동부
	   [희망부처의 현안 및 정책 변경방향의 이해]
	   – 고용노동부 홈페이지 '기관소개' > 미션, 비전 등
	   – 고용노동부 홈페이지 '정책자료' > '정책자료실' > 해당 연도 업무보고 등
	   – 고용노동부 블로그 > 최신 뉴스 및 언론보도 자료 등
	   [구체적인 희망업무 확인]
	   – 고용노동부 홈페이지 '정책자료' > '대상자별 정책' / '분야별 정책' > 개편실명자료, 업무편람 등
	   – 고용노동부 홈페이지 '정책자료' > '정책자료실' / '통계지표' > 통계자료, 실태조사 등

인터뷰	• 현직자 인터뷰(일반인이 알 수 없는 업무 및 개선사항 확인) • 방법: 조직도 내 담당자 전화, 메일, 인터뷰 기사 및 차트자료
플랫폼	보충: 추가적으로 필요한 내용은 블로그, 유튜브 등 확인

2. 정책자료

구분	내용

홈페이지	• [기본] 확인정보
	   – 정책, 통계, 이슈, 전공지식 등 정보 확인
	   – 최신이슈 확인을 위해 〈사이트 알림·소식〉 설정해 둘 것
	 • 주의사항
	   – 희망부처 및 직렬 홈페이지 확인(단일부처는 해당 홈페이지)
	   – 메인 홈페이지 하단 실국본부 홈페이지 및 누리집 확인
	     예 보호직: 법무부 홈페이지(×), 법무부 범죄예방정책국 홈페이지(○)
	 • [필수] 정책내용
	   – 2024년 주요업무 (추진) 계획 or 2024년 운영방안→신설·개정
	     예 (세무직) 2024년 국세행정운영방안, (관세직) 2024년 관세청 주요 업무계획
	   – 인포그래픽, 통계자료(실태자료), 카드뉴스 등→신설·개정
	   – 윤석열 정부, 110대 국정과제→주요 핵심정책 확인
	   – 발표자료·보도자료 카테고리→정책현황 확인(최신순으로 확인)
	   – 웹진, e-book, ○○백서→최근 동향, 정책 및 프로그램 운영 설명, 주요 정책 확인
	     예 일반행정(환경부–환경백서), 마약수사(마약류범죄백서)
	
	   <table><tr><td rowspan="3">고용
	노동부</td><td>부처의 현안, 정책변경 등</td></tr><tr><td>• 홈페이지 '정책자료' > '정책자료실' > 해당 연도 업무보고 등</td></tr><tr><td>• 정책자료 > '정책자료실'·'통계지표' > 통계자료, 실태조사</td></tr></table>
	   – 2024년 이렇게 달라집니다(분야·부처별 정책)→상·하반기
	   – 부처별 '새 정부 업무계획 보고'

홈페이지	• [참고] 주요 활동이 많은 부처 　 – 대검찰청, 관세청, 중앙선거관리위원회 등 　 – 활동 이해 및 이슈, 백서 등 위주 탐색 • [필수] 정책(사업)의 문제점 　 – 뉴스기사, 칼럼, 논문 　 – '사실은 이렇습니다.' 또는 행정안전부 / 정책브리핑 '사실은 이렇습니다.' 　　 → 현행제도의 문제점 확인, 부처의 노력현황 별도 확인(기사 검색) • [필수] 정책(사업)의 개선점 　 – 〈국민참여 관련〉 ON국민소통, 국민추천제 등 　 – 전문가 칼럼 　　 → 해결책: 아이디어 일부 활용 및 답변소재 　　 → 관련 질문 예시: 시급히 해결해야 할 문제? 국민이 원하는 것은 무엇? 정부가 신뢰를 얻기 　　　 위해 어떤 노력을 해야 하는지? 등 ⓘ **합격 Guide** 정책 관련 뉴스기사, 칼럼, 논문 등을 찾으면서 현행제도의 문제점을 확인한 후, 해당 문제점에 대해 희망 부처가 현재 노력하고 있는 점을 확인하고, 이후 더 나아가야 할 방향에 대한 의견정리까지 준비해 주 세요.
플랫폼	• 블로그: 부처 블로그 　 → 최신 주요 정보(정책·뉴스), 언론보도 자료 등 　 → 가독성 떨어지는 홈페이지 자료를 국민맞춤형으로 정리 • 유튜브: 부처 유튜브 → 주요 정보 확인 가능 　 예 보호직: 범죄예방 365 채널(또는 범정국 사람들) • 어플리케이션(앱) 　 – 부처에서 운영하는 앱 → 사용 후 느낀 점, 보완점 생각할 것 　 – 운영 예정인 앱 → 내용확인 후 의견 생각할 것 　 예 국세청(홈택스), 보건복지부(건강정보 고속도로) 등 • 포털사이트 별도 검색 　 – 정책 관련 이슈 및 사례 확인 　 – 특히, 정책에서 대립하는 대상자 입장차 확인 　 – 뉴스기사: 정확도, 일반화의 오류 등 확인·점검 필요 ⓘ **합격 Guide** • 쉽고 구체적으로 설명되어 있는 블로그, 카드뉴스를 참고해서 대략적인 키워드를 잡은 후, 홈페이지 자 료(주요정책 등)를 통해 세부적인 배경지식을 채워 보세요. • 어플리케이션은 국민이 이용하는 플랫폼이기 때문에 실제 이용한 후 아쉬운 점이나 좋은 점 등을 생각해 보면, 국민의 편의성 관련 내용으로 연결시켜 대답할 수 있습니다.
전문뉴스	• 부처·직무 관련 이슈 검색 　 – 기관 홈페이지 　 – 기관 홈페이지가 없는 경우, 포털사이트 별도 검색 or 전문뉴스 확인 　 – 주의사항: 전문뉴스는 공직업무와 관련된 내용이 아닌 해당 직무의 전체적인 사회이슈이므로, 　　 공직업무와 관련된 내용을 찾거나 힌트를 얻는 방향으로 확인해야 함 　　 예 법률신문(마약수사, 검찰직 등), 국세신문(세무직), 전기신문(전기직), 토목신문(토목직)

기타	• 직무 관련 법률 및 규정→최소 5개(하단 '법령정보' 확인) 　예 보호직(보호관찰법) • 청장인터뷰(취임사·신년사)→정책방향 확인(주요 정책 확인 가능) • 기관방문(간행물, 브로슈어, 팸플릿 등) • 정책 관련 해외사례, 관련 공모전 소개 등→키워드 검색 • 전공 관련 서적 예 고용노동부(노동4.0, 플랫폼 노동은 상품 아님)
참고 사이트	• 사회이슈·정책자료 　– 국회입법조사처 > 연구보고서 　– 한국개발연구원 > 연구 > 보고서 　– PRISM 프리즘 정책연구관리시스템 > 연구검색 > 우수연구, 최근연구 등 　– 대학 제휴 논문사이트, 칼럼 등→사회 현안문제 및 개선방안의 참고지식으로 활용 가능 　예 수돗물 유충 현황과 개선과제, 아동학대 대응체계 과제와 개선방향 등 • 공직 주요 이슈 　– 윤석열 정부, 110대 국정과제→희망부처 주요 핵심정책 확인 　– 대한민국 정책브리핑 > 국정과제(이슈), 정책위키 　　→대한민국 국정현안에 관련된 내용, 사회 및 국정이슈 확인 　　→특히, 정책위키 및 국정과제의 경우, 다양한 문제를 확인 가능하지만 '국정·공직'에 관련된 　　　내용만 확인하도록 할 것 　　예 적극행정·공감행정·현장행정 등 • 통계자료 　– 국가통계포털 > 주제별통계·기관별통계→필요한 정보 맞춤확인 　– 새소식 > 보도자료 > 전체 > 장래인구 추계→현황 및 추세 확인 　– 2024 사회조사 결과, 국민 삶의 질 보고서→사회현황별 통계 • 법령 관련 　– 국가법령정보센터→주제별 생활법령 정보(직렬별) 　– 국회 입법예고→개정법률안 확인

POINT 02　분석: 직무(부처·부서·업무)

01 직무분석: 조직도

국가직 근무예정부처를 살펴보면 단일부처로 근무부처가 정해진 직렬도 있지만, 전 부처 혹은 수요부처에 따라 임용예정부처가 정해지는 직렬이 있다. 경험·상황면접과제에서 경험의 주제는 '근무하고 싶은 부처 (기관)와 담당하고 싶은 직무(정책)'에 대해 기술하는 과제로, 희망하는 부처를 선정하고 부처 중 희망하는 과를 선택해야 구체적인 진술이 가능하다. 그래야만 내가 구체적으로 어떤 업무를 하고자 하는지 면접위원 (면접관)에게 어필할 수 있기 때문이다.

1. 조직도 확인

희망부처 홈페이지 > 조직도 확인

■■ 고용노동부 조직도

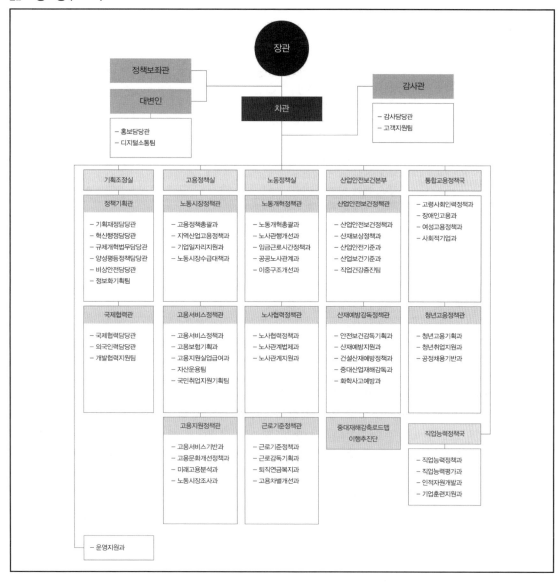

2. 희망 근무부서

① 희망부처 홈페이지 > 조직도 확인 > 희망부서 '관' 또는 '과' 선택

② 담당업무 확인 > 구체적 업무 확인 > 업무내용 별도 찾기(POINT 01 - 02 참고)

　　※ 주요 업무내용 확인→관련 정책 및 운영 프로그램 확인, 블로그·유튜브·해당 직렬 공무원 인터
　　　뷰 기사 확인

③ 희망부처 홈페이지 > ○○연보 예 검찰연보: 조직인사제도 설명 자세히 나와 있음

부서명	이름	담당업무	전화번호
청년고용 기획과	김○○	청년고용 기획과 총괄	044-202-744×
	위○○	• 대학일자리플러스센터 • 재학생 맞춤형 고용서비스 사업	044-202-741×
	차○○	• 청년고용촉진특별위원회 및 공공기관 청년고용의무제 운영 총괄 • 비영리법인 관련 업무 총괄 • 청년 유관기관(청년단체 등) 협의 등 관련 업무 총괄 • 청년단체 간담회 운영 • 일자리 유공(청년고용 촉진) 포상 운영 • 직업정보 제공 및 직업지도(신직업 발굴 등 포함)	044-202-744×
	최○○	• 한국잡월드 및 청년 유관기관 관리 총괄 • 청년인턴 운영 총괄	044-202-743×
	박○○	• 청년 해외 취업 지원 • 청년 해외 일경험 지원 • 고교 재학생 맞춤형 고용서비스	044-202-744×
	김○○	• 청년보좌역 및 2030 자문단 운영 • 청년인턴 운영 지원 • 청년고용 촉진 특별법 등 국내법령 지원	044-202-744×
	명○○	• 대학일자리플러스센터 운영 지원 • 재학생(대학, 고교) 맞춤형 고용서비스 사업 운영 지원 • 청년고용정책 통합 홍보 업무 지원	044-202-756×
	조○○	• 국 예·결산 주무 • 청년고용(일자리 사업 및 대책) 관련 정책·기획 업무 지원 • 한국잡월드 운영 지원	044-202-741×

3. 공무원 인터뷰(방문·메일상담·카드뉴스·기사자료)

부처 및 부서의 업무를 가장 잘 알고 있는 사람은 누구일까? 당연히 '현직 공무원'일 것이다. 현직에서 근무하고 있으므로 부처의 주요 업무나 부가업무, 담당 공무원에게 필요한 역량은 물론 업무수행 과정에서 힘든 점 등을 즉시 확인해 줄 수 있기 때문이다. 일부 수험생들은 거절에 대한 두려움과 부끄러움 때문에 현직 공무원 인터뷰를 시도조차 하지 않는 경우가 있다. '시작이 반이다'라는 말이 있듯이 일단 시도해 보자. 인터뷰가 성사되면 '용기 내길 잘했다'는 생각이 들 것이다. 만약 담당 공무원이 바빠서 대면상담이 힘들다면 비대면 상담(메일)을 할 수 있고, 그마저도 힘들다면 담당 공무원의 인터뷰 기사, 부처 내 웹진 부처 유튜브·블로그를 통해 어떤 업무를 하는지 찾아보면 된다.

① 현직 공무원 (비)대면 인터뷰 [방문·메일상담]
  • 현직자 인터뷰의 가장 큰 장점은 내부의 주요 업무 및 현황, 현장의 어려움 등을 파악할 수 있다는 것이다. 인터뷰 후 추가적으로 필요한 정보는 정책, 부처 블로그 등을 통해 확인해 보자.
  • 다음 사례는 22년 마약수사직 합격생이 업무자료 조사를 위해 담당 공무원에게 직접 연락한 후, 비대면으로 인터뷰를 요청한 사례이다. 해당 내용을 보며 수험생이 얻은 팁이 무엇이었는지 확인해 보자.

■■ 현직 마약수사직 공무원 비대면(메일) 인터뷰 내용

안녕하세요. 저는 서울남부지검에서 근무하고 있는 18년차 검찰수사관입니다. (마수직)
긴급하게 진행되고 있는 사건이 있어서 시간이 많지는 않지만, 질문 무시하고 간단하게나마 답변드립니다.
(마약수사직에 관심을 갖고 공부하고 있는.. 직속 후배분이 될 수도 있는 분이기에)
마약수사직은 검찰직과 비교할 때 수사현장에서 일을 하기 때문에 장점이라고 생각할 수도 있고 단점이라고
생각할 수도 있습니다. 우선, 수사권 조정으로 더 나아가 검수완박으로 검찰직인지(직접수사)에 많은 제한이
있습니다.
무엇보다 직인지(직접 범죄를 밝히는 사건)수사를 목적(물론 경찰수사 사건을 다시 조사하는 송치사건도 하고
있음)으로 존재하는 마약수사직은 앞으로 검찰에 직접 수사권이 없어지면 제일 먼저 없어질 직렬입니다. (검
수완박 최종 확정 전 법률 내용에는 마약수사직을 검찰직으로 전환한 뒤 중수청 설립 시..)
다른 직렬에 비해 마약수사직은 소수인원이고 그게 따라 상대적으로 국외사업(UN기금으로 저개발국가에 마
약퇴치 사업 진행) 등 외국에서 단기(6~8개월) 근무할 기회가 많은 것은 사실입니다. 국외근무는 현장수사일
을 열심히 하고 그에 따른 미미한 부수적 경험 정도로 생각하는 것이 좋을 듯싶습니다.
요즘, 국외근무 경험을 생각하고 토익 만점에 가까운 점수를 가지고 마약수사직에 들어오는 많은 후배들을
봤을 때 안쓰럽기까지 합니다. 물론, 영어 등 외국어는 국제조직 등 외국인 수사에 많은 도움이 됩니다. 통
번역인을 통한 것보다 직접 듣고 읽을 때 더욱 진실을 빨리 밝힐 수 있겠지요.
→[확인 1] 마약수사직 업무
→[확인 2] 마약수사직의 주요 업무순위
→[확인 3] 마약수사직에 필요한 역량
제가 친절한 성격은 아니지만, 검찰청에 직접 전화해서 물어볼 때까지 얼마나 많은 용기가 필요한지 알기에
두서없이 간단히 답변 드립니다. 어느 직렬을 선택하든, 열심히 공부해서 꼭 합격하세요!

② 현직 공무원 인터뷰 [카드뉴스]: 홈페이지에 업로드된 공식자료로 업무에 대한 정확한 이해 및 준비
사항 등을 확인할 수 있다.
예 검찰직 홈페이지 > 카드뉴스 > 검찰&people

③ 현·퇴직 공무원 인터뷰 [기사자료]: (비)대면 현직자 인터뷰가 불가했다면 온라인상에서 정보를 찾아
보자. 인터뷰 기사, 부처 웹진 및 블로그 등에서 다양하게 확인 가능하다. 현직 혹은 퇴직공무원의
인터뷰를 통해 주로 어떤 업무를 하는지, 업무수행 과정에서 힘든 점은 없는지 등 실질적 업무상황을
알 수 있다. 뿐만 아니라 부처의 제도 및 프로그램에 대한 구체적인 내용까지도 확인 가능하다.

■■ 퇴직 교정직 공무원 인터뷰 내용 일부

○ 36년 동안 가장 기억나는 일은 무엇인가.
2001년 대구교도소에서 근무할 때 강간 전과 5범을 꾸준한 상담과 지도를 통해 새로운 사람으로 변화시켰
다. 사창가에서 일했던 어머니 밑에서 자란 수용자라 성인식도 왜곡돼 있고 교도관들을 많이 괴롭혔던
전과자였지만, 출소 후 지금까지 한 번도 동종 범죄를 안 일으키고 구속된 적이 없다. 지금도 뉘우치고 사
회에 물의를 일으키지 않고 열심히 살고 있다는 연락이 종종 오는데 보람을 느낀다.
→[확인 1] 교정직 공무원의 역할
→[확인 2] 교화 사례

○ 교도관으로 근무하면서 가장 힘들었던 일은.

청송교도소에서 대도 조세형 등 5명의 수용자가 집단난동을 일으켜 교도관 5명을 인질로 잡고 감금한 사건이 있었다.

→ [확인 3] 교정직 공무원으로서 힘든 점 및 예방방안

○ 대한민국은 교정선진국인가.

한국은 교정선진국이다. 현재 우리나라에서 운영하는 교정행정시스템과 화상면회, 스마트폰 면회, 가족만남의 집 등은 교정선진국의 장점만을 제도적으로 받아들인 것이다. 서울 남부교도소 총무과장일 때 미국과 유럽, 일본 등 선진 교정전문가들을 수차례 만났는데 우리의 교정시스템이 세계적으로 우수하다고 극찬했다. 특히 수용자들이 자유롭게 운동하는 것이 일본에서는 상상하기 어렵다고 했다.

→ [확인 4] 교정시스템 운영현황 및 노력사항
→ [확인 5] 우리나라 교정시스템의 장점

○ 교정공무원의 사기진작 방안은 어떤 게 있나.

교정공무원에 대한 실질적인 급여보상체계, 수용자 관리에 대한 위험요인 인정, 출정조사 개선, 경직된 조직문화 개선, 순환보직의 공정 등 교도관 조직문화 개선을 위한 전담조직을 만들어 개혁적인 제도를 도입하는 것이 필요하다. 체육시설과 복지시설이 열악하다. 모든 예산투입을 수용자 위주로 하기 때문이다. 정신질환이 있으면 무료로 내부에서 편하게 진료받을 수 있는 시스템도 필요하다.

→ [확인 6] 교정직의 문제점, 개선방안 및 교정직이 나아가야 할 방향
→ [확인 7] 현직 공무원이 가장 힘들어하는 점

○ 우리나라 재범률이 OECD 최상위권이라는 언론 보도가 있었는데.

잘못된 정보다. 우리 재복역률(3년 이내 다시 수감되는 비율)이 20% 내외다. 30~40% 되는 나라도 많다. 선진국들과 비교해 봐도 양호한 편이다.

→ [확인 8] 범죄율에 대한 올바른 정보

○ 성범죄 재범률이 높은데 교정차원에서 줄일 수 없나.

심리치료센터 등 성범죄자에 대한 전문적인 교육·교화 시스템을 운영하고 있지만, 턱없이 부족하다. 교정기관이 전국에 50개 정도인데 심리치료기관이 10개가 안 된다. 적어도 30개 정도의 심리치료센터가 있어야 한다. 성범죄 형량을 늘려 격리기간을 늘린다고 해서 재범을 막을 수 없다. 근본적으로 사람을 바꿔야 한다.

→ [확인 9] 교정 내부 시스템 운영현황, 문제점 및 보완점
→ [확인 10] 성범죄 재범률 예방방안

출처 | 내일신문, 안성열 기자 "교정공무원 겪는 소외감 없애야"

POINT 03 분석: 정책

01 정책분석을 위한 정보확인

'2024년 주요업무계획', '달라지는 제도'는 꼭 확인해야 하는 자료이며, 이 중 희망부서와 관련 있는 정책이나 관심 있는 정책은 필수로 숙지해야 한다.

전산·방송통신직렬

자기소개 부탁드립니다!

정보통신과 *KICS 개발팀에서 올해 7년째 근무 중인 정민선 행정관입니다.

정보통신과에서 정보보안 관련 업무를 하고 있는 황연경 행정관입니다.

황연경 행정관　　**정민선 행정관**

*KICS란? 형사사법정보시스템!

5개 기관(검찰·경찰·법원·법무부·공수처)이 함께 전자적으로 형사사법정보 관련 업무를 처리하는 시스템을 말합니다.
사건진행정보, 벌과금 납부 조회 등 형사사법 정보를 신속정확히 확인할 수 있습니다.
← 실제 운영되고 있는 형사사법포털

전산·방송통신직렬

해킹에 대한 모든 것!

실제로 해킹이 시도되는 경우가 있나요?

여러 방법으로 해킹 시도가 들어옵니다.
예를 들어 검찰 직원에게 악성코드가 숨겨진 파일을 첨부한 이메일을 송부한다거나, 검찰 홈페이지 등에 웹취약점을 이용한 공격을 시도하기도 합니다.
저희는 24시간 내내 사이버 관제를 하고 있어서 그 과정에서 해킹시도가 발견되기도 하고, 타 기관 측에서 해킹시도가 됐었다고 저희 측에 통보하기도 합니다.

해킹을 방지하기 위해서 어떤 노력을 하고 계시나요?

해킹시도는 저희 측에서 바로 보이기 때문에, 즉시 IP주소를 차단하는 등의 조치를 합니다.
해킹 방지를 위해 시스템 보안 업무를 수행함과 동시에 검찰 직원들을 대상으로 해킹메일훈련과 같은 교육도 진행하고 있습니다.

전산·방송통신직렬

시스템·네트워크망 관리 키포인트

시스템·네트워크망 관리 시 가장 신경 쓰는 부분은 무엇인가요?

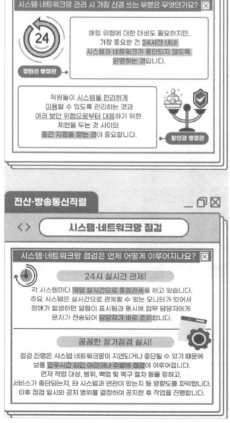

24

정민선 행정관

해킹 위험에 대한 대비도 필요하지만, 가장 중요한 건 24시간 내내 시스템과 네트워크가 중단되지 않도록 운영하는 것입니다.

직원들이 시스템을 편리하게 이용할 수 있도록 관리하는 것과 여러 보안 위험으로부터 대응하기 위한 제한을 두는 것 사이의 중간 지점을 찾는 것이 중요합니다.

황연경 행정관

전산·방송통신직렬

실제로 사이트 개선 요청이 많이 들어오나요?

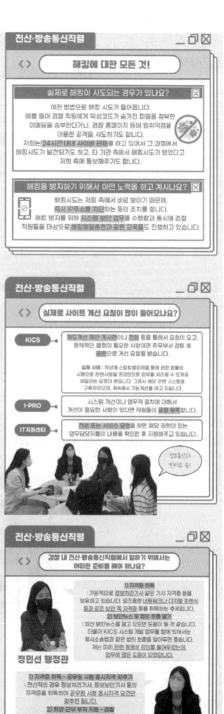

KICS
제도개선 제안 게시판이나 전화 등을 통해서 요청이 오고, 정책적인 결정이 필요한 사안이면 주무부서 검토 후 공론을 거쳐 개선 요청을 받습니다.

실제 사례 : 작년에 스토킹범죄처벌 등에 관한 법률의 시행으로 관련서류를 온라인으로 업무를 처리할 수 있게끔 해달라는 요청이 왔습니다. 그래서 해당 관련 시스템을 구축하였으며, 계속해서 기능개선을 하고 있습니다.

I-PRO
시스템 개선이나 업무적 절차에 대해서 개선이 필요한 사항이 있다면 직원들이 글을 등록합니다.

IT지원센터
전화 또는 서비스 요청을 하면 해당 권한이 있는 업무담당자들이 내용을 확인한 후 지원해주고 있습니다.

정보통신과 인터뷰 중!

전산·방송통신직렬

시스템·네트워크망 점검

시스템·네트워크망 점검은 언제 어떻게 이루어지나요?

24시 실시간 관제!

각 시스템마다 매일 실시간으로 통합관제를 하고 있습니다.
주요 시스템은 실시간으로 관제할 수 있는 모니터가 있어서 장애가 발생하면 알림이 표시됨과 동시에 업무 담당자에게 문자가 전송되어 담당자가 바로 조치합니다.

꼼꼼한 정기점검 실시!

점검 진행은 시스템·네트워크망이 지연되거나 중단될 수 있기 때문에 보통 업무시간 외인 야간이나 주말에 점검이 이루어집니다.
먼저 작업 대상, 범위, 백업 및 복구 절차 등을 정하고, 서비스가 중단되는지, 타 시스템과 연관이 있는지 등 영향도를 파악합니다.
이후 점검 일시와 공지 범위를 결정하여 공지한 후 작업을 진행합니다.

전산·방송통신직렬

검찰 내 전산·방송통신직렬에서 일하기 위해서는 어떠한 준비를 해야 하나요?

1) 자격증 취득
: 기본적으로 정보처리기사 같은 기사 자격증 등을 보유하고 있습니다. 요즈음엔 네트워크나 디지털 포렌식 등과 같은 보안 쪽 자격을 취득하는 추세입니다.
2) 보안뉴스 및 법의 흐름 알기
: 최신 보안뉴스를 알고 있으면 도움이 될 것 같습니다. 더불어 KICS 시스템 개발 업무를 함께 있어서는 형사소송법과 같은 법의 흐름을 알아두면 좋습니다.
저는 미리 관련 동영상 강의를 들어두었는데, 업무에 많은 도움이 되었답니다.

정민선 행정관

1) 자격증 취득 - 공무원 시험 응시자격 갖추기
: 전산직의 경우 정보처리기사, 정보보안기사 등의 자격증을 취득하여 공무원 시험 응시자격 요건만 갖추면 됩니다.
2) 희망 근무 부처 지원 - 전산직무
: 국가 전산직으로 선발된 뒤에는 희망 근무 부처를 지원하게 되는데, 저는 검찰을 1순위로 선택하여 현재 검찰 내 전산직에서 근무하고 있습니다.

황연경 행정관

1. 2024년 주요 업무계획

'24년 주요정책 추진계획', '24년 업무보고', '24년 주요 업무계획' 등 정부기관마다 다른 용어를 사용하니 참고하도록 하자.

■■ 2024년 교육부 주요정책 추진계획

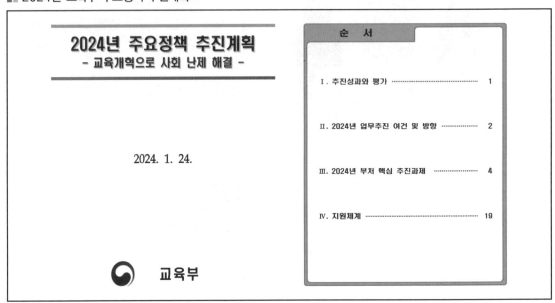

2. 2024년 달라지는 제도

■■ 기획재정부, 2024년부터 이렇게 달라집니다

02 분석법: 지식의 범주 & 우선순위

1. 어디서부터 어디까지, 어떻게 공부해야 할까?

면접은 객관식 오지선다형 문제가 아닌 질문과 답변으로 공직적격성을 평가한다. 즉, 공직 및 부처의 업무에 얼마나 관심이 있는지, 문제점과 관련 사례는 무엇인지 등을 통해 지원자의 관심도와 전문성을 확인하므로, 넓고 얕게 공부하는 것이 아니라 좁고 깊게 공부해야 한다. 따라서 정책의 전체적인 개요를 살핀 후 핵심내용을 깊이 있게 분석하도록 하자.

2. 효율적 준비법

① 부처 방향 확인

개요확인	4대 핵심 추진과제 및 각 주제내용 확인
핵심내용 숙지	• 희망부서: 희망하는 부서의 업무와 관련된 정책(사업)을 숙지해야 한다. • 부처방향: 신년사를 확인하면 부처의 주요 방향을 알 수 있다. [보건복지부 2024년 신년사 일부] 국민 여러분! 올해 보건복지부는 민생을 두텁게 보호하고 개혁을 확실히 추진하여 오늘보다 나은 내일을 국민께 약속드릴 수 있도록 다음과 같이 노력하겠습니다. … 둘째, 체감도를 대폭 높인 약자복지 2.0을 추진하겠습니다. 간병비용 경감뿐만 아니라 서비스 질 제고와 제공체계 정비를 병행하여 국가가 책임지고 간병 걱정을 해소하겠습니다. 취약계층에 대한 소득지원을 강화하고, 의료안전망을 개선하여 저성장·고물가에 따른 부담을 경감하고, 삶의 질을 향상시키겠습니다. 마음돌봄을 위해 심리상담 확대 등 자원을 대폭 투입하고 ICT 등을 활용하여 위기가구 발굴체계를 고도화하겠습니다. → 취약계층 및 사회적 약자의 복지 강조 → 관련 정책(사업) 확인
보충지식	정책자료는 어디까지나 정책 추진배경 및 사업내용만 다룬 내용이므로, 실제 사업의 문제점 및 개선방안 그리고 혜택을 받는 국민의 입장 등에 대해서는 확인이 불가능하다. 따라서 별도 자료를 찾아서 지식을 보충하도록 하자(정보를 찾는 방법은 POINT 01-02 정책자료에서 확인).

② 우선순위

제도·규정	[필수] 1. 신설 2. 변화(확대·개정)를 중점적으로 공부하자.
협력체계	[선택] 민관·관관협력 등 외부와 협조한 사업은 무엇이 있는지 확인해 보자.

③ 공부범위

최소기준	[핵심] • 개선 필요 정책 (2개) • 관심 있는 정책 (2개) • 담당·추진 희망 정책 (2개) • 관련 이슈(문제점 및 개선점) (2개)	직렬 및 정책 관련 법령 (5개)
최대기준	[분야별] 최소기준 + 부처에서 다루는 분야별 정책(개념, 특징, 목적 등)	

3. 분석사례

① 제도·규정

1. 변화: 확대·개선·완화

〈보건복지부, 2024년 이렇게 달라집니다〉 국민기초생활보장제도 지원기준 대폭 확대

추진배경	약자복지를 위한 저소득층 기초생활 보장 강화

주요내용	• (생계급여) 2024년 지원기준 역대 최대 수준인 13.16%(4인 가구) 인상
	  − 4인 가구 월 최대 183만 4천 원 수급 가능
	• (주거급여) 선정기준 상향(기준 중위 47%→48%), 기준임대료 인상
	  (급지·가구별 1.1~2.7만 원)
	• (교육급여) 교육활동지원비를 최저교육비의 100% 수준으로 인상

시행일	2024년 1월 1일

※ 2024년 기준 중위소득 6.09% 인상, 생계급여 선정기준 2%p 상향(기준 중위 30%→32%)

→ 사업의 확대는 수요층의 증가, 사회문제 해결 등의 의미를 담고 있다.

2. 신설

〈교육부, 2024년 이렇게 달라집니다〉

구분	변경 전	변경 후	관련 법규(제도시행일)
			관계 부서
교권확립을 위한 피해교원 보호 및 가해학생 등 조치 강화	▫ (신설)	▫ 교육지원청에 지역교권보호위원회 설치 ▫ 학부모가 교육활동 침해 활동을 할 경우, 서면사과 및 재발방지 서약, 특별교육·심리치료 조치, 미이수 시 300만 원 이하 과태료 부과 ▫ 피해교원 요청이 없더라도 관할청에서 형사고발 가능 외 9개 제도 신설	교원지위법, 초중등교육법, 유아교육법, 교육기본법 (24.3.28.) 교육부 교원정책과 (044−203−6487)

② 협력체계(민관·관관)

<농림축산식품부, 2024년 이렇게 달라집니다>

구분	변경 전	변경 전	관련 법규(제도시행일) 관계 부서
「지역농림어업 발전사업 협력 촉진에 관한 법률」 시행	□ 민관협력 자살예방사업 예산: 7억 ○ 생명존중민관협의회 운영, 민관협력사업 지원	□ 지역농림어업인의 소득·복리 증진, 지역주민의 경제적·사회적 편익 제고 및 지역경제 발전을 위한 지역농림어업협력법 시행 ○ 민관협력을 통한 사업추진 시 기존 정부 지원사업보다 더 큰 성과를 낼 수 있는 분야에서 민간의 지식과 경험, 자본 등을 활용하여 사업을 추진하고, 사전에 정한 목표를 달성했을 경우 민간에게 성과보상금을 지원하는 성과보상금제 실시	지역농림어업 발전사업 협력 촉진에 관한 법률 (23.12.28.) 농림축산식품부 농촌정책과 (044-201-1511) 해양수산부 어촌양식정책과 (044-200-5610)

→ 협력체계는 사회문화 조성 및 인식개선, 사업전문성 향상 등의 목적으로 추진된 사업이다. 민관협력 사례를 1가지 정도 숙지하고 있으면 경험·상황면접과제 및 5분발표 후속질문의 '답변소재'로 활용할 수 있다.

③ 보충지식: 연구자료, 협회자료, 뉴스기사(정확도 확인 필수)

보충지식은 사전에 살펴본 정책에 대한 배경지식을 쌓는 것을 의미한다. 인상 깊은 정책, 개선이 필요하다고 느끼는 정책, 추진하고 싶은 정책은 지원자가 필수로 준비해야 하는 답변으로, 공식자료(주요 업무계획 등)에서 확인하기 힘든 내용(주요 문제점, 개선방안 등)이 많다. 따라서 이러한 경우에는 지원자가 별도로 지식을 보충해야 한다. 보충자료로 추천하는 사이트는 국가부설 연구기관의 사이트이고, 기사는 정부부처에서 운영하는 대한민국 정책 브리핑을 권장한다.

1. 연구자료	
건강영역	• 시설보호아동 　- 건강검진과 구강검진 수검률은 일반청소년 대비 높은 편 　- 아동복지시설의 설치 및 운영에 관한 기준으로 보호아동에 대한 연1회의 건강진단을 규정하고 있고, 지자체별로 치과검진을 지원하기 때문으로 해석 • 가정위탁보호아동: 시설보호아동보다 낮으며, 시설에서 퇴소한 보호종료아동의 경우에도 일반 청년에 비해 낮진 않지만, 보호종료예정아동보다는 낮은 편
심리정서영역	보호종료예정아동보다 보호종료아동의 경우 경제적 자립성은 높지만 심리·정서적 자립, 사회적 자립은 낮은 편으로 지원 대책 마련 필요. 또한 보호종료예정아동과 보호종료아동 모두 삶의 만족도 낮게 측정

고용 및 경제영역	보호종료예정아동의 진로활동과 체험의 기회는 일반 청소년에 비해 적은 편이며, 만족감도 낮은 편
자립지원서비스 영역	자립준비프로그램과 관련하여 보호종료예정아동과 보호종료아동 중 각각 40.2%, 35.8%가 8개 영역의 프로그램 중 1개도 경험하지 못한 것으로 나타남. 즉, 10명 중 3~4명의 보호종료아동이 자립생활에 대한 기본 준비 없이 종료가 이뤄지는 것으로 해석됨.

출처 | 보호종료아동 자립실태 욕구조사 – 한국보건사회연구원

→ 해당 자료는 한국보건사회연구원의 '보호종료아동 자립실태 욕구조사'자료의 일부 내용이다. 연구자료의 가장 큰 장점은 객관적 문제진단이 가능하고 문제점의 다양한 유형과 개선방안을 고민해 볼 수 있다는 점이다. 지원자가 보건복지부 부처 근무를 희망할 경우, '개선이 필요하다고 느끼는 정책이 있는가?' 혹은 '이상적인 정책은 무엇인가?'의 질문에 답변으로 활용할 수 있는 자료이다. 내용을 살펴보면 심리정서영역, 고용 및 경제영역, 자립지원서비스 영역에 대한 개선책이 필요함을 확인할 수 있다. 특히 자립지원서비스 영역의 경우 자립준비프로그램이 존재하는데 이용률이 적은 원인을 생각해 볼 때 인지영역이 부족한 것인지, 인지가 되어 있음에도 프로그램 만족도 및 전문성의 문제인지, 개인적 영역인지 등을 고민해봐야 한다.

2. 뉴스기사

ㄱ군은 지난해 10월 전국 최초로 지역 내 보호종료를 앞둔 청소년들에게 최대 한 달간 자립생활을 지원하는 서대문구 자립체험주택 덕분에 자취생활을 체험할 수 있었다. 구청은 시설에서 퇴소를 앞둔 보호종료 청소년들이 자립에 적응할 수 있도록 일상생활부터 돈 관리, 자기보호, 진로계획 등을 위한 프로그램을 지원한다. 입주한 청소년들은 한 달 생활비 50만원도 추가로 받는다. 이런 프로그램은 홀로서기에 나서는 청년들에게 돈뿐만 아니라 생활 전반에 대한 조언 등이 필요하다는 지적이 나오면서 도입됐다.

ㄱ군과 마찬가지로 직접 가계부를 써보고, 청소와 빨래까지 고군분투하며 '혼자 살기'를 겪은 청소년들은 곧 마주할 '자립'에 대한 기대와 어려움을 동시에 겪었다고 한다. 이들은 체험을 마친 뒤 쓴 소감문에서 "혼자 결정해야 할 것이 너무 많았다", "공과금 납부 방법을 알게돼 도움됐다" 등 '홀로서기'에 관한 다양한 생각들을 털어놨다.

(중략)

그러나 아직 이들에 대한 정부 정책은 지원 금액에만 초점이 맞춰져 있다. 지난해(22년) 11월 정부가 발표한 '자립준비청년 지원 보완대책'에 따라 올해부터 자립수당은 기존 월 35만원에서 40만원으로 늘어난 정도다. 정부는 지자체에 자립정착금 지급액을 1,000만원을 제공하라고 권고도 했지만, 지자체 사정마다 실제 지급액은 제각각이다.

전문가들은 보호종료 아동들에게 '통합적인 자립 경험'이 중요하다고 강조한다.

(이하 생략)

출처 | 한겨레 "자립도 연습이 필요해" 박지영 기자

→ 뉴스기사에서도 정책을 이용하는 대상자의 현황, 목소리를 들을 수 있다. 기사자료에서 자립지원 프로그램이 한 달이라는 짧은 기간 내로 진행되고 프로그램이 지원금에 초점이 맞춰졌기 때문이라고 강조한다. 이를 통해 보호종료아동 자립을 위한 홀로서기를 지원하기 위해서는 프로그램의 장기화와 다양성을 고려해 볼 수 있다. 단, 뉴스기사의 경우 종종 정확도가 떨어지거나 일부의 문제를 일반화하는 경우도 있기 때문에 제도의 현황파악 정도로 참고하도록 하자. 공무원은 중립적인 시각으로 사회문제를 바라봐야 한다는 것을 잊지 말자.

01 배경지식(이론·사례·경험)

• 희망부처: 보건복지부

정책명	분류	내용(개념 / 주요 내용 / 결과)
첫만남 이용권 지급	신설·변화·관심	신설
	정책 주요 내용	• 추진배경: 아동양육에 따른 경제적 부담 경감 • 주요 내용 　– 내용: 출생한 아동에게 200만원 바우처 제공(1년 내 사용) 　– 대상: 22.1.1. 이후 출생자, 출생신고 후 주민번호 부여받은 대한민국 국적의 아동
	관련 법규	저출산 고령사회 기본법
	이슈(사건·경험)	저출산 증가: 양육비용 부담 증가, 여성경제활동 참가율 증가, 고용불안에 따른 출산기피 등의 경제학적 요인, 결혼관·자녀관 변화에 따른 사회인구학적 요인
	의견	현 제도는 올해 처음이지만 지방자치단체에서 유사한 제도가 있었음. 하지만 지원대상 제한 및 지급액이 달라 제도의 현실성에 대한 시민들의 의견이 있었음. 그런 점에서 현 정책은 대상자 구별 없이 현실적인 대안책을 제시함으로써 시민들의 경제적 부담을 더욱 완화시키는 데 기여할 것이라고 생각함

• 희망부처: 고용노동부

정책명	분류	내용(개념 / 주요 내용 / 결과)		
국민 취업 제도	신설·변화·관심	관심		
	정책 주요 내용	• 추진배경: 미취업 청년, 저소득층, 경력단절 여성, 장기실업자 등 취업취약계층에게 맞춤형 취업지원 서비스와 생계안정을 동시에 지원 • 주요 내용		
		Ⅰ유형	– 요건심사형: 중위소득 50% 이하, 재산 3억 이하, 2년 이내 취업경험이 있을 것 – 선발형: 취업경험 요건 충족하지 못한 자(청년 – 중위소득 120% 이하)	
			구직촉진수당(50만 원 × 6개월) + 취업지원 서비스	
		Ⅱ유형	– 저소득층: 중위소득 60% 이하 – 특정계층: 월 250만 원 미만 특수형태 근로종사자, 영세 자영업자 등	
			취업활동비용 + 취업지원 서비스	
	관련 법규	구직자 취업촉진 및 생활안정지원에 관한 법률		
	이슈(사건·경험)	[지인이 취업성공패키지 Ⅰ유형에 참가] • 만족: 고용센터 첫 방문 때부터 직업상담사가 매우 친절하게 취업상담과 취업계획 수립을 도와줌. 이후 필요한 직업훈련 알선과 취업을 위한 구인처 알림까지 적극적으로 도와줌		

정책명	분류	내용(개념 / 주요 내용 / 결과)
국민 취업 제도	이슈(사건·경험)	• 아쉬움: 직업훈련과정까지 끝난 후 취업을 위해 구직활동을 할 때까지 딤딩 공무원은 적극적으로 자신의 업무를 수행한 것이겠지만, 지인 입장에서는 취업을 독려하는 태도가 다소 부담스러웠음 • 나의 다짐: 임용된 후에 내담자와 소통하며 그분이 원하는 구인처를 중점으로 소개할 것, 또 내담자 성향에 맞춰 소개할 것
	의견	1:1로 취업상담 후 취업희망자들이 구직에 필요한 역량을 증진하는 데 기여함. 직업상담직 공무원으로서 매우 보람을 느낄 수 있는 일. 취업취약계층의 노동시장으로의 수월한 진입 및 생계를 지원하며 고용안정을 도모할 수 있음

• 희망부처: 고용노동부

정책명	분류	내용(개념 / 주요 내용 / 결과)
가사 근로자 고용 개선	신설·변화·관심	신설
	정책 주요 내용	• 추진배경: 가사서비스는 대부분 직업소개 방식으로 제공, 노동법 및 사회보험의 사각지대에 놓여 보호가 어려움 • 주요 내용 - 정부가 인증한 가사서비스 제공기관이 가사근로자를 직접 고용해 이용계약 체결한 이용자에게 서비스 제공 - 가사서비스 제공기관으로 인증된 사업장 소속 가사근로자의 최소 근로시간, 연차 유급휴가 등 근로조건 보장
	관련 법규	가사근로자의 고용개선 등에 관한 법률
	이슈(사건·경험)	노동법을 공부하면서 가사근로자는 근로기준법, 최저임금법의 보호를 받지 못하는 것에 개선점이 필요하다고 생각함
	의견	법의 사각지대에 놓여 제대로 보호를 받지 못하는 가사근로자들의 권익 증진에 기여할 것으로 기대. 그러나 정부 인증 제공기관 소속 근로자만 고용 환경이 개선될 것으로 예상. 여전히 많은 가사근로자가 근로조건을 보장받기 어려울 것이라는 한계점이 있다고 생각함.

• 희망부처: 법무부

정책명	분류	내용(개념 / 주요 내용 / 결과)
정신질환 보호관찰 대상자 정보공유 시행	신설·변화·관심	신설
	정책 주요 내용	• 추진배경 - 2019년 진주 방화살인사건을 비롯한 정신질환자에 의한 범죄 지속적 증가 - 정신질환 보호관찰 대상자의 치료 및 관리 강화에 의한 재범방지 및 국민 불안감 해소 • 주요 내용 - 보호관찰이 종료된 정신질환 대상자의 인적사항, 병력 및 치료 이력 등 관련 사항을 경찰관서의 장 및 지방자치단체의 장에게 제공 - 정신질환 여부를 불문하고 보호관찰 대상자가 보호관찰이 종료될 경우 관리 감독의 대상이 아님 → 보호관찰 종료 후 지속적 치료가 이뤄지지 않아 경남 진주 방화살인사건 발생 → 보호관찰소, 경찰, 지자체 간 대상자 정보 공유
	관련 법규	보호관찰 등에 관한 법률
	이슈(사건·경험)	2019.4. 경남 진주에서 일어난 무차별 살인사건으로, 보호관찰관의 관리하에서는 문제가 없었으나, 보호관찰 종료 후 치료중단으로 인해 상태가 악화되어 강력범죄로 이어짐
	의견	공무원은 시민 삶의 질 향상을 위해 부단히 노력해야 함. 특히 치안과 같은 안전문제는 가장 기본적으로 보호되어야 되는 부분. 지자체 및 경찰 간 공유를 통해 지역사회 안전이 촘촘해질 것으로 기대

💡 **Check Point** 상위 1%의 암기스킬: 부처·직무편

1. 대표주제: 만다라트 기법

암기해야 할 핵심주제를 한 페이지로 정리하는 방법이다. 맨 가운데 사각형에는 대표주제를 작성하고, 가운데 사각형을 둘러싼 8칸의 사각형에는 대표주제와 관련된 핵심주제 키워드를 작성하는 것이다.

[예시] 고용노동부 2024 주요 정책

[안전일터] 불공정 격차 완화	[안전일터] 상생·협력정부 뒷받침	[안전일터] 근로자의 생명·안전 보호
[일자리 창출] 빈 일자리 - 인력 매칭	고용노동부 2024 주요 정책	[일자리 창출] 현장훈련 제공 및 고용서비스 내실화
[노동시장 참여 촉진] 청년희망프로그램 · 취업장벽 제거	[노동시장 참여 촉진] 소외청년 지원	[노동시장 참여 촉진] 일하는 부모 부담 경감

2. 핵심주제: 마인드 맵

마인드맵은 '생각의 지도'라는 의미로, 주제와 관련된 다양한 정보를 확장시켜 핵심주제를 한 눈에 파악하는 것이다. 핵심주제에서 파생된 세부주제 키워드를 작성해서 다양한 정보를 빠르게 암기하도록 하자.

[예시] 고용노동부 2024 주요 정책→ 노동시장 참여 촉진

노동시장 참여 촉진

1. 청년이 원하는 프로그램 확대
- 일경험 확대 : 채용트렌드 반영
- 자격시험 지원 : 시험 응시료 50% 지원
- 맞춤형 지원 : 청년고용지원인프라 운영 확대, 특성화고 신기술 훈련 확대

2. 소외 청년 지원
- 청년 니트 : 맞춤형 프로그램, 전담 인프라 마련
- 해외 진출 청년 : K-Move 스쿨 지원 확대 및 연수 장려금 신설
- 다문화 청년 : 사회 진출 및 경제적, 사회적 자립역량 강화, 맞춤형 특화교육 신설

3. 일하는 부모 부담 경감
- 맞돌봄 급여 상황 : 육아휴직급여 상향 지원(3+3 → 6+6)
- 육아휴직기간 연장 : 1년→1년 6개월, 육아휴직급여 지급
- 육아기 근로시간 단축 개편 : 자녀연령 8세(초2)→12세(초6)
- 난임치료휴가급여 : 급여지원제도 신설

4. 취업장벽 및 애로요인 제거
- 장애인 : 중증장애인 출퇴근 비용 지원, 디지털 맞춤 훈련센터 구축
- 고령자 : 고령자계속고용장려금 지원기관 확대(2년→3년), 중장년내일센터 확충
- 유연근로 활성화 : 중소, 중견기업 육아기 시차출퇴근 지원, 육아기 재택, 원격, 선택근무 지원 단가 상향
- 장시간 근로개선 : 실근로자 단축 시 월 30만 원 제공, 근로시간 개선 컨설팅 고도화

PART

02

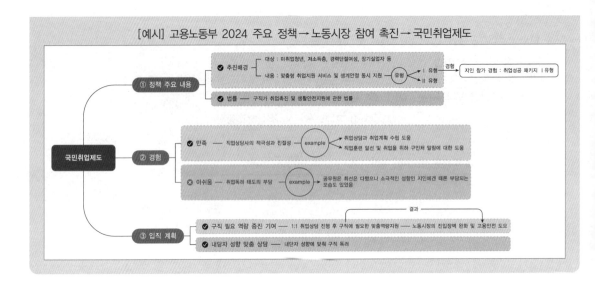

[예시] 고용노동부 2024 주요 정책→노동시장 참여 촉진→국민취업제도

POINT 05 활용: 부처·직무지식

01 구체적 설명

1. 활용방법

배경지식의 활용법과 직접질문의 정의는 CHAPTER 01-POINT 03-01을 참고하라.

▦ 직접질문 예시

[직접질문]
Q1. 지원자가 문화체육관광부에서 근무하고 싶은 이유는?
Q2. 고용노동부에서 인상적인 정책은 무엇인지?
Q3. 교정 및 교화사례에 대해 알고 있는 것 말해 보아라.
→ 직접질문이란 면접위원(면접관)이 듣고 싶어 하는 답변이 명확한 경우를 의미하며, 수험생은 질문조건에 맞는 답을 해야 한다. 위와 같은 질문의 경우 근무를 희망하는 이유, 희망부처의 주요 정책과 프로그램의 사례를 사전에 공부하지 않았다면 절대 답변할 수 없는 질문이기 때문에 충분한 배경지식을 공부해야 한다.

[지원자의 답변]
A1. 네. 제가 문화체육관광부에서 근무를 희망하는 이유는 … 입니다.
A2. 고용노동부의 여러 정책 중 가장 인상적인 정책은 … 입니다.
A3. 교정 및 교화사례를 말씀드리겠습니다. …
→ 지원자의 답변은 면접질문의 조건에 맞아야 하며, 이때 구체적인 배경지식을 바탕으로 답변해야 한다.

2. 대표사례

Q1 고용노동부에서 하는 정책 중 가장 인상 깊었던 정책 한 가지는?

문제조건	인상 깊었던 정책
답변핵심	정책사례를 구체적으로 언급해야 함

"이번 2022년 6월부터 시행예정인 가사근로자의 고용개선에 관한 법률이 가장 인상적이었습니다. 제가 이 정책을 인상 깊게 본 이유는 공무원 필기를 준비하면서 노동법을 공부할 때 근로기준법과 최저임금법 모두 적용이 제외되는 분들이 가사근로자였습니다. 그럼 이분들의 고용환경 안정과 개선은 사회제도적으로 보장되지 않는 건가? 하고 의아해 하고 개선이 필요하다고 생각한 적이 있습니다. 그런데 이분들을 위한 법률이 비로소 제정되었고, 정부에서 인증한 가사서비스 제공기관 소속 근로자들은 연차 유급휴가 등의 근로조건을 보장받게 되어 인상 깊었습니다."

Q2 지원자가 홍보하고 싶은 고용노동부, 고용센터에서 시행하고 있는 정책이나 프로그램에 대해 말해 보세요.

문제조건	홍보하고 싶은 정책 및 프로그램
답변핵심	정책 및 프로그램 사례를 구체적으로 언급해야 함

"네. 고용노동부 정책에 대해 알아보던 중에 k-디지털 기초역량훈련에 대해 알게 되었습니다. 기존에 시행되고 있던 국민내일배움카드 제도의 연장선으로 디지털 역량 부족으로 노동시장 진입이나 적응에 어려움을 겪는 청년, 중장년 구직자를 대상으로 하는 정부지원훈련입니다. 최근 구직자들에게 중요시되고 있는 코딩이나 빅데이터 분석과 같은 다양한 디지털 기술들을 배우는 과정으로 구성되어 있고, 100% 원격훈련이지만 실시간으로 쌍방향 소통이 가능하다는 장점이 있습니다.→ 정책사례를 구체적으로 답변함

4차 산업혁명이 대두되고 있는 현재 고용시장에서 디지털 역량은 대부분의 구직자들이 필수적으로 갖춰야 할 역량입니다. 그런 점에서 위 정책이 디지털 역량 부족으로 어려움을 겪는 구직자들에게 큰 도움이 될 수 있는 정책이라고 생각하여 k-디지털 기초역량훈련을 홍보하고 싶습니다."

02 키워드 나열

1. 활용방법

행정키워드의 활용법과 간접질문의 정의는 CHAPTER 01-POINT 03-02를 참고하라.

▪▪ 간접질문 예시

[간접질문]
Q1. ○○직 공무원에게 전문성이 필요한 이유는?
Q2. 최근 ○○(이슈)의 문제점이 무엇이라고 생각하는지?
Q3. 지원자의 전공 또는 과거 경험이 직무에 어떤 도움을 줄 수 있는지?

[지원자의 답변]

A1. ○○직 공무원에게 전문성이 필요한 이유는 ⋯ 입니다. (조건충족답변) ○○부처에서는 ○○직 전문성 향상을 위해 ⋯ 한 노력을 하고 있습니다. (보충답변)

A2. ○○이슈의 문제점은 ⋯ 이라고 생각합니다. (조건충족답변) 이를 위해 ⋯ 부처 내의 ○○을 이용하여 ⋯ 하게 해결해야 한다고 생각합니다. (보충답변)

A3. 저의 전공은 ○○입니다. ⋯ 한 전공과목 및 실습경험은 ⋯ 의 직무를 수행하는 데 도움이 될 수 있다고 생각합니다. (조건충족답변) 입직 후 부족한 역량은 조직 내 ⋯ 한 시스템을 이용하여 업무역량 향상을 위해 노력하겠습니다. (마무리멘트 및 보충답변)

→ 질문조건을 충족하는 답변을 한 뒤 추가적으로 어필하고 싶은 배경지식(행정키워드)을 언급하고 있다.

2. 대표사례

Q 세무직 공무원에게 가장 필요한 역량?

문제조건	세무직 공무원에게 필요한 역량
답변핵심	세무직 공무원의 업무특성을 근거로 답변해야 함
행정키워드	국세공무원교육원, 국세e교육원, 납세자세법교실

"세무공무원으로서 가장 필요한 역량은 '전문성'입니다. 최근 국세청의 유튜브 공식채널 운영, 공식 블로그 운영 등 활발한 납세자소통프로그램으로 납세자의 전반적인 세무지식 수준이 높아질 것이라고 생각합니다. 그리고 매년 세법이 광범위하게 개정되기 때문에 행정수요 또한 그만큼 다양해지고 있습니다. 이렇게 급변하는 행정수요에 대응하기 위해서는 전문성을 함양하고 있어야 된다고 생각합니다. 저는 대학시절 경영학부에 재학하면서 세법, 회계 관련 과목들을 쉽게 접할 수 있었고 이러한 과목들을 집중적으로 이수하며 우수한 성적을 거뒀습니다. 세무직 공무원은 납세자의 세무상 궁금증에 대한 실질적 도움을 위해 전문적 역량을 기르고자 국세공무원교육원, 국세e교육원, 납세자세법교실을 운영하여 세법, 회계분야에 대한 전문적 직무 교육을 하고 있는 것으로 알고 있습니다. 임용 후에도 전문성 향상을 위해 부단히 노력하는 공무원이 되겠습니다." → [보충답변] 세무직 공무원 역량과 관련된 행정키워드(국세e교육원, 납세자 세법교실)를 언급

03 [2024 평정표] 경험

POINT 01 점검: 평정표 관련 경험

01 평정표 이해 및 필수경험 준비

2024년 새롭게 변경된 평정표 내용 중 지원자의 '경험'을 평가할 수 있는 항목이 무엇인지 살펴보자. 2024 평정표 관련 경험은 2023 평정표의 하위 평가역량 및 행동지표의 체계도와 빈출 후속질문을 기반으로 분석한 내용이다.

소통·공감	[대인관계] 갈등, 설득, 소통 경험 등 [조직문화] 협동, 구성원 독려, 적응 경험 등 [개인관리] 스트레스 관리, 힘든 상황을 극복한 경험 등
헌신·열정	[목표의식] 집단목표 이해 및 달성 경험, 자기개발 경험, 부족한 점을 보완하여 성과를 낸 경험 등 [직무역량: 과거] 직무강점, 노력한 점, 부족한 점, 직무 관련 (유사)경험 [직무역량: 미래] 전문성 향상을 위한 노력방안, 직무수행 계획
창의·혁신	[사고력] 문제·관례 개선(우선순위, 분석대안별 장단점, 정보파악능력, 파급효과 등) 경험, 창의력을 발휘한 경험 등
윤리·책임	[윤리의식] 희생, 봉사, 공익, 책임, 청렴, 다양성 경험

02 경험의 중요성

- 경험은 지원자의 역량을 판단하는 근거가 된다. 과거 특정 상황에서 했던 행동을 바탕으로 입직 후 유사한 상황이 발생했을 때 수험생의 대응방안을 예측할 수 있기 때문이다. 특히 그 경험이 최근일수록 행동패턴이 반복될 가능성이 크다고 판단한다.
- 경험은 '살면서 힘들었던 적이 언제인지?', '목표수행을 위해 노력했던 경험'처럼 직접질문을 통해 지원자의 역량을 확인하기도 하지만, '공직자로서 중요하게 생각하는 자세', '상사의 위법한 행동을 목격했을 때 어떻게 대처할 것인지?'처럼 답변 속 사례의 경험을 바탕으로 그 역량을 확인하기도 한다.

03 직무경험 준비를 위한 시점 이해

구 분	과거	현재	미래
	직무이해		직무성숙
[과거] 직무경험	직무강점, 노력한 점, 직무(유사) 경험 ➡		
[미래] 직무역량			직무전문성 향상을 위한 계획 ➡
직무수행능력	'직무적격성 평가 완벽대응'		

04 경험 Q&A

1. 경험의 시기

면접에서 갈등해결 경험에 관한 질문을 받은 경우, 중학교 1학년 때 겪은 에피소드로 답변한다면 면접관이 지원자의 역량을 제대로 파악할 수 있을까? 면접관은 입직 후 지원자의 모습을 예측하기 힘들뿐더러 직무역량이 부족한 지원자로 판단할 수도 있다. 가장 큰 이유는 학생 때 겪는 갈등과 성인이 된 이후에 겪는 갈등의 소재에 큰 차이가 있기 때문이다. 중학생의 경우, 사춘기 때 겪는 친구 간의 갈등이 많은 반면, 성인이 된 이후에는 아르바이트 고객과의 갈등, 팀과제 주제선정 시 겪는 갈등 등 사회생활에서 겪을 법한 갈등을 겪기 때문이다. 이러한 이유로 경험의 시기는 빠를수록 좋고, 최대 3년 이내의 경험을 말하는 것을 추천한다.

2. 경력과 경험의 차이

경력과 경험의 가장 큰 차이는 증빙서류의 유무이다. 경력의 증명에는 4대 보험 등 근무했던 이력을 확인할 수 있는 증빙서류가 필요하다. 반면, 경험은 증빙서류가 없는 활동을 의미하는데 봉사활동, 교내 팀프로젝트 활동, 동아리 활동 등이 이에 속한다.

3. '득'이 아닌 '독'이 되는 경험

① 사적인 경험: 업무수행에 도움이 되지 않는 개인적인 경험을 의미하는데, 남자친구나 부모님과의 갈등 등이 이에 해당한다. 공무원 면접은 조직활동, 정부사업에 도움이 되는 지원자를 채용하는 과정이므로, 사적인 경험은 직무 및 조직역량을 검증하기 힘들다.

② 종교 및 정치적 견해: 국가공무원법 제59조의2(종교중립의 의무), 제65조(정치운동의 금지)에 규정되어 있듯 지원자는 면접에서 자신의 종교를 드러내거나 정치적인 견해를 드러내서는 안 된다. 수험생이 봉사활동 경험을 이야기할 때 종교단체에서 진행한 활동이라면, 단체명은 언급하지 않고 봉사활동에서 수행한 역할, 기여한 점 등만 답변하면 된다.

POINT 02 | 분석: 직무적합성 [과거 직무경험]

01 [과거] 직무경험 분석

1. 의의

[과거] 직무경험은 직무적격성을 파악하는 경험형 과제 및 경험형 과제 후속질문에 대비하기 위한 말재료이다. 특히 경험형 과제 후속질문의 경우, '지원직렬의 전문성을 쌓기 위해 어떤 노력을 했는지?', '지원자의 전공이 직무에 어떠한 도움이 되는지?' 등의 질문을 통해 면접관은 수험생의 직무수행능력을 파악하게 된다. 직무적격성을 평가하기 위한 평정요소는 '헌신·열정'으로 볼 수 있다.

2. 평정표 및 대표기출

평정표	헌신·열정
	[직무역량: 과거] 직무강점, 노력한 점, 부족한 점, 직무 관련 (유사)경험
대표기출	• 직무강점 및 노력한 점 Q. 직무(혹은 희망부처·부서)의 전문성을 쌓기 위해 어떠한 노력을 했나요? Q. 직무이해도를 높이기 위해 어떠한 정책을 공부했는지? Q. 희망직무와 관련된 정부제도를 이용해 본 경험이 있나요? Q. 직무강점에 대해 말씀해 주세요. • 부족한 점 Q. 직무의 부족한 점을 개선하기 위해 어떠한 노력을 했는지? • 직무 관련 (유사)경험 Q. 지금까지의 경험 중에서 공직(희망직무)에 도움이 될 만한 경험은 무엇인지? Q. 지원자의 학과 전공이 직무에 어떠한 도움을 줄 수 있는지? Q. 전문지식을 활용한 경험은? Q. 직무와 관련된 유사경험이 있나요?
평정표	[목표의식] 집단목표 이해 및 달성 경험, 자기개발 경험, 부족한 점을 보완하여 성과를 낸 경험 등
대표기출	Q. 목표를 달성하기 위해 노력했던 경험, 성취감을 느꼈던 경험 Q. 본인의 단점을 극복했던 경험 Q. 부족한 면을 채우기 위해 노력했던 경험

3. 분석개요

[분석 1] 희망직무	지원자가 희망하는 부처 및 부서의 담당직무를 세부적으로 분석하는 것을 의미한다. 예 (직렬) 일반행정 – (부처) 문화체육관광부 – (부서) 관광정책국(관광정책과)
[분석 2] 수험생의 경험	직무에 필요한 지식·기술·태도와 관련된 지원자의 경험을 분석하는 과정이다. 희망직무와 '동일'한 경험이 없다면, '유사'한 경험을 찾고, 직무에 도움이 될 수 있는 방향을 언급해야 한다.
[분석 3] 매칭: 직무 & 경험	분석한 직무와 지원자의 경험을 최종적으로 매칭하는 과정이다.

⓪② [분석 1] 희망직무

1. 개요

Step 1	희망직무 선택	• 희망부처 및 부서의 직무리스트 확인 • 직무리스트 중 담당하고 싶은 직무 선택(2~5개)

▼

Step 2	직무분석	선택한 직무수행 시 필요능력(지식·기술·태도) 분석

[사례] 일반행정직 ○○직무

직무확인 (주요 업무)	[직무 1] 정책기획, 사업환경 분석, 신규사업 발굴, 사업계획 수립, 행사지원 관리 [직무 2] 홍보전략 수립, 온라인홍보, 언론홍보, 모니터링 [직무 3] 민원응대
직무분석 필요지식	[직무 1] 제도(사업) 분석법, 정책(사업)계획 수립에 필요한 개념 및 식식, 사회조사 방법론 [직무 2] 홍보전략 수립법, 홍보채널별 특성 이해, 담당사업에 대한 이해 [직무 3] 민원응대 대응규정 관련 지식
필요기술	[직무 1] 제도(사업) 분석기술, 사업계획 수립능력, 기획·보고서 작성기술 [직무 2] 홍보 개발능력, 콘텐츠 제작 및 관리 능력, 언론 모니터링 기술, 상황별 대응능력, 유관부 서 협조능력 [직무 3] 서비스 응대능력, 민원 관리능력
필요태도	[직무 1·2] 직무규정 준수태도, 실효성 있는 계획 수립태도, 원활한 소통능력, 적극적 정보수집 자 세, 논리적·분석적·객관적 사고, 법령 및 규정을 준수하는 태도, 책임감, 윤리의식 [직무 3] 친절, 공정, 윤리의식, 공익성, 봉사성 등

2. 단계별 분석방법

Step 1 희망직무 선택

① 희망부처 및 부서의 직무리스트 확인

[예시] 문화체육관광부 – 관광정책국 '국내관광진흥과'

부서	국내관광진흥과		
직무소개	• 지역 관광콘텐츠 육성 및 활성화에 관한 사항 • 문화·예술·민속·레저·자연·생태 등 관광자원의 관광상품화에 관한 사항 • 템플스테이 등 전통문화 체험 및 지역 전통문화 관광자원화에 관한 사항 • 산업시설 등의 관광자원화 및 도시 내 관광자원 개발 등에 관한 사항 • 문화관광축제의 조사·개발 및 육성에 관한 사항 • 걷기여행길 관리·활성화에 관한 사항		
담당자별 담당직무	• 국내관광진흥과 총괄업무		
	• 템플스테이 • 지속 가능 관광	• 생태관광 • 전통문화 활용 활성화	• 반려동물 동반여행 • 과 서무업무
	• 지역 체류관광(생활관광, 야간관광, 워케이션, 관광주민증 및 인구감소지역 관광 대응) • 지역 관광콘텐츠(산업관광, 레저·스포츠관광, 지역명사 문화여행) 및 지역 연계관광 • 내 나라 여행박람회 • 과 예산		

	• 문화관광축제 지원 • 과 기획 총괄	• 추천 가 볼 만한 곳, 국내 대표관광지 육성
담당자별 담당직무	• 생활관광, 워케이션 • 산업관광	• 지역 연계관광 활성화(테마 10선) • 내 나라 여행박람회
	• 문화관광축제 지원 • 과 기획	• 추천 가 볼 만한 곳, 한국관광 100선
	• 템플스테이 • 반려동물 동반여행 • 전통문화 활용 활성화	• 생태관광 • 지속 가능 관광 • 과 서무업무

② 직무리스트 중 담당하고 싶은 직무선택(2~5개)

• 담당자를 기준으로 담당직무 전체를 선택하는 경우

담당자별 담당직무	• 템플스테이 • 지속 가능 관광	• 생태관광 • 전통문화 활용 활성화	• 반려동물 동반여행 • 과 서무업무

• 담당직무를 골라 다양하게 선택하는 경우

담당자별 담당직무	• 국내 대표관광지 육성 • 한국관광 100선	• 문화관광축제 지원 • 전통문화 활용 활성화	• 추천 가 볼 만한 곳

Step 2 직무분석

담당하고 싶은 직무를 선택했다면, 해당 직무에 필요한 지식·기술·태도는 무엇인지 생각해 보자. 지식은 직무수행을 위해 필요한 이론적 배경지식, 개념 등을 의미하고, 기술은 지식을 활용하고 해석하는 능력, 즉 구상능력, 진행능력 등 개인의 능력단위를 말하며, 태도는 직무수행 시 담당자가 갖춰야 할 자세를 일컫는다.

[예시] 분석표 – 희망부서 및 직무(업무) 분석

직무확인 (주요 업무)	[직무 1] 전통문화 활용 활성화 [직무 2] 문화관광축제 지원 [직무 3] 추천 가 볼 만한 곳, 국내 대표관광지 육성, 한국관광 100선
필요지식	[직무 1] 전통문화 이해, 전통문화 활성화 사례 [직무 2] 문화관광축제 지원채널 이해, 축제지원 시 안전규정, 축제지원 관련 규정 및 법규 [직무 3] 국내 대표관광지 사례, 사업 활성화를 위한 방법 이해, 관광정책(사업) 수립에 필요한 개념 및 지식, 사업분석법, 한국관광 100선 이해
필요기술	[직무 1] 사업 활성화 계획수립능력, 정보분석능력 [직무 2] 유관기관 협의능력, 정보수집능력, 콘셉트 기획능력, 홍보능력, 언론 및 온라인 모니터링기술, 커뮤니케이션능력 [직무 3] 사업 활성화 계획수립능력, 정보분석능력, 사업 실효성 파악능력
필요태도	[직무 1] 적극적 정보수집 자세, 윤리의식, 꼼꼼함 [직무 2] 법령 및 규정을 준수하는 태도, 원활한 소통능력, 실효성 있는 계획수립 태도, 공익성, 유관기관과의 소통 및 협력능력 [직무 3] 적극적 정보수집 자세, 논리적·분석적·객관적 사고, 윤리의식, 꼼꼼함

⑬ [분석 2] 수험생의 경험

1. 개요

Step 1	경험복기	• 시계열: 최신부터 역순으로 분류 　예 대학생활: 대학교 3학년 → 2학년 → 1학년 　　　학창생활: 대학교 → 고등학교 • 분야별: 대학생활이나 사회생활 등으로 분류 　예 대학생활: 학과활동, 봉사활동, 아르바이트 　　　사회생활: 취업준비, 아르바이트

▼

Step 2	경험비교	• 분석한 직무와 지원자의 경험 비교 나열 → 직무와 관련성이 높은 경험 확인 • 일치하는 경험을 찾기 힘들다면, 경험 세부분석 과정 필요

2. 단계별 분석방법

Step 1 경험복기

직무 관련 경험을 찾기 위해서는 자신이 그동안 어떤 활동을 수행했는지를 알고 있어야 직무 관련 경험을 확인할 수 있다. 수험생활이 길수록 자신이 대학생 때 어떤 활동을 했는지, 구체적으로 어떤 업무를 담당했는지, 당시 에피소드가 무엇인지 등 과거 경험을 떠올리기 쉽지 않다. 따라서 경험을 잘 복기해 자신이 어떤 활동을 했는지 리스트를 작성하는 것이 중요하다. 경험을 복기하는 방법은 시계열과 분야별로 나뉘어진다. 수험생 본인이 편한 방식을 선택해 그동안 어떤 활동을 했는지 자신을 되돌아보도록 하자.

① **시계열**: 시계열이란 '초등학교 – 중학교 – 고등학교'처럼 시간의 흐름을 의미한다. 가장 최근의 기억부터 역순으로 당해 어떤 활동을 했는지, 어떤 교육을 받았는지 등 구체적(학교 교육과목, 직무활동, 동아리활동, 팀과제, 아르바이트, 인턴활동 등의 다양한 경험)으로 기억을 복기해 보자. 기억을 복기하며 직무와 조금이라도 관련된 내용이 있으면 별도 표기를 하거나 키워드 정리를 해야 한다.

[예시] 대학생활 – 시계열 경험정리표

3~4학년	[학교교육] 비즈니스문서 작성의 기술 수강 [학교활동] 멘토 & 멘티활동, 여행동아리 활동(회계 담당), 학교조교(행정자료 정리, 업무보조 담당), 지방자치단체사업 장단점 분석 팀프로젝트 [기타활동] 회계관리 2급 자격증 취득, 커피전문점 아르바이트
1~2학년	[학교교육] 조직행동론, 컴퓨터활용기술, 재무제표 및 검증능력, 경영학개론 수강 [학교활동] 언론동아리 활동(학교행사 등 SNS 홍보, 블로그 작성 담당) [기타활동] 학원 아르바이트(행정보조)

② **분야별**: 분야별이란 시간의 흐름이 아닌 '영역, 장소' 등의 범주로 내용을 분류하는 것을 의미한다. 예를 들어, 대학생활에서도 대학교 내외로 분류하여 교내활동으로는 학교교육, 학과활동, 교내 봉사활동 등을 생각해 볼 수 있고, 교외활동으로는 아르바이트, 직업훈련교육 등을 생각할 수 있다.

[예시] 분야별 경험정리표

교육			경력·경험			
			경력	경험		
학교교육 (전공·교양)	직업·직무 교육(온·오프 라인)	자격증 (언어·직무) 수상경력	인턴·정규· 계약직 연수사항	학교활동 - 동아리 - 경진대회 - 봉사활동	전공활동 - 팀과제 - 프로젝트 - 연구활동	외부활동 - 현장실습 - 아르바이트 - 재능기부
비즈니스문서 작성의 기술	-	회계관리 2급	-	언론동아리 (홍보 및 블로그 담당)	지방자치 단체사업 팀프로젝트	커피전문점
회계원리	-	-	-	여행동아리 (회계 담당)	환경위기 대응 프로젝트	학원 (행정보조)
조직행동론	-	-	-	학교조교 (교내 행정자료 정리, 교수업무 보조)	-	

> **TIP**
> • 경력: 금전적 보수를 받고 수행한 활동으로, 경력증명서·고용보험·건강보험자격득실 등 증빙서류 제출이 가능한 활동
> • 경험: 금전적 보수를 받지 않고 수행한 활동

Step 2 경험비교

[예시] 분석직무 - 경험 비교 나열

구분	문화체육관광부 - 관광정책국 '국내관광진흥과'	대학생활(시계열 분석)
직무	[직무 1] 전통문화 활용 활성화 [직무 2] 문화관광축제 지원 [직무 3] 추천 가 볼 만한 곳, 국내 대표관광지 육성, 한국관광 100선	
필요 지식	[직무 1] 전통문화 이해, 전통문화 활성화 사례 [직무 2] 문화관광축제 지원채널 이해, 축제지원 시 안전규정, 축제지원 관련 규정 및 법규 [직무 3] 국내 대표관광지 사례, 사업 활성화를 위한 방법 이해, 관광정책(사업) 수립에 필요한 개념 및 지식, 사업분석법, 한국관광 100선 이해	• 3~4학년 [학교교육] 비즈니스문서 작성의 기술 수강 [학교활동] 멘토&멘티활동, 여행동아리(회계 담당), 학교조교(행정자료 정리, 업무보조 담당), 지방자치단체사업 장단점 분석 팀프로젝트 [기타활동] 회계관리 2급 자격증 취득, 커피전문점 아르바이트

필요 기술	[직무 1] 사업 활성화 계획수립능력, 정보분석능력 [직무 2] 유관기관 협의능력, 정보수집능력, 콘셉트 기획능력, 홍보능력, 언론 및 온라인 모니터링기술, 커뮤니케이션능력 [직무 3] 사업 활성화 계획수립능력, 정보분석능력, 사업 실효성 파악능력	• 1~2학년 [학교교육] 조직행동론, 컴퓨터활용기술, 재무제표 및 검증능력, 경영학개론 수강 [학교활동] 언론동아리 활동(학교행사 등 SNS 홍보, 블로그 작성 담당) [기타활동] 학원 아르바이트(행정보조)
필요 태도	[직무 1] 적극적 정보수집 자세, 윤리의식, 꼼꼼함 [직무 2] 법령 및 규정을 준수하는 태도, 원활한 소통능력, 실효성 있는 계획수립 태도, 공익성, 유관기관과의 소통 및 협력능력 [직무 3] 적극적 정보수집 자세, 논리적·분석적·객관적 사고, 윤리의식, 꼼꼼함	

04 [분석 3] 매칭: 직무 & 경험

1. 매칭

지원자가 희망하는 직무를 분석하고 지원자의 경험을 복기했다면, 직무와 가장 관련성이 높은 경험과 직무를 매칭시켜 보자. 매칭된 경험은 '지원자의 경험이 직무에 어떤 도움이 되는지?', '직무강점은 무엇인지?' 등의 질문에 대한 답변이 된다.

직무	경험
[지식: 직무 3] 관광정책(사업) 수립에 필요한 지식, 사업분석법 [기술: 직무 1·3] 사업 활성화 계획수립능력, 정보분석능력, 사업 실효성 파악능력 [태도: 직무 2·3] 소통 & 협업능력, 적극적 정보수집 자세, 논리적·분석적·객관적 사고	[학교활동] 지방자치단체사업 장단점 분석 팀프로젝트
[태도: 직무 3] 윤리의식, 꼼꼼함	[학교활동] 여행동아리 활동
[기술: 직무 2] 홍보능력, 언론 및 온라인 모니터링기술, 커뮤니케이션능력	[학교활동] 언론동아리 활동
[기술: 직무 2] 유관기관 협의능력	[기타활동] 커피전문점 및 학원 아르바이트

2. 비매칭

또한 매칭되지 않은 내용은 지원자의 부족한 역량이므로, 부족한 점을 보완하기 위해 현재 노력하고 있는 점과 미래에 노력할 점을 나누어 준비해야 한다.

[예시] 부족한 역량

현재 노력	[지식: 직무 2] 문화관광축제 유형, 지원채널, 안전규정 등 숙지 [지식: 직무 3] 국내 대표관광지 사례 숙지, 문화체육관광부의 사업 활성화를 위한 노력사례 숙지, 한국관광 100선 확인 [기술: 직무 3] 문화체육관광부의 국내 대표관광지 육성을 위한 방안 중 실효성 높은 사업 숙지
미래 노력	[기술: 직무 2] 문화관광축제 수요확대를 위해 콘셉트 기획능력 자기개발 [기술: 직무 1] 사업 활성화 계획수립을 위해 대학에서 배운 능력 이상의 심층적 분석능력 및 계획능력을 위해 노력

TIP

경험 세부분석

경험을 복기했는데도 희망하는 직무와 매칭하는 과정이 힘들다면, 자신의 경험을 세부적으로 분석해 보자.

• 역할·직무 분석

경험: 동아리 활동 경험	
역할	팀원 및 회계 담당
담당직무 1	동아리 운영 및 기획(운영별 주제수립, 신입생 모집, 홍보)
담당직무 2	예산관리(월별·분기별 예산관리, 예산관리 결과 공유)
담당직무 3	팀원관리(갈등관리)

▼

• 수행능력 분석

경험: 동아리 활동 경험		
역할		팀원 및 회계 담당
담당직무 1	운영 및 기획	[지식·역량] 동아리 운영 및 규정 매뉴얼 이해, 홍보채널 이해 [태도] 규정준수, 적극성, 창의력, 소통능력, 추진력
담당직무 2	예산관리	[지식·역량] 엑셀작업능력, 예산관리방법 이해 및 관리능력 [태도] 윤리성, 공익성, 꼼꼼함
담당직무 3	팀원관리	[지식·역량] 인력관리방안 이해 [태도] 소통능력, 갈등조정능력, 문제해결능력

04 MCM 정리

1. [분석 1] 희망직무

직무분석 (주요 업무)	
필요지식	
필요기술	
필요태도	

2. [분석 2] 수험생의 경험

경험 1	
경험 2	
경험 3	
경험 4	

3. [분석 3] 매칭: 직무 & 경험

직무		경험
	◀▶	

POINT 03 | 분석: 직무적합성 [미래 직무역량]

01 [미래] 직무역량 이해

1. 의의

[과거] 직무경험이 수험생의 과거 모습을 통해 직무수행능력을 확인시켜 주기 위한 것이라면, [미래] 직무역량은 입직 후 직무성장을 위한 모습을 보여 주기 위한 말재료이다.

2. 평정표 및 대표기출

평정표	헌신 · 열정
	[직무역량: 미래] 전문성 향상을 위한 노력방안, 직무수행 계획
대표기출	• 전문성 향상방안 Q. 직무수행에 있어 부족한 점이 무엇이고, 그 점을 어떻게 보완할 것인지? Q. 직무적응을 위해 어떤 노력을 할 것인지? (직무이해, 실무역량 등) Q. 전문성을 강화하기 위해 입직 후 자기계발은 어떻게 할 것인지? Q. 입직 후 목표가 있는지? 혹은 입직 후 5년간의 계획은 무엇인지?

02 MCM 정리

1. 노력사항(지식 · 태도를 위한 역량을 강화하기 위해 시도했던 노력)

직무이해를 위한 노력	
실무역량을 위한 노력	
그 외 노력	

2. 입직 후 목표 및 달성계획

목표	
단기적 목표	
장기적 목표	

01 조직적합성: 공직·소통·창의

1. 의의

조직적합성이란 구성원과 조직의 적합도를 말하며, 면접관은 이를 검증하기 위한 질문을 하게 된다. 이에 따라 수험생은 조직구성원으로서 담당업무의 적응능력, 주변 구성원과의 관계능력, 공직에 필요한 역량 등을 준비하여 면접관에게 어필할 수 있어야 한다. 특히 조직적합성의 하위요소인 공직·소통·창의는 2024 인재상이자 평정표의 주요 항목이므로, 관련 경험을 필수로 준비해야 한다.

■ 면접유형별 필요경험 및 평가요소

• 9급

면접유형	경험	평가
5분발표 과제	공직	공직적합성
경험·상황 면접과제	소통·창의	직무·조직적합성
대면면접	공직·소통·창의	직무·조직/공직적합성

• 7급·민경채

면접유형	경험	평가
개인발표 과제	창의	공직적합성
경험·상황 면접과제	소통·창의	직무·조직적합성
대면면접	공직·소통·창의	직무·조직/공직적합성

■ 상황형 과제 후속질문 일부

면접위원 "본인이 추진하려고 하는 사업을 상사가 반대한다면 어떻게 할 건가요?"

수험생 "네. 먼저 상사가 반대하는 의견을 경청하고 … 이후 사업추진이 필요하다면 사업의 필요성에 관한 객관적인 자료를 들어 상사를 '설득'해 보도록 하겠습니다."

면접위원 "상사를 설득한다고 했는데, 본인의 의견을 반대하는 동료나 상사를 설득해 본 경험이 있나요?"

평정표의 '윤리·책임'은 공직경험, '소통·공감'은 조직경험, '창의·혁신'은 창의경험으로 고려하여 말재료를 준비해야 한다.

2. 평정표 및 대표기출

① 공직

평정표	윤리·책임
	[윤리의식] 희생, 봉사, 공익, 책임, 청렴, 다양성 경험
대표기출	Q. 타인·조직을 위해 희생했던 경험 Q. 도덕성을 보여 줄 수 있는 지원자의 사례 Q. 봉사활동 경험 Q. 공무원에게 봉사정신이 특별히 요구되는 이유 및 관련 경험 Q. 청렴해서 이익을 봤거나 손해를 본 경험 Q. 규칙과 원칙을 잘 지켰던 경험 Q. 모범적 행위로 다른 사람에게 긍정적 영향을 준 사례 Q. 공직가치 중 자신을 가장 잘 표현할 수 있는 공직가치와 관련 경험

② 소통

평정표	소통·공감
	[대인관계] 갈등, 설득, 소통 경험 [조직문화] 협동, 구성원 독려, 적응 경험 [개인관리] 스트레스 관리, 힘든 상황을 극복한 경험
대표기출	• [대인관계] 의사소통능력 　Q. 본인의 의사소통능력은 10점 만점 중 몇 점인지? 그 이유와 관련 경험은? 　Q. 설득하기 가장 힘든 유형은 무엇이며, 관련 설득 경험에 대해 말하라. 　Q. 조직 내 상사, 동료와 갈등이 생겼을 때 갈등해결 경험 　Q. 조직 내 갈등이나 문제를 어떻게 해결했고, 어떠한 방법으로 설득했나? 　Q. 설득하려 해도 상대방이 설득되지 않는 상황에서 문제를 해결한 경험 　Q. 남에게 오해를 불러일으킨 사례 및 경험 　Q. 후임보다 본인이 나이가 많을 경우, 잘 지낼 수 있는지? 비슷한 경험은? 　Q. 본인이 원하는 상사의 스타일은? (성과 추구 vs 성과 관심 ×) • [조직문화] 조직이해능력 　Q. 공무원 조직생활에 있어 중요한 것은 무엇이라고 생각하는지? 관련 경험은? 　Q. 혼자 일하는 것 vs 팀원과 일하는 것 중 선호하는 스타일은? 　Q. 팀이나 조직에 적응하는 본인만의 노하우가 있는지? 　Q. 타인 혹은 타 조직과 협동해서 일을 처리한 경험 　Q. MZ세대와 함께 일해 본 경험, 기성세대와 일해 본 경험 　Q. 본인의 실수로 조직에 피해를 줬던 경험 • [개인관리] 긍정성, 본인 이해 등 　Q. 평소 스트레스 관리방법 　Q. 살면서 가장 힘들었던 경험(학업, 가정사 제외) 　Q. 주변에서 바라보는 본인의 모습

③ 창의

평정표	창의·혁신
	[사고력] 문제·관례 개선(우선순위, 분석대안별 장단점, 정보파악능력, 파급효과 등) 경험, 창의력을 발휘한 경험 등
대표기출	• 다각도적 사고력 Q. (조직의 / 예상치 못한 / 규칙이 없던) 문제를 해결했던 경험 Q. 문제를 해결하여 조직에 기여한 경험 Q. 목표달성에 실패했던 사례의 원인 및 해결 경험 Q. 창의성을 발휘했던 경험 Q. 새로운 아이디어를 통해 결과를 낸 경험 Q. 조직관례를 개선한 경험 Q. 자기개발 경험

02 경험분석: 나만의 경험소재 찾기

[과거·미래] 직무경험은 POINT 02~03에서 자세히 다루었기 때문에 해당 내용은 제외하였다.

1. 공직

민주성 다양성	특징	자유로운 의견발언, 의견·문화 경청 및 수용
	키워드	존중, 수용력, 개방성, 공동체의식
	예	• 조별과제 시 다수의견뿐만 아니라 소수의견도 존중했던 경험 • 글로벌 문화행사를 하며, 타국의 문화수용을 했던 경험
공정성	특징	행정절차에 따라 업무를 수행하는 태도
	키워드	원칙 및 규범준수, 준법정신
	예	• 교내 오전·오후 시험주제가 동일하여 미리 주제를 확인할 수 있었지만, 공정한 시험을 위해 묻지 않고 시험을 치른 경험 • 학내 규정상 동아리 청소는 돌아가면서 진행해야 했지만 신입회원에게 몰아주는 관행이 있었는데, 규정을 내세워 이를 올바르게 운영될 수 있도록 이끈 경험
책임감	특징	전문성을 바탕으로 맡은 업무를 끝까지 수행하는 자세
	키워드	책임감, 끈기, 인내, 성실성, 자기개발, 전문성
	예	• 업무 인수인계의 효율성을 위해 사전에 없던 매뉴얼을 직접 제작한 후 인수인계했던 경험 • 예산관리의 경험이 없었지만, 내부 사정상 어쩔 수 없이 예산관리자가 되어 별도로 회계공부를 했던 경험 • 환경적 요소(개인사정, 목표추진 불가 등)에 영향을 받지 않거나 타인에게 피해를 주지 않기 위해 맡은 역할을 끝까지 수행했던 (혹은 그 이상을 해냈던) 경험
청렴성	특징	청탁, 금품수수 등 불법행위를 멀리하는 자세
	키워드	준법정신
	예	• 사사로운 친분을 이유로 면접(동아리, 인턴, 아르바이트 등)을 잘 봐달라고 부탁하는 행위를 사전에 차단한 경험 • 회사 법인카드를 사적인 용도(식사, 카페, 개인용품 등)로 사용하는 행위를 목격한 후, 별도 상담 및 상사에게 보고한 경험

도덕성	특징	공중도덕, 생활법규를 준수하는 자세
	키워드	준법정신, 성실성
	예	• 버스정류장에서 노트북 분실물을 발견한 후 경찰서에 신고한 경험 • 코로나19 방역 실내규정 지침을 착실하게 이행한 경험

공익성	특징	• [공익] 공공의 이익을 우선시하는 자세
		• [희생] 단체 및 개인을 위해 대가 없이 도움을 주는 자세
		   – 시간: 조직·개인에게 시간을 할애해 보탬이 되는 업무수행
		   – 지식: 지식공유 및 나눔을 통해 가치·역량 향상에 기여
		   – 육체: 힘을 써야 하는 일에 먼저 나서는 행위

	키워드	공익성, 희생성, 봉사성, 책임감

	예	• 시간 및 육체
		   – 업무 특성상 돌아가며 한 달 동안 주말근무 진행해야 하는데, 주말근무 담당자의 가족이 입원을 해야 하는 상황이라 대체자가 필요했고, 동료를 대신해 자원하여 2달 연속 주말근무를 강행했던 경험
		   – 학과 특성상 매 학기 2박 3일 동안의 사전답사가 필요한데, 시험기간과 과제 제출기한이 겹쳐 모두 꺼려할 때 직접 나서 사전답사 업무를 수행한 경험
		• 시간: 군입대 후 관심병사 케어에 자진하여 지원했고, 친밀감 향상을 위해 관심병사의 취미인 장기를 배웠을 뿐만 아니라, 휴식시간마다 관심병사의 고민거리를 들어주는 노력을 했던 경험
		• 시간 및 지식: 교과지식에 대한 이해도 부족으로 교내 학업성적이 따라주지 않는 동료 및 후배들을 위해 시간을 내어 지식 재능기부를 했던 경험

2. 소통

조직 이해 능력	특징	• 조직문화에 대해 이해하는 능력, 업무수행과 관련해서 내부체제를 이해하는 능력 • 조직의 인재상 및 핵심가치에 부합하는 모습을 설명하면 되므로, 공직가치와 연결해서 답변
	키워드	조직방향성 및 구조 이해, 규칙 및 절차 이해
	예	공직가치 참고

**의사
소통
능력**
	특징	• 의사소통: 목표달성의 효과를 높이기 위한 목적으로 사용되는 수단으로서 타인 및 조직에 대한 관점의 이해 필요
		• 대인관계: 팀원 간의 관계를 유지하기 위한 팀워크와 갈등을 완만하게 해결하는 능력으로, 내부적 관계와 외부적 관계인 민원 및 유관부서, 타 부처와의 관계로 분류→갈등을 유발하는 요소
		• 감정: 자존심, 시기·질투, 감정조절 불가
		• 업무
		   – 역할분배 및 업무진행(방법·목표·절차·가치·사실)의 상충
		   – [원인] 잘못된 이해, 부정확한 정보 등 소통문제

	키워드	경청, 팀워크, 리더십, 갈등관리, 협상능력, 서비스능력

	예	• 설득
		   – 조별과제를 수행하며 팀원을 이해시키거나 설득했던 경험
		   – 다른 생각을 가진 사람과 업무를 수행하며 경청하고, 자신의 의사도 정확하게 전달했던 경험
		   – 교내 예산확보를 위해 프레젠테이션을 해서 직원을 설득한 경험
		• 갈등
		   – 감정적으로 행동하는 팀원으로 인한 갈등

의사 소통 능력		– 독단적으로 자신의 주장만 밀고 나가는 팀원의 태도 – 업무 수행방식의 차이로 겪은 갈등(예 업무 수행속도가 더뎌 동료를 이해하지 못하는 등) – 무책임한 팀원의 태도로 인한 갈등(예 성실 vs 비성실) – 대화법(예 직설적 말투)로 인해 오해받은 경험 • 협동 – 교내 학술행사를 진행하며 팀원과 협업했던 경험 – 타 학과생과 함께 리포트 과제를 수행하며 이해관계가 상이하더라도 협력해서 결과를 잘 이뤄냈던 경험 – 공동의 목표달성을 위해 최선을 다했던 경험 – 리더로서 목표를 설정하고 업무를 추진력 있게 수행한 경험 – 위기상황에서 팀원들의 멘탈을 다잡고 문제를 해결한 경험 – 팀원으로서 맡은 역할을 숙지하고, 뒤처지는 동료를 이끈 경험 • 서비스 – 고객의 컴플레인을 해결한 경험 – 고객의 컴플레인을 해결한 후 사후대처한 경험 – 고객의 니즈를 미리 파악해서 서비스를 제공한 경험

3. 창의

문제 해결 능력	특징	현재의 상황을 개선하여 효율을 높이거나, 미래에 발생할 수 있는 문제에 미리 대처하는 능력
	키워드	비판적 사고(문제인식·원인분석·해결제안), 논리력, 창의력
	예	• 위기극복 – 해마다 감소하는 동아리 신규회원 수 문제를 해결한 경험 – 아르바이트를 하던 매장에서 매출하락 문제를 해결한 경험 – 6개월 장기 조별과제 발표 직전, 발표자인 팀원의 교통사고로 누군가가 대체해야 하는 상황에서 자진하여 발표한 경험 • 반복문제·내부문제 – 조교생활 시 교수님 간 수업일정의 겹침 문제가 연달아 발생하여 이를 해결한 경험 – 동아리에서 지원하는 공모전에 매번 떨어져서 해결방안을 모색한 경험
자원 관리 능력	특징	인적·시적·물적 등 한정적 자원을 활용하고 운용하는 능력
	키워드	현실성, 우선순위, 분석력(저해, 낭비요소 분석)
	예	• 목표달성을 위해 시간을 효율적으로 계획해 진행한 경험 • 학업, 아르바이트, 자격증 등 동시업무를 효율적으로 진행한 경험 • 동아리 예산을 효율적으로 관리했던 경험 • 팀의 리더로서 팀원의 강·약점을 파악해 효율적인 업무증진에 기여했던 경험 • 문제해결을 위해 인력의 도움을 얻어 문제를 해결한 경험
정보 및 기술 능력	특징	• [정보능력] 정보수집 및 처리능력 • [기술능력] 기존에 배운 지식을 적용하는 능력
	키워드	수집력, 분석력, 관리력, 활용력, 창의력
	예	• 정보능력: 홍보의 효과를 높이기 위해 홍보의 전략적 방법 등 다양한 자료를 수집하고 분석해 좋은 평가를 받은 경험 • 기술능력 – 전공과목 및 직무교육에서 배운 경험을 실제로 적용한 경험 – 인턴생활 시 학교에서 배운 지식을 바탕으로 문제를 해결하거나 올바른 선택을 했던 경험 – 평소 숙지한 상식 및 배경지식을 벤치마킹했던 경험

자기 개발 능력	특징	직무수행에 있어 부족한 점을 인지하여 전문성을 쌓는 능력
	키워드	자기이해, 목표선정, 끈기
	예	• 자신의 부족한 점을 개선하기 위해 노력한 경험 • 목표달성 및 미래를 위해 미리 준비하고 노력한 경험 • 현재 주어진 과업보다 업무수행을 더 잘하기 위해 노력한 경험 • 관계개선을 위해 노력한 경험
기타 (힘들 었던 경험)	특징	• [대인관계] 가치관 및 성향 차이로 인한 문제 • [역할한계] 업무과다 등 개인이 수행 가능한 역할한계 문제 • [외부환경] 외부환경의 변화를 스스로 감당해야 하는 경우 **TIP** • 금지사례: 수험생활, 이성관계 문제 등 사적인 문제 • 금지소재: 감정적 호소 ×, 원인파악 및 해결과정 언급
	키워드	비판적 사고, 문제해결능력, 의지력, 발전가능성

	예	• 대인관계: 본인은 계획적인 스타일이나 함께 일하는 동료는 벼락치기 스타일이어서 잦은 실수가 발생하였고, 리더의 날카로운 말투로 인해 팀 분위기가 저하된 사례
		• 역할한계: 학사논문 수행 중 교수님께서 석사 수준의 논문을 요청했던 사례
		• 외부환경
		  – 학창시절 축구선수를 꿈꿨지만 다리 부상으로 꿈을 이루지 못했던 사례
		  – 신입으로 입사했는데 대리·팀장 모두 퇴사해서 그 역할을 대신 수행해야 했던 사례
		  – 첫 직장에서 미생물 분석 시 팀원들은 하루에 20건 정도의 시료를 처리했지만, 업무미숙으로 자신은 하루에 10건 정도의 시료를 처리했는데, 팀원들에게 피해를 주지 않기 위해 야근과 특근을 활용해 실험숙련도를 향상했던 사례

PART
02

03 MCM 정리

1. 공직

민주성 다양성	
공정성	
책임감	
청렴성	
도덕성	
공익성	

2. 소통

의사소통능력 (설득)	
의사소통능력 (갈등)	
의사소통능력 (협동)	
의사소통능력 (서비스)	

3. 창의

문제해결능력	
자원관리능력	
자기개발능력	

소통·공감	• [대인관계] 의사소통능력 Q. 본인의 의사소통능력은 10점 만점 중 몇 점인지? 그 이유와 관련 경험은? Q. 설득하기 가장 힘든 유형은 무엇이며, 관련 설득 경험에 대해 말하라. Q. 조직 내 상사, 동료와 갈등이 생겼을 때 갈등해결 경험 Q. 조직 내 갈등이나 문제를 어떻게 해결했고, 어떠한 방법으로 설득했나? Q. 설득하려 해도 상대방이 설득되지 않는 상황에서 문제를 해결한 경험 Q. 남에게 오해를 불러일으킨 사례 및 경험 Q. 후임보다 본인이 나이가 많을 경우, 잘 지낼 수 있는지? 비슷한 경험은? Q. 본인이 원하는 상사의 스타일은? (성과 추구 vs 성과 관심 ×) • [조직문화] 조직이해능력 Q. 공무원 조직생활에 있어 중요한 것은 무엇이라고 생각하는지? 관련 경험은? Q. 혼자 일하는 것 vs 팀원과 일하는 것 중 선호하는 스타일은? Q. 팀이나 조직에 적응하는 본인만의 노하우가 있는지? Q. 타인 혹은 타 조직과 협동해서 일을 처리한 경험 Q. MZ세대와 함께 일해 본 경험, 기성세대와 일해 본 경험 Q. 본인의 실수로 조직에 피해를 줬던 경험 • [개인관리] 긍정성, 본인 이해 등 Q. 평소 스트레스 관리방법 Q. 살면서 가장 힘들었던 경험(학업, 가정사 제외) Q. 주변에서 바라보는 본인의 모습
헌신·열정	[직무역량: 과거] 직무전문성 • 직무강점 및 노력한 점 Q. 직무(혹은 희망부처·부서)의 전문성을 쌓기 위해 어떠한 노력을 했나요? Q. 직무이해도를 높이기 위해 어떠한 정책을 공부했는지? Q. 희망직무와 관련된 정부제도를 이용해 본 경험이 있나요? Q. 직무강점에 대해 말씀해 주세요. • 부족한 점 Q. 직무의 부족한 점을 개선하기 위해 어떠한 노력을 했는지? • 직무 관련 (유사)경험 Q. 지금까지의 경험 중에서 공직(희망직무)에 도움이 될 만한 경험은 무엇인지? Q. 지원자의 학과 전공이 직무에 어떠한 도움을 줄 수 있는지? Q. 전문지식을 활용한 경험은? Q. 직무와 관련된 유사경험이 있나요? [목표의식] 열정, 태도 Q. 목표를 달성하기 위해 노력했던 경험, 성취감을 느꼈던 경험 Q. 본인의 단점을 극복했던 경험 Q. 부족한 면을 채우기 위해 노력했던 경험 [직무역량: 미래] 직무 발전가능성 • 전문성 향상방안 Q. 직무수행에 있어 부족한 점이 무엇이고, 그 점을 어떻게 보완할 것인지? Q. 직무적응을 위해 어떤 노력을 할 것인지? (직무이해, 실무역량 등) Q. 전문성을 강화하기 위해 입직 후 자기계발은 어떻게 할 것인지? Q. 입직 후 목표가 있는지? 혹은 입직 후 5년간의 계획은 무엇인지?

창의·혁신	• 다각도적 사고력 Q. (조직의 / 예상치 못한 / 규칙이 없던) 문제를 해결했던 경험 Q. 문제를 해결하여 조직에 기여한 경험 Q. 목표달성에 실패했던 사례의 원인 및 해결 경험 Q. 창의성을 발휘했던 경험 Q. 새로운 아이디어를 통해 결과를 낸 경험 Q. 조직관례를 개선한 경험 Q. 자기개발 경험
윤리·책임	Q. 타인·조직을 위해 희생했던 경험 Q. 도덕성을 보여 줄 수 있는 지원자의 사례 Q. 봉사활동 경험 Q. 공무원에게 봉사정신이 특별히 요구되는 이유 및 관련 경험 Q. 청렴해서 이익을 봤거나 손해를 본 경험 Q. 규칙과 원칙을 잘 지켰던 경험 Q. 모범적 행위로 다른 사람에게 긍정적 영향을 준 사례 Q. 공직가치 중 자신을 가장 잘 표현할 수 있는 공직가치와 관련 경험

memo

PART
03

경험·상황면접과제 개요 및
경험과제 & 질의응답

CHAPTER 01 경험·상황면접과제 [개요]

POINT 01 경험·상황면접과제 개요

01 의의

경험·상황면접과제란 지원자의 직무능력을 평가하기 위해 면접 당일 제시되는 과제를 20분가량 작성하여 시험감독관에게 제출하는 과제이다. 개별 면접 진행 시, 지원자가 작성한 경험·상황면접과제 자료를 기반으로 후속질문이 이뤄진다.

1. 경험형

필기합격자 발표 당일 면접시험 응시요령 안내 자료에서 경험형 주제를 확인할 수 있다. 지원자는 사전에 공개된 경험형 주제를 미리 준비하여 면접장에서 해당 내용을 작성해야 한다. 주제는 직렬 구분 없이 전 직렬 동일한 문제가 출제된다.

■■ 경험형 주제

> 임용 이후 근무하고 싶은 부처(기관)와 담당하고 싶은 직무(정책)에 대해 기술하고, 응시분야 관련 이해도와 교과목 수강(전문도서 자기학습 등 포함), 각종 활동 등 해당 분야의 직무수행능력 및 전문성 함양을 위해 평소 준비한 노력과 경험 등을 작성하시오.

2. 상황형

공직자로서 직무수행을 하는 과정에서 발생하는 다양한 상황에 대처하는 능력을 평가하는 면접과제이다. 제시문의 상황에서 지원자는 내·외부 조직과 협력하는 법, 민심을 회복하기 위한 설득법, 새로운 관점의 대안책 등을 제시함으로써 공직자로서의 창의적인 역량과 시각을 제시할 수 있어야 한다. 2023년부터 달라진 상황과제의 특징은 다음과 같다.

구분	변경 전(~2022)	변경 후(2023)
내용	면접요일·입실시간(오전·오후)에 따라 주제가 달라짐	면접요일별로 주제는 다르나, 입실시간(오전·오후) 구분 없이 공통주제로 출제됨. 단, 면접요일별 직렬에 따라 다양한 주제가 출제됨

02 진행과정

STEP 01 응시자 대기장

작성 대기상황	• 순번 및 응시번호 확인 후, 자리 착석 • 안내방송과 함께 면접 진행절차 설명 및 전자기기 수거 • 평정표 작성

▼

STEP 02 경험·상황면접과제 작성

작성방법	• [작성시간] 20분 • [작성서식] 질문지, 작성지[NCR용지(감압지)] 별도 제공 　　　　작성지는 경험·상황 각 12줄의 1page 용지 형태
유의사항	• 스크린 시계 있으며, 면접 전 검정색 볼펜 지참(1.0~0.5mm 추천) • 재질이 얇은 감압지로 필압을 강하게 하면 용지가 찢길 가능성 있음 • 생각 외로 잘 써지기 때문에 필압 약한 분들도 걱정하지 않아도 됨 • 단, 작성내용이 잘 적히는지 중간 중간 뒷면을 보며 확인하길 바람(내용 보며 힘 조절) • 깔끔하게 작성하는 법 연습 필요(면접관에게 제출되는 자료이기 때문) • 내용수정 시 취소선 긋고 재작성

▼

제출 및 대기	• [제출] 각 줄에 서 있는 시험감독관이 직접 수거 진행 • [대기] 20분가량 휴식시간 후, 1번 지원자부터 면접장 이동 　　　　남아 있는 수험생들은 계속 대기하며, 사전에 준비한 자료 확인 가능
참고사항	• 전자기기는 수거하므로, 면접 전날 정리한 핵심자료는 미리 프린트해서 가져갈 것 • [TIP] 면접순위가 늦어질수록 지원자가 작성한 내용을 잊어버릴 수 있기 때문에 빈 용지에 지원 자가 작성한 내용을 복기하여 기록하면 개별면접 직전에 도움이 될 수 있음

1. 질문지

2023년도 국가공무원 9급 공개경쟁채용 면접시험	보호·검찰·일반행정(경찰청)	6.14 (수)

경험·상황면접과제 질문지

면접조　　　　　　　　　　　　　　　　　　　**성명**

작성 시 주의사항

▪ 과제작성시간은 **20분**이며, **작성 후 시험감독관에게** 제출해 주시기 바랍니다.

경험형
임용 이후 근무하고 싶은 부처(기관)와 담당하고 싶은 직무(정책)에 대해 기술하고, 응시분야 관련 이해도와 교과목 수강(전문도서 자기학습 등 포함), 각종 활동 등 해당 분야의 직무수행능력 및 전문성 함양을 위해 평소 준비한 노력과 경험 등을 작성하시오.

상황형
제시문 내용

2. 작성지

경험 · 상황면접과제 작성용지

경험 · 상황면접과제 작성용지

면접조: 1조　　　　　응시번호: 90101123　　　　　성명: 김소영

1.

2.

04 작성요령

1. 한 장의 보고서 작성

경험·상황면접과제는 '한 장의 보고서'라고 생각해도 무방하다. 지원자가 희망하는 부처와 직무수행능력 및 전문성 함양을 위해 노력한 과정이 무엇인지, 제시된 상황에 맞춰 문제를 어떻게 해결할 것인지 등 문학적 글쓰기처럼 내용을 서술해 작성한다면 표현하고자 하는 핵심은 잘 보이지 않을 뿐더러 짧은 시간 안에 지원자의 전문성을 판단해야 하는 면접위원(면접관)의 특성상 작성 내용을 검토하기 힘들 수 있다. 지원자가 면접위원(면접관)이라면 핵심이 잘 드러나는 보고서 양식이 눈에 띄고, 더 전문적인 내용처럼 느껴지지 않을까? 하단 내용을 보며 어떤 내용이 눈에 드러나는지 확인해 보자.

| 한 장 보고서 작성 | = | 개조식 | + | 명사형 | + | 명필 |

〈서술형 작성〉

제가 희망하는 부서는 검찰청 여성아동범죄 조사부입니다.
최근 여성과 아동에 대한 범죄가 증가하고 있고 특히 디지털 정보화 시대에는 디지털 성
범죄라는 사건이 대두되고 있습니다. 대표적으로 N번방 사건이 그 예입니다.
제가 관련 부서의 전문성을 함양하기 위해 노력한 노력을 말씀드리겠습니다.
저는 대학교 법학과 재학 시절 성범죄 관련 조문과 판례를 엮어 보고서를 작성한 경험이
있습니다. 이는 다양한 성범죄에 대한 이해력을 강화시켰다고 생각합니다.
또한 대학교 재학 시절 동기들과 모의수사 모의재판을 했던 경험이 있습니다. 특히 성범죄
와 아동학대 피해자들을 존중하는 범죄 수사법을 배워 검찰직에 임용되어서 피해자들과
직접 대면을 할 때, 존중하며 수사를 할 수 있다고 생각합니다.
(이하 생략)

2. 작성법

개조식	개념	개조식 작성은 문장 앞에 서수형 번호나 기호를 붙여 중요한 요점을 서술하는 방식이다. • 1, 2, 3, 4 … • □, ○, ▷, – …	
	예시	전문성 함양을 위한 노력 1. 학교활동 　전문성 함양을 위한 노력 　(1) 활교활동	□ 전문성 함양을 위한 노력 ○ 학교활동 □ 전문성 함양을 위한 노력 ▷ 학교활동
명사형	개념	• 보고서는 짧고 명확하게 작성해야 하는 것이 좋으므로, 명사형으로 정리한다. • 가능한 조사도 생략하며, '~함', '~임' 등의 평서형 종결어미도 생략하는 편이지만, 내용상 평서형 종결어미가 필요할 때는 사용해도 좋다.	
	예시	• 명사형 종결어미(○): 대학교 법학과 재학시절, 성범죄 관련 보고서 작성 • 평서형 종결어미(△): 대학교 법학과 재학시절, 성범죄 관련 보고서 작성함 • 서술형·조사형(×): 대학교 법학과 재학시절에 성범죄에 관련된 보고서를 작성했습니다.	
명필	개념	명필은 아주 잘 쓴 글씨를 의미하며, 반의어는 '악필'이라고 한다. 경험·상황면접과제는 면접관에게 제출되는 과제로서 면접관이 글씨를 알아 볼 수 있도록 작성해야 한다.	

〈개조식 작성〉

○ 담당 희망부서: 검찰청 여성아동범죄 조사부
○ 희망업무: 여성과 아동에 대한 범죄수사 및 피해자 지원업무
○ 이유: 최근 여성과 아동에 대한 범죄 및 디지털 성범죄 증가(N번방, 정인이사건)
○ 전문성 함양을 위한 노력
◦ 학교 교육활동
(1) 법학과 재학 당시 성범죄 이해 강화(성범죄 관련 조문과 판례를 엮어 보고서 작성)
(2) 모의수사 및 모의재판 경험(피해자를 존중하는 범죄수사법 이해)
(3) 경찰서 여성청소년과 견학(실제 피해사례와 피해자들이 느끼는 심적 고통 이해)
◦ 개인활동
(1) 성범죄 처벌 등에 관한 특례법 개정안 학습(N번방 방지법 등)
(2) 실제 여성 아동범죄 조사부 담당 검사 인터뷰 시청 및 업무현황 파악
(여성과 아동, 장애인에 대한 범죄수사 및 피해자 지원업무)

3. 수정법

내용 수정이 필요할 때는 수정테이프를 사용하지 않고 '취소선(두 줄 횡선)'을 그어 수정한다. NCR용지(감압지)의 특성상 수정테이프는 수정된 내용이 감압지 뒷장에 반영되지 않기 때문이다.

>   증가
> ○ 이유: 최근 여성과 아동에 대한 범죄 및 디지털 성범죄 ~~감소~~(N번방, 정인이사건)

POINT 02   연습방법

1. 시간 배분

경험형	5분 이내로 작성할 것: 경험형 주제는 사전에 공개되기 때문에 5분 이내로 작성할 것을 권한다.
상황형	15분 작성: 검토 및 분석(5분) + 작성(8분) + 최종검토(2분)

2. 과제 연습법

경험형	**① 초안작성** • 작성시간보다는 내용의 완성도에 초점을 맞춰 구체적으로 작성할 것 • 면접 1주일 전 경험과제의 완성도는 약 90% 이상이어야 함 ↓ **② 실전훈련** • 초안준비가 되었다면 실전처럼 7분 이내로 작성하는 훈련 병행 • 고려사항 3가지: 완성도, 시간준수, 글씨체(명필) • 훈련연습: 1일 1연습(경험과제를 암기해서 면접 당일 작성해야 함)
상황형	**① 빈출순으로 훈련** • 기출빈도가 높은 유형을 우선하여 훈련할 것 • 고려사항: 면접 2주 전까지 작성시간보다는 내용의 완성도를 우선할 것 ↓ **② 실전훈련** • 초안준비가 되었다면 실전처럼 13분 이내로 작성하는 훈련 병행 • 고려사항: 빈출순으로 훈련하되, 취약한 유형은 집중적으로 훈련 • 훈련연습: 1일 1연습(어떠한 유형이 출제될지 모르기 때문에 감을 기르는 연습 필요)

⚙ Check Point 경험·상황면접과제 자가훈련 프로젝트

30일 프로젝트

- F: 'Feedback'의 약어
- 실전훈련: 경험과제+상황과제 모두 20분 이내로 작성하는 훈련

회차	내용	학습 여부	회차	내용	학습 여부
1일차	경험과제 말재료 준비		16일차	경험과제 작성+F	
2일차			17일차		
3일차			18일차	상황과제(공직형/민원형)+F	
4일차	경험과제 초안 1+F		19일차		
5일차	상황과제(정책: 외부)+F		20일차	피드백 내용정리 및 보완	
6일차	경험과제 초안 2+F		21일차	실전훈련 1	
7일차	상황과제(정책: 외부)+F		22일차	실전훈련 2	
8일차	경험과제 초안 3+F		23일차	실전훈련 3	
9일차	상황과제(정책: 외부)+F		24일차	보완점 정리	
10일차	피드백 내용정리 및 보완		25일차	실전훈련 4	
11일차	상황과제(정책: 내부)+F		26일차	실전훈련 5	
12일차			27일차	보완점 정리	
13일차	경험과제 작성+F		28일차	실전훈련 6	
14일차	상항과제(업무조직)+F		29일차	실전훈련 7	
15일차			30일차	최종 정리	

14일 프로젝트

회차	내용	학습여부	회차	내용	학습여부
1일차	경험과제 말재료 준비		8	피드백 내용정리 및 보완	
2일차			9	상황과제(업무조직)	
3일차			10	상황과제(공직형 / 민원형)	
4일차	경험과제 초안 1+F		11	실전훈련 1·2	
5일차	상황과제(정책: 외·내부)		12	실전훈련 3·4	
6일차	경험과제 초안 2+F		13	실전훈전 5·6	
7일차	상황과제(정책: 외·내부)		14	최종정리	

| POINT 01 　4단계 정보수집법

01 경험형 과제 주제

경험형 주제는 2020년부터 면접일·직렬 상관없이 공통주제로 출제되고 있다. 주제는 필기합격자 발표 당일 면접 공지사항과 함께 사전에 제시되는 주제로 면접일까지 미리 준비해야 한다.

> 임용 이후 근무하고 싶은 부처(기관)와 담당하고 싶은 직무(정책)에 대해 기술하고, 응시분야 관련 이해도와 교과목 수강(전문도서 자기학습 등 포함), 각종 활동 등 해당 분야의 직무수행능력 및 전문성 함양을 위해 평소 준비한 노력과 경험 등을 구체적으로 서술해주십시오.

02 4단계 정보수집법

4단계 정보수집법이란 경험형 주제를 작성하기 전에 미리 준비해야 하는 답변소재, 즉 콘텐츠를 의미한다. 콘텐츠를 자세히 분석하고 수집하는 방법은 PART 02 – CHAPTER 02(경험형 과제: 부처·직무)~03(2024 평정표: 경험)에 자세히 나와 있다. 이번 챕터에서는 경험형 과제의 문제조건을 파악하고, 조건에 알맞은 말재료(소재·콘텐츠)와 작성법에 대해 알아볼 것이다.

1. 문제조건

> 임용 이후 근무하고 싶은 부처(기관)와 담당하고 싶은 직무(정책)에 대해 기술하고, 응시분야 관련 이해도와 교과목 수강 (전문도서 자기학습 등 포함), 각종 활동 등 해당 분야의 직무수행능력 및 전문성 함양을 위해 평소 준비한 노력과 경험 등을 구체적으로 서술해주십시오.

문제조건이란 제시문의 요구사항, 잠재조건이란 제시문에서 언급된 조건 외에 숨은 키워드를 말한다. 잠재조건을 분석하여 경험과제를 작성할 경우, 작성지 칸을 빼곡하게 채워 면접준비의 노력도는 물론 완성도도 높일 수 있다.

문제조건		잠재조건
근무하고 싶은 부처(기관)와 담당하고 싶은 직무(정책)	→	희망하는 부처(기관) 및 직무(정책)
		희망하는 이유
직무전문성 함양을 위해 준비한 노력 및 경험	→	과거
		현재

2. 4단계 정보수집법

[예시] 행정(고용노동)

1단계: 분석 부처 → 부서 → 관심업무 확인

1	희망부처	고용노동부 • 청년고용정책관 • 청년고용기획과, 청년취업지원과, 공정채용기반과
2	희망업무 선택	청년고용기획과
3	주요 업무 파악	청년고용정책 연구개발, 공공기관 청년고용의무제, 청년고용, 청년고용 활성화 정책 …

2단계: 조사(희망업무)

1	관련 정책 및 이슈 파악	• 고용노동부(주요 업무계획, 블로그, 카드뉴스 등) • 정책브리핑 등
2	정보결과	• 청년고용 활성화 정책(내일채움공제: 중소기업 취업촉진 지원, 정규직 2년 근속 시 1,200만원) • 청년 고용정책 개발 　－ 미래 청년인력 양성(청년스타트업, 그린트레이닝) 　－ 찾아가는 맞춤형 훈련 　－ 취업지원 인프라 보강(일자리센터, 온라인청년센터)

3단계: 조사(노력경험) 노력(과거·현재, 지식·역량), 동기·계기(직접·간접)

※ [참고] PART 02－CHAPTER 02(경험형 과제: 부처·직무)～03(2024 평정표: 경험)

4단계: 매칭 과제작성

※ [참고] PART 02－CHAPTER 02(경험형 과제: 부처·직무)～03(2024 평정표: 경험)

□ 희망부처: ○○○○부
□ 희망부처(부서) 및 직무: ○○과 ○○업무
□ 담당하고 싶은 이유
− (목표 / 필요성 / 이유 1) ∼ 했음 / ∼ 하게 됨 / ∼ 하였음
− (이유 2)
□ 노력과 경험
− (경험)
− (노력 1)
− (노력 2)

□ 희망부처(부서) 및 직무(정책)
□ 전문성 함양을 위한 노력 및 경험
1. 관련 경험
−
−
−
−
2. 노력사항
−
−
−
−

01 희망부처(부서) 및 직무(정책)

희망부처(부서) 및 직무(정책)를 선택할 때는 최대한 구체적으로 작성해야 한다. 내가 희망하는 부서가 구체적일수록 직무에 필요한 지식 및 역량을 더욱 쉽고 빠르게 찾을 수 있어 자신이 지원업무에 얼마나 관심이 많은지, 얼마나 노력했는지를 강하게 어필할 수 있기 때문이다.

수정 전

□ 희망부처: 고용노동부	희망부처 및 상위 부서만 기재→ 구체적으로 어떤 업무에 관심이 있는지 표현되지 않음
□ 희망직무: 청년고용정책관	

▼

수정 후

□ 부처·직무: 고용노동부 청년고용정책관–청년고용 기획과	희망부처 및 상위·하위부서까지 기재→하위부서의 관심 있는 업무까지 적극 표현
□ 관심업무: 청년고용(일자리사업) 기획업무 지원, 청년 관련 제도 운영 및 법령 제·개정 지원, 2030 자문단 운영지원 등	

02 근무하고 싶은 이유(관심을 갖게 된 계기)

1. 필요성

근무하고 싶은 이유의 경우, 제시문의 문제조건은 아니지만 경험과제 내용의 설득력을 높이기 위해 간략하게 1줄 정도 기재하는 것이 좋다. 만약 작성하지 않더라도 희망부처 및 직무에 관심을 갖게 된 계기인 지원동기는 개별면접을 대비해 꼭 준비해야 한다. 지원동기는 개별면접에서 80% 이상 출제되는 빈출질문이기 때문이다.

개인적 동기	정책(제도)·이슈·공직에 대한 직접(체험·이용·목격) 경험 • 국민취업제도 서비스를 직접 이용해 보며 느낀 점 • 중장년 취업프로그램을 이용하는 아버지를 보며 느낀 점 • 코로나19로 프리랜서 지원금을 받아 본 경험 • 봉사활동을 통해 복지 사각지대를 목격한 경험
사회적 동기	정책(제도)·이슈·공직에 대한 간접(사건사고 뉴스, 지인의 경험) 경험 • 한부모가정의 실태 연구논문 조사를 보고 느낀 점 • 출산율 저하 통계자료를 보고 느낀 점 • 돌봄서비스에 대한 어려움을 겪은 지인의 사례 • 코로나19로 자영업의 존폐위기에 놓인 소상공인의 인터뷰 및 기사

PART 03

2. 예시: 기술직(일반기계)

□ 경험과제

□ 희망부처·관심업무: 특허청 심판부(기계 분야 특허심판, 특허기반 연구개발 정책참여)
□ 희망이유
전국의 학생이 참여하는 종합설계경진대회에 참가하여 전공활용작품을 설계하고 제작하는
프로젝트 진행 → 산업통상자원부 장관상 시상 → 창의성·실효성 높은 기술과 제품제작에
관심을 가지게 되어 관련 특허를 심판하고 '연구개발 정책참여'에 지원하기 위해 희망

▼

□ 개별면접 "지원동기"

> **Q.** 특허청에 관심을 갖게 된 계기는 무엇인가요?
> **A.** "제가 특허청 '일반기계심사과'에서 근무하고 싶은 이유는 기계요소 관련 특허심사와 조속한 특허관리를 통해 특허심사의 질 향상에 기여하기 위함입니다. 제가 특허심사에 관심을 갖게 된 계기는 대학생 시절 종합설계 경진대회에 참가하여 작품을 완성하고, 특허출원을 경험하면서부터입니다. 심사받는 과정에서 '특허심사 3.0'에 기반한 맞춤형 심사를 받아 특허등록에 도움을 받은 경험이 있습니다. 이후 개인과 중소기업 그리고 벤처기업의 특허출원 신청이 늘어남에 따라 더 좋은 특허심사 패러다임을 제공하여 국민 행복과 국가경제 성장에 기여하고자 하는 삶의 목표가 생겼고, 대학교 기계공학을 이수하여 기계성능 평가와 요소해석에 강점을 가졌다고 생각하므로, 일반기계심사 업무를 담당하는 데 적합하다고 생각했습니다."

03 전문성 함양을 위해 노력한 점 및 관련 경험

전문성 함양을 위해 노력한 점 및 관련 경험은 희망하는 직무에 대한 노력과정 등을 상세히 작성하여 직무에 대한 관심도와 전문성을 어필하는 것이다. 특히 경험형 과제에서 면접관이 가장 주의 깊게 살펴보는 내용이므로 노력한 점을 최대한 자세하고 구체적으로 작성해야 한다.

■■ '우수'를 받는 작성법

다각도로 [관점화]	한 칸은 한 가지 내용만으로 구성하여 **다양한 관점**을 제시할 것 • 경험과제 총 12줄 중 희망부처 및 희망계기를 제외한 줄 수는 최소 6줄에서 9줄 정도로 꽤나 많은 분량을 차지함 • 각 내용이 다른 내용으로 전개될 때 다양한 역량을 어필할 수 있음
자잘하게 [구체화]	구체적으로 작성하여 내용의 **전달력**을 높일 것 • 구체적일수록 노력한 점이 돋보이며, 꼬리질문을 예측할 수 있음 • 특히 단일부처 소속 직렬은 직렬 관련 담당자가 면접관인 경우가 많아 더욱 전문적인 노력을 돋보이게 작성해야 함

묶어주기 [범주화]	공통된 내용을 묶어 **시각적인 구성**을 전달할 것 • 보고서 형태를 띨수록 업무수행능력이 높은 지원자로 평가될 수 있으므로 그룹핑 작업을 진행할 것 • 범주화: 범주화는 '동일한 성질을 가진 부류나 범위'를 의미하는 동시에 공통된 내용이나 동일한 항목끼리 묶는 그룹핑 작업을 의미한다. 공직 정책자료를 살펴보면 범주화된 보고서를 확인할 수 있는데, 범주화가 잘된 내용일수록 잘 작성된 보고서 양식으로 평가하므로, 그들의 업무에 익숙한 양식을 보여 줄 때 수험생의 업무능력을 높게 평가받을 수 있다.

1. 다각도로 [관점화] & 자잘하게 [구체화]

○ 희망부처·관심업무: 고용노동부 여성고용정책과(일·가정 양립 지원제도 운영 및 개선)
○ 희망이유
− 대한민국 합계출산율 하락, OECD 국가 중 최하위 상황
− 여러 사업장·근로자에게 적용 가능한 제도 구축 → 출산율 제고, 육아환경 개선 기여 희망
○ 관련 경험 및 노력
− 미혼모 자립지원 봉사활동을 통해 한부모가정 일·양육 병행의 어려움 체험
− 학점은행제 사회복지 관련 과목 이수(사회복지정책론, 여성복지론 등)
− 모성보호제도 내용 및 관련 실태조사 검토(사업체 규모에 따른 제도 활용률)
− 해외사례 검토(스웨덴의 '부모할당제', 'Parental Benefit')
− 제안서 컨설팅 회사경험(마케팅·기획업무) → 향후 제도운영 및 홍보 활용 가능
○ 향후계획
− 관련 법률 및 업무편람 숙지 / 여성복지 관련 대학원 진학 예정

💡 **Check Point** 작성내용 분석: 관점화 & 구체화

- **다각도로 [관점화]**: 수정된 내용을 살펴보면 칸마다 다른 내용이 작성되어 있는 것을 확인할 수 있다. 아래 사례처럼 작성하기 위해서는 사전 정보조사 및 분석이 선행되어야 하는데, 앞서 4단계 정보수집법 중 2단계(희망업무 조사)와 3단계(노력·경험)가 자세하게 준비되어야 한다.

○ 관련 경험 및 노력
- 미혼모 자립지원 봉사활동을 통해 한부모가정 일·양육 병행의 어려움 체험
- 학점은행제 사회복지 관련 과목 이수(사회복지정책론, 여성복지론 등)
- 모성보호제도 내용 및 관련 실태조사 검토(사업체 규모에 따른 제도 활용률)
- 해외사례 검토(스웨덴의 '부모할당제', 'Parental Benefit')
- 제안서 컨설팅 회사 경험(마케팅·기획업무) → 향후 제도운영 및 홍보 활용 가능

▼

○ 관련 경험 및 노력
- [경험: 일·가정 양립] 일·가정 양립제도의 한계점을 느낀 경험에 대해 서술(주요업무)
- [노력: 과거] 사회복지제도에 대한 기본적인 배경지식 습득한 과거의 노력 사례
- [노력: 현재] 일·가정 양립제도의 이해향상을 위해 제도 및 실태조사를 살펴본 사례
- [노력: 현재] 일·가정 양립제도의 이해향상을 위해 해외사례를 살펴본 사례
- [경험: 행정업무] 희망직무의 주요업무 외 행정적 업무에 대한 경험 서술

- **자잘하게 [구체화]**: 구체화는 작성된 문구의 '예시' 및 '효과'를 표기할 때 자주 쓴다. 필자의 경우, 예시는 괄호로 표기하고, 효과는 인과관계를 의미하는 화살표(→)로 표기하여 내용이 가시적으로 돋보일 수 있도록 나타내고 있다.

- 해외사례 검토(스웨덴의 '부모할당제', 'Parental Benefit')

▶ 구체적으로 검토한 해외사례의 예시를 '괄호(　)'로 표현

- 제안서 컨설팅 회사 경험(마케팅·기획업무) → 향후 제도운영 및 홍보 활용 가능

▶ 수험생의 경험이 지원업무에 미치는 긍정적 효과를 '화살표(→)'로 표현

2. 묶어주기 [범주화]

○ 희망부처·관심업무: 고용노동부 여성고용정책과(일·가정 양립 지원제도 운영 및 개선)
○ 희망이유
– 대한민국 합계출산율 하락, OECD 국가 중 최하위 상황
– 여러 사업장·근로자에게 적용 가능한 제도 구축 → 출산율 제고, 육아환경 개선 기여 희망
○ 관련 경험
– (주요) 미혼모 자립지원 봉사활동을 통해 한부모가정 일·양육 병행의 어려움 체험
– (행정) 제안서 컨설팅 회사 경험(마케팅·기획업무) → 향후 제도운영 및 홍보 활용 가능
○ 노력 경험
– 학점은행제 사회복지 관련 과목 이수(사회복지정책론, 여성복지론 등)
– 모성보호제도 내용 및 관련 실태조사 검토(사업체 규모에 따른 제도 활용률)
– 해외사례 검토(스웨덴의 '부모할당제', 'Parental Benefit')
○ 향후계획: 관련 법률 및 업무편람 숙지 / 여성복지 관련 대학원 진학 예정

PART
03

🔍 Check Point 작성내용 분석: 범주화

'관련 경험 및 노력'을 직무에 관련된 직접적인 경험인 '관련 경험'과 직무이해도 향상을 위해 노력한 점을 드러내는 '노력 경험'으로 분류하였다.

○ 관련 경험 및 노력		○ 관련 경험
	→	
		○ 노력 경험

■■ 비교사례

◎ 나열화

□ 희망부처: 보건복지부 노인지원과
□ 희망부서 및 업무: 노인 보건·복지 증진과 일자리 지원
□ 전문성 함양을 위한 노력
1. 관련 도서 "세계의 노인복지정책" 독서
2. 제7회 국민 삶의 질 측정 – 코로나에 따른 삶의 질 변화와 고령자의 삶의 질 온라인포럼 참가
3. 보건복지부 노인지원과 현직자 이메일 인터뷰
4. 요양보호사 자격증 취득 및 방문요양 활동
5. 코로나백신접종 보조 및 주간보호센터 봉사활동
6. 노인복지론 관련 유튜브 시청
7. 노인 일자리센터 구인·구직정보 수집 및 노인인력개발센터 프로그램 조사
□ 정책제안
– 고령자 맞춤 영양식 배달 바우처 지급, 장기요양서비스등급 개선 및 대상 확대

TIP

내용해설

'나열화'는 '범주화'를 적용하지 않은 작성법을 의미한다. 수험생 입장에서는 작성하기 편할 수 있으나, 면접관 입장에서는 구체적이지 않고 깔끔한 전개방식이라는 느낌이 들지 않는다. 면접은 항상 면접관의 입장을 고려해서 준비해야 한다.

◎ 범주화

□ 부처 및 업무: 보건복지부 노인지원과 노인보건 / 복지증진과 일자리 지원
□ 전문성 함양을 위한 노력
1. 학교활동
(1) 사회복지학(노인복지론, 복지정책론) → 노인복지서비스(주거, 건강), 사회통계 이해
(2) 노인인력 활성화 과제(노인 일자리센터 구인/ 구직 정보수집, 노인인력개발센터 프로그램   현황조사)
2. 개인활동
(1) 포럼 활동(제7회 국민 삶의 질 측정) → 코로나19 이후 고령자 삶의 변화 이해
(2) 코로나19 백신접종 보조 및 주간 보호센터 봉사 & 방문요양활동(주 1회 어르신 방문 상담 & 건강확인)
(3) 보건복지부 노인지원과 현직자 메일 인터뷰(노인 장기요양서비스. 치매의료비 지원 등)
(4) 도서(세계의 노인복지정책) 및 유튜브(세계 노령문제 및 건강복지서비스)
3. 자격증: 요양보호사 자격증 취득

TIP

내용해설

기존 나열식 작성을 3가지 분야(학교활동, 개인활동, 자격증)로 나누어 범주화를 진행하였다. 공통된 내용으로 전개하니 전문성 함양을 위한 노력이 분야별로 돋보이지 않는가? 다각도의 관점에서 노력사항이 돋보이는 장점도 있지만, 범주화로 전개하면 기존에 생각나지 않았던 내용이 떠오르기도 한다. 예를 들어, 학교활동 중 (1) 사회복지학(노인복지론, 복지정책론 등)은 기존에 작성되지 않은 내용이었으나, 학교활동으로 내용을 분류한 후 노인복지업무 수행에 도움이 되는 학술지식이 떠오른 것이다. 또한 개인활동 중 (4)는 기타 활동을 의미하는데, 기존 유튜브 외 도서 관련 내용이 추가되었다.

01 행정직(교육행정)

□ 희망부서 및 업무: 교육부 교육복지정책국 유아교육정책과, 유치원 교육과정 지원
□ 전문성 함양을 위한 노력: 아동청소년학과에서 아동학을 중점적으로 공부
1. 교육과정에 대한 지식 → 분야별·연령별 교육과정 구체적인 지원 구상
− 유아교육과정: 2019개정누리과정, 표준보육과정공부, 만 5세반 연간교육계획서 작성
− 아동음악, 놀이지도: 유치원 및 어린이집 견학 및 수업실습(전통놀이, 선율창작) → 교육현장 이해
2. 아동에 대한 이해
− 아동발달, 발달심리학, 사회정서발달: 아동의 발달에 대한 다면적인 지식
− 태권도장 유치부 지도 사범 근무: 만 3세~만 5세 통합반 수업 진행
3. 교육환경, 교구에 대한 탐구 → 교육과정에 필요한 물질적 지원방안
− 아동용 콘텐츠 개발과 UX: 아동 신체 발달 교구 개발 프로젝트, 디지털 교육콘텐츠 공부
4. 희망업무 이해노력
− 교육부 운영 사이트 '아미누리', '처음학교로' 접속 / 아동안전 관련 매뉴얼 숙지(교통안전, 놀이안전 등)

체크 포인트

다각도로 [관점화]	전문성 함양을 위한 경험 및 노력
	• 1~2번
	  − [지식] 아동학과에서 배운 지식 중 희망업무 관련 배경지식 작성
	  − [활동] 희망 업무와 관련된 활동 경험 작성
	• 3번: [지식] 아동학과에서 배운 지식 중 희망업무 관련 배경지식 작성
	• 4번: [지식] 희망업무 관련 교육부 정책, 법률 숙지 및 사이트 확인

자잘하게 [구체화]	수업실습(전통놀이, 선율창작), 유아교육과정(2019 개정 누리과정~연간 교육계획서 작성) 등 관련 경험마다 구체적인 활동예시, 담당업무를 자세히 기재함
묶어주기 [범주화]	• 1~3번(업무 관련 경험): 희망하는 업무와 관련된 활동경험 및 배경지식으로 내용 구성 • 4번(희망업무 이해): 교육부의 정책(사업)을 위해 공부한 지식 작성

02 세무직

□ 희망무서 및 관심업무: 납세자보호담당관 - 납세자 권익보호 및 고충민원 보호 업무
- 국세 기본법 공부 중 '납세자 보호 위원회'의 권리 구제활동에 관심(부당 세무조사, 세무조사 연장 ACL범위 확대 심의 등) → 억울한 납세자 발생예방 기여
□ 전문성 함양을 위한 경험 및 노력
1. 전문지식 함양
- 회계학 전공(회계원리, 재무 / 원가 / 관리회계, 세법개론 이수) → 세무업무에서의 전문성 확보
「납세자 권익 24」 통해 납세자 권리구제 제도 및 납세자 권리헌장 숙지(영세납세 지원, 국선대리인 제도, 사전질의 제도)
2. 국세청 이해
- 국세청 유튜브, 블로그(김국세의 슬기로운 이직생활, 재미있는 세금이야기)
- 국세청 홍보센터 방문(세금의 역사, 홈택스 체험존)
3. 세무직 소통역량
회계 SOS 멘토 · 멘티 프로그램(멘토 담당), 어르신 한방치료 보조 · 접수 봉사, 아르바이트

체크 포인트

다각도로 [관점화]	전문성 함양을 위한 경험 및 노력 • 1번: [지식] 세무 및 회계 기초지식 / [지식] 세무직 업무 관련 지식 • 2번: [지식] 국세청 관련 배경지식 함양 / [활동] 국세청 세무업무 이해를 위한 현장방문 • 3번: [경험] 고충민원 시 필요한 역량 관련 경험 기재
자잘하게 [구체화]	• 회계학 전공(회계원리, 재무 / 원가 / 관리회계, 세법개론 이수) • 「납세자 권익 24」 통해 납세자 권리구제 제도 및 납세자 권리헌장 숙지(영세납세 지원, 국선대리인 제도, 사전질의 제도) • 국세청 유튜브, 블로그(김국세의 슬기로운 이직생활, 재미있는 세금이야기) • 국세청 홍보센터 방문(세금의 역사, 홈택스 체험존)
묶어주기 [범주화]	• 1번: 세무직 기본이해 • 2번: 국세청 세무 현장업무 이해, 세무직 필요역량 함양

🔘03 기술직(일반기계)

[1차 작성]

☐ 희망부처·관심업무: 특허청 심판부(기계분야 특허심판, 특허기반 연구개발 정책참여)
☐ 희망이유
전국의 학생이 참여하는 종합설계경진대회에 참가하여 전공활용작품을 설계하고 제작하는 프로
젝트 진행 → 산업통상자원부 장관상 수상 → 창의성·실효성 높은 기술과 제품제작에 관심을 가
지게 되어 관련 특허를 심판하고 '연구개발 정책참여'에 지원하기 위해 희망
☐ 전문성 함양을 위한 경험 및 노력
(특허 관련 법·제도 학습) 주기직으로 특히청 홈페이지와 '대한민국 특허청' 유튜브 열람하여
특허심사·심판 제도, 디자인보호법, 전자출원 등을 학습
(전공지식 학습) 대학교 기계공학 관련 전공 수강(역학, 기계설계, 자동제어, 수치해석)
(기계부품 설계 이해) 일반기계기사 자격취득을 통해 기계요소 관련 심화지식학습, CAD를 활
용한 기계부품 2D 도면설계, Inventor를 활용한 3D 외형설계
(공기업 재고관리 인턴경험) 기계설비에 사용되는 자재 적재적소 공급·관리 → 현장안전 기여

▼

[2차 작성]

☐ 희망부처·관심업무: 특허청 일반기계심사과(기계분야 특허심사)
☐ 희망이유
- 중소기업, 벤처기업의 특허신청이 증가함에 따라 정확하고 공정한 특허심사 제공의 필요성 증가
☐ 전문성 함양을 위한 경험 및 노력
(특허 관련 지식·법 학습) 특허청 홈페이지 방문 → 특허요건·심사절차 등 심사기준 이해
'대한민국 특허청' 유튜브 시청 → 특허 관련 제도, 법 학습(디자인보호법, 전자출원 등)
(기계공학 전공) 대학교 기계공학 관련 전공 수강(역학, 기계설계, 자동제어, 수치해석)
(기계설계 이해) 일반기계기사 자격취득을 통해 기계요소 관련 심화지식 학습, CAD를 활용한
기계부품 2D 도면설계, Inventor를 활용한 3D 외형설계
(재고관리 인턴 경험) 4개월간 재고관리 인턴 경험을 통해 기계설비에 이용되는 자재와 부품
을 적재적소 공급·관리 → 현장안전 기여
(산업통상자원부 장관상) 전국 종합설계경진대회-전공활용작품 설계 및 제작→창의성·실효성 높은 기술과 제품제작에 관심

다각도로 [관점화]	전문성 함양을 위한 경험 및 노력 • (법·제도) 특허청 업무 이해 • (전공지식) 특허청 기계 분야 담당 관련 전공과목 이수 • (기계부품 설계이해) 특허청 기계분야 담당 관련 자격증 및 활동 경험 • (공기업 재고관리 인턴 경험) 특허청 기계분야 담당 관련 업무 경험
자잘하게 [구체화]	• 대한민국 특허청 유튜브(심사·심판제도, 디자인보호법, 전자출원) • 기계공학 전공(역학, 기계설계, 자동제어, 수치해석) • 기계요소 설계 경험(심화지식 학습, 2D 도면설계, 3D 외형설계)
묶어주기 [범주화]	–

04 공안직(마약수사)

□ 근무부처 및 희망업무: 서울중앙지방검찰청 – 반부패강력 제2부 – 마약수사과
– 국내 마약범죄 관련 현장조사 및 해외공조를 통한 국제형사 사법공조
□ 개인적 노력
1. 현직 마약수사관과의 이메일 인터뷰 및 대검찰청 견학 → 최근 마약류 범죄현황 공부
2. 마약수사 관련 독서(2021 마약범죄백과, 중독인생), 임시마약류 지정절차 공무원 지침서(식품의약품안전처)
3. 마약수사대상자 가입 인터넷 카페 탐방 및 SBS 특집방송(나는 20대 마약중독자입니다) 시청
4. 범죄탐사 프로그램(그것이 알고 싶다, 용감한 형사들) → 수사관으로서 가져야 할 태도 숙지
5. 코로나19 이전까지 주 1회 3시간 병원봉사 → 도덕성 함양
□ 직무 관련 경험(학교활동)
1. 법학과 부전공, 형사법 심화수업 이수, 판례평석(통신매체이용음란죄 및 신상정보공개)
2. 현직 경찰관, 변호사인 선배와의 만남(마약범죄사건, 디지털포렌식)
3. 형사법 변호사 기출문제 공부(지식의 적용)

다각도로 [관점화]	• 개인적 노력 　－ 1번: 직무이해를 위한 인터뷰 　－ 2번: 직무이해를 위한 독서 및 제도 확인 　－ 3~4번: 직무이해를 위한 카페 및 영상자료 확인 　－ 5번: 공직성 함양 관련 경험 • 직무 관련 경험(학교활동) 　－ 1~3번: 직무에 도움이 되는 전공과목 및 법령 　－ 2번: 직무이해를 위한 현직 전문가와의 만남
자잘하게 [구체화]	• 마약수사 관련 독서(2021 마약범죄백과, 중독인생) • SBS 특집방송(나는 20대 마약중독자입니다) 시청 • 범죄탐사 프로그램(그것이 알고 싶다, 용감한 형사들) • 판례평석(통신매체이용음란죄 및 신상정보공개) • 현직 경찰권, 변호사인 선배와의 만남(마약범죄사건, 디지털포렌식)
묶어주기 [범주화]	• (개인적 노력) 마약수사 업무에 도움이 되는 노력 경험 • (직무 관련 경험: 학교활동) 직무이해에 도움이 되는 학교 경험

POINT 05　직렬별 경험과제 우수사례

① 행정직

1. 일반행정

☐ 희망부처 및 부서: 문화체육관광부 콘텐츠 정책국 게임콘텐츠 사업과
☐ 희망업무: 게임산업의 건전한 발전 및 게임문화 조성·게임이용자의 권익보호 및 분쟁조정
☐ 희망이유 및 경험
－ 온라인 게임 내 건전한 문화 조성·게임사의 횡포 및 이용자의 규정악용 방지
－ 콘텐츠분쟁조정위원회에 조정신청 경험(제도의 개선필요성 체감)
－ 익명성의 보장과 특정성 성립의 어려움을 이용한 게임 내의 불건전한 문화 경험
－ 게임이용자의 환불규정 악용사례 목격(1회 무조건 환불규정, 특정 기업의 느슨한 환불규정)
☐ 전문성 함양을 위한 노력
－ 게임사의 무책임한 운영사례 조사(게임 초반 과금유도 후 운영방치, 확률형 아이템)
－ '게임산업진흥종합계획' 정독을 통한 업무방향성 이해(4차 산업혁명 시대의 방향성)
－ 게임산업 진행에 관한 법률 숙지 및 게임물운영위원회 방문(공공성·윤리성 확보)
－ 대학 재학 중 주점 기획단장 직무 수행(타 부처 협업·갈등 조정능력 강화)

2. 일반행정

☐ 희망부처: 문화체육관광부 문화예술정책실 문화정책관 국어정책과
☐ 희망직무: 국어규범 등 정립, 국어정보화 정책, 한국어 생태계 확장
☐ 희망이유: 국어 분야에 대한 관심과 한국어 발전에 대한 사명감
☐ 직무수행능력 및 전문성 함양을 위한 경험 및 노력
1. 국어 분야
국어국문학과 전공(문법, 국어정책, 한국어교육 등)을 통한 국어 분야의 기본지식 보유
국어사전 편찬작업 참여(신어선정, 음원녹음, 표제어 집필)로 국어정책 간접적 경험
시민단체의 간판언어의 외국어 사용실태 조사사업 참여의 국어데이터 수집 경험
2. 직무전문성 향상을 위한 노력
국어발전기본계획, 국어정책자료 시스템 탐색 → 국어정책의 기본방향 숙지
국어정보화 정책 관련 데이터 처리능력 향상(데이터 준전문가, 빅데이터 분석기사 준비)
한국어 보급과 관련된 외국어 능력(영어, 중국어, 베트남어 등) 향상

PART

03

3. 일반행정

☐ 부처 · 직무: 교육부 교육과정정책관 교육과정정책과(정보교육 및 소프트웨어 교육기반 조성사업)
☐ 직무 관련 경험
1. 부처 관련 경험
수학 / 영어 과외(초, 중, 고교생), 보육원 봉사활동(저소득층 초등학생) → 교육현장 이해
2. 직무 관련 경험
컴퓨터과학과 전공(소프트웨어, 코딩언어 과목 수강) → 컴퓨터 기본지식 습득
컴퓨터 관련 자격증 취득(정보처리기사)
저소득층 초등학생 대상 파이썬 1일교실 진행
3. 행정업무 관련 경험
동아리 총무(회비, 예 · 결산관리), 대기업 아르바이트(문서정리, 프로그램 지원)
☐ 직무이해 노력
교육부 블록, SNS 등을 통해 정보교육 탐구 → 정보교육 환경 개선의 필요성 체감

4. 일반행정

○ 희망부처·관심업무: 고용노동부 여성고용정책과(일·가정 양립 지원제도 운영 및 개선)
○ 희망이유
- 대한민국 합계출산율 하락, OECD 국가 중 최하위 상황
- 여러 사업장·근로자에게 적용 가능한 제도 구축 → 출산율 제고, 육아환경 개선 기여 희망
○ 관련 경험 및 노력
- 미혼모 자립지원 봉사활동을 통해 한부모가정 일·양육 병행의 어려움 체험
- 학점은행제 사회복지 관련 과목 이수(사회복지정책론, 여성복지론 등)
- 모성보호제도 내용 및 관련 실태조사 검토(사업체 규모에 따른 제도 활용률)
- 해외사례 검토(스웨덴의 '부모할당제', 'Parental Benefit')
- 제안서 컨설팅 회사경험(마케팅·기획업무) → 향후 제도운영 및 홍보 활용 가능
○ 향후계획
- 관련 법률 및 업무편람 숙지 / 여성복지 관련 대학원 진학 예정

5. 경찰행정

□ 희망부처·업무: 경찰청 경리담당관 경리업무
□ 이유: 경찰 수사협력 경험 및 아르바이트 경리업무 경력 4년
□ 전문성 함양을 위한 노력
1) 조직에 대한 이해
- 경찰박물관, 경찰청 홈페이지, 유튜브, 블로그 방문
- 경찰 행정직 공무원 인터뷰(월간 예산집행 및 결산, 예산서류 검토, 수당관리 등의 업무)
- 경찰청 정책에 대한 조사와 공부(경찰관 직무집행법 개정, 도로교통법령 개정안 등)
- 경찰 주요 현황조사(치안 인프라 구축 투자 및 과학치안 연구 상용화)
2) 경리업무에 대한 경험
- 대학교 전공 '정부회계원리' 수강(복식부기 작성법 등)
- 아르바이트 4년간 경리업무 담당(직원급여 관리, 매상정산)
- 동아리 학회: 영수증 정리 및 회계장부 작성 → 연간 활동내역 정리 및 매뉴얼 만듦

6. 경찰행정

○ 희망부처 및 관심업무: 경찰청 공공안녕정보국, 정보분석과(치안 및 범죄수집 관리)
○ 담당하고 싶은 이유 - 국내 외국인 유입 증가, 성범죄, 이웃주민 살인 등 범죄활동 증가
○ 관련 노력 및 경험
1. 직무수행을 위한 경험
- 통계학과, 데이터 분석과목 수강(경영정보처리론 등 데이터 처리 학습)
- 데이터 수집 및 관리를 위한 데이터베이스화 업무(DDL, DML, DCL)
- 행정업무 인턴 경험(회계, 행정처리)
2. 전문성 함양 노력
- 사회조사분석사 2급: 학교폭력, 교통사고 등 통계자료 처리에 이용
- '사이버 범죄대응 심포지엄', '국제 치안산업 박람회' 참석
- 경찰청 범죄위험도 예측분석 시스템을 위한 지역별 범죄특색 공부 → 도시형, 도농복합형 등 6군별
- 경찰청 공공안녕정보국 정책 이해(치안데이터 시스템 범죄예방), 퇴직경찰관 인터뷰

7. 고용노동

□ 희망부처: 고용노동부
□ 희망부서 및 업무: 노사협력정책과 - 노사파트너십 프로그램 업무지원
□ 전문성 함양을 위한 노력
1) 직무 관련 경험
- 경영학과 전공수업(인적자원관리론 수강) → 노사협력 우수업체 조사 경험
- 인적자원관리 프로젝트 수행 → 노사협력은 개인의 직무만족 향상과 연결됨을 이해
- 교양수업 (노동법 수강) → 근로자 및 사용자의 정확한 개념 이해, 노사관계 갈등 이해
2) 직무수행을 위한 노력
- 노사파트너십 프로그램 운영 및 경진대회 개최 및 일터혁신컨설팅 지원제도 숙지
- 노동조합 및 노동관계조정법 중 조정제도와 관련된 법 규정 숙지
3) 봉사 경험
한부모자녀 교육봉사(3년, 국어)

8. 고용노동

□ 희망부처 및 직무: 고용노동부 청년고용정책관, 청년고용기획과
– 내일채움공제, 취업지원인프라 '온라인청년센터', 찾아가는 맞춤형 훈련
□ 전문성 함양을 위한 노력
1. 정책이용 경험
– 학교친구 취업지원 '온라인 청년센터' → 구직활동 프로그램 참여 경험
2. 전문성 함양을 위한 노력
– 활동(정책이해를 위한 포럼, 상담역량 경험)
(1) 청년정책 포럼 참여: 마을정책 플랫폼(청년마음, 지역활동 이해)
(2) 교내 또래상담 프로그램 참여(진로상담, 상담일지 문서작성, 홍보활동)
(3) 소통능력 함양: 카페, 베이커리, 교내 조교 활동 등(주 이용객 20~30대, 공감력)
– 전문지식 보완
(1) 청년고용률 및 실업률 논문 확인 (2) 청년맞춤 프로그램 유형, 절차 등 탐독

9. 직업상담

□ 희망업무: 고용노동부 국민취업지원제도
□ 전문성 함양을 위한 노력
1) 학교활동
– 교육상담학 전공(직업정보, 심리검사, 성인학습 및 상담, 진로상담), 직업상담사 2급 취득
– 상담실습(진로주제로 회기진행) → 직업정보 활용법, 워크넷 진로검사 수행 및 해석능력 학습
– 교내 근로장학생(행정업무, 공고문 / 포스터 제작업무) → 정책 및 프로그램 홍보 기여
2) 개인활동
– 국민취업지원제도 有 경험자 인터뷰(만족한 부분, 아쉬웠던 부분)
– 고용노동부 관련 영상 시청(정책소개, 인천 고용센터 체험현장)
– 아르바이트(편의점, 음식점) → 다양한 연령층의 고객응대 경험 및 소통능력 향상
□ 다짐 및 계획
직업상담사 1급 취득, 직무전문성 함양 위해 신직업 및 산업동향의 끊임없는 탐구

10. 직업상담

☐ 희망부처 및 업무: 고용노동부 국민취업지원제도
☐ 직무이해 경험
(1) 진로상담
− 직업정보론 과목 수강(직업정보 분석 및 미래현황 파악), 직업상담사 2급 자격증 취득
− 전공과목 중 1대 1 대면 상담실습 진행 → 소통능력 함양 기여
− 교내 심리건강상담센터 1년 근로(심리검사지 채점 및 문서작성, 홍보)
(2) 행정업무
− 교내 또래상담 프로그램 참여(진로상담, 상담일지 문서작성, 홍보활동)
− 평생교육 프로그램 프로젝트 참여(예산수립 및 재정관리)
☐ 취업정책 이해
− 취업성공패키지 참여 후 취업성공 사례(지인) → 국민취업제도 절차 이해, 국민 실질적 평가 습득
− 국민취업제도 홈페이지(국민취업제도 유형, 지원내용, 절차 등 이해)

11. 우정직

☐ 희망부처·업무: 우정사업본부 예금사업과 창구업무(공공금융기관 예·적금업무 및 금융업무 운영)
☐ 희망이유: 보편적 금융서비스 제공 → 국민 경제생활 안정화
☐ 관련 경험 및 노력
1. 금융업무 이해
− (경험 1) 전산회계 과목 이수 및 실무회계(회계 프로그램) 경험
− (노력 1) 우정사업본부 홈페이지, 블로그 → 우체국 금융사업(금융트렌드, 서민맞춤사업) <우체국과 사람들> → 우편사업의 현황 이해(드론배송, 재택치료키트 등)
− (노력 2) 우체국예금(주요고객: 개인) vs 타 예금 비교분석(주요고객: 법인) → 고령화 추세에 따라 실버전용창구 개설의 필요성 체감
2. 민원업무
− (경험 1) 이전 서비스직 근무 경험 → 민원(연령, 악성민원 등) 응대요령 이해
3. 향후계획: 가족·친지들의 금융상품 가입경로 조사 → 우체국금융 활성화 방안 도모

12. 우정직

□ 희망부처: 우정사업본부 소포영업과
□ 희망이유: 정자역 소포물류센터 택배포장 아르바이트 경험 → 국민의 삶 직결 체감
□ 전문성 함양을 위한 노력 및 기술: 직무능력 3가지 함양
1. 소포 관련 업무에 대한 전반적 이해도(정자역 물류 아르바이트 경험)
– 택배 분류작업~배송까지 전반적 시스템 이해, 신속·정확한 업무분배 등 경험 보유
2. 민원인 대응(대학교 4년간 커피, 보건소 아르바이트 및 3년간 영업직 근무 경험)
– 다양한 사람들과의 응대 및 대화 경험 → 민원 맞춤응대 가능
3. 우체국 사업의 이해(우체국 방문 및 우표박물관 방문)
– 우체국 3곳을 방문하여 지역·지점미다의 특성 파악, 우정역사 및 문화 숙지
– 우체국 내 진행 중인 정책 및 사업에 대해 공부
4. 향후계획
– 우편 및 예금 분야의 전문성 함양을 위한 우정직무 자체시험 준비

02 세무직

1. 세무직

□ 희망부처 및 지원업무: 국세청 국세상담센터 전화상담팀
□ 희망이유: 회계학 전공 및 1년간 전화상담원 경험
□ 직무 관련 경험
1. 회계학 전공하며 관련 과목 이수(회계원리, 법인세, 부가가치세)
2. 전화상담원 경험 1년(악성민원 경험 有) → 민원응대 대처능력 및 소통능력
□ 직무이해 노력
1. 국세청, 국세상담센터 홈페이지(자주 묻는 Q&A, 양도소득세 질의 Top 10)
2. 국세청 블로그, 유튜브(김국세의 슬기로운 이직생활, 재미있는 세금이야기)
3. 국세법령정보시스템 개정법률 확인(종합부동산세법, 부가가치세법, 법인세법)
4. 국세 홍보관 방문(세금의 역사, 홈택스 체험존)
□ 앞으로의 계획과 포부
– 관련 자격증 취득 노력(단기: 전산세무, 장기: 세무사자격증) → 전문성 강화

2. 세무직

☐ 근무 희망부서: 국세청 조사국 국제조사과(국제거래 관련 탈세정보 수집)
☐ 희망이유: "세금 내는 사람만 바보"라는 풍조가 만연하지 않았으면 함
− 고등학생 세무서 방문 경험(세무조사 현장 목격 후 관심: 탈세 및 금융범죄 분야)
− 가상화폐를 이용해 세금을 납부하지 않으려는 시민 증가(의사, 쇼호스트) → 역외탈세
− 비거주자로 위장해 납세하지 않고 복지만을 누리는 세무조사 착수 → 국세 형평성 기여
☐ 전문성 함양을 위한 노력
− (금융범죄 이해) 대학에서 화이트칼라범죄 보고서 작성: 사례, 수사과정 정보수집
− (전공지식 학습) 대학시절 재무회계, 관리 등 관련 전공과목을 영어로 이수
− (탈세방지 이해) 국세청 블로그 및 조세금융신문 학습
→ (관심분야) 특히 국제조세 분야 중 역외탈세 분야 위주의 공부
☐ 임직 후 노력
매년 개정되는 세법 이해 및 실무에 필요한 전산회계 1급 습득 후 전문성 향상 기여

03 기술직

1. 전산직

☐ 지원 희망부처: 문화체육관광부 콘텐츠정책국 한류지원협력과
☐ 담당하고 싶은 직무(정책)
− 해외 대중문화 실태 기반의 아시아송 페스티벌 참가가수 다양성 확보
− 지방 관광지의 외국인 접근성 향상을 위한 공공어플리케이션 제작 및 영사관 협력
− 산티아고 순례길 관광 데이터 기반해서 '코리아 둘레길' 코스개편 업무
☐ 전문성 함양을 위한 노력
1. 업무역량 강화를 위한 노력
− 컴퓨터공학과 복수전공, 정보처리산업기사 취득 → 프로그래밍언어 관련 기본지식 함양
− 파이썬, 스크래치 등 전공 이외의 프로그래밍언어 관련 교양 이수
2. 정책이해를 위한 노력
− <2022 해외한류실태조사>, <2021 한류백서> 읽음 → 현재 한류의 실태 파악
− 문화체육관광부가 제작한 어플리케이션 '정책 브리핑' 이용 확인 및 콘텐츠 정책 숙지

2. 전산직

□ 희망부처 및 정책: 과학기술통신부 SW정책과 디지털 인재양성 정책(SW교육정책)
□ 희망이유
− 현대 사회의 SW 필요성 증가(질병관리청의 COOV앱, KI−Pass(전자출입명부) 등)
− 디지털뉴딜정책의 핵심(데이터댐, 빅데이터)을 위해 SW교육 필요성 증가 ex 공적 마스크앱
□ 전문성 함양을 위해 노력한 점
1. 관련 경험
− 컴퓨터공학 전공을 통힌 전공지시 함양(C^{++}, 자바 등 개발언어)
− SW교육 체험을 통한 SW교육의 중요성 인식(SAP사의 회사물류관리 SW교육과정 이수)
− 반도체테스트 회사 재직시절 외부협력 경험(생산팀, 장비팀, 외부업체 협업 경험 다수)
2. 노력 경험
− SW정책에 필요한 코딩능력 함양을 위한 코딩 공부(기초 코딩테스트 진행)
− SW교육과정 이해를 위한 서적 독서(SW수업백과)

3. 임업직

○ 희망부처: 산림청 산림복지 정책과(모두가 누리는 복지산림 기여 관심)
○ 담당하고 싶은 이유
− 최근 코로나19의 영향 언택트 관광, 친환경에 대한 국민의 관심 증가
− 산림문화·휴양, 산림치유 등 서비스 제공 및 숲태교, 숲체험, 산림치유 등 혜택 제공
○ 평소 준비한 노력과 경험
− 임업 전공하며 재학 중 전문자격인 '산림기사 자격증' 취득
− 백두대간 보호 및 산림생태계 보전 연구소 근무 경험(산림생태계 및 산림변화 이해)
− 숲과 건강의 연계성 강화를 위한 국제 심포지엄 참석(전 세계 산림치유, 건강과 웰빙을 위한 숲 이해)
− 산림복지 프로그램 효과성 분석자료 탐구(산림치유 프로그램)
− 산림청 유튜브, 블로그 등 탐구

❹ 공안직

1. 검찰직

○ 담당 희망부서: 검찰청 여성아동범죄 조사부
○ 희망업무: 여성과 아동에 대한 범죄수사 및 피해자 지원업무
○ 이유: 최근 여성과 아동에 대한 범죄 및 디지털 성범죄 증가(N번방, 정인이사건)
○ 전문성 함양을 위한 노력
◦ 학교 교육활동
(1) 법학과 재학 당시 성범죄 이해 강화(성범죄 관련 조문과 판례를 엮어 보고서 작성)
(2) 모의수사 및 모의재판 경험(피해자를 존중하는 범죄수사법 이해)
(3) 경찰서 여성청소년과 견학(실제 피해사례와 피해자들이 느끼는 심적 고통 이해)
◦ 개인활동
(1) 성범죄 처벌 등에 관한 특례법 개정안 학습(N번방 방지법 등)
(2) 실제 여성 아동범죄 조사부 담당 검사 인터뷰 시청 및 업무현황 파악
(여성과 아동, 장애인에 대한 범죄수사 및 피해자 지원업무)

2. 검찰직

○ 희망부서 및 관심업무: 지식재산·문화범죄 전담부 – 저작권침해범죄 수사
○ 담당하고 싶은 이유
지식재산권의 중요성에 따를 국가적 차원 보호 필요(국내문화, SW, 반도체칩 설계권 등)
○ 관련 경험 및 노력
1. 창작 및 무형의 소산물에 대한 중요성 인식(학부 작곡과 전공)
2. 연구논문 「저작권 침해행위, 온라인 서비스 제공자 형사책임구조」 정독
→ 증가하는 온라인 플랫폼의 저작권 침해 태양, 책임구조 등 이해
→ 문제되는 온라인서비스 제공자의 형사책임에 대한 판례 이해 ex 소리바다 사건
3. 형사재판 절차적 지식 습득(법학지식 관련, 헌법&형법&형소법 공부)
4. 대검찰청 블로그 1급 공인인증 수사관 인터뷰 숙지(수사관으로서 갖춰야 할 역량 숙지)
○ 각오
저작권 침해 관련 다양한 사례 및 법률 숙지

3. 보호직

○ 희망부서 및 관심업무: 법무부−소년보호과−청소년 직업훈련 및 인성교육 담당
○ 담당하고 싶은 이유
1) 최근 소년원에서 검정고시 합격사례 → 교화성공사례의 관심도 증가
2) 청소년문화상담학 전공실습 청소년 상담 → '진로'교육 관심도 증가 → 자격증 취득
○ 전문성 함양을 위한 노력 및 경험
1) 청소년문화상담학과 → 청소년특성 이해(생애별 발달과정, 청소년기 특징−상상 속 청중 등, 상담사례 및 적용)
2) 실습 → 심리 및 대면상담 경험(청소년, 대학생), 청소년 학업스트레스 완화를 위한 프로그램 기획 등
3) 청소년 관련 자격증 취득(청소년지도사 2급, 청소년상담사 3급, 진로진학상담사 2급)
4) 유튜브 시청(다큐톡: 촉법소년) → 청소년들의 범죄유형의 다양화에 대한 설명, 전문가들의 의견청취
○ 임용 후 계획
1) 직업훈련 자격증 취득 후 업무효율성 향상 기여(컴퓨터, 커피, 제빵 등)
2) 대학원 진학(범죄심리학 또는 심리학과) → 다양한 심리검사를 익혀 현장적용 실시

4. 교정직

□ 희망부처 및 희망이유: 사회복귀과−직업훈련과
− (사회복귀과) 가족관계 중요성 인지, 수형자의 교화개선 일조 희망(가족만남의 날 주도)
− (직업훈련과) 수형자들의 출소 후 직업활동을 통한 실질적인 사회복귀 도움 희망
□ 관련 경험 및 노력
− (봉상경험, 책임성) 자율방범대, 보육원 봉사 체험
− (전문성) 법 전공 + '인권의 이해', '현대심리' 등 수형자 소통에 필요한 교양강의 수강
− (동아리) 대학교 중앙동아리에서 회장단을 맡아 다수를 이끌고 가르친 경험 보유
− (직업훈련과) NCS 홈페이지 방문 후 직업기초능력 탐색(의사소통능력, 대인관계능력 등)
− (다양한 직업체험 & 소통능력) 카페, 디저트, PC방 등 여러 아르바이트 경험 다수
− (지속적 관심) 교정본부 홈페이지 방문, 유튜브 '교도소 24시' 구독 및 시청
□ 정책제언: 성공적인 사회진출 사례 등을 가진 출소자 초청·인터뷰 등 기회 마련
□ 관심정책: 행복 브릿지 영상편지, 수형자 집중 인성교육

경험과제 [질의응답]

POINT 01 질문패턴: 경험과제 기출질문

01 질문패턴 이해

평가기준		평가내용
부처·부서·정책	이해도(배경지식)	부처·부서의 역할(하는 일), 정책·사업에 대한 이해도, 영향력 등 질문
	문제개선·계획	정책·사업, 현안·이슈에 대한 대응능력 및 관리방안, 추진계획에 대한 질문
직무능력	이해도	업무에 대한 이해도 및 판단기준, 고려사항
	역량점검	직무강점, 노력사항 등 직무역량 확인을 위한 질문
	업무적용	지원자의 과거경험을 바탕으로 직무응용 및 적용방안을 묻는 질문
	관리방안 (갈등·문제개선)	직무수행 시 발생하는 상사와의 갈등·비협조 및 직무문제에 대한 대처능력
직무지식	전공이론	지원자가 지원한 직렬의 전공이론을 묻는 질문
사실확인	사실관계 증명	주로 2차 질문에 해당되며, 구체적인 경험을 묻는 질문
공직·인성		공직에 대한 이해도(역량, 지식 등)을 묻는 질문
		대인관계, 조직이해도 등 인적성을 파악하기 위한 인성질문

02 2023 빈출질문

평가기준		빈출질문
부처·부서·정책	이해도 (배경지식)	[지원동기, 정책이해, 영향력] Q. 희망업무 및 부처에 관심을 갖게 된 계기 Q, ○○부서가 무슨 일을 하는지 알고 있는가? Q. ○○부서 관련하여 아는 사업 혹은 정책 있는지? Q, 관심정책 2개 중 한 개를 자세히 설명해 보아라. Q. ○○정책이 국민 / 사회에 미칠 영향력 또는 국민이 가져갈 이득에 대해 설명하라.
	문제개선·계획	[정책, 부서, 이슈 등 문제개선, 추진계획] Q. ○○정책 / 부서 / 분야에서 개선하고(보완하고) 싶은 것 Q. 입직 후 추진하고 싶은 정책 / 입직 후 전문성 함양계획

부처·부서·정책	문제개선·계획	Q. 희망업무에서 발생하는 문제에 대한 대처능력 예 (우정) QR을 활용한 우편물 운송을 이용한 범죄가 발생될 경우 예 (보호) 지원자 상담 경험 → 현장에서는 상담을 길게 하지 못할 경우 예 (교정) 재소자들이 순간적인 상황을 모면하기 위해 배신하는 경우
직무능력	이해도	[직무필요역량, 고려사항 등] Q. [역량] ○○직 업무수행 시 필요한 역량 Q. [판단] ○○업무 시 중요한 것은? 고려사항이 무엇인지?
	역량점검	[보유역량, 노력사항 등] Q. 직무 관련 (유사)경험 확인 예 (우정) 우체국은 50~60대가 많은데 응대 경험 있는지? Q. 직무강점 / 부족한 점 Q. ○○업무는 힘든데, 극복할 수 있는지? Q. ○○역량 향상을 위해 / ○○직을 위해 어떤 노력을 했는지?
	업무적용	[지원자의 과거 경험 → 업무응용 및 적용방안] Q. ○○경험 / 전공 / 자격증 / 강점 등이 업무에 어떤 도움이 되는지? Q. 자기개발로 청소년 상담 경험 → (입직 후) 어떻게 진행할 것인지? Q. 홍보 경험 → 외국인 공무원에게 경찰청을 홍보해 봐라.
	관리방안 (갈등·문제개선)	[직무수행 시 발생하는 문제 및 개선방안: 갈등, 어려움, 이슈] Q. [갈등] 상사의 반대·비협조로 인한 갈등상황 예 지원자가 관심 있는 ○○정책에 대해 상사가 반대한다면? 예 예산증액을 해야 하는데 상사가 협조하지 않는다면? Q. [직무] 지원자가 생각하는 직무수행의 어려움 및 개선방안 Q. [이슈] 직무이슈에 대해 말하고 개선방안을 함께 답변하라. 예 (세무) 최근 탈세이슈에 대해 말하고 개선방안 제시하라. 예 (기계) 국내에서 신재생에너지를 도입할 수 있는 방안 예 (경행) 어린이 교통문제 해결방안 예 (일행) 공무원 연공서열 문제에 대해 설명해 보시오.
직무지식	전공이론	[주로 전공이론에 대한 질문에 해당] 예 (세무) 일반과세자 vs 간이과세자 예 (고용노동) 노동시장 유연성에 대해 말하라.
사실확인	사실관계 증명	[2차 후속질문: 역할, 구체적 사례, 느낀 점] Q. ○○희망하면서 왜 ○○을 선택했는지? Q. 관심정책 / ○○경험 자세히 설명해 보아라. 예 (검찰) 경찰서 여성청소년과에서 들은 실제 범죄 피해사례 구체적으로 말하라. 예 (일행) 지원자가 검토한 스웨덴 부모할당제에 대해 자세히 설명하라. [2차 후속질문: 힘든 점, 갈등, 문제해결, 느낀 점 등] → 최근 흑백논리로 물어보는 경향 짙음 예 본인이 노력한 것 중에 잘한 부분과 미흡한 부분 예 전문성을 기를 때 만족한 점과 부족한 점
공직·인성		[공직가치 관련 경험, 조직실천방안 질문] Q. 공직생활을 하는 데 필요한 자세 및 태도 Q. 민원인을 상대할 때 필요한 공직가치 Q. 개인 혼자 업무 vs 협업을 통한 업무 중 어느 것이 더 좋다고 생각하는가?

2023 질문패턴 적용사례

1. 수험생 경험과제 작성내용

■ 직렬: 교육행정

□ 희망부서: 교육부 평생직업교육정책관 중등직업교육정책과(직업계고 현장실습 및 취업활성화)
□ 이유: 주변 직업계고 학생들의 삶을 간접경험 → 직업계고 교육에 대한 관심
□ 전문성 함양을 위한 노력
1. 관련 경험
– 교육학 전공 → 교육 및 교육행정에 대한 전반적인 지식과 균형 잡힌 관점 함양
– 학원강사로 근무 중 학부모 상담 경험 → 유관기관과 원활하게 소통, 협업할 수 있는 역량
2. 노력사항
– 2023 직업계고 혁신포럼 참여(유튜브) → 직업계고 혁신에 관한 전문가들의 견해 조사
– 중등직업교육정책과 업무 파악(관계기관 협력 다수 → 학생·기업 간 입장조율 역량 필요)
– 꿈길(취업 프로그램 유형 및 우수사례 확인), 잇다
□ 향후계획
교육대학원 진학, 교육부 내 각종 연수 참여, 미래산업 관련 도서 학습

PART

03

2. 질문패턴 적용예시

평가기준		질문
부처·부서	이해도 (배경지식)	–
	문제개선·계획	Q2. 지원자가 중소기업에서 근무를 하고 있는데, 직업계고가 중소기업에 간다. 중소기업 근무환경이 열악하다. 문제해결방안을 얘기해 보라. Q3. 4차 산업혁명에 따라 직업계고 고등학교도 향후에 필요 없어질 수 있다. 전문교과가 필요 없는데 국가가 책임질 수 있겠느냐? Q4. 현장실습 많이 하는데, 채용형 현장실습이 대부분이다. 한 기업에서 현장실습을 하고, 그 기업에서 학생을 채용한다. 근데 그 기업이 안정성 문제 많다. 어떻게 하겠는가?
직무능력	이해도	–
	역량점검	–

직무능력	업무적용	Q5. 학원강사 경험이 있는지? 공무수행에 어떻게 연계할 것인지?
	관리방안 (갈등·문제개선)	–
직무지식	전공이론	–
사실확인	사실관계 증명	Q1. 직업계고 학생 경험에 대해 작성했는데, 간접경험에는 무엇이 있는지? Q6. 2023 직업계고 혁신 관련 전문가들의 견해 중 기억나는 것은?
공직·인성		–
		–

POINT 02 답변분석: 직군별 경험과제 해설

다음은 합격생들의 직군별 경험과제와 질의응답 사례를 정리한 것이다. 사례를 검토할 때 직군별로 경험과제를 작성한 방법과 후속질문의 패턴, 공통질문을 중심으로 확인해 보자. 만약 지원자가 후속질문을 받았을 때 논리적으로 답변하는 스킬에 대한 도움을 얻고 싶다면 PART 06에서 설명한 '논리전략·표현전략'을 공부하고, 본 사례에 어떻게 적용되었는지 확인해 보자.

01 행정직(직업상담)

☐ 희망부처 및 업무: 고용노동부 국민취업지원제도
☐ 직무이해 경험
(1) 진로상담
– 직업정보론 과목 수강(직업정보 분석 및 미래현황 파악), 직업상담사 2급 자격증 취득
– 전공과목 중 1대 1 대면 상담실습 진행 → 소통능력 함양 기여
– 교내 심리건강상담센터 1년 근로(심리검사지 채점 및 문서작성, 홍보활동)
(2) 행정업무
– 교내 또래상담 프로그램 참여(진로상담, 상담일지 문서작성, 홍보활동)
– 평생교육 프로그램 프로젝트 참여(예산수립 및 재정관리)
☐ 취업정책 이해
– 취업성공패키지 참여 후 취업성공 사례(지인) → 국민취업제도절차 이해, 국민 실질적 평가 습득
– 국민취업제도 홈페이지(국민취업제도 유형, 지원내용, 절차 등 이해)

Q1 지원동기 말씀해주세요.

A1 제가 직업상담직 공무원을 지원하게 된 계기에 대해 말씀드리겠습니다. 저는 전공과목 중 직업정보론이라는 과목을 수강한 경험이 있습니다. 그때 팀과제로 직업보고서를 작성하면서 상대방에 대한 진로상담과 관련 직업훈련 등을 찾는 도중 워크넷, HRD-net이라는 사이트를 이용하였습니다. 이 과정에서 직업상담사라는 직업을 처음으로 알게 되었고, 흥미가 생겨 직업상담사 2급 자격증을 취득하였습니다. 그러던 중 제 지인이 취업성공패키지라는 제도에 참여했고, 상담을 통해 직업을 찾고 학원을 다니면서 자격증을 취득하여 취업에 성공하였습니다. 이 과정에서 점점 변화해가는 지인을 보면서 국민취업지원제도라는 제도에 관심이 생겼고, 이 제도를 통해 저도 누군가의 취업을 위해 도움을 주는 사람이 되고 싶다고 생각하였습니다. 그래서 저는 직업상담직 공무원이 되어 국민취업지원제도를 통해 국민을 위한 일을 하고 싶다고 다짐하여 지원하게 되었습니다.

질문패턴		부처·정책 – 이해도(배경지식)
평정표		헌신·열정
답변	논리	• 그룹평형: 절차 [단계별] – [계기 1] 직업상담사를 알게 된 계기: 직업보고서 작성 – [계기 2] 취업성공패키지제도 이용: 지인의 경험
	표현	• 사례의 구체화: 직업보고서 작성 → 워크넷, HRD-net → 직업상담사 2급

Q2 지인이 국민취업지원제도에 참여하면서 어려웠던 점이나 아쉬웠던 점 없었나요?

A2 아쉬운 점이 있었습니다. 취업 전에는 상담부터 직업훈련까지 체계적으로 진행되는 반면 취업 이후의 관리가 조금 미비하다는 점이었습니다. 실제로 제 지인도 취업 성공 후 직장에서 일할 때 대인관계나 직무스트레스로 인해서 그만두고 싶다는 생각을 많이 했었다고 합니다. 이렇듯 취업 후 관리가 미비하다면 조기퇴직 등으로 구직과정의 악순환이 반복되는 문제점이 생길 수 있다고 생각합니다. 따라서 취업 성공 이후에도 직무에 정착할 수 있도록 체계적인 시스템이 있다면 더 좋지 않을까라고 생각했습니다. 이에 대한 방안도 생각한 것이 있는데 말씀드려도 되겠습니까?

질문패턴		사실확인 – 사실관계 증명
평정표		헌신·열정
답변	논리	• 기본논리형 – [결론 및 부연설명] 취업 이후의 관리 아쉬움 – [근거] 대인관계, 직무스트레스 – [마무리] 취업 이후 관리의 중요성, 시스템 보완 필요
	표현	• 사례의 구체화 – 취업 이후의 관리 → 대인관계, 직무스트레스 – 취업관리 미비 → 조기퇴직 등 구직과정의 악순환

Q3 네. 좋습니다. 국민취업지원제도에서 느낀 문제점을 어떻게 보완하면 좋을지 답변해주세요.

A3 네. 이러한 문제점을 예방하기 위한 방안으로는 두 가지가 있습니다. 첫째, 데이터 수집 및 지속적 모니터링입니다. 취업에 성공한 대상자들의 성향, 업무숙련도, 근무기간 등을 지속적으로 모니터링한 후, 그 데이터를 수집하여 재발방지를 위한 요인으로 사용하도록 하는 것이 있습니다. 둘째, 근로자지원프로그램 EAP 실시가 있습니다. EAP란 현재 중소기업 청년 근로자를 대상으로 직무스트레스나, 대인관계 등의 어려움을 해결하기 위한 무료상담서비스입니다. 이 과정에서 자가진단도 가능하고 상담자 또한 스스로 선택할 수 있기 때문에 이러한 서비스를 국민취업지원제도 사후관리에도 적용이 가능하도록 하는 방안을 생각해 볼 수 있습니다.

질문패턴		부처·정책 - 문제개선·계획
평정표		헌신·열정
답변	논리	• 그룹핑형 - [빙인 1] 데이터 수집 및 지속적 모니터링 - [방안 2] 기존 프로그램의 활성화
	표현	• 사례의 구체화 - [데이터 수집 및 지속적 모니터링] 성향, 업무숙련도, 근무기간 등의 모니터링 - [EAP 설명] 직무스트레스, 대인과계 등 어려움을 해결하는 무료 상담서비스, 자가진단의 장점

Q4-1 고용노동부 홈페이지를 보면서 다양한 제도를 알아보신 거 같은데 그 과정에서 어려운 점은 없었나요?

A4-1 어려웠다기보다는 아쉬웠던 점이 있었는데 말씀드려도 되겠습니까?

Q4-2 네. 아쉬운 점 말씀해주세요.

A4-2 제가 고용노동부 홈페이지를 보면서 다양한 제도를 알아봤는데, 정말 많은 제도가 있다는 것을 알게 되었습니다. 하지만 다른 국민들이 필요한 서비스를 받을 때는 고용노동부 외에도 다른 부처에서 시행하고 있는 제도 또한 더 도움이 될 수도 있기 때문에 이를 한눈에 볼 수 있는 통합시스템이 있었으면 좋겠다는 생각을 했습니다. 예를 들면 저소득층과 관련한 고용노동부제도를 소개할 때 그 아래 저소득층 제도와 관련한 통합사이트 링크를 제공한다면 고용노동부뿐만 아니라 다른 부처에서 시행하고 있는 제도들도 쉽게 접근할 수 있을 것이라고 생각했습니다. 현재 청년정책과 관련해선 청년 온라인센터라는 홈페이지가 있습니다. 이처럼 저소득층이나 여성 등 다양한 취약계층을 위한 제도를 소개하는 통합서비스가 구축되고 이를 고용노동부 대상자별 정책 란에 기재할 수 있도록 한다면 다양한 부처에서 시행하고 있는 정책들을 한눈에 보기 쉽게 제공할 수 있을 것이라고 생각했습니다.

질문패턴		부처·정책 – 문제개선·계획
평정표		헌신·열정
답변	논리	• 기본논리형 　– [결론] 통합시스템의 필요성 　– [부연설명] 국민들이 필요한 서비스의 다양성 　– [근거] 저소득층 관련 제도 소개 시 링크 제공을 통한 접근성, 청년온라인센터 홈페이지 사례 　– [마무리] 통합정책의 장점
	표현	• 사례의 구체화 　– [가정사례] 저소득층 관련 사이트 구축 사례 　– [실사례] 청년정책 관련 청년온라인센터 홈페이지

02 세무직

○ 희망부서(직무): 국세청 세정홍보과(디지털 소통 홍보채널 운영: SNS, 블로그, 유튜브 등)

○ 희망이유: 교내 근로 中 세금납부, 연말정산과 관련된 질문에 정확한 답변을 못함

→ 국민 누구에게나 세무지식을 정확하게 알려 주는 일선전문가 희망

○ 전문성 함양을 위한 노력 및 경험

(1) 직무수행능력

– 세무, 회계 지식: 정부 및 비영리 회계 등 과목 수강 통해 회계분석

– SNS 등 매체활용능력: 신생 동아리 홍보포스터 제작, UCC 공모전 영상기획 및 촬영

– 커뮤니케이션 능력: 튜터링 프로그램 참가 학교생활 상담 + 한국문화 소개 → 최우수팀 선정

(2) 전문성 함양

– 국세청 활동, 세무현안 분석

– 유튜브(외국인, 장애인 배려 영상 등), 블로그(근로, 자녀 장려금 확대 안내, FUN 퀴즈 등)

– SNS 콘텐츠 제작: 캡스톤디자인 협력기관 인스타 비즈니스 계정 운영 + 제품 홍보영상 제작 → 팔로워 100 달성

Q1 전문성 함양에 유튜브? 어떤 점을 보았는가?

A1 제가 희망하는 부서가 세정홍보과이다 보니 유튜브와 같은 국세청 홍보 채널을 중점적으로 보게 되었습니다. 그중 유튜브에서 외국인 장애인 배려 영상이 가장 기억에 남았습니다. 수어 영상과 외국어 자막이 달린 영상, 그리고 외국어로만 진행되는 영상이 다채롭게 있었는데, 대한민국 국적을 가진 국민과 외국인 그리고 국내외의 장애인 등 납세자의 다양한 유형을 고려하여 홍보를 해야 한다는 사실을 깨닫게 되었습니다.

질문패턴		사실확인 – 사실관계 증명
평정표		헌신·열정
답변	논리	• 기본논리형 　– [결론 및 부연설명] 국세청 홍보채널, 유튜브 　– [근거] 외국인 장애인 배려 영상 사례 　– [마무리] 납세자의 다양한 유형을 고려하는 세무직 공무원
	표현	• 사례의 구체화: [외국인 장애인 영상] 수어 영상, 외국어 자막 영상, 외국어로만 진행되는 영상

Q2 국세청 업무 중 보완하고 싶은 것은?

A2 근로장려금 관련 제도를 보완하고 싶습니다. 현재 국세청은 근로장려금 지원 대상을 계속해서 확대하고 있습니다. 저소득 가구의 근로를 장려하고 소득을 지원하는 근로장려금 단독가구에는 부양자녀가 성인이 되면 홑벌이 가구에서 단독가구로 변경되는 경우가 존재합니다. 하지만 최근 성인 자녀의 독립 시기가 늦춰지고 있기 때문에 부양 자녀가 성인이 되어서도 부모가 자녀를 부양해야 하는 경우가 존재하고 있습니다. 공무원분들께서 이러한 상황을 겪는 단독가구에 대해 인지한 후, 추가적인 증빙서류를 요구하는 제도를 통해 홑벌이 가구의 지원을 받아 안정적인 소득을 유지할 수 있는 도움을 주어야 한다고 생각합니다.

질문패턴		부처·정책 – 문제개선·계획
평정표		헌신·열정
답변	논리	• 기본논리형 　– [결론] 근로장려금 제도 보완 필요 　– [부연설명 및 근거] 단독가구 제도의 사각지대 사례 　– [마무리] 추가적 증빙서류 보완을 통한 경제적 지원 강화
	표현	• 사례의 구체화: [단독가구 제도의 사각지대] 성인자녀의 독립시기 지연, 금전적 어려움 등

03 기술직(일반기계)

☐ 희망부처 · 관심업무: 특허청 일반기계심사과(기계 분야 특허심사)
☐ 희망이유: 중소기업, 벤처기업의 특허신청 증가함에 따라 정확하고 공정한 특허심사 제공의 필요성 증가
☐ 전문성 함양을 위한 경험 및 노력
− (특허 관련 지식 · 법 학습) 특허청 홈페이지 방문 → 특허요건 · 심사절차 등 심사기준 이해
− '대한민국 특허청' 유튜브 시청 → 특허 관련 제도 · 법 학습(디자인보호법, 전자출원 등)
− (기계공학 전공) 대학교 기계공학 관련 전공 수강(역학, 기계설계, 자동제어, 수치해석)
− (기계설계 이해) 일반기계기사 자격취득을 통해 기계요소 관련 심화지식 학습, CAD를 활용한 기계부품 2D 도면설계, Inventor를 활용한 3D 외형설계
− (재고관리 인턴 경험) 4개월간 재고관리 인턴 경험을 통해 기계설비에 이용되는 자재와 부품을 적재적소 공급 · 관리 → 현장안전 기여
− (산업통상자원부 장관상) 전국 종합설계경진대회 − 전공 활용작품 설계 및 제작 → 창의성 · 실효성 높은 기술과 제품제작에 관심

Q1 특허청 관련 정책 중 보완하고 싶은 것은?

A1 저는 특허심사와 관련한 규정을 보완하고 싶습니다. 최근 뉴스 기사를 하나 보았습니다. 거기에서는 부모가 자식 신분을 이용하여 미성년 특허출원을 하고 있다는 내용이 있었습니다. 이러한 사례가 계속되면 국가산업에 기반이 되어야 하는 지식재산이 악용될 수 있고 재산의 세습이 일어날 수 있다는 문제점을 생각했습니다. 그래서 특허출원 신청을 하기 위해서 나이의 일정 상한선을 두거나, 특허출원을 한 주체가 실제로 특허 개발을 한 사람과 일치하는지 면밀하게 심사하는 규정이 필요하다고 생각합니다. 정책이 보완된다면 더 공정한 심사가 이뤄질 수 있을 것이라 기대하고 있습니다.

질문패턴		부처 · 정책 − 문제개선 · 계획
평정표		헌신 · 열정
답변	논리	• 기본논리형 − [결론] 특허심사 관련 규정 보완 − [부연설명] 뉴스 기사 − [근거] 미성년 특허출원의 문제점 및 보완점 − [마무리] 공정한 심사를 위한 제도 마련 필요
	표현	• 사례의 구체화 − [미성년 특허출원의 문제점] 지식재산 악용, 재산의 세습 − [해당 제도의 보완점] 나이 상한선, 특허출원의 주체 일치성 심사

Q2 개인 혼자 업무 vs 협업을 통한 업무 중 어느 것이 더 좋다고 생각하는가?

A2 네. 저는 협업을 통한 업무가 더 효율성이 높다고 생각합니다. 협업과 관련한 사례로 대학교에서 종합설계 경진대회를 준비했던 사례를 들 수 있습니다. 경진대회를 준비할 때 역할을 크게 기계 외형 설계부와 제어부로 나누었고 제어부의 역할을 수행한 저는 시스템 제어를 위한 제어기 설계를 주로 담당하였습니다. 제어기 설계를 끝마칠 무렵, 설계해야 하는 부품이 많아 어려움을 겪고 있는 동료를 발견하였습니다. 3D 프로그램 사용법도 알고 있었던 저는 동료와 물성치, 치수 등을 계속해서 공유하는 방식을 통해 부품을 설계할 수 있도록 도와주었습니다.

질문패턴		공직·인성
평정표		소통·공감
답변	논리	• 기본논리형, 경험형 　－ [결론] 협업의 효율성 　－ [근기] 종합설계경진대회 경험(경험형 스피치 이용)
	표현	• 사례의 구체화: [종합설계경진대회 경험] 제어기 설계의 어려움을 겪는 동료의 모습, 도움을 줬던 수험생의 구체적인 행동

Q3 특허심사를 하는 데 필요한 지식은?

A3 필요한 지식 중 하나로 특허요건이 있다고 생각합니다. 여러 가지 특허요건을 통해 출원 신청한 특허가 특정 요건들을 전부 만족하는지 확인하기 위함이라고 생각합니다. 또한, 심사 절차에 대해서도 숙지하여 각 심사 과정에서 심사관이 해야 할 역할이 무엇인지 구체적으로 숙지해야 한다고 생각합니다. 마지막으로 특허와 관련된 법이나 제도에 관해서도 숙지가 필요하다 생각합니다.

질문패턴		부처·정책 – 이해도, 직무능력 – 이해도
평정표		헌신·열정
답변	논리	• 기본논리형 　－ [결론] 특허요건 　－ [부연설명 및 근거] 특허요건 충족, 심사절차의 이해, 특허법령 및 제도 숙지
	표현	－

04 공안직(마약수사)

☐ 근무부처 및 희망업무: 서울중앙지방검찰청 − 반부패강력 제2부 − 마약수사과
− 국내 마약범죄 관련 현장조사 및 해외공조를 통한 국제형사 사법공조
☐ 개인적 노력
현직 마약수사관과의 이메일 인터뷰 및 대검찰청 견학 → 최근 마약류 범죄현황 공부
2. 마약수사 관련 독서(2021 마약범죄백과, 중독인생), 임시마약류 지정절차 공무원 지침서(식품의약품안전처)
3. 마약수사대상자 가입 인터넷 카페 탐방 및 SBS 특집방송(나는 20대 마약중독자입니다) 시청
4. 범죄탐사 프로그램(그것이 알고 싶다, 용감한 형사들) → 수사관으로서 가져야 할 태도 숙지
5. 코로나19 이전까지 주 1회 3시간 병원봉사 → 도덕성 함양
☐ 직무 관련 경험(학교활동)
법학과 부전공, 형사법 심화수업 이수, 판례평석(통신매체이용음란죄 및 신상정보 공개)
2. 현직 경찰관, 변호사인 선배와의 만남(마약범죄사건, 디지털포렌식)
3. 형사법 변호사 기출문제 공부(지식의 적용)

Q 마약수사는 현장수사업무가 대부분이며 주로 팀을 통해 업무가 이뤄집니다. 그런데 업무를 분배하다 보면 혼자서 골목에 서 있어야 할 수도 있는 상황이 있습니다. 그때 범인을 마주치게 된다면 어떻게 대처하시겠어요?

A 네. 먼저 마약수사는 선배 수사관님 등 팀을 이루어 여러 날 잠복근무를 하며 많은 노력을 하는 것으로 알고 있습니다. 제가 만약 범죄자를 발견한다면 우선 저의 안전을 위해 그 사람의 손에 흉기가 들려 있는지를 확인해보겠습니다. 이후, 흉기가 없다면 큰 소리로 범인이 있다고 이야기하며 근처 동료수사관님에게 알리겠습니다. 혹은 무전기를 통해 수신하겠습니다. 또한 그 즉시 범인에게 크고 단호한 목소리로 "거기서 뭐하시는 겁니까. 당장 멈추세요!"라고 이야기한 후, 그 앞에서 범인을 제지하겠습니다.

질문패턴		부처 · 정책 − 문제개선 · 계획, 직무능력 − 관리방안(문제개선)
평정표		헌신 · 열정
답변	논리	• 그룹핑형: 절차 [단계별] − [결론] 면접관 질문 요약 − [단계 1] 흉기 여부 확인 − [단계 2] 흉기가 없다면 동료수사관에게 알림 − [단계 3] 범인제지
	표현	−

01 일반행정

경험과제
작성내용
	□ 희망업무 ~~
	1. 가고 싶은 부처와 담당하고 싶은 업무
	   – 문화체육관광부 관광정책국 국내관광진흥과(관광자원 개발과 상품화 및 홍보)
	2. 경험 및 노력
	  1) 학교
	    – 관광경영과 전공(관광마케팅, 관광학개론 등 수강) → 관광에 대한 전반적인 지식 습득
	    – 디지털 시대 도래에 따른 관광 활성화 방안 → 미래 지향적 관광에 대한 이해
	  2) 개인
	    – 여행사 서포터즈 대외활동 → 실무에 대한 이해
	    – 호주 워킹홀리데이 경험 → 문화 다양성에 대한 이해
	3. 전문성 함양 노력
	   – 대한민국 방방곡곡 어플(빅데이터 이용하여 관광객들에게 정보 제공) → 빅데이터 거버넌스 교육 이수
	   – 현직자와의 통화 → 토익 고득점과 컴퓨터 관련 자격증 취득 예정

질의응답	1. 관련 경험 하면서 쌓은 전문성을 바탕으로 문체부의 아쉬운 정책 보완해 봐라. (전문성과 아쉬운 정책 따로 준비하긴 했는데 이렇게 엮어서 질문 받아본 거 처음이라 당황함) 생각할 시간 잠시 주시겠습니까? 네, 저는 워킹홀리데이 경험을 하면서 문화 다양성에 대한 이해를 심화시켰습니다. (내 사례 말했어야 하는데 못 말함) 이러한 다양성을 바탕으로 문화체육관광부의 아쉬운 정책을 보완해보면 현재 문화체육관광부에서는 세계 문화 다양성의 날인 5/21로부터 일주일간을 문화다양성 주간으로 설정하여 너답게 그리고 나답게라는 주제로 온라인 토론회, 전시회 등을 열고 있습니다. 그러나 이러한 온라인 행사 등은 국민들이 직접 다양성을 체감하기에 조금 부족하다고 생각합니다. 그러므로 저의 다양성을 바탕으로 예를 들면 아이들을 대상으로 한 다문화 가정 문화 교류 프로그램을 만든다던지 하는 노력을 통해 국민들이 다양성을 체감할 수 있는 행사를 만든다면 좋을 것 같습니다. 2. 문체부 국내관광진흥과에서 관광상품 개발하고 관광상품화하는데 국민의 입장에서 이러한 일이 어떻게 이득이 되나? (관광 사례 같은 거 말했어야 했는데 못 말함 ㅠㅠㅠㅠㅠㅠ) 네, 먼저 국민들은 만들어진 좋은 관광지를 다수 체험할 수 있다는 점이 좋고 그러한 관광지를 이용하는 국민들 뿐만 아니라 만들어진 관광지 주변의 상인들이나 관광지 종사하시는 국민들도 같이 상생할 수 있기 때문에 좋습니다. 3. 관련 경험하면서 힘들었던 점과 극복했던 경험 네, 저는 여행사 서포터즈 대외활동을 하면서 조의 조장을 맡아 관광코스를 개발하는 조별 과제를 한 적이 있습니다. 당시 저희 조에는 한국어를 원활하게 하지 못하는 중국인 조원이 포함되어 있었습니다. 해당 조원은 의사소통의 문제로 할당된 업무를 제대로 해내지 못했고 그로 인한 팀원들의 불만이 쌓여가는 상황이었습니다. 또한 부담감으로 팀을 나가겠다고 하였습니다. 저는 이렇게 팀원이 나가게 되면 남은 팀원들이 일을 또 부담하게 될 것을 우려하였고 조장이라는 맡은 바 책임감으로 해당

질의응답	조원의 자료조사와 발표를 도왔습니다, 당시 학교생활을 병행하느라 많이 힘들었지만 이렇게 만들어 낸 과제가 최우수과제로 선정되어 여행사 실제 코스에 일부 반영되는 것을 보면서 저의 책임감으로 좋은 결과를 만들어 낸 것 같아서 뿌듯했던 경험이었습니다. 4. 관광에 관심 가지게 된 계기 네, 사실 저는 대학을 가기 위해 수능을 쳤을 당시에 평소보다 낮은 점수를 받아 원하던 대학과 학과에 입학하지 못했습니다. 그래서 처음에는 매우 소극적이고 부정적인 학생이었습니다. 그러나 관광코스를 짜는 등의 조별과제가 계속되자 다른 팀원에게 피해를 끼치면 안 된다는 생각에 열심히 하게 되었고 책임감이 생겼습니다. 이러한 과제도 충분히 흥미롭고 재밌었으나 점수를 위한 과제 말고 자발적으로 관광과 관련한 일을 해보고 싶어서 여행사 서포터즈 대외활동에 지원하게 되었습니다. 대외활동에서 만난 사람들은 과제를 하던 학우들과는 다르게 굉장히 적극적인 사람들이었습니다. 예를 들면 남해 관련 관광코스를 짤 때 자신들의 지인들에게 남해 관련 경험이 없는지 묻고 적극적으로 참여하였습니다. 이러한 조원들과 함께 하면서 소극적이고 부정적이었던 저도 적극적이게 변하게 되었고 관광에 대해 더욱 많은 관심을 가지게 되었습니다. 또한 만들어낸 과제가 최우수 과제로 선정되기도 하면서 자부심과 뿌듯함도 많이 느꼈습니다.

❷ 일반행정

경험과제 작성내용	희망부처 및 직무: 교육부 교육과정정책관 교육과정정책과(정보교육 및 소프트웨어 교육 기반조성사업) ■ 직무 관련 경험 　1. 부처 관련 경험 　　– 수학/영어 과외(초·중·고교생), 보육원 봉사활동(저소득층 초등학생) → 교육현장에 대해 이해 　2. 직무 관련 경험 　　– 컴퓨터과학과 전공(소프트웨어, 코딩언어 과목 수강) → 컴퓨터 기본지식 습득 　　– 컴퓨터 관련 자격증 취득(정보처리기사) 　　– 저소득층 초등학생 대상 파이썬 1일 교실 진행 　3. 행정업무 관련 경험 　　– 동아리 총무(회비, 예/결산 관리), 대기업 아르바이트(문서정리, 프로그램 지원) → 행정업무 이해 ■ 직무 이해 노력 　– 교육부 블로그, SNS 등을 통해 정보교육에 대해 탐구 → 정보교육 환경 개선의 필요성을 느낌
질의응답	Q. 관심을 갖게 된 계기가 있는지? A. 어렸을 때부터 교육 분야로 진로를 정해 공부하였고 이후 대학에 입학하고서도 꾸준히 교육 쪽으로 진로를 찾아 왔습니다. 그래서 현재 활동하고 있는 동아리에서도 파이썬 1일 교실을 진행하여 제가 가지고 있는 컴퓨터 지식을 아이들에게 나누어 주기도 하였습니다. 현재 정보교육은 필수교육으로 전환되어 프로그래밍과 알고리즘 등을 교육하게 하고 있습니다. 하지만 아이들의 이야기를 들어보면 시험에 필요한 내용만을 교육하거나, 교사의 수업내용을 단순히 반복하는 정도의 교육에서 그치고 있다고 합니다. 실제로 파이썬 수업 당시 간단한 컴퓨터 조작방법을 모르는 아이들이 있어 보조교사와 시간을 더 투입하여 진행하기도 하였습니다. 앞으로 IT 산업이 발전됨에 따라 학생들의 정보교육 또한 중요성이 높아질 것입니다. 저의 컴퓨터 지식과 교육현장에 대한 경험을 통해 관련 정책과 현장의 모순을 보완하고 정보교육현장의 환경을 개선시키고 싶어 교육부 교육과정정책과에 지원하게 되었습니다.

Q. 전문성 함양 노력?

A. 저는 대학교에서 컴퓨터과학을 전공하여 소프트웨어, 하드웨어 등의 기본적인 컴퓨터 이론 지식을 습득하였습니다. 또한 다양한 개발 프로젝트를 진행하며 실제 개발 현장에서 사용하는 각종 프로그램을 이용해 어플리케이션을 개발한 경험이 있습니다. 이러한 전공지식을 이용해 국가 자격증인 정보처리기사를 고득점으로 취득하였습니다. 또한 저는 다년간의 학원 아르바이트와 보육원 봉사활동 등을 통해 현재 학생들에게서 간접적으로 교육현장의 실태를 확인할 수 있었습니다.

Q. 컴퓨터를 전공했으면 다른 길도 많았을 텐데 공무원이라는 진로 선택에 영향을 받게 된 계기

A. 대학생 때 우연히 지자체 구청 아르바이트에 선발되어 주민센터에서 한 달간 일하게 되었습니다. 그때 민원인들에게 친절하게 대하시고 주변인들과 교류도 원활하신 공무원 한 분을 보게 되었습니다. 매사에 긍정적이시고 적극적으로 민원인을 도와주는 모습을 보고 공무원에 대한 좋은 인상을 가질 수 있었고 그 이후로 공무원에 대해 알아보게 되었습니다. 그 중 제가 가진 컴퓨터 지식과 교육에 대한 경험을 잘 살릴 수 있는 직무를 찾던 중 교육부의 교육과정정책과를 알게 되어 희망하게 되었습니다.

Q. 전문성 기를 때 만족한 점, 부족했던 점

A. 네 제가 전문성을 함양시켜 만족했던 점은 우선 컴퓨터과학과를 전공함으로써 얻은 지식과 간접적으로 교육현장을 경험한 것을 통해 정보교육에 대한 이해도를 높일 수 있던 점이었습니다. 이러한 저의 경험과 지식으로 파이썬 수업을 원활하게 진행할 수 있었습니다. 부족한 점은 제가 교육에 대해 전공을 하지 않았기 때문에 이론적인 지식을 습득하지 못한 것이었습니다. 저는 그래서 이후 교육부에 입직하게 되면 교육학개론과 같은 교육에 필요한 이론적인 지식을 습득하고 실제 업무에서 부족한 부분을 채울 수 있도록 계획하고 있습니다.

Q. 적극적으로 찾고 전문성을 쌓는데 영향을 준 사람 또는 교육

A. 저에게 많은 영향을 준 사람으로 저는 저희 어머니를 말씀드리고 싶습니다. 어머니는 회사를 옮기거나 다른 직무를 맡으시더라도 항상 적극적으로 업무에 임하셨습니다. 그리고 자신의 능력을 향상시키기 위해 항상 새로운 것을 접하고 공부하시면서 꾸준함을 알려주셨습니다. 이러한 점을 본받아 제가 대학에 입학해 지식을 쌓고 봉사활동 등 다양한 경험을 하는 것에 적극적으로 뛰어들고 배워왔습니다.

Q. 조직과 개인의 의견 차가 있을 경우

A. 조직과 추구하는 방향이 다를 경우 저는 조직의 방향을 우선시할 것 같습니다. 저 개인의 일이긴 하지만 전체적으로는 조직의 일이며 공직사회에서 정책은 곧 조직의 성과이기 때문에 조직의 방향을 우선시하는 것이 옳다고 생각합니다. 대신 조직의 방향 중 제 의견이 조직의 성과를 극대화시킬 수 있다면 우선 제안해보고 의견을 나눠볼 수 있다고 생각합니다.

03 일반행정

■ 희망부서 및 관심업무: 행정안전부 민간협력과 – 1365 자원봉사시스템 운영/관리, 민간협력 지원

■ 관련 경험 및 노력

1. 고객서비스 관련 과목 수강 (커뮤니케이션 스킬, 김종명의 소통의 기술) → 소통 과정 도움
2. 1365 자원봉사 홈페이지 방문 (자원봉사 개요, 취지 탐색)

경험과제 작성내용	3. 1365 프로그램 참여 (주거지 근처 시립도서관 서가 정리 및 민원 응대 서비스) 　→ 자원봉사의 필요성 체감 (직원 수에 비해 문의 빈번, 주민 입장에서 실질적 도움) 4. 지방자치의 재발견 정책 특강 유튜브를 통해 자치분권 2.0 제도 취지 습득 　(보충성의 원칙, 주민에 의한 지방자치 운영, 특별지방자치단체의 법규화) 5. 대민 서비스 업무: 직무교육관리 (프로젝트 매니저 양성, 웹프로그래밍 등), 호텔 내 고객서비스 → 　민원응대 및 민간협력 업무 진행시 소통, 조율, 봉사성 등의 역량 발휘 6. 협상전문가 자격증, 컴퓨터 활용능력 1급 자격증 취득 예정 7. 담당과, 담당 부처에서 중요한 법, 정책 공부 예정
질의응답	Q. 행정안전부 민간협력과와 인터뷰 하셨는데 관심 계기? A. (지원동기 일부분을 간추려 대답, 작성내용보다 분야부분은 예를 조금 더 들면서) 고등학교 때부터, 고아원에서 아이들의 영어, 수학을 가르치거나 요양원 직원들을 보조하는 봉사활동을 통해 봉사에 대한 관심을 가지고 있었습니다. 그런데, 봉사를 하면서도 인력이 배치 안 되는 시간이 있는 문제점을 알게 되었습니다. 이후, 1365 봉사프로그램 홈페이지는 지원부서인 행정안전부 민간협력과에서 운영하는 것으로, 살펴보니 이전에 생각했던 것보다 많은 프로그램이 있다는 것을 느꼈습니다. 많은 분야의 프로그램이 많다는 것은 국민에게 질 좋은 서비스를 제공할 수 있다는 장점이 있지만, 그만큼 봉사인력이 부족하고 중간에서 인프라를 구축하는 행정안전부의 역할이 중요하다는 것을 알았고, 해당 부서에서 도움이 될 수 있는 공무원이 되고자 관심을 가지게 되었습니다. Q. 봉사인력이 부족하다고 느끼셨다고 했는데 해결한 경험 있는지? A. 아.. 제가 봉사인력이 부족한 부분에 대해 해결한 경험은 없습니다. 하지만, 이번에 준비를 하면서 기획하고 싶은 봉사프로그램에 대해 생각해본 적이 있는데 그것을 말씀드려도 될까요? > 말해보라 하심 >> 봉사프로그램 중에서도 인상 깊었던 프로그램은 플로깅 프로그램이었습니다. 이것은 조깅과 환경정화 활동을 같이하는 프로그램입니다. 이것을 고령화 문제점과 연결시켜 노인 분들을 대상으로 프로그램을 제공한다면 사회문제해결에도 도움이 될 수 있고, 지역사회에도 긍정적 효과를 가져올 수 있다고 생각해보았습니다. Q. 전문성 함양위한 노력 중 힘든 경험? 어떻게 극복? A. (약간 고민 후) 호텔 업무를 할 당시, 적극적인 행동(로비 정리)으로 주변사람들이 힘들어 했던 경험을 서술하며 잘 설득을 해서 결과적으로는 총지배인께 좋은 인상을 얻어 부서가 긍정적인 평가를 받게 했습니다. Q. 전문성 함양 위한 경험에 있어 영향을 주었던 사건? A. (질문의도 파악이 조금 어려워서 동문서답한 느낌입니다...ㅠㅠ..) 네, 제가 전문성 함양을 위한 경험에 있어 영향을 주었던 사건은 공직가치에 대한 지식을 쌓으면서 해야 할 것들을 생각했습니다. 더 구체적으로 알아가면서 하고자하는 업무에 대해 준비를 해야 하고 공직가치가 정말 중요하다 생각했습니다... Q. 전문성 이용하여 업무 중 개선하고 싶었던 것? A. 생각해보다가 잘 떠오르지 않아 이 질문은 대답을 하지 못했습니다. 고민 중 면접관들이 "일단 다른 질문 할 테니 생각나면 나가기 전에 말하셔도 됩니다. 너무 긴장마세요"라고 하셨으나...대답 못하고 나왔습니다. Q. (상황형 하다가 갑자기...) 5분발표 상황처럼 상사의 초과근무 적발을 발견하면 어떻게 할 것인지? A. 네, 제가 발견하게 된다면 우선 당사자인 상사와 대화를 먼저 시도하겠습니다. 허위로 초과근무를 하는 것은 옳지 않으니 최대한 설득해 볼 것입니다. (나와서 생각해보니 신고를 언급하지 않은 것을 후회했습니다.)

경험과제 작성내용	■ 희망업무 ~ ~ 　희망부처 업무: 경찰청 경리담당관 경리업무 　이유: 경찰 수사 협력 경험 + 아르바이트 경리업무 경력 4년 ■ 관련 노력 1) 조직에 대한 이해 　－ 경찰박물관 방문 　－ 경찰청 홈페이지, 유튜브, 블로그 방문 　－ 경찰청 정책에 대한 조사와 공부(경찰관 직무집행법 개정, 도로교통법령 개정안 등) 　－ 경찰 행정직 공무원 현직자 인터뷰 2) 경리 업무에 대한 경험 　－ 대학교 전공 '정부회계원리' 수강 (복식부기 작성법 등) 　－ 아르바이트 4년간 경리 업무 담당(직원 급여 관리, 매상 정산) 　－ 동아리 학회 활동에서 영수증 정리 및 회계 장부 작성, 1년 활동 내역을 정리하여 매뉴얼 만듦
질의응답	Q. 희망 부처랑 그 업무를 담당하고 싶은 이유에 대해 말씀해주세요 A. 저는 경리담당관에서 경리업무를 하기를 희망합니다. 그 이유는 경찰청에 대한 관심과 제가 가장 자신 있는 경리 분야이기 때문입니다. 　먼저 경찰청에 대해 관심을 갖게 된 이유는 아르바이트를 하면서 경찰분의 수사에 협력하면서 존경심을 갖게 되었기 때문입니다. 가출청소년이나 오토바이 절도범을 잡을 때 cctv를 제공하거나, 인상착의를 목격하면 전화하라고 하여 실제로 목격하였을 때 전화를 드린 적이 있습니다. 저는 그 때 밤낮없이 일하시는 경찰공무원 분들이 정말 사명감을 가지고 일한다는 점에서 존경하는 마음을 갖게 되었습니다. 존경하는 경찰분들을 도울 방법이 없을까 생각하던 중 경찰행정관을 뽑는다는 사실을 알게 되었고, 제가 아르바이트 하면서 오랜 기간 경험했던 경리업무를 전담한다면 제가 가장 자신 있는 업무에서 도울 수 있다는 생각이 들어 희망하게 되었습니다. Q. 조직에 대한 이해에서 경찰관 직무집행법 개정을 말씀해주셨는데 그거에 대해 말씀해주세요 A. 경찰관 직무집행법이 2월에 일부 개정되었습니다. 경찰관이 업무 중 시민의 안전을 위해 타인에게 피해를 줬을 경우 형사책임을 줄이거나 면제할 수 있도록 한 내용이었습니다. 강력범죄나 가정폭력, 아동학대 한정으로 적용되는 법률입니다. 적극행정에 대한 필요성이 강조되는 지금, 이러한 법률 개정과 더불어 물리력 사용에 관해 집행 이전에 신고된 사건을 구체적으로 매뉴얼화하여 적극적으로 사건현장에 대응하는 자세가 요구됩니다. Q. 경찰 현직자랑 인터뷰를 했다고 들었는데 어떤 내용이었나? A. 기억에 남는 부분은 민원과 관련된 부분이었습니다. 교통민원실에서 근무하시는 분이셨는데, 이제 국민이 교통위반이나 불법주차 번호판 등을 찍어서 제보하면 이에 대한 포상을 제공하는 제도가 있습니다. 이 경우에는 신고자와 피신고자 양쪽 민원을 전부 담당하게 되어 업무 강도가 높다는 이야기를 들은 적이 있습니다. 또한 내부 규정과 부합하지 않는 사례가 있을 때 어떻게 해결해야 될지 난감하다고 말씀하셨습니다. 저는 업무 강도가 높은 경찰 공무원 분들의 이야기를 듣고 정말 존경하는 마음을 가지게 되었고, 만약 제가 민원을 담당하게 된다면 친절, 공정의 의무에 따라 민원인의 입장에서 경청하는 자세를 갖겠다고 다짐하게 되었습니다.

PART

03

질의응답

Q. 경찰 행정직과 인터뷰한 내용은 없는가?

A. (경찰행정직 공무원과 인터뷰라고 적었는데 경찰 공무원으로 잘못 보시고 질문하신 거 같습니다.) 앞서 말씀드린 경찰 공무원과 인터뷰가 경찰 행정직 공무원분이셨습니다. 말씀드린 것처럼 민원에 대한 이야기를 들었습니다. 또한 다른 경리업무를 하시는 분에 대해 말씀해주셨는데, 자치경찰제가 시작되면서 경리 전산프로그램이 다른 걸로 바뀌면서 프로그램 두 가지를 동시에 다뤄야 해서 어려움을 겪고 있다고 알려주셨습니다. 입직 후에는 저 또한 두 가지 프로그램 모두 바르고 정확하게 숙지하고 어떤 물건이 조직에 필요하고 그 비용이 얼마나 드는지 등의 사항을 조사하여, 조직 내부의 효율성을 향상시키도록 노력하겠습니다.

Q. 그러면 경무담당관 경리업무에는 어떤 게 있는지 아세요?

A. 네, 직원들의 급여관리와 세입·세출내역 기록, 원천징수내역 신고와 연말정산 등의 활동을 수행하는 것으로 알고 있습니다.

Q. 그러한 경리업무, 뭐 원천징수내역 신고 같은 경험이 있나요?

A. PC방 아르바이트와 어머니 가게를 도우면서 급여 정산이나 하루 매출 정리를 해본 경험은 있습니다. 하지만 원천징수내역 신고나 연말정산 등의 활동은 직장에서의 경리 경험이 부재하여 없습니다. 하지만 발령 때까지 대기하는 기간 동안 전산세무 자격증이나 컴퓨터와 관련된 자격증을 취득하여, 업무에 도움이 되도록 노력하겠습니다.

Q. PC방이 큰 편인가요? 직원은 몇 명?

A. (이런 류의 사실확인 질문이 이번 면접에 많았습니다.)
네. 300석 가까이 되는 PC방이었습니다. 평일과 주말로 팀이 나누어지는데, 평일 5명 주말 5명이었습니다.

Q. PC방에서 경리업무는 어떤 방식이었나요?

A. 두 가지 경리업무를 수행하였습니다. 첫째로 키오스크에 있는 현금을 정산하고, 카드 영수증을 추합하여 하루 매상을 정리하였습니다. 둘째, 직원 급여 계산을 위한 엑셀을 만들고 출석에 따라 시급을 정산하고 주휴수당을 계산하였습니다. 이 두가지를 매달 사장님께 정리하여 제출하였습니다.

Q. 경리 업무는 아무래도 숫자 계산 이런 게 많고 해서 어려워하고 싫어하는 경우가 많은데 본인은 좋아하시는 건가요?

A. 네. 일단 저는 숫자로 계산하는 과정이 모호하지 않고 답이 딱딱 떨어지기 때문에 어린 시절부터 숫자와 관련된 업무를 하고 싶었습니다. 또한 아르바이트 활동과 동아리 활동을 하면서 어떤 조직이든 원활하게 운영되기 위해서는 금전적인 업무가 필수적이라는 것을 깨닫게 되었습니다. 금전적인 부분은 제대로 정리하지 않으면 오류가 나기 쉽고, 다시 처음부터 검토해야 하는 경우가 많기 때문입니다. 저의 가장 큰 장점은 꼼꼼함이라고 생각하는데, 이러한 강점이 경리업무에 실수를 만들지 않아 부합한다고 생각합니다.

경험과제 작성내용	□ 희망업무: 홍보담당관 (경험) 학과 홍보부 활동(게시판 관리, 홍보기획 등) >> 경찰청 홍보활동(홍보기획 등)에 도움 학과 SNS 관리 >> 경찰청 홈페이지 관리에 도움 대학 수업 과제: 개정, 신설된 법률 예측 효과, 미비점 분석 > 언론보도 관리 시 허위과장왜곡 부분 등 분석 후 정정보도에 반영 (직무 이해 노력) 경찰청 홈페이지 >> 정책리뷰, 통계 등 살핌(언택트 시대에 증가하는 범죄와 대응방법 등) 경찰청 유튜브 SNS 구독 >> 현직자와의 인터뷰, 폴라이브, 경찰청 제작 웹드라마 시청 (계획·포부) 사회조사분석사, 마케팅 기획 전문가 자격증 등 취득 위한 자기계발 능력 기르겠음
질의응답	Q. 홍보담당관 지원하신 이유? A. 준비한 대로 Q. 홍보 시 힘든 점이 뭐라고 생각하세요? 이런 뉘앙스였는데 약간 정리가 안 되신 질문이라서 다시 정 확히 경찰청 홍보를 하게 된다면 예를 들면 ~~ 이럴 때 힘든 점 말씀드린 거예요 라고 정리해서 질문해주셨어요 A. (첫 질문부터 왜 당황했는지.. 경찰청 홍보의 문제를 돌려 말하면 되는 거였는데 당황해서 그냥 막 튀어나온) 각 연령층 별로 주로 이용하는 매개체가 다를 것인데, 하나의 매개체를 중점으로 홍보를 하게 된다면 모든 연령층에 효과적으로 홍보할 수 없다는 것이 힘든 점일 것 같습니다. 그렇기 때문에 저는 택배 사와 협업하여 운송장 옆에 부착하는 홍보방식을 고안해 보았습니다. 그 이유는 모든 연령층이 직접 적으로 이용하기 때문에 쉽게 익숙해질 수 있고 효과도 쉽게 이끌어낼 수 있다고 생각하였습니다. (택배얘기를 드렸는데 갑자기 자세를 고치시면서 질문할 준비를 하셨어요^^.. 하하) Q. 택배 이용하면 범죄자들이 그거 보고 범죄 유형을 새롭게 만들어서 범죄를 저지르면 어떡하죠? A. 일단 생각할 시간을 주시겠습니까 찬스를 이용했어요. 제가 조금 생각하니까 "그냥 의견을 공유해보자 는 거니까 편하게 말씀해주시면 돼요" 해 주셨어요 네, 한 뒤에 우선 경찰청에서 진행하고 있는 제도 중에 범죄예방진단제도가 있다는 것으로 알고 있습니다. 그것을 적극적으로 이용하여서 범죄를 예측하 여 예방하도록 노력할 것이고, 행정직으로서도 예방에 힘쓰도록 노력하는 모습을 보이겠습니다. Q. 경찰청이 홍보를 하는데 홍보와 주 업무가 주객전도 된다면 어떡할까요? A. 이것도 생각할 시간 찬스 썼어요.. 그렇다면 우선 홍보 매뉴얼을 경찰의 주업무와 겹치지 않도록 상세하게 고안하겠습니다. 예를 들면 경찰의 업무가 있은 후 그것을 상세히 서술하여 신뢰감을 줄 수 있는 등의 방법을 생각해 볼 수 있을 것 같습니다(이거는 제가 생각해도 뭐라고 한 건지..^^) Q. 현재 환경이 굉장히 빠르게 변화하고 있어요, 매뉴얼을 구축하면 제약받을 것 같은데 어떻게 할까요? A. 현재 환경과 범죄 등 사이버 범죄 예를 들면 랜섬웨어 범죄 중고거래 사기범죄 등의 신종 범죄들도 자주 발생하고 있는데 (여기서 크게 네~~ 해주셨어요) 그러한 점을 빠르게 분석해서 기존 매뉴얼은 존재하되 유동적인 면을 주요시하여 매뉴얼을 제때제때 구축할 수 있도록 노력하겠습니다.

질의응답	Q. (면접관 B) 여태까지 경험 잘 말씀해주셨는데 경험이 도움될 만한 거 있을까요? A. 저는 학과 학생들의 이해를 돕기 위해서 교수님과의 인터뷰 등을 기획하였던 점을 말씀드리고 싶습니다. 질문을 취합하는 과정 등에서 학생들과 상호작용으로 투표나 지속적인 소통을 통하여 진행하였기 때문에 소통능력을 키울 수 있었고 결론적으로 학과와 학습에 대한 이해를 높였다는 식으로 말씀드렸어요.

06 경찰행정

경험과제 작성내용	1) 희망업무: 경찰청 경무부 경리계 2) 희망이유: 지인 중 경찰공무원 (경찰 긍정 이미지), 전공지식 활용하여 경찰조직 서포트 가능 3) 노력 및 경험 　－ 회계 과목 이수 (회계원리, 재무회계 등 우수 성적 이수) 　－ 재무 과목 이수 (재무관리, 금융투자관리 등 우수 성적 이수) 　－ 경영수리통계 과목 이수 (자료 수집, 처리, 분석 등 지식) 4) 전문성 함양 노력 　－ 경찰청 행정직 공무원 인터뷰 (월간 예산 수립, 집행, 결산 서류 관리, 경찰 복지 등 업무) 　－ 임용 전 까지 컴퓨터 활용 능력 자격증 획득 및 업무 지침서 숙지 　－ 경찰청 예산 조사 → 예산규모 12조 2800억원 중 인건비 74.4% 정원 증가에 따라 인건비 지속 증가, 치안 유지 발전에 투자(법 곤충 감정기법, 프리카스 등)
질의응답	Q. 지원동기 A. 국가는 국민의 생명과 재산을 지키기 위해 존재 → 경찰관, 소방관, 군인 존경 → 그 중에서도 지인 경찰관이 폭행사건 처리 현장 목격 → 경찰 조직이 국민의 안전 지키기 위해 노력 → 경리계는 예산 수립, 집행 등 업무 주로 수행 → 전공지식 활용하여 경찰조직이 본연 임무 수행하는 데에 도움 가능에 매력 Q. 경리계 업무에서 중요한 가치 A. 청렴함 → 돈을 다루는 업무가 주로 → 책정된 예산 목적에 맞게 사용 → 사적인 이익 추구 배제 Q. 청렴함 키우기 위해 노력한 점 A. 대학 재학 시절 친구들과 펜션 여행 → 돈 관리 역할 → 펜션 예약, 마트 장 보기 등 돈을 사용하면 영수증 첨부해서 단톡방에 올림 Q. 그때 친구들 반응 A. 친구들이 돈에 관한 권한을 전부 위임했기 때문에 갈등 없었고 좋은 반응 Q. 법곤충 감정기법이 무엇인지 A. 곤충마다 일정 환경, 온도마다 성장하는 속도 일정 → 이러한 데이터 기초로 하여 시체에서 발견된 곤충을 분석하여 시신이 얼마나 지났는지 파악 가능 Q. 경리계 정책 중 개선하고 싶은 것 A. 경찰서 견학을 간 경험 → 필수 공과금 (예 전기세, 수도세 등)을 더 절약할 수 있다고 느낌 → 에어컨, 전등 스위치 등에 눈에 띄는 에너지 절약 문구 부착하여 필수 공과금 관련 예산 절약 가능

질의응답	Q. 살면서 정부 규제로 불편했던 것 있는지 A. 안전속도 5030 정책 → 5분 발표 할때 공익성 실천 정책 말씀 드렸지만 요즈음 논란이 되고 있는 정책이다 → 모든 시간에 일률적인 속도로 규제하는 것 문제 → 교통사고 감소라는 목적에도 다소 어긋남 → 시간을 정해서 야간이나 새벽에는 60 70키로로 상향 조정 가능하다고 생각

⓿❼ 고용노동

경험과제
작성내용
	□ 희망업무: 고용노동부 국민취업지원제도
	  – 관련 노력 및 경험
	    1) 학교활동
	      교육상담학 전공(직업정보, 심리검사, 성인학습 및 상담, 진로상담), 직업상담사 2급 취득
	      상담실습: 진로 주제로 회기 진행 → 직업정보 활용 및 워크넷 진로검사 수행+해석 능력 학습
	      교내 근로 장학생(행정업무, 공고문/포스터 제작 업무)
	    2) 개인활동
	      국민취업지원제도 有경험자 인터뷰(만족/아쉬운 점)
	      고용노동부 관련 영상 시청(정책 소개, 인천 고용센터 체험현장)
	      아르바이트(편의점, 음식점) → 다양한 연령대 고객응대로 소통능력 향상
	  – 다짐 및 계획
	    직업상담사 1급 취득, 직무 전문성 함양 위해 신직업 및 최근 산업동향 계속 공부.

질의응답	Q. 국민취업지원제도를 지원하게 된 계기는? A. 먼저 직업상담직에 지원하게 된 계기부터 말씀드리겠습니다. 저는 대학교 2학년 때 직업정보론 수업을 들으면서 직업상담사라는 직업에 대해 처음 알게 됨. 또 워크넷, HRD-NET과 같은 진로 사이트도 처음 접하게 되었고 그런 사이트에서 내담자에게 필요한 정보를 가공하여 제공해 취업 희망자들에게 도움을 주는 직업상담사라는 직업에 매력을 느꼈고, 직업상담사 자격증을 공부해 취득함. 그러다가 2년전 지인이 국민취업지원제도에 참여함, 그때 상담사 분께서 1:1 맞춤형 상담을 통해 지인에게 필요한 직무훈련 프로그램들을 소개하고 지인의 취업과 관련된 고민사항들도 잘 들어주고 구인처도 적극적으로 소개하는 등 취업에 성공할 때까지 적극 지원하는 모습을 보고 '나도 이 일 하고 싶다'는 더 큰 열의를 갖게 됨, 취업희망자들이 취업에 성공할 수 있도록 도움을 주고 싶어 지원하게 됨. Q. (내 경험들 읊으며) 다양한 경험을 했는데 하면서 힘들었던 점 A. 힘들었던 점은 아르바이트를 하면서 힘들었던 경험이 종종 있었습니다. 일례로 저는 편의점과 음식점에서 장기간 아르바이트를 함, 편의점에서 근무하던 당시 어떤 할아버지 고객이 오셔서 물건을 찾음, 당시 편의점에 재고가 없어 없다고 말씀드림, 갑자기 왜 없냐며 화를 내심. 그런 일이 처음이라 매우 당황했으나 다른 손님께 피해를 끼치면 안 된다고 생각해 손님분들께 양해를 구하고 빨리 계산을 도와드린 후 스태프실에 민원 고객 모셔 감. 현재 지점에 재고가 없고 물류는 저녁시간대에 들어오기 때문에 해당 물류가 입고 되는대로 연락을 드려 구매하실 수 있게 도와드린다고 설득해 상황을 잘 마무리함.

질의응답	Q. 다양한 경험을 바탕으로 국민취업지원제도에서 개선할 점 A. 국민취업지원제도 Ⅰ유형의 경우 구직촉진수당을 지급함. 월 50만원씩 6개월 간 지급하는데 월 소득 52만원 이상이 발생하면 지급 요건에서 제외됨. 지인도 홀로 자취하며 부모님의 전폭적인 경제적 지원받을 수 없는 상황이었음 따라서 그 부분에서 아쉬움을 토로했음. 따라서 홀로 사는 청년들의 경우 생계와 직접적으로 연결된 부분이므로 현재 시행하고 있는 청년 월세 지원금 제도 등을 소개하거나 매년 상승하는 물가 상승률이나 최저임금액을 고려해 소득제한 금액(52만원)을 인상하는 방안을 검토해볼 것 같음.

08 전산직

PART

경험과제
작성내용
	☐ 지원희망부처: 문화체육관광부 콘텐츠정책국 한류지원협력과
	☐ 담당하고 싶은 직무 (정책)
	  – 관객들의 희망사항, 해외대중문화 실태 기반으로 아시아송 페스티벌 참가가수 다양성 확보
	  – 지방 관광지 외국인 접근 쉽도록 민간 어플리케이션이나 영사관과 협력
	  – 산티아고 순례길 관광 데이터 기반해서 '코리아 둘레길' 코스개편 업무
	☐ 직무 관련 노력 (경험)
	  – 컴퓨터공학과 복수전공, 정보처리산업기사 취득 > 프로그래밍 언어 관련 기본지식 함양
	  – 파이썬, 스크래치 등 전공 이외의 프로그래밍 언어 관련 교양 이수
	  – <2022 해외한류실태조사>, <2021 한류백서> 읽음 > 현재 한류의 실태 파악
	  – 문화체육관광부가 제작한 어플리케이션 '정책 브리핑' 사용해 문화체육관광부의 정책 파악
	☐ 기타 노력 (경험)
	  – 다양성 > 해외여행 경험, 여행 도서나 유튜브 시청으로 해외 관광 문화 공부

질의응답	Q. 지원동기?
	A. 한류지원협력과에 지원한 동기 설명
	  └ Q. 그 동기는 전산직이랑 다른 것 같은데 전산직에 지원한 이유?
	    A. 한류지원협력과에서 빅데이터를 이용해서 한류시장실태조사 수행 > 전공 살려서 조사해 더 정확한 한류진흥정책에 도움드리고 싶어 지원
	
	Q. 빅데이터를 활용하는 데에 쓸 수 있는 자신의 역량?
	A. 꼼꼼함인 것 같다. 실제 아르바이트를 할 때 포스기 다루면서 정확한 절차 항상 지켜서 예산이 안 맞는 일이나 포인트, 현금영수증 관련 불만이 없었다. 빅데이터 조사할 때 꼼꼼하게 플랫폼이나 검색 여건 등 고려해야 할 것 같다(횡설수설)
	  └ Q. 또 없나?
	    A. 제 주전공인 통계학이 도움될 것 같다. 그러면 더 정확한 근거 마련? 가능할 것 같다.
	    (이 답변하면서 말씀드린 것 같은데 제가 지원자들에 비해 경험이 없어서 부족하다고 생각한다. 현재 문화체육관광부에서 시행하는 기술직렬전문교육에 열심히 참여하고 정보처리기사나 정보보안기사 같은 자격증 취득 할 것이다 > 그럼 지금은 자격증 없나요? > 정보처리산업기사 취득했습니다! 라는 대화가 있었어요!)

CHAPTER 03 · 경험과제 [질의응답] **155**

질의응답	Q. 전문성 노력할 때 인상 깊은 주변인 반응? A. 컴퓨터공학과 복수전공할 때 도움을 동아리원들한테 많이 받았다. 수학전공 강의를 들으면서 코딩을 좋아하게 됐고 컴퓨터공학 복수전공 희망. 정확한 정보 없었는데 동아리에 전공자들 많아서 도움 많이 받았다. 나중에 코딩학점 높게 받았을 때 자랑(?ㅎㅎ)을 했는데 노력 많이 해서 그렇게 성적 나온 거라고 칭찬받아서 기분 좋았다

⑨ 세무직

경험과제 작성내용	○ 지원부처: 국세청 국세상담센터 전화 상담팀 ○ 관련 경험 　회계학 전공 관련 과목 이수 → 회계원리, 법인세, 부가가치세 　전화상담원 경험 1년 → 민원인 응대 시 필요한 소통 능력 습득 ○ 직무 이해 노력 　국세청, 국세상담센터 홈페이지 (자주묻는 Q&A, 양도소득세 질의 TOP 10) 　국세청 유튜브, 블로그 (김국세의 슬기로운 이직생활, 재미있는 세금 이야기) 　조세 홍보관 방문 (세금의 역사, 홈택스 체험존) ○ 계획 및 포부 　관련 자격증 취득 이해 노력 (단기: 전산세무, 장기: 세무사자격증) 　납세자의 시선에서 바라보는 공직자가 되겠음
질의응답	Q. 법인세, 부가가치세 등 과목을 어떤 식으로 이수 한 건지? 알아서 공부? 아니면 학교 커리큘럼? A. 수강신청 통해 한 학기마다 한 세목 씩 이수 하였습니다. Q. 지원하게 된 계기? A. 국세 상담센터를 알게 된 계기는 아버지의 부가가치세 신고를 도와드리면서였습니다. 당시 아버지께서는 작은 식자재 납품 관련 사업을 운영 중이셨는데 제가 홈택스를 통해 부가가치세 신고를 도와드렸습니다. 다만 홈택스를 처음 이용 해본 터라 헤매던 중에 국번 없이 126 국세상담센터의 도움을 받았었습니다. 이 경험을 통해 상경학부를 재학 중이면서도 크게 관심이 없던 세법이 일상 바로 옆에 있었구나라고 느끼게 됐습니다. 그리고 둘째로 국세청은 세금을 부과, 징수하는 것이 다가 아니라 납세자의 납세의무를 돕는 역할도 하고 있다는 걸 알게 된 경험 이였습니다. Q. 국세청은 부과징수뿐만 아니라 국세 환급금 등을 돌려주는 일도 하고 있다. (아마 환급금 부처 일을 맡고 계신 듯?) A. 네 맞습니다. 말씀 주신대로 국세청은 세금의 부과 징수, 납세 의무를 돕는 기능뿐만 아니라 근로장려금과 같은 세정지원, 또 국민에게 세금을 돌려주는 국세 환급금, 이와 관련된 환급 가산금 등의 업무도 하고 있습니다.

질의응답	Q. 유튜브, 블로그 보며 느낀 점? 재미있게 본 콘텐츠? A. 블로그 업데이트가 굉장히 활발해 놀랐습니다. 또한 재미있게 본 콘텐츠로는 밀레니엄 세대를 대상으로 보다 친근하게 반말로 포스팅되는 재미있는 세금 이야기, 이 중에서도 가상 자산도 이제 세금 낸다! 라는 콘텐츠였습니다. 가상 자산이 처음 등장하고 이를 화폐, 재화 어느 것으로 볼 지가 불분명하여 세금이 부과 되지 않았습니다. 국세청, 특히 황병광 조사관님께서는 이에 관해 국가기관 최초로 세금을 부과 하여 300억원 가량의 세수를 확보 하시고 현재는 가상 자산은 기타 소득으로 분류 되고 있습니다. 국세청은 '급변하는 사회 속에서 새로운 소득에도 세금을 부과하고 징수 하는 일도 맡고 있구나'라는 사실을 알게 된 사례 였습니다.

⑩ 우정직

경험과제 작성내용	□ 희망업무 ~ ~ 　– 희망업무: 소포영업과 　– 노력한 경험 　　1. 정자역 택배 허브에서 인턴 생활을 통해 택배 포장 및 분류 업무 담당 　　2. 대학시절 4년간 아르바이트 및 온라인 영업 md를 맡으며 다양한 사람들에 대한 경험 및 응대 경험이 많아 커뮤니케이션 스킬에 능함
질의응답	Q. 택배업무는 어느 정도 하였는가? A. 회사 인턴으로 3개월 정도 진행하였습니다. (면접관: 오래하지는 않았군요.) Q. 택배업무 작업 시, 잘못 분류된 택배를 발견하였다고 하는데 자세하게 말씀해주세요 A. 팀원들과 함께 택배분류에 대한 시스템을 공부하기 위해 체험과제로 직접 분류해보는 과정을 경험하였는데, 팀원들과의 협력에서 혼선이 생겨 분류과정에서 오류가 생겼다. 고객의 택배이기 때문에 택배가 오배송되는 상황을 타개하기 위해서 하나하나 다시 꼼꼼히 확인하였고 이에서 전라도에 분류되어있는 경상도 택배를 발견하여 오류를 시정하였고 모든 택배가 올바르게 배송될 수 있도록 하였음. Q. 이런 문제가 생긴 원인이 무엇인가? 해결방안은? A. 처음 하는 작업이다 보니 팀원들과의 협력과 커뮤니케이션에서 혼선이 발생하였다. 이는 업무에 대한 미숙한 부분으로 발생하였기 때문에 지속적인 업무 교육 및 팀원들과 함께 계속 업무공유를 통해 협력하는 방법에 대한 전문성이 필요하다고 생각한다. Q. 온라인 MD를 3년 정도 했다고 했는데 관련경험을 토대로 우정사업본부에 연계할 수 있는 방안이 있을까? A. 2017년 관세청과 MOU체결을 통해 해외에서 들어오는 국제 택배의 복잡했던 통관시스템을 개선하여 통관번호가 국내 송장으로 연결될 수 있는 데이터를 구축하여 현재 타 택배사보다 우체국 택배가 국내 국민들에게 2-3일 정도 더 빠르게 도착할 수 있는 시스템을 제공하고 있는 것으로 알고 있다. 하지만, 이러한 부분들이 일반 국민의 개개인들에게 적용될 수 있는 방안이며, 더 큰 수익성으로 발전될 수 있는 방안이 있다고 생각하였다. 현재 국내 직구시장의 규모는 2조 4천억 대이며, 코로나 등으로 인해 온라인 이커머스 시장이 더욱더 활기를 띄고 있는 추세이다. 그렇기 때문에 G9, 발란 등 직구관련 이커머스 사업의 브랜드들과 함께 사업 협력을 통해서 우체국 택배를 주택배로 체결하여 사업을 진행한다면 해당 브랜드를 이용하는 국민들에게는 더 빠른 배송으로 신뢰도 및 만족감을 줄 수 있으며, 우체국에서는 현재 소포사업의 적자를 타개할 수 있는 방안을 모색할 수 있을 것이라고 생각하였다.

⑪ 우정직

경험과제
작성내용
	□ 희망부처: 우정사업본부 운영지원과 관리담당
	□ 지원하고 싶은 이유: 효율정인 우정사업본부 예산 및 관리 – 일을 맡기고픈 공무원이 되고픔
	□ 직무전문성 함양을 위한 노력
	  1. 개인활동
	    – 대학시절 회계수업(재무제표, 예산관리)
	    – 2년여 경리업무(급여, 사업비, 운영비/군아파트관리, 각종계약)
	    – 인사과 행정업무(각종 국군의날 행사/연대장배축구대회＋과내 우편업무)
	  2. 직무 이해 노력
	    – 지역 우체국 방문(통장개설, 소포배송)
	    – 우체국 예금 vs 타사 예금(상대적으로 우체국예금이 금리가 낮은 편이지만 예금자 전액보호)
	    – 우정사업본부 사업 분야 이해
	      1) 우체국쇼핑과 온누리상품권을 통한 전통시장 활성화, 쌀 생산농가 돕기 등 공익사업
	      2) 우체국 초록별사랑 정기예금, 무배당 내가 만든 희망보험 등 예금, 보험사업

질의응답	1) 예산회계 업무에 쓰셨는데 지원하게 된 계기
	  군 시절 2년여 경리업무시작으로 회계업무한 경험을 토대로 전문성을 갖게 되어 지원하게 되었다고 대답
	2) 책임성 관련하여 어려웠던 점
	  과거 군 시절 처음 시작 시 인수인계 없었다는 점을 들어 어려웠지만 후에 상사의 도움으로 책임성을 높였다고 대답함
	3) 우정사업본부 전문성 함양노력 > 이 부분은 쌤이랑 말한 거 딱 나왔네용
	  첫째 우체국방문사례 통장개설 소포배송 / 우체국내 도울수있는 사람 대기
	  둘째 우체국 예금 vs 타사예금비교
	  셋째 우체국보험 타사비교한 장점
	4) 팀 역량 vs 개인 역량 비교하여 어느점이 더 좋다고?
	  저는 팀역량 선택하여 과거 2002 한일 월드컵 축구팀을 사례로 개인 개인이 뛰어나진 않지만 팀으로써 그보다 더 뛰어난 일을 해낼 수 있었다고 대답함
	5) 우정사업본부일원으로 필요한 공직가치
	  민주성 사례 들고 말하고, 책임성 말하고 사례가 갑자기 막혔는데 면접관께서 가치까지만 말해도 충분하다고 끊어 주셨음

⑫ 교정직

경험과제
작성내용
	□ 희망업무: 교도소_사회복귀과
	□ 해당 직무: 교정·교화를 위한 교육, 문화프로그램, 귀휴 등 사회적 처우
	□ 해당 직무를 위한 <노력>
	  1. 자격증취득: 보다 전문성 있는 상담과 심리 파악을 위해 아동심리학, 분노조절상담사 등 자격증 취득.
	  2. 미담·칭찬 게시판 매일 확인: 수형자와 수형자 가족에게 신뢰감을 제공할 수 있는 교도관이 되고자 매일 다짐함.

경험과제
작성내용
	□ 해당 직무를 위한 <경험>: 시각장애인 복지관에서 만 4년간 근무
	  1. 교도작업물 검수 및 보완: 서울 소재 교도소의 '눈빛나눔봉사단'이 실시 중인 '음성도서제작'사업의
	    결과물을 접하며 꼼꼼하고 수준 높은 결과물을 경험함.
	    ↳ 교정시설에 대한 인식이 전환되고 수형자들의 사회적 가치를 재고하게 됨.
	  2. 심리·정서적 안정을 위한 재활교육 진행 경험이 있음.

질의응답	RQ. 먼저 '눈빛나눔봉사단'의 사업이라는 것에 대해서 말씀해주세요.
	A. 음성도서 제작사업은, 보건복지부의 대체도서제작사업의 일환으로, 문자에 대한 접근이 어려운 시
	    각장애인들에게 음성을 통해 책을 읽을 수 있도록 하는 사업입니다. 자유경쟁입찰로 진행되는 사업으
	    로, 제가 근무했던 복지관에서 실시했던 사업입니다. 남부교도소에서 현재 진행 중인 사업으로,
	    지금도 매주 목요일 14시에 교도소 내에 들어가서 USB파일이나 책을 전달하고 교육을 진행하면서
	    실시중인 사업입니다.
	
	LQ. 인식이 전환되었다는 것이 구체적으로 어떤 것을 말하나요?
	A. 교도소 내의 수형자가, 자기보다 더 가지지 못한 사람에게 자기가 가진 것을 나누고 봉사한다는 점
	    에서 가장 먼저 마음속에 감동이 있었고, 교도작업이라고는 하지만 사실 일당 2만원도 되지 않는
	    돈을 받으면서 연간 200시간 이상을 그렇게 투자한다는 것 또한 인상 깊었고, 사회에 기여할 수
	    있는, 사회로 복귀해야하는 사람들이라는 것을 느꼈습니다.
	    또한 그들이 사회에 나가면서, 또 나가서 겪어야 할 고민들 또한 사회적 편견, 낙인, 사회화에 대한
	    두려움 등일 것이라는 점을 생각하면서 그들 역시 보호받아야 할 국민들이라는 것도 생각할 수 있
	    었습니다. 갑자기 막혔는데 면접관께서 가치까지만 말해도 충분하다고 끊어 주셨음

⑬ 보호직

경험과제 작성내용	□ 희망업무 ~~ 소년보호과 –

질의응답	Q. 소년원이 무엇을 하는 곳인지 알고 있는가?
	A. 소년범에 대하여 보호관찰, 직업훈련 및 인성교육을 하여 사회에 복귀할 수 있도록 하는 정규 학
	   교시스템을 갖춘 곳이라고 말함.
	
	Q. 왜 소년과를 지원했는가?(지원동기)
	A. 청소년상담학을 전공하면서 진로고민을 하는 청소년을 돕고 싶어 함, 그러다가 실습을 하는 중학
	   교 밖 청소년에 대한 공부와 실습을 한 후 비행청소년, 위기청소년에 관심을 가지게 됨.
	   또한 학교 선배와 기사를 통해 소년원 내에서 검정고시와 직업훈련을 하는 것을 알게 되고 이 일
	   을 하는 사람들이 보호직 사람들이라는 것을 알게 됨.
	
	Q. 실제 현장에서는 상담을 길게 진행하지 못하는데, 이를 어떻게 해결할 것인가?
	A. 관계를 형성하는 데 그 무게를 두겠다. → 범죄예방365 유튜브 채널에서 인터뷰 중 하나가 보호관
	   찰관과 관계를 형성해서 그 관계에 생각 때문에 범죄를 안 저지르게 된다 라고 말함 → 그만큼 관
	   계형성이 중요
	   또한 짧은 상담을 하면서 관계형성을 통해 라포를 형성하고 개방형 질문을 통해 효과적이고 객관
	   적인 정보를 파악하는 노력을 하겠다.
	   (말을 좀,, 더듬으면서 했던 것으로 기억ㅠ)

■■ **우수사례 바로가기**

CASE 01 지원동기

◎ **일반기계**

"세가 특허청 '일반기계심사과'에서 근무하고 싶은 이유는 기계요소 관련 특허심사와 조속한 특허관리를 통해 특허 심사의 질 향상에 기여하기 위함입니다. 제가 특허 심사에 관심을 두게 된 계기는 대학생 시절 종합설계 경진대회에 참가하여 작품을 완성하고 특허를 출원해 보면서부터입니다. 심사받는 과정에서 '특허 심사 3.0'에 기반한 맞춤형 심사를 받아 특허 등록에 도움받은 경험이 있습니다. 이후 개인과 중소기업 그리고 벤처기업의 특허출원 신청이 늘어남에 따라 더 좋은 특허 심사 패러다임을 제공하여 국민 행복과 국가 경제 성장에 기여하고자 하는 삶의 목표가 생겼고, 대학교 기계공학 이수하여 기계 성능 평가와 요소해석에 강점을 가졌다고 생각하여 일반 기계 심사업무를 담당하는 데 적합하다고 생각했습니다."

◎ **교육행정**

"저는 2년간 학원 강사로 수업을 하면서 코로나19로 인해 생긴 실제 교육현장에서의 학생들의 교육격차를 실감했습니다. 특히, 코로나시기에 초등학교로 입학하거나 중학교로 진학하는 학생들의 경우, 단순한 학습결손뿐만 아니라 기본적인 학습태도나 소양 같은 것들도 같이 결여되는 모습을 직접 지켜보았습니다. 이러한 점들은 학생들의 가까운 미래의 배움에 큰 영향을 끼치겠다고 느껴졌습니다. 그래서 저는 이런 사회적 상황에 학생들의 학습 환경 개선을 위해 애쓰시는 교육행정직 공무원분들을 보면서 질 높은 교육 환경에 기여하는 교육행정직 공무원에 관심을 갖게 되었습니다.

저의 이러한 경험들은 학교 현장에 대한 이해도뿐만 아니라 학생들, 그리고 학부모님들과 지속적으로 소통해왔다는 점에서 교육행정직으로서 차별화된 강점이 있다고 생각합니다. 교육부에서는 학습격차 해소를 위해 학생들이 상시적, 선택적, 자기주도적으로 학습할 수 있도록 '온학교', 취약계층을 위한 에듀테크 지원 사업 등에도 힘쓰고 있는 것으로 알고 있습니다. 이러한 사업들처럼 학생들이 자신의 미래를 살아가는 힘을 기를 수 있는 따뜻한 교육을 가꾸어 나가는 일에 일조하고 싶습니다."

◎ **일반행정(문화체육관광부)**

"먼저 공무원이라는 꿈을 갖게 된 계기를 말씀드리겠습니다. 저는 워킹홀리데이로 호주를 방문했을 당시 신분증을 만들러 근처 행정 서비스 센터에 간 적이 있습니다. 제가 외국인임에도 불구하고 해당 공무원분께서는 번역기를 사용하시면서 저를 도우려고 많은 노력을 해주셨습니다. 그런 모습을 보고 저도 민원인에게 도움이 되는 일을 하고 싶다는 생각에 공무원이라는 꿈을 키우게 되었습니다.

다음으로는 문화체육관광부에 지원하게 된 계기를 말씀드리겠습니다. 저는 대학 시절 관광학과에 다니면서 여행사 서포터즈 대외활동을 한 적이 있습니다. 그 때 관광코스를 개발하여 1박 2일 여행 코스를 짜는 과제가 있었는데 제가 속한 조가 만들어서 발표한 관광코스가 1위로 선정되었습니다. 결과적으로 그 코스가 실제 여행사의 관광상품 코스에 일부 포함된 경험이 있습니다. 저는 저희 조가 만들어 낸 코스를 실제로 다른 사람들이 이용하고 경험할 수 있다는 사실에 굉장히 큰 자부심과 보람을 느꼈습니다. 그때의 경험을 토대로 만약 내가 일부 고객들이 아니라 전 국민을 대상으로 관광상품을 개발하고 국민들이 이를 이용해본다면 어떨까 상상해보았는데 상상만으로도 가슴이 뛰었습니다. 제가 만약 문화체육관광부 관광정책과의 일원이 된다면 국민을 위하여 일하고 세계를 선도하는 문화강국, 국민이 체감하는 문화일상을 만드는 데 일조하고 싶습니다.”

◎ **일반행정(공정거래위원회)**

“자유롭고 공정한 사회를 건설하기 위한 열정, 그리고 경쟁법과 관련한 지식으로 공정거래위원회에서 공정한 시장경쟁촉진에 기여하고자 지원하였습니다. 제가 이 분야에 관심을 갖게 된 계기는 업계 1위 가맹본부의 가맹점을 운영하셨던 지인분이 가맹점의 갑질을 못 이겨 가맹계약을 해지, 동일 업종의 타 브랜드로 전환하였으나 이전 가맹본부의 횡포로 지인의 영업점이 문을 닫게 되는 어처구니 없는 현실을 알게 되면서부터입니다. 저는 직무를 수행하는 동안, 지자체 가맹업계 불공정행위에 대한 조사·처분 담당자들과 유기적인 협조체계를 구축하고 ‘가맹점주협의체’, ‘가맹점 사업자 옴부즈맨’을 통해 현장의 목소리를 청취함으로써 관할 지역 가맹점의 불공정거래행위를 근절시키겠습니다. 또한 일반불공정거래 행위 및 유통분야 불공정거래행위도 근절시킴으로써 공정위의 비전과 목적 달성에 일익을 담당하겠습니다.”

◎ **세무직**

“고등학교 2학년 때 학교에서 동울산 세무서로 견학을 갔습니다. 당시에 세무 조사를 받던 분이 있었습니다. 비록 상황을 볼 수는 없었지만, 뉴스에서만 보던 세무조사 현장을 목격하니 탈세와 금융 범죄가 드문 일이 아니라는 생각이 들었습니다. 그래서 탈세와 금융범죄에 대해 스스로 공부했습니다. 대학에 입학하고 나서는 화이트칼라 범죄를 주제로 보고서를 작성하기도 했습니다.

2020년에는 저희 지역에서 부가가치세법을 위반해 7억 1천 5백만 원을 탈세한 사업자가 있었습니다. 무자료 고철 판매상에게 매입세금 계산서 없이 고철을 구입해 매출에 상응하는 매입 자료를 만들기 위해 허위세금계산서를 발급받아 신고해 세금을 부당하게 공제받았습니다. 많은 영역에서 증빙서류가 전자화되고 있지만 아직도 그렇지 못한 사각지대를 이용해 이런 일이 일어나고 있다는 사실이 안타까웠습니다. 이런 부분을 보완하기 위해서는 발로 뛰는 적극적인 행정이 필요하다고 생각합니다. 부당한 그림자가 생기지 않게 발로 뛰는 세무 공무원이 되겠습니다.”

◎ **고용노동**

“‘국가의 경쟁력은 교육이다’라는 말이 있듯, 어릴적 경제적 어려움이 있었지만 정부에서 지원하는 직무교육을 통해 역량을 향상시키게 되었고 이후 해당 직무에 관심을 갖게 되었습니다.

20대 초반, 인적자원개발과에서 추진하는 평생능력개발 제도로 내일배움카드를 받아 회계관리 1급, 전산회계 1급 자격증을 취득했습니다. 당시 경제적으로 어려웠지만 내일배움카드에서 제공하는 훈련장려금으로 식비와 교통비를 해결하여 공부에 집중할 수 있었습니다. 이후 근로자로서 사업주 직업능력개발 지원으로 받은 사내 직무 교육으로 데이터 관리교육을 받은 덕에 효율적으로 업무를 하는 데 큰 도움이 되었습니다. 공직자가 되어 모든 국민에게 평생에 걸친 직업능력 개발 기회를 확대시키고 고품질 교육을 제공하는 데 기여하고 싶습니다."

◎ **직업상담직**

"제가 직업상담직 공무원을 지원하게 된 계기에 대해 말씀드리겠습니다. 저는 전공과목 중 직업정보론 이라는 과목을 수강한 경험이 있습니다. 그때 팀과제로 직업보고서를 작성하면서 상대방에 대한 진로상 담과 관련 직업훈련 등을 찾는 도중 워크넷, HRD-net이라는 사이트를 이용하였습니다. 이 과정에서 직업상담사라는 직업을 처음으로 알게 되었고, 흥미가 생겨 직업상담사 2급 자격증을 취득하였습니다. 그러던 중 제 지인이 취업성공패키지라는 제도에 참여했고, 상담을 통해 직업을 찾고 학원을 다니면서 자격증을 취득하여 취업에 성공하였습니다. 이 과정에서 점점 변화해가는 지인을 보면서 국민취업지원 제도라는 제도에 관심이 생겼고, 이 제도을 통해 저도 누군가의 취업을 위해 도움이 되는 사람이 되고 싶었습니다. 그래서 저는 직업상담직 공무원이 되어 국민취업제도를 통해 국민을 위한 일을 하고 싶다고 다짐하여 지원하게 되었습니다."

◎ **보호직**

"안전한 사회를 향한 열정, 나아가 시민의 삶의 질 향상, 보호관찰 대상자들의 올바른 사회복귀에 기여 하고자 지원하였습니다. 사회생활의 대부분을 학교에서 아이들을 가르쳤습니다. 재작년 보호관찰 대상 의 학생이 있었는데, 수업시간마다 도망가거나 학업에는 관심이 없었습니다. 그 학생을 위해 복도에서 마주칠 때마다 이름을 불러주었고 안부를 물으며 면담을 하기도 했습니다. 이후, 적극적으로 수업참여 를 하고 학생들과 어울리는 모습을 보며 가슴벅참을 느꼈습니다. 이후 보호관찰 대상자에 대해 알아보 니 가정의 관심이 부족한 아이들이 대부분이었습니다. 지속적 관심과 교화를 통해 아이들이 사회에 잘 적응할 수 있도록 도움을 주는 보호관찰직에 관심을 갖게 되었습니다. 이후 저는 디지털 성범죄 예방 서포터즈활동을 진행하고 있으며, 전문성 함양을 위해 상담자격증 공부중에 있습니다. 국민이 안심하는 사회를 위해, 그리고 재범 방지를 위한 역량강화에 최선을 다하는 보호관찰관이 되겠습니다."

◎ **검찰직**

"저는 검찰청의 공정하면서도 신속한 수사업무와 피해자를 보호하고 지원하는 따듯한 봉사정신에 기여 하고자 지원하였습니다. 특히 제가 검찰청에 대한 꿈을 갖게 된 계기는 여성청소년과를 견학하게 되면 서부터입니다. 대학생 때 여성청소년과를 견학하면서 실제 피해자들의 사례와 심적고통에 대한 이야기 를 들은 적이 있습니다. 저는 이러한 범죄피해자들에게 도움이 되는 수사와 지원 업무를 하는 기관은 무엇이 있는지 살펴보다가 검찰청의 업무를 알게 되었습니다. 그때 저는 검찰청이 수사를 통해 사건의 실체 여부를 밝혀낼 뿐만 아니라 피해자를 보호하고 지원하는 관련기관과 교류를 하여 피해자지원업무 도 진행한다는 것을 알게 되었고 이러한 검찰의 강인하면서도 따듯한 역할에 도움이 되고 싶어 검찰직 에 대한 꿈을 가지게 되었습니다."

01 부처·정책 이해: 이해도(배경지식)

1. 경찰청이 디지털 만족도 조사에서 높은 평가를 받았다고 말했는데, 왜 높은 평가를 받았다고 생각하나? [경찰행정]

국민들이 원하는 니즈를 잘 파악하고 보여줬기 때문에 높은 평가를 받은 것 같습니다. 실제 상황을 재구성한 영상이나 블랙박스 영상 등 실생활에서 도움이 될 수 있는 생생한 영상이 좋은 반응을 받았습니다. 또한 유튜브 폴라이브를 통해 국민들과 실시간 채팅을 진행해 적극적으로 소통에 나선 점도 좋은 평가를 받았다고 생각합니다. 또한 국민안전을 최우선 목표로 하는 경찰청의 목적에 가장 부합하도록 홍보하였기 때문에 사회안전 분야에서 높은 점수를 받았다고 생각합니다.

2. 경찰청 홍보정책 중 가장 아쉬웠던 점은? [경찰행정]

경찰청은 SNS 마케팅 능력 등을 평가하는 디지털 만족도 조사에서 8년 연속 사회안전부문 1위를 차지할 만큼 디지털 홍보 관련해서 잘하고 있다고 생각합니다. 그래서 사실 아쉬웠던 점을 찾기가 쉽지 않았습니다. 그래도 한 가지를 꼽아보자면 아무래도 경찰청에서 시행하는 정책이나 사업 등을 국민들이 딱딱하다고 생각하는 경우가 많기 때문에 다른 영상들에 비해 조회수가 좀 떨어지는 점이 아쉬웠습니다. 그래서 재미있는 요소나 사람들의 시선을 끌 만한 요소를 넣어 제작하면 더 좋을 것 같다는 생각을 했습니다.

3. 만약 희망 1순위 부서로 발령받지 못하게 된다면? [일반행정]

네. 먼저 제가 문화체육관광부에 지원하게 된 동기에 대해 말씀드리겠습니다. 저는 대학 시절 여행사 서포터즈 대외활동을 한 경험이 있습니다. 제가 속한 조가 만들어 낸 남해 관련 관광코스가 최우수 과제로 선정되어 실제 여행사 코스에 일부 반영된 경험이 있습니다. 저희 조가 만들어낸 코스를 누군가 실제로 이용해본다는 사실이 너무 신기하고 뿌듯했고 이러한 경험을 통해 일부 고객뿐만 아니라 국민을 대상으로 관광코스를 개발하고 국민들이 이를 이용하게 된다면 굉장한 보람을 느낄 수 있을 것 같다는 생각에 지원하게 되었습니다. 이러한 일을 할 수 있는 국내관광진흥과는 제가 제일 가고 싶은 부처이긴 하지만 해당 부서에 발령받지 않더라도 어느 곳에서도 국민을 위한 일임을 인지하고 최선을 다하도록 하겠습니다. 이와 관련해 저는 평소보다 수능을 잘 못 쳐서 성적에 맞춰 학교와 과를 지원한 경험이 있습니다. 그래서 처음엔 매우 소극적이고 부정적인 학생이었습니다. 그러나 관광코스를 짜는 등의 조별과제가 계속되자 저는 내가 맡은 일은 그래도 조원들을 위해서라도 해야겠다라는 생각으로 참여하게 되었습니다. 그렇게 하나둘 맡은 바 책임감으로 참여하다보니 과제 점수와 시험 점수도 오르게 되었고 원하지 않던 일임에도 열심히 노력하다보면 잘하는 일이 될 수 있구나 하는 생각도 들었습니다. 이러한 경험을 통해 원하지 않는 부서에 발령되더라도 맡은 바 책임감으로 언제나 국민 전체의 봉사자임을 잊지 않겠습니다.

4. 지원한 부서 말고 다른 가고 싶은 부서는? [일반행정]

네, 먼저 저는 관광과 관련한 경험을 많이 해보았기 때문에 문화체육관광부의 부서 중에서 업무를 가장 잘 해낼 수 있다고 생각하여 1순위로 국내관광진흥과를 지원하게 되었습니다. 그러나 문화체육관광부의 다양한 정책을 찾아보면서 문화체육관광부 디지털 소통 기획과에서 코로나19로 농축산물 판매가 저조하자 지자체, 관련 부처, 포털사 네이버 등과 함께 온라인 판매전을 열어 결과적으로 작년 대비 수익을 7배 이상 올려 피해 입은 국민들을 위해 노력한 사례를 알게 되었습니다. 물론 관광을 통해 우리나라의 관광자원을 개발하는 것도 뜻깊은 일이나 이러한 사례를 보고 관심이 생겨 국내관광진흥과에 가지 못하게 된다면 디지털 소통 기획과에서 일하고 싶습니다.

5. 기억나는 보호직 정책이 무엇인지? [보호직]

저는 인천청소년꿈키움센터에서 진행하는 가족캠프가 기억납니다. 저는 실제로 상담복지센터에서 가족캠프의 도우미이자 멘토로 참여한 적이 있었습니다. 가족캠프를 하면서 한 부모나 다문화 가정이 참여하여 그동안 아이에게 신경 쓰지 못한 부분에 대한 이야기를 듣고 이 점을 진솔하게 나누는 그런 모습을 보면서 가정에서 많은 관심을 받지 못한 청소년들의 마음이 따뜻해지는 것을 느꼈습니다. 그래서 이러한 가족캠프가 많이 실시되었으면 하고, 가정이 회복되는 정책이라고 생각하여 기억에 많이 남습니다.

02 부처·정책 이해: 문제개선·계획

1. 봉사활동을 하면서 여성고용정책과에 개선이 필요하다고 느낀 사례는? [일반행정]

현재 고용노동부에서는 한부모근로자들에 대해서 육아휴직급여를 더 많이 지원하는 특례를 제공하고 있습니다. 하지만 지금 시행되고 있는 모성보호제도는 고용보험의 틀 안에서 운영이 되고 있습니다. 그러다 보니 비정규직, 자영업자, 실직자 등 소득이 없거나 불안정한 고용상황에 있는 분들은 지원을 받지 못합니다. 이는 한부모근로자뿐만 아니라 일반 근로자에게도 해당되는 문제입니다. 따라서 이에 대한 제도 개선이 필요하다고 생각이 됩니다. 예를 들어, 스웨덴이나 독일 같은 경우에는 별도의 사회보험을 따로 만들어서 정책대상자를 확대운영을 하고 있습니다. 우리나라도 이러한 사례들을 참고해서 사각지대를 줄여나가는 방향으로 나아가야 한다고 생각합니다.

2. 해외사례와 비교했을 때 우리나라 정책(일·가정양립지원제도)의 문제점은? [일반행정]

스웨덴의 경우에는 첫번째, 부모할당제라고 해서 육아휴직 기간 중 일부는 반드시 부모 각자가 사용하도록 강제하는 제도가 있습니다. 이를 통해서 남성의 육아휴직률을 제고하고, 그뿐만 아니라 노동시장에 있어서의 양성평등도 달성할 수 있습니다.

우리나라에서도 부모가 동시에 육아휴직을 할 경우 급여 상한선을 높여주는 등의 특례를 제공하고는 있지만, 현재까지는 남성의 육아휴직률이 24% 정도로 스웨덴에 비해서는 아직 낮은 상황입니다. 따라서 인센티브제 이외에도 또 다른 방향으로 방법을 고려해 보는 것도 좋지 않을까 생각됩니다.

두 번째로, Parental Benefits라는 별도의 사회보험으로 제도를 운영함으로써 일을 하고 있는 부모뿐만 아니라 실직 중인 부모, 아직 학생인 부모 등에 대해서도 육아 관련 혜택을 제공하고 있습니다. 이를 통해 양육의 경제적 부담을 완화하여 출산율을 제고할 수 있습니다.

반면 우리나라의 경우에는 일·가정양립지원제도가 고용보험의 틀 안에서 운영되고 있기 때문에 실직자, 비정규직, 자영업자 등은 정책의 혜택을 받지 못하고 있습니다. 따라서 우리나라도 해외 우수 사례 등을 참고하여 사각지대를 줄여나가는 것이 좋지 않을까 생각됩니다.

3. EMS서비스의 장단점 [우정직]

먼저 장점은 국내에서 해외로 바로 배송, 우체국만 진행, 정부기업에서 오는 높은 신뢰도, 배송추적서비스(등록 후 이용 가능)라고 생각합니다. 반면 단점은 국가별로 배송품목이 다르기 때문에 해당 내용이 온라인으로 안내되어 있음에도 개개인이 온라인의 내용을 확인하여 EMS서비스의 모든 것을 알아서 처리하는 것은 어려운 부분이라고 생각합니다. 따라서 EMS서비스의 이용 활성화를 위해 대표국가 5개를 선정해 안내영상을 만들면 더 쉽고 빠르게 익힐 수 있을 것이라고 생각합니다.

4. 점점 우편보다 모바일을 더 많이 이용하는데, 우편 활성화 방안이 있다면? [우정직]

관광지 활성화를 위해 우편을 보내는 서비스를 마련해야 한다고 생각합니다. 캐나다 여행을 갔을 때 도깨비 촬영지 관광지에서 호텔 로비에 우체통을 마련하고 관광객들에게 엽서를 보내는 관광상품을 본 적이 있습니다. 해당 관광지는 대부분 도깨비 드라마를 보고 온 관광객들이었기 때문에 우편 관광상품 이용률도 높았습니다. 이처럼 국내 관광사업과 우편서비스를 연계하면 우편서비스를 조금 더 활성화시키는 데 도움이 될 것이라고 생각했습니다.

03 직무능력(이해도 · 역량점검 · 업무적용 · 관리방안)

1. 업무를 담당할 때 어려울 것 같은 점 [일반행정]

더 많은 국민 분들께 혜택을 드리려고 노력하다 보니 시행되고 있는 정책의 종류가 굉장히 다양하고, 정책별 대상자 기준도 굉장히 세분화되어 있습니다. 또 해당 제도는 거의 매년 개편이 되고 있기도 합니다. 따라서 그 내용을 숙지하기 위해 책임감을 가지고 항상 노력해야 하는데, 이것이 심적으로 부담이 될 수도 있겠다는 생각이 들었습니다. 하지만 저는, 국민들이 필요로 하시는 서비스를 최대한으로, 그리고 불편함 없이 제공하기 위해 늘 업무편람을 곁에 두고 숙지하겠습니다. 또 제가 맡은 정책뿐만 아니라, 이와 관련성 있는 타 부처의 정책 등까지도 숙지하도록 노력하겠습니다.

2. 입직 후 향후 계획 [일반행정]

직무전문성을 높이기 위해서 먼저 관련 제도내용과 법률을 빠짐없이 숙지하겠습니다. 또, 국민 분들께서 더 편안하고 폭 넓은 서비스를 이용하실 수 있도록 제가 몸담고 있는 부처뿐만 아니라 타 부처의 관련 정책 또한 숙지하도록 하겠습니다.

3. 다문화가정에 대한 인식이 나쁜 이유 및 그 해결방안 [고용노동부 · 일반행정]

특정 국가와의 국제결혼 사례가 대부분이라고 오인하여 편견을 가지는 경우가 많다고 생각합니다. 이를 해결하기 위해서는 미디어에 비추어지는 다문화가정의 모습이 더욱 다양화되어야 한다고 생각합니다. 최근 큰 인기를 얻었던 육아 프로그램에서 다문화가정이 2~3가구 출연하여 이미지 개선효과가 있었던 것처럼 다문화에 대한 개념부터 다양한 가정의 모습과 관련된 예를 설명하는 영상을 부처 유튜브에 게시하여 국민들에게 알릴 필요가 있다고 생각합니다.

또 다른 원인으로는 현행 다문화가정의 지원정책은 경제적 지원이 주요 내용입니다. 이는 국민들 사이에서 형평성 논란으로 이어지고 다문화 인식개선을 저해하는 요인이 될 수 있다고 생각합니다. 이를 해결하기 위해 다문화를 이해하는 차원의 심리적, 정서적 정책을 더욱 구체화시킬 필요가 있다고 생각합니다. 예를 들어 학생들 대상으로 연간 2시간 이상 다문화교육 관련 활동을 실시하고, 교사들 대상으로 다문화교육 관련 직무연수를 이수하는 등 인식개선을 위한 다각도적 노력이 필요하다 생각됩니다.

4. 4차 산업혁명에 대해 말하라. [고용노동부]

4차 산업혁명 시대에 고용환경이 급변하면서 플랫폼종사자 등 새로운 고용형태가 증가하고 있습니다. 또 한편으로는 디지털 시대 맞춤형 인재를 발굴해야 할 필요성도 증가하고 있습니다. 최근 고용노동부에서는 플랫폼종사자에 대해서도 고용보험이 적용될 수 있도록 확대 시행하고 있으며 이로 인해 플랫폼을 기반으로 일하는 퀵서비스기사, 대리운전기사 등도 고용안전망의 보호를 받을 수 있게 되었고, 실업급여 및 출산전후급여 등의 혜택도 받을 수 있게 되었습니다. 고용노동부는 더 나아가 디지털 미래형 인재 양성을 위해 국민취업지원제도에 K-Digital Training 훈련유형을 신설하여 AI, 빅데이터, 클라우드 등 신기술 분야에서 실무역량을 기를 수 있도록 지원하고 있습니다.

5. 보호직에 필요한 역량은? [보호직]

저는 책임감과 관찰력이라고 생각했습니다. 최근에 전자발찌를 끊고 도주하는 대상자들이 증가함에 따라 국민의 안전을 보호하고 범죄를 예방해야 하는 보호직 공무원으로서 책임감을 반드시 가지고 해야 한다는 것을 느끼게 되었습니다. 두 번째로 관찰력은 제가 유튜브로 전자발찌를 관리하는 보호관찰관의 모습을 보았습니다. 그때 업무가 대상자가 평소에 다니지 않는 곳에 대해 의문을 가지고 직접 가서 관찰하는 등의 업무를 하는 것을 알게 되었습니다. 이 영상을 보면서 상대를 파악할 수 있는 관찰력이 필요하다고 생각했습니다.

6. 직무전문성 향상을 위해 어떤 자료를 참고하였는가? [보호직]

네! 저는 범죄예방정책국 사이트와 유튜브인 범죄예방365를 보았고, 청소년들을 직접 만나고 있는 저희 선배와 통화나 면담을 하면서 관련 지식을 습득하였습니다.

7. 내담자와 상담할 때 중요한 점에 대해 말하라. [보호직]

저는 관계를 먼저 형성하는 것이 중요하다고 생각합니다. 유튜브의 진행자가 잠깐 한 말이 기억이 납니다. 전자발찌를 감독하는 보호관찰관을 생각해서라도 자신이 받은 명령을 위반하지 않으려고 노력한다는 말이었습니다. 저는 이것을 보면서 서로 좋은 관계를 회복하는 것이 재범방지에 큰 영향을 준다는 것을 알게 되었습니다. 또한 관계를 형성하여 상담을 진행할 때 대상자의 숨겨진 이야기들을 알게 되는 경우에 지원이라든가 기타 법률 등을 적용하여 사회에 복귀할 수 있도록 도울 수 있을 것이라고 생각합니다.

8. 부동산 탈세 대응방안 [세무직]

최근 공직 사회에서의 부동산 투기 사건이 크게 이슈가 되었습니다. 또한 전직 공직자가 부동산 취득가액을 부풀려 양도소득세를 감면받는 일을 도와 금품을 수수한 사건도 있었습니다. 국세청은 이에 작년 '부동산 탈세 특별조사단'을 꾸려 800여 명에 대한 세무조사에 착수했었습니다. 또 1급 지방 국세청에서만 운영 중이던 '현장정보 수집 전담요원'을 일반 지방국세청까지 확대 운영하기로 하였습니다. 지방국세청은 이런 고강도 부동산 탈세 조사를 올해도 이어 갈 예정이며 특히 부유층 자녀들의 편법 행위 일명 '부모찬스'와 해외 편법증여행위 등을 집중 조사할 예정입니다.

부동산 사태로 국민의 불신이 커지고 코로나 이후 재산의 양극화현상이 더 심해진 상황에서 국민의 신뢰를 되찾기 위해서는 철저하고 투명한 조사가 이루어져야 하며, 공직자로서도 청렴하고 공정한 업무 자세를 갖춰야 할 것입니다.

04 사실확인

1. 과제로 했던 관광코스 개발이 어떤 것인지? [일반행정]

네. 남해 지방으로 1박 2일 관광코스를 짜는 과제였는데 다른 조는 단지 남해를 기준으로 관광지 중심 관광코스를 짰던 반면 저희 조는 남해와 그 옆 고흥지방까지를 포함시키고 관광지만을 중심으로 코스를 구성하는 것이 아닌 남해에서 유명한 바다에 떠 있는 카페와 유명한 음식점들을 코스 중간 중간에 넣어서 여행자들뿐만 아니라 관광지 주변 상인들까지 상생할 수 있도록 코스를 구성했던 기억이 납니다. 이런 점이 다른 조와 차별화되어서 최우수과제로 선정되었던 것 같습니다.

2. 디지털 시대에 따른 국내관광 활성화에 대한 과제가 뭔가요? [일반행정]

네. 제가 대학 졸업과제로 했던 과제입니다. 디지털 시대가 옴에 따라 획일적으로 짜여 있는 단체관광이 아니라 개인이 직접 인터넷을 통해 알아보고 코스를 짜는 것이 전보다 훨씬 쉬워졌습니다. 따라서 앞으로는 여행사 차원에서 호텔 예약 사이트나 항공예약 사이트와 제휴하여 관광자 개개인의 수요를 맞추는 것이 중요할 것이라는 내용의 과제였습니다. 당시 졸업생들 과제 중에 우수과제로 선정되어 교수님의 부탁으로 후배들 앞에서 발표도 하였습니다. 이러한 경험을 토대로 앞으로 더 발전하게 될 관광시장에 대한 이해와 적용이 빠를 것입니다.

3. 여성아동범죄조사부 담당 검사 인터뷰 내용 [검찰직]

저는 광주지방검찰청의 여성아동범죄조사부 담당 검사님의 인터뷰를 시청했었습니다. 인터뷰 내용은 첫 번째로 여성아동범죄조사부가 여성과 아동 그리고 장애인에 대한 범죄사건 수사업무와 아동보호상담소와 같은 기관과 교류를 해서 피해자 지원을 하고 있다는 것이었습니다. 두 번째로는 실제 아동학대가 우리 주변에서 많이 일어나고 있으며 부모나 유치원과 같은 곳에서 학대를 당한 아동들이 극심한 정서적 불안을 느끼며 많은 지원이 필요하다는 내용이었습니다. 저는 이러한 인터뷰 내용을 시청하고 저 역시 학대를 당한 아동들의 아픔을 달래주는 업무에 기여하고 싶다는 생각이 들었습니다.

CASE 03 스피치 유형별 답변

01 기본논리형

1. 지원동기는? [직업상담직]

• [결론] 제가 직업상담직 공무원을 지원하게 된 계기에 대해 말씀드리겠습니다.
• [부연설명·근거] 저는 전공과목 중 직업정보론이라는 과목을 수강한 경험이 있습니다. 그 때 팀과제로 직업보고서를 작성하면서 상대방에 대한 진로상담과 관련 직업훈련 등을 찾는 도중 워크넷, HRD-net이라는 사이트를 이용하였습니다. 이 과정에서 직업상담사라는 직업을 처음으로 알게 되었고, 흥미가 생겨 직업상담사 2급 자격증을 취득하였습니다. 그러던 중 제 지인이 취업성공패키지라는 제도에 참여했고, 상담을 통해 직업을 찾고 학원을 다니면서 자격증을 취득하여 취업에 성공하였습니다. 이 과정에서 점점 변화해가는 지인을 보면서 국민취업지원제도라는 제도에 관심이 생겼고, 이 제도를 통해 저도 누군가의 취업을 위해 도움을 주는 사람이 되고 싶다고 생각하였습니다.
• [의견정리] 그래서 저는 직업상담직 공무원이 되어 국민취업지원제도를 통해 국민을 위한 일을 하고 싶다고 다짐하여 지원하게 되었습니다.

2. 관련된 업무를 수행하지 못할 경우 관심 있는 다른 업무는? [직업상담직]

- [결론·부연설명] 제가 희망하고 있는 국민취업지원제도는 취업지원 서비스로서 국민 누구나 원하는 일자리에서 마음껏 역량을 발휘할 수 있도록 함을 목적으로 하고 있습니다. 이러한 비전은 고용노동부 어느 부서를 가든 이를 위한 업무를 수행할 것이라고 생각합니다. 국민취업지원제도 외의 관심 있는 다른 업무는 인적자원을 개발하는 업무에도 관심이 있습니다.
- [근거] 저는 대학교 전공과목으로 평생교육프로그램이라는 과목을 수강한 경험이 있습니다. 그때 직무에 적합한 인재를 양성하고 관련 직무훈련을 수행하는 것에 대한 중요성을 배웠고 이후, 고용노동부의 국민내일배움카드에 많은 관심이 생겼습니다.
- [의견정리] 직무능력 향상을 위해 직업훈련을 실시하는 데 필요한 자원을 제공하는 서비스인 국민내일배움카드와 같은 제도를 통해 청년들을 위한 인적자원개발 업무에도 성실히 임하겠습니다.

3. 일반행정직 공무원으로서의 나의 단점은? [일반행정 – 희망부처: 문화체육관광부]

- [결론] 네. 저는 전문성이라고 생각합니다.
- [부연설명] 앞서 말씀드린 바와 같이 저의 경험은 거의 관광에 대한 것입니다. 일반행정직 공무원은 인사, 예산, 기획 등의 전반적인 업무를 맡게 되므로 한곳에만 치우친 것이 아닌 여러 가지 전문성이 요구된다고 생각합니다.
- [근거] 이와 관련하여 저는 면접 준비를 하면서 직접 문화체육관광부 인사를 담당하시는 공무원분과 전화통화를 한 경험이 있습니다. 해당 공무원분께서는 문화체육관광부 공무원에게는 경험도 물론 중요하지만 영어 관련 자격증과 컴퓨터 관련 자격증이 있으면 좋다고 말씀해주셨습니다.
- [의견정리] 그러므로 저는 합격 후 입직 전까지 토익 고득점과 컴활이나 엑셀 등의 자격증을 취득할 예정입니다.

4. 세무직 공무원에게 필요한 자세 및 덕목은? [세무직]

- [결론] 국세청 소속 세무 공무원에게 가장 필요한 덕목은 공정성이라고 생각합니다.
- [부연설명] 국세공무원 행동강령은 도덕성, 청렴성 역시 강조하고 있지만 공정한 직무수행이 1번으로 적혀 있습니다. 국세청은 첫째로, 납세자가 세법에 따라 자신의 납세의무를 이행할 수 있도록 도움을 주고 둘째로, 납세자가 납세의무를 이행하게 하기 위해 세금을 부과하고 징수하는 국가의 핵심적인 권력 기관입니다.
- [근거] 최근 코로나19로 배달 수요가 폭증하자 배달대행업체가 배달비를 인상하고 그 금액을 현금으로 받아 매출을 누락하고 배달 플랫폼 업체는 영세 음식점이 지급하는 프로그램 수수료를 누락했다는 기사를 본 적이 있습니다. 물론 현재는 플랫폼 업체도 과세자료 제출 대상 사업자로 포함시키는 등의 제재가 행해졌습니다.
- [의견정리] 만약 이런 사례가 계속되고 응당한 제재가 이루어지지 않아 '정직하게 세금 내는 사람만 바보'라는 인식이 생긴다면 국민은 세금을 납부할 때마다 저항감이 생길 것입니다. 때문에 세무 공무원은 업무를 철저하게 내부 규정과 절차에 따라 진행하는 공정성을 잃지 않는 일이 무엇보다 중요하다고 생각합니다.

5. 국세청이 잘하고 있는 점 그리고 아쉬운 점 각각 1가지씩은? [세무직]

- [결론] 잘 하고 있는 점으로 코로나19 이후의 급변하는 시장에 대한 국세청의 대응을 뽑고 싶습니다.
- [부연설명] 첫째로는 어려움을 겪는 납세자를 위한 세정 지원입니다.
- [근거] 예를 들어 소상공인 소유의 영업용 차량 자동차세를 100% 감면해주는 것, 건물임대료를 인하해 준 착한 임대인에게 재산세를 최대 70% 감면해주는 정책 등입니다.
- [결론·부연설명] 아쉬운 점이라면 사업종류가 갈수록 세분화되고 다양해지고 있는데 간혹 현금영수증 의무발급 사업자 인지가 모호하여 추후에 과태료가 발생하는 경우가 있다고 합니다.
- [근거] 따라서 사업자 등록증에 현금영수증 의무발급 사업자 여부가 표시된다면 이런 문제를 해결할 수 있을 거라 생각합니다.
- [의견정리] 물론 실무와 밀접한 사례이고 과세의 근간이 되는 사업자 등록증을 바꾸는 일이 간단한 일은 아니겠지만 한 번 고려해 볼 만한 사안이라고 생각합니다.

6. 지원자의 장점이 특히 마약수사직에서 필요한 이유는? [마약수사]

- [결론] 저의 장점은 '실천력'입니다.
- [근거] 저는 새벽에 버스정류장에서 공황장애로 인한 호흡곤란으로 저에게 도움을 요청하는 사람을 만난 적이 있습니다. 저는 즉시 119에 신고하였지만, 생각보다 환자 이송은 늦어졌고 환자의 상태는 악화되었습니다. 이후 저는 예상치 못한 구급상황에 대처할 수 있게 기본적인 응급조치를 배워야겠다는 생각이 들었습니다. 저는 곧바로 대한적십자사에 일반인 기초응급조치과정을 등록하여 이수했습니다. 이처럼 저는 제가 해야겠다고 마음먹은 것은 실천하려고 노력합니다.
- [의견정리] 마약수사관으로서 정의감을 갖고 있는 것만큼이나, 정의를 직접 실천하려는 자세 또한 중요하다고 생각합니다. 마약수사의 업무는 잠복근무를 비롯한 현장수사업무와 야근 등으로 강도가 높다고 들었습니다. 하지만 저는 저의 실천력을 발휘하여 정의실현이라는 신념을 가지고 고된 업무일지라도 현장을 발로 뛰며, 마약범죄의 위험으로부터 대한민국을 지키는 마약수사관이 되겠습니다.

7. 진로상담을 할 때 고려해야 할 우선순위는? [직업상담직]

- [결론] 진로상담을 할 때 가장 먼저 고려해야 할 것은 먼저 대상자의 현재 상황을 파악하는 것이 중요하다고 생각합니다.
- [부연설명] 하고 싶은 분야는 있지만 관련된 직무능력이 없고 취업정보 등의 일자리 정보에 대한 지식이 없는 사람도 있는 반면 본인이 무엇을 하고 싶은지, 무엇을 잘 하는지도 모르는 사람이 있을 수 있습니다. 따라서 이에 따라 개별적으로 접근해야 합니다.
- [근거] 첫 번째의 경우에는 HRD-net을 통해서 관심 있는 분야의 직업훈련과정을 안내하고 워크넷을 통해 일자리 현황이나 기관과의 연계를 통해서 취업을 도울 수 있습니다. 두 번째의 경우에는 먼저 자신의 흥미 있는 분야와 적성을 알아보기 위해 직업흥미검사나 적성검사 등을 우선적으로 진행해야 합니다.
- [의견정리] 이러한 검사를 통해 적합한 직업을 발견할 수 있도록 도와주는 것을 우선적으로 행하여야 한다고 생각합니다.

8. 미래세대의 요구를 반영하기 위해서 SNS 마케팅이 필요하다고 생각한 이유는? [일반행정 – 희망부처: 문화체육관광부]

- [결론·부연설명] 네. 미래세대를 대표하는 MZ세대는 휴대폰, 인터넷 등 디지털 환경에 친숙합니다. 또한 획일적인 관광을 하기보다는 SNS를 통해서 정보를 찾고 직접 관광코스를 만들어 관광을 한다는 특징이 있습니다.
- [근거] 예를 들어 제주도 여행을 하고 싶으면 SNS의 태그를 사용하여 제주도를 검색하고 다른 사람들은 제주도의 어떤 맛집 어떤 관광지를 갔는지 확인하고 그곳을 똑같이 방문하곤 합니다.
- [의견정리] SNS를 이용하면 문화체육관광부에서 개발한 관광코스를 홍보하고 이 관광코스로 여행을 해 본 MZ세대들의 포스팅을 확인하여 어떤 곳이 미래세대의 흥미를 끌었는지를 확인할 수 있기 때문에 미래세대의 요구를 반영하기 위해서는 SNS를 사용하는 것이 필수적이라고 생각했습니다.

9. 본인이 관광코스를 개발해 본다면? [일반행정 – 희망부처: 문화체육관광부]

- [결론] 네. 현재 4차 산업혁명시대의 도래로 관광서비스의 디지털화가 가속되고 있습니다.
- [부연설명] 이에 따라 저는 관광지 소개에 VR이라는 기술을 접목시켜 관광코스를 만들고 싶습니다.
- [근거] 예를 들면 경기 광주시에는 병자호란 당시 인조가 피난했던 남한산성이, 경기 수원시에는 정조가 사도세자를 기리기 위해 만든 수원화성이라는 유네스코 세계 문화유산이 있습니다. 이곳에 체험관을 따로 만들어 실제 정조와 인조의 모습을 VR 등으로 구현화하여 문화유산의 의미, 만들어진 배경 등을 설명해 주는 관광상품을 떠올려 보았습니다.
- [의견정리] 물론 이미 너무 유명한 관광지이지만 VR과 접목시킨다면 관광자들은 기존과 다른 방식의 관광을 할 수 있고 경기도라는 지역과 문화유산을 더욱 널리 알릴 수 있을 것 같아 이렇게 관광코스를 개발해 보았습니다.

10. 개선이 필요하다고 느끼는 정책은? [보호직]

- [결론] 저는 전자발찌제도를 개선해야 한다고 생각합니다.
- [근거] 전자발찌제도로 인하여 성범죄비율이 줄어든 것은 사실이나 최근에 전자발찌를 끊거나, 착용한 채로 범죄를 저지르는 경우가 증가하고 있습니다. 이에 대한 관련 뉴스로 전자팔찌 안에 들어가는 금속 내장재를 7겹에서 15겹으로 늘려서 내구성을 늘리는 방안을 진행 중이고, 전자발찌가 알코올수치나 기타 호르몬수치를 측정하여 이상반응 시 관찰관에게 즉각적으로 알릴 수 있는 기능을 개발하고 있다고 들었습니다.
- [의견정리] 그러므로 하루빨리 이러한 기능을 탑재하여 재범이나 범죄예방가능성을 줄여야 한다고 생각합니다.

11. 보안강화를 위해 내부적으로 보완해야 할 점은? [전산직]

- [결론] 기술, 제도의 보완 이전에 각자의 자리에서 원칙을 지켜야 한다고 생각합니다.
- [근거] 얼마 전 N사의 개인정보해킹 사례가 있었습니다. 당시 이름, 주민번호 등을 포함한 개인정보가 노출되어 국민들로부터 큰 질타를 받았습니다. 특히 국가는 개인정보를 담고 있는 조직이 많기 때문에 더욱 보안에 신경 써야 한다고 생각합니다.

- [의견정리] 기술적인 시스템 보완을 하기 이전에 개인적으로 노력해야 할 방안은 평소 컴퓨터를 끄고 가야 하는 원칙을 잘 지켜야 한다고 생각합니다. 이러한 원칙이 지켜지지 않으면 보안의 사각지대가 생길 수 있습니다. 정보보호론에서는 100% 완벽한 보안은 없다고 합니다. 각자의 자리에서 컴퓨터를 끄고 나가거나 백신프로그램을 설치하여 평소 백신망 보안에 신경 써야 한다고 생각합니다.

⑫ 그룹핑형

1. 희망부서가 하고 있는 업무, 구체적으로 [일반행정 – 희망부처: 문화체육관광부]

- [결론·부연설명] 네. 문화체육관광부 국내관광진흥과에서는 국내 여러 관광자원을 개발하여 이를 관광상품화하고 이를 통해 지역관광 콘텐츠 육성을 꾀하고 있습니다. 예를 들어 동해안을 따라 해파랑길의 조성 및 운영을 통해 걷기여행길 네트워크를 구축하여 동해안권 지역관광 활성화에 기여하였습니다.

  다음으로는 문화관광축제와 관련하여 화천산천어축제, 보령머드축제 등을 관광 자원화하고 지역 관광 상품으로 특화시켜 지역 경제 활성화에 기여하도록 노력하고 있습니다. 또한 이를 도란도란 문화놀이터라는 문화체육관광부 블로그와 인스타그램에 게시하여 국민들로 하여금 이에 대해 널리 알 수 있도록 노력하고 있습니다.

2. 지원자의 강점 [일반행정 – 희망부처: 문화체육관광부]

- [개요] 네. 저의 꿈은 문화체육관광부 관광정책국 국내관광진흥과에서 문화강국 대한민국을 만드는 공무원이 되는 것입니다. 저의 강점 두 가지를 말씀드리겠습니다.
- [그룹핑 1: 도전정신] 첫째, 도전정신입니다. 저는 워킹홀리데이로 호주를 방문했을 당시 경제적인 사정으로 인해 당장 일을 구해야 하는 상황이었습니다. 저는 이력서를 뽑아 열댓 장씩 들고 다니며 가게마다 들어가 저를 뽑아야 하는 이유를 어필하였습니다. 결과적으로 일주일 만에 일을 구할 수 있었습니다. 저의 이런 도전정신은 제가 입직하게 되어서 새로운 관광코스를 개발하고 홍보해야 하는 상황에서도 두려워하지 않는 자세를 만들어 줄 것입니다.
- [그룹핑 2: 실천력] 둘째, 적극적으로 실천하는 자세입니다. 저는 제가 가고 싶어 하는 부서인 문화체육관광부에 대해 더 자세히 알아보기 위해 문화체육관광부와 한국관광공사가 만든 어플인 대한민국 구석구석이라는 어플을 다운받아 보았습니다. 이 어플은 관광자들의 흥미와 관심 여행콘텐츠를 알아내고 이를 이용하여 맞춤형 여행지를 추천해주고 혼잡도를 알려주는 등에 빅데이터를 활용하고 있었습니다. 저는 이와 관련한 전문성을 갖추기 위해 한국데이터산업진흥원에서 실시하고 있는 빅데이터거버넌스라는 교육을 수강하여 빅데이터에 대한 기본적인 지식을 습득하였습니다. 저의 이러한 노력은 문화체육관광부에 입직하여 국민들의 수요에 맞춘 관광코스를 개발하는 데 많은 도움이 될 것이라고 생각합니다.
- [의견정리] 이러한 저의 강점이 문화체육관광부 공무원이 되기에는 많이 부족함을 알고 있습니다. 항상 겸손함을 잃지 않고 배우는 자세로 임하겠습니다.

3. 문화체육관광부 공무원에게 필요한 자세와 역량 [일반행정 – 희망부처: 문화체육관광부]

- [개요] 네. 제가 생각하는 문화체육관광부 공무원에게 필요한 역량 및 자세 두 가지를 말씀드리겠습니다.

- [그룹핑 1: 책임감] 첫째, 책임성입니다. 공무원은 국민 피해의 최소화를 위하여 책임감을 가지고 적극적인 행정을 하여야 합니다. 이와 관련하여 문화체육관광부에서는 우리 국민들이 생활 필수 지원정보 등을 책 한 권에서 쉽게 찾을 수 있도록 희망사다리 2022를 발간하였습니다. 여기에는 생활 필수 정책 200여 개가 생애주기별, 분야별로 수록되어 있어 지원이 필요한 어려운 상황에 놓인 국민들이 정보를 몰라 혜택을 못 받는 상황이 발생하지 않도록 조치하였습니다. 이렇듯 책임감을 가지고 업무 수행 시 국민들의 피해를 최소화할 수 있으므로 책임성이 중요하다고 생각합니다.
- [그룹핑 2: 창의성] 둘째, 유연하게 대처하는 자세입니다. 이번 코로나 사태로 지역 농축산물 판매가 어렵게 되자 문화체육관광부 디지털 소통 기획과에서는 관계부처, 지자체, 포털사 네이버 등과 함께 온라인 판매전을 열어 생산자가 지역 농특산물 500여 품목을 판매할 수 있도록 하였고 결과적으로 수익이 작년 대비 7배 이상 증가한 사례가 있습니다. 이처럼 생각지 못한 재난에 유연하게 대처한다면 국민 생활의 피해를 최소화할 수 있으므로 저는 이 같은 자세가 중요하다고 생각합니다.

4. 지원자의 전공이 공직업무에 어떻게 적용되는지? [일반행정 - 희망부처: 문화체육관광부]

- [개요] 저는 관광경영학과를 졸업하였습니다. 문화체육관광부 국내관광진흥과는 관광자원을 관광상품으로 개발하고 홍보하는 업무를 수행하는 만큼 관광자원에 대한 이해, 관광상품으로 개발하기 위한 기획력, 관광객에 대한 이해가 필요하다고 생각합니다.
- [그룹핑 1: 지식] 첫째, 관광자원에 대한 이해입니다. 관광학개론 수업에서 관광을 의료 관광, 문화 관광, 여가 관광 등으로 나눠 특징을 배웠습니다. 특히 여러 관광에 대한 이해는 관광객의 맞춤 수요를 이끌어 관광상품으로 유도하는 측면에서 도움이 될 것이라고 생각합니다.
- [그룹핑 2: 역량] 둘째, 관광상품을 개발하기 위한 기획력 및 관광객에 대한 이해입니다. 저는 서울 속의 힐링이라는 주제로 광장시장, 창덕궁, 서울빛 초롱축제를 묶어 관광코스를 개발했습니다. 당시 단순한 문화재 관광이라는 획일적인 관광이 아닌 관광객이 관광을 하는 이유와 동기에 초점을 맞췄고 관광객의 만족도를 높이기 위해 관광자원에 대한 조사뿐만 아니라 주변의 음식점, 카페 및 편의시설과 관련한 조사를 했습니다.
- [의견정리] 이처럼 학과에서 배운 지식과 실무적 역량은 국내관광진흥과에서 다양한 지역에 대한 이해를 높이고 적용하는 데 큰 도움이 될 수 있을 것이라고 생각합니다.

5. 경험이 구체적으로 직무에 어떤 도움이 되는지? [직업상담직]

- [그룹핑 1: 직무연계업무] 국민취업지원제도는 직업상담부터 시작하여 적합한 직업을 발견하고 민관기관과 연계하여 일자리를 지원하는 제도입니다. 저는 직업정보론이라는 전공 과목에서 워크넷, HRD-net이라는 사이트를 통해 직업정보를 분석하고 관련 일자리 현황을 파악하고 일자리 정보를 알아본 경험이 있습니다. 따라서 이러한 경험은 국민취업지원제도에서 대상자들에게 적합한 직업을 알아보고, 민관기관과 연계하는 과정에서 전문적인 도움이 될 것이라고 생각합니다.
- [그룹핑 2: 예산업무] 또한 저는 평생교육프로그램이라는 과목에서 프로그램을 만들 때 예산을 수립하고 재정을 관리하였던 경험이 있습니다. 이러한 경험은 국민취업지원제도에서 구직촉진수당이나 취업활동비용을 지급하는 과정에서 도움이 될 수 있을 것이라고 생각합니다.

6. 근무하고 싶은 부서 [세무직]

- [개요] 제가 입직하게 된다면 국세상담센터에서 근무하고 싶습니다. 국세상담센터는 어려운 세법과 홈택스 관련 상담서비스를 제공하는 기관으로 기존 세법과 개정세법의 이해 그리고 민원인에 대한 친절한 태도가 필요하다고 생각합니다.
- [그룹핑 1: 세법] 저는 대학교 시절부터 상경학부에서 회계학, 세법, 경영학 등 회계 실무자로서 필요한 역량을 키웠으며 꾸준한 노력으로 우수한 성적을 거두었습니다. 짧지만 학교 수업 실습의 일환으로 직접 회사의 회계업무를 견학해 보기도 했습니다.
- [그룹핑 2: 민원] 1년간 전화 상담원 아르바이트를 하며 고객 유형별 매뉴얼을 습득하고, 고객별 맞춤 소통능력을 길렀습니다. 예를 들어, 어르신들에게는 차근차근 반복하여 설명해 드리고, 화가 난 분에게는 분노를 삭일 시간을 드려 천천히 대응하는 방법 등입니다.
- [의견정리] 국세상담센터는 이러한 저의 경험을 가장 잘 살릴 수 있는 부서라고 생각합니다. 입직 이후에도 국민을 위해 끊임없이 전문성을 갈고 닦으며 항상 납세자의 눈높이에서 생각하는 공직자가 되겠습니다.

7. 검찰에 들어온 후의 자기계발 [마약수사]

- [개요] 마약수사관님과의 인터뷰를 통해서 마약수사관으로서 갖춰야 할 역량에 대해 알 수 있었습니다.
- [그룹핑 1: 전문지식] 첫 번째로 마약수사는 직인지 수사로 많이 이루어지기 때문에 이전에 있었던 판례나 수사기법 등을 공부하여 전문성을 발전시켜야 합니다. 물론 수사기법과 관련한 것은 현직에서 선배님을 통해 배워 나가야 할 것이지만, 임용 전에는 형법과 형사소송법을 복습하고 마약범죄가 금융범죄와 밀접한 관련이 있다고 들었기에 민법 또한 공부하여 재산범죄에 대한 개념을 채워나갈 예정입니다.
- [그룹핑 2: 외국어능력] 두 번째로, 마약수사의 주된 업무는 국내 현장수사이지만, 국내수사의 연장선으로 국외에서 단기적으로 업무를 할 일도 있다고 들었습니다. 이를 위해 예전부터 계획했던 중국어 공부와 영어 공부를 할 것입니다.
- [그룹핑 3: 체력] 마지막으로, 마약수사는 업무의 강도가 높아서 강한 체력이 요구된다고 들었습니다. 지금도 꾸준히 운동하고 있지만, 임용을 기다리면서 예전부터 계획해왔던 검도수련을 하며 건강한 육체와 건강한 정신을 수련하는 데 힘쓰겠습니다.

8. 공무원이 되기 위해 노력한 점 [마약수사]

- [개요] 제가 마약수사직 공무원이 되기 위해 노력한 점을 크게 도덕성과 전문성에 대한 관심, 두 가지 측면으로 나누어 설명드리겠습니다.
- [그룹핑 1: 도덕성] 첫 번째로, 마약수사관은 개인의 기본권을 법률에 따라 제한할 수 있는 권한을 갖고 있기에 솔선수범하여 국민들에게 귀감이 되어야 한다고 생각합니다. 저는 이러한 도덕성을 개발하기 위해 코로나 발생 이전까지 주 1회 3시간씩 병원봉사를 하며 입원병실을 청소하고 소독하는 일을 담당했습니다. 또한 분실물을 발견하면 그것의 주인을 찾아 주기 위해 노력하는 등의 방식으로 도덕성을 준수하고자 하였습니다.

- [그룹핑 2: 전문성] 둘째로, 미래의 마약수사관으로서 마약류 범죄에 대한 현황과 관련 법률을 공부하기 위하여 2021마약범죄대백과를 비롯하여, 식품의약품안전처에서 발행한 임시마약류 지정절차 및 기준이라는 공무원 지침서를 읽으며 한국의 임시마약류 지정에 대해 알아보았으며, 마약류 범죄의 현실적인 동향을 직접 살펴보기 위해 마약범죄로 수사대상이 된 사람들이 의견을 교환하는 인터넷 카페에 가입하여 관련 글을 탐독하였습니다. 또한 마약수사관이 어떠한 일을 하는지 보다 자세히 알아보기 위해 현직 마약수사관님과 이메일 인터뷰를 진행하고 직접 대검찰청에 방문하는 등 적극적으로 마약수사에 대한 정보를 배우려고 하였습니다.
- [의견정리] 이처럼 저는 그동안 제가 쌓아온 전문지식에 대한 흥미와 도덕성을 바탕으로 마약범죄의 중대성을 알고 그것으로부터 국민을 보호하는 마약수사관이 되기 위해 노력하겠습니다.

9. 희망업무에 필요한 역량 [행정직]

- [그룹핑 1: 책임감] 첫 번째는, 책임감입니다. 더 많은 국민 분들께 혜택을 드리려고 노력하다 보니 시행되고 있는 정책의 종류가 굉장히 다양하고, 정책별 대상자 기준도 굉장히 세분화되어 있습니다. 또 해당 제도는 거의 매년 개편이 되고 있기도 합니다. 따라서 정책 내용이나 매년 개정되는 법률을 숙지하기 위해 책임감을 가지고 항상 노력해야 합니다.

  이에 관련된 저의 경험을 말씀드리겠습니다. 저는 제안서 컨설팅 회사에서 기획, 마케팅 업무를 맡았던 경험이 있습니다. 업무를 수행하면서 설득력이 뛰어나고 가독성이 좋은 문서를 작성하는 것이 얼마나 중요한지를 체감하였습니다. 그래서 업무 외 시간에도 제안서나 PPT 자료들을 계속해서 검토하였고, 컴퓨터활용능력 1급 자격증을 취득하기도 하였습니다. 이러한 경험을 통해 문서작성능력은 물론, 직무전문성 제고를 위해 끊임없이 노력하는 자세 또한 배우게 되었습니다.
- [그룹핑 2: 봉사성] 두 번째는, 봉사정신입니다. 국민분들 개개인의 상황에 따라 맞춤형 정책이 달라지다 보니, 한 분 한 분을 상담할 때마다 시간과 노력을 들여 그분께 해당하는 정책이 무엇인지, 그에 필요한 서류는 무엇이고 절차는 어떻게 되는지 등을 꼼꼼하게 안내드려야 합니다.

  저는 미혼모생활시설에서 3년간 봉사활동을 하였습니다. 주 1회 2시간씩 시설을 방문하여 검정고시를 통과하고자 하시는 미혼모 분들에게 국어 과목을 가르쳤습니다. 이를 통해 저의 시간과 노력을 희생하여 타인을 돕는 기쁨을 알게 되었습니다.
- [의견정리] 이와 같이, 그동안 갈고 닦은 책임감과 봉사정신을 가지고 공직에 입문한 후에도 국민 분들께 가장 좋은 행정서비스를 제공하기 위해 노력하겠습니다.

10. 토목직 공무원으로서 지원자의 강점 [토목직]

- [개요] 제가 토목직 공무원으로서 갖춘 소양 2가지를 말씀드리겠습니다.
- [그룹핑 1: 성실성] 첫째, 성실성입니다. 어렵게 느껴지던 토목 과목을 친구들과 조교님께 물어보며 성실히 공부한 결과 과석차 1등과 장학금을 받았습니다. 이후 자격증을 취득하며 전문성을 갖추기 위한 노력을 했습니다.
- [그룹핑 2: 전문성] 둘째, 전문성입니다. 대학수업 중에도 평판측량, 수준측량 실습을 해 보았고, 또한 수자원 관련 서포터즈 활동을 하면서 물과 우리나라의 상하수도 시스템에 대해서도 공부하였습니다. 이러한 활동들을 하면서 팀원과의 업무 분담과 자신이 맡은 일에 대한 책임감도 배웠습니다.
- [의견정리] 저의 이러한 강점을 이용하여 끊임없이 발전해 나가는 토목직 공무원이 되겠습니다.

03 문제해결형

1. **최근 취업률 동향, 문제점, 개선방안에 대해 말하라. [행정직·직업상담직·고용노동]**
   - [동향] 최근 고용률은 점점 증가하고 있는 추세이지만 아직도 청년 고용률은 전체 고용률(67.8%)과 차이가 많이 나는 46.3%입니다. 청년 실업률 또한 다른 분야보다 높은 7.4% 정도를 보이고 있습니다.
   - [문제점] 이러한 높은 청년 실업률의 원인으로는 다양하게 있을 수 있지만 제가 생각했을 때 큰 요인으로는 노동시장의 양극화로 인한 양질의 일자리가 부족하다는 원인이 있을 수 있습니다. 노동시간의 양극화란 1차 노동시장이라고 불리는 대기업, 공공기업의 정규직과 2차 노동시장이라고 불리는 중소기업의 비정규직 간의 임금이라던지, 여러 가지 근로조건의 격차가 발생하는 것입니다.
   - [해결방안 1] 따라서 이러한 격차를 줄이는 방안이 청년 고용률을 높일 수 있는 방안이라고 생각합니다. 현재 고용노동부에서 하고 있는 제도인 청년내일채움공제, 중소기업 퇴직연금 기금지원, 청년일자리도약장려금(취업애로사항이 있는 청년 고용 사업주에게 인당 월 80만 원) 등을 더욱 활성화시키는 것입니다.
   - [해결방안 2] 또한 중소기업의 인식을 높이는 방법이 있습니다. 중소기업 중 우수사례로 선정된 기업에서는 조깅하며 쓰레기를 주운 시간만큼 근로시간으로 인정하는 플로깅제도, 매주 수요일마다 1시간 일찍 퇴근하는 패밀리데이 등을 진행하고 있습니다. 이러한 일명 워라밸을 지킬 수 있는 중소기업 사례를 카드뉴스나 SNS 등으로 홍보하는 것이 중소기업의 인식을 높일 수 있는 방안이라고 생각합니다.

2. **국민취업지원제도의 개선사항 [행정직·직업상담직·고용노동]**
   - [문제점] 국민취업지원제도의 아쉬운 점은 사전관리에 비해 사후관리가 미비하다는 것입니다. 현 제도의 목적은 취업 성공에 무게를 두고 있어, 취업 후 조기퇴직으로 인한 구직과정의 악순환 문제까지 고려되고 있지 않습니다.
   - [개선방안 1] 장기적 관점에서 직무 전문성을 바탕으로 역량을 쌓는 체계적 과정이 필요합니다. 이러한 방안으로는 첫째, 데이터 수집 및 지속적 모니터링입니다. 취업에 성공한 대상자들의 성향, 업무숙련도, 근무기간 등을 지속적으로 모니터링한 후 그 데이터를 수집하여 재발방지를 위한 요인으로 사용하도록 하는 것이 있습니다.
   - [개선방안 2] 둘째, 근로자지원 프로그램 EAP 실시가 있습니다. EAP란 현재 중소기업 청년 근로자를 대상으로 직무스트레스나, 대인관계 등의 어려움을 해결하기 위한 무료상담서비스입니다. 이 과정에서 자가진단도 가능하고 상담자 또한 스스로 선택할 수 있기 때문에 이러한 서비스를 국민취업지원제도 사후관리에도 적용이 가능하도록 하는 방안을 생각해볼 수 있습니다.

3. **일·가정양립지원제도에 관심 있다고 했는데, 해당 제도의 개선점은 없는지? [일반행정]**
   - [문제점] 지금 시행되고 있는 일·가정양립지원제도는 고용보험의 틀 안에서 운영이 되고 있습니다. 그러다 보니 일을 하고 있는 근로자들을 대상으로 지원이 이루어지고, 비정규직, 자영업자, 실직자 등 소득이 없거나 불안정한 고용상황에 있는 분들은 지원을 받지 못합니다.
   - [개선방안] 따라서 이에 대한 제도 개선이 필요하다고 생각이 됩니다. 예를 들어, 스웨덴이나 독일 같은 경우에는 별도의 사회보험을 따로 만들어서 정책 대상자를 확대 운영을 하고 있습니다. 우리나라도 이러한 사례들을 참고해서 사각지대를 줄여나가는 방향으로 나아가야 한다고 생각합니다.

4. VR을 도입할 시 예산문제는 어떻게 해결할 것인지? [일반행정 – 희망부처: 문화체육관광부]

- [문제점] 네. 물론 처음 도입할 시에는 막대한 예산이 들 것입니다. 제가 현직자가 아니라서 확실하게 예산이 배정되는 과정에 대해 알지 못합니다.
- [개선방안] 그러나 예산 문제를 해결하기 위해서는 종전보다 좋은 결과를 가져올 수 있음을 입증하는 것이 중요하다고 생각합니다. 그렇게 하기 위해서는 예산군 윤봉길 의사 기념관처럼 VR을 이용한 사례가 꽤 있는 만큼 관련 사례를 검토 및 참고하고, VR도입 시 전보다 얼마나 효율적일지를 정확히 파악하고 VR과 관련한 시민들의 선호도를 조사하는 등의 보고서를 만들어 처음 도입에는 많은 예산이 필요하겠지만 그만한 가치가 있다는 것을 근거로 설득하여 예산문제를 해결하도록 할 것 같습니다.

04 경험형

1. 메타버스 관광을 실제로 이용해 본 적 있나요? [일반행정 – 희망부처: 문화체육관광부]

- [개요] 네. 전주시 한옥마을 메타버스 관광을 실제로 이용해 보았습니다.
- [인상적인 점] 실제로 친구를 초대할 수 있고 대화도 실제 목소리로 할 수 있기 때문에 같이 관광하는 느낌이 들었습니다. 그러나 이렇게 구현된 장소가 한옥마을의 정확히 어디인지 알지 못해서 그냥 게임 맵을 돌아다니는 기분이 들었습니다.
- [의견정리] 이를 위해서 지금 내가 다니고 있는 곳이 실제 한옥마을의 어떤 부분인지 확인시켜줄 수 있는 지도를 함께 첨부한다면 좀 더 실제적인 느낌을 구현할 수 있을 거라는 생각이 들었습니다.

2. 민원인을 응대했던 경험 혹은 설득했던 경험

- [상황] 네, 제가 호주에서 일했던 카페는 1인 1메뉴가 규정이었습니다. 그럼에도 가끔 한 잔만 시켜서 나눠드시겠다는 분들이 계셨습니다. 그러나 매니저님께서는 들어드릴 경우에 매출에 문제가 생기므로 안 된다고 거절하시는 상황이었습니다. 저는 손님과 매니저님의 높아지는 언성과 갈등으로 당황하였지만 이러한 문제로 다른 손님들이 불편해하시면 안 된다고 생각하였습니다.
- [해결과정] 이를 해결하기 위해 저는 손님께 커피를 한 잔만 시키시되 디저트 메뉴가 맛있으니 같이 시키실 것을 권유하였고 규정은 규정이니 다음 번에는 꼭 지켜달라고 당부드렸습니다. 매니저님께서도 그렇게 하면 매출에 영향이 없을 것이라며 괜찮다고 하셨고 이렇게 갈등이 해결된 경험이 있습니다. 또한 재발 방지를 위하여 1인 1음료 규정을 1인 1메뉴로 변경하였습니다. 제가 만약 공무원이 되어 불만민원을 접수하게 된다면 창의성과 전문성을 바탕으로 갈등을 해결하도록 하겠습니다.

3. 관련 경험하면서 가장 힘들었던 것은 무엇인지? 힘든 점은 어떻게 극복했는지?

- [개요] 네, 저는 여행사 서포터즈 대외활동에서 조의 조장을 맡아서 한 경험이 있습니다.
- [상황] 당시 제가 제일 어렸지만 누구도 조장을 하려고 하지 않아 자진하여 조장을 맡았습니다. 제가 제일 어리다 보니 조원들이 저를 가끔 무시하는 태도를 보였습니다.
- [해결과정] 그러나 저희 조의 중국인 조원이 과제할 때 의사소통을 어려워하였고 제가 이를 도와 자료 조사와 발표준비까지 책임감 있게 하자 모두 저의 의견에 귀 기울여 주었습니다.
- [의견정리] 저의 책임감 있는 행동이 좋은 결과를 가져온 것 같아서 한 번 더 책임감의 중요성을 깨닫게 되었습니다.

memo

상황과제 & 질의응답

CHAPTER **01** 상황과제 [개요]

POINT 01 상황과제 유형

01 상황과제 유형

1. 유형

접근	주제		내용
규정	공직형		공직윤리에 어긋난 행위 관련 사례 • 금품수수, 청탁, 부정수급 등 • 부당지시, 불합리한 관행, 규정 불이행 • 배경지식: 공무원행동강령, 공무원의무 등
	민원형 (특이민원)		특이민원 • 폭력·욕설, 폭력, 물품파손, 위험물소지·신변위협, 성희롱, 반복전화 등의 행위를 하는 민원 • 정당한 행정처분에 승복하지 않고 희망사항을 관철시키기 위해 반복적인 주장 및 폭행·협박·욕설 등 정상적 공무에 지장을 주는 민원 등 • 배경지식: 특이민원 대응방안 등
비규정	정책 (사업)형	내부 (관관갈등)	사업(정책) 추진 시 부처 내에서 발생하는 문제 • (의사결정) 업체·사업 선정문제 등 • (관관갈등) 부처·부처별 입장차이 예 부작용, 이익 등
		외부 (관관·민민· 관민 갈등)	사업(정책) 추진 시 각 이익집단 사이에 발생하는 문제 • (관관갈등) 정부부처 간 갈등 제외 예 정부 vs 공기업 • (민민갈등) 지역주민 vs 시민단체, 환경단체 vs 전문가 • (관민갈등) 지자체 vs 주민, 정부 vs 시민
	업무· 조직형	업무수행	조직 내 업무수행 중 발생하는 문제상황 및 갈등 • (업무) 인프라(물적·시적·예산) 자원 부족, 원칙·효율, 형평성, 공정성, 파급효과 등 문제 • (의사결정) 일방적 의사결정의 조직반발·우려사항, 지시충돌 등 문제 • (민원) 특이민원 외 담당업무 관련 민원 문제
		조직갈등	조직 내 상사·동료·부서 간 발생하는 관계성 갈등 • (비)협조, 기피, 무책임, 사익우선, 개인주의 등

2. 특이사항

상황과제는 직렬맞춤형 주제가 나오지 않는다. 이유는 면접요일별로 다양한 직렬이 모여 함께 면접을 보기 때문이다. 물론 '세무직·우정직·교정직'은 직렬맞춤형 주제가 나오는 경우도 있지만, 직렬지식이 부족하더라도 또는 다른 직렬이더라도 해당 제시문을 해석해서 충분히 풀 수 있는 문제가 출제된다. 다만, 2023년부터 면접방식이 변화된 점을 고려하여 3개년 출제기조에 맞춰 제시문 훈련의 우선순위를 정해 연습하도록 하자.

■■ 2022년 vs 2023 상황과제 비교

2023년 6월 14일

당신은 A부처의 주무관입니다. 당신은 상사로부터 조직문화 쇄신을 위한 직장 내 갑질, 성희롱 및 성폭력 실태조사에 대해서 전수조사를 위한 설문조사를 진행할 것을 지시받았습니다. 설문조사는 익명성이 보장되는데도 불구하고 직원들은 신상(신분)노출로 인한 인사보복 등을 우려하여 설문조사 참여에 반대하고 있는 상황입니다. 이러한 상황에서 어떻게 대처하시겠습니까?

▶ 2023년 6월 14일 '보호직·검찰직·경찰행정직' 제시문이다. 공안·행정직군 상관없이 누구나 해석하여 풀 수 있는 주제가 출제되었다.

2022년 6월 15일 [오전]

귀하는 A부처의 조사과 담당 주무관이다. 최근 B업체에 대한 탈루정황이 있어 세무조사를 실시한 결과 탈루사실이 밝혀졌다. 이에 따라 B업체에 과세하는 방향으로 상급자에게 보고하였으나 상급자가 이를 만류하는 상황이다. 알고 보니 상사와 B업체의 사장은 친분관계가 있어 상사가 과세하지 말라고 지시하는 상황이다. 담당 주무관으로서 어떻게 대처할 것인가?

▶ 2022년 6월 15일 '세무직' 제시문이다. 직무상황 제시가 출제되었으나, 타 직렬도 해석 가능한 제시문이다. 즉, 주제소재만 세무직에 관련된 내용이다. 세무주제 관련 주제유형을 공부하되, 타 직렬 주제도 함께 연습하면 도움이 될 수 있다.

2022년 6월 15일 [오후]

귀하는 A부처 조직혁신 주무관이다. A부처는 조직 내 혁신을 위해 익명게시판을 운영하고 있다. 그간 익명게시판의 자유로운 의견과 정책제안 등 다양한 아이디어를 실무에 잘 활용하고 있었지만, 최근 익명성을 통해 상호 비방을 하거나 조직에 대해 비난하는 글들이 올라오고 있는 상황이다. 담당 주무관으로서 어떻게 대처할 것인가?

▶ 2022년 6월 16일 '우정직' 제시문이다. 우정직 지원자만 면접을 보는 상황임에도 불구하고 '오후' 질문의 경우 직무맞춤주제가 제시되지 않았다.

경험·상황면접과제 중 상황과제 유형은 '공직형', '민원형', '정책(사업)갈등형', '업무·조직갈등형'으로 분류된다. 최근 출제동향을 살펴보면 '정책(사업)형'과 '업무·조직갈등형'이 자주 출제되고 있다. 따라서 면접 준비기간이 부족한 수험생의 경우, 출제빈도가 높은 유형을 우선하여 공부순서를 정하도록 하자.

01 3개년 기출현황

2021

상황과제	빈도									
	1	2	3	4	5	6	7	8	9	10
공직형										
민원형										
정책(사업)갈등형	███████████████████									
업무·조직갈등형	██████████████████████									

2022

상황과제	빈도									
	1	2	3	4	5	6	7	8	9	10
공직형	██████									
민원형	███									
정책(사업)갈등형	██████									
업무·조직갈등형	██████████████████████									

2023

상황과제	빈도									
	1	2	3	4	5	6	7	8	9	10
공직형										
민원형	█									
정책(사업)갈등형	████████████████████									
업무·조직갈등형	██████████████████████									

02 직렬별·연도별 세부유형 3개년 기출현황 ★★★

▶ 오전: M(Morning), 오후: A(Afternoon), 2021: 1, 2022: 2, 2023: 3
▶ 감사직, 외무영사직을 제외한 직렬은 9급 기준으로 정리한 자료임

구분	직렬	규정		비규정			
		공직형	민원형	정책(사업)		업무·조직	
				내부	외부	업무수행	조직갈등
행정직	일반행정	2(MA)			1(MA)	3	
	교육행정			1(M)	2(MA) / 1(A)	3	
	경찰행정				1(MA)	3 / 2(MA)	
	선거행정				2(MA)	3 / 1(MA)	
	고용노동			3 / 1(M)	2(MA) / 1(A)		
	직업상담			3	2(MA) / 1(MA)		
	우정직				1(MA)	3 / 2(MA)	
	통계직	2(MA)				3 / 1(MA)	
	감사직(7급)						
공안직	보호직					3 / 2(MA) / 1(MA)	
	검찰직					3 / 2(MA) / 1(MA)	
	마약수사		3			2(MA) / 1(MA)	
	출입국관리		3			2(MA) / 1(MA)	
	교정직		2(M)		1(A)	3 / 2(A) / 1(M)	
	철도경찰직		3 / 2(M)			2(A) / 1(MA)	
	관세직	2(MA)				3 / 1(MA)	
	외무영사(7급)						
세무직	세무직	2(M)	2(A)			3 / 1	
기술직	전산직			1(M)	3 / 2(A)	2(M) / 1(A)	
	공업직			1(M)	3 / 2(A)	2(M) / 1(A)	
	시설직			1(M)	3 / 2(A)	2(M) / 1(A)	
	농업·임업			1(M)	3 / 2(A)	2(M) / 1(A)	
	방재안전			1(M)	3 / 2(A)	2(M) / 1(A)	
	방송통신			1(M)	3 / 2(A)	2(M) / 1(A)	

PART
04

01 2023년

■■ 민원형

6/16 출입국관리 마약수사 철도경찰	당신은 A부처 ○○담당 주무관이다. 최근 보호시설에서 외국인을 보호 중에 있는데, 그중 다인방을 사용하는 외국인 K가 다인방 사용에 있어 지속적으로 불편함을 호소하며 1인방으로 변경을 요구하는 상황이다. 하지만 규정상 구치소나 교도소에서 출소한 외국인만이 1인방을 사용할 수 있다. 이에 따라 외국인 K에게 1인방 변경을 거절하자 난동과 소란을 피우며 식사를 거부하고 있다. 이러한 상황에서 담당 주무관으로서 어떻게 대처하겠는가?

■■ 정책(사업)형

6/14 직업상담 고용노동	당신은 A부처의 복지시설담당 주무관이다. A지역과 B지역에 복지기관을 설치해야 하는데 예산문제로 한 지역만 선정해야 하는 상황이다. A지역과 B지역은 인접해 있는 도시이다. A지역의 경우 이미 복지기관이 있지만 실수요자가 많아 효과성 측면에서 A지역 유치를 주장하고 있다. 반면, B지역은 실수요자가 A지역의 20% 밖에 되지 않지만 복지기관이 없어 형평성 측면에서 B지역의 유치를 주장하고 있다. 담당 주무관으로서 어떻게 대처하시겠습니까?
6/19 전산직 건축직	귀하는 K부처의 전산담당 주무관이다. 상사의 지시로 공공서비스를 통합제공하는 통합민원 웹사이트를 만들려고 한다. 그런데 각 기관 및 부처에서 공공서비스의 고유성, 이용자들의 혼란, 책임사유의 모호함을 근거로 통합민원 웹사이트 개설에 반대하고 있는 상황이다. 이러한 상황에서 담당 주무관으로서 어떻게 대처하시겠습니까?
6/19 시설직	당신은 K부처 전기제품 안전승인 관련 주무관이다. 전기제품은 제품의 안전유효기간 내에만 판매가 가능하다. 최근 A기업은 가정에서 전기제품을 제시된 유효기간보다 더 오래 사용하기 때문에 그 유효기간을 늘려달라고 요청하였다. 그런데 소비자단체에서는 유효기간을 늘리면 안전사고가 발생할 위험이 높아져 유효기간 연장에 반대하고 있는 상황이다. 담당 주무관으로서 어떻게 대처하시겠습니까?
6/19 공업직	당신은 B부처 주무관이다. B부처에서는 A지역에 바이오기업 산업단지 계획을 수립 중이다. 그런데 A지방자치단체에서는 산업단지 입주율이 바이오기업만으로는 충족되지 않는다고 보아 지역경제 활성화를 위해 바이오기업과 다른 기업까지 입주할 수 있는 계획수정을 요청한 상황이다. 이에 대해 바이오기업은 정부지원이 줄어들 것을 고려해 크게 반발하고 있다. 이러한 상황에서 어떻게 대처하시겠습니까?
6/19 농업직 임업직	귀하는 A부처의 주무관이다. B요양시설 인근에서 '아프리카 돼지열병'이 발생하여 A부처에서는 모든 돼지들을 살처분하기로 계획 중이다. 그런데 B요양시설 인근 농지에서만 돼지를 살처분할 수 있는 상황이다. 이에 대해 B지역 주민들은 전염병 발생 우려, 매몰지의 보상 부족, 위생 등의 이유로 반대하고 있다. 담당 주무관으로서 어떻게 대처하시겠습니까?

6/14 경찰행정 보호직 검찰직	당신은 A부처의 주무관입니다. 당신은 상사로부터 조직문화 쇄신을 위한 직장 내 갑질, 성희롱 및 성폭력 실태조사에 대해서 전수조사를 위한 설문조사를 진행할 것을 지시받았습니다. 설문조사는 익명성이 보장되는데도 불구하고 직원들은 신상(신분)노출로 인한 인사보복 등을 우려하여 설문조사 참여에 반대하고 있는 상황입니다. 이러한 상황에서 어떻게 대처하시겠습니까?
6/15 일반행정 교육행정	당신은 A부처의 공직문화 개선담당 주무관입니다. 본인은 공직문화 혁신을 위해 MZ세대 공무원을 대상으로 '공직문화개선단'을 추진하려고 노력 중입니다. 하지만 MZ세대 공무원들은 업무과중으로 인한 추가업무의 부담감, 보수적인 공직사회 분위기 속 의견개진의 어려움, 공직문화 혁신성과에 대한 낮은 기대감 등으로 참여율이 저조한 상황입니다. 이러한 상황에서 담당 주무관으로서 어떻게 대처하시겠습니까?
6/15 우정직 선거행정	당신은 A부처 업무혁신 담당 주무관이다. A부처는 최근에 기존 메일로 정보를 공유하는 방식이 비효율적이라는 이유로 공동문서 작성 프로그램을 도입했다. 그러나 대다수의 직원들은 프로그램 사용 미숙, 프로그램 자체 오류, 각 부처의 업무특성을 불충분하게 반영했다는 등의 이유로 기존의 방식을 고수하고 있다. 이에 따라 공동문서 작성 프로그램의 활성화가 저조한 상황이다. 이러한 상황에서 어떻게 대처하겠는가?
6/17 세무직 관세직	당신은 소득세과에 근무하고 있는 조사관이다. 납세자 B는 세액감면 요건을 충족한 세액감면 대상자인데 이를 인지하지 못하여 더 많은 세액을 납부하였다. 이후 이 사실을 알게 된 납세자 B는 세무서에 환급을 요청했지만 이미 경정청구기간이 지나 환급이 어려운 상황이다. 상관은 서비스기관으로서 적극행정을 강조하며 환급해 줄 것을 지시하고 있다. 이 상황에서 당신은 어떻게 대처할 것인가?
6/17 통계직	귀하는 A부처 외국인 고용통계 담당 주무관입니다. 귀하는 외국인 고용사업자의 사업자등록번호, 사업장, 전화번호, 이름 등 개인정보를 엄격히 관리하고 있습니다. 최근 지방자치단체가 체계적인 외국인 관리 및 지원을 위해 정보공유를 강력히 요구하고 있습니다. 이에 대해 상사는 개인정보 보호 차원에서 정보공유를 반대하지만, 일부 팀 동료들은 찬성하는 입장입니다. 이 상황에서 귀하는 어떻게 대처하겠습니까?
6/18 교정직	귀하는 K교도소의 교도작업(제품생산) 담당 주무관입니다. 교도작업 제품 중 특정 작업판매량이 급증하여 해당 작업제품을 판매하는 A기업이 교도작업시간 증가를 요청하였습니다. 이에 상사는 A기업의 교도행정 기여도와 기업 간의 우호적인 관계를 이유로 작업시간 증가를 수용하도록 지시했습니다. 그러나 이를 받아들이면 교도작업 참여기업 간에 공정성이 문제될 수 있고, 수용자의 불만이 제기될 우려가 있습니다. 이 상황에서 귀하는 어떻게 대처하시겠습니까?

02 2022년

 공직형

6 / 11 [오전] 일반행정 관세직 통계직	다음 상황을 보고 어떻게 대처할 것인지 기술하시오. 귀하는 A부처 B공익근무요원 담당 주무관이다. B공익근무요원은 평소 성실하고 책임감이 높아 부처에서 선호도가 높은 사람이다. 최근 B공익근무요원은 허가받지 않은 아르바이트를 하다 적발되어 처벌을 받는 상황이다. B공익근무요원은 생계곤란을 이유로 아르바이트를 했다고 말했다. 하지만 조사를 해 보니 경제적 어려움은 있으나 생계곤란은 아니었다. 이런 상황에서 B공익근무요원은 경제적 어려움을 주장하며 선처를 호소하고 있다. 이러한 상황에서 귀하는 어떻게 대처하시겠습니까?

6 / 11 [오후] 일반행정 관세직 통계직	다음 상황을 보고 어떻게 대처할 것인지 기술하시오. 나는 a부처에서 계약관리 담당 주무관이다. 부처에서 위탁계약 지원사업을 하는데 b기업에서 수탁계약 지원을 하며 사전면담을 신청했다. 알고 보니 b기업의 담당자는 a부처의 퇴직자이다. 법령상 퇴직자 업무접촉은 문제되진 않지만 공정성 논란이 우려되는 상황에서 어떻게 할 것인가?
6 / 15 [오전] 세무직	귀하는 A부처의 조사과 담당 주무관이다. 최근 B업체에 대한 탈루정황이 있어 세무조사를 실시한 결과 탈루사실이 밝혀져. 이에 따라 B업체에 과세하는 방향으로 상급자에게 보고하였으나 상급자가 이를 만류하는 상황이다. 알고 보니 상사와 B업체의 사장은 친분관계가 있어 상사가 과세하지 말라고 지시하는 상황이다. 담당 주무관으로서 어떻게 대처할 것인가?

▪▪ 민원형

6 / 15 [오후] 세무직	귀하는 A세무서 부가소득세과 담당 주무관이다. 민원인이 전임자가 부과하였던 소득세에 대해 불만을 도로하는 상황이다. 납세지는 이에 대해서 왜 경정청구를 할 수 없느냐고 지속적으로 문제를 제기하고 있는 상황이다. 이에 대해 세무서는 국세기본법상 경정청구 사유에 해당하지 않는다는 입장이다. 이를 민원을 제기한 납세자에게 불가능한 상황임을 충분히 설명하였음에도 민원인의 항의는 계속되고 있고, 이로 인해 다른 업무가 지연되고 있는 상황이다. 이러한 상황에서 담당 주무관으로서 어떻게 대처하겠는가?
6 / 17 [오전] 교정직 철도경찰	당신은 구치소 민원실의 주무관이다. 퇴근 무렵 인터넷으로 접견신청을 한 할머니가 손자와의 접견을 요구하고 있다. 하지만 접견은 정해진 시간에만 가능하고 현재 접견시간은 이미 지난 상황이다. 이에 대해 할머니에게 설명하자 소리를 지르며 떼를 쓰고 있는 상황이다. 담당 주무관으로서 어떻게 해야 하겠는가?

▪▪ 정책(사업)형

6 / 13 [오전] 고용노동 직업상담 교육행정 선거행정	귀하는 A부처 장애인복지 담당 주무관이다. 장애인을 위한 특수학교가 교외에 편중되어 있어 도심에 거주하는 장애학생들이 통학에 불편을 겪고 있는 상황이다. A부처는 문제해결을 위해 도심지인 B에 부지를 확보한 후 특수학교 설립을 추진하려고 한다. 그러나 B지역 주민들이 부동산가격 하락문제로 강력하게 반대하고 있는 상황이다. 담당 주무관으로서 어떻게 대처하시겠습니까?
6 / 13 [오후] 고용노동 직업상담 교육행정 선거행정	귀하는 A부처 고용 담당 주무관이다. 외국인근로자가 늘어남에 따라 외국인 산업재해 사망사고가 늘어나고 있다는 언론보도가 나왔다. 상관은 외국인 고용제한 검토를 지시한 상황이다. 이에 대해 인권단체는 산업재해 사망사고가 발생한 사업장에 대해 외국인 고용을 제한해야 한다고 주장하고 있으며, 사업주 및 B부처는 구인난 및 경영악화를 이유로 반대하는 상황이다. 이러한 상황에서 담당자로서 어떻게 대처하시겠습니까?
6 / 14 [오후] 공업직 농업직 임업직 시설직 방재안전 전산직 방송통신	귀하는 A부처의 축산검역 담당자이다. 최근 돼지열병·AI 등 가축전염병이 퍼지고 있는 상황이다. 그런데 이 가축전염병은 가축분뇨에 포함된 매개체로 인해 전파가 된다. A부처는 전염병 확산 예방을 위해 분뇨방출 억제를 위한 가축분뇨 운반 이동차량 운행을 제한하는 조치를 시행하고자 한다. 방침을 시행할 경우 농가들은 가축분뇨를 처리할 곳이 없어 분뇨보관 한계를 이유로 조치완화를 요구하는 상황이며, 지역주민들은 분뇨로 인한 악취 및 수질오염으로 정부조치에 반대하는 상황이다. 담당 주무관으로서 어떻게 대처할 것인가?

6 / 12 [오전] 보호직 검찰직 마약수사 출입국관리 경찰행정	당신은 치료감호를 담당하는 주무관이다. 대상자 A는 치료감호에 대한 보호관찰을 받는 중 약물치료 판정을 받아 약물치료를 받고 있는 상황이다. 하지만 A는 약물에 대한 심리적 부담감 및 어지럼증 등 부작용을 호소하며 약물치료 중단을 요구하였다. 상관은 형평성 문제와 재범가능성의 문제로 약물치료를 계속 진행해야 한다며 중단요청을 거절하라고 말한 상황이다. 담당 주무관으로서 어떻게 대처할 것인가?
6 / 12 [오후] 보호직 검찰직 마약수사 출입국관리 경찰행정	당신은 외국인 체류관리 주무관이다. 한국 국적인 여성과 외국 국적을 가진 남성이 결혼해 국내에 체류 중인 한 다문화가정 부부가 있다. 이 부부에게는 아이가 2명이 있고 결혼한 지는 5년이 되었다. 그런데 남편은 도박에 중독되어 상습도박으로 1년간 교도소에 수감한 적이 있으며 현재는 출소한 상황이다. 이런 상황에서 상사는 외국인 남편을 추방하자는 입장이며 아내는 한 번만 봐달라고 선처를 부탁하는 상황이다. 담당 주무관으로서 어떻게 대처할 것인가?
6 / 14 [오전] 공업직 농업직 임업직 시설직 방재안전 전산직 방송통신	귀하는 A부처의 정보시스템 구축 담당자이다. A부처는 고질적인 인력난으로 인해 직원들의 업무사기가 저하된 상태이다. 상사는 업무효율 증진 및 직원들의 사기증진을 위해 A부처의 X시스템을 타 부서의 정보효율이 높은 Y시스템으로 교체를 지시한 상황이다. 그러나 Y시스템은 현재 A부처의 업무성격과 달라 효율을 높일 수 있는지 확신할 수 없는 상황이고 A부처 직원은 도입과정에서 교체에 필요한 인력과 시간이 낭비될 것이라는 우려의 목소리를 내고 있는 상황이다. 이러한 상황에서 담당자로서 어떻게 대처하시겠습니까?
6 / 16 [오전] 우정직	귀하는 A부처 우정직 주무관이다. 우체국에서 지역사랑상품권을 할인판매하는 행사를 진행하고 있다. 하지만 상품권 구매고객이 많아지면서 일반고객들의 창구 대기시간이 늘어나 업무를 보기 힘들다는 민원이 발생하게 되었다. A부처는 문제를 해결하기 위해 상품권 업무를 따로 볼 수 있는 상품권 구매창구를 하나로 지정하여 판매하자 이번에는 상품권 구매고객들의 대기시간이 늘어나 민원을 제기하는 상황이다. 이러한 상황에서 담당 주무관으로서 어떻게 해결할 것인가?
6 / 16 [오후] 우정직	귀하는 A부처 조직혁신 주무관이다. A부처는 조직 내 혁신을 위해 익명게시판을 운영하고 있다. 그간 익명게시판의 자유로운 의견과 정책제안 등 다양한 아이디어를 실무에 잘 활용하고 있었지만, 최근 익명성을 통해 상호 비방하거나 조직에 대해 비난하는 글들이 올라오고 있는 상황이다. 담당 주무관으로서 어떻게 대처할 것인가?
6 / 17 [오후] 교정직 철도경찰	귀하는 ○○부처 주무관이다. 초과근무 감축실적을 기관별 업무평가에 반영한다. 일정 부서는 업무량과 특수성 때문에 초과근무 감축이 어려운 상황에서 평가를 담당하는 주무관으로서 어떻게 하겠는가?

PART
04

03 2021년

■ 정책(사업)형

일반행정	귀하는 A지방청 주무관이다. 최근 온라인을 통한 민원업무의 증가로 대민업무가 줄어들고 있는데 B지역의 경우 인구감소로 인해 행정업무가 비효율적으로 운영되고 있다. 이에 따라 A지방청은 행정 및 예산낭비를 줄이고 효율적인 업무강화를 위해 B지역 사무소 통폐합을 검토하고 있다. 하지만 B지역 주민들은 사무소가 통폐합될 경우, 이동거리가 한 시간 이상 소요된다는 이유로 통폐합에 반대하고 있다. B지역 인근지역에서도 통폐합한 사례가 있었는데, 담당 주무관으로서 어떻게 대처할 것인가?
교육행정 고용노동	귀하는 A국립대학 학생식당 담당 주무관이다. 최근 A국립대학은 정부시책에 의해 위탁업체에 소속된 비정규직 직원들을 대학 소속 정규직으로 전환하였으나, 이들은 기존 정규직과 동일한 임금과 복지를 추가로 요구하고 있는 상황이다. A국립대학은 신입생 감소문제로 예산의 어려움을 겪고 있어 임금 및 복지향상이 어렵다는 입장이다. 담당 주무관으로서 어떻게 대처할 것인가?
교육행정 고용노동	귀하는 A부처 재정지원평가 담당 주무관이다. 매년 산하기관에 재정지원을 분배할 때, 부정수급 적발건수에 따라 재정지원을 하게 된다. 최근 소규모 산하기관에서는 대규모 산하기관에 비해 재정지원을 받지 못해 평가방식을 정성평가로 재정을 지원해 달라고 요구하고 있다. 이에 대규모 산하기관에서는 기준변경은 평가의 일관성 및 공정성에 문제가 있다고 반발하는 상황에서 담당 주무관으로서 어떻게 대처할 것인가?
우정직 경찰행정 직업상담	귀하는 A부처의 시설관리 담당 주무관이다. 국제행사를 위해 B지역의 ○○산을 개발할 당시 국제행사가 끝난 후 원상복구를 약속하였다. 그런데 국제행사가 끝난 후 B지방자치단체와 지역주민들은 관광수익의 증대와 편의시설의 확충을 이유로 개발단지 유지를 요구하고 있다. 하지만 환경단체는 환경보존을 위해 원상복구를 요구하고 있고 A부처도 개발단지 유지 시 관리비용 등 경제성이 낮을 것으로 판단되어 원상복구를 진행하고자 한다. 담당 주무관으로서 어떻게 대처할 것인가?
우정직 경찰행정 직업상담	귀하는 A부처의 물류 담당 주무관이다. A부처는 물류의 분류속도를 높이고 과도한 업무량을 감소시키기 위해 자동화 물류시스템 도입을 검토 중이다. 이에 대해 계약직 물류직원들은 비용 대비 낮은 생산성과 실업률을 주장하며 자동화 물류시스템 도입을 반대하고 있는 상황이다. 담당 주무관으로서 어떻게 대처할 것인가?
교정직	귀하는 B교도소 건축 담당 주무관이다. B교도소는 교도소의 노후화와 수용자 과밀수용 문제를 해결하기 위해 C지역으로 이전해 신축건물을 세우고자 한다. 하지만 C지역 주민들은 치안의 안정성, 지역경제의 불이익 등을 이유로 반대하고 있는 상황이다. 담당 주무관으로서 어떻게 대처할 것인가?

■ 업무·조직형

일반행정	귀하는 A부처 민원 담당 주무관이다. 최근 A부처는 코로나19로 인해 비대면 민원 수요가 증가하여 전자서비스 확대를 위한 무인민원발급기를 설치하고자 한다. 이는 업무효율성과 시간단축으로 민원의 만족도를 높여 줄 것으로 기대된다. 하지만 무인민원발급기가 설치될 B사무소에서는 현재 민원업무량이 적어 비용 대비 효과가 적을 것으로 우려하고 있다. 또한 B지역에는 노인인구층이 많아 별도의 안내를 하는 것에 오랜 시간이 걸린다며 반대하는 상황이다. 담당 주무관으로서 어떻게 대처하시겠습니까?
공업직 농업직 임업직 시설직 전산직 방재안전 방송통신	귀하는 A부처 공사용역 입찰업무 담당 주무관이다. 최근 ○○시에서 △△센터를 건립하는데 B업체와 C업체가 최종 후보자로 선정되었다. B업체의 경우 △△센터 건립 시 지역경제에 도움을 줄 것으로 예상되지만 낮은 수주실적으로 공사기간이 지연될 것으로 예상된다. 반면 C업체는 수주경험이 많아 공사기간 내에 끝낼 수 있을 것으로 판단되지만 C업체를 선정할 경우 ○○시의 경제활성화를 희망하는 ○○시 지역주민들의 반발이 예상된다. 담당 주무관으로서 어떻게 대처하시겠습니까?

공업직 농업직 임업직 시설직 전산직 방재안전 방송통신	귀하는 A청사 보안구역 출입관리 담당 주무관이다. 4차 첨단 기술이 확대됨에 따라 최근 A청사에는 생체인식 시스템을 도입하여 보안을 높이고 빠른 출입으로 업무의 효율성을 높이고자 한다. 하지만 조직 내에서는 지금까지 보안사고가 없었다는 점, 생체인식 시스템의 정보 유출 등의 문제, 예산 낭비 등을 고려하며 반대하고 있는 상황이다. 담당 주무관으로서 어떻게 대처하시겠습니까?
선거행정 통계직 보호직 출입국관리 관세직 검찰직 마약수사 철도경찰	귀하는 A부처 정보 담당 주무관이다. 비영리 민간단체인 B업체는 공익사업을 위해 공공데이터를 다뤄야 하는데 인력과 예산이 부족하여 A부처에 공공데이터 발췌를 요청하였다. 하지만 상사는 지금까지 선례가 없었으며 B업체의 사정을 고려할 경우 다른 업체의 편의성도 봐줘야 하는 문제 등을 고려하여 반대하고 있는 상황이다. 담당 주무관으로서 어떻게 대처하시겠습니까?
선거행정 통계직 보호직 출입국관리 관세직 검찰직 마약수사 철도경찰	귀하는 A부처 인사제도 담당 주무관이다. 최근 조직 내 전문성이 강조됨에 따라 A부처에서는 직원들의 직무역량 강화를 위해 개인별로 의무교육시간 이수에 따라 부서평가에 반영하고자 한다. 하지만 직원들은 직급별로 요구되는 직무역량이 반영된 교육이 아니기 때문에 교육시간 이수 여부에 따라 직무역량 평가를 반영하는 것은 도움이 되지 않는다며 반대하고 있는 상황이다. 담당 주무관으로서 어떻게 대처할 것인가?
교정직	귀하는 A교도소 교정직 계호업무 담당 주무관이다. B수용자는 자살, 자해의 위험이 있어 구금시설 내 전자영상장비 계호를 진행하고 있다. 하지만 B수용자는 사생활 노출로 인한 스트레스를 호소하고 폭력성향을 보이며 전자영상장비 계호의 중단을 요청하고 있는 상황이다. 상관은 이에 대해 B수용자는 언제든지 자살, 자해의 위험이 있고 계호를 중단할 경우 시설의 안전과 질서를 해할 수 있다며 반대하는 상황이다. 담당 주무관으로서 어떻게 대처할 것인가?
세무직	귀하는 A 세무서 종합소득세 담당 주무관이다. 종합소득세 신고는 본인이 작성하는 것이 원칙이나 어르신이나 장애인 등 종합소득세 신고의 어려움을 도와주는 현장신고 지원제도를 운영하고 있다. 최근 국세청에서 현장신고 지원제도를 축소하자 대상자들은 신고의 불편함을 주장하며 불만을 호소하고 있고, 종합소득세 신고 마지막 날에는 현장에 사람들이 몰려 종합소득세 신고를 포기할 것으로 예상된다. 담당 주무관으로서 어떻게 대처할 것인가?

PART
04

01 3단계 작성전략

STEP 01 문제조건 확인

제시문의 상황 속 조건을 파악하여 그 상황을 빠르게 진단하는 과정이다.

> 당신은 치료감호를 담당하는 주무관이다. 대상자 A는 치료감호에 대한 보호관찰을 받는 중 약물치료 판정을 받아 약물치료를 받고 있는 상황이다. 하지만 <u>A는</u> 약물에 대한 심리적 부담감 및 어지러움증 등 부작용을 호소하며 <u>약물</u> <u>치료 중단을 요구</u>하였다. <u>상관</u>은 형평성 문제와 재범 가능성의 문제로 약물치료를 계속 진행해야 한다며 <u>중단요청을</u> <u>거절</u>하라고 말한 상황이다. 담당 주무관으로서 어떻게 대처할 것인가?

▼

구분	문제조건
대상자 A	약물치료 중단 요구
상관	중단요청 거절

STEP 02 문제핵심 파악

문제조건을 확인했다면 제시문에서 충돌하는 가치체계는 무엇인지, 그 충돌핵심을 정확하게 간파할 수 있어야 한다. 문제핵심 파악은 곧 해결안을 판단하고 해결과정을 구체적으로 작성할 수 있는 '키'가 되기 때문이다.

> 당신은 치료감호를 담당하는 주무관이다. 대상자 A는 치료감호에 대한 보호관찰을 받는 중 약물치료 판정을 받아 약물치료를 받고 있는 상황이다. 하지만 A는 약물에 대한 <u>심리적 부담감 및 어지러움증 등 부작용을 호소</u>하며 약물 치료 중단을 요구하였다. <u>상관은 형평성 문제와 재범 가능성의 문제</u>로 약물치료를 계속 진행해야 한다며 중단요청을 거절하라고 말한 상황이다. 담당 주무관으로서 어떻게 대처할 것인가?

▼

구분	문제핵심
대상자 A	심리적 부담감, 어지러움증 등 부작용 호소 → 수감자의 건강 및 인권
상관	형평성, 재범가능성 → 형평성, 사회안전

이하 02 상항과제 작성틀 및 03 작성스킬 UP: 판단 및 해결방안을 참고하여 상황과제문을 작성한다.

02 상황과제 작성틀

1. 작성 논리구조

① 규정형: 근거에 초점을 맞춘 구조화방법으로, 공직형이나 민원형 유형에 주로 사용

A안
판단(10)
근거(50)
해결방안 · 사후보완(40)

B안
상황에 따라 결정(10)
상황 - 근거 - 해결(40)
상황 - 근거 - 해결(40)
사후보완(10)

② 비규정형: 주요 해결방안에 초점을 맞춘 구조화방법으로, 정책(사업)형이나 업무·조직형에 주로 사용

C안
필요성 및 근거(10)
대책 · 해결방안(70)
재발방지 및 사후조치(10)

D안
판단(10)
해결 및 설득(40)
해결 및 설득(40)
보완 및 사후조치(10)

PART
04

2. 작성예시

• 규정형: A안

□ 판단
○ 이런 상황에서 ... 생각됨
□ 판단근거
○ (근거 1)
○ (근거 2)
□ 해결방안
○ (해결 1) A의 경우 ... 하게 ... 해결
○ (해결 2) B의 경우 ... 하게 ... 해결
○ (해결 3) 만약 ... 한 문제가 발생한다면 ... 하게 대응하겠음
□ 공직적용 / 사후보완
○ (공직적용) 향후 공직자로서 ... 하게 하겠음
○ (사후보완) 문제예방을 위해 ... 한 문제보완

• 규정형: B안

□ 판단
○ 상황을 먼저 검토해 본 후, 사실관계가 명확해지면 결정하겠음
□ 상황 1
○ (근거)
○ (해결)
□ 상황 2
○ (근거)
○ (해결)
○ (해결)
□ 재발방지
○ (방지 1)
○ (방지 2)

• 비규정형: C안

☐ 설득안
○ (필요성) 현재 … 한 이유로 필요함
○ (근거) … 한 이유가 있으며, 추진 시 … 한 장점과 … 한 효과 예측
☐ 해결방안
○ (해결 1) 먼저 ○○문제 해결을 위해 사실확인 ex
○ (해결 2) △△문제 해결을 위해 … 하게 하겠음
○ (해결 3) ××문제는 … 한 방식을 고려하여 해결함
○ (해결 4) 만약 해결되지 않는다면 … 한 대안책 세우겠음
☐ 재발방지 및 공직다짐
○ (방안 1) … 한 인식문제는 … 한 방법으로 해결
○ (방안 2) … 문제예방을 위해 사후 … 방법으로 관리하겠음
○ (다짐) 문제발생 시 … 하게 대처하는 공무원이 되겠음

• 비규정형: D안

☐ 상황 및 판단
○ (상황) 현재 제시문에서는 … 한 상황임
○ (판단) 이러한 상황에서 … 하게 판단됨. 그 근거는 … 함
☐ 해결방안
○ (1단계) 먼저 … 한 방법으로 요청하겠음
○ (2단계) 그 다음으로 … 을 형성하겠음
○ (3단계) 마지막으로 … 하겠음
○ 만약 해결되지 않는다면 ○○문제는 … 한 대안책을 세우겠음
○ 또한 … 한 문제는 … 하게 대처하겠음. 이에 대한 근거는 … 함
☐ 사후보완
○ (방안 1) … 한 인식문제는 … 한 방법으로 해결
○ (방안 2) … 문제예방을 위해 사후 … 방법으로 관리하겠음

03 작성스킬 UP: 판단 및 해결방안

1. 판단근거 키워드

문제의 핵심을 파악하는 것은 담당자로서 어떠한 판단을 내릴지 결정하는 데 도움이 된다. 핵심을 파악하기 어렵다면 다음의 판단근거 키워드를 익혀 핵심을 바라보도록 하자.

공직형	공익 / 사익, 명령복종, 비밀엄수, 위법성, 도덕성, 봉사성, 청렴성, 적극행정, 적극성, 책임성, 공익성, 준법성, 친절성 등	
민원형	반복주장, 공무지장, 업무지연, 조직피해 등	
정책(사업)형 업무·조직형	• 정책(사업) • 업무갈등	(업무)형평성, 시행착오, 오류, 형평성, 공정성, 시급성(긴급성), 중요성(중요도), 파급효과(사회적, 경제적 등), 용의성, 리스크, 타당성, 손익성, 효과성, 효율성, 능률성, 성낭성, 섭근성, 나양성, 유용성, 핀의싱, 주민 만족도, 위법성, 공적 / 사적, 규정 / 효율, 팀 / 개인, 규정, 정책, 국가, 성찰, 증진, 절차, 업무의 우선순위
	• 조직갈등	부당, 갈등, 의견충돌, 개선, 협력관계, 협의관계, 절충, 협응, 협조(비협조), 조화, 완만한 해결, 타협, 타당한 조치, 이성적 접근, 국민, 성찰, 독단, 소통가치, 공동의 목표 인지, 동료에 대한 신의 및 신뢰

2. 해결방안 전개방식

과정중심 (절차·단계)	개념	해결방안을 과정중심으로 전개하는 방식 • [시간] 1단계 – 2단계 – 3단계 • [절차] 문제사례 검토 - 절차별·단계별 해결
	사용법	제시문 문제원인이 명확하지 않는 경우나, 원인이 명확하더라도 문제원인을 단계별로 해결하는 경우에 사용
	제시문 예시	• 마약사범에 대한 허위 수사협조확인서를 제출하는 상황에서의 대응안 • 조건 부적합으로 허가를 내주면 안 되나 과장(상관)은 내주라고 하는 상황 • 시민단체(복지기준 완화) vs 집행부처(부정수급의 위험성, 인력, 예산문제)
사건중심 (대상·문제)	개념	제시문에서 충돌하는 가치체계별로 문제를 해결하는 방식 • [문제 1] 예산부족→[해결 1] 예산확보 • [문제 2] 규정미비→[해결 2] 규정확보
	사용법	제시문 내 갈등·문제원인이 명확하며 갈등·원인별로 해결하는 경우에 사용
	제시문 예시	• 정부 청년창업푸드트럭 지원(고용안전성, 지역경제효과 예상) vs 주변상권(업종중복, 매출저하) • 시민단체(복지기준 완화) vs 집행부처(부정수급의 위험성, 인력, 예산문제)

▪️ 참고예시

과정중심
(절차·단계)
	1. 선재대응, 계획수립, 시행계획, 중점과제수립 예 종합대책 수립, 수습지원단 구성 및 파견
	2. 정밀도 향상을 위한 제도수립, 사례검토, 협업요청
	  • [협조] 자력, 타력 – 상급자, 동료에 협조요청, 전문가 영입
	  • [사례검토] 타 기관 / 국외 우수사례 검토, 사례 적용된 유관기관 자료 협조요청 등
	3. 경보체계, 사각지대 최소화
	4. 즉각적 해결이 아닌 단계별 조절

과정중심 (절차·단계)	1. 협업지원 예 외부전문가 의뢰, 분석팀 구성 – 의견에 따른 시스템 반영 2. 전국확산 3. 모니터링, 문제공유 예 재난데이터 부처별 공유 – 위험예측 지원
	1. 의견수렴 예 시민단체, 전문가, 공청회, 대책위원회, 지자체, 지역주민 등 2. 신뢰확보 예 정책 진행상황 공개, 객관적 통계자료 공개 3. 보고·설득: 해당 상황에 대한 근거(문제점, 효과)를 들어 상사, 동료 설득 및 상황설명
	1. [변화확인] 유사 성공사례 2. [소통 및 협의] 공청회, 간담회, 국민소통 – 정책제안 수렴 　　→ 국민참여정책, 국민참여정책소통공모전, 국민생각함 등 3. [보상 / 인센티브] 보상제도, 공익환원, 일정 비율 지역경제 활성화 기여 등 4. [이해] 규정의 정당성, 투명성 등
사건중심 (대상·문제)	1. [인지] 제도안내, 홍보, 교육, 컨설팅 2. [제도] 편의지원 서비스 제공
	1. 기존 문제 진단 후 신규 발굴 2. 비상대비(예외체계 확보), 긴급상황 대비
	1. 제도지원 예 긴급지원 – 주거공간 단축 2. 심리지원 예 전문상담가 연계
	1. 제도해결 2. 인식개선 예 적극행정 카드뉴스, 공익포스터 제작, 캠페인 진행 등
	1. 제도기반 예 재정적 지원 및 사무위임 강화 2. 재정지원 예 비용지원, 타당성 조사 3. 모델창출 예 유형별 컨설팅, 연구비용 지원 등 성공사례 창출
	1. 컨설팅 예 지역민 교육 2. 인센티브 예 노력하는 지자체 국고지원율 상향
	1. 오프라인 / 직접참여 예 주민자치 지원 2. 온라인참여 예 '주민e직접' 플랫폼 개시

3. 해결방안 키워드

공직에서 갈등 및 사업문제를 해결할 때 자주 사용하는 실용어이다. 해당 용어를 참고하여 과제문 작성에 활용하도록 하자.

■■ 해결방안 1: 사실확인

사실확인	• 사실확인: 문제원인 재확인, 장단점(장애요인 및 파생문제, 효과검토) 　예 [조사] 현장조사 　　　[자료] 관련 법규·정책 / 통계 / 관련 부처 자료 / 논문·문헌 / 유사사례 및 우수사례 검토(타 기 　　　　　관·국외) 확인 　　　[자문] 전문가 자문 • 적용사례 　－ 공장폐수 문제, 법대로 가동했는지 현장조사 진행 　－ 문제해결을 위해 선진국가의 우수 행정사례를 탐색 및 검토 　－ 타당성 검토를 위해 전문가에게 사실확인을 위한 도움 요청 　－ 상사를 설득하기 위한 객관적 데이터 확보를 위해 규정 재확인 　－ 정책변경 시 발생하는 이해관계에 따른 다양한 입장 및 반응 검토·분석

사실확인	− 데이터 사이에 존재하는 문제 연관성 규명을 위해 전문가에게 의뢰 − 정책 추진과정에서 발생 가능한 문제점이나 장애요인을 다양한 관점에서 예측 − 각 대안의 장단점을 분석하여 각 사안의 장단기 효과를 예측

■■ 해결방안 2: 실질적 해결책 제공

외부협조 (협업·협치)	• **협조요청 및 협업강화** 　예 [대상] 전문가, 지방자치단체, 관계부처, 지역주민, 사업주대표 　　　[방법] 협업요청, 공청회·간담회 구성 후 의견수렴, 전문가 상담 및 자문 • 적용사례 　− ○○ 대상→간담회 / 공청회 / 위원회 / 협의체 구성 　− 전문가 TF 구성 및 탄력적 확보 / 조정위원회·운영위원회 구성 　− ○○ 참여를 위해 커뮤니티·게시판 활성화 　− 유관기관, 전문가 참여 및 협력 강화 / 네드워크 설립 　− 국민소통 및 정책제안 프로그램 진행 및 확대
혜택	• **인센티브 및 지역혜택 제공** 　− 인센티브, 공공시설(복지시설·편의시설), 문화특구·교육특구 지정 　− 반려견 운동장 조성, 지역수입의 일부 지원, 에너지타운 조성 등
기존 문제 해결 (신설·개정· 완화·확대)	• **법·제도·규정 수립 및 조정(개정)** 　− 매뉴얼·(분기별) 시스템 구축 / 통합관리망 구축 및 개선 　− 컨트롤타워 설치 / 스마트기기 보급 및 지원 　− 신고센터 운영 / 테마파크 조성 　− 법률제정 / 지원금·보증금 지원 / 임대주택 지원 　− ○○ 수요에 적합한 모델 개발 　− 재난안전을 위한 프로그램 가이드라인 마련 　− 운행속도 제한법규, 반려견 운동장 조성 등 • **기술 및 시스템 지원** 　− 전자인계시스템 실시간 추적 및 관리, ○○부처 앱과 연계 　− 앱개발, 4차 기술연계시스템 구축 / ○○ 해결을 위한 지원팀 구성 • **현장조사 강화**: 정화처리 자원시설 검토, 순찰강화, 무단유출 수시점검 • **단계적 완화 및 확대**: 감경사유 참작, 단계적 시행, 시기·대상 조정 　예 [변경] 담당자 문제→담당자 변경 　　　[완화] 도입반대→도입 시범운영 및 단계적 운영 　− 투약용량 조절, 종류변경, 인원금지가 아닌 인원수 조정, 복지수혜기준 완화 　− 업무분장을 위해 업무방향 제시를 위한 체크포인트 안내(예산, 시간계획, 인력, 제약사항 등) 　− 소극적 업무행태를 방지하고 성과달성을 위한 단계적 목표 제시, 업무의 우선순위 등 구체적 　　계획 제시 　− 선정기준 강화·완화 / 수위 상향조정·하향조정 / 특혜기여 　− 복지 재정지원 확대 / 긴급보조금 지급대상 확대 / 복지 대상자 세제지원 및 확대 / 사교육비 　　단계적 경감 　− 단계별 심사제도 도입 / 즉각적 조치가 아닌, 단계적 조치를 위해 부담감경 • **교육·프로그램·홍보 강화**: 실무교육 및 전문능력 배양, 인식개선을 위한 노력 　− 반려동물 에티켓 교육, 산업재해 안전사고 예방 주기적 교육 　− 프로그램·서버 확충 　− 노인 디지털기기 사용·활용을 위한 프로그램 보급 　− 자체연수 실시를 통한 연수활동 강화 • **설득**: 객관적 자료를 바탕으로 한 설득, 과정을 투명하게 공개

인식개선	• **카드뉴스, 블로그, 캠페인 등 실시** − 전문인력 교육, 대상자별 교육 − SNS, 배너, 포스터 확충 등 − 대국민 캠페인 강화 − 반려견 인식개선을 위한 사회분위기 조성 − 캠페인, 컨설팅, 박람회, 공모전 등 진행 − 올바른 안전의식 문화확산 추진 − 안전수칙운동 전개 − 학대피해 유형 인식을 위한 학부모 교육 실시 − 적극행정 카드뉴스, 공익포스터 제작, 포털사이트 배너 이용 − 정책알리미, 앱 활성화 − 캠페인, 박람회, 공모전 등
자료제작	• **매뉴얼화, 선례집 작업, 가이드 마련** − 우수대응·정책백서 사례집 발간 − 재난안전을 위한 프로그램 가이드라인 마련
관리강화	• **모니터링, 수시점검 및 관리** − 모니터링제도 시행 및 보완 − 주기적 모니터링 실시 후 업무수행에 필요한 자원·정보 제공 − 문제발생 시 심각성이 클 것으로 예상되는 잠재문제는 다양한 대응방안(비상계획) 수립 및 대비 − 정책 추진과정에서 발생 가능한 문제점이나 장애요인을 다양한 관점에서 예측 − 각 대안의 장단점을 분석하여 각 사안의 장단기 효과를 예측 − 수시로 점검 및 관리 − 업무추진 단계별 점검사항 점검기준 수립 및 파악 − 진행 중인 일이 더 잘 될수 있도록 지속적 보완·개선방안 고민 및 적용 − 주변 사람들과 공유하여 피드백 받기
역량강화	• **교육 프로그램 실시 등**: 전문인력 실습, 교육 프로그램 실행

PART
04

POINT 02　3단계 작성적용

01 공직형

마약수사관으로서 상사가 마약사범을 검거하기 위해 정보브로커의 도움을 받은 뒤 이들의 부탁으로 허위 수사협조확인서를 제출하려는 상황이 의심된다. 담당 수사관으로서 어떻게 대처할 것인가?

▼

■ 3단계 작성전략

STEP 01	정보브로커의 도움을 받고 상사의 허위 수사협조확인서 제출이 의심되는 상황	
STEP 02	편법, 준법정신 결여	
STEP 03	판단	편법, 준법정신 결여 → 공직자의 자세 결여
	근거	(배경지식) 공직, 직렬지식, 제시문 인용
	해결방안	과정중심 해결방안 적용
	재발방지	사후예방을 위한 방지책

■ 최종 작성문

판단	• [판단 1] 공직자로서 잘못된 상황을 보고 모른 척하는 것은 옳지 않음(준법정신) • [판단 2] 편법을 멀리하고 법령에 따라 적법절차에 의한 수사활동을 위한 수사활동 진행
근거	• [근거: 공직지식] 공무원의 성실의무 위반 • [근거: 직무지식] 허위공문서작성죄, 인권보호수사원칙에 어긋남 • [근거: 제시문] 허위 수사협조확인서의 묵인은 조직 내 잘못된 관행 및 검찰집단 자체에 위협되는 행위
해결방안	• [사실확인] 허위 수사협조확인서 제출 여부 확인, 관련 법규 확인 • [설득진행] 동료에게 의심정황 설명 후 의심상황이 맞다면 제출하지 않도록 설득 • [상사보고] 상사의 개인일탈은 수사관행 형성 등 검찰집단 전체 위협이 될 수 있음을 보고
재발방지	• [사후대처] 사건 이후 마약사범과 수사협조확인서 인적사항 크로스체크 • [재발방지] 문제예방을 위해 징계 사례집 제작 • [공직다짐] 마약수사관으로서 준법정신을 의무화하는 자세로 공직이행

02 민원형

> 반복적인 민원전화를 받게 되면 어떻게 대처할 것인가?

▼

■ 3단계 작성전략

STEP 01	반복적인 민원전화	
STEP 02	특이민원 해당	
STEP 03	판단	특이민원 대응의 중요성
	근거	(배경지식) 특이민원 대응요령
	해결방안	과정중심 해결방안 적용
	재발방지	사후예방을 위한 방지책

▌▌ 최종 작성문

판단 및 근거	• [판단 1] 봐주기식 태도는 잘못된 관행으로 이어져 정중하게 사양·거절 • [판단 2] 질서유지를 위해 의견수용이 불가하다는 것을 재차 안내
해결방안	• [방안 1] 요구사항에 관한 객관적 자료 검토 • [방안 2] 의견수용 불가 시 감정의 완화를 위해 경청 및 공감하는 태도 • [방안 3] 폭언·폭행·반복전화 등 특이민원 시 잘못된 행위가 불리하게 작용할 수 있음을 안내
공직다짐	[공직다짐] 친절공정의 의무는 준수하되, 규정을 준수하는 태도

03 정책(사업)형

> A부처에서 청년창업 푸드트럭을 지원하는 상황이다. 고용안전성과 지역경제 활성화가 예상되나 주변 상권에서 업종 중복 및 매출저하를 우려하며 반대하는 상황이다. 담당 주무관으로서 어떻게 대처할 것인가?

▼

▌▌ 3단계 작성전략

STEP 01	A부처(지원: 지역경제 활성화) vs 주변상권(반대: 업종중복 및 매출저하)	
STEP 02	고용·경제 등 지역 내 파급효과 vs 공정성, 경제적 손실 등	
STEP 03	판단	지역경제활성화를 고려하되 주변상권 설득방안 모색
	근거	지역경제활성화 파급효과
	해결방안	과정중심·사건중심 해결방안 적용
	재발방지	사후 문제발생을 위한 예방책

▌▌ 최종 작성문

판단 및 근거	[판단] 정부지원대로 청년창업 푸드트럭 지원을 고려함
근거	• 주변상권 설득의 필요성을 제도의 취지 및 목적, 배경지식 활용하여 작성 － [근거 1] 고용안정성 효과 － [근거 2] 지역경제 활성화 효과
해결방안	• 주변상권 반발 해결 － [방안 1] 사실확인: 업종 중복문제 및 매출저하요인의 객관적 사실 판단 － [방안 2] 업종중복: 판매업종 조정 － [방안 3] 매출해결: 푸드트럭 운영 시 지역상권 인센티브 경제혜택 기여 － [방안 4] 단계적 조정: 대책의 효과성 입증을 위해 즉각적 시행이 아닌 시범적·단계적 운영 시행
재발방지	[사후대처] 효과성 입증을 위해 주기적 모니터링, 주기적 주변상권 모임 후 발생 문제 조정, 상권의 활성화를 위해 적극적 홍보

01 공직형

귀하는 A부처 B공익근무요원 담당 주무관이다. B공익근무요원은 평소 성실하고 책임감이 높아 부처에서 선호도가 높은 사람이다. 최근 B공익근무요원은 허가받지 않은 아르바이트를 하다 적발되어 처벌을 받는 상황이다. B공익근무요원은 생계곤란을 이유로 아르바이트를 했다고 말했다. 하지만 조사를 해 보니 경제적 어려움은 있으나 생계곤란은 아니었다. 이런 상황에서 B공익근무요원은 경제적 어려움을 주장하며 선처를 호소하고 있다. 이러한 상황에서 귀하는 어떻게 대처하시겠습니까?

■■ 3단계 작성전략

STEP 01	B공인근무요원의 허가받지 않은 아르바이트 적발, 선처 호소	
STEP 02	공익근무요원의 규정 불이행 → 겸직근무 규정위반, 공정성 우려	
STEP 03	판단	공정성 고려하여 처벌 진행. 단, 경제적 어려움 고려하여 정책적 도움 및 감경사유 참작
	근거	(공직지식) 겸직허가의무, 공익복무요원 겸직허가 (제시문 추론) 원칙위반 허용 → 부정적 관행 가능성
	해결방안	과정중심 해결방안 적용
	재발방지	재발방지를 위한 구체적 대안책(매뉴얼화, 인식교육, 모니터링)

■■ 최종 작성문 및 내용분석

○ 상황판단
– B공익근무요원에 대한 합당한 처벌은 진행하되, 추후 경제적 지원을 받을 수 있는
정책 연계 및 경제적 상황을 고려한 감경사유 참작
○ 판단근거
– 허가받지 않은 아르바이는 규정에 어긋나는 일 → 공정성에 따라 절차진행 필요
○ 해결방안
– 감경사유 관련 법률 및 정책 조사(경제적 어려움)
– 처벌절차 후 경제적 지원정책 확인하여 연계(국방부, 보건복지부 등)
○ 재발방지
– 해당 사례와 유사한 선례, 조사절차 등을 모아 매뉴얼화하여 재발방지
– 공익근무요원 선발 시 아르바이트 허가 등에 대한 교육 실시
이후 같은 상황이 반복되지 않도록 공익근무요원 대상 지속적인 모니터링 필요

▶ 공직자로서 원칙준수 중요성 강조 및 공직 업무에 대한 이해도 강조

▶ 공직지식 강조

▶ 과정중심 해결법 적용 및 경제적 지원부처 이해도 어필

▶ 재발방지를 위한 실제 예방정책 키워드 언급, 구체적 교육주제 강조

스터디 훈련						
체감 난이도		상		중		하	
		• 이유 및 원인					
답변작성	잘한점						
	부족한점						
보완계획							
스터디원 피드백							

02 민원형(특이민원)

당신은 구치소 민원실의 주무관이다. 퇴근 무렵 인터넷으로 접견신청을 한 할머니가 손자와의 접견을 요구하고 있다. 하지만 접견은 정해진 시간에만 가능하고 현재 접견시간은 이미 지난 상황이다. 이에 대해 할머니에게 설명하자 소리를 지르며 떼를 쓰고 있는 상황이다. 담당 주무관으로서 어떻게 해야 하겠는가?

■ 3단계 작성전략

STEP 01	접견 외 시간에 접견요청 민원 상황	
STEP 02	특이민원→규정준수 및 공정성 확보	
STEP 03	판단	교정시설 질서유지를 위해 규정준수 및 민원인 설득
	근거	명시된 규정준수, 공정성, 부정적 관행 가능성
	해결방안	과정중심 해결방안 적용(특이민원 응대요령 및 설득안)
	재발방지	후속조치를 위한 구체적 시스템 개선방안 적용

■ 최종 작성문 및 내용분석

○ 판단 및 근거	▶ 공직자의 규정준수 필요성 강조
− 명시된 기준이 있으므로 교정시설의 질서유지를 위해 접견이 불가함을 안내	
− 할머니의 사정은 안타까우나 교정시설 내의 규칙이행을 위한 공정성 준수	
○ 해결방안	▶ 민원인 응대를 위한 서비스 자질 강조 및 문제재발을 위한 대안책 제공
1. 설득	
− 민원실 내 조용한 공간 및 사무실로 이동하여 규정상황에 대해 차분히 안내	
− 사무실 내 비치된 커피 및 음료 제공 → 경청 및 공감의 태도 함양	
2. 후속조치	
− 접견시간 안내 재공지 및 혼선방지를 위한 예방책 모색 약속	
○ 사후조치	▶ 행정개선을 위한 다각도적 사후조치 강조
− 문제예방을 위해 접견시간 안내공지 → 홈페이지 팝업창, 분기별 문자발송	
− 비대면 접견 시스템 활용 확인(스마트접견)	

스터디 훈련						
체감 난이도	상		중		하	
	• 이유 및 원인					
답변작성	잘한점					
	부족한점					
보완계획						
스터디원 피드백						

⑬ 정책(사업)형

귀하는 A부처 장애인복지 담당 주무관이다. 장애인을 위한 특수학교가 교외에 편중되어 있어 도심에 거주하는 장애학생들이 통학에 불편을 겪고 있는 상황이다. A부처는 도심 접근성 향상을 위해 도심지인 B에 특수학교 부지를 확보하고 특수학교 설립을 진행하고자 한다. 그러나 B지역 주민들은 부동산가격 하락을 이유로 반대하는 상황이다. 담당 주무관으로서 어떻게 대처할 것인가?

▉▊ 3단계 작성전략

STEP 01		A부처의 특수합교 설립 vs B지역 주민의 반발
STEP 02		접근성, 편의성 vs 님비(지역이기주의)
STEP 03	판단	특수학교 도심설립 필요성 설득 및 주민 상생방안 모색
	근거	(제시문 추론) 인과관계, 부동산 가격 대안책, 특수학교 필요성
	해결방안	과정중심 해결방안 적용
	재발방지	완벽한 설득을 위한 잠재요인 파악

▉▊ 최종 작성문 및 내용분석

○ 판단 & 근거 – 특수학교 설립추진(B지역 설립의 필요성 및 주민불만 해결방안 모색)	▶ 공직지식 및 제시문 추론을 통한 설득력 강화
– 국가는 균등하고 공정한 교육기회 제공 기여, B지역 주민의견은 민주성 측면에서 중요	
– 특수학교와 부동산가격 하락의 인과관계 확인 불가 및 다른 수단을 통한 대책마련 가능	
○ 해결방안	▶ 단계별 구체적 해결방안 및 예시제공을 통해 지역갈등 완화에 대한 이해도 어필
– (1 단계) 타 부처·외국사례의 특수학교 설립 선례 확인 ex) 설립 전후 부동산 가격변동 조사	
– (2 단계) B지역 주민, 지자체, 관련 전문가 등 공청회 구성	
ex) 부동산문제 외 불만 확인, 장애인복지 담당관의 소견을 통한 설립추진 필요성 설득	
– (3단계) B지역 혜택 고려 ex 공공시설 확충(편의시설, 복지시설), B지역 교육특구 조성 등	
○ 사후조치	▶ 사후조치의 구체적인 예시제공을 통해 업무 이해도 어필
– 특수학교 기피인식 제고를 위한 노력 ex 프로그램 기획(장애학생과 함께하는 교육)	
ex) 카드뉴스 및 기사 홍보(특수학교 설립의 긍정효과 등)	
– 특수학교 운영 지속적 모니터링 후 타 지역 재발방지를 위한 선례집 작업	

스터디 훈련						
체감 난이도	상		중		하	
	• 이유 및 원인					
답변작성	잘한점					
	부족한점					
보완계획						
스터디원 피드백						

04 업무·조직형

귀하는 A부처의 치료감호를 담당하는 주무관이다. 대상자 B는 치료감호에 대한 보호관찰을 받는 중 약물치료 판정을 받아 약물치료를 받고 있는 상황이다. 하지만 B는 약물에 대한 심리적 부담감 및 어지럼증 등 부작용을 호소하며 약물치료 중단을 요구하였다. 상관은 형평성 문제와 재범가능성의 문제로 약물치료를 계속 진행해야 한다며 중단요청을 거절하라고 말한 상황이다. 담당 주무관으로서 어떻게 대처할 것인가?

▪▪ 3단계 작성전략

STEP 01	대상자 A(약물치료 중단 요구) vs 상관(중단요청 반대)		
STEP 02	약물치료 중단(형평성, 재범률) vs 약물치료 지속(수감자의 건강 및 인권)		
STEP 03	판단	약물치료 진행하되 대안책 고려	
	근거	(제시문 추론) 형평성, 악용성, 약물치료의 대안책	
	해결방안	사건중심 해결방안 적용	
	재발방지	재발방지를 위한 해결방안 모색	

▪▪ 최종 작성문 및 내용분석 ①

○ 상황 및 판단: 약물치료 중단(형평성, 재범률) vs 약물치료 지속(건강 및 인권문제)	▶ 상관지시 의견 고려
‑ 상관의 의견에 따라 약물치료를 이행하되 단계적 완화 및 대안책 고려	
○ 해결방안	▶ 객관적 사실검증을 위한 해결책 및 부작용 정도에 따른 해결책 모색
(1) 의사나 전문가에게 대상자 A의 건강상태, 심리상태에 대한 검사 요청	
(2) (중증 부작용) 약의 투여량을 줄이거나 약물의 종류를 변경하는 등의 방식 사용	
(3) (경미한 부작용) 지속적 상담을 통한 심리적 불안감 완화 및 약물투여의 필요성 설득	
→ 두 가지 모두 지속적으로 수감자의 건강상태를 점검하는 모니터링과정이 요구됨	
○ 판단근거	▶ 경험, 보호직 공무원의 역할, 제시문 추론을 통한 설득력 강화
(1) 약물치료의 중요성 경험(조현병 손님, 약물투여 중단 → 동료직원을 성추행)	
(2) 경찰청과 더불어 보호직 역시 국민생활 안전이 가장 일차적인 조직 목표이며, 수감자의 장래 건강한 삶을 위해 치료는 필수적이라 생각	
(3) 약물치료 부작용 사실 여부 확인 불가, 약물중단은 단계적 조정 후 검토해도 늦지 않음	

TIP

내용해설

부작용 단계가 중증일 경우와 경미할 경우로 나누어 설명하면 잠재문제에 대한 해결책이 제시된다. 이처럼 잠재문제(IF, IF NOT)까지 고려하여 답변하면 구체적인 대안책을 완성시킬 수 있다.

○ 상황 및 판단	▶ 부작용 사실검증에 따른 판단
− 보호관찰 대상자의 건강과 관련된 문제로 약물치료 부작용이 맞는다면 치료중단심사 요청	
○ 해결방안	▶ 사실확인, 재범률, 형 평성 등 사건별 구체 적 해결방안 제시
− (사실확인) 약물치료 부작용 발생 여부, 부작용의 원인이 약물인지 전문의사의 소견 확인	
− (재범가능성 판단) 약물치료 중단 후 재범률 자료 확인, 전문의사의 소견 참고	
− (재범률 문제) 문제예방을 위해 심층적 보호관찰 진행 ex 24시간 CCTV, 인력보충	
− (형평성 문제) A의 동의를 얻어 심사과정 투명하게 공개	
유사사례 검토(건강악화 시 약물치료 중단 예외규정 및 법률 등)	
− (상관설득) 약물치료 부작용 상관관계 확인 후 치료중단심사 요청 및 대안책 제안	
○ 사후조치	▶ 재발방지를 위한 구 체적 대안책 제시
− 재범예방을 위해 약물치료 외 심리상담 진행 여부 검토(주 2회 이상)	
− 보호관찰대상자도 인권을 보호해야 하는 대상임을 인지 및 사회안정망 구축에도 힘쓰겠음	

PART
04

TIP

내용해설

상관을 설득하는 방향으로 전개할 경우, 상관이 우려하는 문제에 대한 예방책을 구체적으로 제시할 수 있어야 한다.

스터디 훈련		
체감 난이도	상 중 하 • 이유 및 원인	
답변작성	잘한점	
	부족한점	
보완계획		
스터디원 피드백		

01 공직형

Q1 본인에게는 미취학 자녀가 2명 있다. 자녀들을 돌보기 위해 바로 퇴근을 해야 하는데 당신의 상급자는 급한 업무라고 하면서 초과근무를 해서라도 일을 마치고 가라는 입장이다. 이러한 상황에서 당신은 어떻게 할 것인가?

□ 판단
○ 배우자, 보육교사에게 연락해 자녀들을 대신 돌봐줄 수 있는지 파악 후 초과근무
□ 판단근거
○ 국가공무원법 제57조(복종의 의무)에 의해 소속 상관의 직무상 명령에 복종해야 하는 의무
○ 모든 공직자가 개인적인 사정을 이유로 무조건 공익을 후순위에 둔다면 공직사회가 흔들림
○ 상급자가 본인에게 업무를 맡긴 나름대로의 충분한 이유가 존재할 것임(필요능력 보유 등)
□ 해결방안
○ 배우자, 보육교사 → 상황 구체적 설명 → 이해 부탁
○ 불가피 → 급한 업무의 기한 확인(재복귀, 다음 날 야근 여부), 동료협조 요청
○ 차후 다시 생길지도 모로는 상황에 대비. 평상시 업무의 진행과정을 꼼꼼히 확인
□ 공직에서의 적용
○ 변수에 대비해 평상시 전반적인 업무를 꼼꼼히 살피고 관리하는 공직자가 되겠음

Q2 귀하는 A청사 보안구역 출입관리 담당 주무관이다. 청사의 보안 향상을 위해 생체인식 시스템을 도입하려고 하는데 상관이 특정 업체와의 계약을 지시하였다. 특정 업체를 살펴보니 생체인식시스템의 가격은 타 업체에 비해 비용이 두 배가량 높고, 특정 업체의 담당자는 이전 같은 청사의 공무원이라는 사실을 알게 되었다. 해당 업체와 거래할 경우 서류상의 문제는 없는 상황이다. 이러한 상황에서 담당 주무관으로서 어떻게 대처할 것인가?

☐ 판단 − 특정업체 계약 시 발생되는 부작용을 고안한 후 상사를 설득하겠음
☐ 판단근거
○ 청렴의 의무 및 입찰계약의 공정성(2년 이내가 아닐지라도 혈세인 만큼 공정한 업체 선정 필요)
○ 공직자행동강령 수칙의 공정한 직무수행을 해치는 지시에 대한 처리(제5조 제1항)
○ 타 시스템에 비해 2배가량 높은 비용은 국민의 혈세를 낭비하는 일임
☐ 해결방안
○ (청사공무원) 공무원행동강령 위반 여부 확인 → 특정 업체 선정이유 경청 및 제안*
*공정성 및 시스템 비용 문제 → 타 업체의 견적서 진행 권유
○ (서류상 문제) 행동강령책임관에게 공정한 직무수행 여부 확인(직무배제 여부)
☐ 사후 보완방안
○ 소극행정 유형 중 탁상행정 존재. 지시가 불합리한 관행으로 이어지지 않도록 사후 재발방지
○ 사전 방지를 위해 업체선정 매뉴얼을 더욱 구체화, 체계화하겠음

Q3 귀하는 공항검역소 주무관이다. 다른 A부서 주무관이 공항에서 검역절차 없이 물건을 통과시키는 것을 목격하였다. 어떻게 대처할 것인가?

□ 판단
○ 검역업무는 국민 전체의 안전과 건강을 지키는 필수장치 → A부서 주무관에게 문제상황을 설명
□ 판단근거
○ 공무원은 국민 전체에 대한 봉사자이며, 직무전념의 의무 존재
○ 검역이 제대로 이루어지지 않아 문제발생 시 공항검역소 자체에 대한 신뢰도 하락 및 국가 안전망에 커다란 구멍이 생길 수 있음
□ 해결방안
○ A부서의 주무관이 고의로 누락시킨 것이 아닐 수 있으므로, 커피나 피로회복제를 주면서 자연스럽게 검역 없이 통과된 부분을 확인시켜 주겠음
○ 확인 후에도 검역 불이행 시 내 부서의 상사에게 우선 공식적으로 보고하겠음
□ 공직다짐
○ 공익의 중요성 숙지 → 국민의 봉사자라는 생각

Q4 귀하는 A부처 산업현장예방 주무관이다. 법률에는 산업현장에서 안전장비를 의무로 설치할 것을 규정하고 있다. 이에 안전장비를 미설치한 B업체에 대해 1개월간의 영업정지처분을 계획 중이다. B업체의 사장은 법률위반은 처음이고, 영업정지처분이 내려지면 폐업위기에 처할 수 있다며 경영의 어려움을 호소하고 있다. 또한 위반사항은 즉각 시정조치를 하겠다며 처분중지를 요구하고 있다. 이러한 상황에서 담당 주무관으로서 어떻게 대처할 것인가?

☐ 판단
– 영업정지처분을 진행하되, 경영 어려움을 완화시켜 주는 방법 모색
☐ 판단근거
– 공무원은 규범을 준수해야 할 의무가 있으며 완전한 철회는 공정의무 위반(공무원헌장)
– 즉각 시정조치를 하겠다는 이유로 처분중지를 진행할 경우 나쁜 선례 답습 가능성
☐ 보완방안
– (확인 1) B사업체의 법률위반이 이번이 처음인지, 경영상 어려움의 정도 파악
– (확인 2) 처분중지 시 부분감면 여부 확인 ex 1개월 → 2~3주 감면
☐ 사후조치 및 공직다짐
– 향후 사업체 B가 규정위반 시 과중처벌 경고
– 산업현장 안정장비 설치의무 업체별 공고 및 경고사항 사전 안내
– 공익의 중요성 숙지 → 국민의 봉사자라는 생각

Q5 귀하는 검찰직 마약수사관으로 근무하고 있다. 함께 근무하는 동료 A씨가 마약사범을 검거하기 위해 마약사건 정보브로커인 '야당'과 결탁해 도움을 받은 뒤 이들의 부탁으로 다른 마약사범에 대한 허위 수사협조확인서를 제출하려는 상황이 의심되는 상황이다. 자신은 담당 수사관으로서 어떻게 대처할 것인지 자유롭게 기술하시오.

□ 판단
– 편법을 멀리하고, 법령에 따라 적법절차에 의한 수사활동을 위한 수사활동 진행
□ 해결방안
1. (사실확인) 허위 수사협조확인서 제출 여부를 확인 후 동료에게 의심정황에 대해 설명
→ 동료 상황 확인 후, 정황이 맞는다면 잘못 인정을 촉구함
2. (법령확인) 동료의 행위가 공무원 6대 의무 '허위공문서작성죄'에 해당됨을 설명
'인권보호수사준칙'에도 어긋남을 설명 → 공무원으로서의 신념 강조
3. (상사보고) 마약수사관은 국민의 신뢰성이 중요. 따라서 동료 A 개인의 일탈이 이후 잘못된
수사관행 형성 등 검찰집단 전체에 위협이 될 수 있음을 보고
4. (사후대처) 사건 이후 수사 협조한 마약사범과 수사협조확인서에 적힌 사람의 인적사항이
동일한지 크로스 체크(담당수사관과 마약사범의 확인서명 등)
□ 공직적용 – 마약수사관으로서 준법정신을 의무화하는 자세로 공직에 임하겠음

02 민원형

Q1 귀하는 기초생활수급자 관리업무를 하는 주무관이다. 그런데 당신이 관리하고 있는 기초생활수급자인 할머니가 찾아와 그동안 잘 살펴줘서 고맙다며 박카스 한 박스를 선물하였는데, 이런 상황에서 어떻게 하겠는가?

□ 판단
○ 먼저 할머니께 감사의 말씀을 드린 후 정중히 사양하겠음
□ 판단근거
○ 김영란법에 명시된 선물금액에 해당되진 않지만, 업무상 관계가 있는 민원인으로부터의 선물수령행위는 금지되어 있음
○ 한 번의 수령행위가 공직문화의 악습으로 이어질 가능성이 높아 정중히 사양해야 함
□ 해결과정
○ 교육업무 후 연수에서 배운 내용을 현장에 적용할 수 있도록 최선을 다할 것을 약속
□ 보완 및 사후조치
○ 2주의 공백을 채우기 위해 팀원 협조요청 후, 업무분장 진행(업무 우선순위별 리스트화)
○ 외부연수 중에도 업무진행 여부를 틈틈이 확인해 업무공백이 생기지 않도록 노력
○ 외부연수 후 팀원의 업무를 도와주며 도움이 생길 때 적극적으로 협조하겠음

Q2 귀하는 A부처의 장애인센터 건립 담당 주무관이다. 최근 B지역에 장애인센터를 건립하려고 하는데, B지역 주민들은 혐오시설로 인식하여 센터건립을 반대하고 있는 상황이다. 더군다나 센터건립을 추진할 경우 담당 주무관의 집으로 찾아갈 것이라고 여러 차례 협박을 하고 있다. 이러한 상황에서 어떻게 대처하겠습니까?

□ 판단
○ 장애인센터 건립이 확정된 것은 아니므로, 해당 상황에 대해 차분하게 이야기를 하겠음
□ 해결과정
1. 경청 및 상황파악
○ 우선 주민대표와의 대화를 유도하고, 경청하는 태도로 주민의 감정을 누그러뜨림
○ 이후 주민이 반대하는 이유의 원인을 정확히 파악하겠음(집값문제, 교통시설의 불편함 등)
2. 설득제안
○ 건립이 추진되어야 한다면 공원설립 등 지역경제에 도움이 되는 방법을 찾아봄
○ 최대한 의견을 고려해 협조하도록 약속하되, 협박행위는 불리하게 작용할 수 있음을 안내
□ 사후조치
공무원으로서 대화를 통해 문제를 해결하고 잘못된 문제에 대해서는 시정조치를 하여 사후의
민원까지도 고려하는 공직자가 되겠음

Q3 귀하는 A세무서 부가소득세과 담당 주무관이다. 민원인이 전임자가 부과하였던 소득세에 대해 불만을 토로하는 상황이다. 납세자는 이에 대해서 왜 경정청구를 할 수 없느냐고 지속적으로 문제를 제기하고 있는 상황이다. 이에 대해 세무서는 국세기본법상 경정청구 사유에 해당하지 않는다는 입장이다. 이를 민원을 제기한 납세자에게 불가능한 상황임을 충분히 설명하였음에도 민원인의 항의는 계속되고 있고, 이로 인해 다른 업무가 지연되고 있는 상황이다. 이러한 상황에서 담당 주무관으로서 어떻게 대처하겠는가?

□ 판단 및 근거
– 공무원은 현행법을 준수하며 공정하게 업무를 처리해야 할 의무가 있음
– 따라서 민원사유 재검토 후 규정대로 처리
□ 해결과정
1. 전임자의 업무내용, 부과된 소득세 내용 신중히 검토 → 경정청구사유 아님 재확인
2. 다른 방안(이의제기 등)에 해당되는가 확인조사
3. 조사결과를 투명하게 정리하여 보여드리며 설득
4. 예상문제: 재조사, 검토에도 지속적으로 항의
□ 후속대처
1. 업무가 지연되고 있기 때문에 현재의 행위가 공무집행 방해임을 고지
2. 그럼에도 계속되면 과태료 부과 등 재제
(납세자 간의 공정성 유지, 납세자의 공익훼손 방지)

03 정책(사업)형

Q1 당신은 보건복지부의 복지의료시스템을 담당하는 A주무관이다. 코로나19의 창궐 이후 미래 감염병 관리를 위해 재택치료를 과학적으로 운영하기 위한 정부 주도의 '공공 비대면진료 플랫폼' 개발을 추진 중에 있다. 이미 내년 예산은 편성되어 있고 해당 시스템이 추진되면 환자 모니터링 강화, 의료 취약지역 접근성 강화는 물론이고 기존 비대면 민간 플랫폼의 한계인 개인정보 활용문제가 보완되어 수월한 환자관리가 이뤄질 수 있다. 하지만 의료계는 의약품 오남용으로 인한 환자 안전문제, 약사법·의료법상 담합행위 문제, 비대면진료 전문병원으로 인한 환자 선택권 제한 등의 문제를 제기하며 반대하고 있는 상황이다. 현재 담당 부처는 플랫폼 개발을 중단할 계획은 없다. 이런 상황에서 담당 주무관으로서 어떻게 대처하겠는가?

□ 판단: 공공 비대면진료 플랫폼 개발 및 예상 문제점에 대한 대비책 마련 필요
□ 판단근거
− 비대면진료를 통한 의료 취약지역의 의료 서비스 접근성 향상 기대 등 긍정적 측면 多
− 코로나19뿐만 아니라 향후 감염병 사태의 효과적인 관리를 위해 필수적인 플랫폼
□ 해결방안
− (의약품 오남용) 약물복용 관련 환자 프로그램 개설 → 보건소, 학교, 대학 등
약물복용 Q&A를 제공하는 AI 챗봇 활성화 → 메신저 앱 등 접근용이
− (담합감시) 주기적 감사, 비주기적 관리행위 → 담합적발 시 과징금 부과
− (비대면진료 확충) 기존 병원에 비대면진료 서비스팀 개설 권고
비대면 진료서비스 제공병원에 대하여 비대면 서비스 관리 인력·인건비 지원
□ 사후관리
사전에 예상되는 문제방지를 위해 지속적인 관리 및 모니터링 시행

Q2 귀하는 A부처 고용 담당 주무관이다. 외국인근로자가 늘어남에 따라 외국인 산업재해 사망사고가 늘어나고 있다는 언론보도가 나왔다. 상관은 외국인 고용제한 검토를 지시한 상황이다. 이에 대해 인권단체는 산업재해 사망사고가 발생한 사업장에 대해 외국인 고용을 제한해야 한다고 주장하고 있으며, 사업주 및 B부처는 구인난 및 경영악화를 이유로 반대하는 상황이다. 이러한 상황에서 담당자로서 어떻게 대처하시겠습니까?

○ 판단 – 외국인근로자 채용은 유지하되 사망사고 예방을 위한 근본적 대안책 마련
○ 판단근거
– 외국인근로자 사망사고에 대한 채용금지가 아닌 안전문제에 대한 근본적 해결책 필요
– 사망건수가 없는 사업장에 2차 피해 우려
○ 해결방안
1. (사실확인) 사업자별 외국인 노동자 사망건수 조사 및 산업재해 발생원인 검토를 위한 현장조사, 외국인근로자 산업재해 원인조사(통계청, 산업안전 관련 부서 자료)
2. 공청회 개최(사업장 대표, 인권단체, 담당주무관, 관련전문가) → 근본적인 대안책 고려
3. 안전교육 강화 – 외국인근로자 채용 사업주 대상 안전교육 이수 프로그램 마련
4. 채용제한 추진 – 사망건수가 가장 많은 사업장을 제한하되, 금지가 아닌 고용 가능 인원을 제한할 것. 추후 5년간 모니터링 후 감소 개선추이 확인 후 완화 고려
○ 사후대처 – 정기적 모니터링 및 비정지적 현장조사, 분기별로 안전대책 가이드 마련

Q3 귀하는 A부처의 축산검역 담당자이다. 최근 돼지열병·AI 등 가축전염병이 퍼지고 있는 상황이다. 그런데 이 가축전염병은 가축분뇨에 포함된 매개체로 인해 전파가 된다. A부처는 전염병 확산 예방을 위해 분뇨방출 억제를 위한 가축분뇨 운반 이동차량 운행을 제한하는 조치를 시행하고자 한다. 방침을 시행할 경우 농가들은 가축분뇨를 처리할 곳이 없어 분뇨보관 한계를 이유로 조치완화를 요구하는 상황이며, 지역주민들은 분뇨로 인한 악취 및 수질오염으로 정부조치에 반대하는 상황이다. 담당 주무관으로서 어떻게 대처할 것인가?

○ 판단 - 전염병의 초기진압 실패는 농가의 더 큰 피해로 이어지므로 가축분뇨 이동금지 이행
○ 대처방안
1. 간담회 조성(환경전문가, 농가대표, 지역주민대표 등)
- 초기 대처의 중요성을 강조하여 통제 후 시범적·단계적 이동 허용
- 농가대표, 지역주민 의견수렴을 구체화환 대안책 모색
2. 가축분뇨 보관 대안책
- 해당 농가지역 방문 후 분뇨 보관상황 확인
- 전문가의 의뢰를 받아 대안책 조성 ex 빈집, 폐공간 보관 여부 등
3. 악취 및 수질오염
- 타 지역 및 해외선례 확인, 수질오염문제 예방을 위해 정화처리 자원시설 검토
- 유역통합관리로 깨끗한 물 확보
○ 재발방지 - 재발방지를 위해 맞춤형 가이드라인 및 실무교육(상·하반기, 온라인교육)

Q4 귀하는 A부처의 정책시행 담당 주무관이다. 국민의 관심도가 높은 B정책은 전문가의 의견, 국내외 현황 등을 고려하여 집행해야 하기 때문에 최소 1년 정도의 시간이 걸린다. 하지만 정책 관련 수요층과 시민단체는 1년의 기간은 너무 길다며 빠른 정책결정의 집행을 요구하는 상황이다. 만약 정책 수요층과 시민단체의 요구사항을 반영할 경우 정책의 정확도와 신뢰도가 떨어지게 된다. 담당 주무관으로서 어떻게 대처할 것인가?

□ 판단
○ (판단) 국민의 관심도가 높은 이슈인 만큼 빠른 시일 내 정책결과를 발표하려고 노력
□ 해결방안
○ (단기적) 정책결과 속도 향상방안 고안(전문가 영입) 후 빠른 시일 내 결과 공표
○ (중기적) 정책의 정확성을 위해 속도를 낼 수 없다면 진행상황 공개 → 신뢰성 확보
* (사례) 환경부 미세먼지 대응 '공기청정버스정류장' → 시민참여 연구과제, 사회문제 해결
○ (장기적) 정책결과 공개 후 정책보완은 국민의견 수렴을 통해 만족 높은 정책수행
□ 판단근거
○ 공무원은 국민의 봉사자로서 해당 정책을 적극적으로 처리해야 함('적극행정'의 의무)
○ 연구과정을 투명하고 공정하게 공개하여 국민의 알권리를 충족시킬 필요가 있음
□ 사전 / 사후 보완방안
○ 선진국과 비교하여 국내 제도개선 필요 여부 판단과 제도개선책 마련 필요

Q5 귀하는 A부처의 아동복지 담당 주무관이다. 최근 취약계층 부모의 부재로 초등학생이 화재로 사망하는 안타까운 사건이 발생하였다. 이와 관련하여 복지단체는 복지사각지대 해소를 위해 취약계층 아동을 대상으로 복지수혜를 받을 수 있도록 수혜기준 완화를 주장하고 있다. 하지만 A부처는 부정수급의 위험성과 인력, 예산 부족을 이유로 기준완화에 반대하고 있는 상황에서 담당 주무관으로서 어떻게 대처하시겠습니까?

□ 판단
○ 복지 수혜기준 완화 시 발생하는 부작용을 들어 설득하되, 단계적 / 시범적 도입을 고려
□ 판단근거
○ (부정수급) 긴급 재난지원금이 아닌 기준완화로 인한 보조금은 부정수급 가능성 ↑
ex) 최근 5년간 사회보장정보시스템(행복e음) 정부, 지자체 복지사업 부정수급 & 과오지급액 약 2,000억 원, 그중 30%(600억 원)는 미환수 상태
○ (인력부족) 기관별 서비스 질적 격차 등 양질의 돌봄서비스를 위한 전문인력 보완 필요
□ 보완(해결방안)
○ (부정수급) 복지사각지대 예방을 위한 전문가 협의(예산누수 근절, 편법 모니터링 등)
○ 복지수혜기준 완화 외 다른 대안책 탐색(사례관리 집중 모니터링 기간 선정 등)
○ 지자체 및 복지민간기업 협업 강화(취약계층 가구 방문횟수 증가 등 고려)
○ 시민 안전교육 'SOS복지안전벨트교육'(부재 시 발생할 수 있는 안전사고 등)

PART
04

Q6 귀하는 A부처의 공원건립 담당 주무관이다. 현재 B지역은 지역주민들을 위한 도시산림공원 조성계획의 설계가 마무리된 상황이다. 그런데 최근 환경단체에서 공원설계가 끝난 B지역은 멸종위기 야생동물이 살고 있다는 것을 확인하여 멸종위기 야생동물 보호를 위해 도시산림공원 조성계획을 철회하라는 입장이다. 하지만 B지역 주민들은 도시삼림공원은 설계가 끝났고 B지역에 꼭 필요하다고 강력하게 요구하고 있는 상황이다. 만약 환경단체의 의견을 수용하게 되면 설계변경으로 인한 비용과 시간이 많이 든다. 담당 주무관으로서 어떻게 대처할 것인가?

□ 필요성 - A지역 도시산림공원 계획의 필요성을 들어 설득
○ (환경) 대기오염 미세먼지 차단, 열대야 현상 개선, 공기정화
○ (지형) 홍수피해 방지 등 마을의 지형적 결함 보완
○ (생활) 아이들에게 친환경적 학습공간 및 지역주민 쉼터 제공, 문화의 장, 자동차 소음 개선
□ 문제해결방안
- 환경단체가 우려하는 멸종위기 야생생물 보호방안 마련 후 설득
○ (사전조사) 환경단체가 우려하는 멸종위기 야생동물 보호방한 사례 및 규정 수집
○ (해결 1) 멸종위기 야생생물 보호구역 지정(ex 서식지 조성) 후 시민 출입금지 약속
○ (해결 2) 전문가 자문을 통한 생태계 교란생물 관리방안 수립 약속
○ (해결 3) 공원 작업차량 제도 수립(운행속도 제한 및 저소음, 저진동 장비 운용 등)
□ 사후조치
- (정기적 피드백) 제도수립 후 환경단체 세미나 등 환경보호를 위한 지속적 노력

04 업무 · 조직형

Q1 귀하는 A부처의 민원업무 담당 주무관이다. 최근 고객의 개인정보가 유출된 것 같다는 제보를 받아 A부처의 기술팀에 도움을 요청하였다. 기술팀은 시스템에 문제가 발생하여 즉각 시정이 어렵다는 이유로 협조를 해 주지 않는 상황이다. 이러한 상황에서 담당 주무관으로서 어떻게 대처할 것인가?

□ 상황 및 판단
○ (상황) 개인정보 유출 관련 부서 확인요청 → 기술팀의 비협조적 태도
○ (판단) 개인정보 유출은 문제해결의 시급성이 요구됨. 업무해결을 위한 적극행정 요구
□ 판단근거
○ 공무원의 성실의무 & 개인정보 유출 → 국민의 권익을 해치는 일, 적극적 처리 필요
□ 해결방법
○ 기술팀과의 적극적인 소통을 통해 개선이 어려운 이유를 신속하고 정확하게 파악 　　이때, 기술팀의 비협조 태도 의심하지 않음. 대립적 관계가 아닌 공동목표 추구관계 인지
○ (기술팀) 시스템 에러 복구일정 및 대처방안 마련을 위한 시기 및 기간 결정
○ (민원인) 개인정보 문제해결과정 정보전달 → 업무지연 시 지연상황과 처리과정을 투명하게 공개
□ 재발방지
○ 개인정보 보안시스템 강화 ex 출입국관리 시스템 고도화 인공지능 개발 추진 – 개인정보 보호

PART
04

Q2 당신은 외국인 체류관리 담당 주무관이다. 한국 국적인 여성과 외국 국적을 가진 남성이 결혼해 국내에 체류 중인 한 다문화가정 부부가 있다. 이 부부에게는 아이가 2명 있고 결혼한 지는 5년이 되었다. 그런데 남편은 도박에 중독되어 상습도박으로 1년간 교도소에 수감한 적이 있으며 현재는 출소한 상황이다. 이런 상황에서 상사는 외국인 남편을 추방하자는 입장이며 아내는 한 번만 봐 달라고 선처를 부탁하는 상황이다. 담당 주무관으로서 어떻게 대처할 것인가?

1. 상황판단 – 교화가능성 및 선처의 진정성 여부 판단 후 결정
2. 사실확인
– (교화가능성) 외국인에게 교화가능성이 있는지, 특히 그 의지가 수형기간 중에 있었는지 교도관 상담요청을 통해 확인
– (선처의 진정성) 부인이 말한 선처가 진정인지, 그 외국인이 가정에서 제대로 된 역할을 하고 있는지 확인(부인이 외국인 남편에게 폭행 등으로 협박받아 거짓으로 선처를 구할 가능성 확인). 따라서 부인 및 두 명의 아이 모두 심리상담 진행
3. 상사설득
– 사실확인 여부가 모두 만족된다면, 상사에게 조심스럽게 선처 요청
– 두 명의 아이가 5살 이하이며(결혼한 지 5년), 다문화가정으로서 한국사회에 적응하기 위해 양 부모의 역할이 필요함을 언급
4. 재발방지 – 상습도박의 가능성을 감안하여 지속적인 모니터링 진행

Q3 귀하는 A부처 우정직 주무관이다. 우체국에서 지역사랑상품권을 할인판매하는 행사를 진행하고 있다. 하지만 상품권 구매고객이 많아지면서 일반고객들의 창구 대기시간이 늘어나 업무를 보기 힘들다는 민원이 발생하게 되었다. A부처는 문제를 해결하기 위해 상품권 업무를 따로 볼 수 있는 상품권 구매창구를 하나로 지정하여 판매하자 이번에는 상품권 구매고객들의 대기시간이 늘어나 민원을 제기하는 상황이다. 이러한 상황에서 담당 주무관으로서 어떻게 해결할 것인가?

○ 판단 – 전체 창구에서 상품권을 재판매하되, 대기시간 줄일 수 있는 대안책 마련
○ 근거
– 지역사랑상품권 할인판매는 단기적 이벤트성 행사로 짧은 기간 내 이뤄지기 때문
○ 해결방안
– 대기시간 증가원인 파악 및 1인당 걸리는 시간 파악
– IT 및 기술개발부와 협력을 통해 상품권 구매고객을 위한 예약시스템 시간대별 구성 후 제공(대기시간 및 고객불만 감소, 서비스질 향상)
– 상품권 구매고객 중 대량고객의 경우 사전예약 및 인터넷예약 후 방문 안내고지
○ 재발방지
– 오프라인 대기시간 문제해결을 위해 내부 전산부서와 협의(앱 및 사이트 내 상품권 판매 탭 제작)
– 향후 단기행사 발생을 감안하여 고객에게 제공된 예약서비스 관련하여 설문지조사 후 시스템을 보완하여 행사마다 계속하여 사용

CHAPTER 03 상황과제 [질의응답]

POINT 01 │ 질문패턴: 상황과제 기출질문

① 질문패턴 이해

1. 제시문 키워드

평가기준		평가내용
제시문 이해	개요	판단기준(우선순위), 이해도 / 근거 제시(필요성, 이유, 공직 필요자세 등)
관리능력	갈등·비협조	다른 기관 / 주민 / 응시한 기관과의 의견충돌 및 협력거부
대처(대응)능력	상황대처	제시문 내 추진배경, 문제상황 관련 상황제시형 질문
	문제개선	제시문 내 추진배경, 문제상황 관련 문제개선형 질문
안정화능력	사전·사후	제시문 내 추진배경, 문제상황 발생 예방을 위한 대안책

2. 과제작성문

평가기준		평가내용
작성문 이해	과제요약	상황제시문 및 과제 작성내용을 요약
	판단기준 (우선순위)	판단기준 / 고려사항, 우선순위
	이해도 · 근거제시	필요성, 원인 / 장단점 / 구체적인 내용설명
관리능력	추진계획	작성된 해결방안의 구체적인 실행계획 및 방법(도입 / 조사 / 지원 / 실행 / 확보 등)
	자원 / 성과 / 홍보	자원관리(시적 / 물적 / 인적), 성과관리, 홍보관리(인식개선) ※ 추진계획이 관리능력을 확인하기 위한 포괄적 질문이라면 자원 / 성과 / 홍보는 관리능력을 구체적으로 묻는 질문
	갈등·비협조	상사 / 주민 / 타 기관 / 응시기관 등 의견충돌, 민원제기 및 협력거부 대처방안
대처(대응)능력	2차 문제·실패	작성된 해결방안의 2차 문제점 및 실패 대응책 예 시스템 결함, 공사지연, 부실업체, 불이익, 효과 없음 등
	불법·관행	불법, 관행 등 대처방안(과제작성과는 별개로 기본질문으로 나오기도 함)
	언론·여론	부정적 보도 및 여론에 대한 대응책
	2차 대책	작성된 해결방안 외 또 다른 해결책 제시
적용능력	업무·정책	지원(희망)부처 및 업무 적용방안

3. 추가질문

평가기준	평가내용
직무지식	직렬전공, 직무 / 지원(희망)부처 이슈 관련 질문
조직역량	부처 / 직무 / 공직에 필요한 역량질문
개인경험	적용능력 / 관리능력 / 대처(대응)능력 관련 후속질문으로, 지원자의 경험을 묻는 질문 예 주민과의 의견충돌 문제 어떻게 해결할 것인가? 　ㄴ 소통으로 갈등을 해결한다고 했는데, 갈등해결 경험 있는지?

02 2023 빈출질문

1. 제시문 키워드

평가기준		빈출질문
제시문 이해	개요	Q. [주민반발 상황] 주민들이 반발하는 이유는 무엇인지? Q. [갑질, 성폭행] 갑질, 성희롱, 성폭력 문제에서 중시해야 할 점은? Q. [개인정보 보호] 공직사회에서 개인정보가 중요시되는 이유 Q. [경정청구] 경정청구에 대해 아는 것 있는지?
관리능력	갈등·비협조	Q. [제시문의 A지역] A지역 주민반발 완화방법은? / 시위한다면? Q. [제시문의 상사 거절] 제시문대로 상사가 거절하는 경우 대처방법
대처(대응)능력	상황대처	Q. [갑질, 성폭행] 만약 본인 동료가 상사한테 성추행을 당해서 도와달라고 한다면 어떻게 대처할 것인지? Q. [제시문: 업무보복 두려움] 실제로 보복이 일어난다면 어떻게 할지?
	문제개선	Q. [제시문의 B지역] B지역을 선택할 경우 나타날 문제점과 해결안 Q. [공직문화 개선] 공직문화개선단에 참여하는 공무원이 (제시문 내용처럼) 업무가 과중된다고 할 때 어떻게 할 것인지?
안정화능력	사전·사후	Q. [공직문화 개선] 향후 공직문화 개선을 위한 방안 또는 자세 Q. [갑질, 성폭행] 조직 내 갑질이나 성추행, 성폭행 상황을 방지하려면 조직에서 어떻게 해야 할지?

2. 과제작성문

평가기준		빈출질문
작성문 이해	과제요약	Q. 제시문과 작성한 내용 요약해서 답변해 주세요.
	판단기준 (우선순위)	Q. 지원자가 ○○으로 판단한 이유 Q. 과제를 작성할 때 중점적으로 생각한 부분 Q. 작성한 해결안의 1차, 2차적 조치는 어떤 기준으로 작성했는지? Q. 해결안 중 가장 우선시되어야 한다고 생각하는 해결안과 이유
	이해도· 근거제시	Q. '협의체 구성'을 했을 때 담당자로서 가져야 할 자세는? Q. '전문가 개입' 전문가가 필요한 이유는? Q. 지원자가 작성한 ○○해결방안과 관련된 자료는 무엇을 볼 것인지? Q. 지원자가 ○○해결책 제시했는데, 참고할 만한 유사사례를 알고 있는지?

관리능력	추진계획	Q. 지속적으로 '모니터링'한다고 했는데, 구체적으로 (실행) 어떻게 할 것인지? Q. '시스템 도입'을 어떻게 할 것인지? Q. '신재생에너지' 도입 어떻게 할 것인지? Q. 지원자가 작성한 '인식자료'는 어떻게 확보할 것인지? Q. '익명성 보장'을 어떻게 해야 할 것인지?
	자원 / 성과 / 홍보	Q. '국가보조금'이 제대로 사용되고 있는지 감시하는 수단은 무엇인지? Q. 작성한 해결안을 집행하기 위한 예산은 어떻게 확보할 것인지? Q. 시스템 도입할 때 홍보는 어떻게 할 것인지? Q. 시스템 도입 시 타 부서에 지원요청의 설득은 어떻게 할 것인지?
	갈등 · 비협조	Q. 해결방안 중 '개발규모 축소'가 있는데, 지역주민의 반발이 생긴다면? Q. 진행할 정책에 대해 내부 / ○○부처 / 상사가 반대한다면? Q. 인력충원 시 타 부서가 협조해 주지 않는다면? Q. (제시한 해결안에 대해) 상사가 지원자에게 평가를 안 좋게 하고, 인사고가에도 반영을 시킨다면?
대처(대응)능력	2차 문제 · 실패	Q. 'B업체 선정'했는데 알고 보니 부실업체일 경우 대처방안 Q. '시스템 도입'한다고 했는데, 예측되는 문제점에 대해 답변하라. Q. 'C업체' 선정 시 기계결함이 발견된다면? 업무지연이 된다면? Q. '재발방지 교육'을 한다고 했는데, 효과가 없다면? (참여저하 등) Q. '설문조사를 진행'할 때 인력, 비용이 많이 드는데, 해결방안은?
	불법 · 관행	Q. 만약 법과 위반되는 상황이 있는데 관행대로 처리되었다면? Q. 상사가 불합리한 관행을 요청하면? Q. 위법한 상황은 아니지만 해석의 여지가 있다면? (사실관계가 애매하다면)
	언론 · 여론	Q. 언론 및 시민단체가 부정적인 여론을 갖는다면? Q. 만약 언론에서 사실과 다른 보도기사를 내보낸다면? Q. 언론에서 부정적인 보도만 기사화된다면? Q. 언론사에 보도자료를 배포한다면 어떤 내용을 포함해서 배포할 것인지?
	2차 대책	Q. 지원자가 작성한 해결책 외 또 다른 해결안 Q. ('주민인식 개선'에 대해 답변했는데) 주민인식 개선을 위한 또 다른 방안 Q. '지원자가 제시한 건설 인프라'는 비용이 많이 든다. 다른 대안책은? Q. '시스템 도입' 외 또 다른 방안
적용능력	업무 · 정책	Q. 설문조사의 결과를 직무에서 활용한다면?

3. 추가질문

평가기준	빈출질문
직무지식	Q. [교육행정: 이슈] 최근 지방대학의 경쟁력이 떨어지고 있는 상황이다. 이런 문제점에 대한 대처방안을 말하라. Q. [교육행정: 이슈] 포스트 코로나 시대에 대비한 교육방향에 대해 말하라. Q. [교정: 지식] 만약 동료가 수용자를 폭행하는 것을 목격한다면 어떻게 하시겠어요? Q. [고용노동 · 직업상담] 노동시장 유연성에 대해 말하라. Q. [경찰행정] 어린이 교통문제 해결방안 Q. [일반행정] 공무원 연공서열제에 대해 말하라. Q. [기계직] 국내에서 신재생에너지를 어떻게 도입할지?

직무지식	Q. [직업상담] 직업상담사로서 첫 상담에서 중요시해야 할 점 Q. [검찰] 법률의 착오, 범죄구성요건, 자유심증주의에 대해 말하라.
조직역량	Q. 공직에서 자신의 강점을 대상자별로 어떻게 적용할지 구분해서 답변하라. Q. 공동체 업무 vs 개인 업무 Q. 조직에서 필요하다고 생각하는 역량 Q. 공직에서 어떤 자세로 임할 것인지?
개인경험	Q. [2차 후속질문] 소통으로 문제를 해결했던 경험 Q. [기타] 마지막 할 말

03 2023 기출 질문패턴 적용사례

1. 제시문

2023년도 국가공무원 9급
공개경쟁채용 면접시험

보호 · 검찰 · 일반행정(경찰청)

6.14 (수)

경험 · 상황면접과제 질문지

면접조   **성명**

작성 시 주의사항

▪ **과제작성시간은 20분이며, 작성 후 시험감독관에게** 제출해 주시기 바랍니다.

상황형

당신은 A부처의 주무관입니다. 당신은 상사로부터 조직문화 쇄신을 위한 직장 내 갑질, 성희롱 및 성폭력 실태조사에 대해서 전수조사를 위한 설문조사를 진행할 것을 지시받았습니다. 설문조사는 익명성이 보장되는데도 불구하고 직원들은 신상(신분)노출로 인한 인사보복 등을 우려하여 설문조사 참여에 반대하고 있는 상황입니다. 이러한 상황에서 어떻게 대처하시겠습니까?

---

2. 상황과제 작성내용 및 후속질문

직렬	상황과제 작성내용	상황과제 후속질문

검찰직	• 판단: 설문조사 진행, 신상노출 방지책 마련
	• 근거
	   – 조직문화 개선 필요
	   – 신상노출에 대한 두려움 개선 필요
	• 해결안
	   – 타 부처 협력→설문조사 확인
	   – 결과는 타 부처 확인→통계내용만 해당 부처에 전달→상급자는 설문조사 확인 불가(신상노출 방지)
	• 사후조치
	   – 상급자 확인 시 징계처분
	   – 설문조사 확인 외부인사 검토
		① 갑질문화 등의 발생이유가 뭐라고 생각하나요?
		② 설문조사는 하급자뿐만 아니라 상급자도 싫어할 수 있는데, 그럼 양측을 어떤 식으로 설득할 건가요?
		③ 이 사례의 경우에는 설문조사로 파악한다고 했는데, 설문조사 말고 다른 해결방안은 없을까요?
		④ 익명성 보장은 어떻게 해야 더 확실하게 할 수 있을까요? 설문조사를 하다 보면 그 내용에 따라 특정인이 특정될 수도 있다는 문제가 있을 수밖에 없지 않나요?
		⑤ 이런 조직 내 갑질이나 성추행 상황을 방지하려면 어떻게 해야 할까요? 뭐 교육이라거나 …
		⑥ 만약 본인 동료가 상사한테 성추행을 당해서 도와달라고 하면 어떻게 대처할 것인가요?

경찰행정	• 판단: 전수조사 실시, 내부규정 신설
	• 근거: 명령복종, 조직문화 쇄신, 청렴강화
	• 해결안
	   – 내부규정 신설 예 부패방지법
	   – 전문가와 설문조사 병행
	• 사후대처: 선례집, 모니터링, 교육프로그램
		㉠ 내부규정에 대해 구체적으로 말해 봐라.
		㉡ 추가적인 해결방안에 대해 말해 봐라.
		㉢ 본인이 공직생활하면서 성폭행·성추행 등을 당한 동료가 있다면 어떻게 할 것인가?
		㉣ 피해자가 신고에 대해 거절한다면?
		㉤ 설문조사를 하려면 많은 인력과 비용이 든다. 해결방안은?
		㉥ (추가질문) 공직에서의 자신의 강점

보호직	• 판단: 직원 설득→설문조사 권유
	• 근거: 조직문화 쇄신, 익명성 보장 필요
	• 해결안
	   – 직원 간담회 및 직원 설득
	   – 1:1 상담, 조사결과 비공개, 갑질 의심대상 분리
	• 후속조치
	   – 인사과 건의(승진리스트 수정 방지)
	   – 인사보복에 대한 모니터링
		ⓐ 여러 방안을 제시하셨는데 이거 외의 방법이 없을까요?
		ⓑ 갑질 의심대상 어떻게 확인할 생각인지?
		ⓒ 과제를 작성할 때 중점적으로 생각한 부분
		ⓓ 실제로 보복이 일어난 경우
		ⓔ 익명성 보장이 어떻게 가능할까요?
		ⓕ (추가질문) 자신이 가진 강점 / 이를 보호처분받은 사람들에게 어떻게 적용할 것인가? / 성인과 소년을 구분해서 말해 달라.

3. 질문패턴 적용예시

① 제시문 키워드

평가기준		평가내용
제시문 이해	개요	① 갑질문화 등의 발생이유가 뭐라고 생각하나요? ⓑ 갑질 의심대상 어떻게 확인할 생각인지?
관리능력	갈등·비협조	
대처(대응)능력	상황대처	⑥ 만약 본인 동료가 상사한테 성추행을 당해서 도와달라고 하면 어떻게 대처할 것인가요?

대처(대응)능력	상황대처	ⓒ 본인이 공직생활하면서 성폭행·성추행 등을 당한 동료가 있다면 어떻게 할 것인가? ⓔ 피해자가 신고에 대해 거절한다면? ⓓ 실제로 보복이 일어난 경우
	문제개선	
안정화능력	사전·사후	⑤ 이런 조직 내 갑질이나 성추행 상황을 방지하려면 어떻게 해야 할까요? 뭐 교육이라거나…

② 과제작성문

평가기준		평가내용
작성문 이해	과제요약	
	판단기준 (우선순위)	ⓒ 과제를 작성할 때 중점적으로 생각한 부분
	이해도· 근거제시	㉠ 내부규정에 대해 구체적으로 말해 봐라. ⓒ 과제를 작성할 때 중점적으로 생각한 부분
관리능력	추진계획	② 설문조사는 하급자뿐만 아니라 상급자도 싫어할 수 있는데, 그럼 양측을 어떤 식으로 설득할 건가요? ④ 익명성 보장은 어떻게 해야 더 확실하게 할 수 있을까요? 설문조사를 하다 보면 그 내용에 따라 특정인이 특정될 수도 있다는 문제가 있을 수밖에 없지 않나요? ⓔ 익명성 보장이 어떻게 가능할까요?
	자원 / 성과 / 홍보	
	갈등·비협조	
대처(대응)능력	2차 문제·실패	
	불법·관행	
	언론·여론	
	2차 대책	③ 이 사례의 경우에는 설문조사로 파악한다고 했는데, 설문조사 말고 다른 해결방안은 없을까요? ⓛ 추가적인 해결방안에 대해 말해 봐라. ⓐ 여러 방안을 제시하셨는데 이거 외의 방법이 없을까요?
적용능력	업무·정책	

③ 추가질문

평가기준	평가내용
직무지식	
조직역량	ⓗ (추가질문) 공직에서의 자신의 강점 ⓕ (추가질문) 자신이 가진 강점 / 이를 보호처분받은 사람들에게 어떻게 적용할 것인가? / 성인과 소년을 구분해서 말해 달라.
개인경험	

01 공직형

> 귀하는 A부처 B공익근무요원 담당 주무관이다. B공익근무요원은 평소 성실하고 책임감이 높아 부처에서 선호도가 높은 사람이다. 최근 B공익근무요원은 허가받지 않은 아르바이트를 하다 적발되어 처벌을 받는 상황이다. B공익근무요원은 생계곤란을 이유로 아르바이트를 했다고 말했다. 하지만 조사를 해보니 경제적 어려움은 있으나 생계곤란은 아니었다. 이런 상황에서 B공익근무요원은 경제적 어려움을 주장하며 선처를 호소하고 있다. 이러한 상황에서 귀하는 어떻게 대처하시겠습니까?

○ 상황판단
- B공익근무요원에 대한 합당한 처벌은 진행하되, 추후 경제적 지원을 받을 수 있는 정책 연계 및 경제적 상황을 고려한 감경사유 참작
○ 판단근거
- 허가받지 않은 아르바이트는 규정에 어긋나는 일 → 공정성에 따라 절차 진행 필요
○ 해결방안
- 감경사유 관련 법률 및 정책 조사(경제적 어려움)
- 처벌절차 후 경제적 지원정책 확인하여 연계(국방부, 보건복지부 등)
○ 재발방지
- 해당 사례와 유사 선례, 조사 절차 등을 모아 매뉴얼화하여 재발 방지
- 공익근무요원 선발 시 아르바이트 허가 등에 대한 교육 실시
- 이후 같은 상황이 반복되지 않도록 공익근무요원 대상 지속적인 모니터링 필요

Q1 해결안 중 가장 우선시되어야 한다고 생각하는 사항과 그 이유

A1 저는 해결안 중 공익근무요원의 경제적 사항을 판단하는 것이 우선이라고 생각합니다. 규정을 어긴 것은 처벌 대상에 해당하나, 경제적 상황에 따라 처벌 수위를 낮출 수 있는 참작 상황이 발생할 수 있고 공익근무요원의 생계곤란과 관련하여 지자체의 복지 서비스를 연계하여 공익근무요원의 경제적 부담을 덜어줄 수 있기 때문입니다. 또한 참작사유의 경우 유사 상황이 발생하지 않도록 규정을 만드는 사례가 될 수 있어 무조건적인 처벌보단 경제적 상황을 고려할 수 있어야 한다고 생각합니다.

질문패턴		과제작성문 – 작성문 이해: 판단기준(우선순위)
평정표		창의·혁신
답변	논리	• 기본논리형 – [결론] 경제적 사항 판단 우선 – [근거 1] 경제상황→수위 처벌 낮추는 기준 및 복지서비스 연계 – [근거 2] 경제상황→향후 재발방지를 위한 규정 사례 기여
	표현	–

Q2 사후 재발방지 방안에 대해 말해보아라.

A2 우선 같은 상황이 발생하지 않도록 공익근무요원 선발 시 아르바이트 등의 허가사항에 대해 교육이 필요하다고 생각합니다. 따라서 위와 같은 법과 규정을 미리 인지할 수 있도록 관련 규정에 대한 교육뿐만 아니라, 위반 사례 및 처벌 사례를 안내하여 내부 규정을 지키고 위법사항이 나오지 않도록 해야 합니다. 또한 해당 부처에서 공익근무요원에 대해 지속적으로 모니터링 하면서 해당 공익근무요원이 규정사항을 잘 지키고 있는지 확인하는 것이 필요하다고 생각합니다.

질문패턴		과제작성문 – 작성문 이해: 이해도·근거제시
평정표		창의·혁신
답변	논리	• 기본논리형 – [결론 및 부연설명] 교육 필요, 재발 방지 예방을 위해 필요 – [근거] 법·규정, 위반·처벌사례 교육 및 지속적 모니터링
	표현	• 사례의 구체화: 법·규정, 위반·처벌사례 교육 및 지속적 모니터링

당신은 구치소 민원실의 주무관이다. 퇴근 무렵 인터넷으로 접견신청을 한 할머니가 손주와의 접견을 요구하고 있다. 하지만 접견은 정해진 시간에만 가능하고 현재 접견시간은 이미 지난 상황이다. 이에 대해 할머니에게 설명하자 소리를 지르며 떼를 쓰고 있는 상황이다. 담당 주무관으로서 어떻게 해야 하겠는가?

○ 판단 및 근거
- 명시된 기준이 있으므로 교정시설의 질서 유지를 위해 접견의 불가함을 안내
- 할머니의 사정은 안타까우나 교정시설 내의 규칙 이행을 위한 공정성 준수
○ 해결방안
1. 설득
- 민원실 내 조용한 공간 및 사무실로 이동하여 규정 상황에 대해 차분히 안내
- 사무실 내 비치되어 있는 커피 및 음료 제공 → 최대한 경청하고 공감하는 태도를 보임
2. 후속 조치
- 접견시간 안내 재공지 및 혼선 방지를 위한 예방책 모색 약속
○ 사후조치
- 문제예방을 위해 접견시간 안내 공지 → 홈페이지 팝업창, 분기별 문자 발송
- 비대면 접견 시스템 활용 확인(스마트 접견)

Q1 다음 상황에서 가장 중요하게 생각해야 하는 부분이 뭐라고 생각하세요?

A1 공정성을 기한다는 것은 당장의 상황을 해결하기보다는 앞으로를 위해서 좋은 선례를 만들어 나가는 것이라고 생각합니다. 그래서 순간을 모면하기보다는 원칙을 지키는 것이 중요하다고 생각합니다. 왜냐하면 그 할머니의 손주 한 사람을 접견시키는 것은 어렵지 않으나, 그 손주가 접견 후 구치소 내의 동료 재소자들에게 "나 이 시간에도 접견했었다."라는 것을 알린다면 수용질서에 혼란을 야기할 수 있고, 교정시설의 신뢰를 잃을 수 있기 때문입니다.

질문패턴		과제작성문 - 작성문 이해: 판단기준(우선순위)
평정표		창의·혁신 / 윤리·책임
답변	논리	• 기본논리형 - [결론] 공정성 - [부연설명] 공정성의 중요성: 선례, 수용질서 혼란 야기 - [근거] 공정성이 지켜지지 않을 때의 문제사례
	표현	• 사례의 구체화: [문제사례] 접견 후 수용질서의 혼란 야기, 교정시설의 신뢰 하락

Q2-1 형평성이 중요하다는 말씀이시군요. 그런데 그럼에도 불구하고 계속 떼를 쓰면 어떻게 해야할까요?

A2-1 우선 민원인의 상황에 대해 공감하고 이해한다는 것을 느끼실 수 있도록 정성껏 이야기를 들어드리는 수밖에 없을 것 같습니다. 현재 업무 규정상 접견은 정해진 시간만 가능하며 접견시간 또한 이미 지난 상황이기 때문입니다. 단, 해당 상황에 대해 설명을 드리되 기분이 상하지 않도록 최대한 친절하고 눈높이에 맞는 정확하고 이해하기 쉬운 설명을 하며 완곡하게 말씀드리겠습니다.

Q2-2 그렇게 했는데도 소장 나오라고 계속 요구하고 떼를 쓰면 어떻게 할건가요? 전화하라고 하면요?

A2-2 최대한 곤란함을 설명드리되 제가 민원 관련 담당자라고 재차 말씀드리겠지만, 그럼에도 계속 요구를 하신다면 소장님께 전화드려서 상황을 설명하고 연결시켜야 한다고 생각합니다.

질문패턴		과제작성문 − 대처(대응)능력: 2차 문제·실패
평정표		윤리·책임
답변	논리	• 그룹핑형: 절차·단계별 − [단계 1] 공감 및 경청→[근거] 규정에 어긋난 접견시간 − [단계 2] 친절하고 정확한 규정 설명
	표현	−

03 정책(사업형)

귀하는 A부처 장애인 복지 담당 주무관이다. 장애인을 위한 특수학교가 교외에 편중되어 있어 도심에 거주하는 장애학생들이 통학에 불편을 겪고 있는 상황이다. A부처는 문제 해결을 위해 도심지인 B에 부지를 확보한 후 특수학교 설립을 추진하려고 한다. 그러나 B지역 주민들이 부동산 가격하락 문제로 강력하게 반대하고 있는 상황이다. 담당 주무관으로서 어떻게 대처하시겠습니까?

○ 판단 & 근거–특수학교 설립 추진(B지역 설립의 필요성 및 주민불만 해결방안 모색)
– 국가는 균등하고 공정한 교육기회 제공 기여, B지역 주민 의견은 민주성 측면에서 중요
– 특수학교와 부동산 가격하락의 인과관계 확인 불가 및 다른 수단을 통한 대책 마련 가능
○ 해결방안
– (1단계) 타 부처·외국 사례의 특수학교 설립 선례 확인 ex 설립 전후 부동산 가격변동 조사
– (2단계) B지역 주민, 지자체, 관련 전문가 등 공청회 구성
ex) 부동산 문제 외 불만 확인, 장애인복지담당관의 소견을 통한 설립추진 필요성 설득
– (3단계) B지역 혜택 고려 ex 공공시설 확충(편의시설, 복지시설), B지역 교육특구 조성 등
○ 사후조치
특수학교 기피인식 제고를 위한 노력 ex 프로그램 기획(장애학생과 함께하는 교육)
ex) 카드뉴스 및 기사 홍보(특수학교 설립의 긍정효과 등)
– 특수학교 운영 지속적 모니터링 후 타 지역 재발방지를 위한 선례집 작업

Q1 B지역 주민들을 설득할 때 가장 고려해야 하는 점

A1 B지역 주민들이 실질적으로 가장 반대하는 이유에 대해 우선적으로 고민해야 한다고 생각합니다. 제시문에 따르면 부동산 가격하락을 이유로 반대한다고 나와 있지만 부동산 가격하락 외 문제도 있을 수 있다고 생각합니다. 우발적이고 돌발적인 행동으로 인한 안전의 위험성에 대한 인식 사례가 있을 수 있습니다. 또한 지역 주민들을 설득할 때 특수학교 설립 시 부동산 가격하락 여부를 확인할 수 있는 부동산 전문가를 초청해 확인하고, 타 지역의 사례를 통해 지역주민을 설득할 수 있어야 합니다. 만약 하락할 수 있다는 결론이 나올 경우 부동산 가격하락 문제를 완화할 방안을 강구하는 것을 우선으로 설득할 것입니다.

질문패턴		과제작성문 – 작성문 이해: 판단기준(우선순위)
평정표		창의·혁신 / 헌신·열정
답변	논리	• 기본논리형 – [결론] 실질적인 반대이유의 이해(표면성, 잠재성) – [근거] 잠재적 이유: 안전에 대한 인식 – [근거] 표면적 이유: 부동산 문제 – 객관적 자료 및 전문가 설득
	표현	• 사례의 구체화 – [잠재적 이유] 안전의 위험성 – [표면적 이유] 부동산 전문가, 타 지역 사례 관련 객관적 자료

Q2 언론에서 담당 주무관이 주민 반대를 무시하고 학교 설립을 추진하고 있다고 보도했다면 어떻게 대응하겠는가?

A2 해결방안에 공청회를 통해 의견을 절충하여 해결안을 모색해 나갈 것이라고 작성했습니다. 따라서 실제로 주민 의견을 무시하고 추진한 게 아니기에 공청회를 통해 의견을 반영하고 있음을 알리고 진행된 현황을 공개하겠습니다. 또한 설립을 추진하고자 하는 이유를 서류화하여 해당 언론사에 정정보도를 요청할 것입니다. 만약 그럼에도 해당 언론이 정정보도 요청을 거부한다면 타 언론사에 보도를 요청하거나 지자체 관련 유튜브 채널, 기관 부처 블로그 등을 활용하여 '사실은 이렇습니다'라는 올바른 정보를 제공할 것입니다.

질문패턴		과제작성문 – 대처(대응)능력: 언론·여론
평정표		창의·혁신 / 헌신·열정
답변	논리	• 그룹핑형: 절차·단계별 – [그룹 1] 공청회 현황 공개 – [근거] 제시문 작성 내용 – [그룹 2] 정정보도 요청 – 설립의 필요성 문서화 – [그룹 3] 타 언론사 및 기관 채널 활용 – 유튜브, 블로그, '사실은 이렇습니다.' 등
	표현	• 사례의 구체화 및 정확한 명칭: [기관채널 활용법] 유튜브, 블로그, '사실은 이렇습니다.'

우수답변 +

Q1. 설명회를 한다 하셨는데 참여하지 않겠다는 주민이 있다면?

A1. 네. 참여하지 않겠다는 주민이 있다면 먼저 어떠한 불만을 가지고 있는지 확인해 보고 그를 해결하기 위한 방안을 마련하겠습니다. 그리고 설명회에 참여했을 때 **검측소 설치 현황은 어떻게 되고 지역 농산물 등의 홍보방안을 설명한다는 좋은 점**을 들어 설득하여 부정적 인식을 완화하고 설명회 참석을 유도해보겠습니다.

→ 구체적인 예를 들어 설명할 것

×	설명회에 참석했을 때 홍보방안의 좋은 점을 들어 부정적 인식을 완화하겠습니다.
○	설명회에 참석했을 때 '검측소 설치 현황은 어떤지, 지역 농산물' 등의 홍보방안을 설명한다는 좋은 점을 들어 부정적 인식을 완화하고 설명회 참석을 유도하겠습니다.

Q2. SNS를 통해 홍보를 진행하면 어떤 식으로 진행해야 할까요?

A2. 지역 농산물을 재배하는 방법을 SNS를 통해 홍보하겠습니다. 이를 테면 재배되는 과정을 담은 영상이나 만화를 활용하는 것입니다. 요즘 젊은 세대는 글보다는 영상, 모바일에 익숙한 세대이므로 쉽고 빠르게 내용을 익힐 수 있을 뿐만 아니라, 영상을 통해 농산물 재배의 흥미를 유발할 수 있을 것이라고 생각합니다.

→ 활용수단, 활용수단의 장점을 구체적으로 설명할 것

×	지역농산물을 재배하는 방법을 SNS를 통해 홍보하겠습니다.
○	지역 농산물을 재배하는 방법을 SNS를 통해 홍보하겠습니다. 이를 테면 재배되는 과정을 담은 영상이나 만화를 활용하는 것입니다. 요즘 젊은 세대는 글보다는 영상, 모바일에 익숙한 세대이므로 쉽고 빠르게 내용을 익힐 수 있을 뿐만 아니라, 영상을 통해 농산물 재배의 흥미를 유발할 수 있을 것이라고 생각합니다.

04 업무·조직형

당신은 치료감호를 담당하는 주무관이다. 대상자 A는 치료감호에 대한 보호관찰을 받는 중 약물치료 판정을 받아 약물치료를 받고 있는 상황이다. 하지만 A는 약물에 대한 심리적 부담감 및 어지럼증 등 부작용을 호소하며 약물치료 중단을 요구하였다. 상관은 형평성 문제와 재범 가능성의 문제로 약물치료를 계속 진행해야 한다며 중단요청을 거절하라고 말한 상황이다. 담당 주무관으로서 어떻게 대처할 것인가?

○ 상황 및 판단: 약물치료 이행(건강 및 인권문제) vs 약물치료 중단(형평성, 재범률)
− 상관의 의견에 따라 약물치료를 이행하되 단계적 완화 및 대안책 고려
○ 해결방안
(1) 의사나 전문가에게 대상자 A의 건강상태, 심리상태에 대한 검사 요청
(2) (중증 부작용) 약의 투여량을 줄이거나 약물의 종류를 변경하는 등의 방식 사용
(3) (경미한 부작용) 지속적 상담을 통한 심리적 불안감 완화 및 약물투여의 필요성 설득
→ 두 가지 모두 지속적으로 수감자의 건강 상태를 점검하는 모니터링 과정이 요구됨
○ 판단근거
(1) 약물 치료의 중요성 경험(조현병 손님, 약물 투여 중단 → 동료 직원을 성추행 경험)
(2) 경찰청과 더불어 보호직 역시 국민 생활 안전이 가장 일차적인 조직 목표이며, 수감자의 장래 건강한 삶을 위해 치료는 필수적이라 생각
(3) 약물치료 부작용 사실 여부 확인 불가. 약물중단은 단계적 조정 후 검토해도 늦지 않음

Q 중독성이 강한 마약, 도박 문제는 재발 위험이 큰데요. 어떻게 해결하면 좋을까요?

A 면접관님 말씀대로 도박, 마약은 중독성이 높습니다. 실제로 대한민국 마약의 재발률은 40퍼센트로 굉장히 높은 수치입니다. 이러한 상황에 있어 별도로 중독방지프로그램을 만들어야 한다고 생각합니다. (상황형에 기재함). 현재 국내에는 마약 중독을 예방하는 공동체 생활 형식의 민간센터인 '다르크'라는 것이 있습니다. 이처럼 마약범죄가 증가하는 추세에 중독성 강한 범죄를 예방하기 위해서는 중독방지 프로그램을 통해 1 : 1 멘토·멘티나 공동체 형식의 치료센터를 운영해야 한다고 생각합니다. 특히 해당 센터에서 운영하는 프로그램은 최소 3개월 이상이어야 합니다. '중독인생'이라는 책을 보면 중독성이 가장 강할 때는 3개월이라고 합니다. 이러한 이유로 3개월 이상의 프로그램을 1차, 2차, 3차로 나눠 진행하여야 한다고 생각합니다. 지원자의 경제적 상황에 따라 정부에서 지원금을 통해 개인부담금을 적게 만들어 적극적인 참여와 중독예방에 기여할 수 있어야 한다고 생각합니다.

질문패턴		제시문 – 대처(대응)능력: 문제개선
평정표		창의·혁신 / 헌신·열정
답변	논리	• 기본논리형 　- [현황] 국내 마약 재발률→마약수사직의 전문적 배경지식 필요 　- [결론] 중독방지 프로그램 개설 필요 　- [근거] 국내 '다르크' 센터 사례 　- [마무리: 제안] 1:1 멘토·멘티 및 공동체 치료센터 운영, 3개월 이상 운영, 보조금 　　지원
	표현	• 정확한 명칭: 민간센터 '다르크', '중독인생' 서적

POINT 03　면접후기: 합격자 개별면접 후기 [상황과제]

01　공직형

> 귀하는 A부처 B 공익근무요원 담당 주무관이다. B공익근무요원은 평소 성실하고 책임감이 높아 부처에서 선호도가 높은 사람이다. 최근 B공익근무요원은 허가받지 않은 아르바이트를 하다 적발되어 처벌을 받는 상황이다. B공익근무요원은 생계곤란을 이유로 아르바이트를 했다고 말했다. 하지만 조사를 해 보니 경제적 어려움은 있으나 생계곤란은 아니었다. 이런 상황에서 B공익근무요원은 경제적 어려움을 주장하며 선처를 호소하고 있다. 이러한 상황에서 귀하는 어떻게 대처하시겠습니까?

CASE 01 일반행정

상황과제 작성내용	- 내용: 공익요원이 경제적 어려움으로 아르바이트 함, 선처 요구함 - 판단: 이런 상황에 선처해준 사례 있는지 확인해보고 있다면 선처, 없다면 처벌 - 판단근거: 사례가 없는데 선처해준다면 공정성의 문제가 제기될 수 있기 때문 - 해결방안 　1) 사례 있다면 재발 방지 약속 받은 후 선처 　2) 사례 없다면 처벌하되 도울 수 있는 방안 모색 　3) 처벌과 선처에 관한 메뉴얼 정확하게 수립하고 이런 상황 또 일어날 수 있기 때문에 정도를 정해 　　두고 경제적 어려움 있다면 일정 시간 아르바이트 할 수 있도록 메뉴얼 수정 - 사후 검토 　선처했다면 아르바이트 다시 하지 않는지 수시로 확인, 처벌했다면 관련 지원 받았는지 확인하고 더 　도울 수 있는 방안 모색

상황은 대충 면접관님이 요약해서 말해주심

PART 04

질의응답

1. 이러한 사례입니다. 어떻게 대처하실 건가요?

   네 먼저 이러한 사례에서 선처를 해준 사례가 있는지 알아보겠습니다. 선처해준 사례가 있다면 재발방지를 약속 받고 선처를 해줄 것 같고 선례가 없다면 공정성의 문제가 제기 될 수 있기 때문에 처벌하도록 하겠습니다. 그리고 처벌하기로 결정했다면 경제적 지원에 대해서 도움줄 수 있는 방안 찾아서 적극적으로 돕도록 하겠습니다. 또한 관련 메뉴얼을 처벌과 선처에 대해 정확하게 수립하고 경제적인 어려움을 겪고 있는 사람이 많을 수도 있기 때문에 어느 정도 기준을 설정하여 경제적 어려움이 있다면 일정 시간은 아르바이트를 할 수 있도록 관련 메뉴얼을 수정하도록 하겠습니다.

2. 그렇게 부정한 아르바이트를 하기 전까지는 책임감이 충분했으니까 이러한 점을 들어서 계속 반박한다면?

   네, 먼저 애초에 아르바이트를 할 수 없게 되어 있기 때문에 관련 규정을 어겼음을 들어 반발을 무마하도록 하겠습니다.

3. 내부적 차원에서 고발하는 거 말고 외부 기관에 고발하게 된다면 고려해야 할 사항이 뭐라고 생각하는지?

   (고려해야 할 사항인지는 기억 안 나는데 대충 외부 기관에 고발하게 된다면 어떻게 하겠는가 뭐 이런 거 생각할 시간 달라 하고 동공지진 나니까 면접관님이 너무 어려운 질문 같다고 미안하다고 하시면서 질문 바꾸심)

4. 메뉴얼 수립 적어줬는데 다른 방안 있나?

   네, 물론 메뉴얼 수립도 매우 중요하지만 예방하는 것도 중요하다고 생각합니다. 또한 이렇게 경제적인 문제가 전혀 없음에도 부정하게 아르바이트를 하는 사람이 있을 수 있기 때문에 적발 시 강력한 조치를 해야 한다고 생각합니다. 또한 사업주들에게 이러한 내용을 전달하여서 주의할 것을 당부하겠습니다.

5. 공익요원이 그 사람 말고도 있을 텐데 다른 요원들과 친하게? 사이좋게? 지내려면 어떻게 해야 하는지

   네, 제시문이 경제적 요인에 관한 지문이므로 다른 요원들에게도 경제적인 문제가 없는지 상황을 살펴야 할 것 같습니다. 그리고 경제적인 문제에 직면한 요원들을 위하여 관련한 지원을 받을 수 있는지 적극적으로 조사하여 피해 입는 요원이 없도록 신경 쓸 것 같습니다.

6. 스트레스 해소하는 방법이 있는지

   네, 먼저 솔직하게 말씀드리면 저는 스트레스를 많이 받는 성격은 아닙니다. 그러나 스트레스를 많이 받게 된다면 일단 회사를 벗어나서는 스트레스 받는 일에 대해 많은 생각을 하지 않으려고 노력할 것 같습니다. 그리고 친구들과 여행을 떠난다던지 해서 좀 기분을 환기시키려고 하는 편입니다.

[추가질문]

7. 알다시피 공무원은 연공서열제가 강하다 어떻게 생각하냐

   네, 물론 단점이 있겠지만 연공서열제가 지금까지 계속되는 것을 보면 그만한 장점도 있다고 생각합니다. 장점은 장점대로 유지하되 단점을 개선하기 위해서는 성과에 따른 인센티브 제도가 필요하다고 생각합니다. 그러나 성과평가를 도입해서도 부하직원들은 상사의 눈치를 볼 수 있기 때문에 성과평가를 익명으로 진행하고 기준에 대해서도 모든 부서원들의 의견을 반영하여 공평하게 진행한다면 연공서열과 관련한 문제점이 어느 정도 해결될 거라고 생각합니다.

상황과제 작성내용	■ 상황 및 판단 ✓ 사회복무요원 B씨의 행위가 허가받지 않은 행위로 처벌의 대상 ✓ B씨는 사정을 고려해줄 것을 요청(다양성) VS 위법한 행위에 대한 처벌 필요(공정성) ✓ 해당 상황에 대해 사실확인을 한 후, 예외 규정 검토 후 필요하다면 처벌 절차 진행 ■ 판단근거 ✓ B씨의 행위가 사실이라면 법에 위반되는 행위로 처벌이 필요하다고 판단 > 공정성 ✓ 예외 규정이 있어 가벼운 처벌이 가능하다면 최대한 검토해 처리 > 다양성 ■ 해결방안 ✓ 처벌에 앞서 B씨의 행위, B씨의 경제사정 등 사실관계 확인 ✓ 사실이라면 생계만 어려운 상황에서 적용할 수 있는 예외 규정이 있는지 검토 ✓ 예외규정이 없다면 처벌을 진행하되 별도로 도움줄 수 있는 지원제도 확인하여 안내
질의응답	Q. 상황형 들어갈게요. 상황형 내용은 기억하시겠어요? A. 네, 기억하고 있습니다. Q. 해결방안에 있어 제일 중요하다고 생각한 것? A. 공정성이 중요하여 확인 후, 규정에 맞게 처리해야 할 것이라고 생각했습니다. Q. 공익근무요원이 반발하면 어떻게 설득? A. 네, 반발하다면 공정성을 이유로 해당 처리는 불가피함을 설명할 것입니다. 왜냐하면 공무원은 법에 따라 행정행위를 집행해야 하는 것이 중요하다고 생각했습니다. 만약 봐주게 되면 위법한 선례가 생길 수 있다는 것을 추가적으로 말할 것 같습니다. 또한, 공익근무요원의 경제적인 부분은 최대한 도움줄 수 있는 방법을 찾아 안내할 것입니다. Q. 동료직원들과 공정하게 하려는 나의 의견과 다르면 어떻게? A. (많이 망설였더니 답이 있는 것이 아니니... 현실적으로 진짜 어떻게 할 것인지 너무 생각 길게 하지 말고 말하라고 하셨습니다...ㅠㅠ...) 죄송합니다. 바로 답변드리겠습니다. 만약 동료직원들과 의견이 다르다면 대화하는 시간을 가질 것입니다. 동료들의 의견을 먼저 들어보고 저의 판단 이유를 들어 설득해볼 것 같습니다. [추가질문] Q. 지원자의 직무강점? A. 제가 생각하는 직무강점은 조직 내 행정효율성과 공감능력이라고 생각합니다. 먼저 조직 내 행정효율성입니다. 저는 이전 회사에서 해외교재가 필요한 교육과정을 관리하고 있었습니다. 교재준비에 특별한 주의가 필요했고 제가 부재중일 경우 대체업무에 문제가 생길 수 있는 상황이었습니다. 따라서, 부재 시 업무차질이 없기 위해 직원들에게 공유할 교재발주매뉴얼을 만들어 공유하여 업무효율성을 높일 수 있었습니다. 다음으로 공감능력입니다. 저는 호텔에서 내/외국인 고객을 응대한 경험이 있습니다. 당시, 호텔 주변 공사로 고객이 불편함을 호소하였습니다. 저는 이전에 비행기를 탔을 때 불편했던 경험을 떠올려 공감을 표하였고, 귀마개를 제공해드려 문제를 해결했던 경험이 있습니다. 이와 같이 공무원이 된다면 국민의 목소리를 경청하여 좋은 서비스를 제공할 수 있도록 노력하겠습니다.

질의응답	Q. 상황형의 상황처럼 동료들과 의견이 다를 경우, 거기서 오는 스트레스도 상당할 겁니다. 혹시 본인만의 스트레스 해소법이 있나요? A. 네. 저는 평소에 운동을 즐겨하는 편입니다. 요가, 헬스, 조깅 등으로 스트레스를 해소합니다. 그리고 최근에 등산에 관심을 가지게 되어 가끔 가족들과 등산을 합니다. 등산 후, 맛있는 음식을 찾아 함께 같이 먹습니다. ㅎㅎ 이후 질문이 없으신지 서로 쳐다보신 후, 면접이 종료되었으니 나가보아도 괜찮다고 하셨습니다. 그래서 인사드리고 퇴장하였습니다.

CASE 03 일반행정

상황과제
작성내용
	■ 상황 및 판단
	  – B 공익근무요원이 허가받지 않은 아르바이트를 해서 처벌 대상이 되었고 경제적 어려움을 이유로 선처를 호소하는 상황
	  – 허가받지 않은 아르바이트에 대한 처벌은 불가피하다고 판단
	■ 판단근거
	  – 허가받지 않은 아르바이트를 함으로써 규정에 어긋났으므로 처벌은 필요
	■ 사후방안
	  – B공익근무요원의 경제적 상황에 대해 다시 한 번 검토
	  – 평상시 B공익근무요원의 성실함과 주변 직원들의 선호도 등을 참작하여 봉사 등 처벌 수위를 낮추도록 함
	  – B공익근무요원의 경제적 상황을 지원할 수 있는 지자체 복지서비스 등 연결 또는 안내
	■ 재발방지
	  – 공익근무요원 선발 시 아르바이트 허가 등에 대한 교육 실시
	  – 이후 같은 상황이 반복되지 않도록 공익근무요원 대상 지속적인 모니터링 필요

질의응답	Q. 해결안 중 가장 우선시되어야 한다고 생각하는 사항과 그 이유 A. 저는 해결안 중에 공익요원의 경제적 사항을 판단하는 것이 우선이라고 생각합니다. 현재 공익근무요원이 경제적인 이유로 처벌의 선처를 호소하고 있고 이를 조사하기 위해서는 경제적인 사항을 판단하는 것이 우선이라고 생각했습니다. 그 과정에서 공익근무요원의 처벌 수위를 낮출 수 있도록 참작할 수 있는 조건이 나올 수 있고 공익근무요원의 생계 곤란과 관련해 거주하는 지자체의 복지 서비스를 받을 수 있도록 연결해주거나 안내해 줄 수 있다고 생각합니다. Q. 다른 공익요원들이 이의제기를 한다면 A. 우선 해당 공익근무요원이 허가 받지 않은 아르바이트를 한 것에 대해서 처벌을 받는 것은 명백한 사실입니다. 하지만 평소 업무환경에서 성실하여 주변 부처직원에게도 선호되던 사람이고, 경제적인 어려움이 있던 것은 사실이니 이를 참작하여 처벌한 점을 강조하여 우선 설득하는 것이 맞다고 생각합니다. Q. 사후 재발방지 A. 우선 같은 상황이 발생하지 않도록 공익근무요원 선발 시 아르바이트 등의 허가사항에 대해 교육이 필요하다고 생각합니다. 이와 같은 법과 규정을 미리 인지하고 있어야 다른 공익근무요원들이 제시문과 같이 위법사항이 나오지 않도록 해야 합니다. 또한 해당 부처에서 공익근무요원에 대해 지속적으로 모니터링 하면서 해당 공익근무요원이 규정사항을 잘 지키고 있는지 확인하는 것이 필요하다고 생각합니다.

PART

04

질의응답	Q. 공익근무요원 대상 교육 시 가장 중요한 것? A. 해당 공익근무요원과의 친밀관계를 형성하는 것이 가장 중요하다고 생각합니다. 법과 규정을 말하는 것에 앞서 관심사나 주변 환경에 대해 소통하며 친밀관계를 형성시켜야 이후 교육을 진행할 때 공익 근무요원이 규정을 수용하는 것에 부담감이 없을 것 같다고 생각합니다. Q. 나의 해결방안으로 인해 주변 동료나 공익근무요원이 스트레스를 받는다면? A. 제 개인적인 생각으로는 이러한 갈등이 있으면 스트레스를 받는 것은 당연한 일이라고 생각합니다. 하지만 주변 직원들과 꾸준히 의견을 나누고 받아들여 만족할 만한 해결책이 완성된다면 이후 비슷 한 상황이 생겨도 잘 넘길 수 있다고 생각합니다. [추가질문] Q. 공무원 사회가 연공서열 중심인데 이에 대한 원인과 해결책 A. (바로 생각나지 않아 생각힐 시간을 부틱드렸습니다...) 제 개인적인 생각으로 현재 대한민국 공무원 체계는 계급제로 이루어져 1년에 1호봉씩 오르거나 근속 승진 등의 제도로 인해 경직되어 있다고 생각합니다. 이에 대한 해결책으로는 현재 실행되고 있는 고 위공무원단 제도나, 공무원 개인별 성과제도 등을 도입하여 공무원들이 업무를 적극적으로 수행할 수 있는 환경을 만들어 주어야 한다고 생각합니다.

02 공직형

귀하는 A부처의 조사과 담당 주무관이다. 최근 B업체에 대한 탈루정황이 있어 세무조사를 실시한 결과 탈루사 실이 밝혀졌다. 이에 따라 B업체에 과세하는 방향으로 상급자에게 보고하였으나 상급자가 이를 만류하는 상황 이다. 알고 보니 상사와 B업체의 사장은 친분관계가 있어 상사가 과세하지 말라고 지시하는 상황이다. 담당 주 무관으로서 어떻게 대처할 것인가?

CASE 01 세무직

상황과제 작성내용	• 판단근거: 공무원 6대 의무, 공직가치 중 하나 → 청렴 • 해결방안 　- B업체 탈세 현황과 비슷한 사례 조사해 어떤 식으로 조치했는지 확인 　- 과세하는 게 맞다면 세무조사로 확인된 탈루 사실과 유사 사례에 대한 처분을 정리해 상사에게 제시 하며 과세 설득 　- 그래도 과세를 하지 말라고 한다면 상급자에게 이러한 사실을 말하거나 감사기관 등에 신고 • 사후방안: 향후 상사에 대한 복종의 의무는 다할 것 → 일회성일 수 있고 조직 내 협력은 납세자에게 더 좋은 서비스를 제공할 수 있는 토대이기 때문
질의응답	Q. 세무조사 후 과세(결과)를 납세자에게 유리하게 결정할 경우 발생할 수 있는 문제 A. 결정 이후에 새로운 증거를 확보한다 하더라도 같은 세목에 대한 재조사를 개시하기가 쉽지 않기 때 문에 최초 결정을 할 때 충분히 조사해서 신중하게 결정을 내리기 위해 노력해야 함

질의응답	Q. 개인의 역량 발휘와 조직 내 협력 중 더 중요한 것 A. 둘 중 어느 것이 더 중요하다고 하기 어려움. 개인의 역량 발휘 효과가 최대치로 발현되기 위해서는 조직의 협력이 필요하고 조직 내 협력이 원활히 이루어지기 위해서는 개개인의 역량 발휘 및 역량 발휘를 위한 자기발전자세가 필수이기 때문. 따라서 조직은 개인이 자기계발을 할 수 있도록 도와야 하며 개인은 발전시킨 역량을 이용해 조직 내에서 좋은 결과를 내기 위한 노력과 영향력을 발휘해야 함 Q. 상사를 설득할 구체적 방법 A. 상사와 B업체 사장과의 친분관계에 대해 자세히 알아보고 설득하겠습니다. └ Q. 그래도 거절한다면? Q. 직장 내 스트레스 관리방법 A. 저의 스트레스 관리방법은 스트레스의 원인을 파악해서 해결할 수 있도록 노력하는 것입니다. 만약 직장 내 상사와의 갈등이라면 상사분과 면담이나 대화할 기회를 만든 뒤 충분한 소통을 통해 원만하게 해결되도록 노력할 것이고 직장 내 고발로 인해 팀원들에게 따돌려지는 상황이 발생한다면 앞서 말한 방법부터 해본 뒤에 해결이 안 되면 인사과에 전근 등의 조치를 취해주실 것을 요청하겠습니다.

CASE 02 세무직

상황과제 작성내용	–
질의응답	Q. 어떤 내용이였는가? A. 세무조사 후 기업의 탈루 사실을 알게 되어 과세를 하는 쪽으로 보고를 하였으나 상사는 만류하였고 상사와 해당 기업의 친분이 있는 것으로 추정되는 상황이었습니다. Q. 어떻게 해결? A. 우선은 제가 잘못 안 것일 수도 있기 때문에 기업의 탈루 사실을 다시 한 번 확인해 보겠습니다. 또 상사께서 만류하신 데에는 정당한 사유가 있을 수 있기 때문에 그 이유에 관하여 상담을 해보겠습니다. 이후에도 납득이 안 간다면 다른 상사나 동료와 상담을 계속 해보겠습니다. 과세 여부는 최종적으로 복종의 의무에 의하여 상사의 지시를 따르겠습니다. 다만 해당 기업의 위법 행위가 확실하고 과세를 만류하는 이유가 단지 친분 때문이라면 이를 묵인하는 것은 바람직하지 않다고 생각합니다. 때문에 더 위의 상사나 행동강령 담당관과의 상담을 통해 대응책을 강구해 보겠습니다. 물론 상사가 납득을 해 주셔서 과세가 이루어지는 것이 가상 이상적인 상황이기 때문에 설득을 위해 최대한 노력해 보겠습니다. Q. 상사가 반발을 한 경우 어떻게? A. 당장은 아니더라도 추후에 문제가 커질 수 있다, 예를 들어 최근에 취득가액을 부풀려 양도소득세를 부풀리는 데에 일조를 하여 처벌받은 공직자의 기사를 읽은 적이 있습니다. 이런 사례를 예로 들고 또 이런 행위가 추후에 공론화가 된다면 우리 부처만이 아니라 국세청 전체의 이미지에 손상이 갈 수 있다는 점을 말하며 설득하려 노력 해보겠습니다. 물론 불편하게 들릴 수 있기 때문에 최대한 조심스럽게 얘기를 드려보겠습니다.

CHAPTER 03 · 상황과제 [질의응답] **245**

질의응답	[추가질문] Q. 스트레스 해결방법 A. 공시 준비를 하며 야식을 먹는 버릇이 생겨 매운 음식을 먹는 것으로 스트레스를 해소하고 있습니다. Q. 운동은 하지 않나? A. 시험준비를 하며 체력을 기를 필요를 느껴서 집에서 할 수 있는 운동, 버피나 턱걸이 등을 꾸준히 하고 있습니다. Q. 마지막 하고 싶은 말? A. 장점 어필~

03 민원형

당신은 구치소 민원실의 주무관이다. 퇴근 무렵 인터넷으로 접견신청을 한 할머니가 손주와의 접견을 요구하고 있다. 하지만 접견은 정해진 시간에만 가능하고 현재 접견시간은 이미 지난 상황이다. 이에 대해 할머니에게 설명하자 소리를 지르며 떼를 쓰고 있는 상황이다. 담당 주무관으로서 어떻게 해야 하겠는가?

CASE 01 교정직

상황과제 작성내용	제시되어 있는 상황은, 교정시설 내의 규칙을 지켜야 하는 공정성과, 할머니 개인의 안타까운 상황이 충돌하는 상황입니다. 교정시설의 질서 유지를 위해 접견이 불가함을 재차 말씀드려야 하는 상황입니다. • 해결방법 1 민원실 내 다른 사람들을 고려하여, 조용한 쪽이나 사무실로 장소를 옮겨 설득을 시도하고, 주머니에 있는 동전을 활용하거나, 사무실 내 비치되어 있는 커피나 음료를 제공하며 기분을 전환시킬 수 있도록 함. 기분이 누그러지실 때까지 이야기하실 수 있도록 들어드리고, 최대한 경청하며 공감하는 태도를 보임. • 해결방법 2 퇴근시간 무렵이므로, 귀가길에 있는 할머니를 자차로 교통이 편리한 곳까지 바래다드리되, 다른 공무원이나 다른 사람에게 이것을 바래서는 안 되며, 이번에만 해드리는 것임을 누차 설명드림으로 나의 친절로 인해 다른 동료들에게 피해가 가지 않도록 함.
질의응답	RQ. 상황형 대답이 재미있는데, 데려다드린다는 것은 무슨 말인가요? A. 아무래도 교정시설은 교통이 열악하거나 버스가 잘 다니지 않는 곳에 위치한 경우가 많은 것으로 알고 있습니다. 그리고 다음의 상황은 할머니께서 모든 것을 받아들이시고 교정시설 밖으로 대중교통을 타러 가기 위해서 걸어가시고 있는 모습을 상상하며 적어보았습니다. 물론 집까지 바래다드리는 것은 저도 부담스럽지만, 교통이 편리한 곳, 터미널이나 집 근처에까지는 가능하지 않을까 생각했습니다. 또한 최대한 동료 직원들에게 피해가 가지 않도록 다음번이나, 다른 사람에게 또 바라시면 안 된다는 것을 누누이, 누누이 말씀드려야 한다고 생각합니다.

LQ. 다음 상황에서 가장 중요하게 생각해야 하는 부분이 뭐라고 생각하세요?

A. 공정성을 기한다는 것은 당장의 상황을 해결하기보다는 앞으로를 위해서 좋은 선례를 만들어 나가는 것이라고 생각합니다. 그래서 순간을 모면하기보다는 원칙을 지키는 것이 중요하다고 생각합니다. 왜냐하면 그 할머니의 손주 한 사람을 접견시키는 것은 어렵지 않으나, 그 손주가 접견 후 구치소 내의 동료 재소자들에게 "나 이 시간에도 접견했다."라는 것을 알린다면 수용질서에 혼란을 야기할 수 있고, 교정시설의 신뢰를 잃을 수 있기 때문입니다.
(대답을 성심성의껏 했지만, 왼쪽 면접관께서는 단답형의 깔끔한 답변을 원하는 눈치이긴 했습니다. 그래서 면접 내내 신경이 좀 쓰이는 부분이었어요.)

LQ. 형평성이 중요하다는 말씀이시군요. 그런데 그럼에도 불구하고 계속 떼를 쓰면 어떻게 해야 할까요?

A. 상황에 대해서 공감하고, 이해한다는 것을 느끼실 수 있도록, 정성껏 이야기를 들어드리는 수밖에 없을 것 같습니다. 또 상황에 대해서 설명해 드리되 기분 나쁘시지 않도록 최대한 친절하고 완곡하게 말씀드려야 한다고 생각합니다.

RQ. 그렇게 했는데도 소장 나오라고 계속 요구하고 떼를 쓰면 어떻게 할건가요? 전화하라고 하면요?

A. 최대한 곤란함을 설명드리되 정 불가능하면 전화드려서 상황을 설명하고 연결시켜드려야 한다고 생각합니다.

[추가질문]

LQ. 지원자께서 재소자들에 대한 교정·교화를 위한 마음가짐이나, 사회로 나가야 할 국민이라는 것을 생각하는 부분은 잘 알겠습니다. 그런데 실무에 임하다 보면, 정말 사소한 문제로, 혹은 자신의 교도소 내 순간적인 상황을 모면하기 위해서 배신하는 경우가 생길 수 있습니다. 그런 경우 좌절할 수도 있겠지요. 그럴 때는 어떻게 하실건가요?

A. 당연히 그런 상황이 발생할 수 있고, 생각해야만 하는 부분이라고 생각합니다.
교정시설 내에는 여러 종류의 재소자들이 있는데, 예를 들어 비교적 죄질이 가벼운 절도나 생계형 범죄자, 혹은 폭행이나 마약사범도 있고, 경제사범도 있을 텐데, 그 모두를 공평하게 대하겠다는 마음가짐입니다. 마찬가지로, 저에 대해서 배신을 하거나, 교정교화가 잘 이루어지지 않는 재소자들에 대해서도 공평하게 대해야 한다고 생각하고 있습니다. 교정교화에 있어서는 행동주의적으로 접근해야 한다고 느끼고 있고, 그것은 범죄자가 죄를 짓고 형벌을 받으러 들어왔지만, 교정시설 내에서는 백지 상태로 다시 시작한다는 마음으로 새로 평가받아야 하고 그렇다는 것을 재소자가 인식해야 하기 때문입니다. 그래야만 내적동기를 활성화시키고 스스로 교화되겠다는 마음을 불러일으킬 수 있기에 그렇습니다.
여러 가지 공부도 해보고 있고, 노력하고 있지만 제가 실무 경험이 없기 때문에 많은 경험이 필요하고, 현장에서 느껴야 할 부분들과 어려움이 많이 있겠지만, 지금처럼 교정직 공무원이 되고 싶다는 간절한 마음가짐을 되새기면서 초심을 잃지 않으려 노력한다면 극복할 수 있을 것이라고 생각합니다.

LQ. 그럼에도 불구하고 좌절감이 온다면 어떻게 하실 건가요?

A. (멘탈이..) 사실 모든 재소자들을 공평하게 대하고 교정교화를 위해서 노력하는 것은 저의 높은 이상이고 저만의 욕심일 수는 있습니다. 하지만 재소자는 재소자 나름의 세계가 있고, 결론적으로는 본인이 느껴야만 교정교화가 가능하고 변화할 수 있는 부분을 인정해야 한다고 생각합니다. 그래서 저의 이상과 욕심을 강요할 수만은 없고, 그들의 상황을 존중해주고, 배신했더라도 똑같이 대하기로 마음먹는다면, 초심을 잃지 않을 수 있지 않을까 생각합니다.

질의응답	RQ. 마지막으로 하시고 싶은 말씀 있으세요? A. 제가 사실은… RQ. 짧게~ A. 저는 사실 말을 하는 것보다는 듣는 것에 더 장점이 있는 사람입니다. 이렇게 많은 말씀을 잘 할 수 있도록 친절하게 배려해주셔서 감사합니다. 이상입니다.

⑭ 정책(사업)형

귀하는 A부처 장애인 복지 담당 주무관이다. 장애인을 위한 특수학교가 교외에 편중되어 있어 도심에 거주하는 장애학생들이 통학에 불편을 겪고 있는 상황이다. A부처는 문제해결을 위해 도심지인 B에 부지를 확보한 후 특수학교 설립을 추진하려고 한다. 그러나 B지역 주민들이 부동산 가격하락 문제로 강력하게 반대하고 있는 상황이다. 담당 주무관으로서 어떻게 대처하시겠습니까?

CASE 01 고용노동

상황과제 작성내용	1. 판단 및 근거 　공청회를 통해 의견을 절충해 해결방안을 모색할 것, 일차적으로 장애인 복지 담당 주무관으로서 현 문제상황과 설립 추진 이유를 들어 설득할 것. 2. 해결방안 　설립 ×: 장애 학생들을 위한 셔틀버스 제공, 도심지 일반 학교에 특수 학급 설치. 　설립 ○: 부동산 하락 문제를 해결하기 위해 설립 부지 주변에 주민들이 이용할 수 있는 편의시설 확충.
질의응답	Q. B지역 주민들을 설득할 때 가장 고려해야 하는 점 A. B지역 주민들이 실질적으로 가장 반대하는 이유에 대해 우선적으로 고려해야 함, 제시문에 부동산 가격 하락을 이유로 반대하고 있다고 했는데 실제로 설립되었을 때 대폭 하락 여부를 파악하기 위해 부동산 전문가 등을 초청해 확인할 것. 실제로 대폭 하락할 것 같다는 결론이 나게 된다면 부동산 가격 하락 문제를 완화할 방안을 강구하는 것을 우선적으로 하여 설득할 것. Q. 언론에서 담당 주무관이 주민 반대를 무시하고 학교 설립을 추진하고 있다고 보도했다면 어떻게 대응 하겠는가? (질문지 질문) A. 해결방안에 공청회를 통해 의견을 절충해 해결안을 모색해 나갈 것이라고 작성했음. 따라서 실제로 주민 의견을 무시하고 추진한 게 아니기에 공청회를 통해 의견을 반영하고 있음을 알리고 진행된 현황을 공개, 또 설립을 추진하고자 하는 이유를 서류화하여 해당 언론사에 정정 보도를 요청할 것. Q. 해당 언론이 정정보도 요청을 거부한다면? A. 타 언론사에 보도를 요청할 것 같다. 또 최근에 지자체 관련 유튜브 채널이나 블로그가 활성화되고 있기에 그곳에 알리겠음. Q. 타 언론도 정정보도 요청을 거부한다면? (꼬리질문의 연속..) A. 잠시 생각할 시간 부탁, 지자체 관련 유튜브와 블로그를 활용할 것. 다른 해결방안은 말 못하고 면접관이 그 정도면 됐다고 함.

질의응답	 [추가질문] Q. 직업상담사로서 첫 상담에서 가장 중요시해야 하는 것? A. 직업상담뿐 아니라 모든 상담에서 라포 형성이 가장 중요함. 내담자가 처음 상담을 시작할 때 상담자를 신뢰할 수 있도록 관계 형성이 매우 중요함. 따라서 첫 상담을 할 때는 라포를 형성하는 데 주력할 것. 라포 형성 후 신뢰관계가 구축되면 신뢰를 잃지 않도록 내담자가 겪고 있는 고민 사항이나 어려움 등을 상담 진행해가며 단계적으로 파악해 필요한 지원을 하는 공무원이 되겠음. Q. 노동시장 유연성에 대해 말해보세요. (끝내기 전에 갑자기 질문..) A. 잠시 생각할 시간 부탁, 경직성과 반대되는 의미라고 생각합니다. 취업 지원자나 현재 노동시장에 근로하는 생산가능인구가 취업, 재취업, 전직 등을 자유롭고 유연하게 할 수 있는 것을 의미한다고 생각한다.

CASE 02 직업상담

상황과제
작성내용
	□ 상황 및 판단
	  －통학 학생들을 위한 B도시 내 특수학교 설치 > 부동산 가격 하락 등으로 인한 주민들 반대상황
	  －B도시에 특수학교 설치하는 것에 대한 타당성 파악과 이와 관련한 문제점 해결 방안 모색
	□ 해결안
	  －전문가, 지자체, 주민들과 B도시 내 특수학교 설치에 관한 공청회 실시 > (B도시 외의 다른 지역에 특수학교 설치 가능성 여부 확인, 특수학교 통학학생의 비율 등 고려)
	  －타당할 시 B도시에 특수학교 설치 > 부동산 가격 하락 우려를 대비한 편의시설이나 공공기관 설치 여부 확인
	  －특수학교 인식 제고 노력－실제 학교 다니는 장애학생 인터뷰, 성과 등을 카드뉴스나, 블로그 등으로 홍보
	□ 판단근거 및 공직다짐
	  －의견을 배제하고 제도를 진행할 경우 민주성에 위배되어 국민 신뢰도가 하락할 수 있음
	  －다양한 의견을 수용하고 이를 반영하기 위해 민주성을 지키는 공직자 다짐

질의응답	Q. 부동산 가격 외에 주민들이 반대하는 이유가 있을까요? A. 특수학교 설치를 반대하는 주민들의 이유 중 부동산 가격 외의 문제로는 교통 문제 등이 원인이 될 수 있다고 생각함. 예를 들어 휠체어를 타고 다니는 장애학생의 경우 대중교통을 이용하면서 시간이 지체될 수 있음. 이를 위해 학교에서 통학셔틀버스를 제공한다던지 공공기관에서 장애인 전용 대중교통 등을 제공하는 방법이 있을 수 있겠음

05 업무 · 조직형

당신은 치료감호를 담당하는 주무관이다. 대상자 A는 치료감호에 대한 보호관찰을 받는 중 약물치료 판정을 받아 약물치료를 받고 있는 상황이다. 하지만 A는 약물에 대한 심리적 부담감 및 어지럼증 등 부작용을 호소하며 약물치료 중단을 요구하였다. 상관은 형평성 문제와 재범 가능성의 문제로 약물치료를 계속 진행해야 한다며 중단요청을 거절하라고 말한 상황이다. 담당 주무관으로서 어떻게 대처할 것인가?

상황과제 작성내용	1. 전문가와 협업하여 보호관찰자의 현재 상황을 정확히 파악한다. 1-1. 파악 후 전문상담가와의 상담으로 어느 정도 절충이 되는 상황이라면 약물투여를 중지 　• 전문가와 협업하여 파악한 정확한 현황 등을 중심으로 상사를 설득 1-2. 재범률이 높은 상황이라면 현행 유지 　• 재범률이 높다는 점과 계속하여 지속적인 상담가의 배치, 점진적으로 줄이는 방안 등을 들어 보 　호관찰자를 설득
질의응답	Q. 상황 기억나세요? ~~~~~한 상황이고, 이 상황에 대해서 써주셨는데, 써주신 것 중에서 무엇을 　가장 중요시 생각하세요? A. 저는 제가 기록한 것들 중 소통능력을 이용하여 각 상황에 맞게 설득하는 것이 가장 중요하다고 생 　각합니다. Q. 상사를 어떻게 설득할 것인지? A. 정확히 뭐라고 했는지 기억이 안 나는데 "가치"를 중점으로 설득하겠다 라고 얘기한 것 같아요. Q. 가치만으로는 한계가 있을 것인데 그렇다면 어떻게 설득? A. 전문가와의 협업으로 파악한 현황을 중심으로 사실을 중심으로 설득할 것이고, 지속적으로 상담가와 　의 상담으로 개선될 수 있다는 점을 들고 저 또한 옆에서 관찰하며 노력하겠다 라는 식으로 말씀드 　렸어요. Q. 보호관찰자의 요구를 들어주지 않았을 때 부정적인 언론 기사가 뜨면 어떻게 해? A. 현재 보호관찰자에게 제공하고 있는 상담시스템이나 옆에서 밀착 관찰하고 있다는 점, 그리고 재범 　률 등을 강조하여서 공익성을 강조하여서 대응하겠습니다. Q. 그래도 부정적 언론 기사를 계속 쓴다면? A. 보호관찰자와 함께하고 있는 모습을 구체적으로 사진 촬영이나 영상제작 등, 보호관찰자가 동의한다 　면 인터뷰 등을 싣겠습니다. (이 대답은 다시 생각해도 뭐래.. 싶어요) Q. 그러면 이런 상황에서 인권침해 없을까요? A. (!!!!!) 물론 있을 것입니다. 그렇기에 지속적인 관심과 전문적인 상담으로 멘탈케어를 하고 상황이 　좋아진다면 점진적으로 약물투여를 줄이는 쪽으로 진행할 수 있다면 진행하겠습니다. [추가질문] Q. (면접관 B) 음,, A께서 질문을 다 하셔서 그러면 여기(질문지) 써져 있는 거 물어볼게요. 현재 어린이 　교통문제가 대두되고 있는데, 해결방법? A. 현재 경찰청에서도 5030제도를 진행하고 있고 이에 따라 교통사고가 줄고 있다고 알고 있습니다. 　그렇기에 이러한 제도와 더불어 어린이보호구역 등에서 어린이들의 돌발상황 등을 매뉴얼로 만들어 　서 운전자들에게 홍보하고 교육하는 방법을 말씀드릴 수 있을 것 같습니다. 　면접관 B: 홍보담당관을 쓰셔서 그런지 홍보를 중점으로 말씀해주시네 허허 　(이때 조금 머쓱했어요 나란 사람의 한계인가.. 이런 느낌) 　앞으로도 홍보에 관심 많이 가져주세요~.

상황과제 작성내용	1. 내용 및 판단 (내용) 수감자의 약물 투여 중단 요청(심리적 불안감, 부작용) → 상사의 반대(형평성, 재범가능성) (판단) 수감자의 건강상태를 고려하여 약물 투여 결정 필요 2. 해결방안 　1) 의사나 전문가에게 수감자의 건강상태, 심리상태에 대한 검사 요청 　2) (부작용이 심할 시) 약의 투여량을 줄이거나 약물의 종류를 변경하는 등의 방식 사용 　3) (부작용이 미미할 시) 수감자와 지속적 상담을 통한 심리적 불안감을 낮춤. 수감자에게 약물투여 　　의 필요성 등을 말해주어 불안감을 낮추는 것 필요 　　　→ 두 가지 경우 모두 지속적으로 수감의 건강상태를 점검하는 모니터링 과정이 요구됨 3. 판단근거 　1) 과거 경험을 통해 약물 치료의 중요성 깨달음(손님 중 조현병에 걸리신 분이 약물 투여를 멈춤 　　→ 재발하여 같이 일하던 직원 성추행하여 신고한 경험) 　2) 경찰청과 더불어 보호직 역시 국민 생활 안전이 가장 일차적인 조직목표 + 수감자의 장래 건강 　　한 삶을 위해 치료는 필수적이라 생각
질의응답	Q. 상황형 어떤 상황인지 말씀해주시겠어요? A. 저는 보호관찰업무를 수행하는 주무관입니다. 수감자는 심리적 불안함과 어지러움과 같은 부작용을 호소하며 약물 투여를 중단해달라고 요청하고 있습니다. 하지만 상사는 형평성과 재범가능성을 고려하여 투여를 계속해야 한다고 반대하고 있습니다. Q. 만약에 본인이 투여를 조절해야 한다고 생각하는데 상사가 지속적으로 반대한다면 어떻게 하시겠어요? A. 먼저 사전적으로 투여량을 조절하면 수감자의 건강상태가 얼마나 좋아지는지, 효과가 있는지를 전문가에게 물어봐서 자료로 정리할 것 같습니다. 정리 후 상사에게 보고서를 제출하며 설득하겠습니다. 하지만 설득 후에도 계속해서 반대하신다면 반대에 대한 의견을 듣고난 후 공무원의 복종의 의무에 따라 상사의 의견을 따르겠습니다. Q. 만약에 부작용은 있는데 약물 투약량을 줄이거나 약을 바꾸면 효과가 없는 상황이면 어떻게 하시겠어요? A. 국민 생활 안전이 가장 일차적인 조직목표라고 생각합니다. 약물을 투여하지 않는다면 범죄가 다시 발생할 가능성이 높고, 수감자의 건강에도 문제가 생길 수 있다고 염려됩니다. 따라서 약물 투여를 지속하겠습니다. 다만 이 경우에도 계속해서 수감자의 건강상태를 체크하고, 상담을 하여 심리상태를 안정시키는 등의 노력을 통해 인권이 침해되지 않도록 노력하겠습니다. Q. 만약에 언론에 인권침해라고 보도가 나면 어떻게 대응하실 건가요? A. 먼저 왜 그러한 결정을 하였는지, 수감자의 인권을 보호하기 위해 지속적으로 상담을 하고 있다는 등의 정정보도를 언론사에 요청할 것입니다. 또한 신문의 전문가 기고란이나 아니면 운영하고 있는 sns에 사실관계를 정확하게 명시하여 뉴스를 보지 않아도 국민들이 알 수 있도록 적극적으로 대응할 것입니다. [추가질문] Q. 오늘 면접 어떠셨어요? A. 준비한 건 많은데 전부 보여드리지 못해 조금 아쉽습니다.

질의응답	Q. 그러면 마지막으로 하고 싶은 말씀, 준비하신 내용 같은 거 마음껏 말해주세요. A. 저는 경찰행정 공무원이 되기 위해 경찰청 홈페이지를 자주 방문하였습니다. 경찰민원포털에 하루에 몇 건의 민원이 들어오는지를 알 수는 없었지만, 하루에 자유게시판 글만 해도 25건이 넘었습니다. 이러한 경찰청에 대한 분석을 하면서 업무 강도가 높은 경찰기관에서 근무하시는 모든 분들께 깊은 존경심을 가지게 되었습니다. 입직 후에는 제가 가진 경험들을 기반으로, 또 미래를 향해 전문성을 쌓아가도록 끊임없이 노력하는 인재가 되기 위해 매진하겠습니다. 감사합니다.

CASE 03 보호직

상황과제 작성내용	–
질의응답	Q. 전문상담사와 상담을 진행한다고 하는데 당신이 전문가인데 왜 더 전문성을 갖춘 전문가를 데려와야 하는가? A. 상담이라는 거 자체가 많은 전문성을 함양해야 하는 것으로 알고 있음, 특히 내가 감당하지 못하는 부분에 대해 지속적으로 상담을 할 경우 PTSD(외상 후 증후군)나 기타 위험한 증상을 나타낼 수 있음. 그러므로 전문성을 지닌 사람을 불러서 상담을 요청 또한 더 전문성을 갖춘 사람이므로 객관적인 정보를 얻을 수 있기 때문에 공무원으로서 필요한 정확성을 갖출 수 있음 Q. 내담자가 진짜로 아픈데, 상사가 계속 안 된다고(중단 요청 거부) 계속 그런다면? A. 일단 재범가능성이 가장 큰 문제이긴 하나 실제로 증상을 호소한다면 이는 대상자 안전과 인권문제에 큰 손해이다. 그러므로 객관화된 자료를 토대로 상사를 설득하여 이를 해결할 수 있도록 할 것이고, 일시중단 중에 재범가능성이 있으므로 기존보다 더 심층적으로 보호관찰하겠다. Q. 그러면 반대로 거짓말인 것이 들통난다면? A. 이에 대해 먼저 자신이 어떤 벌을 받고 있는지 상기시켜줄 필요가 있다. 자신이 받게 되는 불이익을 설명하여 이러한 일이 발생하지 않도록 주의를 주겠다. Q. 그 대상자가 거짓말임을 어떻게 알 것인가? (여기는 생각 못 한 질문) A. 먼저 그 대상자를 전문가와 상담시키기에 앞서 먼저 내가 상담을 하여 어떤 증상을 호소하는지, 어떤 문제를 가지고 있는지 내용을 알고, 나중에 전문가와 상담한 내용을 바탕으로 비교하여 거짓말을 하는지 파악하겠다(당황하여 말을 이쁘게 하지는 못함) [추가질문] Q. 스트레스를 어떻게 해소하는가? A. 자전거를 타면서 힘든 기억들을 해소하는 편이다.

상황과제 작성내용	해결방안 > 심리분석 및 건강상태 진단을 먼저 시행 > 심리불안과 부작용 등이 심하지 않다면 약물치료 계속 진행 > 심리불안과 부작용이 심하다면 관련 자료를 가지고 상사를 설득해서 약물치료 중단
질의응답	(상황형 관련해서는 나름 재밌는 질문들을 많이 받아서 재밌었습니다ㅎㅎ) Q. 부작용 등이 심하다면 심리치료를 중단한다고 판단했는데 이렇게 판단한 이유가 뭐냐? A. 우선 공직자로서 내가 맡는 대상자라면 그에 대한 책임감이 중요하다고 생각함. 그리고 무조건적으로 중단하자는 것이 아니라 우선 심리분석과 건강상태 등을 진단을 해서 부작용이 없다고 판단된다면 약물치료를 진행하고 부작용이 있다면 약물치료를 중단하자는 것임. 먼저 건강상태 심리분석 등을 진행하고 그 후에 중단할지 결정해도 늦지 않을 것임 Q. 상관한테는 어떻게 설득할 것임? A. 우선 부작용 등에 대한 자료와 만에 하나 생명에 지장을 주게 되면 언론보도와 같은 조직에 피해가 발생할 수 있다는 내용을 상사에게 자세하게 설명해서 설득하도록 하겠음 Q. 만일 대상자를 약물치료 중단하면 다른 대상자들도 약물치료 중단 요구하고 가족들도 약물치료 중단하고 풀어달라는 민원 발생할 수도 있는데 어떻게 대처? A. 공직자로서 예외적인 사유에 대해서 국민들 민원인들에게 설명해서 설득하고 납득하실 수 있도록 하겠음 Q. 어떠한 피해가 발생하였을때 설득한 경험 얘기해봐라 A. 과거 학창시절 때 학교폭력 목격한 경험이 있다 이때 피해자에게는 현재 어떠한 상황인지 파악하고 가해자를 계속해서 설득을 하였다 그리고 피해학생과 가해학생 둘 다를 체육관으로 불러내서 같이 운동을 하면서 학교폭력 상황을 해결하였음 Q. 그게 그렇게 쉽게 해결이 가능한가...?(면접관님 당황..) A. 압축요약해서 답변드려서 그렇게 느껴지실 수 있지만 실제로는 3개월 정도 계속 설득해서 해결하였다 Q. 어떻게 설득햇나 A. 너가 하는 행동이 잘못된 것이고 계속해서 하게 되면 처벌을 받게 될 수도 있다는 얘기를 계속해서 설득했음 Q. 왜 어른들에게 말하지 않았나 A. 나도 어른들에게 말하는 것이 맞을 것이라고 생각했다 하지만 실제 피해학생은 정작 2차가해나 그런 걸 우려해서 어른들에게 말하지 않고 해결하기를 원했고 친구로서 동기로서 그러한 방식을 선택했다 [추가질문] Q. 수사관으로서 본인 강점 얘기 해봐라 A. 첫 번째 강점으로는 친구들이 나에게 지어준 끈기가 있는 독종이라는 별명이 있다. 무엇 하나에 집중하게 되면 그것이 이루어질 때까지 끈질기게 집착한다. 이러한 특징을 바탕으로 사건을 끝까지 추적할 수 있다고 생각한다 두 번째 강점으로는 피해자의 아픔을 달래주는 공감능력이 있다 학창시절부터 공감능력으로 후배들이나 후임들의 아픔을 달래주었고 그들이 나를 의지해서 자발적으로 문제를 해결해 나갈 수 있도록 도와주었다

질의응답	이러한 능력과 경험을 바탕으로 수사업무와 피해자의 상처를 치유해주고 그들의 진술을 최대한 잘 끌어내는 능력 있는 수관이 되고 싶다 Q. 상관과의 갈등이나 이런 것들로 스트레스 받고 할 수 있는데 어떻게 해소하겠나? A. 나는 우선 옛날부터 과도한 업무 등으로 스트레스를 받아도 밤을 새서라도 책임감 있게 수행해내자는 마인드로 임해왔다. 앞으로도 스트레스나 강도 높은 업무를 피하지 않고 책임감 있게 처리하겠다. 그리고 만일 과도한 스트레스를 받는다면 운동이나 헬스 등으로 해소해 나가겠다

06 업무·조직형

> 귀하는 A부처의 정보시스템 구축담당자이다. A부처는 고질적인 인력난으로 인해 직원들의 업무사기가 저하된 상태이다. 상사는 업무효율 증진 및 직원들의 사기증진을 위해 A부처의 X시스템을 타 부서의 정보효율이 높은 Y시스템으로 교체를 지시한 상황이다. 그러나 Y시스템은 현재 A부처의 업무성격과 달라 효율을 높일 수 있는지 확신할 수 없는 상황이고 A부처 직원은 도입과정에서 교체에 필요한 인력과 시간이 낭비가 될 것이라는 우려의 목소리를 내고 있는 상황이다. 이러한 상황에서 담당자로서 어떻게 대처하시겠습니까?

CASE 01 전산직

상황과제 작성내용	직원들의 사기증진 목적인 결정이므로 직원들과 함께 결정 우선 근거마련(적응 오래 걸리는지 두 시스템 유사성 판단 / 같은 기능으로 효율성 판단 / (하나 까먹었..) 판단 후 도입 필요하면 근거 제시하면서 설득
질의응답	Q. 시스템 도입할 때 직원들 잘 설명해야 할 건데 어떻게? A. x와 y시스템에 같은 기능을 처리하도록 해서 효율성을 판단해서 보여드릴 것이다.~ 　(시스템을 비교해서 설명드린다는 거죠? 네!!) Q. 공직사회에서 개선해야 할 것? A. 개선하기보다는 추진하고 싶은 정책 있다. 봉사활동 오리엔테이션이 메타버스 방식이었는데 인상 깊었고 현장에서 직원분께 여쭤보니 메타버스 플랫폼의 일종인 게더타운이었다. 메타버스 활용해서 직원들 소통할 수 있는 공간 > 시간, 공간 제약받지 않는 편리한 소통 가능 　└ Q. 부처 간의 협력하면 뭐가 좋은데? 　　A. 과기부와 지자체 협력해서 AI 앰뷸런스 > 인공지능 판단해서 신고 못하시는 분들 반응 분석해 앰뷸런스 호출 > 이러한 사례 많이 나올 수 있음 　└ Q. 메타버스가 부처 간의 협력에 어떻게 도움? 　　A. 소통공간 형성한다면 시간, 공간에 제약받지 않아 편리하게 의사소통 가능 Q. 직원들이 반발해도 무작정 도입 > 설득 어떻게? A. 우선 제가 잘 숙지해서 우려사항이나 문의사항 같은 것을 답변할 수 있도록 해야 한다고 생각한다.~ 　└ Q. 10~20명이면 가능한데 200명 이럴 때는 어떻게? 　　A. 시범운영기간 운용해서? 의견받고 싶다

질의응답	└ Q. 아직 도입이 안된 상태이다. 다른 방안? 　A. 잠시 생각.. 장기적인 효율을 판단해서 당장의 손실과 비교할 것이다. (면접관님 끄덕끄덕) 만약 효율이 없을 것이라고 생각된다면 도입을 안 하는 것이 맞지만(이 말 왜 한지 모르겠어요 ㅜㅜ) 효율이 좋다고 판단될 경우 직원분들한테 보여드려서 설득할 것이다

CASE 02 전산직

상황과제 작성내용	1. 판단 및 해결방안 　－ 먼저 A부처와 타 부서의 직원들과 시스템 전문가들과 논의하여 Y시스템에 대한 자세한 논의. 　－ Y시스템이 효율이 좋다고 판단될시 장기적으로 봤을 때 공익성을 위하여 Y시스템으로 바꿀 것. 　　(시스템 교체에 대한 필요 인력은 타부서에 업무협조나 인력요청을 요청해볼 것) 　－ Y시스템이 맞지 않다고 판단될 시 현재의 시스템을 유지하며 업무의 효율성 개선을 위해 노력해 　　볼 것. 2. 사후조치 　그 후 고질적인 인력난 문제를 해결위해 상위부서에 지속적으로 인력에 대한 요청을 계속할 것.
질의응답	Q. 시스템 도입 시 그냥 논의하는 것만으로 충분한가? A. 정보보호론에 어떤 시스템을 평가하는 여러 방법론 중에 전문가 기법이 존재. 전문가 기법은 인적자 원이나 시간적 자원, 시스템에 대한 정보가 매우 적을 때 사용하는 방법으로 전문가를 모셔 논의를 하는 것입니다. 저는 제시문에 인적자원 시간적 자원이 적고 Y시스템에 대한 정보가 매우 적다고 판 단하였기 때문에 제일 쉽고 기초적인 방법인 전문가적 기법을 사용해야 한다고 생각하였습니다. 물 론 추가적인 자원이 존재한다면 알파테스트나 베타테스트를 통해 소규모로 임시테스트를 실행해보 고 판단하는 것도 좋을 것 같습니다. Q. 상사가 나의 의견과 다르다면 어떻게 할 것인가? A. 공무원에게는 복종의 의무가 있기에 법이 저촉되지 않는 선이라면 상사의 의견을 따를 것. 또한 실무 경험이 적은 나에 비해 상사는 경험이 많을 것이기에 내가 생각지 못한 단점이나 문제점이 있을 가능 성을 생각하실 것이고 그렇기에 상사의 의견을 따르는 쪽으로 진행할 것.

07 업무·조직형

귀하는 A부처 우정직 주무관이다. 우체국에서 지역사랑상품권을 할인 판매하는 행사를 진행하고 있다. 하지만 상품권 구매 고객이 많아지면서 일반 고객들이 창구 대기시간이 늘어나 업무를 보기 힘들다는 민원이 발생하게 되었다. A부처는 문제를 해결하기 위해 상품권 업무를 따로 볼 수 있는 상품권 구매 창구를 하나로 지정하여 판매하자 이번에는 상품권 구매고객들의 대기시간이 늘어나 민원을 제기하는 상황이다. 이러한 상황에서 담당 주무관으로서 어떻게 해결할 것인가?

상황과제 작성내용	1. 먼저 일반 고객분들과 상품권고객 분들에게 업무에 대한 혼선 및 대기시간이 생긴 것에 대해 사과말씀을 드린다. 2. 현재 상품권 관련 대기시간이 길어지는 원인파악 및 1인당 걸리는 시간을 파악한다. 3. IT 및 기술개발부와 협력을 통하여 상품권 구매하는 고객을 위한 예약 시스템을 시간대별로 구성하여 제공한다. 4. 추후방안: 해당 단기행사 등이 추후 또 발생할 수 있음을 감안하여, 고객에게 제공된 예약 서비스에 관련하여 피드백을 받은 후 시스템을 보완하여 행사마다 계속하여 사용
질의응답	Q. 지문상황을 기억하는가? (네) 그렇다면 방법에 대해서 다시 말해보아라. A. 위에 기재된 내용 그대로 말함. Q. 상사가 민원불만이 많이 생기는 부분에 대해 인사고과에 부정적인 영향을 준다고 말한다면? A. 그 부분에 대해서는 제가 전문성이 부족한 부분이라고 생각하기 때문에 인사고과에 부정적인 영향을 받는 것에 대해 인정을 하겠다. 그리고 민원 불만이 생기는 이유를 정확히 파악하고 추후에 보완을 하여 업무에 대한 전문성을 고쳐시켜 민원에 대한 불만을 줄이도록 하겠다. Q. 우체국 공무원으로서 가장 중요하다고 생각하는 공직가치는 무엇인가? A. 책임성이다. 이전 우체국 방문 시 주소를 잘못 기재하여 중요한 서류가 잘못 배송될 뻔한 경험이 있다. 마감 직전 시간에 해당 사실을 인지하고 급히 우체국을 방문하였다. 나를 담당했던 공무원이 알아보고 마감하던 업무를 중단하고 내 발송우편의 주소를 급히 수정해주셔서 다행히 정상적으로 발송이 된 경험이 있다. 국민의 택배가 올바르게 배송될 수 있도록 자신의 마감업무를 중단하고 책임감 있게 끝까지 우편업무를 수행한 부분에 대해 인상적으로 다가왔다. 그렇기 때문에 내가 만약 우체국 공무원이 된다면, 국민들의 소포가 목적지까지 안전하게 배송될 수 있도록 책임감을 가지고 업무를 수행하는 공무원이 되고 싶다. Q. 민원인의 입장에서 가장 중요하다고 생각하는 공직가치가 무엇이라고 생각하는지? A. 공익성과 공정성이라고 생각한다. Q. 공정성? A. 우체국 내 업무를 보러 오는 민원인에 대하여 친하다고 업무를 먼저 봐주거나, 더 빠르게 처리한다던가 하는 공정하지 않은 태도를 가지고 민원인을 대한다면, 이에 대한 불만이 발생하여 불만은 우체국에 대한 부정적인 이미지를 만들고 신뢰도가 떨어질 것이다. Q. 그렇다면, 당신이 주무관일 때 20~30대 젊은 민원인이 10명 정도 있고, 노인 민원인이 업무를 기다리고 있는 상황이다 어떻게 할 것인가? A. 물론 노인민원인에 대한 업무를 내가 처리하면 좋겠지만, 그것은 공정성에 맞지 않다. 먼저 온 순서에 따라 업무를 보아야 하는 것이 맞다고 생각한다. 하지만, 노인분에 대한 도움이 필요하다고 생각한다. 주변 동료분들에게 도움을 청하거나, 현재 우체국 내 노인분들이나 우체국 서비스를 잘 모르는 민원인들을 위해 안내해주시는 담당자분이 상시로 배치되어 있는 것으로 알고 있다. (면접관님 크게 끄덕) 그렇기 때문에 그 담당자분에게 도움을 청하면 될 것이라고 생각한다.

■■ 우수사례 바로가기

CASE 01 질문패턴별 답변

01 정책(사업)형

> 당신은 A부처 민원담당 주무관이다 해당 부처에서는 민원 수요 증가와 코로나19로 인한 비대면 시대에 발맞춰 전자서비스 확대를 위해 무인민원발급기를 설치하려고 한다. 주민 만족도를 높이고 시간 단축과 업무 효율성이 높아질 것으로 기대되지만 B사무소에서는 민원업무 부담이 낮은 편이고 수익비용 대비 효과가 설치 시에는 별도의 안내가 필요하여 많은 시간 소요가 예상된다며 반대하고 있다. 담당주무관으로서 이 상황에서 어떻게 대처할 것인가?

1. 무인민원발급기의 문제점과 해결방안
- [결론] 무인민원발급기의 문제점은 두 가지가 있습니다.
- [그룹핑 1: 비용] 먼저 비용적인 부분이 있습니다. 기계를 설치하면서 드는 초기 비용이 많이 들 수 있다는 점입니다. 하지만 B사무소를 유지 시 들어가는 비용과 비교하면 장기적으로 봤을 때는 무인민원발급기의 설치가 효율적이라면 설치하는 것이 효과적이라고 생각합니다.
- [그룹핑 2: 효율성] 다음으로는 기계에 익숙하지 않은 중장년층분들이 서비스를 잘 이용하기 어렵다는 점입니다. 이에 대한 해결방안으로는 무인민원발급기의 사용방법에 대한 안내책자를 만들어서 배치하는 방법이 있습니다. 그리고 글씨 크기나 배치 등을 중장년층분들도 쉽게 알 수 있게끔 안내 화면을 만드는 방법으로 해결할 수 있다고 생각합니다.

2. 무인민원발급기를 불필요하게 설치하여 예산이 낭비된다는 부정적인 취지의 기사가 난다면?
- [개요] 부정적인 취지의 기사가 난다면 크게 두 가지 측면에서 해결방안을 고려해보겠습니다.
- [그룹핑 1: 필요성] 첫째, 먼저 무인민원발급기 설치의 필요성을 설명하고 설치 시 나타나는 효과에 대해 공개하는 것이 해결방안이라고 생각합니다. B사무소의 유지 비용과 비교하여 좀 더 효율적인 방안이 무인민원발급기였고, 그 진행과정을 투명하게 공개하여 무분별하게 설치하지 않았다는 내용으로 정정기사를 요청할 것입니다.
- [그룹핑 2: 사실관계] 우선 언론에서 보도된 내용 중 잘못된 부분이나 과장된 부분이 있다면 사실관계를 적시하여 정정보도를 요청할 것입니다. 그 후 신문의 전문가 기고란이나 부처에서 홍보용으로 사용하는 블로그, 유튜브와 같은 sns에 해당 사업의 진행 취지와 현재 상황 등을 투명하게 알리겠습니다.

3. 매뉴얼은 어떻게 만들 생각인지?

- [결론] 매뉴얼은 누구나 알아볼 수 있도록 쉽게 만드는 것이 중요하다고 생각합니다.
- [근거: 구체적 실행방안] 어떤 순서로 해야 하는지 차례대로 작성하고, 사진 자료를 첨부하여 처음 발급기를 사용하는 사람도 쉽게 이용할 수 있도록 해야 합니다. 또한 매뉴얼을 동영상으로 제작하여 QR코드로 접속하게 만드는 방법도 무인민원발급기를 쉽게 설명할 수 있는 방법이라고 생각합니다.

4. 업무매뉴얼 제작은 어떻게 할 것인지?

- [결론] 업무매뉴얼 제작에 있어서 실제로 해당 업무를 해온 담당 직원들과의 여러 번의 회의를 통해 정보 취득을 할 것입니다.
- [근거: 구체적 실행방안] 이후에 주민들에게 높은 가시성과 이해도를 보장하기 위해서 외부 업체를 이용하여 팜플렛을 제작할 것입니다.
- [근거: 경험] 저는 실제로 코로나19 백신을 접종한 후 기다리는 15분 동안 제공된 주의사항을 보면 도움이 될 것이라고 안내를 받았습니다. 국민들이 궁금해 하는 부분에 대해 일목요연하게 되어 있어 이해하기 훨씬 수월했다고 생각합니다.
- [의견정리] 이와 같이 정확한 업무매뉴얼을 제작하여 기계 설치 후에도 직원들이 별도로 안내하여야 하는 일이 줄어들 수 있도록 노력하겠습니다.

5. 지역주민 여론조사 어떻게 할것인지?

- [결론] 설문지를 통해 여론조사를 시행하겠습니다.
- [부연설명] 무인민원발급기를 설치한다면 실제 이용하는 사람들은 정부의 서비스를 제공받는 민원인이기 때문에 직접적인 의견을 받을 수 있다고 생각합니다.
- [근거: 구체적 실행방안] 설문지를 제작하여 행정센터, 구청, 시청 등 평소 민원업무를 수행하는 곳에서 민원인들에게 설문지 작성을 요청하는 것이 좋다고 생각합니다.

6. 구체적으로 어느 시기에 어떻게 만족도, 건의사항을 조사할 것인지?

- [결론 및 부연설명] 3개월, 6개월, 1년 단위로 시기를 두고 조사할 예정이며, 젊은 층에게는 구글 스프레드 시트 또는 기업에서 사용하는 서비스 만족조사 링크 등을 이용하여 조사를 할 예정입니다.
- [근거: 구체적 실행방안] 모바일을 이용하는 데에 익숙하지 않은 사람들을 위해서는 설문내용이 탑재된 태블릿을 비치하거나 종이 설문지를 제작하여 기계 주변에 두어 의견을 잘 수렴할 수 있도록 노력할 것입니다.
- [의견정리] 이를 토대로 불편한 부분은 개선하고 호평을 받은 부분에 대해서는 강화하여 지역주민을 만족시킬 수 있는 데 도움이 되도록 할 것입니다.

02 정책(사업)형

당신은 A지방청 주무관이다. B지역의 인구감소와 인터넷을 통한 민원신청의 증가로 인해 대민업무가 줄어듦에 따라 불필요한 행정 및 예산 낭비를 줄이고 핵심업무 위주로 강화를 해야 하는 취지에서 B지역 사무소 통폐합 검토를 지시받았다. 하지만 B지역 주민들은 이동거리가 한 시간이 소요될 거라며 통폐합에 반대하고 있다. 최근 인근 지역에서도 통폐합 사례가 있었다. 담당주무관으로서 이 상황에서 어떻게 대처할 것인가?

1. B지역 주민들의 개개인의 민원 불만이 지속된다면? [문제해결]

- [결론] 최대한의 B지역 주민들의 의견을 반영하여 의논할 것이지만, 개개인의 불만이 지속된다면 통폐합 후 사후 설문조사를 통해 불만의 근본적인 원인을 조사하고 해결방안을 강구하겠습니다.
- [근거: 구체적 실행방안] 예를 들어 제시문에서는 이동거리의 불편함을 제기했지만, 근본적인 문제를 살펴보면 이동거리가 길더라도 대중교통의 배차시간으로 인한 불편함 등 세부적 원인이 있을 수도 있다고 생각합니다.
- [의견정리] 이를 통해 개개인의 상황과 의견을 반영한 다른 해결책을 주민들과 함께 생각할 수 있는 방법으로 해결하도록 노력하겠습니다.

2. 위의 상황에서 충돌되는 공직가치

- [결론] 위의 상황에서 충돌되는 공직가치는 민주성과 효율성이라고 생각합니다.
- [근거 및 의견정리] 효율성을 위해서는 B사무소를 통폐합하는 것이 효과가 있지만 주민들의 의견을 반영해야 하는 민주성과 충돌된다고 생각하기 때문입니다. 이처럼 실제상황에서 공직가치가 충돌하는 경우가 있을 수 있습니다. 하지만 이러한 공직가치에서 어느 하나의 가치만으로 파악하기에는 어려울 것이기 때문에 상황에 맞춰 최대한 절충할 수 있는 방안을 모색하는 태도가 중요하다고 생각합니다.

03 정책(사업)형

> 귀하는 A부처의 시설관리 담당 주무관이다. 국제행사를 위해 ○○산을 개발하면서 사전에 원상복구를 약속했다. 그런데 국제행사 이후에 환경단체는 원상복구를 요구하고 있고, A부처에서도 시설현장 유지 시 관리비용 등 경제성이 낮을 것이 예상되어 원상복구를 하고자 한다. 하지만 해당 B지자체와 지역민들은 관광수익 증대와 편의시설 확충 등을 이유로 개발단지 유지를 주장하고 있다. 담당 주무관으로서 이 상황에서 어떻게 대처할 것인가?

1. 사후 보완방안에 지자체와 지역민의 노력이 필요하다고 했는데, 구체적으로 어떤 노력을 기울일 수 있는가?

- [결론 및 부연설명] ○○산을 국제행사를 위한 행사장으로 개발한 것 자체가 이미 환경파괴의 행위이고, 복구하지 않고 개발이 유지될 단지의 경우, 관광지나 지역 주민들의 편의시설이 들어선 부지일 것입니다. 사람들의 이용 빈도가 높은 만큼 환경 오염의 위험도 크기 때문에 지자체에서 지속적으로 모니터링하며 환경 보전에 관심을 기울여야 한다고 생각합니다.
- [근거: 구체적 실행방안] 예를 들어 지자체에서 환경단체와의 연계를 통해 개발단지에 환경 관련 슬로건을 제작해 배포한다든지, 현장에서 직접 청소를 하는 등의 환경 보호 캠페인을 한다면 지역민들이나 타지의 관광객들 역시 환경 보전의 중요성에 대해 인식하고 노력할 것입니다.

. 원상복구를 결정한 개발단지 상인들의 불만이 있을 수 있다. 이때 어떻게 하겠는가?

- [결론] 우선 원상복구가 결정된 개발단지들의 원상복구를 위한 공사 시작 기간을 유예하겠습니다.
- [근거: 구체적 실행방안] 기간을 유예하고 공표한 후에 그 부지에 있는 상인들이 상권을 정리할 수 있도록 충분한 기한을 드리겠습니다. 이후에 지자체와 상인들과의 간담회를 통해 소상공인들을 대상으로 사업정리 지원 사업을 기획하는 방안을 모색할 것입니다. 예를 들어 재기 장려금 지역 화폐를 제공하거나 점포 철거비 제공을 고려하겠습니다.

04 정책(사업형)

> 귀하는 규제개혁 담당 주무관이다. A산업은 영세상인들이 주로 영업을 하고 오프라인 매장만 허용된 산업이다. 그런데 일자리 창출의 필요성과 대기업의 요구로 A산업에서 온라인 영업도 가능하도록 규제를 완화할 계획이다. 그런데 영세상인들은 규제를 완화할 경우 대기업의 자본력이 유입될 것이고 자신들은 큰 피해를 입을 것이라고 우려하면서 반대하고 있는 상황이다. 담당주무관으로서 본인은 이 상황에서 어떻게 대처를 할 것인가?

1. 대기업의 자본유입을 어떻게 규제할 것인지?

- [그룹핑 1] 제시문에서 A산업의 규제 완화에 영세상인들이 반발하는 이유가 대기업의 자본유입으로 인한 피해 발생입니다. 그래서 저는 온라인 플랫폼을 오픈할 때 대기업의 상품 판매에 대한 제한을 거는 방법을 생각해 보았습니다. 예를 들어 A산업에 맞는 대기업의 모든 제품을 판매할 수 있는 것이 아니라 상품의 가짓수나 판매 가능한 물품 수를 제한하는 등의 방법을 통해 규제할 수 있다고 생각합니다.
- [그룹핑 2] 만약 대기업 제약이 시장의 자율성을 훼손할 수 있는 부분이라면 영세상인의 물품과 겹치지 않는 제품만 판매 가능하도록 진행하겠습니다. 기존 사업의 목적은 영세상인이 영업을 할 수 있도록 만들어진 제도이기에 영세상인을 위한, 그리고 피해를 최소화할 수 있는 보완책이 필요하다 판단됩니다.
- [그룹핑 3] 또는 소비자가 사용하는 쿠폰이나 물건의 할인율 규제를 통해 가격 면에서 영세상인들의 물품이 경쟁력을 가질 수 있도록 하는 방법을 생각해 보았습니다.

2. 온라인 영업을 해야 하는 이유는 무엇이라고 생각하는지?

- [결론] 온라인 영업을 해야 하는 이유를 말씀드리겠습니다.
- [근거 1] 현재 지자체별로 전통시장에서도 택배 또는 배달 서비스를 이용할 수 있도록 어플을 개발하였습니다. 이러한 상황으로 보아 온라인 플랫폼을 이용하는 고객이 증가하였다는 것을 알 수 있습니다.
- [근거 2] 특히 코로나19 상황으로 배달 어플의 수요가 급증하였고 오프라인 매장의 상황은 악화된 경우를 매체를 통해 많이 알아볼 수 있었습니다.
- [의견정리] 그래서 A사업에서 오프라인 매장만을 이용한다는 것은 온라인 플랫폼이 늘어나는 현재의 상황과 맞지 않다고 판단됩니다.

05 정책(사업형)

> 당신은 A부처 재료구매 담당 주무관이다. 현재 영세한 국내 부품업체의 품질은 외국 기업과 품질 차이가 없음에도 불구하고 우리나라 제품의 국내 시장점유율은 5% 이하이다. 그래서 정부에서는 국내 부품업체의 구매비율을 상향토록 하는 것을 법령으로 정하려고 추진 중이다. 이를 알게 된 수입 유통업체와 해외 기업에서 반발하고 있고, 거기에 일부 언론에서는 시장경제에 정부가 과도하게 개입한다는 비판을 받고 있는 상황이다. 이와는 반대로 이를 가만히 둔다면 관련된 국내 부품업체 기업들이 도산이 될 우려가 많고 이에 따라 노동자들의 일자리까지 잃게 될 상황이다. 본인은 이 상황에서 어떻게 대처를 할 것인가?

1. 이해관계 조정을 위해 성과공유제를 활용한다고 말해주셨는데, 최근 실시된 협력이익공유제와의 차이점에 대해 알고 있는지?

- [결론 및 부연설명] 성과공유제는 원가절감, 품질향상을 비롯한 대기업과 중소기업 간 모든 형태의 협력활동을 성과로 봅니다.
- [결론 및 부연설명] 이에 비해 협력이익공유제는 매출 등 재무적 성과만 인정하고 있습니다. 또한 성과공유제는 대기업에 납품하는 양을 늘리는 방식으로 성과를 공유해도 된다고 말하고 있지만, 협력이익공유제는 오로지 현금만 배분하는 방식으로 성과를 공유해야 합니다.

2. 성과공유제에 대한 사례?

[결론 및 근거] 성과공유제를 제일 먼저 실시한 포스코의 사례가 대표적입니다. 도입 이후 포스코는 국산화, 품질개선과 같은 많은 과제를 추진했습니다. 올해는 일회성 지원을 넘어 중소기업의 자생적 역량을 키울 수 있도록 스마트화 100을 추진한다고 합니다. 스마트화 100은 향후 4년간 우수한 스마트 수준을 보유한 중소기업 100개를 육성하겠다는 뜻을 담고 있습니다.

06 정책(사업)형

> 귀하는 불법체류 담당 주무관이다. 불법체류자 신분으로 B씨가 화재에서 90대 노인 등 여러 명을 구조하였다. 불법체류자 신분인 것이 알려지면 추방당할 수도 있는 상황이다. A시민단체에서는 합법적인 체류 보장과 함께 영주권을 부여해야 한다고 주장하고 있고, 이에 반해 불법체류 자체는 엄연히 불법이고 잘못된 선례로 남을 수 있으니 원칙대로 추방을 해야 한다는 반대 의견들도 있다.

1. 불법체류자 추방 시 이에 부정적인 여론 생기면 어떻게 대처할 것인지?

- [결론] 공무원은 법에 규정되어 있는 대로 집행해야 하기 때문에 관련 규정을 자세히 설명해야 합니다.
- [근거: 구체적 실행방안] 다만, 불법체류자에게 부과되는 범칙금이 있다면 이를 면제해줄 수 있는지 알아보고 면제해주는 것이 필요하다고 생각합니다. 이후 추방된 외국인이 입국을 하려고 하면 국가에 도움을 준 사실을 참작하여 입국심사를 하여야 한다고 생각합니다.
- [의견정리] 법을 준수하면서 법의 테두리 안에서 적극적으로 조치를 한다면 부정적인 여론이 줄어들 수 있다고 생각합니다.

2. 유사한 사례 알고 있는지?

- [근거: 배경지식] 불법체류자가 화재현장에서 우리나라 국민을 대피시키다가 화상을 입었습니다. 당시 그 불법체류자는 부상을 당하고도 불법체류자임이 들통나면 해외로 추방될까 치료도 제대로 받지 못했습니다. 선행사실이 알려지자 법무부는 면담 후 치료용 비자를 발급해주어 치료가 끝날 때까지 국내에 체류할 수 있는 자격을 부여했습니다.

3. 다른 알려지지 않은 불법체류자들이 추방이 두려워 다른 시민의 어려움을 외면한다면?

- [결론] 이번 사례를 통해 제도 개선을 추진하는 건의를 해보겠습니다.
- [근거: 구체적 실행방안] 불법체류자라고 해서 무조건적인 추방이 아닌 사회에 선한 영향력을 끼친 체류자는 국민 공청회를 통해 판단하여 정부적 지원이 가능하도록 하겠습니다.

- [의견정리: 사후예방] 하지만 불법체류자는 엄연한 위법을 저지른 것이기 때문에 이러한 사례가 또 일어나기 전에 불법체류자 현황 조사를 더욱 철저히 하도록 하겠습니다.

07 정책(사업)형

> 당신은 A지방청 주무관이다. B지역의 인구감소와 인터넷을 통한 민원신청의 증가로 인해 대민업무가 줄어듦에 따라 불필요한 행정 및 예산 낭비를 줄이고 핵심업무 위주로 강화를 해야 하는 취지에서 B지역 사무소 통폐합 검토를 지시받았다. 하지만 B지역 주민들은 이동거리가 한 시간이 소요될 거라며 통폐합에 반대하고 있다. 최근 인근지역에서도 통폐합 사례가 있었다. 담당주무관으로서 이 상황에서 어떻게 대처할 것인가?

1. 주민들의 반발이 사그라지지 않는다면?
- [부연설명: 해결방안] B지역의 인구감소, 사무소 이용현황, 전자신고 가능한 항목들을 보여주며 통폐합이 필요한 이유를 자세히 설명하겠습니다. 또한 바뀐 사무소까지 이동하는 것이 조금 더 편해지도록 버스 노선을 더 추가하거나 하루에 횟수를 정해 셔틀버스 이용을 고려해 보겠습니다.

2. 공정성과 효율성 중 어떤 것이 더 중요하다고 생각하는가?
- [결론] 저는 공정성과 효율성이 충돌한다면 우선 효율성을 먼저 생각해보겠습니다.
- [부연설명] 공무원의 업무 중 효율성은 공익성과도 연결이 되기 때문에 먼저 고려를 한 다음에 공정성에 어긋난 부분에 대해 보상 방안을 생각해보겠습니다. 최대한 제도 개선이나 보상을 통해 공정성을 회복할 수 있도록 하겠습니다.

08 업무·조직형

> 당신은 A부처 물류 담당 주무관이다. 물류 분류속도를 높이고 업무과중 문제를 해결하기 위해 자동화 물류시스템을 도입하려고 한다. 하지만 계약직 물류직원들은 비용 대비 생산성이 낮고 대량 실직사태가 벌어진다며 일자리 대책이 선행되지 않는 자동화는 안 된다고 반대하고 있는 상황이다. 담당 주무관으로서 이 상황에서 어떻게 대처하겠는가?

1. 일자리를 연계하는 과정에서 나타날 수 있는 문제점과 예방방안은?
- [문제점] 일자리를 연계하는 과정에서 실직기간의 장기화 문제가 생길 수 있다고 생각합니다.
- [해결방안] 이를 해결하기 위해서 저는 자동화 시스템을 도입할 때 즉각적 시행이 아닌 '단계적 시행'을 고려해보겠습니다. 단계적으로 시행하면서 실직의 위험에 처한 직원의 긴급성에 따라 순서대로 직업훈련 등을 실시하고 기업과의 연계 시스템을 소개하겠습니다. 이런 방안을 통해 취업과정에서 실직의 기간이 길어지지 않게 하겠습니다.

2. 자동화 시스템 도입과 무인화로 겪는 노사갈등의 다른 사례를 알고 있는가? 지원자는 자동화 시스템에 따른 무인화에 대해 어떻게 생각하는가?
- [결론] 네, 일부 대형마트에서 무인 계산대가 확대되면서 기존 계산대 직원들이 고용불안에 놓이게 된 사례가 있습니다.

- [부연설명] 4차 산업혁명이 도래한 현 시대에 혁신적인 과학기술들이 쏟아지는 상황에서 근로현장에 자동화 시스템 도입은 불가항력이라고 생각합니다.
- [의견정리] 다만 그로 인해 발생할 수 있는 기존 근로자들의 실직문제를 해결할 방안을 노사가 함께 협의해나가야 할 것이며, 예컨대 근로자 직무재교육을 하거나 해고하지 않고 고용을 유지하는 기업에 세제감면의 혜택을 주는 등의 정부 차원에서의 지원도 필요합니다.

3. 위 제시 상황에서 충돌하고 있는 공직가치는 무엇인가?
- [결론] 네, 저는 민주성과 책임감이라고 생각합니다.
- [근거] 본인이 담당하는 물류 업무의 효율성을 증진하기 위해 자동화 시스템을 검토하는 주무관의 행위는 자신의 업무에 맡은 바 책임을 다하는 공직자의 자세라고 볼 수 있습니다. 또 물류 담당 직원들의 자동화 시스템 반대 의사에서 민주성의 가치를 도출했습니다.
- [의견정리] 국민은 제도나 정책에 대해 자유롭게 목소리를 낼 수 있으며, 공직자는 국민에게 중대한 영향을 미치는 정책이 소수 이해 관계자들에 의해 결정되지 않도록 주의해야 하기 때문입니다.

09 업무·조직형

> 당신은 A부처 정보 담당 주무관이다. 비영리 민간단체인 B업체는 영세하고 인력과 예산이 부족한 상황에서 공익사업을 목적으로 데이터를 다뤄야 하는데 인력과 예산부족으로 공공데이터를 발췌하고 재가공을 요청하고 있는 상황이다. 하지만 상사는 지금까지 선례가 없고, 해야 할 의무도 없으므로 반대하는 상황이다. 담당 주무관으로서 어떻게 대처를 할 것인가?

1. 지원자가 생각하는 국가 – 비영리단체 간 연계 활성화 방안은?
- [개요] 제가 생각하는 방안에는 두 가지가 있습니다.
- [그룹핑 1] 첫째, 법에 저촉되지 않거나 정보유출에 문제가 없는 실용적인 정보를 서로 공유하는 시스템을 마련하는 것입니다(예 의료 공공데이터, 학습용 데이터).
- [그룹핑 2] 둘째, 국가가 비영리단체 지원을 해줄 수 있는 자원봉사자를 모집할 수 있도록 홍보를 해주는 것입니다. 아무래도 비영리단체보다는 국가가 더 큰 브랜드 이미지를 가지고 있습니다. 국가 차원에서 자원봉사자를 모집하여 비영리단체에 도움을 줄 수 있다면 인력문제를 어느 정도 해결할 수 있다고 생각합니다.

2. 공공데이터 발췌 및 재가공을 진행하지 않는 이유는?
- [결론] 민간단체의 지원을 위한 사업이여도 공무원은 국민 전체에 대한 봉사자이므로 국민을 위한 사업을 추진할 것입니다.
- [근거] 현재 문화체육관광부에서는 '국민참여 정책소통 공모전'을 통해 국민이 원하는 정책을 직접 말할 수 있는 기회를 제공하고 있습니다. 저는 이러한 공모전이나 여건이 되지 않는다면 사업을 계획 후 투표를 시행하는 등의 국민 참여를 유도해 국민들이 원하는 사업을 하고 싶습니다.

3. 업체의 발췌 및 재가공 요청을 거절한 이유는?

[결론 및 부연설명] 공공데이터는 공익을 목적으로 하는 데이터이며 공공의 발전을 위해 사용되어야 한다고 생각합니다. 그리고 공익사업의 목적이라면 공공데이터의 개방은 당연히 필요한 것입니다. 하지만 이를 발췌하고 재가공하는 일은 데이터에 변형을 줄 뿐만 아니라 정보유출 등의 문제가 있을 수 있어 사례에서 업체가 원한 발췌 및 재가공은 이루어지면 안 된다고 생각합니다.

4. 해당 사례에서 유추할 수 있는 공직가치는?

- [결론] 저는 위 사례에서 공익성을 유추할 수 있었습니다.
- [부연설명] 공공데이터는 공공기관이 전자적으로 생성하여 관리하고 있는 모든 데이터를 말합니다. 이는 공공의 이익을 위해 사용되어야 하며 현재 정부에서는 공공데이터를 개방하여 공익을 목적으로 한다면 누구나 데이터를 이용할 수 있도록 제공히고 있습니다.
- [근거] 또한 행정안전부에서는 한국지능정보사회원과 함께 공공데이터의 개방을 신속하게 추진하고, 데이터의 품질 향상을 위해 청년들을 대상으로 인턴쉽을 실행하여 일자리 창출에도 도움을 주고 있습니다.
- [의견정리] 이러한 공공데이터의 공익적인 모습을 통해 제가 사례에서 공익성을 유추할 수 있었습니다.

CASE 02 상황형 기본질문 모범답안

■■ 상황형 기본질문 모범답안 바로가기

01 공직 시리즈: 위법행위 · 규정위반

1. 만약 상사나 동료가 위법한 행위를 하는 것을 알게 되었다면 어떻게 하시겠습니까?

답변방향	위법행위 관련 자신이든, 가까운 상급자 및 동료이든 기본적으로 위법행위에 대한 사항은 불법이기 때문에 원칙을 지키는 것이 중요하다. 다만, 이 과정에서 상급자의 위법행위에 대한 즉각적인 신고는 면접관에게 좋지 않게 보일 수 있다. 조직은 기본적으로 업무를 수행할 때 동료들과 함께 일하는 관계에서 시작하기 때문이다. 따라서 완곡한 태도를 비춘 후 설득을 했음에도 설득되지 않을 때 상부에 보고하고, 공무원행동강령관 적용은 최후수단으로 사용하는 것이 좋다.

모범답안	상사나 동료가 위법한 행위를 하는 것을 알고도 적극적으로 조치하지 않는 것은 공무원으로서 책임 있는 행동이 아니라고 생각합니다. 또한 위법행위는 법에 반하는 행위입니다. 공무원은 모든 법령을 준수하며 성실히 직무를 수행해야 한다는 성실의 의무에도 어긋나는 행위라고 판단됩니다. 상사나 동료가 했던 위법한 행위를 정확하게 파악한 후 스스로 잘못을 뉘우치고 보고할 수 있도록 돕겠습니다. 설득을 했음에도 설득되지 않는다면 상부에 보고하도록 하겠습니다. 평소 상사나 동료들과 원만한 소통을 하며 공무원 태도에 어긋나는 생각을 갖고 있지는 않은지, 개인적인 힘든 상황은 없는지 등을 살펴 사전에 위법한 행위가 벌어지지 않도록 노력하겠습니다.

2. 개인적으로 고마운 상사가 뇌물을 받는 상황일 때 어떻게 대처하겠는가?

배경지식	금품 등 수수 관련 신고절차 • 소속기관장 신고(국민권익위원회, 감독기관, 감사원, 수사기관에도 신고 가능) • 금품 수수 관련 제공자에게 반환하거나, 거부의사 표시(반환이 곤란하거나 어려울 경우, 소속 기관장에게 전달)
질문의도	공무원의 올바른 가치관 확립을 묻는 질문이다. 공직 업무 수행 중 본인이 위법을 저지르지 않더라도 위법 상황을 알게 되거나 목격하는 경우 상황에 대한 사실판단을 한 후 상사보고 및 신고제도(공무원 행동강령관 신고 및 내부고발제도)를 통해 문제를 해결해야 한다. '나만 모르면 괜찮아'의 태도는 공직의 무사안일을 만들게 한다. 또한 신고제도는 최후의 수단으로 사용하는 것이 좋다.
모범답안	아무리 개인적으로 고마운 상사라고 할지라도 뇌물을 받는 행위는 공직자로서 올바른 태도가 아니라고 생각합니다. 공무원행동강령 제14조에 따르면 공무원은 금품 등의 수수가 금지되어 있기 때문에 상사의 행위는 위법한 행위입니다. 문제해결을 위해 우선 상사가 한 위법한 행위에 대해 정확하게 파악한 후 상사를 설득하여 상사가 스스로 잘못을 뉘우치고 보고할 수 있도록 돕겠습니다. 그리고 이처럼 위법한 일이 발생하지 않도록 상사나 동료들과의 지속적인 소통을 통해 혹시 어려운 상황으로 고민하고 있지 않은지 등을 살피도록 노력하겠습니다. [꼬리질문] • 상사를 설득했는데도 설득되지 않는다면? • 위 상사에게 보고 후에 덮으라고 한다면?

3. 상사나 동료가 위법한 행동을 저지르는 것을 알게 되었다. 그런데 그 잘못을 나에게 책임전가 한다면 어떻게 하겠습니까?

질문의도	이전 질문과 유사한 형태이다. 공직사회는 위법행위 근절을 위해 내부적으로 제도적·인식적 측면에서 많은 노력을 하는 만큼 절대로 간과해서는 안 되며, 지원자가 상사의 위법행위와 무관하다는 점을 정확히 밝혀야 한다.
모범답안	국가공무원법 제56조·지방공무원법 제48조에 의하면 모든 공무원은 법령을 준수하며 직무를 성실히 수행하여야 합니다. 또한 제 개인적인 소신 또한 잘못된 행동보다 더 잘못된 것은 자신의 행동에 책임지지 않는 것이라고 생각합니다. 따라서 이러한 사실을 상의드릴 수 있는 믿을 만한 상사에게 보고 드린 후 내부감찰제도와 매뉴얼에 따라 정확하고 공정한 절차에 따르겠습니다.

4. 상사가 부당한 지시를 할 경우, 어떻게 할 것인지?

배경지식	부당지시의 판단기준(고용노동부훈령 제318호) • 법령, 규정 위반 여부 • 직무의 취지 및 목적에 맞는 지시 • 공적 이익이 아닌 사적 이익을 추구하는 지시 • 불합리한 행위를 강제하거나 권한을 남용하는 지시
질문의도	위법 여부와 같은 사고의 기준성과 준법정신을 평가하기 위한 질문이다. 공무원의 의무에는 복종의 의무가 있지만 위법한 상황에서도 지시를 따라야 하는 것은 아니다. 부하직원은 상사의 지시를 거부하는 것이 현실적으로 어려울 수 있다. 하지만 어렵다는 이유로 지시를 이행할 경우 처벌대상이 될 수 있기 때문에 거부 사유를 소명하고 지시를 거부하거나 행동강령책임관과 상담해야 한다. 지시를 거부하였음에도 같은 지시가 반복될 경우 즉시 행동강령책임관과 상담해야 한다.
모범답안	[모범답안 1] 네. 답변드리겠습니다. 공무원의무 중 복종의 의무가 있지만, 규정에 따라 지시를 이행하기 이전 상사의 부당한 지시의 위법 여부를 먼저 확인하겠습니다. 만약 부당한 지시가 위법이라면 준법정신을 준수해야 하는 공직자로서 절대 따르지 않을 것이며, 개인적인 부당함이라면 상사의 지시를 이해하도록 하겠습니다. 이후 상사의 부당한 지시가 지속적으로 이뤄진다면, 먼저 제게 문제가 없는지 살펴보고 그럼에도 불구하고 문제가 없다면 상사분께 면담을 요청드려 어떠한 사유로 지시가 이뤄지는지 조심스럽게 여쭙도록 하겠습니다. [모범답안 2] 상사의 지시가 위법사항이라면 따르지 않겠습니다. 하지만 위법이 아닌 개인적인 부당함이라면 따르도록 하겠습니다. 공무원행동강령 제4조를 보면 상급자가 자기 또는 타인의 부당한 이익을 위해 공정한 직무수행을 해치는 지시를 하였을 때는, 사유를 상급자에게 소명하고 지시에 따르지 않을 수 있습니다. 또한 공무원은 명령 복종의 의무가 있고 위법처럼 업무상 문제가 되지 않는 경우라면 상사의 지시는 존중하는 것이 조직생활에 필요하다고 생각하기 때문입니다. 하지만 부당하다고 판단되는 지시가 반복적이고 지속적으로 이뤄질 경우, 먼저 저에게 문제가 없는지 돌아보고, 그럼에도 불구하고 문제가 확인되지 않는다면 부당한 지시가 이뤄지는 사유를 상사분께 조심스럽게 여쭤보도록 하겠습니다. 조직 내의 위법행위는 절대로 따르지 않되, 업무상의 부당함을 느끼는 것은 주관적 차이가 있기 때문에 원활하게 해결해 나가도록 하겠습니다.

5. 상사가 법규를 어기는 지시를 내린다면?

질문의도	준법의식 여부를 평가하기 위한 질문이다.
모범답안	'검토해보겠습니다'라는 말을 드린 후 제자리로 와 해당 지시가 위법인지 아닌지를 관련 법령을 분석하며 스스로 검토해보겠습니다. 충분한 검토 후 위법한 지시라는 것이 판단되면 상사님께 관련 법령, 관련 사례 등을 보여드리며 어디에 저촉되는 사항이고 위반 시에 어떤 불이익이 따르는지, 어떤 공익을 침해하는지를 자세히 설명하고 정중하게 거절하겠습니다. 만약 지시가 위법이 아닌 적법의 테두리 내에 있는 것이라면 저의 희생이 요구되더라도 상사님의 지시를 따르겠습니다.

6. 상사가 사무실 공공용품을 가져가면?

질문의도	공무원이 공용물을 개인 소요물처럼 사용하는 도덕적 해이에 대한 이해를 묻는 질문이다.
모범답안	공공용품을 사적인 용도로 사용하는 행위는 공직 사회에 도덕적 해이를 불러일으킬 수 있다고 생각됩니다. 또한 내부 법규상 공공용품은 개인소지로 사용할 수 없는 것으로 알고 있습니다. 상사가 사무실 공공용품을 가져갈 경우 실수로 가져가셨을 수도 있으니 이를 한 번 목격했다고 해서 단정짓고 판단하지 않겠습니다. 그러나 이후에 여러 차례 목격하게 되면 상사님과 둘만 있는 상황에서 공무원 규정에 대해 말씀을 드려 가져가지 않도록 설득하겠습니다.

02 상사 시리즈: 상사의 업무지시, 요구사항 등

1. 업무시간 외 카톡지시에 대해 어떻게 생각하는지?

질문의도	업무환경 외 사생활 침해 vs 공직조직의 이해 정보통신기기의 발전으로 일과 삶의 경계가 사라지면서 업무 외 카카오톡 지시가 증가하면서 사생활 침해 문제가 대두되고 있다. 현재 업무 외 카카오톡 지시와 관련된 현행법은 없으며 도의적인 측면에서 접근해야 하는 문제이다. 특히 공무원 업무는 국민의 삶과 직결되는 만큼 업무의 특수성을 고려해야 한다는 것을 이야기할 필요가 있다. 대표적인 사례로는 코로나19이다. 코로나19 이후 대부분의 부처 공무원들은 비상근무 체제에 들어갔으며, 현재도 주말 없이 일하고 있는 공무원이 있다.
모범답안	업무시간 외 카톡지시에 대하여 사안의 긴급성 유무에 따라 달라질 수 있다고 생각합니다. 헌법 제7조 제1항을 보면 공무원은 국민 전체의 봉사자라고 명시되어 있습니다. 최근 코로나19 사태처럼 사안의 긴급성과 중요성과 같은 문제일 경우 공무원은 언제 어디서든 일할 수 있는 사명감을 가지고 근무해야 한다고 생각합니다. 반면, 퇴근 후 카톡지시가 긴급성을 띄지 않고, 다음 날 근무시간에 지시를 내려도 되는 사안이고 팀원들 모두가 불편해 한다면 개선해야 할 필요는 있다고 생각합니다. 특히 지시가 지속적이고 반복적으로 이뤄질 경우 상사분께 조심스럽게 사안에 대한 건의를 해보겠습니다. 업무효율성을 끌어올리는 방법 중 하나는 팀워크라고 생각합니다. 팀원들 모두 만족할 수 있는 근무환경에서 일할 수 있도록 팀원으로서 최선을 다하겠습니다.

▶ [유사질문] 관용차량을 개인적으로 사용한다면?

2. 상사가 기차표 끊기 등 개인적 업무를 시킨다면?

배경지식	제13조의2(사적 노무 요구 금지) 공무원은 직무 권한을 행사하거나 지위 및 직책 등에서 유래되는 사실상 영향력을 행사하여 직무 관련자 또는 직무 관련 공무원으로부터 사적 노무를 제공받거나 요구 및 약속해서는 아니 된다.
질문의도	조직구성원의 올바른 태도와 신념을 묻는 질문이다. 최근 공직사회뿐 아니라 여러 조직사회의 상하 간, 공무원·민간인(직원·고객) 간 다양하게 발생하고 있는 '갑질'행위에 대한 사회적 비판과 개선요구가 높아지고 있다. 개인 사정상 일회적인 부탁은 허용할 수 있지만, 잘못된 지시 및 부탁이 지속적이고 반복적으로 이뤄지고 관행화될 경우 근절할 필요가 있다. 또한 공무원은 국민의 삶 증진을 목표로 하는 공익적인 업무를 하므로 공직업무에 방해가 되는 일을 해서는 안 된다(사적 업무가 공적 업무에 방해가 되면 안 된다).
모범답안	상사의 지시가 일회성이며 공직업무를 방해하지 않는 부분이라면 기분 좋게 업무에 응해드리겠습니다. 상사의 지시가 의도된 것이 아니라 피치 못할 사정으로 부탁을 하는 경우도 있기 때문입니다. 하지만 개인적 업무가 지속적, 반복적으로 이뤄지고 공직업무에 방해가 되며, 직장 내 괴롭힘으로 비춰질 수 있는 고의적인 행동이라면 거절하도록 하겠습니다.

3. 상사의 지시와 국민의 요구가 배치되는 상황에서 어떻게 행동하시겠습니까?

배경지식	공공갈등 발생이유 4차 산업혁명의 발전으로 행정수요는 복잡하고 다양해지고 있다. 행정수요의 증가만큼 공공갈등도 비례하여 증가하는데, 이로 인해 행정적·재정적 비용도 증가하고 있어 갈등을 사전에 예방하거나 사후에 완화하기 위한 역할이 중요해지고 있다. 일반적으로 공공갈등의 요인은 비용 편익에 대한 갈등, 정책 결정과정의 투명성, 부정확한 정보 제공, 소극행정 등 다양하다.
질문의도	광의적인 측면에서 '공공갈등'에 대한 문제이다. 일반적으로 상사의 지시는 조직 내 업무 프로세스를 의미한다. 따라서 상사의 지시가 공익성을 추구하는지, 상사의 지시와 국민의 요구가 배치되는 내용의 목적이 무엇인지, 국민의 요구가 집단이기주의 성격을 띄고 있지는 않은지 여러 측면에서 고려할 필요가 있다. 특히 상사의 지시가 공익성을 띄고 있지 않은 상태에서 무조건적인 복종의무를 말하는 것은 올바른 답변이 아니다.
모범답안	상사의 지시와 국민의 요구가 공통점이 있다면 이를 시행할 것이고, 배치되는 부분이 있다면 원인을 살펴보겠습니다. 먼저 상사의 지시가 공익성을 띄고 있는지, 어떤 사유로 다른 의견을 지시하는 것인지 확인해 보겠습니다. 또한 국민의 요구가 집단 이기주의 성격을 띄고 있지 않은지, 현실적인 요구사항인지 등을 살펴 국민의 봉사자로서 국민의 요구를 수렴하려는 자세를 취할 것입니다. ○○부처는 공공갈등문제 개선을 위해 갈등관리 매뉴얼을 개정하고, 상상숙의시민단이 제도도입을 통해 국민 의견 수용성을 높일 수 있는 대안과 절차를 마련하는 노력을 하고 있습니다. 사회갈등관리를 위해 평소에도 갈등 모니터링부터 효과적인 갈등 해소를 위한 갈등관리 역량을 배양시키도록 하겠습니다.

4. 업무가 과중한데 상사가 동료의 일까지 도와주라고 한다면?

질문의도	협동심, 봉사정신 및 업무효율성에 대한 사고를 평가하기 위함이다.
답변방향	업무의 어려움을 호소하는 동료를 외면하지 않고 기꺼이 나서 도움을 줄 수 있는 공직자의 모습을 보여야 한다. 단, 도움을 줄 때 현재 맡은 업무의 시급성을 판단해 동료에게 도움을 줄 수 있는 시기를 확인해봐야 한다. 협동, 희생정신 그리고 효율적 업무처리능력 모두 놓치지 말자.
모범답안	우선 복종의 의무에 따라 상사의 지시를 따르겠습니다. 업무가 과중한데도 불구하고 동료의 일을 도와주라는 상사의 지시는 아마 제가 그 분야의 전문성을 갖추었기 때문일 가능성이 크다고 판단됩니다. 다만, 제가 맡은 업무의 시급성을 고려해보도록 하겠습니다. 만약 빠르게 업무를 마쳐야 하는 상황이라면 저의 상황을 상사분께 말씀드려 업무종료 후 도움에 대한 양해를 구할 것입니다. 특히 조직생활 중 도움이 필요한 동료를 돕는 것은 장기적으로 업무효율성을 높일 수 있다고 생각됩니다. 공무의 특성상 사소한 실수도 국민과 국가에 큰 영향을 줄 수 있고, 업무의 효율성을 높일 때 지역주민의 삶을 유익하게 만드는 데 기여할 수 있기 때문입니다. 조직생활에서 상호협력을 우선시하고 늘 도움을 줄 수 있는 공무원이 되기 위해 노력하고 자기계발을 꾸준히 하겠습니다.

. **직무가 적성에 맞지 않는다면 어떻게 하겠습니까?**

질문의도	책임감, 의지력, 발전가능성을 확인하기 위함이다.
답변방향	• 공무원의 업무는 다양하고 항상 나에게 최적화된 업무만 담당할 수는 없다. 특히 민원업무, 행정업무 등 다양한 업무를 수행할 때 맡은 분야의 전문성 향상을 이끌 수 있다. 직접 업무만을 경험했던 사람은 현장의 문제점과 해결책을 가장 잘 알고 있기 때문이다. 또한 처음에 맡지 않다고 생각했던 업무도 성실히 수행하는 과정에서 성취감을 느낄 때, 업무의 적성과 재미를 느낄 수 있다. • 어떤 상황이든 포기하지 않고 책임감 있게 수행하려는 노력의지를 어필하자. 가능하다면 힘들었던 상황에서 노력했던 경험, 알지 못하는 업무를 수행해본 경험을 함께 얘기할 때 설득력이 높아질 것이다.
모범답안	헌법 제7조 제1항은 공무원의 국민에 대한 책임을 명시하고 있고, 공무원의 6대 의무 중 성실의무가 국가공무원법 등에 명시되어 있습니다. 따라서 공무원이 자신에게 주어진 직무가 적성에 맞지 않다는 등의 이유로 업무를 소홀히 하거나 업무태만 하는 것은 용납될 수 없다고 생각합니다. 또한 어떤 일이든 자신이 좋아하는 일만 하기를 원한다면 조직의 업무는 원활하게 돌아가지 않을 것입니다. 다만, 공무원도 사람이기 때문에 적성에 맞지 않는 일을 계속한다면 분명 실수가 있거나 최선을 다하지 못하는 일이 발생할 수도 있다고 생각합니다. 이런 경우, 상사 혹은 동료와의 상담을 통해 문제를 해결할 수 있는 방법을 찾아 해결하도록 하겠습니다. 어떤 업무를 맡더라도 부족하더라도 꾸준하고 책임감 있게 근무에 공직에 도움이 될 수 있는 공무원이 되겠습니다.

▶ **[유사질문 1] 만약 희망부서와 상관없는 곳에 배치된다면?**

희망하는 부서에 지금 당장 배치되지 않는다고 하더라도 담당하는 모든 일이 공무원으로서의 전문성을 키우는 데 필요한 일이라고 생각하기에 열심히 임할 것입니다. 여러 부서를 다니며 쌓인 경험과 축적된 지식을 가지고 전문성을 향상시킨 후 희망하는 부서에 배치되어 일할 때가 지금 당장 배치되어 일을 하는 것보다 시행착오를 줄이고 효율성을 높일 수 있다고 생각합니다. 그렇기 때문에 희망 부서에 배치되지 않는다고 하더라도 저에게 주어진 부서에서 최선을 다해 업무에 임할 것입니다.

▶ **[유사질문 2] 모르는 업무가 주어진다. 어떻게 할 것인가?**

업무를 하다 보면 익숙지 않거나, 새로운 업무를 접할 상황은 빈번하게 일어난다고 생각합니다. 어떤 상황에서든지 책임감 있게 업무수행을 하려는 태도가 중요하다고 생각합니다. 따라서 저는 담당 업무를 수행했던 동료에게 물어보거나, 관련 업무의 법령과 매뉴얼을 숙지하겠습니다. 더 나아가 담당 업무를 수행했던 동료가 있다면 업무에 대해 여쭤보고 관련 사례를 자세하게 참고하도록 하겠습니다. 또한 이 과정에서 업무처리가 지연되지 않도록 자기개발을 해 빠른 시일 내에 능숙하게 업무를 처리할 수 있도록 노력하겠습니다.

▶ **[유사질문 3] 업무적성이 맞지 않았음에도 노력해서 업무능력을 향상시킨 경험은?**

2. 형편이 어려운 할머니께 쓰레기 과태료를 부과할 것인가?

배경지식	• 질서위반행위규제법상 과태료 감경제도 　– 자진납부자에 대한 과태료 감경(질서위반행위규제법 제18조 제1항·제2항) 　　행정청은 당사자가 사전통지 및 의견제출 등의 기한 이내에 과태료를 자진하여 납부하고자 할 　　경우 20% 이내로 과태료를 감경해줄 수 있으며, 당사자가 감경된 과태료를 납부하면 과태료 부 　　과 및 징수절차 종료. 　– 사회적 약자에 대한 과태료 감경(질서위반행위규제법 시행령 제2조의2 제1항·제2항) 　　행정청은 사전통지 및 의견제출 결과 당사자가 다음과 같은 어느 하나에 해당하는 경우에는 해 　　당 과태료의 50% 범위에서 과태료를 감경할 수 있으며, 이러한 사유가 여러 개에 해당하더라도 　　중복 감경은 되지 아니 하나, 자진납부 감경은 중복 감경 사유에 해당 • 사회적 약자 　– 기초생활보장법 제2조에 따른 수급자 　– 한부모가족 지원법 제5조 및 제5조의2 제2항·제3항에 따른 보호대상자 　– 장애인복지법 제2조에 따른 제1급부터 제3급까지의 장애인 　– 국가유공자 등 예우 및 지원에 관한 법률 제6조의4에 따른 1급부터 3급까지의 상이등급 판정을 　　받은 사람 　– 미성년자 • 과태료 감경대상 사실 입증: 행정청은 질서를 위반한 행위자가 감경대상자 해당 여부를 사전에 확 　인할 수 없으므로, 질서위반행위자가 감경대상자에 해당한다는 사실을 입증해야 함(사전 통지에 따 　른 의견제출 기간 종료 전까지)
질문의도	법규이행과 국민에 대한 따뜻한 태도에 대한 역량을 평가하기 위함이다.
답변방향	사회적 질서 유지를 위해서는 과태료를 부과하는 것이 맞지만 반성하고 일회적인 상황이라면 경고조 치로 마무리할 수 있다. 과태료 부과는 사회질서 유지 목적에도 부합하기 때문이다.
모범답안	일단 공무원은 법규를 준수해야 하기 때문에 할머니께 과태료를 부과해야 한다고 생각합니다. 그러 나 부과하는 데서 멈추는 것이 아니라 형편이 어려울 경우 과태료 금액의 감면 대상이 되는지, 분할 해서 납부가 가능한지 등 법적 테두리 내에서 부담을 경감시킬 방안을 찾아봐야 합니다. 마지막으로 이런 상황이 재발하지 않도록 하기 위해 할머니께 쓰레기 무단 투기 시에 나타날 법적인 조치와 그 결과에 대해 다시 한 번 자세히 설명해 드려야 한다고 생각합니다.

▶ **[유사질문] 딱한 상황이지만 규정에 없어서 해결해줄 수 없는 민원인의 요구에 어떻게 대처할 것인가?**

우선 규정상 안 되는 부분을 민원인께 잘 풀어서 설명해드려야 합니다. 아무리 딱한 사정이 있다고 하더라도 공무원은 주어진 규정에 따라 민원을 처리해 나가야 하기에 민원을 해결해 드릴 수 없습니다. 사정이 딱하다는 이유만으로 규정을 벗어나 민원을 처리하게 되면 형평성에 어긋나게 됩니다. 결국 유사한 경우의 다른 민원인들에게 피해가 발생하게 되어 최대한의 공익을 실현하지 못하게 됩니다. 하지만 여기서 공무원의 역할이 멈춰서는 안 된다고 생각합니다. 다른 규정으로 민원을 해결해 드릴 수 있는지를 찾아봐야 하며, 혹 규정의 미비로 인한 사항이라면 규정이 잘 정립될 수 있게 책임을 다하는 것도 공무원의 역할이라고 생각합니다.

3. 중요한 개인용무와 조직업무가 겹친다면 어떻게 하겠습니까?

질문의도	공익과 사익의 충돌과 관련된 문제이다. 조직업무가 맹목적으로 우선순위가 될 수 없지만 개인의 용무가 응급상황이 아니라면 조직업무를 우선시하는 태도가 필요하다. 공직의 업무는 국민의 삶과 직결되기 때문이다.
답변방향	조직업무가 우선시되어야 하는 이유를 개인의 경험이나 사례를 붙여 이야기해보자.
모범답안	개인용무가 응급상황이 아니라면 조직업무를 우선하겠습니다. 조직업무가 맹목적으로 우선시되는 것은 아니나 공직의 업무는 국민의 삶과 직결되며 공무원은 국민 전체의 봉사자로서 맡은 업무에 대한 책임감과 사명감이 바탕이 되어야 한다고 생각됩니다. 또한 국민 혈세를 받는 공무원이 조직업무를 후순위에 둔다면 적극행정의 저해 요인이 될 수 있다고 생각합니다. 2019년에 개인업무를 우선시하고 조직 업무를 뒷전으로 미룬 공무원의 해임판결 사례도 있습니다. 해당 공무원은 자신이 맡은 업무의 개념과 절차를 이해하지 못할 뿐더러 업무 성과도 좋지 않았으며, 업무 이해도 향상을 위한 교육 참여를 거부하는 등의 옳지 못한 행동을 보이기도 했습니다. 하지만 개인용무가 응급상황이고 불가피한 상황이라면 상사님께 해당 사항을 보고하고, 업무를 대신 처리해줄 수 있는 동료의 도움을 받는 등 후속조치 방안을 찾아보겠습니다. 또한 개인적인 용무를 마친 뒤 부탁한 업무가 잘 처리가 되었는지, 제가 추가적으로 해야 하는 업무는 없는지 검토하겠습니다.

▶ **[유사질문]** 아이를 돌보기 위해 퇴근을 해야 하는 상황인데 상사가 급한 업무라며 야근을 하고 가라고 한다면 어떻게 할 것인지?

4. 조직에서 본인이 일을 하고 있을 때 주변 동료들은 일이 거의 없고, 본인만 일이 많다면?

질문의도	업무분배의 단순한 공정성 여부를 바라보는 것만이 아닌, 업무분배의 전반적인 사고능력 및 효율적인 업무처리능력을 평가하기 위함이다. 조직생활을 하다보면 업무는 정량적인 분배로 이뤄지기 어렵다. 개인의 역량(예를 들어 육아휴직 복귀 후 일주일 정도 근무한 직원), 조직의 상황 등에 따라 달라질 수 있기 때문이다. 물론 편파적인 상황에서 업무과다가 이뤄질 수 있지만 일반적인 조직의 모습은 아니다. 하지만 대부분의 지원자들은 해당 질문만 듣고 편파적 업무과다, 불공정이라는 단어를 쉽게 떠올리곤 한다. 항상 침착하고 객관적인 사고로 상황을 바라보는 연습을 해보자.
답변방향	업무과중의 예를 떠올려 답변해 보자. 무조건적으로 열심히 하겠다는 식의 답변은 진정성이 떨어져 보일 수 있다.
모범답안	조직생활을 하는 데 있어 누군가에게 일이 몰리는 상황이 있을 수 있다고 생각합니다. 저는 이런 상황이 발생할 경우 해당 업무를 저만 담당할 수 있는지, 공동의 업무분배가 가능한지 살펴보겠습니다. 예를 들어, 제가 담당하는 업무가 개인정보 보호에 관련된 일이라 다른 동료가 아닌 저만 확인해야 하는 업무라면 더욱 제게 몰릴 수 있는 상황이 있을 수 있다고 생각합니다. 다만, 이러한 업무가 아니고 공동의 업무이며 빠르게 업무를 수행해야 하는 경우라면 동료에게 도움을 요청할 것 같습니다. 무조건적으로 책임감 있게 수행하는 마음가짐이 있더라도 제게 일이 몰린다면 집중도가 떨어져 실수도 많이 나올 수 있을 것이라고 생각합니다. 이는 결국 조직의 피해로 돌아가 국민이 피해를 입을 수 있는 상황이라고 생각합니다. 따라서 저는 동료들이 잘하는 부분을 상관께 보고해 업무가 분담될 수 있도록 말씀드리겠습니다.

▶ **[유사질문] 과도한 업무부담 시 해결방안은?**

우선 업무가 과중하게 맡겨진 것에 대해 섭섭하게 여기기보다는 많은 업무량을 통해 많은 경험을 쌓을 수 있는 기회로 생각하겠습니다. 그러나 업무의 과중으로 인해 업무 처리의 효율성이 떨어져 실수나 빠트림이 발생하게 되면 일단 주변의 동료들에게 도움을 한 번 청해보겠습니다. 주변의 동료들에게도 도움을 청할 수 없는 상황이라면 상사님께 이러한 상황을 보고하고 업무량 조절 혹은 업무분담을 요청하겠습니다.

5. **팀프로젝트 진행 중 일이 많은데 본인 일을 다 했다면 퇴근할 것인지 아니면 남을 것인지?**

질문의도	조직생활의 협업능력, 봉사성을 평가하기 위함이다.
답변방향	직장생활에서 협업능력이 필요한 이유와 개인의 경험을 함께 답변해 보자. • 학창시절 팀프로젝트 시 자신의 담당은 아니었지만 팀원을 도와준 경험 • 인턴 시 늦게까지 남아 동료의 업무를 도와준 경험
모범답안	공직업무 수행은 국민의 삶 증진을 위해 필요하므로 개인의 업무가 아닌 공동의 업무라고 생각됩니다. 따라서 제 일은 다했지만 팀의 일이 남아 있는 상황이고, 특히 그 업무의 기한이 얼마 남지 않은 상황이라면 함께 남아 마무리를 도와주겠습니다. 팀원을 위해 솔선수범하는 희생정신을 평상시에도 보인다면 향후 제가 도움이 필요할 때 동료의 도움을 받을 수 있다고 생각합니다. 함께 고민하고 함께 해결하며 언제 어디서든 보탬이 될 수 있는 공무원이 되겠습니다. [꼬리질문] • 업무기한이 넉넉히 남은 상황에서는 어떻게 대처할 것인지? • 공무원에게 희생정신이 강조되는 이유는?

▶ **[유사질문] 상사가 무능한 옆 직원의 일을 나에게만 몰아줘서 야근도 많고 바쁘다면?**

복종의 의무에 따라 상사의 지시를 따르겠습니다. 공무의 특성상 업무는 혼자 하는 것이 아닌 공동으로 해결하는 업무라고 생각합니다. 또한 상사가 동료를 무능하다고 느낀 원인을 확인해보겠습니다. 업무를 하지 못하는 이유는 업무 이해도 부족, 업무처리의 효율성 등 다양하다고 생각합니다. 당장은 무능해 보일지라도 원인을 찾아 도움을 준다면 장기적으로 업무의 효율성 증진은 물론이고, 서로 소통하여 좋은 정책이 개선되거나 실행될 수 있다고 생각되기 때문입니다. 따라서 동료를 신뢰하며 최선을 다해 도움을 주고 업무분장을 해 국민이 만족할 수 있는 행정처리를 하도록 하겠습니다.

6. **본인이 팀장이고, 각 팀에서 차출된 인원들이 협동하는데, 한 사람의 업무능력이 떨어져서 목표달성에 방해가 된다면?**

질문의도	책임감, 협업능력, 문제해결능력 등을 확인하기 위한 질문이다.
답변방향	관련 내용은 TF 업무 중 발생할 수 있는 상황이다. 누구나 최선을 다해 업무를 하고자 하는 의지는 같겠지만 상황에 따라 업무 능력의 편차가 생기기도 한다. 이런 상황에서 동료를 무시하거나 배제하는 것이 아닌 동료의 부족한 문제점을 진단하고 역량을 끌어줄 수 있는 상황을 만들어 주어야 한다.
모범답안	한 사람이 모든 분야에서 뛰어난 능력과 재능을 가질 수는 없습니다. 각 분야에서 각자가 가진 능력과 역량이 모두 다르기 때문에 서로를 보완하라는 의미에서 팀을 이뤄 일을 처리한다고 생각합니다. 역량이 부족한 동료의 공백은 구성원 간의 협업 혹은 업무 재분담을 통해서 충분히 극복할 수 있다고 생각합니다.

7. 업무 해결방안이 자신이 생각할 때는 A인데 조직 내에서는 B로서 관행적으로 한다면?

질문의도	조직에서의 신뢰와 신중한 자세를 평가하기 위함이다.
답변방향	관행의 사전적 정의는 '오래 전부터 해 오는 대로 함. 또는 관례에 따라서 함'이다. 일반적으로 수험생이 떠올리는 관행은 조직에서 꼭 없어져야 할 부정적 의미로 해석한다. 하지만 조직생활을 하다보면 합법적인 관행, 효율적인 관행 등 조직의 필요에 의해 진행되는 경우가 있다. 예를 들어 업무 효율성을 위해 아침마다 각자 해야 할 일을 점검하고 보고하는 관행이 꼭 나쁘다고만 할 수 있을까? 당일 업무 리스트를 확인하면 업무를 계획적이고 효율적으로 처리할 수 있다. 이처럼 관행을 나쁜 문제로만 인식해 답변하지 않도록 하자.
모범답안	위와 같은 상황에서는 상황을 신중히 바라보고 판단해야 한다고 생각합니다. 관행이란 오래 전부터 해오는 관습을 의미합니다. 이 관습이 부도덕적이거나 위법한 상황이라면 따르지 않는 것이 맞지만, 조직 업무에 필요로 되는 관행이었다면 이를 수행하는 것이 맞다고 생각합니다. 특히 저보다 오래 공직생활을 하신 상사분께서는 관행의 필요성을 더욱 잘 아실 것이라고 판단해 상사와 동료의 교류를 통해 관행의 필요성을 들어보겠습니다. 관행이라는 것은 시간이 지날수록 견고해지는 특성이 있는 만큼 조직에서 합리적이고 필요한 관행문화가 정착될 수 있도록 노력하고, 항상 동료를 신뢰하는 자세로 공직에 임하겠습니다.

04 관계 시리즈: 상하관계, 세대차이 등 관계적 측면의 문제상황

1. 본인보다 나이가 어린 상사, 잘 지낼 수 있는지?

질문의도	공개경력채용보다는 경력경쟁채용에서 기출빈도가 높은 질문이며, 나이가 많은 지원자에게 주어지는 질문이다. 공무원 면접은 블라인드 채용이지만 지원자의 여러 경험을 질의하는 과정에서 지원자의 나이가 가늠되는 경우가 있으며, 이러한 상황에서 나올 수 있는 질문이다.
답변방향	• 공무원은 계급사회라는 것을 강조하며, 업무수행에 나이는 중요치 않다는 것을 이야기하자. • 나이가 어린 사람과 함께 일했던 경험을 드러내자(학교생활, 조직생활, 아르바이트 등 모두 해당). • 이때 나이보다는 역할에 충실했던 모습과 나이가 어린 상사와 협업을 잘 이끈 성과를 답변해 보자. • 규정, 법규 등의 근거로 설득할 수 없다면 사례, 경험을 통해 면접관을 설득해 보자.
모범답안	공무원은 계급조직으로 위계질서를 잘 지켜야 한다고 생각합니다. 따라서 나이는 중요하지 않다고 생각합니다. 대학 졸업 후 고시생활을 하며 아르바이트로 생계를 이어나가기 위해 제과점에서 아르바이트를 했던 적이 있습니다. 당시 매니저분은 저보다 나이가 2살 어렸지만 항상 존댓말을 사용하며 제가 모르는 업무를 알려주셨고, 실수를 하더라도 잘못된 부분에 대해서만 정확하게 바로잡아주곤 했습니다. 근무를 하면서 나이가 어리다는 부분은 단 한 번도 느껴본 적이 없습니다. 이 경험을 통해 어떤 조직에서 근무하든 나이보다는 서로에 대한 존중의 태도가 중요하다는 것을 배우게 되었습니다. 공무원 조직 생활을 할 때에도 상대방을 존중하며 근무하도록 하겠습니다.

2. 조직 내 상사와의 갈등 어떻게 해결하겠는지?

질문의도	가장 고전적이면서도 기출빈도가 높은 지문이며 갈등해결능력, 스트레스 관리능력 등을 평가하기 위함이다.
답변방향	업무적 마찰, 관행 불이행, 부당한 지시, 가치관 충돌 등 갈등의 유형은 다양하다. 대표적 유형에 맞춰 관련 사례와 함께 이야기한다면 면접관을 구체적으로 설득할 수 있다.

모범답안	조직생활에서 갈등은 충분히 일어날 수 있는 부분이라고 생각합니다. 단, 갈등이 심화되어 조직 분위기에 해를 끼치지 않는 것이 중요하다고 생각하기 때문에 빠른 시일 내로 문제를 해결하도록 하겠습니다. 먼저 상사와의 갈등 시 저에게 문제가 없는지 확인해보겠습니다. 상사의 지시를 제대로 이해하지 못했는지, 제가 미처 확인하지 못한 부분은 없는지 등을 확인해보겠습니다. 문제의 원인을 정확하게 찾아본 후 원인 해결을 위해 노력해보도록 하겠습니다. 하지만 해결 과정에서 상사의 도움이 필요하다면 대화를 통해 상사분께 도움을 요청하고 갈등 해결을 위해 최선을 다하도록 하겠습니다.

▶ **[유사질문 1] 상사와 의견이 다르다면?**

업무를 수행하다 보면 의견 차이는 충분히 발생할 수 있다고 생각합니다. 저의 의견을 고집하기보다 상사의 의견을 먼저 헤아려 듣고 존중하도록 하겠습니다. 공무원에게는 복종의 의무가 있고 저보다 경험이 많으신 상사이기에 제가 미처 보지 못한 부분까지 고려하실 수도 있다고 생각됩니다. 하지만 저의 의견이 객관적 지표에 기반한 상황이라면 상사의 다른 의견을 먼저 확인한 후 객관적 자료에 대한 의견을 말씀드리겠습니다. 조직생활을 하며 발생하는 의견의 충돌이 업무의 긍정적인 성과로 이어질 수 있도록 노력하겠습니다.

▶ **[유사질문 2] 해결하기 힘든 갈등의 유형은? 지원자가 상대를 설득하는 노하우가 있다면?**

05 민원 시리즈: 민원응대 및 특이민원 관련 대응상황

1. 이유 없이 화내는 민원인이 있다. 어떻게 대처할 것인가?

질문의도	대민업무의 이해도와 민원인에 대한 태도 및 문제해결능력을 확인하기 위함이다.
답변방향	민원인 관련 질문에서 민원인의 태도를 무조건적으로 악성민원으로 치부해버리면 좋은 점수를 받을 수 없다. 민원인의 감정적인 호소는 국가 제도로 직·간접적으로 피해를 받고 억울함을 호소하기 위한 것이기에 어떤 사유로 화를 내는지 원인을 파악할 필요가 있다.
모범답안	이유 없이 화내는 민원인이라고 하여 무관심 및 기피의 태도로 소극적인 조치를 하는 것은 공무원으로서 책임 있는 행동이 아니라고 생각합니다. 특히 무관심 및 기피의 태도, 더 나아가 악성민원이라고 치부해버리는 태도는 공직자로서 들어야 할 국민의 목소리를 더욱 위축시킬 수 있다고 생각됩니다. 보통 화를 내시는 민원인 분들은 그 분의 이야기를 잘 들어드리는 것만으로도 화를 누그러뜨리는 경우가 많다고 들었습니다. 따라서 우선 해당 민원인 분의 이야기를 경청해 드린 후 제가 도와드릴 수 있는 부분이라면 최선을 다해 도와드리고, 도와드릴 수 없는 부분이라면 왜 도와드릴 수 없는지에 대해 그 분이 이해하실 수 있게끔 잘 설명해드리도록 하겠습니다. 공직자로서 최선을 다해 민원응대를 하지만 설득이 되지 않고 지속적으로 화를 내고 소리를 질러 공무에 방해가 되는 상황이라면, 공무 집행에 방해가 될 수 있다는 점도 알려드릴 것입니다.

2. 민원인과 전화상담 중 '당신 말투가 마음에 안 드니 상사와 통화하겠다'고 한다면 어떻게 하시겠습니까?

배경지식	상급자(기관장 등)의 통화요구 절차 1. 민원인 요구를 무조건 허용하지 말고 기관의 규정 및 입장에 대해 설명 후 설득 2. 실무자 투입: 상급자(기관장 등)으로부터 민원처리 권한을 허용받았음을 안내한 후 최대한 단기간 내 문제를 해결할 수 있는 방법 안내 "요청하신 문제를 빠른 시일 내 처리할 수 있는 방안을 알아보겠습니다." 3. 담당 부서장 및 상급자 투입: 실무자 투입 후에도 불만이 끊이지 않고 상급자 통화를 요구하는 경우 최종 대응단계

질문의도	행정서비스를 제공하는 민원응대 능력을 평가하기 위함이다.
모범답안	의도치 않게 민원인에게 기분을 상하게 한 부분에 대해 사과를 드려야 한다고 생각합니다. 또한 사과를 드리면서 즉시 저의 말투를 부드럽게 말하려고 노력하겠습니다. 군 복무 시절 업무상 전화를 받을 때 사투리 억양이 심해 상대가 저를 쏘아붙이는 듯이 말하는 것처럼 느껴진다고 얘기해 주신 적이 있습니다. 저의 의도와 다르게 상대방은 오해를 할 수 있는 상황이 충분히 있을 수 있다고 생각합니다. 사과 후에도 민원인께서 불편함을 이야기하시면서 상사와 통화를 하겠다고 말씀하시면, 상사와 통화를 연결시켜 드리기 전에 민원인이 불편해 하는 이유와 부족한 점을 보고 후 통화연결을 시켜드리도록 하겠습니다.

3. 민원인이 불만을 표시하며 난동을 부리면 어떻게 하시겠습니까?

배경지식	• 법적대응: 「형법」 제366조에 의한 재물손괴죄 또는 「형법」 제260조에 의한 폭행죄에 해당
	• 민원인의 물품파손 시 대응 절차
	  - [1단계] 청원경찰, 동료직원 등 민원인 제지
	  - [2단계] 내부 업무처리를 하고 있는 다른 민원인 대피
	  - [3단계] 상급자 투입 후 난동상황 제지 및 법적 대응(형법 제366조에 의한 재물손괴죄 또는 형법 제260조에 의한 폭행죄에 해당) 고지 설득

질문의도	행정서비스를 제공하는 민원응대 능력을 평가하기 위함이다.
모범답안	민원인께서 불만을 표시하는 데는 이유가 있다고 생각합니다. 또한 공무원은 국민 전체의 봉사자로서 민원의 불만을 해결해야 할 의무가 있다고 생각합니다. 먼저 민원인께서 불만을 표시하는 이유를 듣고, 충분한 사과를 통해 민원인을 진정시키겠습니다. 또한 문제를 최대한 해결하도록 하겠습니다. 하지만 불만의 표시가 과해 난동을 부리는 행위가 지속되어 다른 민원인에게 피해를 주는 상황이라면, 국민의 안전을 지켜야 한다는 의무 차원에서 정중하게 경고를 드리고 빈 사무실로 민원인을 이동시키도록 하겠습니다. 충분한 안정을 취하실 때까지 기다린 후 불만의 원인을 찾기 위해 최선을 다하겠습니다.

▶ [유사질문] 악성민원에 대해 어떻게 할 것인가?

악성민원인에 대해서는 기본적으로 평정심을 잃지 않고 유연하게 대처해야 한다고 생각합니다. 흥분된 상태일 수 있으니 일단 민원인의 말을 듣고 어떤 이유로 민원을 처리해드릴 수 없는지 한 번 더 설명해드리겠습니다. 만약 고성·기물파손·폭언 등의 형태로 번질 경우 이런 행동이 문제해결에 전혀 도움이 되지 않음을 알리고 중단한 것을 요청하겠습니다. 그럼에도 불구하고 계속적인 상태라면 녹화·녹음이 될 수 있음과 법적 조치가 처해질 수 있음을 고지하여 단호하게 대응하겠습니다.

PART

05

5분발표 과제 & 질의응답

CHAPTER 01 5분발표 과제 [개요]

| POINT 01 5분발표 과제 이해

① 의의

5분발표 과제란 지원지의 공직적합성을 평가하기 위해 진행되는 면접절차로, 면접 당일 제시되는 5분발표 제시문을 10분간 작성한 후 면접장에서 5분 이내로 발표하는 과제를 의미한다. 면접관은 지원자가 발표한 내용을 바탕으로 약 5분간 후속질문을 하게 된다.

② 진행과정

| STEP 01 | 발표문 검토장: 5분발표 과제 작성 |

진행사항	• 발표문 검토는 대면면접이 진행되는 같은 장소에서 진행 • [작성시간] 10분 • [작성서식] 미색의 A4용지이고, 작성지는 별도로 제공되지 않으며, 제시문 하단 여백에 답변을 작성한 후 발표 진행 • [분량] 제시문의 길이는 3~5줄이며, A4용지 1/3~2/3 분량이고, 작성여백은 A4용지 2/3 또는 1/3 분량
유의사항	• 시계 – 경험·상황면접과제와 다르게 스크린시계는 없음 – 손목시계 지참 권장(시간분배 및 남은 시간 안내소리 작은 편이기 때문에) • 작성 Tip – '줄글' 형식으로 논리적으로 작성하는 것을 권장 – 단, '서술형'이 아닌 '키워드형'으로 작성하는 것을 권장(작성시간 약 10분)

▼

| STEP 02 | 대기시간 |

대기	10분 작성시간 종료 후 순차대로 대면면접을 위해 '면접실'로 이동
면접종료	작성한 발표지는 대면면접 종료 후 시험감독관에게 제출한 뒤 퇴실

2023년도 국가공무원 9급
공개경쟁채용 면접시험

보호·검찰·일반행정(경찰청)

6.14 (수)

5분발표 과제

면접조 _____   **성명** _____

작성 시 주의사항

- **발표준비시간은 10분이며 5분 이내로 발표**하십시오. **발표 후 5분 정도 질문**이 있게 됩니다.
- 발표를 위해 **여백에 메모는 가능**하며 면접 시 참조하여 발표할 수 있습니다.
- 발표과제는 **면접완료 후 반드시 반납**하여 주시기 바랍니다.

과제	다음 글을 읽고 공직자가 갖추어야 할 공직가치를 제시하고, 그 가치를 실현하기 위해 필요한 공직자의 자세는 무엇인지 자유롭게 발표해 주십시오.
	제시문 내용

작성여백

PART
05

GOOD	BAD
목차형식 / 논리정연 / 키워드 작성	무형식 / 서술형 작성
5분발표의 기세를 잡기 위한 방법 중 하나는 5분발표 과제를 작성할 때 '보고서 형식'으로 작성하는 것이다. 내용구성은 목차형태로, 내용흐름은 논리정연하게, 핵심요점은 키워드로 작성하는 것을 말한다. 보고서 형식은 10분 이내로 빠르게 작성할 수 있는 장점도 있지만, 5분발표를 할 때 실수 없이 자신감 있게 발표할 수 있도록 도와주는 기능도 있다.	'면접은 기세다'라는 말이 있다. 기세를 잡기 위해서는 첫 스타트를 잘 끊는 것이 중요한데, 개별면접에서의 첫 스타트는 5분발표이다. 하지만 5분발표 과제작성 시 연습장에 낙서하듯 답변을 작성하게 되면, 5분발표를 할 때 긴장감이 더해져 본인이 작성한 내용을 알아보지 못해 실수하는 경우가 종종 있다. 따라서 무형식 / 서술형 작성은 최대한 지양해야 하는 작성법이다.

GOOD CASE

5분 발표과제 질문지

응시번호/직렬: 성명:

<내용 작성 시 주의사항>
○발표방식: 준비시간 10분 / 5분 내외 발표 후 추가 질문 할 수 있습니다.
○발표를 위해 질문지 여백에 메모는 가능하며 면접 시 참조가 가능합니다.
※ 질문지는 면접 완료 후 반드시 반납하여 주시기 바랍니다.

<질문>
다음 제시문을 통해 알 수 있는 공직가치를 설명하고 공직자로서 어떤 의견을 갖고 있으며 앞으로 실천할 것인지에 대해 자유롭게 발표해주시기 바랍니다.

○ 최근 공공기관 직원들의 땅투기 사태 이후 공개되지 않은 내부 정보나 직무상 권한을 이용한 부동산 취득 등 이해충돌 문제에 대한 대책 마련이 요구되고 있는 상황이다. 내부정보를 이용하여 사적이득을 취한데 대해 국민들이 분노하고 있으며, 일반 국민중 80% 이상은 공직자의 부정한 사익추구를 막기 위해 강력한 법안을 만들어야 한다고 답했다.

○ 이해충돌방지법은 공직자가 수행하는 직무와 사적이익 간에 발생할 수 있는 이해충돌이 상황을 사전에 신고하고 부적절한 상황을 회피하도록 구성되어 있다. 공직자는 직무와 관련해 사적인 이해관계가 있으면 미리 신고해야 하며 고위공직자나 채용담당공직자 등의 가족은 소속 공공기관은 물론, 산하기관, 공공기관이 투자한 자회사에 취업할 수 없다. 이해충돌방지법의 적용대상은 공무원과 국회의원, 지방의회 의원, 공공기관 임직원 등 법 적용대상은 190만명에 이른다.

*투명성, 공익성
- 탐2가치: 공개되지 않은 내부정보, 직무상 권한 이용하여
         사적이익 취득을 경계하는 법안 제조
- 채임성: 사적이익취득방지를 위해, 사적이익이해충돌시 미리 신고하는 법령 제정.
         → 정부의 적극행정 실현
*공익성, 사례, 경험
1. 투명성) 헌법1조1항 국가의 모든 권력, 국민으로부터 나옴 / 권리의 주인인 국민에게
                                                    알권리의 보장
    관련(사례) 법무부 범죄대처현장지로 공개
            물가별 감칠 공무원 사유 공개: 국민신뢰UP
    관련(경험) 팀플 중, 조원들 사이에서는 제대로 과제 처리X 하숙생이
            팀플과제에 이름을 올리려고 시도할 뜻밖이 있음이 제시
            → 해결: 조원들의 의견 듣고 / 회의록 (누가.언제.무슨 이야기)
                            최종보고서 (누가 어디를 무슨자료이용)
                        정리하여 팀쏘나에게버 → 좋아하심
                                    모두가 전송

2. 책임성) 헌법7조(2항)
            대한민국공무원은 국민을 위한봉사자, 책임을 다해야한다
        사례 - 인천장애인국가훈련센터의 약국의 마약사범이 숨김 / 연이통하지X 아무조치 하지
                                                                않은것
            → 장애인 허가 그림으로 국지소 각인
            : 딤신안자/긴급차인 그림을 통해 국민의 분위기
        관련(경험) 팀플 →장자.(반수)

                                                            탐지준 !
...

BAD CASE

5분 발표과제 질문지

응시번호/직렬: **성명:**

<내용 작성 시 주의사항>
○발표방식: 준비시간 10분 / 5분 내외 발표 후 추가 질문 할 수 있습니다.
○발표를 위해 질문지 여백에 메모는 가능하며 면접 시 참조가 가능합니다.
※ 질문지는 면접 완료 후 반드시 반납하여 주시기 바랍니다.

<질문>
다음 제시문을 읽고 갖춰야할 공직가치를 설명하고, 공무원에 임용된다면 실현할 수 있는 방안에 대해 자유롭게 발표하시오.

A시 공무원들은 자신의 출퇴근 지문인식카드를 당직근무 공무원에게 대리등록하게 하는 등의 방법으로 시간외근무수당을 부당 수령하거나, 병가를 내고 해외여행을 다녀온 것으로 드러났다. 시간외근무수당 부당 수령 적발시 환수조치외는 현재 다른 조치는 없다.이 뿐만이 아니다. 불법 복제 소프트웨어 적발 기관 중 지자체 및 소속·산하 기관이 70%를 웃돌고 있다. 공무원들이 IT산업 발전을 가로막고 있다는 비판이 나오는 배경이다.최근 6년간 적발된 139개 공공기관 중 지방자치단체 관련 기관 98곳이 적발됐다.

페이지 3 / 3

05 **연습방법**

시간배분	• 8분 이내로 작성할 것 • 10분 작성: 검토 및 작성(8분) + 최종검토(2분)
사전준비	• 공직가치 지식 및 사례 준비 5분발표의 핵심주제는 '제시문에서 유추할 수 있는 공직가치'이므로 공직가치의 개념, 사례, 배경지식 (법규, 이슈 등)의 사전준비가 되어 있어야만 10분 이내로 빠르게 작성할 수 있다.
훈련방법	• 제시문 해석 및 작성연습 ① 10분 내 답변작성을 위해 [제시문 핵심]을 파악하는 훈련 진행 ▼ ② 핵심파악 훈련이 되었다면 [10분 내 논리구조 작성] 훈련 수행 ▼ ③ 난이도 上 제시문 훈련을 통해 [위기대처능력] 강화 검토시간이 오래 걸려 10분 내로 답변을 작성하지 못할 경우에 대비하여 사전에 준비한 지식을 즉석에서 답변할 수 있는 연습 병행

POINT 02 | 고빈도 주제유형

01 **5분발표 과제 주제유형**

	[갈등형] 주민갈등 및 조직 내 갈등 • 길고양이 문제로 동물협회와 주민갈등 상황 사례 • 공무원 조직 내 세대 간 갈등 사례
사례	[제도형] 사업(제도) 실행 및 행정혁신·적극행정 사례 → 책임감(전문성) 관련 공직가치 출제빈도 높음 • 도시재생사업 진행 시 나타난 문제 사례 • 소방관 특수차량 장비 도입 및 연구관 5G기술 개발 사례 • 4차 첨단기술 행정도입 사례 • 보이스피싱 예방 사례
	[이슈형] 최근 사회이슈 관련 • MZ세대 갈등 • 다문화사회 증가
	[공직형] 공직자로서 갖춰야 할 행위 및 신념 관련 • 공무원 부당수급 행위 관련 • 공무원 행정절차처리 미준수

법조문·제도	법조문·제도 관련 이론지식 • 정책실명제도 • 공직자의 이해충돌방지법 • 공무원 순환근무제도 • 공무원 유튜브 겸직허가제도
고전·문학	인문·역사 고전 관련 내용 → 청렴성·공익성 관련 공직가치 출제빈도 높음 • 다산 정약용 '목민심서' • 박지원 '열하일기' • 병인양요 때 약탈당한 효명세자비 책봉주책 환수 • 스모키 린 '소방관의 기도'

02 고빈도 출제유형

5분발표 과제 주제유형은 '법조문·제도', '사례(갈등형·제도형·이슈형·공직형)', '고전형'으로 분류된다. 최근 출제동향은 '사례' 주제가 압도적이며, '법조문·제도' 출제빈도수가 높아지고 있는 추세이다. 출제빈도 가 높은 유형을 위주로 공부순서를 정하도록 하자.

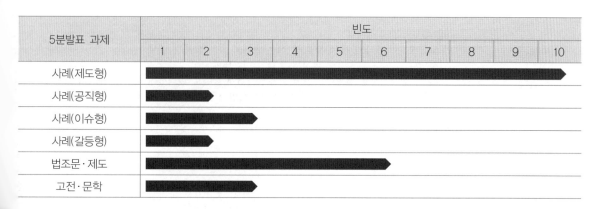

연도별 기출빈도

2023년: 법조문·제도 > 사례(제도형) > 사례(갈등형)

2022년: 사례(제도형) > 사례(이슈형) = 사례(공직형) = 법조문·제도

2021년: 사례(제도형) > 법조문·제도 = 고전·문학 > 사례(갈등형) = 사례(이슈형)

연도	사례				법조문·제도	고전·문학
	갈등형	제도형	이슈형	공직형		
2023	1	2	–	–	3	–
2022	–	6	2	2	2	1
2021	1	6	1	–	2	2

※ 2023년부터 오전·오후 제시문이 공통주제로 출제

POINT 03 3개년 유형별·시기별 기출

01 2023년

■■ 사례(제도형·공직형·이슈형·갈등형)

6 / 14 보호직 검찰직 경찰행정	[갈등형] 직무유기 A부처와 B부처가 술에 취한 노숙인을 보호하는 업무를 서로 떠넘기다가 '직무유기'로 맞고발하는 일이 벌어졌다. 주취자 보호는 A부처가, 노숙인 보호는 B부처가 맡아야 한다. A부처는 노숙인이 일정한 거주지가 없다는 이유로 B부처에게 인계하려고 했으나, B부처는 노숙인이 주취자라는 이유로 이를 거부했다. 하지만 이 경우, 주취자와 노숙인 중 누구를 우선하여 보호담당 부처를 결정해야 하는지 판단하기 어려운 상황이다.
6 / 16 우정직 선거행정 철도경찰 마약수사 출입국관리	[제도형] 세대소통토론회 최근 A부처에서 역지사지(易地思之) 자세를 실천하기 위해 노력하고 있다. 이를 위해 나이, 직급, 성별에 관계없이 가면을 쓰고 목소리를 변조하여 익명으로 자유롭게 소통 가능한 토론을 진행하였다. 업무정책의 효율성 증진을 위해 서로의 입장을 이해하고 다양한 정책에 대해 토론하였으며, 이 과정에서 다양한 관점과 생각을 공유하였다. 이러한 사업은 공익실현에 목적을 두고 있다.
6 / 19 전산직 공업직 농업직 임업직 시설직 방재안전 방송통신	[제도형] 행정혁신·적극행정 외국인 노동자 A씨가 공장에서 작업 중 작은 불씨로 인해 화재가 발생하자 소화기를 이용해 화재를 진압하였다. A씨는 한국어로 작성된 소화기 사용법에 어려움을 겪었다. 이에 행정안전부 주무관은 소화기, 심장제세동기(AED) 등의 사용법을 5개 국어로 번역하여 영상을 제작하였다. 또 영상의 QR코드를 제작하여 소화기의 주변에 배치하였다.

■■ 법조문·제도

6 / 15 행정직 교육행정 고용노동 직업상담	[제도] 공익신고제도·내부고발자 보호제도 공직사회의 부정부패 및 공익침해행위를 방지하기 위해 정부는 공익신고제도를 운영하고 있으며, 부정부패를 신고한 공익신고자를 보호하는 내부고발자 보호제도도 시행 중이다. 이는 내부의 문제를 외부에 공개함으로써 공익을 증진시키는 효과가 있다. 관련 법률로는 '부패방지 및 국민권익위원회 설치와 운영에 관한 법률', '공인신고자 보호법'이 있다.
6 / 17 세무직 관세직 통계직	[제도] 지속가능발전목표(K-SDGs) 정부는 지속가능발전목표(K-SDGs)를 수립했고, 이에 관한 세부항목 및 세부지표를 제시했습니다. ○ 세부목표 A: 포용적이며 사회 각계각층의 시민참여도가 높은 의사결정을 보장하고 정보에 대한 대중의 접근을 향상시킨다. 　－ 세부지표: 국민정보공개청구건수(정보공개 비율 ～ 및 의사결정) ○ 세부목표 B: 정책에 대한 국민의 접근성 확대 　－ 세부지표 1: 빈곤층과 취약계층에 사회서비스 제공을 강화한다. 　－ 세부지표 2: 보조금 증액(GDP 대비 공적 사회지출 비중)

6 / 18 교정직	[법조문] 보호소년법 보호소년 등의 처우에 관한 법률 제2조의1 소년원장 또는 소년분류심사원장(이하 "원장"이라 한다)은 보호소년등을 처우할 때에 인권보호를 우선적으로 고려하여야 하며, 그들의 심신발달과정에 알맞은 환경을 조성하고 안정되고 규율 있는 생활 속에서 보호소년등의 성장가능성을 최대한으로 신장시킴으로써 사회적응력을 길러 건전한 청소년으로서 사회에 복귀할 수 있도록 하여야 한다.

② 2022년

사례(제도형·공직형·이슈형·갈등형)

6 / 12 [오전] 보호직 검찰직 마약수사 출입국관리 경찰행정	[제도형] 보호관찰관제도 보호직 A부처에서 보호관찰관제도를 시행하고 있다. 이는 범죄발생 예방을 위해 지역사회 전문 민간기관과 유기적 협력체계를 구축하고 전문가와의 실질적인 상담과 지원을 통해 범죄예방 대응력을 향상시키기 위해 실행된 제도이다. 특히 제도의 시행을 위해 민간전문상담가를 채용하여 민간인의 참여기회를 확대하여 민간인의 전문성 제고는 물론 적극적인 보호활동에 기여하고자 한다.
6 / 13 [오전] 고용노동 직업상담 교육행정 선거행정	[제도형] 임금공개 매뉴얼 현재 구직채용 공고사이트에는 다양한 기업 구인정보가 있으나 그중 70% 이상은 임금표기를 '추후 협의' 등 불명확하게 표기하고 있다. 구직자를 대상으로 설문조사를 한 결과 구직자의 80% 이상이 불명확한 임금표기 정보를 경험해 본 적이 있다고 응답하였으며 이로 인해 구직자들은 자신이 생각했던 것만큼 임금을 받지 못할까봐 걱정하는 상황이다. 실제로 임금표기를 하지 않아 신규채용자들이 입사 후 불리한 임금조건으로 계약을 체결하여 문제가 되고 있어 A부처에서는 국민의 알권리 보장을 위해 임금공개 매뉴얼제도를 만들어 검토 중에 있다. 이러한 상황에서 유추할 수 있는 공직가치는 무엇인가?
6 / 13 [오후] 고용노동 직업상담 교육행정 선거행정	[제도형] 외국어 민원 통역서비스 A시는 최근 외국인근로자 수 증가로 인한 민원업무가 증가하고 있다. 언어장벽으로 인해 제대로 된 서비스를 제공하지 못하여 이를 해결하기 위해 사전예약 방문 시 베트남어, 중국어 등 외국어에 능통한 공무원 2명이 민원대응을 할 수 있는 외국어 민원 통역서비스를 제공하고 있다. 또한 민원실에는 4개 국어로 만들어진 민원서류를 배치한 상황이다. 이러한 상황에서 유추할 수 있는 공직가치는 무엇인가?
6 / 14 [오전] 공업직 농업직 임업직 시설직 방재안전 전산직 방송통신	[제도형] 드론산불진화대 최근 기후변화로 산불 등 자연재해가 증가하고 있다. A부처에서는 산불위기 대응역량을 강화하기 위해 24시간 산불을 감시할 수 있는 인공지능(AI) 기반의 '드론산불진화대'를 운영하고자 한다. 이는 인적이 없는 곳이나, 야간에도 산불을 진압할 수 있고 산불 여부도 감지할 수 있는 기능이 탑재되어 있다. A부처는 4차 산업혁명시대를 맞아 ICT기술을 활용한 여러 시스템을 개발 중에 있다.
6 / 15 [오후] 세무직	[제도형] 정책개정 행정안전부에서는 연구자의 정책연구에 대한 지원과 관련하여 위조, 변조, 표절 등의 부정행위를 방지하고 정책연구의 품질을 향상하기 위해 「정책연구관리 업무편람과정」을 전면개정하였다. 그 주요 내용은 연구자가 위조, 변조 등의 부정행위를 한 사실이 적발될 시 제재처분을 할 수 있으며, 발주기관은 투명한 연구를 위해 연구내용 및 연구결과를 국민들에게 공개해야 한다. 만약 정책연구결과를 비공개할 때에는 법령의 판단기준에 따라 비공개 적절성 평가를 해야 한다는 것이다.

6 / 16 [오후] 우정직	[제도형] 전자증명서 발급 A부처는 코로나19 시기 다중시설 이용과 관련하여 QR체크 및 COOV앱 인증을 위한 전자증명서 발급업무를 진행하고 있다. 이에 대해 장애인들의 경우 전자기기 및 앱 사용에 불편함이 있어 전자증명서 발급의 인증방식은 어려울 것이라는 지적을 받은 상황이다. 이러한 지적을 바탕으로 A부처 관계자는 종이인증서 등 다른 인증수단으로 대체하는 방안을 만든 상황이며, 앞으로 A부처에서는 취약계층을 위한 여러 인증방식을 고려하여 다중시설 이용에 장애인들이 불편함을 느끼지 않도록 노력할 것이라고 발표하였다.
6 / 11 [오전] 일반행정 관세직 통계직	[공직형] 부당수급 감사원에서 업무의 적법성·타당성 등을 점검하기 위해 A시청의 일상감사를 실시하였다. 감사결과 팀장이 초과근무를 허위로 신고해 부당수급을 했다는 사실을 알게 되었다. 이를 계기로 대대적으로 조사해 본 결과 허위로 출장비를 타간 공무원들과 초과근무수당을 허위로 타간 공무원들이 고위간부를 포함해 120명이 무더기로 적발되었다.
6 / 15 [오전] 세무직	[공직형] 행정절차 귀하는 A부처의 지원금을 승인하는 담당 주무관이다. B공공기관에서 보조금을 지급받았는데 B공공기관의 보조금 지급내역을 살펴보니 서류가 제대로 갖춰져 있지 않음에도 불구하고 보조금이 지급되었고, 보조금 지급목적과 다른 목적으로 사용되고 있는 사실을 발견하게 되었다. 전임자는 서류자료를 제대로 확인하지 않고 허가를 하였으며, 매년 증액신청도 승인한 상황으로 B공공기관 관련 지원금은 계속 증액되고 있다. 해당 사례에서 유추할 수 있는 공직가치는 무엇인가?
6 / 12 [오후] 보호직 검찰직 마약수사 출입국관리 경찰행정	[이슈형] 국내 외국인 증가 국제화 시대에 따라 국내에 거주하는 외국인이민자가 증가하고 있는 추세이다. 현재 국내에는 약 200만 명의 외국인이 거주 중인데 이로 인해 문화적 충돌, 거주환경의 차이, 소득의 차이 등으로 인해 사회통합을 저해하는 문제가 대두되고 있다. 다음 사례에서 공직자가 갖춰야 할 공직가치와 이를 실현하기 위한 공직자의 자세는 무엇인지 자유롭게 발표하시오.
6 / 17 [오전] 교정직 철도경찰	[이슈형] 갑질문제 • 최근 공무원 노조에서는 B지역의 ○○청장의 갑질과 폭언에 대해 문제를 제기하였다. 이렇게 머리가 나빠서야 일을 제대로 하겠느냐는 말뿐 아니라 폭언과 욕설을 일삼으며 부하직원들을 대했고, 그러한 언행에 피해를 받지 않은 부하직원이 없었다고 한다. • C건설업체는 B지역 공공기관에 문제를 제기했다. 부당한 접대를 요구하거나, 주말에 서류를 요구하는 등 부적절한 행위가 이루어졌다는 주장을 제기했다.

■: 법조문·제도

6 / 11 [오후] 일반행정 관세직 통계직	[법조문] 다음 제시문에서 유추할 수 있는 공직가치와 이를 위해 필요한 공직자의 자세에 대해 자유롭게 발표하시오. 프랑스 인권선언 제3조 모든 주권은 본질적으로 국민에게 있다. 어떠한 단체나 개인도 국민으로부터 명시적으로 유래하지 않는 권리를 행사할 수 없다. 대한민국 헌법 제7조 ① 공무원은 국민 전체에 대한 봉사자이며, 국민에 대하여 책임을 진다.
6 / 16 [오전] 우정직	[제도] 공무원의 인터넷 개인방송 활동 표준지침(안) 1. 공직자 의무 　가. 직무상 알게 된 비밀누설 금지(「국가공무원법」 제60조) 　나. 직무 내외를 불문하고 공무원으로서 품위유지(「국가공무원법」 제63조) 　　※ 타인의 명예나 권리 침해, 비속어 사용, 허위사실 유포, 폭력적·선정적 콘텐츠 제작·공유하는 행위 등 금지

6 / 16 [오전] 우정직	다. 정당이나 그 밖의 정치단체의 결성 및 가입 관련 행위, 선거에서 특정 정당 또는 특정인을 지지·반대하기 위한 행위 금지(「국가공무원법」 제65조) 라. 직무능률을 떨어뜨리거나, 공무에 부당한 영향을 끼치거나, 국가의 이익과 상반되는 이익을 취득하거나, 정부에 불명예스러운 영향을 끼칠 우려가 있는 행위 금지(「국가공무원 복무규정」 제25조) ※ 업체 등으로부터 협찬을 받아 특정 물품을 홍보함으로써 금전 또는 물품을 얻는 행위(예 직·간접광고), 인터넷 개인방송을 통해 후원수익을 취득하는 행위 등 금지 2. 겸직허가 가. 겸직 신청대상 (1) 수익창출요건이 있는 경우(유튜브의 경우 구독자 1,000명, 연간 누적재생시간 4,000시간 이상이 수익이 창출될 수 있는 기본요건): 인터넷 플랫폼에서 정하는 수익창출 요건을 충족하고, 이후에도 계속 개인방송 활동을 하고자 하는 경우 (2) 수익창출 요건이 없는 경우(아프리카 TV에서의 구독료는 별도의 수익창출 요건 없이 바로 수익발생): 인터넷 플랫폼을 통해 수익이 최초 발생하고, 이후에도 계속 개인방송 활동을 하고자 하는 경우 나. 겸직 허가권자: 소속 기관의 장 다. 겸직 허가기준 (1) 소속 기관의 장은 콘텐츠의 내용과 성격, 콘텐츠의 제작 및 운영·관리에 소요되는 시간과 노력 등을 구체적으로 심사하여 준수할 사항(직무상 비밀누설 금지, 품위유지, 정치운동의 금지 등)을 위반하지 않고, 담당 직무수행에 지장이 없는 경우 겸직허가 (2) 소속 기관의 장은 인터넷 개인방송 활동이 공무원으로서 준수할 사항을 위반한 경우, 그 내용 및 정도 등을 고려하여 허가불허, 콘텐츠 삭제요청, 활동금지, 징계요구 등 조치

▪▪ 고전·문학

6 / 17 [오후] 교정직 철도경찰	[고전] 자신의 사위인 담당관리가 관청건물을 호화롭게 꾸며 놓은 것에 대해 엄중히 처벌한 영의정 이야기에서 유추 가능한 공직가치와 공무원의 자세

03 2021년

▪▪ 사례(제도형·공직형·이슈형·갈등형)

• [상피제도] 상피제란 고려, 조선시대 관내 비리를 막기 위해 친인척끼리 같은 관청에 근무하지 못하도록 한 제도를 의미한다. 교육부에서는 상피제 도입을 통해 동일 고등학교 내 교사와 자녀가 함께 다니지 못하게 하고 있으며, 대학에서도 교수의 자녀는 수업을 듣지 못하거나 불가피한 경우에는 시험답안지와 성적을 확인하는 제도를 시행하고 있다.

• [민원처리 착오 및 지연보상제] 민원처리 착오 및 지연보상제란 민원지연 사례를 최소화하고 지연발생 및 착오에 대한 사후조치를 강화하는 제도이다. 민원보상제의 대상은 정당한 사유 없이 민원처리를 지연하거나, 공무원의 잘못으로 민원인이 2회 이상 행정기관을 방문한 경우, 관련 공부와 다르게 증명·발급된 경우 등이 해당된다. 지자체는 매달 민원처리 상황을 조사하여 피해를 입은 민원인에게는 안내문과 함께 문화상품권 1만원을 등기우편으로 보내고 있다.

- **[국민제안]** A부처에서는 항만 개발사업을 하며 동시에 국민여가를 위한 공원을 조성하기 위해 국민의 의견을 수렴하기로 한다. 이는 사업추진 시 국민의 의견을 반영하여 사업을 추진하고 국민의 불편을 해소할 수 있을 것으로 기대된다.
- **[적극행정]** 영세업자는 법령에 대한 이해가 부족하여 고액의 세금을 납부하고 있다. 이로 인해 경제적 어려움을 겪는 영세업자의 문제를 해결하기 위해 A주무관은 법령상 분할납부가 가능하다는 것을 알렸다. 또한 영세업자들의 법령이해 향상을 위해 규정을 알기 쉽게 해석한 안내책자를 제작하여 배포하였다.
- **[적극행정]** 최근 부동산정책 규정의 개정으로 국민의 관심이 높아지고 있다. 이에 대해 A부처 주무관은 B부처와 협력하여 부동산 개정규정과 법률에 대한 100문 100답 자료를 제작하여 국민들에게 배포하였다. 이로 인해 국민들은 관련 법규를 쉽게 이해할 수 있었다.
- **[4차 첨단기술]** 4차 산업혁명의 발달로 정부는 IOT, AI, 빅데이터 등 첨단기술을 행정에 도입하고 있다. 이로 인해 비대면 민원처리는 물론 행정업무의 효율성이 가속화되고 있다.
- **[국민의 알권리 보장]** 최근 A국의 신문사에서 뇌물수수를 받은 공무원의 실명을 공개하였다. 해당 공무원들은 개인정보 침해를 이유로 A국의 신문사를 대상으로 소송을 제기하였다. 하지만 법원에서는 국민의 알권리 보장을 이유로 기각하였다.
- **[세대 간 갈등]** 공무원 조직 내 30대가 40%를 차지하고 있다. 이로 인해 세대 간 갈등이 심화되어 세대 간 갈등완화가 조직 내 주요 과제가 되었다. 갈등을 해결하기 위해 A부처는 '6급 계장과 9급 막내'의 영상을 제작하여 세대 간 갈등을 이해할 수 있는 영상을 배포하였다.

■ 법조문 · 제도

- **[정책실명제]** 제63조 **【정책의 실명관리】** ① 행정기관의 장은 주요 정책의 결정이나 집행과 관련되는 다음 각 호의 사항을 종합적으로 기록·관리하여야 한다.
  1. 주요 정책의 결정과 집행 과정에 참여한 관련자의 소속, 직급 또는 직위, 성명과 그 의견
  2. 주요 정책의 결정이나 집행과 관련된 각종 계획서, 보고서, 회의·공청회·세미나 관련 자료 및 그 토의내용
  ② 행정기관의 장은 주요 정책의 결정을 위하여 회의·공청회·세미나 등을 개최하는 경우에는 일시, 참석자, 발언내용, 결정사항, 표결내용 등을 처리과의 직원으로 하여금 기록하게 하여야 한다.
  ③ 행정기관이 언론기관에 보도자료를 제공하는 경우에는 그 보도자료에 담당부서·담당자·연락처 등을 함께 적어야 한다.
- **[공직자의 이해충돌방지법]** 제1조 **【목적】** 이 법은 공직자의 직무수행과 관련한 사적 이익추구를 금지함으로써 공직자의 직무수행 중 발생할 수 있는 이해충돌을 방지하여 공정한 직무수행을 보장하고 공공기관에 대한 국민의 신뢰를 확보하는 것을 목적으로 한다.
  제4조 **【공직자의 의무】** ② 공직자는 직무수행과 관련하여 공평무사하게 처신하고 직무관련자를 우대하거나 차별하여서는 아니 된다.

■ 고전 · 문학

- **[고전]** 자송(自訟)이란 자신의 결함이나 잘못에 대하여 스스로 깊이 뉘우치고 자신을 책망하는 것을 의미한다. 자신의 잘못을 뉘우치는 사람이 있다면 아직까지 사회에는 희망이 있다. 하지만 남 탓을 하거나 사회 탓을 많이 하면 그런 사회에는 희망이 없다.

- [고전] 조선시대에는 관료의 불문율로 통하는 '4불3거(四不三拒)'라는 것이 있었다. 절대 하지 말아야 할 네 가지(四不)는 부업을 하지 않는 것, 땅을 사지 않는 것, 집을 늘리지 않는 것, 재임지의 명산물을 먹지 않는 것이다. 꼭 거절해야 할 세 가지(三拒)는 윗사람의 부당한 요구나 청을 들어줬다면 그것에 대한 답례, 그리고 경조사의 부조를 거절할 수 있어야만 청렴한 관리가 될 수 있다고 여겼다.

💡 Check Point 5분발표 과제 자가훈련 프로젝트

30일 프로젝트

• F: 'Feedback'의 약어

회차	내용	학습 여부	회차	내용	학습 여부
1일차	공직가치 개념이해		16일차	사례(갈등형) 작성+F	
2일차	공직가치 암기		17일차		
3일차	공무원 6대 의무 숙지		18일차	사례(이슈형) 작성+F	
4일차	5대 공직가치: 경험서치 & 숙지		19일차		
5일차			20일차	보완점 정리 & 발표연습	
6일차			21일차	사례(공직형) 작성+F	
7일차	5대 공직가치: 정책·사례 서치 & 숙지		22일차		
8일차			23일차	고전·문학 작성+F	
9일차			24일차		
10일차	4대 공직가치 배경지식 보완		25일차	보완점 정리 & 발표연습	
11일차	사례(제도형) 작성+F		26일차	제시문 랜덤 & 발표	
12일차			27일차		
13일차	법조문·제도 작성+F		28일차	보완점 정리 & 발표연습	
14일차			29일차	제시문 랜덤 & 발표	
15일차	보완점 정리 & 발표연습		30일차	최종정리	

14일 프로젝트

회차	내용	학습 여부	회차	내용	학습 여부
1일차	공직가치 개념이해 & 암기		8일차	사례(갈등형, 이슈형)	
2일차	5대 공직가치: 경험서치 & 숙지		9일차	보완점 정리 & 발표연습	
3일차			10일차	사례(공직형), 고전·문학	
4일차	5대 공직가치: 정책·사례 서치 & 숙지		11일차	제시문 랜덤 & 발표	
5일차			12일차		
6일차	키워드 정리 및 최종숙지		13일차		
7일차	사례(제도형), 법조문·제도		14일차	최종정리	

02 5분발표 과제 [작성법]

POINT 01 5분발표 과제 작성전략

1 발표문 작성을 위한 준비과정

제시문 조건 이해 및 공직가치 추론

- 다음 글을 읽고 공직자가 갖추어야 할 공직가치를 제시하고, 그 가치를 실현하기 위해 필요한 공직자의 자세는 무엇인지 자유롭게 발표해 주십시오.
→ 제시문 내용과 상관없는 문제조건은 '공직가치'와 '공직자의 자세'이다. 따라서 제시문에서 요구하는 문제조건인 공직가치 키워드가 무엇인지 추론하여 파악해야 한다.

사전지식 적용

- 지식: 공직가치(개념 / 세부개념)
- 사례: 공직가치 관련 기관·직무 (우수)사례, 이슈
- 경험: 공직가치 관련 수험생 본인의 경험(스토리)
→ 유추한 공직가치와 관련된 지식·사례·경험을 떠올려 준비해야 한다.

발표문 작성

- 목차구성 및 발표문 키워드 작성
→ 10분 이내로 논리적 형태의 목차를 키워드 중심으로 작성하여 완성한다.

02 발표문 목차 이해

1. 개요

☐ 발표제목 ☐ 발표순서	발표소개
1. 개요 - 제시문 요약 - 공직가치 추론근거	서론
2. 공직가치 (1) - 부연설명: 개념, 중요성·필요성(파급효과, 긍정적·부정적 영향력 등) - 근거: 법규·규정·제도명, 사례(우수사례, 적용사례, 이슈), 경험 3. 공직가치 (2) - 부연설명: 개념, 중요성·필요성(파급효과, 긍정적·부정적 영향력 등) - 근거: 법규·규정·제도명, 사례(우수사례, 적용사례, 이슈), 경험	본론
4. 마무리 - 다짐 - 노력방안 및 실천자세: 공직가치 적용방안(시계열, 업무별, 대상별 등)	결론

2. 목차 상세설명

① 발표소개

발표제목	제시문의 요지 및 핵심내용 필수 작성내용은 아니므로 서론-본론-결론을 완성시킨 후에 시간이 남을 경우 제목을 만들 것
발표순서	발표(말하기)를 대비하기 위한 내용 • 발표순서 역시 꼭 기재해야 하는 것은 아니지만, 발표 말하기가 서툰 수험생의 경우 자연스러운 흐름을 위해 기재하도록 한다. • 발표순서는 서론·본론 내용의 주제어를 말한다.

② 서론

제시문 요약	제시문의 핵심을 간결하게 표현 제시문의 내용이 길 경우 글의 요지를 간단하게 요약해서 말하는 내용
공직가치 추론근거	공직가치 추론근거 제시 수험생이 추론한 공직가치의 근거를 의미하는 내용으로 제시문의 어떠한 내용에서 정보를 유추했는지 밝혀야 한다.

③ 본론

공직가치	추론한 공직가치 공직가치는 지원자가 만들어 낸 개념이 아닌 공직규정에 나와 있는 9가지의 공직가치를 의미한다
부연설명	공직가치의 의미 및 중요성 • 개념 또는 중요성을 바탕으로 설명하며 내용은 길지 않게 간략히 표현하도록 한다. • [중요성] 다양한 입장의 관점(직렬, 부처, 국민, 국가)에서 바라본 파급효과, 긍정적·부정적 향력 등을 생각해 보자.

근거	법규·규정·제도명, 사례(우수사례, 적용사례, 이슈), 경험 공직가치의 내용을 뒷받침하는 내용이다. 1개보다는 2개 이상으로 답변할 때 탄탄한 배경지식을 갖춘 지원자의 모습을 어필할 수 있다.

④ **결론**

다짐/ 노력방안 및 실천자세	내용의 마무리 단계 • 입직 후 각오 • 추론한 공직가치를 바탕으로 업무에 기여할 방안

POINT 02 5분발표 과제 작성법

01 제시문: 공직가치 추론

Q1 다음 제시문에서 A부처에서 시행하고 있는 제도가 내포하고 있는 공직가치와 이를 위해 필요한 공직자의 자세에 대해 자유롭게 발표하시오.

> A부처에는 최근 임용된 B공직자가 있다. 그는 20년간 병리학을 연구하고 유전자 재조합 연구 검증에 인정을 받았으며 국립연구소 법의관, 영국 대학병원 교수로 재직해 온 의과학자이다. 이는 국민참여형 선진 인사시스템인 '국민추천제'로 임용된 대표적인 사례로 여겨진다.

문제 핵심 이해	제도가 내포하고 있는 공직가치와 이를 위해 필요한 공직자의 자세
제시문 해석	• 국립연구소 법의관과 영국 대학병원 교수로 재직한 의과학자 • 20년간의 병리학 연구, 유전자 재조합 연구 검증의 인정을 받음 　→ 핵심정보: 의과학자로서 전문성을 가진 B공직자 　→ 유추 공직가치: 책임감(전문성) • 국민참여형 선진 인사시스템인 '국민추천제'로 임용된 대표적인 사례로 여겨진다. 　→ 핵심정보: '국민추천제' 시스템 선발 사례 　→ 유추 공직가치: 투명성(공정채용), 민주성(국민의견 반영)
사전지식 준비	책임감(전문성) / 투명성 / 민주성의 개념, 경험, 직무·기관 사례

Q2 다음 제시문에서 유추할 수 있는 공직가치와 이를 실현하기 위한 노력방안에 대해 자유롭게 발표하시오.

> 이순신 장군이 전라좌수영에 속해 있는 '발포'지역에서 만호라는 벼슬을 하고 있을 때, 직속상관인 전라좌수사 '성박'이 딸을 시집보내기 위해 만호 공관의 오동나무를 베어 거문고를 만들어 주려 하였다. 이순신 장군은 나라가 위태로운 시기에 전함을 만들어도 모자란 상황에서 풍류를 위해 거문고를 만들려고 하는 것은 이치에 맞지 않다고 하였다. 하여 "관아의 오동나무는 나라의 것이다"라며 거절하였다.

문제 핵심 이해	제시문에서 유추 가능한 공직가치 및 실현하기 위한 노력자세
제시문 해석	• 직속상관인 전라좌수사 '성박'이 딸을 시집보내기 위해 만호 공관의 오동나무를 베어 거문고를 만들어 주려 하였다. 　→ 핵심정보: 공관의 오동나무를 풍류를 즐기기 위해 사용 　→ 유추 공직가치: 청렴성 • "관아의 오동나무는 나라의 것이다"라며 거절하였다. 　→ 핵심정보: 공관의 오동나무 　→ 유추 공직가치: 공익성
사전지식 준비	청렴성 / 공익성의 개념, 경험, 직무·기관 사례

02 발표문 작성

Q3 다음 사례에서 공직자가 갖춰야 할 공직가치와 이를 실현하기 위한 공직자의 자세는 무엇인지 자유롭게 발표하시오.

> 현재 구직채용 공고사이트에는 다양한 기업 구인정보가 있으나 그중 70% 이상은 임금표기를 '추후협의' 등 불명확하게 표기하고 있다.
> 구직자를 대상으로 설문조사를 한 결과 구직자의 80% 이상이 불명확한 임금표기 정보를 경험해본 적이 있다고 응답하였으며 이로 인해 구직자들은 자신이 생각했던 것만큼 임금을 받지 못할까봐 걱정하는 상황이다. 실제로 임금 표기를 하지 않아 신규 채용자들이 입사 후 불리한 임금조건으로 계약을 체결하여 문제가 되고 있어 A부처에서는 국민의 알권리 보장을 위해 임금공개 매뉴얼제도를 만들어 검토 중에 있다.

◎ 응시직렬: 행정직(고용노동)

소개	올바른 행정절차를 이행하며 국민의 신뢰를 얻는 공무원 ⇨ 공직가치의 중요성을 기반으로 만든 제목
서론	– 국민의 알권리 보장을 위해 임금공개 매뉴얼제도 마련→투명성 – 임금의 불명확한 표기로 인해 불리한 조건으로 임금계약 체결→공익성 ⇨ 빠른 추론을 위해 공직가치의 개념을 정확히 이해하고, 공직가치에 해당되는 내용은 밑줄을 치거나 별도로 체크할 것
본론	1. 투명성 　– [중요성] 정책이 공개되지 않을 경우→(국민의) 정책에 대한 반감 및 불신 　– [법규] 헌법 21조 국민의 알권리, 정책실명제 　　　→정책의 결정 및 집행에 참여하는 관련자의 실명을 공개하는 제도 　– [사례] 고용노동부 청년 구직활동 지원과 공정채용 확산에 대한 정책담당자 공개 사례 　– [경험] 대학교 3학년 과대표→학과행사 취소→학회비 반환 시 사용내역 공개 2. 공정성 　– [개념] 내규규정 및 원칙 준수→올바른 행정절차 시행 　– [사례] 고용노동부 채용절차법: 공정한 채용질서 문화 확산, 채용과정 비리문제 해결 　– [경험] 교내 심리건강상담센터 1년 근로 경험 → 집단상담 프로그램에 참여한 명단 확인요청 → 절차에 어긋난 행위로 단호히 거절

본론	⇨ 공직가치 본론의 완성은 사전대비이다. PART 02-STEP 02-CHAPTER 01 준비가 되어 있다면, 내용을 기재하고 풀어내는 것은 어렵지 않다. ⇨ 근거는 최소 2개 이상으로 준비할 것(관련 규정, 사례, 경험) ⇨ 사례는 직무와 관련된 이슈 및 기관사례로 답변 ⇨ 경험의 경우 본인이 이해할 정도로만 키워드 중심으로 작성
결론	3. 실천각오 공정한 절차이행 준수 및 국민의 알권리를 우선하며 업무수행

Q4 다음 사례에서 공직자가 갖춰야 할 공직가치와 이를 실현하기 위한 공직자의 자세는 무엇인지 자유롭게 발표하시오.

> 국제화 시대에 따라 국내에 거주하는 외국인이민자가 증가하고 있는 추세이다. 현재 국내에는 약 200만 명의 외국인이 거주 중인데 이로 인해 문화적 충돌, 거주환경의 차이, 소득의 차이 등으로 인해 사회통합을 저해하는 문제가 대두되고 있다.

◎ **응시직렬: 공안직(마약수사)**

소개	올바른 행정절차를 이행하며 국민의 신뢰를 얻는 공무원 ⇨ 공직가치의 중요성을 기반으로 만든 제목
서론	− 국내 외국인이민자 증가 추세, 국내 약 200만 명의 외국인 거주 → 다양성 − 문화적 충돌, 거주환경의 차이, 소득의 차이 등 사회통합 저해 → 민주성
본론	1. 다양성 − [중요성] 사회가 급변함에 따라 정해진 법률로만 해결할 수 없는 문제 증가 → 공무원은 적극적으로 선례를 찾거나 타 부처와의 협력 등 하나의 문제를 다양한 각도로 보는 태도 필요 − [사례] 검찰청 아도르미코: 세계 각 나라가 모여 마약범죄와 마약수사기법을 교류하는 회의 − [경험] 오카리나 동아리 연주회 → 오카리나로만 연주할 경우 단조로운 곡조 → 조원의 동의를 얻은 후 하모니카와 바이올린 첨가 → 풍부한 음색으로 인한 곡 연주 → 다양성의 중요성 2. 민주성 − [중요성] 다양한 사회 → 다양하고 복잡한 문제해결 힘듦 → 전문가·수요층·공공기관 등 여러 의견을 모아 실질적인 해결책 모색 필요 − [사례] 검찰시민위원회: 검사가 기소하기 전 기소안건에 대해 불확실할 때 국민의 의견을 묻는 정책 − [경험] 팀플레이 당시 2명의 조원 파워포인트 담당 희망 → 전문적 역할수행을 위해 이전 담당했던 업무와 학과에 대한 기본정보를 확인한 후 다른 조원들 의견 함양 → 각 역량에 따라 표지 및 내지 제작업무 분장 → 의견을 반영하여 각 조원의 특성에 맞는 업무분배 ⇨ 중요성의 경우 공직사회 전체에서 바라본 입장에 대해 서술했지만, 응시직렬에서 중요한 이유로 언급한다면 면접관에게 전문적인 입장을 이야기할 수 있다.
결론	3. 포부 마약수사관으로서 다양한 부처(검찰청, 경찰청, 방송통신위원회, 세관, 국가정보원 등)와의 협력 다수. 소통의 중요성을 기억하며 마약범죄로부터 대한민국과 국민의 안전을 지키는 마약수사관이 되겠음 ⇨ 응시직렬에서 다양성, 민주성이 중요한 이유 및 각오

CHAPTER 02 · 5분발표 과제 [작성법] **295**

01 사례

Q1 다음 제시문에서 유추할 수 있는 공직가치와 이를 위해 필요한 공직자의 자세에 대해 자유롭게 발표하시오.

> 보호직 A부처에서 보호관찰관제도를 시행하고 있다. 이는 범죄 발생 예방을 위해 지역사회 전문 민간 기관과 유기적 협력체계를 구축하고 전문가와의 실질적인 상담과 지원을 통해 범죄 예방 대응력을 향상시키기 위해 실행된 제도이다. 특히 제도의 시행을 위해 민간전문상담가를 채용하여 민간인의 참여 기회를 확대하여 민간인의 전문성 제고는 물론 적극적인 보호활동에 기여하고자 한다.

◎ **응시직렬: 행정직(경찰행정)**

제목: 책임감을 가지고 공개행정을 실현하는 공무원
- 민간전문상담가 채용, 적극적으로 보호활동 기여 → 책임감(전문성, 적극성)
- 민간전문상담가 채용하여 지역사회와 협력 → 민주성

1. 책임감
   1) 행정기본법: 행정은 공공의 이익을 위해 적극적으로 추진되어야 한다.
   2) 코로나19 확산으로 비접촉식 음주측정기 개발
   3) 경험: 학회 내부횡령 → 규정 없어서 발생 → 임원활동 때 내부규정 제작

2. 민주성
   1) 자치경찰위원회 → 국민에 의한, 국민을 위한, 국민의 자치행정, 실무협의회 등 국민의사 반영 용이하여 민주성 확보 가능
   2) 폴리스랩 → 과학정보통신기술부와 협업 → 국민의사 반영한 '붙이는 gps 기술' 도입, 보이는 112 서비스 실시
   3) 경험: 복지정책론 팀프로젝트 갈등해결 과정

3. 공직자에게 필요한 자세
   1) 업무 관련 자격증 취득, 바뀌는 정책 지속적 공부
   2) 국민에게서 권리가 부여된 것임을 명심하고 청원이나 신문고의 요구사항을 경청하는 자세 필요

▶ 발언을 시작하는 말

▶ 서두에 제시문에서 추론한 공직가치를 언급하여 문제분석력을 드러냄

▶ 공직가치 ①의 중요성, 현행정책 사례를 통해 '공직이해도'를 드러내고, 관련 경험을 통해 '공직역량'을 동시에 어필

▶ 공직가치 ②의 현행정책 사례를 통해 '공직이해도'를 드러내고, 관련 경험을 통해 '공직역량'을 동시에 어필

▶ 공직자에게 필요한 자세를 포부·의지·계획으로 표현

📢 **합격자 메시지**

5분발표 할 때 제시문을 요약하여 답변했으며, 정책내용이나 공직가치 정의는 간략하게 말해 4분에 맞춰 답변하려고 노력하였습니다.

스터디 훈련							
체감 난이도	상		중		하		
	• 이유 및 원인						
답변작성	잘한점						
	부족한점						
보완계획							
스터디원 피드백							

Q2 해당 사례에서 유추할 수 있는 공직가치는 무엇인가?

> 귀하는 A부처의 지원금을 승인하는 담당 주무관이다. B공공기관에서 보조금을 지급받았는데 B공공기관의 보조금 지급내역을 살펴보니 서류가 제대로 갖춰져 있지 않음에도 불구하고 보조금이 지급되었고, 보조금 지급목적과 다른 목적으로 사용되고 있는 사실을 발견하게 되었다. 전임자는 서류자료를 제대로 확인하지 않고 허가를 하였으며, 매년 증액신청도 승인한 상황으로 B공공기관 관련 지원금은 계속 증액되고 있다.

◎ **응시직렬: 세무직**

제목: 공직사회의 청렴과 공정, 국민신뢰의 밑거름
– 유추한 공직가치: 청렴성, 공정성
– 공직가치의 중요성

1) 청렴성
  – 사적 이익을 위해 외부의 청탁이나 부당한 이익을 취하지 않고 업무를 성실히 수행하는 것
  – 세무직 공무원에게 특히나 중요(+ 공무원 6대 의무에도 포함될 만큼 중요함)
  – 사례
    • 국민권익위 권고 → 청렴교육 실시
    • 국세청 월간지에 청렴사례 게시 및 청렴 자가진단을 통해 공무원 개인의 청렴성 제고
    • 국민참여 청렴콘텐츠를 통해 국민과 공무원 모두에게 청렴성의 중요성 환기

2) 공정성
  – 내부의 규율이나 행정절차에 따라 업무를 수행하는 것
  – 세법적용의 원칙 중 근거과세, 조세법률주의 등 → 공정성 확보
  – 관련 사례: 가산세처분을 받은 납세자가 과세관청으로부터 사전에 서면질의(공적인 견해에 해당)를 받아둠으로써 가산세 감면받음(신의성실 원칙)
    → 공정성은 국세행정의 신뢰도를 높이기도 하겠지만 궁극적으로는 납세자 권리보호에 기여

– 향후 실천 자세
  청렴성과 공정성 갖춘, 납세자의 입장에서 도움을 줄 수 있는 세무직 공무원이 되겠음

▶ 공직가치, 국민에게 미치는 영향으로 발언 시작
▶ 유추한 공직가치 키워드만 언급

▶ 공직가치 ①의 개념, 직렬의 중요성, 사례 3가지를 나열함으로써 '공직자의 역량' 함양을 강조

▶ 공직가치 ②의 개념, 세무용어와 세무사례를 언급하고 납세자에게 미칠 영향을 이야기하며 설득력 부여

▶ 향후 공직자에게 필요한 자세를 포부·의지로 표현

스터디 훈련						
체감 난이도		상		중		하	
		• 이유 및 원인					
답변작성	잘한점						
	부족한점						
보완계획							
스터디원 피드백							

Q3 다음 제시문에서 유추할 수 있는 공직가치와 이를 실현하기 위한 자세에 대해 말하라.

> 사이버수사관인 박 경장은 휴무일에 편의점에서 물건을 고르던 중 기프트카드 코너에서 서성거리는 60대 여성이 눈에 띄었다. 기프트카드를 악용한 메신저 피싱범죄를 많이 다룬 박 경장은 고연령인 여성이 기프트카드를 구입하려는 것을 보고 자녀 사칭 메신저 피싱사기를 직감했다. 여성이 15만 원짜리 기프트카드를 계산하러 가는 순간 "혹시 자녀분이 카드를 사달라고 하던가요?"라고 물었고, 여성은 "어떻게 알았느냐"며 놀랐다. 박 경장은 경찰신분을 밝히고 여성의 핸드폰 속 문자메시지를 확인한 뒤, 메신저 피싱범죄에 속았다는 사실을 알렸다. 이후 여성의 자녀들과 통화해 확인시켰다. 이제 7개월 된 새내기 수사관의 직감과 상황판단은 이렇게 피싱사기 피해를 막았다.

◎ **응시직렬: 기술직(건축)**

○ 제목: 공익실현을 위한 적극성과 전문성을 가진 공무원이 대한민국을 빛낸다.

○ 개요 → 제시문 공직가치 추론이유
  – 휴무일에도 피싱사기를 직감해 사이버 역할을 수행 → 공익성
  – 새내기 수사관임에도 피싱범죄 수법 및 대처행동에 대한 이해 → 전문성

○ 유추할 수 있는 공직가치 → 공직가치 중요성(법 / 규정 / 제도 / 우수사례, 경험, 사실적 이슈)
  1. 공익성
    – (중요성) 코로나 우리나라 적극적 방역, 공익실현을 목표로 적극행정 강조
    – (경험 / 사례) 학생회 복지부 활동, 학생 건의사항인 우산 대여사업 실행 → 높은 만족도, 현재 진행

  2. 책임성
    – (중요성) 공무원 공직가치 및 헌법 7조 1항 – 국민의 불편한 사항을 해결해야 함
    – (경험 / 사례) ① 건축제도기능사 취득 후 시공과 구조과목을 중점적으로 공부하며 건축학도 기본소양 갖추기 위한 노력 → 건축기사 취득 ② 포항 지진발생 후 부서지는 필로티건축을 직접 가서 보며 건축물 구조에 깊이 있는 공부 계기

○ 실천자세
  – 현 정부는 '적극행정ON' 사이트 운영
  – 여러 사례 및 해결안을 숙지해 실 상황에 활용할 수 있도록 노력 & 동료와 상사 조언

○ 결론
  – 항상 공무원이라는 것을 잊지 않고 적극성, 전문성을 겸비한 ○○공무원이 되겠음

▶ 제시문에서 추론한 공직가치 키워드와 제시문의 상황을 연결지어 발언 시작

▶ 서두에 제시문에서 추론한 공직가치를 언급하여 문제분석력을 드러냄

▶ 공직가치 ①의 중요성을 국가사례로 표현, 관련 경험 언급

▶ 공직가치 ②의 중요성을 현행법령으로 표현, 공직가치 함양을 위한 노력과정 표현

▶ 향우 공직자로서의 노력을 다짐·포부·사례로 마무리

스터디 훈련		
체감 난이도	상 중 하	
	• 이유 및 원인	
답변작성	잘한점	
	부족한점	
보완계획		
스터디원 피드백		

Q4 다음 제시문에서 유추할 수 있는 공직가치와 이를 실현하기 위한 자세에 대해 말하라.

> 민원수요의 증대로 민원처리의 어려움을 겪자 국민은 효율적인 업무처리를 요구하고 있다. 해당 문제를 해결하기 위해 국민의 의견을 수용하여 정부는 통합 콜센터 운영을 진행하였다. 행정, 교육, 복지 등 다양한 행정 분야에 대한 민원처리가 가능하며 해당 상담은 데이터 개방으로 모든 행정기관의 업무에 대한 데이터를 바탕으로 진행되고 있다.

◎ **응시직렬: 행정직(고용노동)**

☐ 공직가치
  • 국민의 의견을 수용하여 정부는 통합 콜센터 운영 진행 → 민주성 유추
  • 데이터 개방으로 모든 행정기관의 업무에 대한 데이터 바탕으로 진행 → 투명성 유추

▶ 서두에 제시문에서 추론한 공직가치를 언급하여 문제분석력을 드러냄

☐ 공직가치 관련 경험
  1. 민주성
    – (중요성) 민주성은 공청회, 국민신문고 등 시민참여 정책으로 중요성 확인 가능
    – (사례) 고용노동부 "근로자직업능력 개발법 시행령 일부개정령(안) 입법예고"에 대한 전자공청회 실시 – 공청회를 통한 의견을 반영하여 대학생 직업능력개발훈련 지원대상 확대 및 사업주 훈련과정 인정요건 완화 사례
    – (경험) 저는 대학교 전공과목 중 평생교육 프로그램에서 팀과제를 한 경험이 있습니다. 경제 관련 프로그램을 개발하고 보고서를 작성하는 과제였습니다. 이 과정에서 프로그램 개발을 위한 대상자들의 설문조사를 통해 요구를 분석하고 그 의견을 반영하여 프로그램을 만든 경험이 있습니다. 이러한 경험으로 다양한 의견을 반영하는 것에 대한 중요성을 알 수 있었습니다.

▶ 공직가치 ①의 중요성을 국가정책, 고용노동부 사례로 이야기하고, 관련 경험을 함께 언급

  2. 투명성
    – (중요성) 정책 공개가 되지 않을 경우 → 국민들로부터 반감 및 불신, 정부신뢰 저하
    – (사례) 정책실명제: 정책의 결정 및 집행에 참여하는 관련자의 실명 등 기록 및 공개 제도

▶ 공직가치 ②의 중요성을 국민에게 미칠 영향으로 표현하면서 공직가치 강조, 관련 국가정책 사례로 마무리

☐ 실천자세
  항상 국민의 목소리를 듣기 위해 국민신문고를 주기적으로 확인하여 국민이 원하는 제도에 대한 방안을 마련하겠습니다. 또한 활발한 공청회를 통해 국민들의 의견을 적극적으로 반영하고 필요한 사항이 무엇이 있는지 발 빠르게 행동하는 공무원이 되겠습니다. 그리고 정책실명제를 통한 국민들의 알권리는 보장하는 투명한 공무원이 되도록 노력하겠습니다.

▶ 앞서 언급한 국가정책 사례를 다시 인용하여 향후 공직자로서의 포부 언급

TIP

[후속질문 1] 적극행정의 사례들을 말씀하셨는데 적극행정의 개념과 문제점은?

[후속질문 2] 공익성에 대해 말씀해주셨는데 공익과 사익이 충돌했을 때 어떻게 할 것인가?

스터디 훈련						
체감 난이도		상		중		하
		• 이유 및 원인				
답변작성	잘한점					
	부족한점					
보완계획						
스터디원 피드백						

Q5 다음 제시문에서 유추할 수 있는 공직가치와 이를 실현하기 위한 자세에 대해 말하라.

> 최근 A시는 드론규정 미비 및 안전성 문제로 인해 드론비행을 금지하였다. 이로 인해 드론 관련 업계는 A지역의 드론 시험비행장을 운영하지 못하는 상황이다. 공무원 B는 A지역 문제를 해결하기 위해 드론제도 규정 및 법규를 숙지하고 국내외 사례를 참고하여 노력한 결과 A시는 첨단 드론사업 육성도시가 되었다.

◎ **응시직렬: 세무직**

○ 제목: 갖춰진 전문성으로 국민에게 봉사하기
▶ 향후 목표를 공직가치와 연결지어 표현

○ 서론: 드론비행 금지상황에서 공무원 B가 드론 관련 업계를 위해 새로운 제도 만듦
- 전문지식 습득, 규정 탐색 → 책임감
- 제도를 만들어 첨단 드론사업 육성도시 → 공익성
▶ 서두에 제시문을 요약하고, 제시문에서 추론한 공직가치를 언급하여 문제분석력을 드러냄

○ 공직가치
1. 책임감
- (중요성) 헌법 제7조 제1항 '공무원은 국민 전체에 대한 봉사자' → 적절한 도움을 위해 전문지식, 규정 습득 필요
  지식이 없다면 업무를 처리하는 데에 있어 타격감 있을 것
- (사례) 주요 세법해석 사례 선별하여 사례집 발간, 경력별 최적화된 맞춤형 직무교육 실시
- (경험) 대학 회계 멘토/멘티 활동 → 멘티에게 할 설명 위해 반복학습 → 우수 성적
▶ 공직가치 ①의 중요성을 헌법과 영향력을 중심으로 표현, 세무직 사례와 관련 경험 언급

2. 공익성
- (중요성) 공무원은 적극적으로 솔선수범하여 공익추구 필요
- (사례) 납세자 권익 24: 근로장려금 모바일 안내 신청기능 등 권익정보 한 번에 확인
- (경험) 학교 지정 봉사시간 다 채움(어르신 한방치료 보조) → 이후 봉사자가 없는 상황 → 별도로 시간 내어 새 봉사자가 구해질 때까지 며칠 더 봉사함
▶ 공직가치 ②의 중요성을 공직자로서의 기본역할로 표현, 세무직 사례와 경험을 언급

○ 실천자세 및 각오
- 적극행정on 사이트 이용 → 국세청 및 타 부처 사례 찾아보며 여러 해결안 숙지 및 활용
- 국민을 위해 전문성 함양을 게을리하지 않고 언제나 봉사하는 마음을 갖겠음
▶ 향후 공직자로서의 포부를 현행정책과 엮어 답변

[후속질문] 직무지식을 어떤 방식으로 갖출 것인가?

매년 바뀌는 법령과 정책에 대해 먼저 파악하겠습니다. 또한 공직생활 중 세미나나 포럼에 정기적으로 참여하고 특히 세법은 휘발성이 높기 때문에 주기적인 반복학습을 통해 계속 발전하는 모습을 보이겠습니다. 더 전문성 있는 공직자로서 국민이 더욱 신뢰할 수 있도록 노력하겠습니다.

스터디 훈련					
체감 난이도	상		중		하	
	• 이유 및 원인					

답변작성	잘한점	
	부족한점	

보완계획	

스터디원 피드백	

Q6 다음 제시문에서 유추할 수 있는 공직가치와 이를 실현하기 위한 자세에 대해 말하라.

> 상피제란 고려, 조선시대 관내 비리를 막기 위해 친인척끼리 같은 관청에 근무하지 못하도록 한 제도를 의미한다. 교육부에서는 상피제 도입을 통해 동일 고등학교 내 교사와 자녀가 함께 다니지 못하게 하고 있으며, 대학에서도 교수의 자녀는 수업을 듣지 못하거나 불가피한 경우에는 시험답안지와 성적을 확인하는 제도를 시행하고 있다.

◎ **응시직렬: 세무직**

○ 서론
- 정답유출 사건 이후 상피제 확산 → 공정성
- ○○여고 시험문제 정답 유출 사건 → 청렴성 위반(직위의 사적 이용)

▶ 서두에 제시문에서 추론한 공직가치를 언급하여 문제분석력을 드러냄

○ 공직가치
1. 공정성
- (중요성) 공정은 공평하고 올바름을 의미, 공직자는 결과는 물론 절차의 공정성 확보를 위한 노력 필요
- (사례) 국세기본법 제14조, 실질과세의 원칙에 관한 규정 → 조세회피행위 방지, 조세평등주의 구체화, 공정성 실현
- (경험) 풍물동아리 활동 중 실력이 부족한 친구 공연 제외하자는 팀원들의 의견 → 친목동아리로 실력을 위주로 제외하는 것은 공정하지 못한 상황 → 노력하고자 하는 팀원이었기에 끝까지 함께 연습량을 높여 만족도 높은 공연 진행

▶ 공직가치 ①의 중요성을 공직자의 역할로 표현, 헌법과 경험을 이어 언급

2. 청렴성
- (중요성) 공무원 6대 의무 중 청렴의 의무, 품위유지의 의무 → 부패하지 않은 공무원, 청렴 정도에 따라 공무원의 이미지 기여
- (사례) 국세청 주관 국세행정 청렴콘텐츠 공모전 매년 진행 → 국민에게 청렴한 국세행정에 대해 생각할 기회 제공 및 강조
- (경험) 코로나19 비대면 시험 → 친구들의 답안지 공유 제안 → 거절 → 당연하지만 어떠한 경우에도 당시의 상황과 주변의 유혹에 흔들리지 않는 것이 중요함

▶ 공직가치 ②의 중요성을 공무원 의무와 연결지어 표현, 직렬 사례 및 수험생 경험 언급

○ 결론
- 올바른 공직자의 모습을 솔선수범하여 국민에게 신뢰감을 주는 것에 기여할 것임
- 항상 공무원이라는 것을 잊지 않고 국민들에게 본보기가 될 수 있는 공정하고 청렴한 행동만을 하도록 노력하겠음

▶ 향후 공직자로서의 포부 의지로 마무리

[후속질문] 실질과세원칙이 무엇인가요?

조세공평이 이루어지도록 세법의 해석과 과세요건의 검토가 실질에 따라야 한다는 세법 고유의 원칙입니다. 귀속에 관한 실질과세와 거래내용에 관한 실질과세로 구분됩니다. 귀속에 관한 실질과세의 예로 사업자등록증상의 명의자와 사실상 사업자가 다른 경우 사실상 사업자가 납세의무를 지는 것을 들 수 있습니다. 거래내용에 관한 실질과세의 예로는 양도담보의 경우 그 형식은 양도지만 재화의 공급으로 보지 않는 것을 들 수 있습니다.

스터디 훈련							
체감 난이도	상		중		하		
	• 이유 및 원인						
답변작성	잘한점						
	부족한점						
보완계획							
스터디원 피드백							

PART
05

02 법조문·제도

Q 다음 제시문에서 유추할 수 있는 공직가치와 이를 실현하기 위한 자세에 대해 말하라.

> 제63조【정책의 실명관리】① 행정기관의 장은 주요 정책의 결정이나 집행과 관련되는 다음 각 호의 사항을 종합적으로 기록·관리하여야 한다.
> 1. 주요 정책의 결정과 집행 과정에 참여한 관련자의 소속, 직급 또는 직위, 성명과 그 의견
> 2. 주요 정책의 결정이나 집행과 관련된 각종 계획서, 보고서, 회의·공청회·세미나 관련 자료 및 그 토의내용
> ② 행정기관의 장은 주요 정책의 결정을 위하여 회의·공청회·세미나 등을 개최하는 경우에는 일시, 참석자, 발언내용, 결정사항, 표결내용 등을 처리과의 직원으로 하여금 기록하게 하여야 한다.
> ③ 행정기관이 언론기관에 보도자료를 제공하는 경우에는 그 보도자료에 담당부서·담당자·연락처 등을 함께 적어야 한다.

◎ 응시직렬: 행정직(일반행정)

○ 제목
  투명한 정책절차 위에 투철한 책임감을 더함으로써 완성되는 빛나는 대한민국 ▶ 제시문과 공직가치를 연결하여 발언 시작

○ 서론
  - 정책결정 및 집행과정과 관련된 공무원 정보 / 회의자료 등 공개 → 투명성 ▶ 제시문에서 추론한 공직가치를 언급하여 문제분석력을 드러냄
  - 정책시행 결과에 대해 책임을 지겠다는 함의 → 책임성

○ 공직가치
  1. 투명성
    - (법) 헌법 제21조 국민의 알 권리 ▶ 공직가치 ①과 관련 있는 헌법, 사회적 반응, 정책, 경험을 표현함으로써 '공직자로서의 역량' 함양 표출
    - (이슈) 공공정보의 적극적 개방과 공유에 대한 사회적 요구
    - (정책) 정책실명제 or 공직자윤리법상의 재산등록 및 재산공개의무
    - (경험) 미혼모 관련 봉사단체에서 팀장 역임: 기존 엑셀 회계장부 + 카카오 모임통장 개설

  2. 책임성
    - (법) 헌법 7조 1항 ▶ 공직가치 ②와 관련 있는 헌법, 정책, 경험을 나열하여 표현
    - (정책) 적극행정
    - (경험) 제안서 컨설팅 회사에서 마케팅 및 기획업무: 문서작성능력 계발

○ 실천방안
  - 실업급여, 취업지원급여 등 지원제도는 그 재원이 국세이므로, 사용내역 투명하게 공개 ▶ 향후 세무직 공무원으로서의 포부를 세무 분야의 정책과 엮어 답변
  - 지원제도 거의 매년 개편되므로, 개정법률 및 업무편람 숙지

[후속질문] 적극행정 사례 중에 아는 것이 있는지?

스터디 훈련						
체감 난이도	상		중		하	
	• 이유 및 원인					
답변작성	잘한점					
	부족한점					
보완계획						
스터디원 피드백						

PART
05

03 고전·문학

Q1 다음 제시문에서 유추할 수 있는 공직가치와 이를 실현하기 위한 노력 방안을 말하시오.

> 이순신 장군이 전라좌수영에 속해 있는 '발포'지역에서 만호라는 벼슬을 하고 있을 때, 직속상관인 전라좌수사 '성박'이 딸을 시집보내기 위해 만호 공관의 오동나무를 베어 거문고를 만들어 주려 하였다. 이순신 장군은 나라가 위태로운 시기에 전함을 만들어도 모자란 상황에서 풍류를 위해 거문고를 만들려고 하는 것은 이치에 맞지 않다고 하였다. 하여 "관아의 오동나무는 나라의 것이다"라며 거절하였다.

◎ **응시직렬: 세무직**

○ 서론
- 사적인 일로 나라의 자산인 오동나무를 베어오라고 지시 → 청렴성
- 나라가 위급한 시기에 공공재를 사익으로 취함 → 공익성

○ 공직가치
1. 청렴성
   - (중요성) 국가공무원법 제61조 청렴의 의무 강조, 국세청 추진 청렴 콘텐츠 공모전 – 시민감사관제도 도입 → 국세공무원의 비리나 일탈행위 ×
   - (경험) ○○기업에서 하위업체 입찰 진행 – 개인적 친분이 있는 지인이 입찰 최종 선정기준을 지속적으로 물어봄 – 입찰 선정기준의 내부적인 부분은 부적절한 행위 – 단호히 거절

2. 공익성
   - (중요성) 공무원은 특정 집단의 이익 추구 ×, 국민 전체를 위해 희생하고 봉사해야 함, 코로나19 이후 질병관리청을 비롯하여 다수의 공무원이 주말에도 근무, 행정직 공무원 – 안전방역을 위해 교회 방문
   - (경험) 시각장애인 도서제작 봉사활동 – 취약계층 지원 및 관리

○ 결론
공직에서도 공익과 사익 사이에 부딪치게 되는 일이나 유혹이 있을 거라고 생각됨, 공무원은 국민을 위해 봉사하고 희생해야 한다는 점을 항상 명심하고 나뿐만 아니라 다른 동료들도 바른 길로 인도해 줄 수 있는 동료가 되겠음

▶ 제시문에서 추론한 공직 가치를 언급하여 문제분석력을 드러냄

▶ 공직가치 ①의 중요성을 국가공무원법, 공무원의무, 세무직 사례로 표현

▶ 공직가치 ②의 중요성을 공직사례 및 경험으로 나열하여 표현

▶ 향후 공직자로서의 노력을 다짐·포부로 마무리

스터디 훈련

체감 난이도	상		중		하	
	• 이유 및 원인					

답변작성	잘한점	
	부족한점	

보완계획	

스터디원 피드백	

PART
05

Q2 다음 제시문은 박지원의 〈열하일기〉 발췌문이다. 여기서 아전과 장교에게 부족한 공직가치는 무엇이며 그 공직가치에 대해 설명하고, 본인이 아전과 장교라면 어떻게 할 것인지에 대해 자유롭게 발표하시오.

> 중국선이 연안으로 들어올 시 지방관과 조정에 보고를 해야 하며 연안에 접근했을 때, 내쫓아야 한다는 신칙이 있었다. 하지만 중국선이 들어오더라도 막을 방도가 없기에 중국배의 돛이 펴져 떠나는 날을 알아내어 기다렸다가 떠나는 날에 배가 들어왔다고 지방관에게 허위로 보고하는 행위가 관행이 되었다.

◎ **응시직렬: 세무직**

○ 제목: 불합리한 관행을 개선해 튼튼한 국가 만들기

○ 부족한 공직가치
  1. 책임성
    – (추론) 중국선이 연안으로 들어올 때 지방관과 조정에 보고를 해야 하며, 연안 접근 시 내쫓아야 한다는 신칙 존재 – 막을 방도가 없다는 이유로 방관함 – 국가 및 백성 피해 가능성
    – (사례) 최근 도로공사를 하는 업체가 허위보고서를 제출해 대금을 받아간 사례 – 담당 공무원은 현장 관리감독 소홀 – 탁상행정의 결과

  2. 도덕성
    – (추론) 지방관에게 허위로 보고하는 행위 및 관행
    – (중요성) 공무원에게 도덕성이란 준법정신을 생활화하여 공무원의 명예를 훼손하거나 품위가 손상되는 행위를 하면 안 되며, 이는 공무원행동강령에도 명시되어 있음
    – (사례) 화성시 보건소 소속 공무원이 자가격리 중 코로나 확진. 그러나 보고서에는 확진자의 직업을 무직으로 기재했다는 기사

○ 해결방안 및 실천자세
  1. 방도가 없다면 조정에 해결책 요구
    – 병력이 부족하다면 병력지원 요청, 외교적 마찰이 문제라면 무조건 쫓아내는 것이 아닌 위해를 당할 시 쫓아내는 것으로 기준 재설정
    – (경험) 학보사들 예산 감축할 때 영자신문은 원래도 예산이 부족한데 더 이상 줄이면 안 된다는 주장과 자료 제출해서 예산 지킴
  2. 서해 연안 진입 시 떠나는 날을 알아내 지방관에게 사정을 설명하고 주시 보고
    – (경험) 신문사 MT 때 숙박비 비용처리를 잘못함. 다녀온 후 간사님께 말씀드리고 수정해서 해결함

○ 결론
  중앙에서 내려온 시책이 실무자들의 상황에 적합하지 않을 수도 있다. 그렇다고 상황을 방치하거나 본인의 편의를 위해 국민의 신뢰를 깨는 공무원보다 적극적으로 해결방안을 모색하는 공무원이 되겠음

▶ 제시문 요약 및 재구성하여 제목 완성

▶ 공직가치 ①의 추론배경을 제시문을 통해 언급, 관련 공직사례를 통해 설득력 강화

▶ 공직가치 ②의 이론배경을 제시문을 통해 언급, 해당 공직가치의 중요성을 공직의 역할 및 공무원행동강령으로 표현, 더 나아가 관련 사례로 설득력 강화

▶ 공직자로서의 실천자세를 제시문을 재해석하여 설명하고, 관련 경험으로 설득력 부여

▶ 향후 공직자로서의 포□로 5분발표 과제 마무□

스터디 훈련						
체감 난이도		상		중		하	
		• 이유 및 원인					
답변작성	잘한점						
	부족한점						
보완계획							
스터디원 피드백							

PART
05

CHAPTER 03

5분발표 과제 [발표법]

POINT 01   5분발표 개요

소개	• 인사 및 발표 시작
	  – "지금부터 5분 발표를 시작하겠습니다."
	  – "발표제목은 ○○입니다."
	• 발표순서: "발표는 ○○순으로 말씀드리겠습니다."

서론	• 공직가치 추론: "저는 … 한 내용에서 공직가치 ○○○을 유추했습니다."

본론	• 공직가치 1
	  – "먼저 공직가치 ○○○을(를) 말씀드리겠습니다."
	  – "○○○이란 (개념) / ○○○은(는) ○○한 측면에서 중요하다고 생각합니다." (중요성)
	  – "이와 관련하여 … 한 사례가 있습니다." (사례)
	  – "저는 ○○○을 … 실천한 경험이 있습니다." (경험)
	• 공직가치 2
	  – "다음으로 공직가치 ○○○을(를) 말씀드리겠습니다."
	  – "○○○이란 (개념) / ○○○은(는) ○○한 측면에서 중요하다고 생각합니다." (중요성)
	  – "이와 관련하여 … 한 사례가 있습니다." (사례)
	  – "저는 ○○○을 …을 통해 발휘한 경험이 있습니다." (경험)

결론	• 다짐 및 실천계획
	  – "이와 관련해서 … 한 공직생활을 이어나가겠습니다." (각오)
	  – "○○○을 … 하게 실천해 나가겠습니다." (실천계획)
	• 마무리 인사: "이상으로 5분 발표를 마치겠습니다."

POINT 02   유형별 작성사례: 작성구조 & 스크립트

01   사례형

다음 제시문에서 유추할 수 있는 공직가치와 이를 실현하기 위한 자세

> 사이버수사관인 박 경장은 휴무일에 편의점에서 물건을 고르던 중 기프트카드 코너에서 서성거리는 60대 여성이 눈에 띄었다. 기프트카드를 악용한 메신저 피싱범죄를 많이 다룬 박 경장은 고연령인 여성이 기프트카드를 구입하려는 것을 보고 자녀 사칭 메신저 피싱사기를 직감했다. 여성이 15만 원짜리 기프트카드를 계산하러 가는 순간 "혹시 자녀분이 카드를 사달라고 하던가요?"라고 물었고, 여성은 "어떻게 알았느냐"며 놀랐다. 박 경장은

경찰신분을 밝히고 여성의 핸드폰 속 문자메시지를 확인한 뒤, 메신저 피싱범죄에 속았다는 사실을 알렸다. 이후 여성의 자녀들과 통화해 확인시켰다. 이제 7개월 된 새내기 수사관의 직감과 상황판단은 이렇게 피싱사기 피해를 막았다.

◎ **응시직렬: 기술직(건축직)**

■ **작성구조**

○ 제목: 공익실현을 위한 적극성과 전문성을 가진 공무원이 대한민국을 빛낸다.

○ 개요 → 제시문 공직가치 추론이유
 - 휴무일에도 피싱사기를 직감해 사이버 역할을 수행 → 공익성
 - 새내기 수사관임에도 피싱범죄 수법 및 대처행동에 대한 이해 → 전문성

○ 유추할 수 있는 공직가치
 1. 공익성
  - (중요성) 코로나 우리나라 적극적 방역, 공익실현을 목표로 적극행정 강조
  - (경험 / 사례) 학생회 복지부 활동, 학생 건의사항인 우산 대여사업 실행 → 높은 만족도, 현재진행
 2. 책임성
  - (중요성) 공무원 공직가치 및 헌법 7조 1항 - 국민의 불편한 사항을 해결해야 함
  - (경험 / 사례) ① 건축제도기능사 취득 후, 시공과 구조과목을 중점적으로 공부하며 건축학도 기본소양 갖추기 위한 노력 → 건축기사 취득 ② 포항 지진발생 후, 부서지는 필로티건축을 직접 가서 보며 건축물 구조에 깊이 있는 공부 계기

○ 실천자세
 - 현 정부는 '적극행정ON' 사이트 운영
 - 여러 사례 및 해결안을 숙지해 실제 상황에 활용할 수 있도록 노력 & 동료와 상사 조언

○ 결론
 - 항상 공무원이라는 것을 잊지 않고 적극성, 전문성을 겸비한 ○○공무원이 되겠음.

■ **스크립트**

지금부터 5분발표를 시작하겠습니다.

발표제목은 "공익실현을 위한 적극성과 전문성을 가진 공무원이 대한민국을 빛낸다."입니다.

저는 제시문에서 휴무일에도 불구하고 피싱사기를 직감한 순간 사이버수사관 역할을 수행한 모습을 보고 공익성을 생각하였고, 새내기 수사관이지만, 피싱범죄 수법 및 대처행동에 대해 파악하고 있다는 점에서 책임감을 유추하였습니다.

첫째 먼저, 공익성에 대해 말씀드리겠습니다.

코로나 사태로 인해 우리나라는 적극적으로 방역을 하고, 검진방법을 다양화하면서 k-방역이라는 신조어가 생길 정도로 적극적인 모습을 보여 주고 있습니다. 현재 공무원으로서 강조되고 있는 적극행정과 헌법상 국민으로서의 봉사자의 역할을 보며 공익성의 중요성을 알 수 있습니다.

다음으로, 공익성에 관한 저의 경험을 말씀드리겠습니다.

저는 학생회 복지부 활동을 하며 적극적으로 행동한 경험이 있습니다. 학교생활을 하면서 불편한 점은 없는지 파악하기 위해 건의사항을 낼 수 있는 상자를 만들어서 중앙현관에 설치하였습니다. 다양한 의견을 파악하던 중 갑자기 비가 왔을 때 불편함을 느낀다는 의견을 보게 되었습니다. 저는 우산 대여사업을 떠올렸고, 학생회 회의에서 우산 대여사업 효과에 대해 토의를 하였습니다. 반납률이 적을 수 있다는 문제점을 해결하기 위해 대여할 때 학생증을 확인하는 규칙도 정하였습니다. 비가 올 때만 사용할 수 있지만, 학생들의 만족도는 높았고 지금까지 사업이 진행되고 있습니다. 복지부로서 적극적으로 행동한 것이 학생들의 편의사항에 도움이 되었다는 것에 보람을 느꼈습니다.

둘째, 책임성에 대해 말씀드리겠습니다.

헌법 제7조 제1항에는 공무원은 국민에게 봉사하며 국민에 대한 책임을 다한다고 명시되어 있습니다. 그렇기 때문에 국민이 불편한 사항이 있다면 전문성을 발휘하여 원인과 해결방안을 찾아 정책을 시행하고 있습니다. 자신의 직무를 정확하게 인지하고 업무를 수행한다면 공무원들의 신뢰를 높일 수 있다고 생각합니다.

다음으로 책임성에 관한 저의 경험을 말씀드리겠습니다.

저는 건축제도기능사를 취득한 후 좀 더 세부적으로 건축에 대해 공부하기 시작했습니다. 학교에서는 시공과 구조과목을 중점적으로 들으면서 건축학도의 기본소양을 갖춘 후 건축기사 자격증을 취득했습니다. 그리고 포항 지진발생 후 힘없이 부서지는 필로티 건축을 직접 가서 볼 기회가 있었습니다. 이 기회로 건축물에서 안전을 책임지는 구조과목에 관심을 가져 건축구조에 더 몰입하여 공부를 하는 계기가 되었고, 역량보다 높은 점수를 얻기도 했습니다. 건축에 있어서 가장 중요한 것은 안전이라고 생각합니다. 지난 포항 지진사고부터 잠원동 건물 붕괴사고까지 국민의 안전을 위협했습니다. 설계부터 시작하여 시공유지관리를 거쳐 철거에 있어서까지 지속적이고 꼼꼼한 안전관리는 안정적인 구조물을 만드는 것이 기본이라는 것을 다시 한 번 깨닫게 되었습니다. 앞으로는 더욱 전문성을 쌓기 위해 건설 안전기사에 도전할 계획을 가지고 있습니다.

마지막으로 저의 실천자세를 말씀드리겠습니다.

현재 정부는 다양한 공직가치가 충돌하는 실제상황과 해결방안을 참고할 수 있는 '적극행정ON' 사이트를 운영하는 것으로 알고 있습니다. 제가 공무원에 임용된다면, 퇴근 후 사이트에 들어가 다양한 사례와 해결방안을 숙지하고, 실제상황에 활용할 수 있도록 노력하겠습니다. 그래도 부족한 부분은 동료와 상사분들의 조언을 받으며 문제상황을 전문적이면서도 적극적으로 해결할 수 있는 공무원이 되겠습니다.

이상 5분발표를 마치겠습니다. 감사합니다.

02 법조문·제도

다음 제시문에서 유추할 수 있는 공직가치와 이를 실현하기 위한 자세

> [공직자의 이해충돌방지법]
> 제1조 【목적】 이 법은 공직자의 직무수행과 관련한 사적 이익추구를 금지함으로써 공직자의 직무수행 중 발생할 수 있는 이해충돌을 방지하여 공정한 직무수행을 보장하고 공공기관에 대한 국민의 신뢰를 확보하는 것을 목적으로 한다.
> 제4조 【공직자의 의무】 ② 공직자는 직무수행과 관련하여 공평무사하게 처신하고 직무관련자를 우대하거나 차별하여서는 아니 된다.

◎ 응시직렬: 공안직(검찰직)

■ 작성구조

☐ 발표제목: 청렴성과 공익성을 위한 제도의 개혁

☐ 개요
- 공직자의 직무수행과 관련한 사적 이익 추구 금지 → 청렴성
- 직무수행은 공평무사하게 처신, 직무관련자 우대 및 차별 불가 → 공정성

☐ 공직가치
1. 청렴성
- (중요성) 공무원 6대 의무 조항
- (사례) 2021년 공공기관 신도시 예정지역, 공적인 개발정보 활용 → 부동산 투기사건 → 국민의 공분 및 신뢰하락, 도덕적 해이, 비판 및 비난
- (경험) 학생회 임원들의 사기증진을 위해 학생회비 사적 용도 사용하자는 의견 → 소정의 금액이더라도 사적 용도는 안됨. 학생회장으로서 단호히 거절
2. 공정성
- (중요성) 공무원헌장, 검찰직 수사관의 역할: 중립적인 사건처리 → 검찰 신뢰 확보
- (경험) 군 생활 시절 친밀한 동기가 타 소대 후임과 다투는 상황 → 보고 시 징계를 받을 수 있는 상황 → 소대장님과 상담 후 사실대로 중대장에게 보고

☐ 실천자세
- 청렴성과 정성은 국민의 신뢰와 직결되는 점
- 검찰수사관으로서 중립적 수사업무를 진행하여 국민의 신뢰 함양

■ 스크립트

5분발표를 시작하도록 하겠습니다.

발표제목은 "청렴성과 공익성을 위한 제도의 개혁"입니다.

먼저 이 법은 공직자의 직무수행과 관련한 사적 이익추구를 금지한다라는 제시문에서 청렴성을 도출하

였습니다. 또한 공직자는 직무수행과 관련하여 공평무사하게 처신하고 직무관련자를 우대하거나 차별하여서는 아니된다라는 제시문에서 공정성을 도출하였습니다.

먼저 청렴성에 대한 중요성을 말씀드리겠습니다.

청렴성은 공무원의 6대 의무로 새겨질 만큼 매우 중요한 가치로 여겨지고 있습니다. 2021년 공공기관에서 직원들이 신도시 예정지역에 공적인 개발정보를 활용하여 토지를 구매하고 집단적으로 부동산 투기를 하였던 사건이 있었습니다. 이로 인해 공무원에 대한 국민의 신뢰도가 낮아지고 도덕적 해이에 대한 비판과 비난을 불러일으켰습니다. 이러한 사례에서 보듯이 일부공무원의 청렴성 결여는 다른 공무원들의 도덕적 해이뿐만 아니라 공무원에 대한 국민의 신뢰도가 낮아지는 결과를 초래한다는 점에서 청렴성은 중요한 공직가치라고 생각합니다.

다음으로 청렴성에 대한 경험을 말씀드리겠습니다.

과거 학생회장 역할을 맡고 있던 시절 학우들에게서 걷은 학생회비를 학생회에 속해 있는 임원진들의 사기증진을 위해 사적 용도로 사용하자는 의견이 있었습니다. 이러한 의견을 받은 순간 저는 임원진들이 학생회비로 금전적 보상을 받으면 학우들을 위해 더 열심히 일하는 학생회가 되지 않을까 하는 고민을 하였습니다. 하지만 소정의 금액이라 할지라도 학생회비를 사적 용도로 사용하게 되면 학생회에 대한 학우들의 신뢰도가 급격히 떨어질 것이라고 생각하였고 좀 더 신뢰받는 학생회를 이끌어 나가고 싶었기 때문에 학생회비를 사적용도로 사용하지 않고 청렴성을 유지했던 경험이 있습니다.

다음으로 공정성에 대한 중요성에 대해 말씀드리겠습니다.

공정성은 공무원 헌장에서 나와 있듯이 공평하고 올바름을 의미하며 모든 국민을 법과 규정에 따라 동일하게 대하고 결과는 물론 절차의 공정성을 확보하기 위한 노력이라고 명시되어 있을 만큼 매우 중요한 공직가치라고 생각합니다. 특히 검찰직 수사관은 사건업무를 처리함에 있어서 어느 한쪽에 치우치지 않고 공정하고 중립적으로 사건을 처리해야 하며 이러한 공정성을 확보하였을 때 모든 국민이 검찰을 신뢰할 수 있다는 점에서 공정성은 중요한 공직가치라고 생각합니다.

다음으로 공정성에 대한 경험을 말씀드리겠습니다.

과거 군 생활 시절 친한 동기가 타 소대 후임과 크게 다투는 상황이 있었습니다. 너무 크게 다툰 상황이여서 중대장님에게 보고를 드려야 했지만 보고를 드릴 경우 저의 친한 동기가 징계를 받을 수 있는 상황이었고 보고를 드리지 않을 경우에는 친한 동기여서 사건을 무마시키려는 것이 아니냐는 다른 후임들의 불만이 제기될까 봐 고민을 하고 있었습니다. 이러한 고민을 소대장님과 상담을 하였고 소대장님께서 어떠한 일을 크게 만들지 않는 법은 사실대로 이야기하고 공정하게 처리하는 것이라는 말씀해 주셨습니다. 그 말씀을 들은 저는 중대장님께 사실대로 보고를 드렸고 중대장님께서는 규정에 따라 공정하게 두 사람에게 추가근무를 시키는 징계를 내리셨던 경험이 있습니다.

마지막으로 저의 실천자세를 말씀드리겠습니다.

청렴성과 공정성은 공직자에 대한 국민의 신뢰와 직결된다는 점에서 매우 중요한 공직가치라고 생각합니다. 제가 검찰수사관으로 임용이 된다면 이러한 청렴성과 공정성을 확보해서 어느 한쪽에 치우치지 않고 공정하고 중립적으로 수사업무를 진행하여 국민의 신뢰를 더욱 받을 수 있는 공직자가 되도록 노력하겠습니다.

❸ 고전 · 문학

다음 제시문은 스모키 린의 '소방관의 기도' 중 일부를 발췌한 것이다. 다음 제시문에서 유추할 수 있는 공직가치와 이를 실현하기 위한 공직자의 자세에 대해 자유롭게 발표하시오.

> 신이시어, 제가 부름을 받을 때에는 아무리 강렬한 화염 속에서도 한 생명을 구할 수 있는 힘을 저에게 주소서. 너무 늦기 전에 어린아이를 감싸 안을 수 있게 하시고 공포에 떠는 노인을 구하게 하소서. 언제나 방심하지 않게 하시어 가장 약한 외침까지도 들을 수 있게 하시고 신속하고 효율적으로 화재를 진압하게 하소서. 저의 임무를 충실히 수행케 하시고, 제가 최선을 다할 수 있게 하시어, 모든 이웃의 생명과 재산을 보호하고 지키게 하여 주소서.

◎ **응시직렬: 행정직(일반행정)**

■ **작성구조**

○ 제목: 공익실현을 위한 적극성과 전문성을 가진 공무원이 대한민국을 빛낸다.

○ 개요 → 제시문 공직가치 추론이유
  - 본인의 생명보다 국민의 생명을 지키는 기도 → 공익성
  - 집중, 바르고 효율적인 화재진압, 충실한 임무수행 → 책임감

○ 공직가치
  1. 공익성
  - (중요성) 헌법 제7조 제1항 - 공무원은 국민 전체에 대한 봉사자
    보건복지부 저소득층 대상 긴급 복지지원 제도 및 상시지원 → 적극행정 실천
  - (경험) 고등학교 1학년, 학급 부회장으로 봉사, 청소당번이 아님에도 가장 먼저 반 정리, 모범학생상
  2. 책임성
    - (중요성) 헌법 및 공직가치 내용 명시 → 전문성 제고는 공무처리를 신속·정확하게 진행
      → 신뢰기여
    - (경험) 창업대회 프레젠테이션 당일, 발표 담당 조원 불참, 즉석에서 자료 외워 발표준비

○ 실천자세
  - 2019년 이후 적극행정 활성화
  - 임용부처뿐만 아닌 타 부처의 사례 공부 → 실천기여

■ 스크립트

지금부터 5분 발표를 시작하겠습니다.

저는 제시문에서 본인의 생명을 지키기도 어려울 수 있음에도 불구하고 국민의 생명을 지키기 위해 일하는 소방관의 모습에서 공익성을 유추하였습니다. 또한 높은 전문성을 가지고 적극적으로 자신의 업무를 수행해 냄으로써 많은 국민을 살렸다는 점에서 책임감을 유추해 냈습니다.

첫째로 공익성에 관해 말씀드리겠습니다.

공익성이 중요한 이유는 헌법 제7조 제1항에 공무원은 국민 전체에 대한 봉사자임이 명시되어있듯이 국민을 위해 봉사하고 희생해야 하기 때문입니다. 최근 보건복지부에서 저소득층을 대상으로 긴급 복지지원이라는 제도를 펼치고 상시지원을 위해 관련 고시를 개정하는 등 적극행정을 실천해 많은 가구에 도움을 주고 있습니다. 이렇게 헌법과 최근 강조되고 있는 적극행정으로 공익성의 중요성이 높아지고 있다는 것을 알 수 있습니다.

공익성에 관한 저의 경험을 말씀드리겠습니다.

저는 고등학교 1학년 때 학급 부회장으로 일하며 학급을 위해 봉사한 적이 있습니다. 청소시간이 한참 지나도 누구도 청소를 시작하지 않고 하교시간이 늦춰져만 가는 모습을 보았습니다. 그때 저는 청소당번이 아니었지만 학급을 위해 봉사한다는 마음가짐으로 가장 먼저 나서서 반 정리를 하기 시작했습니다. 그렇게 매일 방과 후에 마지막까지 남아 반 정리를 하고 간 결과 고등학교 3년 내내 봉사와 선행부문 모범학생상을 받을 수 있었습니다. 이 경험으로 공동을 위해 봉사해 공동체의 이익에 이바지하는 것이 얼마나 보람찬 일인지 알게 되었습니다.

둘째로 책임감에 관해 말씀드리겠습니다.

책임감이 중요한 이유는 헌법 제7조 제1항에 국민에 대해 책임을 져야 한다는 내용이 명시되어 있기 때문입니다. 또한 책임감을 가지고 전문성 제고에 힘써야 국민들의 민원이나 공무처리를 신속하고 정확하게 할 수 있으며, 이를 통해 국민들에게 신뢰받는 공무원이 될 수 있다고 생각합니다.

책임성에 관한 저의 경험을 말씀드리겠습니다.

저는 고등학교 2학년 때 친구들과 함께 나간 창업대회에서 위기를 맞았지만 책임감을 가지고 끝까지 마무리해 좋은 결과를 낸 경험이 있습니다. 최종 프레젠테이션 당일, 발표를 담당한 조원이 불참해 계획에 차질이 생겼습니다. 저와 나머지 조원은 자료조사와 PPT 제작을 담당해 발표준비가 되어 있지 않았습니다. 조원들은 포기할 것을 권유하였지만, 저는 조장으로서의 책임감을 가지고 대회를 끝까지 마무리해야겠다는 판단을 내렸습니다. 그렇게 조사했던 자료들을 바탕으로 대본을 외우고, 입에 붙지 않는 부분들은 제 언어로 바꿔가며 발표를 준비했습니다. 그 결과 저희는 발표를 순조롭게 마칠 수 있었고, 우수사례 중 하나로 뽑히기도 했습니다.

마지막으로 저의 실천자세를 말씀드리겠습니다.

2019년 이후 각 부처에서 적극행정에 힘쓰고 있다는 것을 알고 있습니다. 제가 공직에 나가게 된다면, 임용된 부처의 적극행정 사례뿐만 아니라 타 부처의 사례도 공부하며 좋은 사례들을 제가 임용된 부처에서도 적용하고 실천할 수 있도록 노력하겠습니다. 이러한 노력을 통해 문제상황을 가장 먼저 인지하고 해결하여 국민 삶의 질 향상에 기여하는 공무원이 되겠습니다.

04 5분발표 과제 [질의응답]

PART

05

POINT 01 질문패턴: 5분발표 과제 기출질문

01 질문패턴 이해

1. 제시문 키워드

평가기준		평가내용
제시문 이해	이해도 (근거·배경지식)	키워드의 개념, 특장점, 공직사례, 이유 / 필요성
	판단기준 (우선순위)	판단기준 / 고려사항, 우선순위
대처(대응)능력	문제개선	키워드 관련 문제점(리스크, 이슈), 해결방안
	상황대처	갈등상황(상사, 동료 등), 업무장애요인
적용능력	업무적용	제시문 키워드 관련 공직 도입방안, 추진희망 정책 등
공직능력	개인경험	키워드 관련 개인경험

2. 발표내용

평가기준		평가내용
발표문 이해	이해도 (근거·배경지식)	국민 / 직무 / 부처 / 공직사회 필요성, 이유
	판단기준 (우선순위)	판단기준 / 고려사항, 우선순위, 충돌가치
	영향·효과	국민 / 사회 / 공직에 미치는 영향(이점, 장단점)
공직능력	경험·노력	경험 및 노력사항
	사실확인	2차 질문
관리능력	갈등·비협조	타 기관, 주민, 응시한 기관과의 의견충돌 및 협력거부
대처(대응)능력	문제개선	희생될 수 있는 공직가치, ○○ 추진 시 발생할 수 있는 문제점 및 해결책
	불법·관행	불법 및 관행에 대한 대처방안
	언론·여론	언론의 부정적 보도에 대한 대처방안
업무적용	업무·정책	지원희망 부처에서 노력할 방안, 업무 중 발휘할 방안

02 2023 빈출질문

1. 제시문 키워드

평가기준		빈출질문
제시문 이해	이해도 (근거·배경지식)	Q. [제시문: 업무 떠넘기기] 제시문에서 이러한 상황이 발생하는 이유 Q. [제시문: 내부고발자] 조직에서 내부고발을 하지 않는 이유 Q. [제시문: 외국인노동자] 희망부처의 취약계층은 누구인지? (어떻게 정의) Q. [제시문: 4차 산업] 4차 산업의 장단점 / 필요성 Q. [제시문: 이해충돌] 이해충돌방지법의 개념 / 관련 사례에 대해 아는 대로 말하라.
	판단기준 (우선순위)	–
대처(대응)능력	문제개선	Q. [제시문: 내부고발자] 이 제도에서 보완하고 싶은 점 / 활성화방안 Q. [제시문: 0617] 한국형 지속가능발전목표 수립 시 발생할 수 있는 문제점 Q. [제시문: 0617] 개인정보 유출 혹은 국민참여율이 저조한 문제가 생긴다면? Q. [제시문: 외국인노동자] 취약계층 / 디지털계층 해소방안 Q. [제시문: 민강협력] 민간을 초청했을 때, 협력했을 때 나타나는 문제점
	상황대처	Q. [제시문: 업무 떠넘기기] 본인이 이러한 상황이라면 어떻게 대처할 것인지? Q. [제시문: 직장 내 갑질] 본인이 갑질을 당한다면 어떻게 대처할 것인지? Q. [제시문: 유튜브] 유튜브에 대해 부서장이 부정적이라면? Q. [제시문: 이해충돌 방지] 이해충돌 방지에 대한 기준이 상사와 다르다면?
적용능력	업무적용	Q. [제시문: 0617] 직렬에서 활용 가능한 관련 통계자료는 무엇이 있는지? Q. [제시문: 외국인노동자] 희망부처에서 취약계층을 위해 노력할 방안 Q. [제시문: 4차 산업] 4차 산업을 공직 / 부처 / 직무에 어떻게 도입할 것인지? Q. [제시문: 이해충돌 방지] 문제예방을 위해 지원부처에서 실시했으면 하는 것 Q. [제시문: 지속 가능한 발전] 취약계층을 위해 필요한 정책이 무엇인지?
공직능력	개인경험	Q. [제시문: 갑질] 갑질을 당해 본 경험 Q. [제시문: 세대갈등] 세대갈등을 겪은 경험, 갈등해결 경험 Q. [제시문: 지속 가능한 발전] 취약계층을 위한 혜택을 직접 수혜한 적이 있거나, 수혜받은 것을 본 적이 있는지?

2. 발표내용

평가기준		빈출질문
발표문 이해	이해도 (근거·배경지식)	Q. 작성한 공직가치가 공직 / 부처 / 직렬에서 왜 중요한지? 장점은 무엇인지? Q. 공직가치 ○○ 관련 ○○부처 사례 알고 있는 것 있는지? Q. 중요하다고 생각하는 또 다른 공직가치 Q. 적극행정 사례를 말했는데 적극행정이 중요한 이유 Q. ○○ 공직가치를 추진했을 때 희생되는 공직가치에 대해 말해 보라.
	판단기준 (우선순위)	Q. 작성한 공직가치 중 무엇이 더 우선되어야 하는지? Q. 작성한 ○○, ○○ 공직가치를 도출한 기준이 무엇인지? Q. 작성한 공직가치 중 부족하다고 생각하는 공직가치와 보완방법
	영향·효과	Q. ○○, ○○ 공직가치가 국민 / 사회 / 공직에 미칠 영향력

공직능력	경험·노력	Q. ○○, ○○ 공직가치 관련 경험(작성하지 않은 공직가치 경험질문 有) Q. ○○, ○○ 공직가치 향상을 위해 노력한 점
	사실확인	Q. PC방 아르바이트 경험 → 진상민원 만난 적 있는지? Q. 학회활동 경험 → 언제, 얼마나 활동했는지? 또 무슨 학회였는지? Q. 카페 아르바이트 경험 → 경리업무를 어떻게 했는지? Q. 팀 프로젝트 경험 → 팀 과제 수행하면서 어려웠던 점. 갈등은 없었는지?
관리능력	갈등·비협조	Q. ○○ 공직가치 피해 본 사람들이 불만을 제기할 경우 Q. 상사와 의견이 충돌할 때 어떻게 대처할 것인지? Q. 상사가 본인이 제한한 내용에 대해 예산문제로 반대한다면? Q. 전문가와 상사의 의견이 다를 때 어떻게 대처할 것인지? Q. 업무과다로 동료에게 업무분담을 요청했는데, 동료가 거절한다면?
대처(대응)능력	문제개선	Q. ○○ 공직가치로 발생할 수 있는 문제점 Q. 최근 ○○, ○○을 훼손하는 사례가 많은데 해결방안 Q. ○○, ○○ 공직가치 활성화(향상·실현) 방안 Q. 지원자가 답변한 ○○(예 적극행정)의 문제점과 개선방안
	불법·관행	Q. 부정적 관행을 목격한다면 어떻게 대처할 것인지? Q. 불법행위를 알게 되었을 때 어떻게 대처할 것인지?
	언론·여론	Q. 언론에서 부정적인 보도가 지속된다면 어떻게 대처할지? Q. 부정적 보도의 원인 및 해결방안
업무적용	업무·정책	Q. ○○, ○○ 공직가치를 공직 / 직무에서 어떻게 적용·발전시킬 수 있는지?

03 2023 기출 질문패턴 적용사례

1. 제시문

2023년도 국가공무원 9급 공개경쟁채용 면접시험	공업·농업·임업시설· 방재안전·전산·방송통신	6.14 (수)

5분발표 과제

과제	다음 글을 읽고 공직자가 갖추어야 할 공직가치를 제시하고, 그 가치를 실현하기 위해 필요한 공직자의 자세는 무엇인지 자유롭게 발표해 주십시오.
	외국인 노동자 A씨가 공장에서 작업 중 작은 불씨로 인해 화재가 발생하자 소화기를 이용해 화재를 진압하였다. A씨는 한국어로 작성된 소화기 사용법에 어려움을 겪었다. 이에 행정안전부 주무관은 소화기, 심장제세동기(AED) 등의 사용법을 5개 국어로 번역하여 영상을 제작하였다. 또 영상의 QR코드를 제작하여 소화기의 주변에 배치하였다.

2. 5분발표 과제 작성내용 및 후속질문

직렬	5분발표 과제 작성내용	5분발표 과제 후속질문

전산직	• 공익성
	  – 개념 및 공무원 헌장
	  – 과기부 사례: AI 앰블런스
	• 책임성
	  – 공직자의 역할
	  – 적극행정 사례 및 개인 경험
		① 이러한 가치를 내 직렬에서 어떻게 적용할 것인가?
		② 과기부 입장에서 취약계층은 어떻게 정의할 수 있는지?
		③ 과기부 입장에서의 기초생활수급자 / 취약계층 / 디지털계층 해소방안

건축직	• 공익성
	  – 개념 및 공무원헌장
	  – 공공디자인 정책: 모든 이를 위한 공공디자인 – 유니버셜 디자인(남대문 광장 프로젝트)
	  – 여행사 재직 경험: 외국인 대상 한국어 설명서 작성에 도움
	• 책임성
	  – 공무원헌장 내용설명
	  – 문화체육관광부 '청년 디자이너 인턴쉽 지원' 사업
	  – 여행사 재직 경험: 퇴근 이후 탑승자명 변경 이슈→재발방지를 위해 매뉴얼화 작업
		㉠ 공공디자인 분야에 지원하셨네요. 건축직인데 왜 디자인 분야에 지원하셨죠?(5분발표인데 처음부터 혹 들어와서 당황)
		  ㄴ ㉡ 디자인은 창의성이 많이 필요한 부분이 있는데 관련된 경험
		  ㄴ ㉢ 음 … 소통과 협력을 바탕으로 본인의 장점 같은 것을 말씀해 주실 수 있을까요?

농업직	• 책임감
	  – 개념설명
	  – 충주 구제역 방역 사례
	  – 아르바이트 경험: 시내버스 노선 개편에 따른 어려움을 겪는 어르신 도움
	• 적극성
	  – 개념설명
	  – 대학 경험: 해충생태학 전문성 향상을 위한 독도 탐험
		ⓐ 책임성, 적극성을 농림축산검역본부에 어떻게 활용할 수 있을 것인지?
		ⓑ 농림축산검역본부에 들어가서 취약계층을 위해 어떻게 하겠는가?
		ⓒ 농림축산검역본부의 자료가 객관적으로 잘못됐다면 어떻게 하겠는가?
		ⓓ 어려운 경험의 극복, 어떻게 하였는가?
		ⓔ 괜찮아요. 너무 긴장하실 것 없어요.

화공직	• 전문성
	  – 환경부 사업: 스마트 물관리(AI, IOT 등 4차 산업 기술을 이용한 물관리)
	  – 경험: 위험물 산업기사, 화학전공→전문성 향상을 위한 노력
	• 적극성
	  – 환경부 사업: 환경지킴이제도(취약계층의 일자리 창출 사례)
	  – 환경부 이해향상을 위한 경험: 2023 국제쿨산업전 방문
		1. 어느 공직가치가 가장 중요한지?
		2. 전문성에 대해 이야기하셨는데, 청렴성에 대해서는 어떻게 생각합니까?
		3. 기술직 공무원과 행정직 공무원의 차이
		4. 사회적 약자의 예시는? 나누는 기준은?
		5. 지금 경제력을 말씀하신 것 같은데 경제력 이외에는?
		6. 그것 외에는 또 없을까요?

3. 질문패턴 적용예시

① 제시문 키워드

평가기준		평가내용
제시문 이해	이해도 (근거·배경지식)	4. 사회적 약자의 예시는? 나누는 기준은? 5. 지금 경제력을 말씀하신 것 같은데 경제력 이외에는?
	판단기준 (우선순위)	
대처(대응)능력	문제개선	③ 과기부 입장에서의 기초생활수급자 / 취약계층 / 디지털계층 해소방안 ⓒ 농림축산검역본부의 자료가 객관적으로 잘못됐다면 어떻게 하겠는가?
	상황대처	
적용능력	업무적용	② 과기부 입장에서 취약계층은 어떻게 정의할 수 있는지 ⓑ 농림축산검역본부에 들어가서 취약계층을 위해 어떻게 하겠는가?
공직능력	개인경험	

② 발표내용

평가기준		평가내용
발표문 확인	이해도 (근거·배경지식)	2. 전문성에 대해 이야기하셨는데, 청렴성에 대해서는 어떻게 생각합니까?
	판단기준 (우선순위)	1. 어느 공직가치가 가장 중요한지?
	영향·효과	
공직능력	경험·노력	㉠ 공공디자인 분야에 지원하셨네요. 건축직인데 왜 디자인 분야에 지원하 셨죠?(5분발표인데 처음부터 훅 들어와서 당황) ㄴ ㉡ 디자인은 창의성이 많이 필요한 부분이 있는데 관련된 경험 ㄴ ㉢ 음 … 소통과 협력을 바탕으로 본인의 장점 같은 것을 말씀해주실 수 있을까요?
	사실확인	ⓓ 어려운 경험의 극복 어떻게 하였는가?
관리능력	갈등·비협조	
대처(대응)능력	문제개선	
	불법·관행	
	언론·여론	
업무적용	업무·정책	① 이러한 가치를 내 직렬에서 어떻게 적용할 것인가? ⓐ 책임성, 적극성을 농림축산검역본부에 어떻게 활용할 수 있을 것인지? 3. 기술직 공무원과 행정직 공무원의 차이

01 사례형

1. 공직 부정수급

> 감사원에서 업무의 적법성·타당성 등을 점검하기 위해 A시청의 일상감사를 실시하였다. 검사 결과 팀장이 초과근무를 허위로 신고해 부당수급을 했다는 사실을 알게 되었다. 이를 계기로 대대적으로 조사해본 결과 허위로 출장비를 타간 공무원들과 초과근무수당을 허위로 타간 공무원들이 고위간부를 포함해 120명이 무더기로 적발되었다.

◎ **응시직렬:** 행정직(일반행정)

> □ 발표제목: 정직한 사회 우리가 만든다.
> □ 개요
> 1. 초과근무 허위기록 – 청렴성 부족
> 2. 사원의 전수조사 – 책임감
> □ 공직가치의 중요성
> 1. 청렴성
>   – 중요성: 공무원이 업무를 수행하는 데 청렴성을 지키는 것은 매우 중요하다, 의무사항
>   – 관련 법령: 공직자윤리법 – 외국에서 선물 받으면 기관장 신고
>   – 관련 경험: 친구들과의 모임 장부관리
> 2. 책임감
>   – 중요성: 헌법 제7조 제1항, 공무원헌장실천강령 명시
>   – 관련 예시: 코로나19 사태 공무원들의 책임감
>   – 관련 경험: 호텔 근무, 중국인 고객 응대 어려움 → 자격 취득으로 끝까지 서비스 완수
> □ 공직자가 가져야 할 자세
> – 조직적: 절차 투명하게 할 필요 있음 → 관련 제도: 정보공개청구제도, 국민선거참여단
> – 개인적: 청렴하게 업무에 임하는 자세
> – 개정된 법령이나 업무내용 정확히 숙지하는 것은 사후 문제방지에도 도움

Q1 유추한 것 중에 문제점을 해결할 방안은?

A1 청렴성에 관해 문제점을 해결할 방안에 대해 말씀드리겠습니다. 대부분의 공무원은 해당 가치를 준수하기 위해 최선의 노력을 기울이고 있지만, 일부 공무원이나 공공기관 직원들의 경우, 그렇지 못한 사례가 있었습니다. 이에 사건 발생 이후, 관련 법령인 공직자윤리법을 통해 추후 발생할 수 있는 문제를 방지하기 위해 재산 등록·공개 의무조항을 강화한 것으로 알고 있습니다. 사후적 대책일 수는 있으나, 이런 노력을 보여줌으로써 국민에게 신뢰를 차츰 쌓아갈 수 있다고 생각합니다.

질문패턴	발표내용 − 대처(대응)능력: 문제개선
평정표	창의·혁신
답변	논리	• 문제해결형 − [문제점] 일부 공공기관 직원들의 문제행위 − [해결방안] 재산 등록·공개 의무조항 − [마무리] 신뢰확보
	표현	• 정확한 명칭: 공직자윤리법, 재산 등록·공개 의무조항

Q2 청렴성과 관련해서 지인이 부정한 부탁을 했는데 거절했다고 하셨는데, 그거 말고 또 지인의 부정한 부탁을 거절한 경험이 있는지?

A2 네. 대학 시절 댄스 동아리를 했던 경험이 있는데 당시 선배들이 친분으로 동아리원을 뽑는 관행때문에 비난이 많았습니다. 또한 저의 친구조차 저에게 그런 부탁을 했지만 저는 단호히 거절하였습니다. 또한 이를 해결하기 위하여 기존에 동아리원들만 참여하던 오디션 과정에 다른 학우들을 참여시키고 결과도 바로 공개하여 투명성을 제고하였습니다. 결과적으로 비난도 없어졌고 학우들의 많은 관심으로 인기동아리가 되기도 했습니다.

질문패턴	발표내용 − 공직능력: 경험 및 노력
평정표	소통·공감
답변	논리	• 경험형 − [문제상황] 친분으로 동아리원을 채용하는 관행 − [나의 태도] 거절, 오디션과정의 공정성을 위해 다른 학우 참여 − [결과] 신뢰, 인기동아리
	표현	−

Q3 제시문처럼 부정수급을 받는 상사나 동료를 보게 된다면 어떻게 대처하겠나?

A3 네. 먼저 부정수급을 받은 것이 사실인지 확인부터 하겠습니다. 그리고 맞다면 이러한 행위가 계속될 경우에 받을 수 있는 처벌과 사회적 비난에 대해 말하며 자발적으로 그만둘 수 있도록 하겠습니다. 그러나 이러한 행위가 계속 될 경우에는 더 믿음직한 상사분께 알려 이러한 일이 없도록 최선을 다해 노력하도록 하겠습니다.

질문패턴	발표내용 − 대처(대응)능력: 불법 / 관행
평정표	윤리·책임
답변	논리	• 그룹핑형: 절차[단계별] − [확인 1] 부정수급 여부 확인 − [확인 2] 설득 및 상사 알림(마지막 카드: 공무원행동강령관)
	표현	−

2. 맞춤형 일자리

> 정부는 '국민이 행복한 사회'를 이루기 위한 사회보장 정책 방향으로 '생애주기별 맞춤형 일자리제도' 정책을 추진한다. 해당 정책은 국민의 설문조사 결과를 반영하여 시행되는 제도이며, 일자리 제도의 정보를 제한적으로 공개하지 않고 진행 예산, 일자리 추진 현황, 위반 사항 등을 모두 공개하고, 정부가 보유한 일자리 제도의 정보를 대대적으로 개방하여 국민과 기업이 자유롭게 활용할 수 있도록 할 계획이다.

◎ **응시직렬: 행정직(고용노동)**

□ 공직가치
  • 국민의 설문조사 결과를 반영하여 시행되는 제도 → 민주성 유추
  • 정보 개방(사업 진행 계획, 제도 정보 등) → 투명성 유추
□ 공직가치 관련 경험
  1. 민주성
    – (중요성) 민주성은 공청회, 국민신문고 등 시민참여 정책으로 중요성 확인 가능
    – (사례) 고용노동부 "근로자직업능력 개발법 시행령 일부개정령(안) 입법예고"에 대한 전자공청회 실시 – 공청회를 통한 의견을 반영하여 대학생 직업능력개발훈련 지원 대상 확대 및 사업주 훈련과정 인정요건 완화 사례
    – (경험) 저는 대학교 전공과목 중 평생교육프로그램에서 팀 과제를 한 경험이 있습니다. 경제 관련 프로그램을 개발하고 보고서를 작성하는 과제였습니다. 이 과정에서 프로그램 개발을 위한 대상자들의 설문조사를 통해 요구를 분석하고 그 의견을 반영하여 프로그램을 만든 경험이 있습니다. 이러한 경험으로 다양한 의견을 반영하는 것에 대한 중요성을 알 수 있었습니다.
  2. 투명성
    – (중요성) 정책 공개가 되지 않을 경우 → 국민들로부터 반감 및 불신, 정부 신뢰 저하
    – (사례) 정책실명제: 정책의 결정 및 집행에 참여하는 관련자의 실명 등 기록 및 공개 제도
□ 실천자세
  항상 국민의 목소리를 듣기 위해 국민신문고를 주기적으로 확인하여 국민이 원하는 제도에 대한 방안을 마련하겠습니다. 또한 활발한 공청회를 통해 국민들의 의견을 적극적으로 반영하고 필요한 사항이 무엇인지 확인하여 발 빠르게 행동하는 공무원이 되겠습니다. 그리고 정책실명제를 통한 국민들의 알권리는 보장하는 투명한 공무원이 되도록 노력하겠습니다.

Q1 적극행정의 사례를 말씀하셨는데 적극행정의 개념과 문제점은?

A1 적극행정이란 공공의 이익을 위해 창의성과 전문성을 바탕으로 적극적으로 업무를 처리하는 행위입니다. 이번에 고용노동부에서 국민취업지원제도 구직촉진수당을 받을 때 취약계층의 신용불량으로 본인 명의 계좌 사용이 어려운 참여자를 위해 고용센터 전용 계좌를 별도로 개설하여 현금으로 지급받을 수 있도록 한 적극행정 사례가 있습니다. 이처럼 공공의 이익을 모든 국민이 보장받을 수 있도록 하는 적극행정은 '선택'이 아니라 이제는 '필수'라고 생각합니다.

하지만 이런 적극행정의 문제점은 그 사각지대를 발견하는 것이 어렵다는 것입니다. 이러한 사각지대를 발견하기 위해선 많은 데이터가 필요하고 관련 업계 전문가와 공공기관의 협조가 필요합니다. 예를 들어 최근 과학기술부에서 디지털배움터를 개최하였는데, 지자체와 관련 유관기관이 협업하여 만든 결과물을 예로 들 수 있습니다. 이처럼 보건복지부와 과학기술부 등과의 협업 및 데이터 확보를 통해 사각지대의 발견속도를 높일 수 있다고 생각합니다.

질문패턴		발표내용 – 대처(대응)능력: 문제개선
평정표		창의·혁신
답변	논리	• 문제해결형 – [개념 및 현황] 적극적인 업무 처리, 국민취업지원제도 구직촉진수당 – [문제점] 적극행정 실행을 위한 사각지대 발견 – [해결안] 데이터 확보 및 협조 활성화
	표현	• 사례의 구체화, 정확한 명칭 – 국민취업제도 구직촉진수당 사례 – 과학기술부 디지털배움터 개최 사례

Q2 답변한 적극행정 사례 외 또 다른 사례 아는 것은?

A2 2021년 고용노동부의 적극행정 우수사례로 '전화가입자조회 시스템'을 구축한 일이 있습니다. 고용노동부에서는 근로감독관이 체불임금을 확인하는 업무를 담당하고 있습니다. 이때 사업주가 연락이 두절되거나 출석을 거부하는 경우가 많은데, 이때 신원조회절차가 필요합니다. 기존에는 이 과정에서 문서를 수기로 송수신해야 해서 통상 7일 정도의 기간이 소요되었습니다. 그런데 통신사와 협업하여 이 '전화가입자조회 시스템'을 구축하면서 디지털방식의 QR코드를 이용하게 되었고, 그 결과 이 모든 과정이 단 하루 걸릴 정도로 획기적으로 시간이 단축되었습니다.

질문패턴		발표내용 – 발표문 이해: 이해도(근거·배경지식)
평정표		헌신·열정
답변	논리	• 경험형 – [결론] 전화가입자조회 시스템 구축 – [사례] 산업주 연락두절 시 신원조회절차 소요기간 7일 → 전화가입자조회 시스템 구축 → 신원조회절차 7일에서 1일로 단축
	표현	• 사례의 구체화, 정확한 명칭: 전화가입자조회 시스템 구축 사례

⓶ 법조문 · 제도

1. 공무원 유튜브 활동 지침안

공무원의 인터넷 개인방송 활동 표준지침(안)
1. 공직자 의무
　가. 직무상 알게 된 비밀누설 금지(「국가공무원법」 제60조)
　나. 직무 내외를 불문하고 공무원으로서 품위유지(「국가공무원법」 제63조)
　　※ 타인의 명예나 권리 침해, 비속어 사용, 허위사실 유포, 폭력적·선정적 콘텐츠 제작·공유하는 행
　　　위 등 금지
(중략)
2. 겸직허가
　가. 겸식 신청대상
　　(1) 수익창출요건이 있는 경우(유튜브의 경우 구독자 1,000명, 연간 누적재생시간 4,000시간 이상
　　　이 수익이 창출될 수 있는 기본요건): 인터넷 플랫폼에서 정하는 수익창출요건을 충족하고, 이
　　　후에도 계속 개인방송 활동을 하고자 하는 경우
(이하 생략)

◎ **응시직렬: 행정직(우정직)**

　□ 공직가치의 중요성
　1. 공익성
　　- (사례) 우체국의 공익 사업 관련(봉사단활동)
　　- (경험) 여성 혼자 사는 위험성에 대해 인지하고 목소리 녹음하여 보이스가드라는 컨텐츠
　　　제작 → 사회 취약계층에 있는 사람들에 대한 도움을 주었음
　2. 전문성
　　- (사례) 우체국의 적극행정 사례(만원의 행복)
　　- (경험) 대학시절 과목 중 '광고학' 관련 내용에 대해 심도 있게 더 공부한 후 블로그를
　　　바탕으로 콘텐츠를 만들어 네이버 메인에 게시되어 방문자 하루 1,500명 이상 방문한 경험

Q1 유튜브를 하는 공무원이 가져야 하는 (필요한) 태도에 대해서 가장 중요한 것이 무엇이라고 생각하는지?

A1 공익성과 전문성이라고 생각한다. 공무원은 헌번 제7조 제1항에 의거하여 국민을 위한 공익의 태
도를 가지고 업무를 진행하여야 한다. 하지만 유튜브를 진행하게 된다면, 제2의 활동인 자신의 사
익적 태도를 중요시할 수 있는 부분이 커질 수 있는 상황이 생기게 되기 때문에 이를 유의하여 유
튜브 활동을 하여야 한다고 생각한다.

전문성에 대한 부분도 중요하다. 그 이유는 공무원은 업무에 대한 전문성이 필요하다. 현재 우정사
업본부의 공무원들도 우정1·2·3급 등 업무에 도움이 될 수 있는 자격증을 취득하는 등의 활동들
을 통해 업무에 대한 전문성을 고취하고 있다. 이는 업무 이외의 시간을 들여 전문성을 고취시켜야
하는 부분이 필요하다고 생각한다. 하지만 유튜브를 진행한다면 이러한 부분들에 대한 시간과 기회
가 줄어들기 때문에 유튜브 활동을 진행하는 경우에도 전문성을 높일 수 있도록 노력하는 태도가
중요하다고 생각한다.

질문패턴		제시문 – 제시문 이해: 이해도(근거·배경지식)
평정표		윤리·책임
답변	논리	• 기본논리형 　– [결론] 공익성 　– [부연설명 및 근거] 헌법 제7조 제1항, 사적인 태도 함양 유의 필요 • 기본논리형 　– [결론] 전문성 　– [근거] 우정사업본부 공무원 → 자격증 취득 　– [부연설명] 유튜브 진행 시 전문성 함양기회 최소화 → 전문성 함양 태도 필요
	표현	• 정확한 명칭: 헌법 제7조 제1항, 우정1·2·3급 자격증 취득

2. 공직자의 이해충돌방지법

> 제1조【목적】이 법은 공직자의 직무수행과 관련한 사적 이익추구를 금지함으로써 공직자의 직무수행 중 발생할 수 있는 이해충돌을 방지하여 공정한 직무수행을 보장하고 공공기관에 대한 국민의 신뢰를 확보하는 것을 목적으로 한다.
> 제4조【공직자의 의무】② 공직자는 직무수행과 관련하여 공평무사하게 처신하고 직무관련자를 우대하거나 차별하여서는 아니 된다.

PART
05

◎ 응시직렬: 공안직(검찰직)

☐ 발표제목: 청렴성과 공익성을 위한 제도의 개혁
☐ 개요
　– 공직자의 직무수행과 관련한 사적 이익 추구 금지 → 청렴성
　– 직무수행은 공평무사하게 처신, 직무관련자 우대 및 차별 불가 → 공정성
☐ 공직가치
1. 청렴성
　– (중요성) 공무원 6대 의무 조항
　– (사례) 2021년 공공기관 신도시 예정 지역, 공적인 개발정보 활용 → 부동산 투기 사건 → 국민의 공분 및 신뢰하락, 도덕적 해이, 비판 및 비난
　– (경험) 학생회 임원들의 사기증진을 위해 학생회비 사적 용도로 사용하자는 의견 → 소정의 금액이더라도 사적 용도는 안 됨. 학생회장으로서 단호히 거절
2. 공정성
　– (중요성) 공무원 헌장, 검찰직 수사관의 역할: 중립적인 사건 처리 → 검찰 신뢰 확보
　– (경험) 군 생활 시절 친밀한 동기가 타 소대 후임과 다투는 상황 → 보고 시 징계를 받을 수 있는 상황 → 소대장님과 상담 후 사실대로 중대장에게 보고
☐ 실천자세
　– 청렴성과 공정성은 국민의 신뢰와 직결되는 점
　– 검찰수사관으로서 중립적 수사업무를 진행하여 국민의 신뢰 함양

Q1 공직가치 중 우선순위는 무엇인지?

A1 검찰직 수사관에게 모든 공직가치는 당연히 중요하다고 생각합니다. 하지만 특히 중요한 공직가치는 공정성이라고 생각합니다. 검찰청은 사회안전보장의 마지막 보루로서 어느 한쪽에 치우치지 않고 최대한 공정하고 중립적으로 수사해야 한다고 생각합니다. 하지만 이러한 공정성이 확보되지 않는다면 실체적 진실 발견이 어렵게 되고 억울한 피해자가 발생하거나 가해자가 처벌을 받지 않게 되는 불합리한 상황이 생길 수 있다고 생각합니다. 따라서 검찰청 수사관은 이러한 불합리한 상황을 방지하기 위해서 어떠한 공직가치보다도 공정성을 확보해야 한다고 생각합니다.

질문패턴		발표내용 – 발표문 이해: 판단기준(우선순위)
평정표		윤리 · 책임
답변	논리	• 기본논리형 – [결론] 공정성 – [부연설명] 검찰청의 역할: 중립적 태도 – [근거] 공정성 저해 시, 억울한 피해자 발생하는 불합리한 상황 – [마무리] 공정성 중요
	표현	–

Q2 직렬 관련 적극행정 사례 아는 것 있는지?

A2 적극행정은 불합리한 관행을 개선하고 공공의 이익을 위하여 창의성과 전문성을 바탕으로 적극적으로 업무에 임하는 것을 말합니다. 이러한 적극행정에 대한 검찰의 사례로는 피해자에 대한 심리치료비, 학자금, 생계비 등 경제적 지원을 하는 것과 또한 경제적으로 어려운 사람에게 벌과금을 분할납부하도록 하고 있는 것 역시 적극행정의 사례로 알고 있습니다.

질문패턴		발표내용 – 발표문 이해: 이해도(근거 · 배경지식)
평정표		헌신 · 열정
답변	논리	• 기본논리형 – [결론] 적극행정 개념 – [근거] 피해자 심리치료비, 학자금 생계비 등 경제적 지원 및 생계가 어려운 사람에게는 벌과금 분할납부
	표현	• 사례의 구체화, 정확한 명칭: 피해자 심리치료비, 학자금 생계비, 벌과금 분할납부

03 **고전 · 문학**

어느 소방관의 기도

신이시어, 제가 부름을 받을 때에는 아무리 뜨거운 화염 속에서도 한 생명을 구할 수 있는 힘을 주소서. 너무 늦기 전에 어린아이를 감싸 안을 수 있게 하시고 공포에 떠는 노인을 구하게 하소서. 언제나 집중하여 가냘픈 외침까지도 들을 수 있게 하시고, 빠르고 효율적으로 화재를 진압하게 하소서. 저의 임무를 충실히 수행케 하시고, 제가 최선을 다할 수 있게 하시어, 이웃의 생명과 재산을 보호하게 하소서.

◎ 응시직렬: 행정직(우정직)

□ 발표제목: 국민을 위해 희생하는 공익성과 책임감을 가지고 국가에 기여하자
□ 개요
 - 국민을 위해 자신의 생명을 희생하는 희생정신 → 공익성
 - 충실한 임무수행과 최선을 다하여 수행 → 책임성
□ 공직가치
 1. 공익성
  - (중요성) 헌법 제7조 제1항, 공무원은 국민 전체의 봉사자
  - (사례) 우정사업본부 발간 우체통 봉사단: 사회복지 사각지대 노인 및 중증 장애인을 위해 공직업무 시간 외 자발적 봉사활동 단체
  - (경험) 마라톤 동아리(약 300여 명)의 부대표로 자발적 봉사(스케줄, 보조물품 담당 등) → 관악구 청년 지원사업 선정 기여
 2. 책임성
  - (개념) 맡은 업무에 대해 끝까지 책임지는 자세 → 국민 편리성, 생활증진 기여
  - (사례) 태안 안면우체국 사례: 우표를 살 수 없어 봉투에 천원을 넣어 수술을 앞둔 아내에게 편지를 보낸 사례 → 규정상 우표를 직접 구매 및 발송 but 직원은 송달우편 발송 후 민원인에게 거스름돈을 보내 우편업무에 대한 책임감
  - (경험) 스포츠 의류 판매 아르바이트: 노인 분 응대 경험
□ 각오
 타 부처기관의 경우 정책이나 사업에 의해 공익성이 실현된다면 우정사업본부는 국민을 직접 대면하여 민원사항을 끝까지 수행하여 공익성을 실현하는 업무로서 국민의 생활 밀접한 업무 수행을 책임감 있게 수행하겠음

Q1 말씀하신 것처럼 우정사업본부는 국민의 생활과 밀접한 업무를 수행한다. 그러나 바쁜 직장인들은 우체국 시간이 맞지 않아 이용에 어려움을 느끼는 경우가 있는데, 이러한 문제를 해결할 방법이 있는지?

A1 네. 말씀하신 것처럼 회사 퇴근 시간에 문이 닫혀 있거나 점심 휴무제로 인해 불편함을 느끼는 직장인이 있는 것으로 알고 있습니다. 최근 우체국은 일명 '찾아가는 우체국'인 자율주행 무인우체국을 확대 시행하고 있습니다. 우체국에 직접 방문하지 않고 무인우체국 키오스크에서 우편물을 접수하거나 앱을 통해 사전접수로 빠르게 우편물을 접수할 수 있습니다. 특히 수요자가 원하는 시간에 운영되어 직장인의 고충 해결은 물론 이동이 불편한 노인 분들도 쉽게 이용할 수 있다는 장점이 있습니다. 아직 일부 지역에서 시행 중이지만 비대면 서비스 확대를 통해 국민들에게는 편의성과 접근성이 향상된 우편서비스를 제공하고, 집배원에게는 업무 강도를 낮출 수 있는 서비스라고 생각합니다.

질문패턴		발표내용 – 대처(대응)능력: 문제개선
평정표		헌신·열정
답변	논리	• 문제해결형 – [문제점] 우체국 이용의 불편함 – [해결안] 자율주행 무인우체국 장점 및 기여도
	표현	• 사례의 구체화 – 자율주행 무인우체국 장점: 수요자가 원하는 시간 운영, 이동이 불편한 노인에게 편의성 기여 등

POINT 03 면접후기: 합격자 개별면접 후기 [5분발표]

CASE 01 사례(공직형): 부당수급

감사원에서 업무의 적법성·타당성 등을 점검하기 위해 A시청의 일상감사를 실시하였다. 감사결과 팀장이 초과근무를 허위로 신고해 부당수급을 했다는 사실을 알게 되었다. 이를 계기로 대대적으로 조사해 본 결과 허위로 출장비를 타간 공무원들과 허위로 초과근무수당을 타간 공무원들이 고위간부를 포함해 120명이 무더기로 적발되었다.

◎ 응시직렬: 일반행정

5분발표 작성내용	– 청렴성 – 중요한 이유: 헌장에 공무원은 청렴을 생활화하고 규범과 상식에 따라 행동하여야 함이 명시, 청렴 – 책임감 – 중요한 이유: 헌장에 공무원은 창의성과 전문성을 바탕으로 적극적으로 업무를 수행하여야 함 – 다짐: 입직하게 된다면 청렴성과 책임감을 바탕으로 국민 전체의 봉사자임에 걸맞는 사람이 되도록 하겠음
질의응답	① 청렴성을 제고하기 위한 방안 　네. 먼저 부정청탁 및 금품 수수 등의 금지의 법률이 제정되어 약 190만 명의 공직자가 이 법의 적용을 받고 청렴을 위한 노력이 계속되고 있습니다. 이와 같은 법적인 제도가 더 명확해져야 한다고 생각합니다. ② 청렴성과 관련해서 지인이 부정한 부탁했는데 거절했다고 함 – 그거 말고 또 지인의 부정한 부탁을 거절한 경험이 있는지 　네. 대학 시절 댄스 동아리를 했던 경험이 있는데 당시 선배들이 친분으로 동아리원을 뽑는 관행 때문에 비난이 많았습니다. 또한 저의 친구조차 저에게 그런 부탁을 했지만 저는 단호히 거절하였습니다. 또한 이를 해결하기 위하여 기존에 동아리원들만 참여하던 오디션 과정에 다른 학우들을 참여시키고 결과도 바로 공개하여 투명성을 제고하였습니다. 결과적으로 비난도 없어졌고 학우들의 많은 관심으로 인기동아리가 되기도 했습니다.

| 질의응답 | ③ 청렴성이 사회에 잘 자리 잡게 된다면 국민과 사회적 측면에서 어떤 긍정적 효과가 있을 거 같냐? (생각해 본 적 없어서 당황) 국민은 청렴한 공무원을 믿고 일을 맡길 수 있어서 좋을 거 같고 사회적으로는 비리에 연루된 공무원과 같은 언론보도 적어질 거니까 더 공무원에 대한 믿음이 커질 거 같다 뭐 이런 식으로 좀 추상적으로 좋은 얘기 쪽으로 어쩌구 했던 거 같아요ㅠㅠ
④ 제시문처럼 부정수급 받는 상사나 동료 보게 된다면 어떻게 대처하겠냐?
네. 먼저 부정수급을 받은 것이 사실인지 확인부터 하겠습니다. 그리고 맞다면 이러한 행위가 계속 될 경우에 받을 수 있는 처벌과 사회적 비난에 대해 말하며 자발적으로 그만둘 수 있도록 하겠습니다. 그러나 이러한 행위가 계속 될 경우에는 더 믿음직한 상사분께 알려 이러한 일이 없도록 최선을 다해 노력하도록 하겠습니다. |

CASE 02 사례(제도형): 보호관찰관제도

A부처에서 보호관찰관제도를 시행하고 있다. 이는 범죄발생 예방을 위해 지역사회 전문 민간기관과 유기적 협력체계를 구축하고 전문가와의 실질적인 상담과 지원을 통해 범죄예방 대응력을 향상시키기 위해 실행된 제도이다. 특히 제도의 시행을 위해 민간전문상담가를 채용하여 민간인의 참여기회를 확대하여 민간인의 전문성 제고는 물론 적극적인 보호활동에 기여하고자 한다.

◎ **응시직렬: 일반행정**

| 5분발표 작성내용 | 5분발표 시작하겠습니다. 저는 이 제시문을 통하여 첫 번째 책임감과 두 번째 민주성을 도출하였습니다. 우선 계속적으로 상담을 제공한다는 점에서 책임감을 도출하였습니다. 공직자는 전문성과 창의성을 가지고 공무를 담당해야 한다는 점에서 책임감은 굉장히 중요한 공직가치입니다. 경찰청에서 책임감과 관련하여 시행하고 있는 제도를 말씀드리겠습니다. 경찰청은 현재 책임수사관제도를 시행하고 있습니다. 책임수사관제도는 수사관의 역량을 키우기 위하여 수사관 단계를 4단계로 나누어 국민의 수사에 더욱 전문성을 더해주는 제도입니다. 저의 책임감에 관한 사례 말씀드리겠습니다. 저는 코로나 시국 조별과제를 진행한 적이 있습니다. 비대면의 특성상 의지가 없고 참여하지 않는 조원들이 있었는데 상황에 맞게 단순히 참여하지 않은 분께는 지속적인 연락으로 병원에 입원한 상황에 계신 분께는 업무분장 시 부담을 줄여드리겠다는 식으로 회유하여 모든 조원의 참여를 이끌었고 그 결과 교수님께 좋은 결과를 받은 경험이 있습니다. 다음으로 저는 민간상담가 등과 협업했다는 점에서 민주성을 유추했습니다. 민주성은 공직자는 모든 국민의 참여와 결정을 중요시해야 하는 의무가 있기 때문에 굉장히 중요한 공직가치입니다. 경찰청에서는 자치경찰제를 통하여 주민들과의 소통을 통하여 민주경찰을 중요시하고 민생치안을 중요시하며 공무를 진행하고 있습니다. 저는 통일 동아리에서 통일 일일 계획을 짤 때 학생들과 체험 과정 등을 함께 상의하고 토의하며 가장 우수한 계획을 짜기 위하여 노력하였고 그 결과 성공적으로 통일을 이해하는 과정을 가질 수 있었습니다.
저는 이러한 책임감과 민주성을 발휘하여 경찰청의 비전인 가장 안전한 나라 존경과 사랑받는 경찰을 함께 이룰 수 있도록 노력하겠습니다. |
| 질의응답 | Q. 책임성(전문성)을 유추하셨는데, 전문성을 기르기 위하여 하신 노력이 있을까요?
A. (여기서 홈페이지에 게재된 정책을 공부했다, 이런 걸 말씀 드려버렸어요) 저는 홍보담당관에 관련된 전문성으로 기획 업무를 맡아서 진행한 경험이 있습니다. 학과의 홍보부로서 각 투표 후 개표현장을 보지 못하여 투명성이 떨어진다는 다수의 의견이 있었기 때문에 저희가 운영하는 sns를 통하여 라이브송출을 하여 학과의 투명성을 높이기 위한 기획 등을 한 경험이 있습니다. |

질의응답	Q. 갈등경험과 해결한 경험 말씀해주세요. A. 앞에서 말씀드린 경험과 연결하여 말씀드릴 수 있습니다. 원래 해오지 않았던 관행이었기 때문에 번거롭다는 이유로 반대하는 부원들이 있었는데, 학과의 업무는 학생회와 일부의 업무가 아닌 모두의 업무이기 때문에 공익성을 중요한 가치로 두어 설득하여 결국 합심하여 이러한 관행을 만들 수 있었습니다. Q. 가치만으로는 설득할 수 있는 한계가 있을 텐데요, 그럴 땐 어떻게 하시겠어요? A. 이 상황에서 말씀드려보자면, 학생들의 민원 현황과 다른 학과의 선례 등을 조사하여 구체적인 수치를 통하여 설득하겠습니다. Q. (면접관 B) 여태까지 잘 말씀해주셨는데, 그럼 가장 중요한 공직가치가 뭐라고 생각하세요? A. 저는 가장 중요한 공직가치로는 민주성이라고 생각합니다. 우선 민주성은 모든 국민의 참여와 결정을 존중하여야 한다는 공직가치입니다. 경찰청의 주 업무로 수사업무나 민원업무 등이 있는데, 경찰청에서도 교통민원24, AI 챗봇 등을 통하여 업무를 시작하고 있으므로 중요한 공직가치라고 생각합니다. 하지만 모든 참여를 취합하였을 때 소외되는 의견이 있을 수 있으므로 공익성이 충돌할 수 있는데 공직자로서 공청회나 설명회 등을 통하여 가장 좋은 절충안을 만들 수 있도록 노력하겠습니다. 면접관 B: 네 공직자의 의무까지 잘 말씀해 주셨어요. 면접관 A: 이제 시간 되었으니까 경험형으로 넘어갈게요.

CASE 03 사례(제도형): 보호관찰관제도

◎ 응시직렬: 경찰행정

5분발표 작성내용	제목: 책임감을 가지고 공개행정을 실현하는 공무원 민간전문상담가 채용, 적극적으로 보호활동 기여 → 책임감(전문성, 적극성) 민간상담가 채용하여 지역사회와 협력 → 민주성 1) 책임감 　① 행정기본법: 행정은 공공의 이익을 위해 적극적으로 추진되어야 한다. 　② 코로나19 확산으로 비접촉식 음주측정기 개발 　③ 경험: 학회 내부횡령 → 규정 없어서 발생 → 임원 활동 때 내부규정 제작 2) 민주성 　① 자치경찰위원회 → 국민에 의한 국민을 위한 국민의 자치행정, 실무협의회 등 국민의사 반영이 용이하여 민주성 확보 가능 　② 폴리스랩 → 과학정보통신기술부와 협업 → 국민의사 반영한 '붙이는 gps 기술' 도입, 보이는 112 서비스 실시 　③ 경험: 복지정책론 팀프로젝트 갈등 해결과정 3) 공직자에게 필요한 자세 　① 업무 관련 자격증 취득, 바뀌는 정책 지속적 공부 　② 국민에게서 권리가 부여된 것임을 명심하고 청원이나 신문고의 요구사항을 경청하는 자세 필요 　　(제시문 요약, 정책내용이나 공직가치 정의 간략하게 더 말했습니다)

질의응답	Q. 공직가치 두 가지 말씀하신 거 강조해서 말씀해주세요. A. (제가 책임감이라고만 말하고 전문성 적극성을 제대로 언급하지 않아서 물어보신거 같습니다. 후속질문에서 언급하니 끄덕끄덕 하시고 넘어가셨습니다.) 책임감과 민주성입니다. 책임감은 공무원이 전문성을 발휘하여 압력에 굴하지 않고 적극적으로 업무를 수행하는 것을 말합니다. 민주성은 국민들의 의견을 수렴하여 공개행정을 하는 것을 말합니다. 행정기본법에도 나와 있듯이 교육훈련과 자기개발은 공무원에게 필수적입니다. 또한 공개행정을 통해 국민들의 의견을 수렴하면 공무원의 전문성을 보완하여 더 나은 정책결정이 이루어질 수 있습니다. 접착식 gps 사례처럼 전문적 지식과 국민 의견을 바탕으로 경찰의 대응성 향상과 2차 피해를 막을 수 있는 것처럼 두 공직가치는 공무원에게 요구되는 필수적 가치입니다. Q. 폴리스랩에 대해 자세히 말씀해주세요. A. 폴리스랩은 경찰과 과학정보통신기술부가 협업하여 지능형 범죄나 치안문제를 신속하게 해결하기 위한 제도입니다. 겹친지문 분리기술을 통해 범죄현장에서 증거를 색출하거나, 드론을 통해 재난현장 등을 살피는 활동을 수행합니다. 이는 변화하는 행정환경 속에서 업무의 전문성을 높이기 위한 제도로 볼 수 있습니다. Q. 학회활동은 언제 했어요? 또 무슨 학회였나요? A. 산에 올라가는 학회였습니다. 2~3학년때 활동하였습니다. Q. 학회 내에 회비 규정이 없었나요? 회비는 모두 다 냈나요? A. 네. 전원 회비를 다 냈습니다. 그 전에는 단합을 중요시하는 문화여서 회의에 모두 참석했기 때문에 횡령문제가 거의 발생하지 않아 규정의 필요성이 없었습니다. 하지만 점차 개인주의적 문화가 형성되고 다들 개인사정으로 바쁘다보니 회의가 있을때 모두 참석진 않았고 그 과정에서 회비횡령사건이 발생하였습니다. Q. 내부규정은 어떤식으로 만들었나요? A. 먼저 회비 사용시에는 단원들에게 먼저 허락을 구했습니다. 이후 한달에 한번씩 사용내역을 정리하여서 단톡방에 올렸으며, 이렇게 만든 내용을 PPT와 문서파일로 정리하여 메뉴얼화 했습니다. 전체적으로 반응이 좋았습니다. 긴장하지 말라고 그러신건지는 모르겠지만 학회 얘기에 관심 갖으시고 웃는 얼굴로 대답을 들으시고 중간중간 소리내서 웃으시고 해서 5분스피치 때 긴장이 거의 다 해소된 것 같습니다.

CASE 04 사례[제도형]: 보호관찰관제도

》 응시직렬: 보호직

5분발표 작성내용	1) A부처에서 민간을 대상으로 상담지원을 할 수 있도록 어떤 프로그램을 진행함. 이번 프로그램을 바탕으로 교화(?)대상자에게 상담서비스를 제공하는 좋은 취지로 하겠다면서 적극적으로 이루겠다고 A부처 담당자가 말을 함. 2) A부처 담당자가 적극행정을 하는 부분에서 교화대상자에게 제공하는 부분에서 공무원의 책임감, 좋은 취지로 하겠다는 것에서 공익성을 유추함. # 책임감: 헌법 제7조 제1항에 따라 공무원은 국민에게 봉사하고 책임을 져야 함 → 헌법에 나와 있으므로 반드시 지켜야 함.

5분발표 작성내용	# 최근 전자발찌를 풀고 도주하려고 함 → 보호감찰관이 이를 보고 즉시 대응 → 책임감을 발휘한 사례 ＃ 대학교 때 과대하면서 학생회비를 걷어야 했음 → 두 학우가 이를 제출 못 하는 상황 → 과대 직책을 맡으면서 반드시 걷어야 함 → 논의 끝에 제가 먼저 제출하고 나중에 걷는 식으로 이를 해결 → 그래서 직책에 맞게 해결함. ＃공익성: 국가공무원법에 따르면 친절하고 공정하게 업무를 진행해야 함 → 이를 바탕으로 국가에 일을 하는 공무원으로서 공익을 위해 힘써야 함. ＃ 법무부에서 신속수사팀을 발족한 것으로 알고 있음, 국민의 안전을 위해 봉사해야 하는 보호직 공무원으로서 이는 공익성을 발휘한 좋은 사례라고 생각함. ＃이에 대한 사례로 서울 문화의 집에서 '플로킹'을 하면서 쓰레기를 줍는 프로그램에 참여함 → 그 과정에서 경찰과 동네 아주머니들의 칭찬과 선물을 받으면서 뿌듯함 → 공익을 위해 힘쓰는 일은 좋은 결과를 가져올 수 있다라고 대답함.
질의응답	Q. 만일 두 학우 말고 더 많은 학우가 학생회비를 못내는 상황이라면? A. 학회에 말해서 학생회비를 걷는 기한을 늦추어 부담감을 줄일 수 있도록 유연하게 노력하겠다. Q. 실제 책임감을 발휘한 사례 혹은 발휘한 사례 있는가? 학교 때 말고 A. 군대 시절 또래상담병 하면서 관심병사였던 동기를 관찰하면서 지내다가 훈련 간 선임과의 갈등을 두려워한 동기가 스트레스 행동을 보였음 → 이를 보고 즉시 보고 하여 무사히 해결함 Q. 왜 보호직에서 책임감을 가져야 하는지? A. 보호직 공무원은 국민의 안전과 범죄예방을 위해 그 노력을 함, 다른 직렬과 다르게 실수하는 것이 내가 덮고 할 수 있는 것이 아닌 국민의 안전과 직결, 피해자가 발생할 수 있음 그러므로 피해자가 생기지 않도록 자신의 업무에 책임을 다해야 한다고 생각. Q. 여기 정책에서 단점은 무엇이라고 생각하는가? A. 민간상담사를 모집하는데 그 민간상담들의 전문성이 의심되는 상황이다. 상담이라는 것은 많은 전문지식과 경험을 바탕으로 이루어져야 하는데, 민간상담들의 자격이 그만큼 되는지 여부가 파악되지 못한다. 그러므로 내가 이 업무를 배정받는다면 후에 자격증과 관련 업무 경험이 있는지를 객관적으로 파악하여 이를 실천하겠다.

CASE 05 사례(제도형): 보호관찰관제도

◎ **응시직렬: 검찰직**

5분발표 작성내용	○ 전문성의 중요성 최근 여성과 아동에 대한 범죄가 증가하고 경제범죄, 권력형 비리범죄 등 각종 범죄가 다양해지고 다변화하고 있음. 이러한 다변화하는 범죄에 대응하기 위해 수사관이라면 관련 법률 판례 회계분석 디지털포렌식 등 다양한 교육과정 이수해서 전문성함양 필요 ▷ 전문성 경험 법학과 재학 당시 형법 형소법 등 법률, 판례, 특례법 학습, 모의수사 모의재판 경험을 통해 피해자 존중하는 범죄수사법 이해 학습

5분발표 작성내용	○ 책임감의 중요성 공무원 헌장 실천 강령에도 나와 있듯이 책임감은 매우 중요 2018년도에 경남거제에서 20대 남성이 50대 여성 무차별폭행 숨지게 한 사건발생. 이러한 사건을 맡은 검찰은 1차 수사기관의 부실수사 인지해서 책임감 있게 사건처리. 이처럼 검찰이 사건의 실체 여부를 밝혀내는 데 책임감이 매우 중요 ▷ 책임감 경험 대학교 1학년 때 수학과외 요청받음. 고민도 많았고 부담도 많았지만 최고의 성적을 받을 수 있게 도와주고 싶어서 수학 관련 내용 지속적으로 보충하고 타 학원의 유명강사는 어떻게 가르치는지 학습하기 위해 공개강의 및 인터넷강의 참석. 그 결과 만족할 수 있는 성적 받게 하면서 책임감 있게 과외진행 ○ 실천자세 내가 수사관이 된다면 지속적으로 법률, 판례 등을 학습해서 전문성을 함양하고 사건을 끝까지 추적하는 책임감 있는 수사관이 되도록 하겠음
질의응답	(저는 면접관이 5분발표에서 공직가치에 대한 중요성과 경험을 다 말씀하셨기 때문에 공직가치와 관련된 별도 질문을 하지 않으시겠다고 말씀하시고 지문과 관련된 질문을 받음) Q. 민간인을 고용할 때 살펴봐야 할 것은? A. 범죄예방과 관련이 있기 때문에 범죄경력이 없는지 그리고 책임감이 있는지 살펴봐야 함 Q. 범죄경력은 조회하면 나오는데 책임감은 어떻게 판단? A. 관련 경험과 자격증 등으로 판단. 보호관찰과 관련 있는 학과나 자격증 등이 있다면 그 분야에 진심인 게 느껴지고 그로 인한 책임감 판단이 가능할 것 같음 Q. 여러 민간단체 비교해서 선정할 때 어떤 기준으로 선정? A. 관련 경험으로 판단. 범죄예방은 국민을 위해서 중요한 업무이기 때문에 관련 경험이 많다면 좀 더 업무에 도움이 되기 때문에 관련 경험으로 판단하는 것이 중요함

CASE 06 사례(이슈형): 국내 외국인 증가

국제화시대에 따라 국내에 거주하는 외국인이민자가 증가하고 있는 추세이다. 현재 국내에는 약 200만 명의 외국인이 거주 중인데 이로 인해 문화적 충돌, 거주환경의 차이, 소득의 차이 등으로 인해 사회통합을 저해하는 문제가 대두되고 있다. 다음 사례에서 공직자가 갖춰야 할 공직가치와 이를 실현하기 위한 공직자의 자세는 무엇인지 자유롭게 발표하시오.

◎ 응시직렬: 마약수사

5분발표 작성내용	○ 공직가치 1. 다양성: 사회 급변하면서 정해진 법률로만 해결할 수 없는 문제들 많아짐. 그에 따라, 공무원들이 적극적으로 사례를 찾아보거나 다른 부처들과 협력하는 등 하나의 문제를 다양한 각도로 보려는 태도가 공무원에게 필요 　- 관련 사례: 검찰청 아도르미코 → 세계 각 나라가 모여 마약범죄와 마약수사기법을 교류하는 회의

5분발표 작성내용	– 나의 경험: 오카리나 동아리에서 연주회 함. 그러나 오카리나로만 연주하니 단조로운 곡조 → 조원들의 동의를 얻어 하모니카와 바이올린 첨가 → 더욱 풍부한 음색 가능 → 아름다운 곡 연주 →다양성의 중요성 경험하게 되었다 2. 민주성: 다양한 사회 → 다양하고 복잡한 문제 → 해결하기 어렵다 → 그럴 때일수록 다양한 사 람들이 다양한 의견을 말할 수 있는 기회를 주어야 한다고 생각. – 관련 사례: 검찰시민위원회(검사가 기소하기 전 기소 안건에 대해 확신이 가지 않을 때, 국민 들에게 의견을 묻는 정책) – 나의 경험: 팀플 때, 2명의 조원이 파워포인트 만들고 싶다고 갈등 → 갈등이 해결될 조짐 보 이지 않음 → 나는 조원 회의를 열었고 그 2명의 조원들에게 예전에 무슨 업무를 맡았는지 어떤 학과를 다니고 있는지 등을 물음 → 그 결과, 파워포인트를 2개의 업무로 나눔: 외적인 디자인 요소를 꾸미는 것과 관련 내용을 도표나 그래프로 보기 좋게 꾸미는 것 → 각각의 조 원의 특성에 맞게 업무분배에 성공할 수 있었고 최고의 성적결과 도출 가능 ○ 포부 마약수사관으로서 수사를 하다 보면, 검찰청, 경찰청, 방송통신위원회, 세관, 국가정보원 등 다양한 부서와 협력할 일이 생길 것 같음. 그럴 때 소통의 중요성을 기억하고 마약범죄로부터 대한민국과 국민의 안전을 지키는 마약수사관 되고 싶다
질의응답	면접관님: 5분 발표 준비 많이 하셨네요. 질문 들어가볼게요. 질문 1 면접관: (질문이 너무 긴데 짧게 요약) 사회급변, 다양한 사람 많이 모임. 갈등 많음. 이때 필요한 공직 가치 및 노력은 뭔가 나: (조금 당황 가치충돌 안 물어보시네..) 1. 배려심 필요 아무리 다양한 문화를 접해도 본인의 문화만 최고라고 생각하면 다른 문화와 갈등 있을 수밖에 없다 2. 소통능력 필요 갈등을 없애기 위해서는 소통하여 다양한 문화를 받아들이려는 노력이 필요하다. (이제부터 당황 시작) 유학생이 많이 모이기 시작함에 따라 각국의 전통문화복식을 입고 관련 전통 음식을 서로 먹거나(당황 더듬음 – 잠시 멈춤: 생각정리) 서로의 문화를 칭찬해주고 이해하려는 노 력이 필요한 것 같다 질문 2 면접관: (짧게 요약) 대충, 외국인이 많이 들어오면서 생길 수 있는 문제는 무엇이며 이를 어떻게 해결 할 것인가 나: 저는 신문에서 본 외국인 마약사범의 급증을 말씀드리고 싶습니다. 현재 코로나19로 해외에서 들 어오는 외국인들의 수는 줄었지만, 기존에 남아있는 외국인들과 해상운송을 통해 들어오는 마약의 양이 많다고 알고 있습니다. 이런 외국인마약의 경우 클럽 같은 곳에서 마약을 섭취하거나 또한 한국인에게 그것을 권하면서 마약이 일파만파 퍼지고 있는 것 같습니다. (깜빡 잊음: 면접관님 죄송하지만 두번째 질문 다시 말씀해주시겠습니까?) 면접관: 해결방안 말씀해주시면 됩니다 나: 넵 감사합니다 첫째는 아예 외국에서 들어오는 마약을 막는 것입니다. 우선, 우리나라의 경우 국내에서 생산되는 마약보다 해외에서 들어오는 마약이 더 많다고 알고 있 습니다. 이를 위해 현재 검찰청에서 아도르미코나 APICC 등을 개최하여 다른 나라의 긴밀한 협조 를 받아 외국에서 들어오는 마약을 차단하고 있는 것으로 압니다

<table>
<tr>
<td rowspan="2">질의응답</td>
<td>그리고 두 번째로는 한국인이 외국인의 마약 유혹을 받아도 거절할 수 있도록 마약의 위험성에 대해 교육하는 것입니다. 한국인분만 아니라 청소년의 마약범죄도 심각하다는 것으로 알고 있습니다. 특히 청소년마약사범의 경우 작년에 비해 50프로 증가한 450건이 발견되었습니다. 이런 것을 막기 위해서도 교육은 반드시 필요합니다. 조심스럽게 말씀드리자면 제가 고등학교 시절을 떠올려 보면 술이나 담배의 위험성에 대해 배운 적은 있지만, 마약에 대한 교육을 받은 기억이 없습니다. 청소년과 한국인을 위한 마약범죄의 위험성 교육은 필요하다고 생각합니다.</td>
</tr>
<tr>
<td>질문 3.
면접관: 굉장히 긴 사례 – 수사에 대한 얘기는 아니었고 그냥 국가가 하나의 일만을 전담할 수 없기에 여러 나라와 협력하여 뭘 한다 – 전문단어 사용 / 근데 전문단어가 뭔지는 모르겠음 수사관련 단어는 아님 / 여기서 뭘 한번 해보고 싶냐? 어떻게 너의 업무를 펼칠거냐?
나(솔직히 이 질문이 뭔소리인가 싶음): 제가 관심 있는 정책인 임시마약류 지정에 대해 설명드리겠습니다. 임시마약류 지정은 정보수집, 정보평가, 의견조회, 공시 등의 과정을 통해 이루어지는 것으로 알고 있습니다. 특히, 의견조회와 정보평가에서 다양한 나라의 마약정보를 수집하는 것으로 알고 있습니다. 특히, UN에 등록된 마약의 경우에는 협약에 따라 무조건적으로 한국의 임시마약류 지정이 되는 것으로 알고, 그 외의 나라, 미국, 일본, 태국, 말레이시아의 경우에는 마약정보를 확인해 보는 것으로 알고 있습니다. 이렇게 각각의 나라에 관해 마약류 정보를 찾는 대신, 마약류통합시스템처럼(그냥 자세한 설명 안 하고 넘어감 그냥 말해도 수사관님은 알아들으실 테니) 다른 나라에서 마약류를 지정하면, 우리나라와 다른 나라에도 동시에 마약류가 입력되는 방식의 시스템을 만들어 대한민국의 마약범죄예방에 한 번(도움을 주고 싶습니다. 했어야 했는데 말이 안 나와서) 해보고 싶습니다(이렇게 이야기하면서 오른쪽 손으로 파이팅 제스쳐 취함;; 열정페로 나갔습니다.)</td>
</tr>
</table>

PART
05

CASE 07 사례(제도형): 임금공개 매뉴얼

현재 구직채용 공고사이트에는 다양한 기업 구인정보가 있으나 그중 70% 이상은 임금표기를 '추후 협의' 등 불명확하게 표기하고 있다. 구직자를 대상으로 설문조사를 한 결과 구직자의 80% 이상이 불명확한 임금표기 정보를 경험해 본 적이 있다고 응답하였으며 이로 인해 구직자들은 자신이 생각했던 것만큼 임금을 받지 못할까봐 걱정하는 상황이다. 실제로 임금표기를 하지 않아 신규채용자들이 입사 후 불리한 임금조건으로 계약을 체결하여 문제가 되고 있어 A부처에서는 국민의 알권리 보장을 위해 임금공개 매뉴얼제도를 만들어 검토 중에 있다. 이러한 상황에서 유추할 수 있는 공직가치는 무엇인가?

응시직렬: 고용노동

<table>
<tr>
<td>5분발표
작성내용</td>
<td>(제시문) 채용 공고사이트에서 임금을 불명확하게 표기해 신규 채용자들이 입사 후 불리한 임금 조건으로 계약을 체결하는 등의 문제가 발생함. 따라서 담당 부처에서는 국민의 알 권리를 보장하기 위해 임금 고지 / 공개(?) 의무화 방안에 대해 검토 중이다.
(작성내용) 국민의 알 권리 보장 → 투명성, 임금의 불명확한 표기로 불리한 임금 조건으로 계약 체결 → 공익성</td>
</tr>
<tr>
<td>질의응답</td>
<td>Q. 투명성과 공익성이 민간 기업보다 공직사회에서 더 중요시되는 이유는?
A. 공직 사회에서 하는 업무는 국민의 삶과 직접적으로 연결된 업무를 한다. 우리가 계획하고 시행하는 정책들은 국민의 삶에 직접적인 영향을 미치게 됨. 따라서 민간 기업에 비해 국민의 알 권리 보장과 공익을 추구하는 자세가 더 중요시된다.</td>
</tr>
</table>

질의응답	Q. 투명성에 따른 알 권리 보장이 국민에게 왜 중요한가?
	A. 공무원이 계획하고 시행하는 정책이나 제도들의 가장 크게 혜택이나 영향을 받는 대상은 바로 국민, 따라서 국민들이 어떤 정책이 있고 어떤 목적으로 시행되고 있는지 알고 있어야 정책이 제대로 실현될 수 있다고 생각하기에 중요하다.
	Q. 알 권리 보장의 강화로 발생될 수 있는 문제점
	A. 국민의 알 권리를 보장하기 위해 정책 실명제를 시행 중이다. 실명이 공개됨에 따라 담당 공무원들의 부담이 증가할 수 있다고 생각한다. 하지만 정책의 가장 큰 영향을 받는 것은 국민이고, 공무원은 국민을 위한 행정을 실현해야 하는 만큼 필요하다고 생각한다. 또 공직자가 더 책임을 갖고 업무를 수행할 수 있다는 장점도 있다고 생각한다.

CASE 08 사례(제도형): 드론산불진화대

최근 기후변화로 산불 등 자연재해가 증가하고 있다. A부처에서는 산불위기 대응역량을 강화하기 위해 24시간 산불을 감시할 수 있는 인공지능(AI) 기반의 '드론산불진화대'를 운영하고자 한다. 이는 인적이 없는 곳이나 야간에도 산불을 진압할 수 있고, 산불 여부도 감지할 수 있는 기능이 탑재되어 있다. A부처는 4차 산업혁명시대를 맞아 ICT기술을 활용한 여러 시스템을 개발 중에 있다.

◎ 응시직렬: 전산직

5분발표 작성내용	A. 적극성, 책임성
	－ 적극성: 현재 사회의 급격한 변화로 기존 법, 제도, 정책으로는 해결하기 어려운 문제 많음. 이 때문에 공직자는 문제를 해결하기 위해 전문성, 창의성 발휘하여 적극행정 수행하는 적극성 중요 (사례) 문화체육관광부 '문화누리카드' → 이에 대한 적극행정으로 '자동재충전제도', '권리구제 서비스' (정책설명 같이 발표)
	－ 책임성: 맡은 업무에 대하여 높은 전문성을 유지하며 어떠한 압력에도 굴하지 않고 소신 있게 업무를 처리하는 자세
	헌법 제7조 제1항 '~'에서도 볼 수 있듯이 국민에게 도움되는 봉사 위해 공무원이 끝까지 책임지고 업무 수행하는 책임성 중요
	특히 조금이라도 잘못되면 관청 전체의 업무가 마비될 수 있는 전산실 관리 연계업무를 맡는 전산직은 더 중요
	(경험) 2년 동안 교육봉사 중 원하는 진도 못 나가서 따로 시간을 내서 학생들 가르침. 성적 제일 많이 오름
	－ 결론: 메타버스 기술 적극적으로 활용해 소통 공간 형성, 부처 간의 협력 이끌어내 국민에 대한 책임 다할 수 있는 적극행정 사례 이끌어내겠다
질의응답	Q. 현재 4차 산업혁명 기술이 중시되고 있는데 그 이유?
	A. 업무를 편리하게 처리할 수 있다는 점인 것 같다. 저는 인공지능을 활용해서 어떻게 관청에 적용할 수 있는지 생각해봤다. 민원인분들이 민원 내용을 처리하실 때 어디로 가실지 모르는 경우가 많은데, 인공지능 안내로봇을 둬서 부서로 안내하고 부서에 그 사항을 전달하면 더 효율적인 업무처리가 가능할 것 같다고 생각한다.

질의응답	Q. 4차 산업혁명 기술이 사기업보다 공직에서 덜 적용되는 이유?
	A. 디지털 소외계층이 발생하기 때문이라고 생각한다. 업무처리를 할 때 키오스크 같은 것으로 업무가 처리되면 원하시는 업무를 잘 처리하지 못할 것이라고 생각한다. 그렇게 되면 공익성이 훼손되기 때문에 그런 것 같다.
	Q. 다른 이유?
	A. 잠시만 생각.. (면 1: 복잡하게 생각하셔서 그런 것 같다) → 죄송합니다 그 점에 대해선 면접 끝나고 다시 생각해보겠습니다
	(면 1: 아니에요~ 정답이 정해져 있는 게 아니니까 대표적으로 공익성이 사기업은 덜하다는 것이 있겠죠? / 아!! 네!!ㅜㅜ / 면 2: 근데 이 이유도 참신했어요~ / 감사합니다!!ㅜㅜ)

CASE 09 사례(공직형): 행정절차

귀하는 A부처의 지원금을 승인하는 담당 주무관이다. B공공기관에서 보조금을 지급받았는데 B공공기관의 보조금 지급내역을 살펴보니 서류가 제대로 갖춰져 있지 않음에도 불구하고 보조금이 지급되었고, 보조금 지급목적과 다른 목적으로 사용되고 있는 사실을 발견하게 되었다. 전임자는 서류자료를 제대로 확인하지 않고 허가를 하였으며, 매년 증액신청도 승인한 상황으로, B공공기관 관련 지원금은 계속 증액되고 있다. 해당 사례에서 유추할 수 있는 공직가치는 무엇인가?

◎ 응시직렬: 세무직

5분발표 작성내용	– 제목: 공직사회의 청렴과 공정, 국민 신뢰의 밑거름
	– 유추한 공직가치: 청렴성, 공정성
	– 공직가치의 중요성
	1) 청렴성
	– 사적 이익을 위해 외부의 청탁이나 부당한 이익을 취하지 않고 업무를 성실히 수행하는 것
	– 세무직 공무원에게 특히나 중요(+ 공무원 6대 의무에도 포함될 만큼 중요함)
	– 사례
	– 국민권익위 권고 → 청렴교육실시
	– 국세청 월간지에 청렴사례 게시 및 청렴자가진단 통해 공무원 개인의 청렴성 제고
	– 국민참여 청렴컨텐츠를 통해 국민과 공무원 모두에게 청렴성의 중요성 환기
	2) 공정성
	– 내부의 규율이나 행정절차에 따라 업무를 수행하는 것
	– 세법적용의 원칙 중 근거과세, 조세법률주의 등 → 공정성 확보
	– 관련 사례
	– 가산세 처분받은 납세자가 과세관청으로부터 사전에 서면질의(공적인 견해에 해당)를 받아둠으로써 가산세 감면받음(신의성실 원칙) → 공정성은 국세행정의 신뢰도를 높이기도 하겠지만 궁극적으로는 납세자 권리 보호에 기여
	– 향후 실천자세: 청렴성과 공정성 갖춘, 납세자의 입장에서 도움 줄 수 있는 세무직 공무원이 되겠음

질의응답	Q. 청렴성이 중요한 이유 A. 청렴성은 국민과 국가기관 간의 신뢰를 쌓기 위해 가장 중요한 요소이며 한 번 손상되면 회복하기 어려우므로 공직자 개개인의 청렴의식을 강화하고 조직 내 청렴문화 확산 노력 필요 Q. 청렴성을 강화할 방법 A. 공직자 개개인의 청렴의식을 고취시키기 위해 청렴교육을 실시하고 청렴성을 훼손한 공직자에게는 그에 합당한 처벌을 내림으로써 조직 내에 청렴성을 중요시하자는 분위기를 조성 Q. 청렴성을 갖추기 위해 한 노력 A. 청렴성 관련 경험 준비해둔 게 없어서 세무직 공무원이 청렴성을 갖춰야 하는 이유와 앞으로 청렴성을 갖추기 위해 할 노력, 마음가짐 얘기함 Q. 이러한 공직가치들이 필요한 이유 / 국민에게 미칠 영향 A. 9가지 공직가치들이 활성화되어 공직사회 내에서 잘 발휘된다면 국민의 행복과 삶의 질 증진에 기여할 것 Q. 공정성을 지켜야 하는 이유 A. 공정성은 국세행정의 신뢰도를 높이기도 하겠지만 궁극적으로는 납세자 권리보호에 기여

CASE 10 제도형: 공무원의 인터넷 개인방송 활동 표준지침(안)

◎ 응시직렬: 우정직

5분발표 작성내용	(1) 공익성: 우체국의 공익사업 관련(봉사단 활동) / 나의 경험: 여성 혼자 사는 위험성에 대해 인지하고 목소리 녹음하여 보이스가드라는 컨텐츠 제작 → 사회 취약계층에 있는 사람들에 대한 도움을 주었음 (2) 전문성: 우체국의 적극행정 사례(만원의 행복) / 나의 경험: 대학시절 과목 중 '광고학' 관련 내용에 대해 심도 있게 더 공부한 후, 블로그를 바탕으로 컨텐츠를 만들어 네이버 메인에 게시되어 방문자 하루 1,500명 이상 방문한 경험
질의응답	Q. 공무원의 유튜브 활동에 관하여 어떻게 생각하는지 A. 헌법 제7조 제1항에 의거하여 공무원은 국민 전체의 봉사자입니다. 그렇기 때문에 기본적으로 국민을 위한 업무를 중심으로 생각하여야 한다. 유튜브 활동을 하는 것에 대해서 허가를 받아 진행하는 것은 긍정적이나, 이 때문에 공무원의 의무에 대해 소홀해지거나, 방해가 되는 부분이 생긴다면 당장 중단하는 것이 맞다고 생각한다. Q. 상사가 블로그에 대한 부정적인 인식 및 잘못된 내용에 대해 지적을 하는 경우 A. 잘못된 내용이 있다면 해당 내용에 대해 확인 후 잘못된 내용에 대해 빠르게 시정하고 업무에 방해가 된다고 판단이 될 경우에는 중단하겠다. Q. 유튜브를 하는 공무원이 가져야 하는 태도에 대해서 가장 중요한 것이 무엇이라고 생각하는지? A. 공익성과 전문성이라고 생각한다. 공무원은 헌법 제7조 제1항에 의거하여 국민을 위한 공익의 태도를 가지고 업무를 진행하여야 한다. 하지만, 유튜브를 진행하게 된다면, 제2의 활동인 자신의 사익적 태도를 중요시할 수 있는 부분이 커질 수 있는 상황이 생기게 되기 때문에 이를 유의하여 유튜브 활동을 하여야 한다고 생각한다

질의응답	전문성에 대한 부분도 중요하다. 그 이유는 공무원은 업무에 대한 전문성이 필요하다. 현재 우정사업본부의 공무원들도 우정 1, 2, 3급 등 업무에 도움이 될 수 있는 자격증을 취득하는 등의 활동들을 통해 업무에 대한 전문성을 고취하고 있다. 이는 업무 이외의 시간을 들여 전문성을 고취시켜야 하는 부분이 필요하다고 생각한다. 하지만, 유튜브를 진행한다면 이러한 부분들에 대한 시간과 기회가 줄어들기 때문에 유튜브 활동을 진행하는 경우에도 전문성을 높일 수 있도록 노력하는 태도가 중요하다고 생각한다.

CASE 11 사례(이슈형): 갑질문제

- 최근 공무원 노조에서는 B지역의 ○○청장의 갑질과 폭언에 대해 문제를 제기하였다. 이렇게 머리가 나빠서야 일을 제대로 하겠느냐는 말뿐 아니라 폭언과 욕설을 일삼으며 부하직원들을 대했고, 그러한 언행에 피해를 받지 않은 부하직원이 없었다고 한다.
- C건설업체는 B지역 공공기관에 문제를 제기했다. 부당한 접대를 요구하거나, 주말에 서류를 요구하는 등 부적절한 행위가 이루어졌다는 주장을 제기했다.

◎ **응시직렬: 교정직**

5분발표 작성내용	[작성내용]
	○ 주제: 청렴성과 도덕성은 공익성이라는 큰 산을 이루기 위한 토대이며 그 토대를 붙잡는 나무의 뿌리와 같다.
	○ 개요: C건설업체에 대한 B지역의 부적절한 행위에서 청렴성의 결여를, B지역 기관장의 폭언과 욕설에서 도덕성의 결여와 중요성을 발견. 이를 통해 공익성에 대한 추구가 어려워지는 상황을 유추하여 도출함.
	○ 공직가치
	1. 먼저 청렴성에 대해서.
	  – 청렴성은 자신의 사익을 위해 공익을 저버리지 않는 것, 작게는 무단횡단을 하지 않거나, 쓰레기를 버리지 않는 것에서, 크게는 뇌물수수나 횡령 등에까지 이르는 모든 범위에서 자기 자신에게 엄격해지는 것을 말함.
	  – 교정시설에서 청렴의 가치는 수형자의 교정교화를 위한 내적 동기에 영향을 미치며, 수용질서에도 심대한 영향을 끼치는 가치이기에 더욱 중요함.
	  – 최근 6월 8일부터 실시된 청탁방지법에도 형집행법의 교정, 계호 등에 대한 법령이 추가되어 그 중요성이 더욱 부각되고 있는 상황임.
	  – 시각장애인 기관에서 근무할 때의 사례(음악재활아카데미 프로그램 과정에서 청탁성 뇌물? 비슷한 것이 들어왔을 때 거부하였고, 다음 연도 선정에 있어서 수월했음. → 중요성 체험.
	2. 다음으로 공익성에 대해서.
	  – 공익성이란 국민 행복과 국민 삶의 질 향상을 위해 국민의 봉사자로서, 국민에 대해 책임을 진다는 마음가짐을 말합니다. 제가 생각하는 공익에 대해서–공무원에게 있어서 공익성은 피와 같음. 잘 돌아가고 흐를 때는 눈에 띄지 않지만 필수적 요소로 존재하다가, 어딘가 막히고, 고였을 때 큰 문제를 일으킬 수 있으며, 식었을 때에는 우리 몸을 부패하게 하고 썩게 하는 요소임.
	  – 이러한 특징을 새기며 교정직 업무에 임하고자 하며, 피와 같이 따뜻하고 섬세한 교도관이 되어서 수용자와 수용자들의 가족들에게 신뢰받고, 교정교화에 대한 긍정적 내적 동기를 일으키는 교도관이 될 것을 말씀드림.
	이상입니다.

질의응답	RQ. 제목을 제시하였는데 다시 한 번? A. 청렴성과 도덕성은 공익성이라는 큰 산을 이루기 위한 토대이며, 그 토대를 붙잡는 나무의 뿌리와 같다. 라고 말씀드렸습니다. RQ. ○○청장의 갑질에 대해서 나오고 있는데, 갑질이 있었던 내용은 확인했는가? 공익성이라는 요소는 어떻게 도출했는가? A. 공무원 조직이 상하관계가 분명한 조직이고 교정직렬은 공안직렬이라는 특성상 더욱 상하관계가 중요시되지만, 공무원들 역시 국민의 한 사람이기에 공무원들 서로가 서로에 대해 봉사하고, 책임을 진다는 마음가짐으로 대해야 한다고 생각했습니다. 그러한 점이 결여되어 있어서 공익성의 결여를 도출하여 말씀드렸습니다. (당시 느낌으로는 설득력 있는 답변이었다고 느꼈습니다.) LQ. 갑질에 대해 어떻게 생각하나요? A. 갑질이란 높은 지위를 이용해서 자신보다 낮은 지위에 있는 사람에게 부당한 요구나, 무리한 업무지시를 하는 것을 말하는 것으로 동료 간, 상하 간에 신뢰를 해칠 수 있는 요소라고 생각합니다. LQ. 갑질이 좋은 것인가요? 나쁜 것인가요? A. 좋은 갑질이라는 것은 정당한 요구나, 정당한 지시를 말하는 것으로, 말이 성립이 안 된다고 생각합니다. 그래서 갑질은 나쁘다고 생각합니다. LQ. 갑질을 당해본 경험이 있나요? A. 시각장애인복지관에서 일하면서 정당한 업무처리나, 절차에 의해 일을 처리했지만 이용자들의 불평, 불만 사항들을 굉장히 많이 접했던 경험이 있습니다. 그럴 때는 보통 커피를 한 잔 제공해드리면서 불편사항을 공감해드리는 것으로 넘어갔었던 기억이 있습니다. RQ. 만약 갑질을 당한다면? A. 먼저 갑질인지 아닌지는 저 혼자 섣불리 판단할 문제가 아니라고 생각합니다. 그래서 당장 직면했을 경우에는 수긍하고 받아들이고 나서 제가 당한 것이 갑질인지 아닌지, 그리고 법령적 위반은 없는지, 이어지는 공익에 대한 피해 등이 없는지를 살펴봐야 한다고 생각합니다. 같은 시설에 있는 직원들과 상의할 경우 기강이나 분위기가 흐트려질 것을 우려하여 먼저 저와 가장 가까운 마누라?와이프?(배우자라는 단어가 생각이 안났습니다.. ㅠ)와 이야기해보면서 이게 정말 갑질이 맞는지를 고려해보고, 정히 해결이 안 될 경우, 그 상사를 모르는 다른 교정시설의 동기 등에게 조용히 얘기해보면서 생각을 좀 정리한 후 그래도 갑질이라고 생각되면, 최대한 정중히, 완곡하게 말씀드려볼 것 같습니다. LQ. 교정시설에 가보신 적은 있나요? A. 네. 천왕역 근처에 있는 남부교도소와 남부구치소에 가본 적이 있습니다.(사실 면접 전날 면접장소 사전답사 후 방문했습니다.) 구치소의 민원실은 주민등록증 제시 후 들어가 볼 수 있었지만, 교도소의 민원실에는 들어갈 수 없었습니다. 교정직 공무원께서 왜 오셨냐고 물어보시기에 답사차 왔다고 했지만 들어갈 수 없다는 안내를 받았고 그래서 교도소의 민원실에는 들어가보지 못했던 경험이 있습니다. LQ. 혹시 교정시설에 종사하는 사람이나, 지인 중에 재소자가 있나요? A. (순간적으로 답하기 곤란해서 약간 딜레이) 아.. 없습니다.

■■ 우수사례 바로가기

CASE 01 스피치 유형별 답변

01 기본논리형

1. 공무원의 장점
- [결론] 제가 생각하는 공무원의 가장 큰 장점은 '업무만족감'이라고 생각합니다.
- [부연설명] 제가 하고 있는 일이 다수의 공익을 위해 의미가 되는 일이라는 점이 가장 큰 장점입니다. 취약계층을 포함한 모든 국민들이 국가의 보호 아래 필요한 지원을 받을 수 있도록 도와주는 업무를 수행한다는 점에서 매우 큰 만족감을 얻을 수 있는 일이라고 생각합니다.
- [근거] 현재 고용노동부에서는 취약계층을 위해 국민취업지원제도를 실시하여 취업활동비용과 취업지원서비스를 제공하고 있습니다.
- [의견정리] 이처럼 다양한 제도를 통해서 국민의 삶의 질을 높이기 위해서 노력하고 있다는 점에서 공무원의 장점은 이러한 국민을 위한 봉사에서 오는 만족감이라고 생각합니다.

2. 공무원의 신뢰도가 떨어지고 있는데, 노력방안은?
- [결론] 공무원의 신뢰도를 키울 수 있는 방안으로 다양한 전문성을 키우는 것입니다.
- [부연설명] 공무원들이 민원인을 상대할 때 관련 부서 업무가 아니면 처리를 못하거나 다른 부서로 떠넘기는 행위들을 볼 수 있습니다. 하지만 이러한 행동으로 인해 국민들의 서비스 이용이 불편해지고 결과적으로 신뢰를 잃을 수 있습니다. 따라서 관련 업무 뿐만 아니라 다른 부서나 부처에서 제공하는 정책이나 제도 등을 전부는 아니더라도 제 업무와 비교적 관련된 부분들을 숙지해야 할 필요가 있다고 생각합니다.
- [근거] 예를 들면 제가 지원하고 있는 국민취업지원제도의 대상은 취약계층 등이 있습니다. 이와 관련해서 보건복지부에서도 취약계층 등의 목돈마련을 위한 희망저축계좌를 시행하고 있습니다.
- [의견정리] 이처럼 다양한 정책들을 숙지하여 소개해준다면 민원인에게 좀 더 도움을 줄 수 있고, 결과적으로 공무원의 신뢰도를 높일 수 있다고 생각합니다.

3. 부정적인 기사가 보도될 경우 어떻게 대처할 것인지?
- [결론] 부정적인 기사가 보도될 경우 해당 업무를 처리하는 과정에 대한 투명성을 보여 드리겠습니다.
- [부연설명] 예를 들면 업무를 처리했던 절차 순서를 카드뉴스, 포스터 등으로 제공하여 정정기사에 실리게 함으로써 절차적 정당성을 확보하기 위한 노력을 한 눈에 볼 수 있도록 하겠습니다.

- [근거] 고용노동부의 예시로는 현재 고용노동부 사이트의 카드뉴스 중 비정규직의 정규직 채용전환에 대한 내용이 기재되어 있습니다. 정규직으로 전환화는 과정에서 절차적 정당성과 방법 등을 카드뉴스로 한눈에 알아보기 쉽게끔 제공하여 이와 관련한 의문점을 해소하려는 노력을 보이고 있습니다.
- [의견정리] 이처럼 사이트 내 카드뉴스 및 정정보도를 요청하고 더 나아가 '사실은 이렇습니다'의 정부 채널을 이용하여 잘못된 사실을 바로잡을 수 있도록 하겠습니다.

4. 지원자가 언급한 공직가치를 바탕으로 임용 후 어떻게 실천할 것인지?
- [결론] 저는 이러한 공익성 및 책임성을 가지고 국민들의 생활과 밀접한 정책을 수립하고 이를 국민들께 널리 알려 국민 생활의 피해를 최소화하려고 노력할 것입니다.
- [부연설명·근거] 예를 들면 문화체육관광부에서는 생활 필수 정책 약 200여개가 수록된 희망사다리 2022를 발간하여 어려운 국민들로 하여금 정보를 몰라 피해를 입는 상황이 없도록 조치하였습니다.
- [의견정리] 이처럼 정책을 만드는 데에 그치지 않고 이를 알리기 위해 더욱 더 노력하여 끝까지 국민 피해의 최소화를 위해 노력하는 공무원이 되겠습니다.

5. 지원자가 도출한 민주성을 발휘할 때 예상되는 문제점
- [결론] 제가 생각하기에 민주성을 발휘할 때 예상되는 문제점은 의견 수렴에 시간이 오래 걸려 효율성이 떨어질 수 있다는 점입니다.
- [부연설명] 다수결에 비해 여러 사람의 의견을 듣고 반영할 수 있는 만큼 그에 따라 시간이 조금 더 걸릴 수 있습니다. 민주성의 한계가 효율성이 떨어질 수는 있지만 국민을 위한 문제를 개선하는 일만큼 가볍고 쉽게 해결할 수 있는 문제는 없다고 생각합니다. 조금 시간이 오래 걸리더라도 정확한 문제 개선을 하는 것이 필요합니다.
- [근거] 행정안전부에서는 광화문 1번가 어플리케이션을 활용하여 국민들의 정책 제안을 받아 정책에 반영하려고 노력하고 있습니다. 한 예로는 공직자윤리법상 재산공개 및 등록의무 조항으로 공직자 및 공공기관 임직원들이 해당하는데 중앙부처, 국회 등 정보가 나뉘어져 있어 불편하므로 통합 공개가 필요하다는 의견이었습니다.
- [의견정리] 일부 직원들의 부동산 투기 등과 같은 국민들의 신뢰를 떨어뜨리는 행동으로 관련 부분에서 국민들의 관심이 높아졌고, 중요한 사안인 만큼 민주성을 발휘하는 것은 한계가 있음에도 중요하다고 생각합니다.

02 그룹핑형

1. 공무원에 있어서 가장 필요한 공직가치와 부족한 공직가치
- [그룹핑 1: 공직가치] 직업상담직 공무원에 있어서 가장 필요한 공직가치는 다양성이라고 생각합니다. 다양성은 자신과 다른 의견과 상황을 존중하면서 조화롭게 어우러져 가는 것이라고 생각합니다. 현재 고용노동부에서는 청년, 여성, 중장년, 장애인, 외국인 등의 대상자별로 정책이 자세히 이루어져 있습니다. 이러한 다양한 소외계층들의 상황을 이해하고 이에 맞는 적절한 제도를 마련하여 제공하는 과정에서 다양성이 필요하다고 생각합니다.

- [그룹핑 2: 부족한 공직가치] 부족한 공직가치로는 이러한 다양한 분야에 대한 전문성이 다소 부족할 수 있다는 점에서 책임감을 들 수 있습니다. 이러한 책임감을 함양하기 위해서는 고용노동부 홈페이지를 통해서 현재 시행하고 있는 다양한 분야별 정책 등을 배우고 매년 개정되는 법률이나 제도에 대한 숙지가 필요하다고 생각합니다.

2. 가장 중요하게 생각하는 공직가치

- [개요] 제가 가장 중요하게 생각하는 공직가치 3가지는 애국심, 투명성, 도덕성입니다.
- [그룹핑 1: 애국심] 먼저 애국심은 대한민국의 헌법과 법률을 준수하고 국가와 국기에 담긴 정신과 의미를 수호한다는 행동준칙을 가집니다. 저는 한국사를 공부하며 현재의 법이 완성되기까지 수많은 사람들의 노력이 깃들어 있다는 생각을 하였습니다. 특히 대한민국 헌법 전문에 유구한 역사와 전통에 빛나는 대한국민은 3·1운동으로 건립된 대한민국임시정부의 법통을 계승하여 모든 영역에 있어서 기회를 균등히 하고자 한다는 내용은 현 민주주의시대를 살고 있는 저에게 감사함을 느끼게 하였습니다. 자랑스러운 선조들의 3·1운동의 희생정신, 더 나아가 기회를 균등히 하여 많은 국민이 성장할 수 있도록 하는 애국정신을 본받아 헌법을 준수하고 국가에 헌신할 수 있는 공무원이 되겠습니다.
- [그룹핑 2: 공직관] 두 번째로 투명성은 국민의 알 권리를 존중하며, 공공정보를 적극적으로 개방하고 공유한다는 준칙입니다. 저는 코로나19로 확진자가 늘어날 당시 빠르게 확진자 정보를 공유하고, 대처 방안을 국민에게 빠르게 알리던 국가 공무원들의 노력을 매체를 통해 확인할 수 있었습니다. 코로나라는 좋지 않은 소식이라도 은폐하지 않고 정보를 공개하고, 국민의 안전을 지켜나갔던 선배님들의 투명성을 본받아 국민의 알 권리를 존중하는 공무원이 되겠습니다.
- [그룹핑 3: 윤리관] 세 번째로 도덕성은 준법정신을 생활화하고 공중도덕을 준수한다는 준칙입니다. 오랜 기간 선조들의 지혜로 만들어진 공중도덕을 준수한다는 것은 국민의 질서를 지키고, 미래세대에 남겨 줄 수 있는 좋은 습관을 형성하는 것이라 생각합니다. 무슨 일이든 결국 옳은 이치대로 돌아간다는 뜻의 '사필귀정'의 고사성어처럼 올바른 도덕성은 미래세대에 남겨줄 수 있는 큰 유산이 될 것입니다.

03 문제해결형

1. 적극행정의 단점

- [문제점] 적극행정의 단점은 먼저 적극적으로 행정업무를 처리하다 보면 절차에 어긋나는 상황이 발생할 수 있다는 점입니다. 이와 관련한 사례로 개발제한구역 내의 공사를 추진하여 민원인들을 위한 주차장을 만들었던 사례가 있습니다. 이 과정에서 토지개발허가를 받지 않고 진행하여 문제가 되었습니다.
- [해결방안] 이러한 적극행정의 단점은 적극행정 면책제도로 보완할 수 있습니다. 적극행정 면책제도란 적극적으로 행정을 처리하는 과정에서 절차나 법률에 위반되는 사항이 발생할 때 그 정도를 파악하여 처벌을 면책해주는 제도입니다. 전의 사례에서도 민원인들의 불편함을 해소하는 공익을 위한 업무였다는 것에서 적극행정으로 인정되어 징계를 면책받았습니다. 이러한 적극행정 면책제도를 통해 적극행정의 단점을 극복하고 더욱 더 적극행정을 장려할 수 있다고 생각합니다.

2. 세대갈등 어떻게 해결할 것인가?

- [개요] 세대갈등이란 신세대와 구세대의 입장 차이로 벌어지는 갈등을 의미합니다.
- [문제원인] 세대갈등의 원인으로는 개인적인 측면에서는 태어난 시점과 본인의 가치관을 정립하며 살아온 시점이 다르기에 서로를 이해하기 어렵기 때문입니다. 예를 들어, 민주화 시대 이전에 살아온 세대는 권위주의적이고 남성중심적인 사고가 내재되어 있는 반면 1990년대 이후 세대는 변화된 시대의 유연적인 사고, 평등한 사고를 가지고 있습니다. 또한 사회적으로는 현대사회가 발달함에 따라 기술이 발전하며 평균수명이 늘어나 동시대에 신세대와 구세대가 함께 살게 되었기 때문입니다.

  하지만 세대갈등은 꼭 피해야 하는 문제라기보다는 구시대적 사고관에서 신세대적 사고관으로 이어지는 필연적인 과정이라고 생각합니다. 신세대의 사고는 변화된 사회에 발맞춰 사회 변혁을 가져올 수 있고, 구세대의 사고는 급격한 사회 변동을 조절하는 역할을 할 수 있다고 생각합니다.
- [해결방안] 이에 대한 해결방안을 말씀드리겠습니다. 우선, 구세대와 신세대를 지칭하는 단어로 세대를 구별하는 의식부터 지양하여야 한다고 생각합니다. 이러한 의식을 개선하기 위해 여성가족부에서는 가족 내 소통 관련한 영상을 개시하여 국민의식 개선에 이바지하였습니다. 사회적으로 세대들이 공존하는 측면에서는 서로를 이해하려는 마음가짐이 도움이 될 것이라고 생각합니다. 예를 들면, 역할 연기라는 훈련 프로그램은 정신과 치료방법에서 비롯된 방법으로 서로의 역할을 바꿔 연기하며 상대방의 입장을 보다 잘 이해할 수 있는 프로그램입니다. 이 프로그램의 취지를 일부 인용하여서 세대별 체험하는 프로그램을 만드는 것도 좋은 방법이라고 생각합니다.

04 경험형

1. 조직을 위해 희생했던 경험 및 나에게는 손해이지만 공익(집단이익)을 위해 감수한 경험

- [개요] 4년 전 민간분석기관에서 미생물 분석업을 하며 팀을 위해 희생을 한 경험이 있습니다.
- [상황] 입사하신 지 얼마되지 않으신 과장님을 제외하고, 저랑 대리님 두 명이 주말 근무를 해야 했던 적이 있었습니다. 하지만 대리님 어머니께서 많이 편찮으시다는 소식을 알게 되었습니다.
- [노력과정] 그래서 새로운 사람을 뽑을 때까지 약 2달 동안 주말 근무를 혼자서 해보겠다고 말씀드렸습니다. 처음에는 육체적, 정신적으로 힘들었지만, 고객사로부터 약속한 시간 내에 결과가 도출되어 고맙다는 얘기를 들었을 때 뿌듯하였습니다. 또한, 동료를 배려하고 책임감 있게 업무를 수행한 경험을 통하여 성장한 저의 모습을 발견할 수 있었습니다.
- [의견정리] 이러한 저의 소중한 경험을 바탕으로 앞으로도 팀을 위해 희생할 줄 아는 좀 더 성숙한 직장 구성원으로서의 자세를 가지겠습니다.

2. 봉사활동 경험

- [개요 및 상황] 365일 똑같은 제 머리에 변화를 주고 싶어 헤어 관련 검색 중 소아암 어린이 분들을 위한 가발을 한 개 제작할 때마다 200명의 모발이 필요하다는 것을 알게 되었습니다. 이를 위한 조건이 있었는데, 머리카락에 펌이나 염색은 절대 안 되고 25cm 이상의 길이여야 했습니다. 제 모발로 만들어진 가발을 아픈 어린아이들이 쓰게 되어 더 자신감도 생기고 외부활동도 밝게 할 수 있는 데 도움이 된다면, 너무나 기쁠 것 같아 펌을 하고 싶은 욕구는 금세 사라지게 되었습니다.

• [노력과정] 그 후 생머리로 정해진 길이보다 좀 더 기르고 미용실에서 커트 한 후 한국 백혈병 소아암 협회에 우편으로 머리카락을 포장해 보냈습니다. 저의 작은 노력으로 소아암 아이들이 더 건강하고 행복한 꿈을 이루어 가는 데 희망이 생길 것이라고 생각하니 우편을 부치고 집에 돌아오는 길이 행복하고 매우 뿌듯하였습니다.

• [의견정리] 제가 먼저 모범을 보이고 봉사를 하는 것을 보여주는 것이 잘 살 수 있게 만드는 방법을 알려주는 강력한 힘이 될 것이라고 생각합니다. 공무원이 되어서 내가 잘 사는 세상보다 남이 더 잘 살 수 있는 세상을 만들고 싶습니다.

3. 나의 모범적 행위로 다른 사람에게 긍정적 영향을 준 사례

• [개요] 제가 기숙학원에 있었을 때의 일입니다.

• [상황] 각 층 계단마다 분리수거장이 있었습니다. 청소를 도와주시는 분이 계셨는데, 분리수거가 제대로 되지 않아서 한 여름에 쓰레기를 수거해서 다시 분류하시는 모습을 보았습니다.

• [노력과정] 조금이나마 힘을 덜어드리고 싶은 마음에 2개의 쪽지를 하나 붙여놨습니다. "저는 비닐이 아니라 플라스틱입니다." "저는 캔이 아니라 종이입니다." 짧고 간결한 글이었지만, 그 글귀는 엄청난 효과가 있었습니다. 아무 곳에나 버리던 분들도 쪽지를 보고는 막 버렸던 쓰레기를 다시 주워서 제대로 버렸고, 처음에는 한 명에서 시작했지만 점점 늘어나서 청소하시는 분들이 다시 분리수거를 하지 않아도 될 만큼 정리가 잘되었습니다.

• [의견정리] "나 하나쯤은 괜찮아"라는 마음으로 했던 행동이 누군가에게는 모이고 모여 힘든 일이 될 수도 있고, "나라도 그러지 말자"라는 마음으로 했던 작은 행동은 학생들에게 쾌적한 환경과 일의 수고스러움을 덜어주는 효과를 얻었습니다. 공무원이 되어서도 작은 선행부터 먼저 하려고 노력하고, 조직 구성원 전체에 긍정적 효과를 가져다줄 수 있는 함께 일하고 싶은 동료가 되겠습니다.

4. 청렴성 경험

청렴성은 공무원 6대 의무인 청렴의무에도 명시되어 있듯이 공무원에 있어서 중요한 공직가치임을 확인할 수 있습니다. 현재 고용노동부에서는 청렴신바람이라는 청렴웹진을 발간하여 매년 청렴도 평가결과를 게시하고 향후 계획을 발표하고 있습니다. 또한 청렴활동 우수사례를 소개하는 등 청렴성 함양을 위해 노력하고 있습니다. 이에 관한 저의 관련 경험에 대해 말씀드리겠습니다. 저는 대학교 내 심리건강 상담센터에서 1년 간 근로를 하면서 센터 내에서 집단상담프로그램을 시행하였는데 선착순으로 받은 명단을 관리하는 업무를 맡은 적이 있습니다. 이때 제 지인도 이 프로그램에 참여했다는 것을 알게 되고 지인으로부터 명단에 넣어줬으면 좋겠다는 개인적인 연락을 받았습니다. 하지만 저는 이러한 사적인 개입은 옳지 못하다고 판단했고 지인 분께 정중히 요구를 거절하여 결과적으로 청렴성을 지켰던 경험이 있습니다.

01 적극행정의 개념 및 문제점

- [Ver. 1] 적극행정이란 공공의 이익을 위해 창의성과 전문성을 바탕으로 적극적으로 업무를 처리하는 행위입니다. 이번에 고용노동부에서 국민취업지원제도 구직촉진수당을 받을 때 취약계층의 신용불량으로 본인 명의 계좌 사용이 어려운 참여자를 위해 고용센터 전용 계좌를 별도로 개설하여 현금으로 지급받을 수 있도록 한 적극행정 사례가 있습니다. 이처럼 공공의 이익을 모든 국민이 보장받을 수 있도록 하는 적극행정은 '선택'이 아니라 이제는 '필수'라고 생각합니다.

  하지만 이런 적극행정의 문제점은 그 사각지대를 발견하는 것이 어렵다는 것입니다. 사각지대를 발견하기 위해선 많은 데이터가 필요하고 관련 업계사람들도 필요합니다. 따라서 보건복지부나 통계청과의 협업을 통해 사각지대의 발견속도를 높일 수 있다고 생각합니다. 예를들면 현재 통계청에서 운영하고 있는 SDC통계데이터센터에서 다양한 민간 빅데이터를 통해 자료를 수집하는 방법을 들 수 있습니다.

- [Ver. 2] 네. 제가 생각하는 적극행정이란 공무원이 문제 발생 시 공공의 이익을 위하여 창의성과 전문성을 바탕으로 규정과 절차가 마련되어 있지 않더라도 가능한 해결방안을 모색하여 시민에게 불편함이 없도록 업무를 처리하는 행위라고 생각합니다. 예로는 자녀를 어린이집 종일반에 보내고 싶은 프리랜서 예술인을 위하여 기존에 다양한 서류를 구비하도록 한 입소 절차를 간소화하여 자녀를 종일반에 보낼 수 있도록 한 사례가 있습니다.

  이러한 적극행정의 문제점으로는 첫째, 공무원이 규정에 대한 잘못된 해석으로 부적절한 행정을 진행할 경우 불이익을 받을 수 있습니다. 이를 보완하기 위하여 많은 중앙행정기관에서 적극행정을 위한 사전 컨설팅 감사를 실시하여 사후 발생할 수 있는 문제점을 미리 해결하고 있습니다. 둘째, 특정 국민들을 위한 적극행정은 다른 국민들의 눈에 역차별로 비춰질 수 있다는 문제가 있습니다. 프리랜서 예술인 사례에서 프리랜서 예술인이 아닌 다른 국민들은 소외감을 느낄 수 있습니다. 이러한 문제점들을 극복하기 위해서는 소수의 국민들만을 위한 적극행정이 아니라 다양성을 존중하여 보다 많은 의견을 수렴하도록 노력하여야 합니다. 제가 만약 문화체육관광부의 일원이 된다면 보다 넓은 시야로 국민들의 상황을 살펴 적극적으로 불편을 해결하는 공무원이 되겠습니다.

- [Ver. 3] 저는 적극행정이란 시간, 장소, 상황에 적절한 행정서비스를 제공하는 것이라고 생각합니다. 아무리 창의적인 행정서비스가 있을지라도 시간에 맞게, 장소에 맞게, 민원인이 처한 상황에 맞게 제공하지 못한다면 그 빛을 발휘할 수 없을 것이라고 생각합니다. 2019년에 시작된 코로나19로 인해 국민들의 삶이 고될 것을 우려하여 행정안전부에서 긴급재난 지원금 정책을 시행하여 국민 경제를 개선한 것이 대표적인 적극 행정 사례라고 알고 있습니다. 이러한 정책이 상황에 맞지 않았다면 효과를 보지 못했을 것입니다. 그런데, 적극행정을 실현하려다 보면 공무원에게 있어 실질적으로 적극성이 요구되기 때문에 인력부분에 있어 충분함을 확보되지 못하는 문제점이 생길 수 있습니다. 긴급재난지원금 정책과 관련하여서는 5부제 및 카드사와 협력을 위용해 지원금을 제공하는 등의 방법을 이용하여 효율성을 확보할 수 있었다고 생각합니다. 인력부족 등의 문제 해결을 위해서는 정보화시대에 맞춰 웹서비스를 이용하거나 민간협력을 통해 해결한다면 국가가 하나되어 국민을 위한 서비스를 제공할 수 있을 것이라고 생각합니다.

02 적극행정 면책제도

공무원이 공공의 이익을 위하여 성실하고 적극적으로 업무를 처리한 결과에 대하여 고의나 중과실이 없는 이상 징계를 면제해주는 제도입니다. 이러한 면책제도를 받기 위해선 먼저 3가지 요건을 충족해야 합니다. 첫째, 공익을 증진시키기 위한 행위여야하고 둘째, 업무를 적극적으로 수행하여야 하고 마지막으로 이 과정에서 고의나 중과실이 없어야 합니다. 이러한 요건들을 충족했을 때 면책을 받을 수 있고, 또한 사전컨설팅으로 불명확한 법령 등을 확인하기 위해 자체감사위원이나 적극행정 지원위원회에 직접 자문을 하여 의견을 받아 업무를 처리하는 방법도 있습니다.

03 상사의 소극행정에 대한 대처

네. 먼저 상사분께서 하시는 업무가 적극행정이 필요한 업무인지 아니면 관행대로 처리하셔도 되는 업무인지 확인해보겠습니다. 후에 적극행정이 필요한 업무라면 공무원은 창의성과 전문성을 바탕으로 업무를 적극적으로 하여야 함이 공무원 헌장에 명시되어 있으므로 이러한 점을 들어 상사분께 적극행정을 하실 것을 권유드리겠습니다. 또한 적극행정을 했을 때 발생하는 문제점을 예방하기 위해서 적극행정 사전컨설팅 감사와 면책 제도를 이용하실 수 있음을 들어 적극행정을 하였을 때의 부담을 덜어드리도록 노력하겠습니다.

04 지원자가 생각하는 소극행정과 소극행정의 해결방안

네. 먼저 제가 생각하는 소극행정은 책임회피, 업무처리 전가 등의 행위가 있습니다. 만약 제가 소극행정을 하는 동료나 상사분을 보게 된다면 하시는 업무가 적극행정이 필요한 업무인지 아니면 관행대로 처리하셔도 되는 업무인지 확인해보겠습니다. 후에 적극행정이 필요한 업무라면 공무원은 창의성과 전문성을 바탕으로 업무를 적극적으로 하여야 함이 공무원 헌장에 명시되어 있으므로 이러한 점을 들어 상사분이나 동료에게 적극행정을 하실 것을 권유드리겠습니다. 또한 적극행정을 했을 때 발생하는 문제점을 예방하기 위해서 적극행정 사전컨설팅 감사와 면책 제도를 이용하실 수 있음을 들어 소극행정을 방지하도록 하겠습니다.

05 공익과 사익이 충돌했을 때의 대처

사익과 공익이 충돌했을 때 우선시해야 할 일은 공익이라고 생각합니다. 공무원에 있어서 공익은 곧 국민을 위한 업무로 직결되기 때문에 그 중요도가 크다고 생각합니다. 하지만 막상 실제 상황에 부딪혔을 때는 많은 어려움이 있을 수 있습니다. 저는 대학교 내 심리건강상담센터에서 근로했을 때 제가 근로하는 시간이 끝났지만 센터 내 사람이 비는 시간이라서 1시간 정도 더 있어 달라는 지시를 받았습니다. 하지만 저는 끝나고 친구와 약속이 있었기 때문에 곤란한 상황이었지만 친구에게 양해를 구하고 1시간 동안 센터에서 업무를 마무리하고 갔습니다. 이처럼 공익과 사익이 충돌했을 때 절충적인 방안을 찾으려고 노력하되, 공무원으로서의 공익의 중요성을 항상 자각하고 있어야 한다고 생각합니다.

06 공무원에 대한 국민의 신뢰도 하락을 극복하기 위한 노력

최근에 뉴스를 통해 일부 공무원 중 지위, 권력을 이용한 안 좋은 관행이 있다는 것을 접하게 되었는데, 이로 인해 국민의 신뢰도가 떨어질 수 있다고 생각합니다. 그 이유는 공무원은 봉사하는 마음을 가지고 직무를 수행해야 하는 사람으로서 국민을 위한 일을 한다는 공적인 신뢰가 사회 전체에 내재되어 있기 때문입니다. 게다가 현재 권력을 이용한 부당행위는 공무원행동강령에 위반되는 행위입니다. 이러한 규정에도 불구하고, 일부 공무원은 자신의 직위로 개업식에 업무 외로 직원들을 동원하였다는 것을 기사로 보게 되었습니다. 위와 같은 사례의 징계를 강화하여 국민의 신뢰도를 향상시키기 위해 노력했다고 생각합니다. 이와 같이 문제에 대한 정확한 규정이 구비되어 있다면 국민이 믿고 맡길 수 있는 사회가 될 수 있을 것이라고 생각합니다.

07 공무원의 유튜브 활동에 대한 의견

공무원의 유튜브 활동을 일률적으로 금지시키기보다는 정확한 기준과 규정을 두어 제한하여야 할 필요가 있다고 생각합니다. 그 이유는 별도의 정확한 지침 없이 공무원의 유튜브 활동을 허락한다면 본업인 공무보다 유튜브 활동에 중점을 둘 수 있고 업무에 지장이 있는 것은 물론, 국민에게 높은 질의 서비스를 제공하지 못할 수 있기 때문입니다. 또한 공무원은 사기업 등 다른 직종에 비해 국민들의 기대 수준이 높고 모범을 보여야 한다는 의식이 만연한 것도 하나의 이유라고 판단됩니다. 그러므로 공무원의 유튜브 활동에 있어 겸직 허가 이후에도 주기적으로 관리하는 시스템을 구축하여 통제할 필요가 있어야 한다고 생각합니다. 예를 들어, 교사의 경우라면 학부모위원과 교사 측이 합동으로 교사의 유튜브 활동을 검토하는 협의체를 만들어 주기적인 모니터링을 실시해 사전에 생길 민원 문제를 해결할 수 있다고 생각합니다.

08 사적인 일과 공적인 일 중 더 중요하다고 생각하는 것

개인적인 일과 공적인 일 중에 중요도를 선택하는 것은 상황에 따라 다를 수 있다고 생각합니다. 우선, 공직을 담당한 공무원으로서 공적인 일을 먼저 중요하게 생각하는 것은 맞으나, 당시 상황에 따라 개인적인 일과 공적인 일 중 무엇이 저를 더 필요로 하는지 비교를 하여 선택할 필요도 있습니다. 예를 들면, 아이가 아픈데 정말 돌봐줄 사람이 없다면 중요한 업무를 우선 마무리 한 후, 동료에게 양해를 구하고 아이를 보러 갈 수도 있다고 생각합니다. 반대로, 저의 동료가 그런 사정이 있다면 저도 전에 도움을 받았던 것에 보답할 것입니다. 또한, 개인적 일과 공익적인 일 중 비교선택한 경우도 있지만 그렇지 않은 경우도 있습니다. 예를 들어 코로나19와 같은 국가적 재난상황에선 주말 주중 관계없이 해결책을 강구하는 공익정신이 필요하다고 생각합니다. 이와 같이 한 쪽의 일만 중요시하는 것이 아니라 상황에 맞춰 융통성 있게 업무를 처리할 수 있는 공무원이 되도록 노력하겠습니다.

09 공직가치 중 책임감을 기르기 위해 한 노력

저는 책임감을 기르기 위해 관련 지식을 제 것으로 만들기 위해 끊임없이 공부하는 등 자기계발에 열성을 다 해왔다고 생각합니다. 제가 생각하는 책임감이란 본인이 맡은 직무를 끝까지 잘 완수할 수 있도록 높은 수준의 지식을 가지고 업무를 처리하는 것이라고 생각합니다. 이전 호텔 근무 시 중국고객 서비스에 대한 언어적 어려움으로 인해 중국어 가능 직원에게만 일을 맡겨 많은 아쉬움이 있었습니다. 이에 퇴근 후 중국어 온라인 교육으로 자격증을 취득하였고, 실제 업무에서도 큰 어려움 없이 끝까지 서비스를 제공할 수 있었습니다. 앞으로 업무를 담당함에 있어 민원인에게 불편함을 드리지 않도록 항상 관련 지식을 습득하는 자세를 유지하여 끝맺음을 잘 할 수 있도록 노력하겠습니다.

10 공무원의 장점 및 공무원에게 유독 봉사정신을 요구하는 이유

제가 생각하는 공무원의 장점은 업무만족감을 느낄 수 있는 것이라고 생각합니다. 일반 사기업은 특정 기업주의 이익을 위한 일을 하는 것에 비해 공무원은 불특정 다수의 공익을 위해 의미가 있는 일을 하고 있다는 "의미감"이 있다는 것입니다. 또한, 공무원에게 유독 봉사정신을 요구하는 이유는 국민 전체에 대한 봉사자인 공무원들에게는 국민의 높은 기대감과 더불어 공무는 국민의 생활에 영향을 미칠 수 있기 때문입니다. 예를 들어, 보수용역 계약 체결 담당관이 개정법령을 숙지하지 못해 국민에게 불리한 금액을 적용하여 민원을 야기하였던 소극행정 사례를 본 적이 있습니다. 이와 같은 사례로 보아 적극성과 국민에 대한 봉사정신은 공무원에게 필요하다고 생각합니다.

11 공무원의 6대 의무에 추가하고 싶은 의무

공무원 6대 의무에 추가하고 싶은 의무는 적극행동 의무입니다. 과거에 비해 현재는 점점 다원화되어 가고 그에 따라 다양한 국민들의 요구가 있으며 공무원들이 그 요구에 부응해주리라는 믿음이 사회기반에 내재해 있다고 생각합니다. 따라서 공무를 수행할 때 요청받을 때까지 기다리기보다는 한 발 앞서 생각하고 행동할 수 있는 자세가 필요합니다. 최근 행정안전부의 적극행정 정책제도 시행 이후 많은 부서에서 적극행정을 실천하고 있고, 코로나 사태로 인한 긴급재난 지원금도 그 사례인 것으로 알고 있습니다. 이런 적극적인 행동은 공익을 실현할 수 있는 기반이 될 수 있을 것이라고 생각합니다.

12 공무원에게 가장 부족하다고 생각되는 공직가치

제가 생각하기에 공직가치 중에 부족할 수 있는 것은 다양성이라고 생각합니다. 그 이유는 사회가 하루가 다르게 빨리 변해가면서 국민이 처하는 상황은 다양해지고 이를 한 번에 파악하기에는 한계가 있을 수 있다고 생각합니다. 그러나 이를 보완하기 위해 정부는 광화문 1번가와 같이 국민과 소통할 수 있는 어플리케이션을 제공하여 정책에 대해 국민들의 투표를 거쳐 심사도 받고, 직접 정책도 제안할 수 있는 창구를 마련하여 다양성과 민주성을 확보하기 위해 노력하고 있다고 생각합니다.

⑬ 공무원의 6대 의무

공무원의 6대 의무에는 친절공정의무, 성실의무, 비밀엄수의무, 품위유지의무, 청렴의무, 복종의무가 있습니다.

⑭ 공무원의 6대 의무 중 가장 중요한 의무

공무원의 6대 의무 중 가장 중요한 의무는 성실의무라고 생각합니다. 성실의무는 공무원은 주권자인 국민 전체에 대한 봉사자로서 공공이익을 위해 성실히 근무해야 한다는 것입니다. 이는 헌법 제7조에서 공무원은 국민 전체에 대한 봉사자로 규정되어 있고, 공무는 국민의 생활에 직접적인 영향을 미치기 때문입니다. 만약 공무원이 불성실하게 업무에 임한다면 국민에게 피해를 끼치고 신뢰를 잃을 수 있습니다. 저는 공무원 준비를 하면서도 하루도 빠짐없이 강의를 듣고, 아프더라도 가서 약을 먹으며 버티는 등 성실함을 유지하기 위해 노력했습니다. 이 경험을 통해 저는 공무원이 된다면 국민에게 항상 동일한 서비스를 유지하기 위해 노력하겠습니다.

⑮ 공직가치 중 추가하고 싶은 공직가치

창의성(자기계발의 의무)을 추가하고 싶습니다. 그 이유는 세금의 부과·징수뿐만 아니라 새로운 소득에도 세금을 낼 수 있도록 집행하는 것 또한 국세청의 역할이기 때문입니다. 날마다 새로운 사업, 돈을 버는 방법이 생겨나고 국세청도 이에 발맞춰 새로운 소득에도 세금을 낼 수 있도록 노력하고 있습니다. 국가기관 최초로 가상자산에 세금을 부과하여 300억가량을 징수한 황병광 조사관님의 사례를 예로 들 수 있습니다. 적극행정은 책임감과 창의성이 기반이 되기 때문에 공직사회에서 적극행정이 배놓을 수 없는 요소가 된 오늘날, 창의성이 더욱 필요해지고 있다고 생각합니다.

⑯ 공익성 및 민주성과 상충되는 가치

네. 저는 효율성이라고 생각합니다. 공익을 위하여 국민의 의견을 듣고 피해를 줄이기 위하여 힘쓰려면 당연하게 시간과 비용이 많이 소요되고 그로 인하여 빠른 업무 처리가 불가능하기 때문입니다. 공익성(민주성)과 효율성을 함께 제고하기 위해서는 국민의 피해가 발생하기 전에 미리 해결하는 것이 중요하다고 생각합니다. 이와 관련하여 국민권익위원회에서는 빅데이터를 이용하여 정기적으로 발생하는 민원을 미리 파악하고 민원이 제기되기 전에 이를 해결하려고 노력하고 있습니다. 예를 들어 가을철에는 많은 낙엽을 치워달라는 민원이 많이 제기되므로 민원이 제기되기 전에 정기적으로 미화를 하여 제기될 수 있는 민원을 미리 해결하고 있습니다. 이렇게 공익성을 제고하고 있으며 민원을 받고 이를 해결하려고 노력하는 시간과 비용을 줄여 효율성을 함께 제고하고 있습니다.

⑰ [후속질문] 민원을 미리 예측해서 하고 있다고 했는데, 그럼 그 민원이 제기되지 않으면 효율적이지 못한 일이 아닌지?

네. 물론 미리 예측한 일부 민원이 제기되지 않을 수 있습니다. 그러나 앞선 사례처럼 많은 낙엽을 치우는 것도 공익을 위한 일이고 당시에는 그러한 민원이 제기되지 않더라도 낙엽이 많이 쌓여 있다면 언젠가는 미화와 관련한 민원이 제기되었을 것이라고 생각합니다. 그리고 해당 민원은 제기되지 않았더라도 미리 예측하여 해결한 다른 민원들이 많을 것 같습니다. 그것들이 해결되었다면 아예 효율성이 없다고 생각하지는 않습니다.

⑱ 책임감과 상충되는 가치

• [Ver. 1] 네. 저는 공정성이라고 생각합니다. 예를 들면 아이들을 종일반 어린이집에 보내고 싶어 하는 프리랜서 예술인들이 기존의 절차를 지키는 것이 직업특성상 어렵다고 호소하자 문화체육관광부에서는 이러한 절차를 간소화하여 프리랜서 예술인들의 자녀를 어린이집 종일반에 보낼 수 있도록 한 사례가 있습니다. 물론 어려움을 호소하는 국민들을 위해 책임감을 발휘한 일이지만 기존의 절차를 벗어난 일이므로 책임감과 공정성은 상충되는 가치라고 생각합니다.

• [Ver. 2] 네. 저는 민주성이라고 생각합니다. 책임감은 맡은 업무에 전문성을 가져 효율적으로 업무 성과를 높이려는 자세를 의미합니다. 하지만 공개행정을 위한 과정은 시간과 비용이 많이 소요될 수 있고 이는 효율성을 저해할 수 있습니다. 민주성과 책임성을 함께 제고하기 위하여 국민들의 민원이 제기되기 전에 미리 해결하는 것이 중요하다고 생각합니다. 국민권익위원회에서는 빅데이터를 이용하여 정기적으로 발생하는 민원을 미리 파악하고 민원이 제기되기 전에 이를 해결하려고 노력하고 있습니다. 예를 들어 가을철에는 많은 낙엽을 치워달라는 민원이 많이 제기되므로 민원이 제기되기 전에 정기적으로 미화를 하여 제기될 수 있는 민원을 미리 해결하고 있습니다. 이렇게 민주성을 제고하고 있으며 민원을 받고 이를 해결하려고 노력하는 시간과 비용을 줄여 책임성을 함께 제고하고 있습니다.

PART

06

개별면접 스피치

01 합격답변: 구상전략

POINT 01 · 답변분석: 불합격자 vs 합격자

01 '불합격' 수험생 특징: 정답이 뭔가요?

불합격 수험생들은 "이 질문에는 어떤 대답이 좋을까요?", "이 질문의 정답이 뭔가요?", "누구를 얘기해야 면접관이 좋아할까요?"를 묻는다. 면접은 수학공식이 아니다. 2×2=4처럼 정확한 답이 있으면 좋겠지만 아쉽게도 면접에는 정답이 없다.

정답찾기 놀이를 선호하는 수험생들은 새로운 질문의 대응능력이 취약하다. 늘 정답만 찾았기 때문에 새로운 질문에는 어떤 대답을 해야 할지 전혀 알지 못하기 때문이다. 이는 면접을 비효율적으로 준비하게 되어 결과적으로는 면접 당일까지 불안한 마음이 지속된다. 자신이 준비한 질문이 나오지 않으면 당황할 것이라고 생각하기 때문이다.

02 '합격' 수험생 특징: 질문의 의도는 무엇일까?

필자는 '면접에 정답은 없지만 방향성은 존재한다!'라고 늘 강조한다. 즉, 질문의 의도를 파악하는 것을 의미한다. 이는 면접에서 고득점을 받는 비결이 되고, 핵심답변만 준비하면 어떤 질문이든 대응할 수 있는 장점이 있다.

예를 들어 "존경하는 인물이 누구인가요?"의 질문에는 어떻게 접근해야 할까? 역사적 인물, 현직 공무원과 같은 특정 '대상'을 말하는 것이 좋을까? 질문의 의도를 파악해야 한다. 면접관은 특정 '대상'이 궁금한 것이 아니라 '(공무원으로서 적합한) 신념, 가치관'을 지닌 지원자인지를 확인하는 것이다. 즉, 면접 평정요소 '(가) 공무원으로서의 정신자세'를 묻고 있다. 이처럼 질문의 의도를 파악하는 방법은 해당 질문이 어떤 평정요소를 묻는지를 살펴보면 된다.

"존경하는 인물이 누구인가요?"	
▼	▼
아버지입니다. 가정적이셨던 아버지는 …	"아버지입니다. 도덕성과 청렴한 태도를 가르쳐 주신 아버지는 …"

지원자 A, B 모두 아버지를 언급했지만 A가 아버지를 존경하는 이유는 '가정적'이기 때문이고, B가 아버지를 존경하는 이유는 '도덕성과 청렴한 태도'를 가르쳐 주셨기 때문이라고 했다.

면접관이라면 어떤 지원자가 '(가) 공직자로서의 정신자세'에 더 적합해 보이는가? 당연히 B이다. 물론 가정적인 모습의 아버지는 존경할 만한 부분이 있지만 공직자로서 공직업무 수행에 가정적인 모습은 도움이 되지 않는다. 면접관은 결혼을 앞둔 예비신랑을 채용하는 것이 아니라, 공직자로서 걸맞은 지원자를 채용하기 때문에 공직업무를 수행할 때 결이 맞는 B지원자에게 높은 점수를 줄 수밖에 없다.

POINT 02 │ 구상전략: What이 아니라 Why가 핵심이다

■▪ 합격을 부르는 답변전략

구상 접근방법
'정답'이 아닌 '질문 의도' 파악

질문의도 파악: 평정요소 적용
"면접에 정답은 없지만 방향성은 존재한다."

[평정요소]

소통·공감   헌신·열정
창의·혁신   윤리·책임

답변 콘텐츠 구성
의도에 맞는 답변 사례 구성

01 존경하는 인물

BAD

제가 존경하는 인물은 '아버지'입니다.
아버지는 직무특성상 야근이 많아 주중에는 밤 9시~10시쯤 집에 들어오곤 하셨습니다. 주중엔 바쁜 회사생활을 하셨지만 매주 주말에는 가족과 함께하는 시간을 보내셨습니다. 캠핑여행, 꽃놀이, 한강피크닉 등 가족과 시간 보내는 것을 중요하게 생각하셨던 분입니다. 학업준비, 아르바이트, 자격증 취득을 위해 고군분투하는 하루를 보내는 지금 제가 당시 아버지의 모습을 돌이켜보면 어릴 때 당연하게 생각했던 아버지의 모습은 결코 당연한 것이 아니었음을 깨닫게 되면서 아버지에 대한 존경심이 더 커졌습니다.
→ 공무원 면접은 가정적인 모습을 갖춘 공직자를 채용하는 자리가 아니다.

제가 존경하는 인물은 저의 '아버지'입니다.

졸업을 앞두고 취업준비를 위해 아버지와 함께 정장을 구매하러 백화점에 갔던 적이 있습니다. 약 50만 원의 정장을 구매하고 집으로 돌아와 영수증을 살펴보니 15만원으로 잘못 계산된 영수증을 발견하게 되었습니다. 아버지께서는 영수증을 보고난 후 백화점 매장에 전화해 결제가 잘못되었다는 사실을 알리셨고 그제야 직원 분께서는 타 손님의 결제와 혼선이 있었다는 사실을 알게 되었습니다. 저희는 다시 백화점으로 가 50만 원으로 재결제하고 집으로 돌아왔던 적이 있습니다. 이렇듯 아버지는 제게 도덕과 정직, 청렴한 태도의 삶을 강조하셨고 몸소 실천하셨던 분입니다. 아버지의 영향을 받아 성인된 지금까지 무단횡단 등 생활법규를 어겼던 적이 단 한 차례도 없었습니다. 공직자가 되어서도 항상 시민에게 모범이 되도록 하겠습니다.

→ '정직, 도덕, 청렴'의 태도를 보이는 아버지의 사례가 표현되었다. 공직가치의 윤리관을 살펴볼 수 있는 답변이다.

02 성격의 장점

제 성격의 장점은 '긍정적인 생각을 하는 것'입니다.

어떤 환경에서도 긍정적으로 생각하고 행동하기 때문에 어려움도 잘 극복하고는 합니다. 대학생활 중 프로젝트 수업을 하다 갈등이 생길 때도 '잘 이겨낼 수 있어. 해결방법을 찾아보자.'라는 저의 긍정적 태도는 팀원들에게 동기부여가 되었을 뿐만 아니라 원만한 갈등해결에도 큰 도움이 되었습니다. 이처럼 직업상담직 공무원이 된다면 어떤 환경에서든지 긍정적 태도로 근무하는 공직자가 되겠습니다.

→ 위 사례의 문제점은 무엇일까? 긍정적인 사고는 삶을 살아가는 데 중요한 태도이다. 하지만 직업상담직 공무원에게 필요한 장점인지, 우선순위가 될 수 있는 장점인지 살펴봐야 할 문제이다. 또한 긍정적인 태도가 어떠한 측면에서 갈등해결에 도움이 되었는지 구체적으로 표현되어 있지 않다. 위 답변이 100% 잘못된 것은 아니지만, 지원직무에 꼭 필요한지, 구체적으로 기여한 점이 무엇인지 명확하게 표현할 때 면접관은 지원자의 역량을 좀 더 변별력 있게 판단할 수 있을 것이다.

▼

저의 장점은 '소통능력'입니다

직업상담직 공무원은 담당 업무특성상 학력, 전공, 직업경험 등이 다양한 민원인을 응대해야 합니다. 따라서 민원응대능력은 가장 기본적으로 갖추어야 할 역량이라고 생각합니다.

저는 장기간 편의점과 음식점 아르바이트를 하면서 다양한 연령대의 고객들을 응대했습니다. 예를 들어 중장년층, 고령층 고객의 경우 편의점 택배 포스기나 무인 키오스크 등 디지털 기기를 사용하는 데 어려움을 호소하시는 분들이 종종 계셨습니다. 따라서 설명할 때 좀 더 친절하고 자세하게 여러 번 설명해 드린 것과 같이 각 연령대에 따라 소통방식을 달리하며 고객들이 원하는 서비스를 제공했습니다. 위와 같은 경험을 통해 저는 소통능력을 함양하였고 이런 능력들이 공무원으로서 국민과의 소통에도 큰 도움이 될 것입니다.

→ 답변이 우수한 이유는 '소통능력'에 대한 자신의 '경험'만을 답변한 것이 아니라, '직업상담직'의 직무적 특성
까지 풀어내어 연결시켰기 때문이다. 이처럼 직무적 특성과 경험을 엮어 대답하면 직무맞춤답변이 될 수 있다.
[응용하기] 위 질문은 '지원자의 장점'을 물어봤지만 '직업상담직 공무원에게 필요한 역량 및 자세'의 답변에도
대체 가능하다.

03 직무강점

BAD

업무에 도움이 될 수 있는 점은 두 가지입니다.
첫째, 성실함입니다. 학창시절부터 단 한 번도 지각을 해 본적이 없으며 …
둘째, 소통능력입니다. 봉사를 다니면서 어르신들과 많은 소통을 했습니다. 특히 농촌 봉사활동에서 제가 이야
기를 하면 제 주변으로 많은 어르신들이 모였습니다. 그 이유는 그분들과 이야기를 나눌 때의 제 반응 때문이라
고 생각합니다. 반응을 잘 해드렸더니 다른 어르신들도 저와 대화를 나누고 싶어 하셨습니다.
→ 직무특성에 맞는 맞춤강점으로 해석하지 않고, 어떤 직렬에도 적용되는 강점을 표현하였다.

▼

GOOD

첫째, 행정업무 시 조직효율성을 높일 수 있습니다.
교육서비스 매니저로서 해외 발주업무가 포함된 교육은 직원들에게 생소한 업무였습니다. 제가 자리를 비울 경
우를 대비하여 업무노하우를 매뉴얼화하여 조직 전체에 공유해 대체업무를 수월하게 하는 데 기여했습니다. 이
처럼 행정업무 수행에 있어 개인보다 조직효율을 높일 수 있도록 노력하겠습니다.
둘째, 타인을 이해하는 역량입니다. 직업상담직 공무원이 하는 업무 중 하나인 국민취업지원제도의 경우 학력,
전공, 직업경험 등 다양한 사회적 배경을 가진 사람들을 대하는 일입니다. 따라서 획일적인 대응보다 각 개인의
특성에 초점을 맞춰 업무를 하는 것이 중요하다고 생각합니다. 대학교 2~3학년 때 상담학 실습에서 다양한 학
우들을 상담할 당시 내담자마다 돈, 직업전망 등 최우선으로 중요하게 생각하는 가치는 모두 달랐습니다. 그때
저는 각각의 다양한 생각과 다름을 존중하고 수용하는 태도를 배웠습니다.
셋째, 소통능력입니다. 봉사를 다니면서 어르신들과 많은 소통을 했습니다. 특히 농촌 봉사활동에서 제가 이야
기를 하면 제 주변으로 많은 어르신들이 모였습니다. 그 이유는 그분들과 이야기를 나눌 때의 제 반응 때문이라
고 생각합니다. 반응을 잘 해드렸더니 다른 어르신들도 저와 대화를 나누고 싶어 하셨습니다.
→ 직무강점은 업무를 수행할 때 필요한 직무적합성을 묻는 질문이다. 두 사례 모두 일반행정직 역량에 필요한
답변을 했지만, 여기서 살펴봐야 할 것은 답변키워드의 적절성이다. 직무특성에 맞는 강점을 제시했을 뿐만
아니라, 면접평정요소의 다양성까지 고려한 답변이므로, 우수한 답변이라고 평가할 수 있다.

CHAPTER 02 합격답변: 논리전략

POINT 01 최악의 답변

Q1 수질문제 중 개선이 필요한 점은 무엇이라고 생각하는가?

> 환경부 홈페이지를 확인했을 때 수질개선을 위한 연구가 많이 이뤄지고 있다는 사실을 알게 되었습니다. 특히 수도권 내 수돗물 유충사대 재빌을 방지하기 위해 절저하게 물 공급을 관리해야 한다고 생각합니다.

▶ 물 공급 관리와 수질문제의 인과관계에 대한 설명이 부족하고, 물 공급을 구체적으로 관리하기 위한 방안을 언급하지 않았다.

Q2 고용노동부에서 개선이 필요한 제도에 대해 말해보세요.

> 고용노동부에서 청년을 위한 많은 제도를 시행하고 있는 것으로 알고 있습니다. 최근 MZ세대와 기성세대와의 갈등문제도 생각해 봐야 하는 부분이 있고, 기존 청년정책을 살펴봤을 때 많은 청년들이 일자리에 대한 부정적인 시각을 갖고 있다는 것을 확인했습니다.

▶ 개선이 필요한 제도(정책)명을 언급하지 않았고, 언급한 청년 일자리 관련 정책에 대한 구체적인 문제점 또한 답변하지 않았다.

Q3 취약계층을 위한 제도가 있는데, 코로나로 인해 직접 방문이 어렵게 되었다. 이런 문제개선을 위한 대안책이 무엇이라고 생각하는지?

> 코로나19라는 팬데믹 상황에서 주민들은 더욱 고립되고 있는 상황입니다. 지방자치단체와 협업하여 이러한 문제를 인지하고 도움을 주는 것이 중요하다고 생각합니다.

▶ 지방자치단체와의 협업이 직접방문의 대안책으로 적절한지, 적절하다면 그 근거는 무엇인지 구체적으로 답변하지 않았다.

364 PART 06 · 개별면접 스피치

구조화 프레임이란 말하고자 하는 내용을 논리적으로 전개하는 과정으로, 4가지 논리적 구성으로 나뉜다.

기본논리형	대중적으로 사용하는 스피치 기법으로 30~40초 내로 답변할 때 사용된다.
그룹핑형	다양한 관점과 사고를 어필할 때 사용하는 스피치 기법이다.
문제해결형	'ㅇㅇ문제점과 개선방안에 대해 답변하라'는 질문에 대한 맞춤답변 논리구성이다.
경험형	'ㅇㅇ경험에 대해 말하라'는 경험질문에 대한 맞춤답변 논리구성이다.

01 기본논리형

1. 기본논리형

기본논리형이란 1분 내로 논리적인 답변을 하는 방법이다. 1분에 딱 맞춰서 답변하기보다는 보통 30~40초 내로 답변하기 위해 가장 많이 사용되는 기술이다.

2. 구조화

구조	소재
결론	주장
부연설명	개념, 개요, 계기
근거	사례, 지식, 경험
의견정리	다짐, 각오, 계획

① 결론

구조	소재
결론	주장

공식적으로는 '두괄식 말하기'로 불린다. 두괄(頭括)은 머리 '두', 묶을 '괄'을 사용해 머리에 내용을 묶어 두라는 의미이다. 즉, 말하고자 하는 핵심을 먼저 이야기하라는 뜻이다. 핵심을 먼저 답변할 경우, 다음 내용에 대해 구체적으로 말할 수 있고 답변의 방향성도 잃지 않게 된다.

결론 ×	결론 ○
Q. 개선이 필요하다고 느끼는 청년제도에 대해 말해 보세요. A. 청년을 위해서 많은 제도가 시행되고 있는 것으로 알고 있습니다. 일자리, 고립화, 젠더갈등 등 청년들이 여러 문제를 겪고 있고 … 음 … 제 주변에도 취업이 안 돼서 힘들어 하는 친구들이 많습니다. … (질문이 뭐였더라?)	Q1. 지원자의 좌우명에 대해 말해 보세요. A1. 저의 좌우명은 '역지사지'입니다. (결론) Q2. 지원자가 존경하는 인물에 대해 말해 보세요. A2. 제가 존경하는 인물은 '세종대왕'입니다. (결론)

PART
06

TIP

결론 말하기: A = B

결론을 쉽게 말하는 방법은 'A는 B입니다(A = B).'로 말하는 것이다. 가장 명료하면서 깔끔하게 대답할 수 있는 답변 형식이다. A는 질문의 핵심이고 B는 답변이다. 특히 이 구조의 장점은 면접관이 긴 질문을 하더라도 질문의 핵심을 빠르게 파악할 수 있다는 점이다.

Q. [꼬리질문] 교내방송국 활동을 하다 보면 계속 같은 실수를 반복하는 후배들이 있었을 텐데, 어떻게 대처하셨는지?

A. 네. 실수를 반복했던 후배에 대한 대처방법은 ○○○이었습니다.
　　　　　　　　　　(A)　　　　　　　　　=　　　　(B)

② 부연설명

구조	소재
부연설명	• 개념: 정의 • 개요: 줄거리, 사례요약 • 계기: 근거를 갖게 된 이유 및 동기 + 의견

부연설명은 결론의 일부로서 결론에 살을 붙이는 과정으로, 상대가 잘 알지 못하는 핵심을 폭넓게 또는 깊이 있게 이해할 수 있도록 말하는 설명방식이다. 참고로 부연설명은 10초 이상 말하지 않는 것이 좋다. 부연설명보다는 사실적 내용을 다루는 근거를 길게 말할 때 설득력이 높아지기 때문이다.

Q1. 지원자의 좌우명에 대해 말해보세요.

A1 – 1. 저의 좌우명은 '역지사지'입니다. 역지사지란 상대편의 입장에서 먼저 생각하고, 그 사람의 처지에서 이해하라는 의미입니다. (개념)

A1 – 2. 저의 좌우명은 '불가능이란 없다'입니다. 업무를 할 때마다 문제가 생기면 여러 가지 방법을 생각해 개선점을 찾곤 했습니다. (개요)

A1 – 3. 저의 좌우명은 '애기애타'입니다. 도산 안창호 선생님이 남기신 글씨로, '나를 사랑하듯 남을 사랑하라'는 의미입니다. 이러한 태도는 국민의 신뢰를 얻는 기반이 될 수 있을 것이라 생각합니다. (개념 · 장점)

Q2. 지원자가 존경하는 인물에 대해 말해보세요.

A2. 제가 존경하는 인물은 '세종대왕'입니다. 한국사를 공부하면서 세종대왕의 업적을 알게 된 후 그의 애민정신과 애국심에 감명하여 깊이 존경하게 되었습니다. (계기)

③ 근거(= 증거)

구조	소재
근거	• 사례: 사실적 이슈, 통계 • 지식: 공직 · 직무 관련 법, 정책 등 • 경험: 스토리

근거는 논리의 '꽃'이라고 생각한다. 주장을 가장 설득력 있게 만들어 주는 역할을 하기 때문이다. 근거는 '증거'라고 표현하기도 하며 가장 큰 장점은 사실을 뒷받침하기 때문에 가장 객관적인 설득을 할 수 있다는 점이다.

Q1. 보호직에서 개선이 필요하다고 생각하는 제도는?

A1. 저는 전자발찌 제도를 개선해야 한다고 생각합니다. 전자발찌 제도로 인하여 성범죄비율이 줄어든 것은 사실이나 전자발찌를 끊거나 착용한 채로 범죄를 저지르는 경우는 증가하고 있습니다. 특히 지난해 8월에는 전과 14범의 전과자가 전자발찌를 끊고 여성 2명을 살해하는 사건도 있었습니다. 이에 대해 법무부는 발찌 안에 들어가는 금속 내장재를 기존 7겹에서 15겹으로 늘려 내구성을 강화하는 방안을 진행 중에 있고, 전자발찌가 알코올수치나 기타 호르몬수치를 측정하여 이상반응 시 관찰관에게 즉각적으로 알릴 수 있는 기능을 개발하고 있다고 알고 있습니다. 하루빨리 이러한 기능을 탑재하여 재범이나 범죄예방가능성을 줄여야 한다고 생각합니다. (사례)

Q2. 중요하게 생각하는 공직가치는 무엇인가요?

A2. 제가 가장 중요하게 생각하는 공직가치는 책임감입니다. 공무원은 국민 피해의 최소화를 위하여 책임감을 가지고 적극행정을 구현해야 합니다. 이와 관련하여 문화체육관광부에서는 우리 국민들이 생활필수지원정보 등을 책 한 권에서 쉽게 찾을 수 있도록 희망사다리 2022를 발간하였습니다. 여기에는 생활필수정책 200여 개가 생애주기별, 분야별로 수록되어 있어 지원이 필요한 어려운 상황에 놓인 국민들이 정보를 몰라 혜택을 못 받는 상황이 발생하지 않도록 조치하였습니다. (지식)

Q3. 지원자의 강점은 무엇인가요.

A3. 첫째, 민원인 맞춤 대응능력입니다. (고객응대기술·고객분석능력) 회사의 서비스 센터인 인사총무부에 재직하면서 내부직원들을 응대할 일이 많았습니다. 특히 휴양시설 이용이나 인사에 관한 문의사항이 있을 때 성격이 급하신 분이나 높은 직급의 분들은 메신저보다는 전화로 설명해 드렸습니다. 제대로 해결이 안 되면 직접 가서 설명해 드리는 것을 선호했습니다. (경험)

> **TIP**
>
> **근거 말하기**
>
> 근거를 한 가지만 이야기할 경우 구체화하여 답변해야 설득력이 높아진다. 근거가 2~3개 이상일 경우에는 각 근거의 핵심을 나열해 답변을 완성시켜 보자.

④ 의견정리

구조	소재
의견정리	다짐 및 각오, 배운 점, 향후계획

마무리 단계이다. 의견정리로 끝맺음을 할 때 마무리된 답변이 완성된다. '결론−부연설명−근거'의 답변이 길어질 경우, 생략하기도 한다.

> **Q1.** 세무직 공무원에게 필요한 자세
>
> **A1.** 세무직 공무원으로서 가장 필요한 역량은 '전문성'입니다. … 저는 이러한 노력들을 기울이며 세무직 공무원이 되기 위한 초석을 다져왔습니다. 입직 이후에도 국민들께 질 좋은 서비스를 드리기 위해 이러한 전문성을 갈고 닦는 데 노력을 게을리하지 않겠습니다. (의견정리)

> **Q2.** 일반행정직 합격 후 어떤 일을 하고 싶은지?
>
> **A2.** 저는 일반행정직렬 합격 후 사회적 약자의 사각지대를 해소하는 일을 하고 싶습니다. … 최근 보건복지부에서 아동복지법을 개정하여 기존 보호대상아동 보호 종료시점을 18세에서 25세로 연장한 사례를 보았습니다. 이처럼 제도 내에 사각지대를 개선하여 더욱 실효성 있는 정책을 실현하고 싶습니다. (의견정리)

02 그룹핑형

1. 그룹핑형

그룹핑형은 요점을 특정 기준으로 분류해 말하는 방법이다. 예를 들어 시간을 기준으로 분류할 경우 과거, 현재, 미래로 나눌 수 있다. 주장이 기준이라면 찬성과 반대가 되며, 사회 현상이 기준일 경우 경제적, 사회문화적 관점으로 분리할 수 있다. 공간을 기준으로 둔다면 내부, 외부로 나눌 수 있다. 그룹핑형은 다양한 관점을 분류해 이야기하는 것이기 때문에 면접관에게 비판적·분석적 사고력을 가진 지원자로 인식될 수 있다. 하지만 답변 비율 조절에 실패할 경우 내용이 길어지기 때문에 답변 내용이 지루하게 느껴질 수 있다. 항상 1분 10초 이내로 분류해 말하는 연습을 해야 한다.

2. 용도

■■ 그룹핑형이 적용되는 질문

공직·직무·인성	정책
• 1분 자기소개 • 본인의 성향적 장점 • 공무원이 되기 위해 노력한 점 • 중요하게 생각하는 공직가치 3가지 • ○○직 공무원으로서 지원자의 강점 • 입직 후 담당하고 싶은 업무 2가지	• ○○부처의 인상적인 정책 2가지 • ○○정책의 문제점과 개선방안 • ○○관련 사회적 문제의 개선방향

3. 분류법

그룹핑형의 분류방법이 수학공식처럼 정해진 것은 아니다. 하단 내용을 참고하여 상황별로 적절히 적용하도록 하자.

■■ 분류 예시

공직·직무·인성	• 지식-역량(기술)-태도 • 담당업무 1-담당업무 2-담당업무 3 • 관계측면-업무측면
정책	• 유형: 인프라(물적-인적-시적), 제도-인프라-인식, 사회-경제-인식-기술-교육-제도 • 주체: 정책대상자(환경단체-주민-전문가), 정책대상자(학생-교사-교육부), 개인-조직, 공급자-수요자 • 기준: 학교폭력(신체-언어-정서-사이버), 연령별(청년-중장년-고령), 업무환경(업무량-업무효율-비용), 인프라(물적-인적-시적) • 절차·단계: 사전예방-중간관리-사후보완, 핵심확인-담당자 확인-사후보완

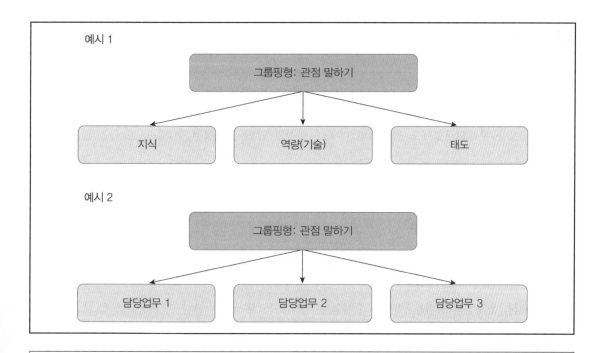

예시 1

그룹핑형: 관점 말하기

지식 | 역량(기술) | 태도

예시 2

그룹핑형: 관점 말하기

담당업무 1 | 담당업무 2 | 담당업무 3

Q1. 일반행정직 공무원이 되기 위해 어떤 노력을 했나요?

A1. ○○부처 행정직공무원이 되기 위해 세 가지 노력을 했습니다. 첫째, 의사소통능력입니다. … 둘째, 행정 관련 지식습득입니다. … 셋째, 봉사정신입니다. …

→ 이 사례는 어떤 기준으로 분류된 걸까? 역량, 지식, 태도로 분류한 것이다. 첫째는 직무 환경에서 꼭 필요한 민원인, 동료관계에서의 소통역량을 말하고 있고 둘째는 직무 관련 지식습득 노력과정을 이야기하고 있으며 마지막으로는 공직업무에 필요한 태도를 말하고 있다. 정리하면 직무와 태도로 분류하고 직무를 역량과 지식으로 한 번 더 분류한 케이스이다.

Q2. 일반행적직 공무원으로서 필요한 역량은 무엇이라고 생각하는지?

A2. 첫째, 고객응대기술과 분석능력을 통한 민원인 맞춤 대응능력이라고 생각합니다. … 둘째, 꼼꼼한 정산관리능력 및 부과능력입니다. (중략)

→ 어떤 기준으로 분류된 걸까? 업무유형이다. 첫째는 민원인 응대업무적 관점을 풀어 냈고, 둘째는 행정처리능력을 말하고 있다.

Q3. 메타버스 관련 교육프로그램이 필요한 이유는 무엇인가?

A3. 메타버스 이해도 향상을 위한 공급자 측면, 이용자 측면의 교육프로그램이 필요하다고 생각합니다. 공급자 측면에서는 메타버스를 국제적으로 활성화하기 위함입니다. 이를 위해선 메타버스에 활용되는 데이터에 관하여 이용·분석하는 역량을 가진 인력이 많이 필요합니다. 역량강화를 위해 메타버스 신기술 관련 전문가와 협의하여 그와 관련된 프로그램 및 교육을 제공하는 해결방안이 있다고 생각합니다. 이용자 측면에서 코로나19의 유행으로 비대면 커뮤니티의 필요성이 증가하였습니다. 예를 들어, 일반시민 대부분은 직장에서 시간을 보내는 비중이 높습니다. 대면활동이 제한될 시 이러한 메타버스산업 활성화에 따른 직장 플랫폼을 구축한다면 직접 만나지 않고도 업무의 진행과 보고를 실시간으로 할 수 있습니다. 이와 같은 기술은 여러 실생활 분야로도 응용되어 시민에게 더 좋은 삶의 질을 제공할 것이기 때문에 그와 관련된 배경지식과 추세에 관해 깨어 있어야 한다고 생각합니다.

→ 메타버스 교육프로그램의 필요성을 공급자 측면과 이용자 측면으로 나눠 설명하고 있다.

03 문제해결형

1. 문제해결형

문제해결형이란 사회이슈·제도(정책)의 문제점 및 개선방안을 말하는 방법이다. 구조는 기본논리형과 비슷하지만 답변의 소재가 달라질 수 있어 별도로 문제해결형 스피치를 소개하고자 한다. 또한 그룹핑형의 내용을 문제해결형에도 적용하면 더욱 구체적인 답변이 완성될 수 있다.

2. 구조화

구조	소재
문제점	문제의 현황·추세, 개념
	원인, 문제점
해결방안	(원인·문제점의 반대) 해결방안
기대효과	효과 및 의견

① 문제점: 문제점의 정의는 '제시된 주제의 문제가 되는 점'을 의미한다. 질의응답을 할 때 문제점을 바로 이야기하고 시작해도 되지만 대게는 문제의 배경지식을 설명하기 위해 문제의 '현황·추세'나 문제핵심의 '개념'을 이야기하고 시작하는 경우가 많다.

> Q. 저출산 문제의 원인이 무엇이라고 생각하는지?
> A. 현대 대한민국의 출산률은 OECD 국가 중 최하위를 기록하고 있는 만큼 저출산은 대한민국에서 시급하게 해결해야 할 사회적 문제라고 생각합니다. 저출산 문제의 원인은 다양하지만 주요 문제 2가지를 말씀드리자면 첫째, 육아비용의 부담입니다. … 둘째, 결혼관의 변화로 인한 딩크족 증가입니다. …
> → 문제점을 말할 때 '그룹핑 스피치'를 적용하면 다양한 관점의 문제현상을 제시하여 분석적 사고력을 보여줄 수 있다.

② 해결방안

구조	소재
해결방안	(원인·문제점 반대) 해결방안

해결방안	=	문제점	+	반대점

> Q. 청년실업 문제의 해결방안에 대해 말해보세요.
> A. 청년실업 문제는 여러 원인으로 발생하지만 첫째, 중소기업에 대한 부정적 인식입니다. … 이에 대한 해결방안으로는 중소기업에 대한 인식개선이 있습니다. …
> 둘째, 불필요한 스펙 쌓기 문화입니다. … 해당 문제해결을 위해 기업 차원에서 직무 중심의 채용문화를 활성화해야 한다고 생각합니다. …
> → 중소기업의 부정적 인식의 '반대'는 중소기업의 인식개선, 불필요한 스펙 쌓기 문화의 '반대'는 필요한 스펙 쌓기 문화 활성화(직무 중심의 채용 양산)이다. 이처럼 개선방안은 '반대'의 측면으로 접근해 보자.

04 경험형

1. 경험형

경험형은 자신이 직접 겪은 사례(스토리)를 말하는 방법이다. 경험을 말할 때 면접관이 자강 만족하는 답변은 구체적이고 구조화가 잘 된 답변이다. 구체적이기만 한 답변은 생동감이 느껴지지만 불필요한 부분까지 이야기할 수 있어 답변이 삼천포로 빠질 수 있기 때문에 핵심만 답변할 수 있는 논리구조를 익힐 필요가 있다.

2. 구조화

① 문제상황 有

구조	핵심키워드	개념
개요	언제, 어디서, 무엇을 + 주제	경험의 대략적인 정보 제공
상황	일반상황 + 문제상황	문제상황이 발생한 배경(원인) • 일반상황: 목표와 역할 • 문제상황: 사건의 원인
해결과정 및 결과	문제를 극복한 행동 + 결과	문제해결을 위해 구체적으로 노력한 점 및 결과
의견정리	느낀 점, 배운 점, 직무다짐	• 느끼고 배운 것 • 직무에 어떻게 적용할 것인지

> **TIP**
>
> **문제상황 有 적용질문**
> - 갈등 경험
> - 조직·타인을 위해 희생했던 경험
> - 살면서 힘들었던 경험
> - 성취감을 느꼈던 경험
> - 문제를 해결했던 경험
> - 팀워크·리더십을 발휘했던 경험
> - 목표를 달성했던 경험

② 문제상황 無

구조	핵심키워드	개념
개요	언제, 어디서, 무엇을 + 주제	경험의 대략적인 정보 제공
상황	일반상황	목표와 역할
인상적인 점	• 인상적인 에피소드 • 기억에 남는 에피소드	• 터닝포인트(생각 및 행동변화에 영향을 준) 사례 • 새롭게 알게 된 점(결과적으로 한층 더 성장하게 된 사례)
의견정리	느낀 점, 배운 점, 직무다짐	• 느끼고 배운 것 • 직무에 어떻게 적용할 것인지

문제상황 無 적용질문
- 봉사활동 경험
- 목표를 달성했던 경험
- 팀워크·리더십을 발휘했던 경험
- 성취감을 느꼈던 경험

문제상황 有

Q1. 학창시절이나 사회생활을 하면서 자신이 속한 조직을 위해서 희생했던 경험이 있나요?

[질문의도]
개인보다 조직을 우선시하는 지원자의 가치관 및 태도를 확인하는 질문이다. 봉사, 배려, 책임감과 관련된 경험을 이야기하면 된다.
- 개요(언제, 어디서, 무엇을 + 주제): 2022년 대학수업에서 팀프로젝트를 준비하며 팀을 위해 희생을 한 경험이 있습니다.
- 상황(일반상황 + 문제상황): 당시 4인 1조로 6개월간 발표과제를 준비해야 했습니다. 그런데 1달을 남기고 조원 중 1명이 급성위염으로 입원을 해야 하는 상황이 발생했습니다. 6개월의 긴 과제인 만큼 각자 준비한 자료를 직접 발표해야 했기에 누군가는 입원한 친구의 발표를 대신해야 했습니다.
- 해결과정 및 결과(문제를 극복한 행동 + 결과): 다들 부담을 느끼는 상황에서 저도 쉽진 않았지만 제가 해 보겠다고 나섰습니다. 1달간 발표과제를 위해 입원한 친구의 자료를 숙지하고 매일 4시간 이상 발표 연습을 했습니다. 그 결과 성공적으로 발표를 마치게 되었고 개인적으로 발표실력 향상에도 도움이 되었습니다.
- 의견정리(느낀 점, 배운 점, 직무다짐): 팀을 위한 희생은 모두에게 좋은 결과로 이어질 뿐만 아니라 개인역량 향상에도 큰 도움이 된다는 사실을 배우게 되었습니다.

TIP

결과 말하기
경험에서 특히 중요한 것은 '결과'이다. 성과는 지원자의 역량수준과 발전가능성을 확인할 수 있는 중요한 척도가 된다. 결과를 말할 수 있는 소재를 살펴보고 레벨 1부터 레벨 3까지 해당되는 사항을 꼭 말하도록 하자.
레벨 1. [역량] 업무효율성 및 노하우 습득 → 역량향상, 또 다른 지식 보유
　　　　[관계] 상사로부터 인정, 팀원 간의 신뢰 확보
레벨 2. [성과] 1등, 우수상, 수주성공
레벨 3. [기여] 성과와 역량향상을 넘어 타인·조직에 공유하고, 커뮤니티 전문성 향상에 기여

Q2. 뚜렷한 규칙이 없는 상황에서 문제를 해결한 경험이 있나요?

[질문의도]

조직생활에서 규정과 규칙은 조직 내 문제가 발생하거나 업무를 처리할 때 해결할 수 있는 가이드라인이 된다. 만약 증명서 발급을 위해 관련 담당자를 찾는데, 공무원들이 담당자를 찾기 어렵다며 일 처리를 서로에게 미루는 상황이라면 민원인으로서는 답답하고 공무원에 대한 신뢰감이 떨어질 것이다. 이처럼 뚜렷한 규칙이 없는데 문제를 해결한 경험은 규칙이 없어 문제가 발생했을 때 창의적으로 혹은 가이드라인을 만들어 해결했던 경험에 대해 이야기하면 된다. 가이드라인을 위해 어떤 내용을 참고했는지, 전문가에게 도움을 받았는지 등 다양한 노력 사례를 언급하도록 하자.

- 개요(언제, 어디서, 무엇을 + 주제): 2019년 대학교 2학년이었을 때 여행동아리에서 문제를 해결한 경험이 있습니다.
- 상황(일반상황 + 문제상황): 당시 동아리에는 특별한 내부규정도, 가입제약도 없었습니다. 동아리 회장의 방침은 '자유방임형'이었는데, 문제는 동아리 모임시간 및 규정, 참여의 기준이 없어 향후 동아리의 존립 자체도 불투명한 상황이었습니다.
- 해결과정 및 결과(문제를 극복한 행동 + 결과): 저는 동아리의 활성화를 위해 회원들을 강력하게 규제하진 않되, 최소한의 규정을 만들자고 제안했습니다. 또한 규정의 기준을 정확하고 구체적으로 만들기 위해 동아리 회원 중 법학과에 다니는 동기에게 자문을 구했고, 동기의 도움으로 법조문의 형식을 띤 간략한 동아리의 내부규정을 만들었습니다. 그 결과 동아리의 참여도도 조금씩 올라갔습니다.
- 의견정리(느낀 점, 배운 점, 직무다짐): 이 경험을 통해 조직의 활성화를 위해서는 기본적인 규정 및 규칙이 중요하다는 것을 알게 되었습니다.

TIP

꼬리질문 살펴보기

└ 법학과에 다니는 동기에게 자문을 구한 이유는?

└ 만약 입직 후에도 ○○직무를 수행하는 도중 매뉴얼에 없는 업무를 담당하게 된다면 어떻게 처리할 것인지?

Q3. 본인의 단점을 극복한 경험 또는 문제를 해결했던 경험이 있나요?

[질문의도]

자기성장과 자기계발에 관련된 질문이다. 본인의 단점을 인지한 상태로 머무는지, 혹은 단점을 개선해 역량을 강화하고자 하는지를 확인하는 내용으로 단점을 극복하기 위해 노력했던 사례를 이야기하자.

- 개요(언제, 어디서, 무엇을 + 주제): 4년 전 첫 직장에서 화장품 미생물 분석을 할 때 저의 단점을 극복한 적이 있습니다.
- 상황(일반상황 + 문제상황): 다른 팀원들은 하루에 20건 정도의 시료를 처리하는 반면, 저는 10건 정도의 시료밖에 처리하지 못했습니다. 저로 인하여 다른 팀원들의 업무부담이 증가하고 개인적으로도 야근을 자주 해야 했기에 정신적으로 힘든 시기를 보내야 했습니다.

- 해결과정 및 결과(문제를 극복한 행동 + 결과): 그 후 저는 다른 팀원들에게 피해가 가지 않도록 야근과 특근을 활용하여 저의 실험숙련도를 향상시키기 위해 부단히 노력하였습니다. 피펫팅 연습, 빨리빨리 정확하게 훈련, 동선을 최대한 줄여서 업무효율성 높이기 등의 노력이 그 예입니다.
- 의견정리(느낀 점, 배운 점, 직무다짐): 이를 통해 업무숙련도가 향상되었고, 이후 이직한 회사에서는 제가 다른 사람에게 가르쳐 줄 수 있을 만큼 역량을 쌓을 수 있었습니다.

TIP

꼬리질문 살펴보기

ㄴ 입직 후 직무수행에 있어 지원자가 가장 부족하다고 생각하는 업무는 무엇인지?

ㄴ 부족한 점을 개선하기 위한 향후 노력은 무엇인지?

문제상황 無

Q4. 봉사활동을 했던 경험이 있나요?

[질문의도]

지원자의 봉사정신, 배려, 희생, 나눔, 도덕성 등을 평가하고자 함이다. 단순이 봉사활동 경험의 유무를 묻기보다는 봉사활동을 하면서 어떤 가치를 배우게 되었는지 그리고 그 가치를 바탕으로 어떤 사람으로 성장했는지 등을 표현해보자.

- 개요(언제, 어디서, 무엇을 + 주제): 작년 1년간 지역 독거노인을 위한 봉사활동을 했습니다.
- 상황(일반상황): 봉사활동에서 저의 역할은 거동이 불편한 저소득층 노인들을 상대로 도시락을 직접 만들어 배달하고 어르신들에게 말벗이 되어드리는 것이었습니다.
- 인상적인 점(인상적인 에피소드 / 기억에 남는 에피소드): 주말마다 도시락 배달을 하며 어르신들의 외로움을 나누고, 최근 노인 고독사 문제도 예방할 수 있다는 점이 가장 뿌듯했습니다. 특히, 봉사활동을 하며 알게 된 사실은 저소득층에 가까울수록 노인 치매발생률이 높다는 것이었습니다. 평소 건강검진을 제대로 받지 못해 질환이 악화되어 발생하는 경우가 많기 때문이었습니다.
- 의견정리(느낀 점, 배운 점, 직무다짐): 봉사활동의 현장에서 사회적 약자의 어려움이 무엇인지 직접 확인할 수 있는 시간이었으며, 공무원이 되어서 더욱 사회적 약자의 시선에서 바라보고 그들을 위한 지원책이 무엇인지 늘 고민하고 실행할 수 있는 공직자가 되겠습니다.

TIP

꼬리질문 살펴보기

ㄴ 노인 고독사 감소를 위해 해당 부처에서 할 수 있는 일은?

ㄴ 사회적 약자에 대해 아는 대로 말해 보아라.

ㄴ 사회적 약자의 정의는?

ㄴ 해당 부처에서 사회적 약자를 위해 노력하고 있는 제도(사업)에 관해 아는 대로 말해보아라.

⚙️ Check Point 한 눈에 보는 1분 스피치

• 기본논리형

구조	소재
결론	주장
부연설명	• 개념: 정의 • 개요: 줄거리, 사례요약 • 계기: 근거를 갖게 된 이유 및 동기 + 의견
근거	• 사례: 사실적 이슈, 통계 • 지식: 공직·직무 관련 법, 정책 등 • 경험: 스토리
의견정리	다짐 및 각오, 배운 점, 향후 계획

• 그룹핑형

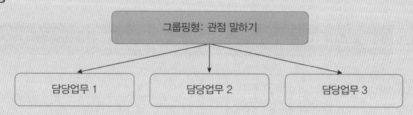

• 문제해결형

구조	소재
문제점	문제의 현황·추세, 개념
	원인, 문제점
해결방안	(원인·문제점의 반대) 해결방안
기대효과	효과 및 의견

• 경험형
- 문제상황 有

구조	핵심 키워드	개념
개요	언제, 어디서, 무엇을 + 주제	경험의 대략적인 정보 제공
상황	일반상황 + 문제상황	문제상황이 발생한 배경(원인) • 일반상황: 목표와 역할 • 문제상황: 사건의 원인
해결과정 및 결과	문제를 극복한 행동 + 결과	문제해결을 위해 구체적으로 노력한 점 및 결과
의견정리	느낀 점, 배운 점, 직무다짐	• 느끼고 배운 것 • 직무에 어떻게 적용할 것인지

- 문제상황 無

구조	핵심 키워드	개념
개요	언제, 어디서, 무엇을 + 주제	경험의 대략적인 정보 제공
상황	일반상황	목표와 역할
인상적인 점	• 인상적인 에피소드 • 기억에 남는 에피소드	• 터닝포인트(생각 및 행동변화에 영향을 준) 사례 • 새롭게 알게 된 점(결과적으로 한층 더 성장하게 된 사례)
의견정리	느낀 점, 배운 점, 직무다짐	• 느끼고 배운 것 • 직무에 어떻게 적용할 것인지

POINT 03 | 1분 스피치의 예외도 있을까? - 10초 스피치

10초 스피치는 어떤 상황에서 필요할까? 공식적으로 정해진 것은 아니지만 통상적으로 지원자의 대답을 '재확인'하거나, '개념', '특징', '역할' 등 가벼운 질문에 답할 때 사용한다.

> **Q.** 최근 외교부에서 추진하고 있는 국민외교가 있는데 들어보셨나요?
> **A.** 국민외교는 국민과의 소통을 강화하여 외교정책 결정에 대한 국민의 참여를 추진하는 국민 중심적 외교를 의미합니다.
> → 국민외교의 개념에 대해 묻는 질문이다. 배경지식을 덧붙여 답변하고 싶다면 국민외교의 대표적 사례를 이야기하면 된다.

재확인 질문	Q. 업무에 관심을 갖게 된 계기가 있나요? ㄴ [후속] 학창시절 문화적 격차를 느꼈다는 거죠? Q. 사회적 약자를 위해 어떤 지원이 필요할까요? ㄴ [후속] 법적 강화가 필요하다는 말씀이시죠?
개념·특징·역할	Q. 봉사활동 경험이 5년 정도 된다고 했는데, 자세히 말해 보세요. ㄴ [후속] 잘 들었습니다. 당시 본인의 역할은 무엇이었나요?

합격답변: 표현전략

POINT 01 면접결과를 180도 뒤집는 구체화 말하기

01 구체적 vs 추상적

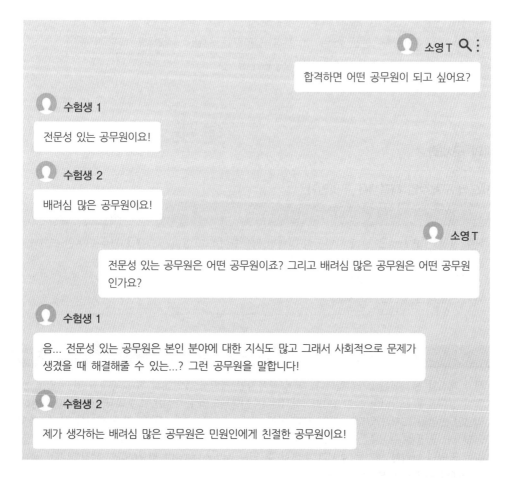

소영 T 🔍 ⋮

합격하면 어떤 공무원이 되고 싶어요?

수험생 1

전문성 있는 공무원이요!

수험생 2

배려심 많은 공무원이요!

소영 T

전문성 있는 공무원은 어떤 공무원이죠? 그리고 배려심 많은 공무원은 어떤 공무원인가요?

수험생 1

음... 전문성 있는 공무원은 본인 분야에 대한 지식도 많고 그래서 사회적으로 문제가 생겼을 때 해결해줄 수 있는...? 그런 공무원을 말합니다!

수험생 2

제가 생각하는 배려심 많은 공무원은 민원인에게 친절한 공무원이요!

여러분이 보기엔 어떠한가? 수험생들이 무엇을 말하고자 하는지 정확하고 자세하게 느껴지는가? 필자가 수험생들에게 물은 질문은 면접상황에서 충분히 나올 수 있는 질문이다. 만약 수험생이 면접상황에서 위 사례처럼 추상적으로 답변한다면 평정결과 '하'의 점수를 받을 확률이 높다.

구체적으로 말한다는 것은 그림이 그려지는 말하기라고 한다. 직접 그림을 보지 않아도 그림처럼 묘사가 자세하고 정확하기 때문에 듣는 것만으로도 상상이 가능한 말하기라는 것이다.

PART

06

간혹 수험생들이 '그렇게까지 자세하게 얘기해야 하나요?'라고 묻지만 자세하게 이야기할 때 지원자에 대한 신뢰도는 자연스럽게 올라간다. 즉, 자세하게 말해야 면접관이 듣는다.

POINT 02 구체화 표현방법

구체적으로 말하는 방법은 '예시'를 들어 답변하는 것이다. 예시는 상대방이 확실하게 이해할 수 있는 방법 중 하나로, 면접에서 주로 사용되는 예시는 문제상황, 원인, 숫자, 기관명 등을 언급하는 것을 이야기한다. 예시로 사용되는 내용은 다음과 같다.

사례의 구체화	문세상황, 원인, 업무유형, 특징, 실행방법, 역할, 노력한 점, 배운 점 등
정확한 명칭	제도명, 기관명, 법률용어, 전공용어 등
숫자	노력사항, 성과 등

01 사례의 구체화

Q1 ○○제도의 구체적인 해결책은 무엇인가?

코칭 전
A. 현재 공청회 및 토론을 통해 시민들의 정책진행에 참여하고 있지만 많은 의견수립이 안 되고 있어 이 부분에 대한 개선이 필요하다고 생각합니다. → 의견수립이 안 되는 원인은? ▷ 예시 → 개선에 대한 의견은? ▷ 예시

▼

코칭 후
A. 제가 제시할 해결책은 2가지입니다. 먼저 공식적인 제도적 측면에서 현재 공청회 및 토론을 통해 국민들이 정책진행에 참여하고 있습니다. 하지만 현 진행제도의 문제점은 소수의 국민만 참여 가능해 일부의 의견만 반영될 소지가 있다는 점입니다. 이에 대한 해결책으로는 첫째, 최근 보건복지부는 금연정보와 금연상담을 받을 수 있는 채팅 상담서비스인 '노담봇'을 신설했습니다. 이처럼 모바일 공청회 등을 시행하여 국민의 다양한 의견을 수시로 수렴할 수 있는 서비스 채널이 필요하다고 생각합니다. 둘째, … → 사례의 구체화: 원인 및 실행방법

Q2 지원자의 전공이 공직업무에 어떻게 적용되는지?

코칭 전

A. 저는 관광경영학과를 졸업하였습니다. 문화체육관광부 국내관광진흥과는 관광자원을 관광상품으로 개발하고 홍보하는 업무를 수행하는 만큼 관광자원에 대한 이해, 관광상품으로 개발하기 위한 기획력, 관광객에 대한 이해가 필요하다고 생각합니다. 저는 학과 내에서 관광학개론 수업을 이수하고 관광코스 개발을 해 봤던 경험이 있어 여러 지역에 대한 이해를 높이고 적용하는 데 도움이 될 것이라고 생각합니다.
→ 관광학개론 수업 이수, 관광코스 개발 경험 ▷ 예시
→ 도움이 되는 점 ▷ 예시

▼

코칭 후

A. 저는 관광경영학과를 졸업하였습니다. 문화체육관광부 국내관광진흥과는 관광자원을 관광상품으로 개발하고 홍보하는 업무를 수행하는 만큼 관광자원에 대한 이해, 관광상품으로 개발하기 위한 기획력, 관광객에 대한 이해가 필요하다고 생각합니다. 자세히 설명드리자면,
첫째, 관광자원에 대한 이해입니다. 관광학개론 수업에서 관광을 의료관광, 문화관광, 여가관광 등으로 나누고 그 특징을 배웠습니다. 특히 여러 관광에 대한 이해는 관광객의 맞춤수요를 이끌어 관광상품으로 유도하는 측면에서 도움이 될 것이라고 생각합니다.
둘째, 관광상품을 개발하기 위한 기획력 및 관광객에 대한 이해입니다. 저는 서울 속의 힐링이라는 주제로 광장시장, 창덕궁, 서울빛 초롱축제를 묶어 관광코스를 개발했습니다. 당시 단순한 문화재관광이라는 획일적인 관광이 아닌 관광객이 관광을 하는 이유와 동기에 초점을 맞췄고 관광객의 만족도를 높이기 위해 관광자원에 대한 조사뿐만 아니라 주변의 음식점, 카페 및 편의시설과 관련한 조사를 했습니다.
이처럼 학과에서 배운 지식과 실무적 역량은 국내관광진흥과에서 다양한 지역에 대한 이해를 높이고 적용하는 데 큰 도움이 될 수 있을 것이라고 생각합니다.
→ 사례의 구체화: 업무유형, 역할 및 노력한 점

Q3 봉사활동을 하면서 여성고용정책과에서 개선이 필요하다고 느낀 사례

코칭 전

A. 현재 고용노동부에서는 한부모근로자들에 대해서 육아휴직급여를 더 많이 지원하는 특례를 제공하고 있습니다. 하지만 지금 시행되고 있는 모성보호제도는 고용보험의 틀 안에서 운영되고 있고, 그러다 보니 비정규직, 자영업자, 실직자 등 소득이 없거나 불안정한 고용상황에 있는 분들은 지원을 받지 못합니다. 이는 한부모근로자뿐만 아니라 일반근로자에게도 해당되는 문제입니다. 따라서 이에 대한 제도개선이 필요하다고 생각됩니다.
→ 제도 개선방법 ▷ 예시

▼

코칭 후

A. 현재 고용노동부에서는 한부모근로자들에 대해서 육아휴직급여를 더 많이 지원하는 특례를 제공하고 있습니다. 하지만 지금 시행되고 있는 모성보호제도는 고용보험의 틀 안에서 운영되고 있고, 그러다 보니 비정규직, 자영업자, 실직자 등 소득이 없거나 불안정한 고용상황에 있는 분들은 지원을 받지 못합니다. 이는 한부모근로자뿐만 아니라 일반근로자에게도 해당되는 문제입니다. 따라서 이에 대한 제도개선이 필요하다고 생각됩니다. 예를 들어, 스웨덴이나 독일 같은 경우에는 별도의 사회보험을 따로 만들어서 정책대상자를 확대하여 운영하고 있습니다. 우리나라도 이러한 사례들을 참고해서 사각지대를 줄여나가는 방향으로 나아가야 한다고 생각합니다.
→ 사례의 구체화: 사례 및 실행방법

Q4 공정진행률이 80%일 때 설변(설계변경)을 요구한다면 어떻게 해야 하는가?

코칭 전

A. 시공업체와 협의해 필요한 상황인지 확인한 후 필요하다면 빠르게 문제를 해결해야 한다고 생각합니다.
→ 협의가 필요한 상황이 어떤 경우인지? ▷ 예시

코칭 후

A. 공사 중 설계변경의 요구는 도면 및 내역사항과 관련하여 심각한 문제이지만, 수정이 꼭 필요할 경우 빠르게 해결해야 할 부분입니다. 수정이 필요한 예로는 설계변경과 다른 실내 도면, 추가적 요구사항 등이 있습니다. 때문에 공장관계자와 현장을 확인해 증액 여부를 판단하고, 계약 및 예산부서와 협의해 노력해야 한다고 생각합니다.
→ 사례의 구체화: 문제상황

Q5 건축직 공무원으로서 중요하게 생각하는 공직가치 3가지

코칭 전

A. 책임감입니다. 건축직 공무원의 특성상 시민의 안전과 직결되어 있고, 재산과 관계된 사업을 접하는 공무원이므로 이러한 가치가 중요하다고 생각됩니다.
→ 책임감이 중요한 상황은? ▷ 예시

코칭 후

A. 중요하게 생각하는 공직가치는 책임감입니다. 2018년 강남 대종빌딩 붕괴가능성을 사전에 발견하여 시민들이 미리 대피할 수 있었습니다. 문제의 원인은 강남구청에 신고한 설계도면과 실제 시공에 차이가 있다는 것이었습니다. 이러한 안전사고 예방을 위해 꼼꼼하고 철저하게 관리하는 책임감이 필요하다고 생각합니다.
→ 사례의 구체화: 문제상황

⑫ 정확한 명칭

Q1 4차 산업혁명에 대해 아는 대로 말해 보아라.

코칭 전

A. 네. 1차, 2차, 3차에 뒤이어 세상의 모든 것이 인터넷으로 연결되고, 인간과 사물의 데이터가 수집·축적·활용되는 새로운 산업혁명을 말합니다. 문화체육관광부에서는 최근 4차 첨단기술에 관련된 제도를 활용하여 관광활성화에 기여하고 있습니다.
→ 4차 첨단기술에 관련된 제도 ▷ 예시

코칭 후

A. 네. 1차, 2차, 3차에 뒤이어 세상의 모든 것이 인터넷으로 연결되고, 인간과 사물의 데이터가 수집·축적·활용되는 새로운 산업혁명을 말합니다. 문화체육관광부에서는 이와 관련해 '대한민국 방방곡곡'이라는 어플에 빅데이터를 이용하여 관광자들의 흥미를 관광상품에 반영하고, 관광정보를 이용자들에게 전달하고 있습니다. 또한 메타버스를 활용하여 언택트 관광상품을 만드는 데에도 이를 이용하고 있습니다. 이에 대한 예로는 전주시의 메타버스 한옥마을 관광이 있습니다. 이와 같은 발전을 통해 종전의 보고 듣기만 하는 관광이 아니라 실제 경험하고 느껴보는 관광이 활성화될 것이라고 기대하고 있습니다.
→ 사례의 구체화: 기관명, 제도명 및 제도 사례

Q2 마약수사직으로서 검찰에 들어온 후 자기계발은 어떻게 하겠는가?

코칭 전

A. 마약수사관님과의 인터뷰를 통해 마약수사관으로서 갖춰야 할 역량에 대해 알 수 있었습니다. 먼저, 마약수사에 관련된 법률을 공부하여 전문성을 발전시킬 것이며, 마약범죄와 밀접한 연관이 있는 범죄도 함께 공부하도록 하겠습니다. 다음으로, 마약수사직은 업무의 강도가 높아 강한 체력이 요구된다고 들었습니다. 꾸준히 운동을 하여 건강한 육체와 건강한 정신을 수련하는 데 힘쓰겠습니다.
→ 마약수사에 관련된 법률이 무엇인지? 마약범죄와 밀접한 범죄는 무엇인지? ▷ 예시
→ 꾸준히 어떤 운동을 할 계획인지? ▷ 예시

코칭 후

A. 마약수사관님과의 인터뷰를 통해 마약수사관으로서 갖춰야 할 역량에 대해 알 수 있었습니다. 첫 번째로 마약수사는 직인지 수사로 많이 이루어지기 때문에 이전에 있었던 판례나 수사기법 등을 공부하여 전문성을 발전시켜야 한다고 생각합니다. 물론 수사기법과 관련한 것은 현직에서 선배님을 통해 배워 나가야 할 것이지만, 임용 전에는 형법과 형사소송법을 복습하고, 마약범죄가 금융범죄와 밀접한 관련이 있다고 들었기에 민법 또한 공부하여 재산범죄에 대한 개념을 채워나갈 예정입니다.

다음으로, 마약수사는 업무의 강도가 높아서 강한 체력이 요구된다고 들었습니다. 지금도 꾸준히 운동하고 있지만, 임용을 기다리면서 **예전부터 계획해 왔던 검도수련**을 하면서 건강한 육체와 건강한 정신을 수련하는 데 힘쓰겠습니다.

→ 사례의 구체화: 마약수사직의 수사업무, 관련 법률, 관련 범죄명 및 운동의 종류

03 숫자

- 프로젝트를 수행한 결과, 전년보다 만족도가 **높아졌습니다.**
  → 프로젝트를 수행한 결과, 전년보다 만족도가 **10% 증가했습니다.**
- 미래농업 육성을 위해 스마트팜 지원을 **확장한다고 합니다.**
  → 미래농업 육성을 위해 스마트팜 지원을 **확장하여 100곳을 지원한다고 합니다.**

POINT 03   구체적 말하기의 오해: 꼬리질문으로 유도하자

지금까지 구체적 말하기의 중요성에 대해 이야기했다. 간혹 어떤 수험생들은 '1분 내로 답변해야 하는데 구체적으로 말하기엔 시간이 부족하지 않을까? 추상적으로 이야기하고 꼬리질문을 유도하면 되지 않나?'라고 생각할 수 있다.

면접관은 매년 채용기관별, 요일별로 다르게 구성된다. 또한 면접의 변별력을 위해 모든 지원자에게 공통질문(정해진 질문)을 하지 않는다. 공통질문의 단점은 유출가능성이 높기 때문에 면접 초반부 지원자들일수록 불이익을 볼 가능성이 크다. 그렇기 때문에 면접관은 평정기준에 맞는 다양한 질문을 할 수밖에 없다. 어떤 면접관은 1차 질문(꼬리질문 없음)을 다양하게 던져 지원자의 역량을 평가하기도 하고, 어떤 면접관은 2차 질문(꼬리질문 포함)까지 진행하는 경우도 있다. 좋고 나쁨의 문제는 아니며 충분히 1차 질문만으로 지원자를 평가할 수 있다.

만약 지원자가 면접을 준비할 때, 구체적인 답변은 2차 질문에서만 할 것이라고 생각해 1차 답변을 추상적으로 준비했는데, 실제 면접현장에서 1차 질문만 받게 된다면? 그때의 결과는 어떨까? 혹여 면접관이 2차 질문을 하려고 했지만 1차 답변 자체가 추상적이기 때문에 관심도가 떨어진 경우라면 또 어떨까?

이러한 사고발생을 줄이기 위해서라도 답변은 구체적으로 해야 한다. 면접승부사가 되는 방법에서 말했듯 모든 내용을 구체적으로 이야기할 필요는 없다. 핵심과 관련된 예시를 2~3개 정도로 표현하자. 한 가지만이라도 치밀하게 묘사하고 설명하자. 이 한마디 했다고 답변이 30초 이상 길어질 수 없다. 길어야 10초이다.

memo

PART
07

공직지식

CHAPTER 01 공직지식 자가검진

- 공직지식은 5분발표와 개별면접 후속질문으로 자주 나오는 단골질문이다. 특히 5분발표의 완성도를 높이기 위해서는 제시문 분석이 선행되어야 하기 때문에 공직가치의 정확한 개념정리와 관련 사례, 경험, 지식이 준비되어야 한다.
- 국가직 9급 면접시험을 위해 필수적으로 준비해야 하는 내용으로, 회독 수와 이해도 점검을 체크하며 체계적으로 공부하도록 하자. 비고는 내용별 숙지가 덜 된 부분을 체크하여 다음 회독 때 집중해서 공부하도록 하다. 기타 민원응대처리에 대한 법률 및 시행령, 민원응대규정은 교재에 수록하지 않았다. 국세청 국세상담센터 전화상담팀처럼 업무별로 민원응대를 하는 경우도 있지만, 국가직 공무원은 전반적으로 민원응대를 하는 경우가 적기 때문이다. 기타 자료는 김소영 카페에서 확인 가능하니 자료가 필요한 응시생은 다운로드하길 바란다.

	주제	회독 수	이해도 점검	비고
1	공직가치	① ② ③	상 중 하	
2	2024년 공무원 인재상	① ② ③	상 중 하	
3	공무원 헌장	① ② ③	상 중 하	
4	공무원 행동강령	① ② ③	상 중 하	
5	공무원의 의무	① ② ③	상 중 하	
6	청탁금지법·김영란법	① ② ③	상 중 하	
7	이해충돌방지법	① ② ③	상 중 하	
8	적극행정	① ② ③	상 중 하	
9	소극행정	① ② ③	상 중 하	
10	적극행정 개선사항 및 활성화 방안	① ② ③	상 중 하	
기타	민원응대처리에 대한 법률 / 시행령 및 민원응대규정	① ② ③	상 중 하	

10대 공직 필수지식

POINT 01 공직가치

01 공직가치 개요

- 공직가치(Public Service Value, 公職價値)란 '공공의 이익에 봉사하기 위해 공적 영역에서 추구해야 하는 바람직한 신념체계와 태도'를 의미하며, 이러한 가치가 내재화된 공무원상이 구현될 때 신뢰받는 유능한 정부와 국민이 행복한 대한민국을 만들 수 있다.
- 공직가치를 통한 공무원상의 구현은 다양한 차원에서 이뤄져야 한다. 공무원은 국가와 사회를 위해 지향해야 할 가치를 갖고 있어야 하고, 직무수행 과정과 윤리적 덕목으로 갖춰야 할 가치도 갖고 있어야 한다. 이러한 공직가치가 내재화될 때 공무원은 각자의 자리에서 공복으로서 소명의식을 갖고 맡은 바 책임을 다할 수 있다.

02 공직가치 역할

- 공직가치는 공무원에게 의사결정의 기준을 제공해 정확한 판단을 유도함으로써 정책 실현 및 업무 관행의 합리화에 영향을 미친다.
- 공직가치는 국민들의 행정에 대한 기대감을 높여 정책수용성 향상에 영향을 주며 결과적으로 행정거래비용을 감소시킴으로써 정부 경제력 제고에 기여한다.
- 공직가치는 공무원의 업무태도와 마음가짐에 영향을 미치고 공무수행의 동기를 부여하며, 공적인 목표를 향한 구성원의 협동적 노력을 유도한다.
  윤리적 가치는 공무원의 부패를 줄여 신뢰받는 정부를 구현하고 국가경쟁력 제고에 기여한다.
  공직자가 보여야 하는 도덕과 솔선수범은 사회 전체의 조화와 발전에 영향을 미친다.

03 공직가치

1. 공직가치 행동준칙

분류	공직가치	행동준칙
국가관	애국심	[나라사랑·국민의 자유와 행복·삶의 질 증진] 대한민국의 헌법과 법률을 준수하고 국가와 국기에 담긴 정신과 의미를 수호한다.
	민주성	[국민 참여와 결정 존중] 국민이 자유롭게 참여하고 의견을 이야기할 수 있도록 하여 공개행정을 실천한다.
	다양성	[다양한 생각과 문화 이해 및 존중] 글로벌 시대의 다양한 생각과 문화를 존중하고 인류의 평화와 공영에 기여한다.
공직관	책임감	[전문지식과 투철한 직업의식] 맡은 업무에 대하여 높은 수준의 전문성을 유지하며 어떠한 압력에도 굴하지 않고 소신 있게 처리한다.
	투명성	[적극적 정보 개발·국민의 알 권리 보장] 국민의 알 권리를 존중하며, 공공정보를 적극적으로 개방하고 공유한다.
	공정성	[공평무사한 일처리] 모든 업무는 신중히 검토하고 행정절차에 따라 공정하게 처리한다.
윤리관	청렴성	[사익 추구 지양] 공직자의 청렴이 국민신뢰의 기본임을 이해한다.
	도덕성	[양심과 도덕 준수] 준법정신을 생활화하고 공중도덕을 준수한다.
	공익성	[국민 전체를 위한 봉사] 봉사활동과 기부 등을 통해 생활속에서 국민에 대한 봉사자로서의 역할을 다한다.

2. 공직가치 세부개념

분류	공직가치	세부가치별 개념 정의
국가관	애국심	• 역사의식: 사회의 변화과정을 시간적으로 이해하고 국가와 사회의 발전을 위한 주인의식을 가지려는 자세 • 자긍심: 한 사회의 일원이자 공무원으로서의 맡은 역할과 소임에 스스로의 긍지를 가지려는 마음 • 사명감: 국가와 사회로부터 부여받은 역할과 소임을 최선을 다해 수행하려는 마음 • 헌법정신: 헌법이 지향하는 가치와 이념을 실천하려는 마음가짐 • 헌신성: 국가와 국민을 위해 몸과 마음을 바치려는 자세
	민주성	• 개방성: 각계각층의 열린 의사소통 및 상호작용을 통해 사회의 변화를 추진하는 자세 • 공동체의식: 공동체의 조화로운 발전을 추구하려는 의식
	다양성	
공직관	책임감	• 전문성: 공직자로서 자신의 업무에 대한 높은 지식을 보유하고 투철한 직업의식을 가짐 • 효율성: 시간과 예산의 낭비를 최소화하여 업무 성과를 높이려는 자세 • 봉사정신: 나 자신보다는 국민을 받들어 열심히 일하려는 자세 • 소명의식: 공직을 천직으로 여기며 일하려는 자세
	투명성	• 준법의식: 법과 규칙을 준수하는 자세
	공정성	
윤리관	청렴성	• 적극성: 무사안일하지 않고 능동적이고 솔선수범하는 자세로 직무를 수행함 • 성실성: 맡은 바 임무를 성심성의껏 수행함
	도덕성	
	공익성	

탁월한 직무 전문성으로 국민 기대에 부응하는 공무원 인재상	
소통·공감	국민 중심, 소통하고 공감하며 배려하는 공무원
헌신·열정	적극적이며 국가에 헌신하는 열정적인 공무원
창의·혁신	창의적 사고로 변화에 대응하고 혁신을 이끄는 공무원
윤리·책임	윤리의식을 갖추고 청렴하며 책임 있게 일하는 공무원

POINT 03 공무원 헌장

2016.1.1.부터 기존 공무원 윤리헌장이 공무원 헌장으로, 공무원 윤리헌장 실천강령은 공무원 헌장 실천강령으로 개정되어 시행되고 있다.

01 공무원 헌장

우리는 자랑스러운 대한민국의 공무원이다.
우리는 헌법이 지향하는 가치를 실현하며 국가에 헌신하고 국민에게 봉사한다.
우리는 국민의 안녕과 행복을 추구하고 조국의 평화 통일과 지속 가능한 발전에 기여한다.
이에 굳은 각오와 다짐으로 다음을 실천한다.

하나, 공익을 우선시하며 투명하고 공정하게 맡은 바 책임을 다한다
하나, 창의성과 전문성을 바탕으로 업무를 적극적으로 수행한다.
하나, 우리 사회의 다양성을 존중하고 국민과 함께 하는 민주 행정을 구현한다.
하나, 청렴을 생활화하고 규범과 건전한 상식에 따라 행동한다

02 공무원 헌장 실천강령

하나, 공익을 우선시하며 투명하고 공정하게 맡은 바 책임을 다한다
• 부당한 압력을 거부하고 사사로운 이익에 얽매이지 않는다.
• 정보를 개방하고 공유하여 업무를 투명하게 처리한다.
• 절차를 성실하게 준수하고 공명정대하게 업무에 임한다.

공익을 우선시하며

- **개념**: 공익(公益)은 '사회 전체의 이익'을 의미하며, 공무원은 공익을 가장 중요한 가치로 고려해야 한다. 공익추구란 특정 개인이나 집단의 이익이 아닌 공공(公共)의 이익을 위한 의사결정과 행위를 의미한다.
- **중요성**: 공무원은 여러 행정가치가 충돌하는 현장에서 의사결정을 내려야 한다. 예를 들어 소요되는 비용과 산출을 고민하며 가장 경제적인 대안을 선택해야 하거나, 경제성은 부족하더라도 최대한 많은 국민에게 혜택을 분배하는 선택을 해야 하는 경우도 있다. 즉, 가치 충돌의 상황에서 균형적인 사고와 판단을 유도하는 중요한 역할의 가치체계이다.
- **법률**: 헌법 제7조 제1항. 공무원은 국민 전체에 대한 봉사자이며, 국민에 대하여 책임을 진다.
  모든 공무원들은 국민 전체에 대한 봉사자로서 국민 전체의 이익 실현을 위해 직무에 충실해야 하며 헌법은 국민 전체의 이익 실현을 위해 공무원에게 권한과 책임을 부여한다.

투명하고 공정하게

- **개념**
  - 공무원의 투명성이란 국민의 알권리를 존중하고, 국민의 관점에서 정부의 정책결정과 집행과정을 공개하는 한편 국민들이 제공된 정보를 쉽게 이해하고 예측할 수 있도록 노력하는 것이다.
  - 공정(公正)은 '공평하고 올바름'을 의미하며, 모든 국민을 법과 규정에 따라 동일하게 대하는 것을 의미한다. 또한 공무원은 결과는 물론 그 절차의 공정성을 확보하기 위한 노력도 필요하다.
  - 투명성과 공정성의 밀접한 관련이 있는 이유는 공무원으로서 공정하게 처리한 모든 일들이 투명하게 공개될 때 비로소 국민들이 생각하는 공정한 행정과 투명한 정부가 완성되기 때문이다.
- **중요성**: 스마트 사회로 진입하면서 각종 정보매체를 통해 정책의 내용이 쉽게 확산되고 국민의 평가가 즉각적으로 이뤄지기 때문에 행정의 투명성과 공정성을 위한 노력이 절실한 상황이다. 특히 정책이 소수의 사람들에 의해 결정되고 그 내용조차 공개되지 않을 경우 국민은 정책에 대해 반감을 갖게 되고 공직사회 전체를 불신하게 된다.

맡은 바 책임을 다한다

- **개념**: 책임(責任)은 '맡아서 해야 할 임무나 의무'를 의미한다. 이는 법률과 규정을 충실히 준수하는 객관적 의미와 스스로의 역할을 깨닫고 공무원으로서 소임을 다하는 의무도 포함된다.
- **법률**: 헌법 제7조에 공무원은 국민에 대하여 책임을 져야 한다고 명시되어 있다. 대한민국 공무원이라면 공복으로서 국민을 위해 좋은 정책과 제도를 만들고 더 나은 행정서비스를 구현해야 한다.

◇ 공익성·투명성·공정성·책임성의 [행동지침 및 사례]

1. 부당한 압력을 거부하고 사사로운 이익에 얽매이지 않음

- [사례] 공무원 A는 B가 부모공동명의의 시가 100억 원 상당의 상가를 23억 원 매매로 취득하였다고 신고한 건에 대하여, 담당직원인 C가 조사계로 이송해야 한다고 결재를 올리자, D세무사에게 자금흐름 조사를 받지 않도록 해주겠다고 하면서 금품 100만 원을 요구하였다. A는 회의를 한 것처럼 서류를 작성하도록 지시하고, 담당직원에게 서명을 강요하여 증여혐의에 대한 조사를 하지 않도록 조치하였다. 이러한 사실이 적발된 A는 정직 3개월의 징계처분을 받았다.

출처 | 2015년 공무원징계사례집

2. 정보를 개방하고 공유하여 업무를 투명하게 처리

- 정보공유는 업무의 효율성과 효과성을 제고하고, 정보공개는 국민 만족도를 높인다.

- [정보공유사례] 식품의약품안전처는 각 부처 및 기관별로 관리, 운영되고 있는 식품안전정보를 연계·통합해 공유, 활용하고, 국민에게 신뢰성 있는 정보를 제공하기 위한 '통합식품안전정보망 구축' 사업을 추진하였다. 동 사업은 4단계로 나누어 추진되며 첫 번째는 식품안전정보의 연계·통합 및 정보의 공동활용을 위한 식품안전정보 표준 체계 마련, 두 번째는 식약처와 지자체 정보를 전국 단위로 연계·통합관리 하기 위한 행정업무통합 시스템 구축, 세 번째는 각 부처별로 산재되어 있는 159종의 식품안전정보를 통합·연계한 정보공동활용 시스템 구축이다. 마지막으로 국민이 식품안전정보를 쉽게 찾아볼 수 있도록 식품안전정보 대국민 포털을 구축하였다. 이를 통해 행정업무 효율화 및 식품안전 관련 정책수립의 효과성 제고, 식품안전에 대한 국민 만족도 향상 등의 효과가 기대된다.

3. 절차를 성실하게 준수하고 공명정대하게 업무에 임함
   - [사례] 공무원 A는 '공무원 승진 역량평가'의 평가위원으로 참여하면서 과거 부하 직원이었던 B를 승진시키기 위해 B가 개별면접을 보기 전에 본인의 휴대전화 문자메세지로 예상 질문을 B의 휴대전화로 전송해 시험문제를 유출하였고, B의 개별면접 당시 A는 B에게 간단한 질문을 하고 답변이 끝나자 '역량평가 평정표'에 평정요소별 평정을 모두 '탁월'로 체크한 후 총점 기재 시 개별면접 전체 응시자 25명 중 최고점인 '89점'을 부여했다는 비위첩보가 접수되었다. 해당기관의 자체조사결과 관련 내용이 사실로 밝혀짐에 따라 A는 정직 1개월의 징계처분을 받았다.

출처 | 공무원징계사례집

2. 하나, 창의성과 전문성을 바탕으로 업무를 적극적으로 수행한다.
- 창의적 사고와 도전정신으로 변화와 혁신을 선도한다.
- 주인의식을 가지고 능동적인 자세로 업무에 전념한다.
- 끊임없는 자기계발을 통해 능력과 자질을 높인다.

창의성과 전문성을 바탕으로
- 개념
  - 창의성은 '새로운 것을 생각해내는 특성'을 의미하며, 독창성, 가치, 실현성을 포함하는 개념이다. 공무원의 창의성이란 어떤 문제에 대해 기존과 다른 아이디어를 생각하고, 이를 실행하기 위해 정책화하는 과정을 의미한다.
  - 전문성은 지식과 경험을 바탕으로 자신이 맡은 분야의 일을 수행해 나가는 것을 의미한다. 공무원의 전문성이란 지식과 기술 외에도 문제해결능력, 의사소통능력, 조직 및 통합능력, 자원확보능력, 업무추진력, 홍보능력 등 정책 성과를 제고할 수 있는 역량을 확보하기 위한 노력이 필요하다.
- 중요성
  - 공무원의 창의성이 발휘될 때 공직사회의 경쟁력 또한 높아질 수 있다. 새로운 방식으로 문제를 해결하는 공무원이 많아질수록 급변하는 행정수요에 즉각적인 반응을 할 수 있기 때문이다.
  - 전문성은 공무원이 행정업무를 안정적으로 운영하고, 보다 나은 대안을 마련하는 것과 직접적인 연관성이 있다. 축적된 지식과 경험을 바탕으로 정책 개발 및 관리 능력, 직무 수행능력은 정책성과를 제고하는 데 기여할 수 있다. 즉, 창의성이 어떤 문제에 대해 참신한 해결책을 마련하도록 돕는다면 전문성은 그러한 해결책의 현실적합성을 높이는 역할을 한다.

업무를 적극적으로 수행한다.
- **개념**: 적극성이란 '의욕적이고 능동적으로 활동하는 성질'을 뜻한다. 즉, 임무에 대해 주도적으로 문제를 해결하는 자세를 의미하며 공무원의 성실한 업무처리는 '적극행정'이라는 용어로 표현된다. 이러한 자세는 국민의 불편함을 해소하고 불필요한 규제를 정비할 수 있다는 점에서 정부 경쟁력 제고에 도움이 된다.
- **중요성**: '무사안일', '복지부동'이라는 공무원의 수동적인 업무처리방식은 공직사회 전체를 나약하게 만드는 원인이 된다. 공무원은 국민의 입장에서 더 많은 대안을 탐색하고 실현할 때 국민에게 신뢰감을 주며 국민을 위해 봉사하는 '눈높이 행정'의 밑거름이 될 수 있다.

◇ 청의성·전문성·적극성의 [행동지침 및 사례]

1. 창의적 사고와 도전정신으로 변화와 혁신을 선도한다.
   - 번뜩이는 아이디어는 상당한 성과를 창출하며, 기존의 고정관념들을 바꿀 수 있다.
   - [사례] ○○○주무관은 공간정보와 행정정보를 융합, 활용하여 "탈루, 누락세원 발굴 시스템"을 전국 최초로 개발하였으며, 지자체 최초로 모든 세입금을 전산화하여 추가 예산, 인력 투입 없이 사각지대에 있던 도로전용로 탈루세원 111억원을 발굴하였다. 해당 사례는 "2014년 지방세외수입 우수사례 경진대회"에서 대상을 수상하였고, 전국 지자체에 확산, 보급되었다.

     출처 | 제1회 대한민국 공무원상

2. 주인의식을 가지고 능동적인 자세로 업무에 전념한다.
   - 주도적, 적극적인 자세는 국민 감동을 불러온다.
   - [사례] 외교부 ○○○사무관은 독도 동영상(12개 언어), 홈페이지 등을 제작하여 독도 영토주권에 대한 국제사회 인식제고 및 공공외교 정책 실현에 기여하였다. 또한, 적극적인 홍보 및 강연활동을 통해 정부의 독도 정책 및 독도 영토주권에 대한 대국민 이해도를 증진하였고, 동해 표기에 대한 적극적인 홍보 활동으로 '○○년 2.8%에 불과하던 동해 표기율을 30% 이상 끌어올렸다.

     출처 | 제2회 대한민국 공무원상

3. 끊임없는 자기계발을 통해 능력과 자질을 높인다.
   - 공무원의 역량이 강화될수록 우리 정부의 역량도 강화된다.
   - 국립과학수사연구원 ○○과장은 법영상분석 프로그램, 코덱 기반 동영상 복원 프로그램 등의 연구개발로 범죄예방에 기여하였으며, 기존 외신에 의존하던 관련 프로그램을 국산화하여 예산절감에도 기여하였다. 또한 유관기관, 중소기업, 개도국 대상 기술지원에도 많은 노력을 기울였다. ○○과장은 1995년 채용된 이후 독학으로 프로그램 언어를 배워 영상 분석 알고리즘을 개발하였으며, 총 42건의 특허를 출원, 등록하였다.

     출처 | 제2회 대한민국 공무원상

3. 하나, 우리 사회의 다양성을 존중하고 국민과 함께 하는 민주 행정을 구현한다.
- 서로 다른 입장과 의견이 있음을 인정하고 배려한다.
- 특혜와 차별을 철폐하고 균등한 기회를 보장한다.
- 자유로운 참여를 통해 국민과 소통하고 협력한다.

우리 사회의 다양성을 존중하고

- **개념:** 다양성(多樣性)은 다른 사람의 의견을 받아들이는 태도부터 다른 문화를 받아들이는 자세로 해석된다. 글로벌 사회로 접어들며 종교, 인종, 지역 등 다양한 배경을 가진 구성원이 함께 살아가고 있다. 정부 운영의 관점에서도 여러 배경을 가진 사람들을 위한 정책을 개발한다는 점에서 고려해야 할 가치이다.
- **중요성:** 사회 구성원이 다양해지는 만큼 요구사항이 증가하고 다양해지고 있으며 서로 간의 차이를 인정하지 못해 사회적 갈등 또한 증가하고 있다. 따라서 정부는 다양성에서 유발된 사회적 요구에 귀를 기울이고 올바른 정책을 수립할 필요가 있다. 다문화 가정 지원정책, 결혼이민자 일자리 확대, 장애인 대상 고용 우대정책, 지방인재 채용 등은 이러한 정책의 좋은 사례라고 평가받는다. 단, 다양성을 존중한다고 해서 헌법 가치에 반하거나 공공의 안녕과 질서를 위협하는 주장까지 인정하는 의미는 아니다.

국민과 함께하는 민주행정을 구현한다.

- **개념**
  - 민주(民主)는 '주권이 국민에게 있음'을 뜻하며 '국민이 모든 결정의 중심에 있는 것'이라는 의미를 포함하고 있다. 행정적 측면에서 민주주의는 문제해결방식의 하나로서 국민들의 다양한 의견을 종합적으로 수렴하고 이러한 것에 대한 문제해결이 가능하도록 제도적으로 장려하는 것을 의미한다.
  - 행정(行政)은 '정치나 사무를 행함'을 의미하며, 공익 증진 및 공공문제 해결 또는 공공정책을 수립하고 집행하는 활동을 의미한다.
  - 민주행정이란 앞서 언급된 '민주'와 '행정'을 하나의 개념으로 합친 것이며 '국민 모두의 이익과 의사가 반영되는 방향으로 행정행위가 이루어져야 한다'는 것을 의미한다. 특히 이는 정치적 의사결정을 분권화해 부패가능성을 낮추고 대중참여를 제도화하여 시민 개인의 선호와 선택을 존중하며, 경쟁을 통해 공공서비스를 공급해 사회 전체의 능률성을 극대화하는 것을 목표로 한다.
- **중요성:** 민주행정을 실현하는 가장 효과적인 장치는 '시민참여'이다. 오늘날 시민참여 방법은 공청회, 청문회, 자문위원회에 참여하는 활동에서부터 국민감사 청구, 행정쟁송 제기 등도 시민참여로 볼 수 있다. 또한 국민 신문고를 통한 민원제기, 정보공개시스템을 통한 정보공개 청구 등도 넓은 의미에서 시민참여의 형태로 볼 수 있다.

PART 07

◇ **다양성·민주행정의 [행동지침 및 사례]**

1. **서로 다른 입장과 의견이 있음을 인정하고 배려한다.**
   - [사례] ○○○ 사무관은 장애인 차별행위 등과 관련된 각종 법령 및 정책 개선을 통해 장애인 권익 보호 및 편익증진에 기여하였다. 특히, 장애인에 대한 제1종 운전면허 취득을 일률적으로 제한하는 법령에 대해 개선을 권고하고 경찰청으로부터 일부수용을 도출('15.12.)하였다. 해당 사례는 위원회 내부에서조차 2년 이상 부결되었던 사례였으나, 근거가 되는 연구자료를 본인이 직접 분석하여 개선권고를 이끌어 냈다는 점에서 의미가 크다.

     출처 | 제2회 대한민국 공무원상

2. **특혜와 차별을 철폐하고 균등한 기회를 보장한다.**
   - A과장은 고교 후배인 부하직원이 승진 시험공부에 대한 어려움을 토로하자 충분히 공부를 할 수 있도록 3개월의 시험 준비기간을 주어 해당 직원이 업무를 보지 않고 외부에서 사무관 승진시험 준비에 전념할 수 있도록 배려하였다. 이러한 행위는 분명한 특혜로 공무원 행동강령 제6조(특혜의 배제) 위반사항이다.

3. 자유로운 참여를 통해 국민과 소통하고 협력한다
  - 국민의 소리를 듣는 장치가 제대로 마련될 때 민주 행정이 구현된다.
  - [사례] 행정안전부는 정부정책과 관련한 국민들의 의견을 수렴하여 각 부처에 전달함으로써 정책이 현실화될 수 있도록 각종 제안 제도를 운영하고 있다. 대표적인 예는 '온국민소통'이 있으며, 국민들의 정책제안을 받고 국민은 정부에서 실시하는 각종 서비스 정책, 서비스 우수사례 심사에도 직접 참여할 수 있다.

4. 하나, 청렴을 생활화하고 규범과 건전한 상식에 따라 행동한다.
  • 직무의 내외를 불문하고 금품이나 향응을 받지 않는다.
  • 나눔과 봉사를 실천하고 타인의 모범이 되도록 한다.
  • 공무원으로서의 명예와 품위를 소중히 여기고 지킨다.

청렴을 생활화하고
• **개념:** 청렴(淸廉)은 '성품과 행실이 높고 맑으며 탐욕이 없음'을 의미한다. 공직사회에서 청렴의 개념은 부패하지 않아야 한다는 소극적 의미와 모든 공무원의 행위와 결과가 떳떳하고 완벽을 추구해야 한다는 넓은 의미까지 해석된다.
• **중요성:** 공무원의 부정부패는 개인의 문제에서 그치지 않고 국가와 국민 전체의 문제로 확산되어 국가경쟁력에도 상당한 영향을 미친다. 국가 청렴도 수준이 1인당 교역량, 외국인투자관심도, 1인당 GNP에 영향을 미친다는 연구결과도 있다. 하지만 무엇보다 공무원 부패의 인식 그 자체만으로도 국가와 정부에 대한 국민의 신뢰를 떨어뜨리고 사회통합을 저해할 수 있다는 점이 가장 큰 문제이다.

규범과 건전한 상식에 따라 행동한다
• **개념:** 규범(規範)은 '인간이 사회생활을 하는 데 있어 구성원으로서 지켜야 할 행동규칙'을 의미하며 정도에 따라 관습, 도덕적 관습, 법의 3가지 단계로 나뉘어진다. 따라서 규범에 근거한 행동은 사회적 관습과 규칙에 어긋나지 않아야 한다는 의미이다.
• **중요성:** 공무원이 규칙과 개념을 지키지 않으면 위법상황이 발생하고, 정도가 심하지 않더라도 공무원의 명예와 품위에 나쁜 영향을 미칠 수 있다. 또한 공무원은 공인(公人)이라는 신분적 특수성이 있는 만큼, 규범을 준수하고 건전한 상식에 따라 행동하는 사회적 책임의 영역까지도 확장된다. 즉, 나눔과 봉사활동을 수행할 때 국민들에게 귀감이 될 수 있다.

◇ **청렴성·규범준수·건전한 상식 [행동지침 및 사례]**

1. 직무의 내외를 불문하고 금품이나 향응을 받지 않는다.
  - 공무원의 부패는 국민 신뢰와 국가경쟁력에 악영향을 미친다.
  - [사례] 공무원 A는 '통합정보시스템 3단계 구축사업'에 대한 감독, 검사 업무를 담당하면서, 기업 직원으로부터 375,000원 상당의 접대를 받는 등 총 6회에 걸쳐 2,124,000원의 향응 등을 수수한 사실이 있다. 이러한 사실이 적발되어 A는 정직 3개월 및 징계부가금 2배의 징계처분을 받았다.

    출처 | 2015년 공무원 징계사례집

2. 나눔과 봉사를 실천하고 타인의 모범이 되도록 한다.
  - 공무원의 나눔과 봉사는 국민 감동과 공감을 이끌어 낸다.

- [사례] A주무관은 혈액암으로 고통받는 환우들을 위해 골수 기증을 결심하고 조혈모세포 기증 희망자 명부에 등록하여 골수 제공을 위한 수술을 마쳤다. A주무관은 평소에도 어려운 주민들을 위해 봉사활동을 하는 등 주민과 직원들로부터 많은 칭찬을 받아왔다.

3. 공무원으로서의 명예와 품의를 소중히 여기고 지킨다.
   - 공무원의 의무는 일상생활까지 연결된다.
   - [사례] 공무원 A는 자택에서 처와 딸을 폭행하고, 처가 현관출입문을 열어 주지 않자 복도 유리창을 파손하였다. 이러한 해우이에 대하여 A는 공무원의 품위유지 의무 위반을 이유로 감봉 1개월의 징계처분을 받았다.

출처 | 공무원 헌장 해설서

03 알아 두면 도움되는 참고 문헌

1. 공무원 징계 사례집

『공무원 징계사례집－반듯한 공무원, 신뢰받는 정부』는 공무원과 일반 국민들의 징계제도에 대한 이해도를 높이고 공무원에게는 반면교사(反面教師)가 될 수 있는 자료집이다.

본 책자는 징계제도 소개, 징계 관련 질의 및 답변, 징계 통계 등 다양한 징계 사례를 수록하여 공무원들이 스스로 경계하고 부정부패를 근절할 수 있는 환경을 조성하기 위해 만들어졌다.

2. 공무원헌장해설서

공직가치가 공무원에게 내재화되어 실천으로 연결되기 위해서는 공무원 헌장에 대한 올바른 이해가 선행되어야 하므로, 공무원 헌장에 포함되어 있는 가치들에 대한 개념과 공직사회에 대한 의미가 설명되어 있는 자료이다.

3. 나는 함께 일하고 싶은 사람인가

직장생활 속 경청, 설득, 협상 등 대인관계 필수역량을 익혀 정부조직에서 함께 일하고 싶은 사람이 되고, 그 덕분에 조직의 생산성이 높아져 출근하고 싶은 직장, 행복한 일터를 만들어 가는 데 도움이 되는 조직실용서이다.

01 공무원 행동강령의 이해

1. 개념
공직자가 직무수행과정에서 당면하는 갈등상황에서 추구해야 하는 바람직한 가치기준 및 행위기준에 관련된 규정이다.

2. 법적근거
- 「부패방지 및 국민권익위원회의 설치와 운영에 관한 법률」
  - 제7조(공직자의 청렴의무), 제8조(공직자 행동강령), 제12조(기능)
- 「부패방지 및 국민권익위원회의 설치와 운영에 관한 법률 시행령」
  - 제4조(공직자 행동강령), 제9조(행동강령의 시행·운영 등), 제10조(행동강령 위반행위의 신고·처리 등)

3. 필요성
공무원은 국민 전체에 대한 봉사자로서 일반 국민보다 더욱 높은 도덕성이 요구된다. 특히 공무원에게는 누구보다 기대되는 바람직한 행동에 대한 명확한 기준의 제시가 필요하며 이러한 기준에 관련된 내용이 공무원 행동강령이다.
1. 공무원의 역할과 중요성의 증대
2. 공무원의 상징성과 "축소(절제)된 사생활의 원칙"의 적용
3. 공무원의 바람직한 행동의 방향과 원칙의 제시
4. 부패 발생 사전 예방
5. 공무원의 윤리성과 정부의 신뢰성 제고
6. 거래비용 절감과 저비용 고효율의 시스템 구축

02 공무원 행동강령의 주요 내용(대통령령 제32661호)

공정한 직무수행, 부당이득 수수금지, 건전한 공직풍토 조성의 3개 분야 16개 조항으로 구성

분야	조항
공정한 직무수행 (제 2장)	공정한 직무 수행을 해치는 지시에 대한 처리
	특혜의 배제
	예산의 목적 외 사용금지
	정치인의 부당한 요구에 대한 처리
	인사청탁 등의 금지

▶ 공정한 직무수행 저해지시에 대한 처리 ★★★

1. 도입배경 및 의의
- 공무원이 업무를 처리함에 있어, 상급자의 부당한 업무 지시에 대한 거부 등 그 처리절차를 규정함으로써 공정한 업무 수행의 기반 마련
- 공무원은 헌법과 법령 등을 준수하고, 타인의 부당한 이익을 위하여 공정한 직무수행을 현저하게 해치는 지시를 하였을 때 소명한 후 따르지 아니할 수 있음

2. 참고법률
- 공무원행동강령 제2장 제4조
- 공직자 행동강령 운영지침 제8조

3. 처리절차 ★★★

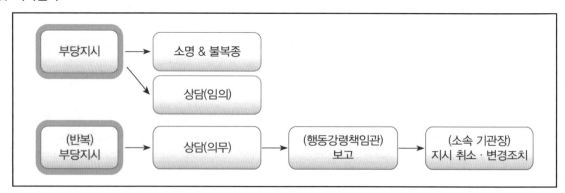

상급자가 자기 또는 타인의 부당한 이익[1]을 위하여 공정한 직무수행을 현저하게 해치는 지시(부당한 지시)를 하였을 경우
- [하급자] 상급자에게 거부 사유를 소명하고 지시 거부 또는 행동강령책임관과 상담
  [지시 거부] 지시를 거부하였음에도 같은 지시가 반복될 경우, 즉시 행동강령 책임감과 상담해야 함
- [행동강령책임관] 상담 요청을 받은 행동강령책임관은 지시 내용을 확인 후 지시를 취소하거나 변경할 필요가 있다고 인정되는 경우 소속 기관의 장에게 보고
- [소속 기관의 장] 필요시 지시를 취소·변경하는 등 적절한 조치 수행

4. 위반사례
- 고가의 장비를 구입하면서 납품업체의 부탁을 받고, 부하 검사공무원에게 하자품에 대하여 합격 처리토록 부당지시
- 대형 건물 건축사업을 승인함에 있어 교통영향평가 결과를 무시하고 부하 공무원에게 사업승인 해 주도록 부당지시

---

1 부당한 이익: 원인 없이 취득한 이득 또는 궁박한 상태를 이용하여 취득한 이득 등을 의미하며, 금전적 이득뿐만 아니라 무형의 이득도 포함

• 수학여행 업체 선정 시 관련 규정을 지키지 않고 특정 여행업체와 계약하도록 부당지시

부당지시의 판단기준(고용노동부훈련 제 409호)	
1. 판단기준	가. 법령, 행정규칙(훈련·예규·고시·지침 등)에 위반되는 지시인지 여부 나. 업무의 본래 취지에 맞지 않은 지시인지 여부 다. 공공기관에 재산상 손해를 입힐 수 있는 지시인지 여부 마. 지위 또는 권한을 남용하는 지시인지 여부 바. 자율성이 보장된 것임에도 행위를 강요하는 지시인지 여부 사. 그 밖에 현저히 불합리한 행위를 강제하는 지시인지 여부
2. 부당지시 유형 (★★★)	가. 규정위반 내용 또는 본래의 취지에 맞지 않는 방향 지시 나. 신고사건 등 민원처리에 개입하여 부당하게 방향 지시 다. 신고사건 처리 시 필요 이상으로 상위자를 출석 요구토록 지시 라. 점검 등 계획수립 시 합리적 이유 없이 특정업체를 포함 또는 제외 지시 마. 관용차 등 공용물을 휴일 등에 사적 용도로 사용하는 지시 바. 물품구매 등 각종 계약 시 정당한 이유 없이 특정업체를 선정하는 지시 사. 업무추진비 등 예산을 사적용도로 집행토록 지시 아. 인사에 있어 지연·혈연·학연·직연 등 비합리적인 연고성·편파적 운영 지시 자. 근무성적 평가를 이유로 협박성 회유 또는 부당한 지시 차. 직원에게 직무관련자를 통하여 골프부킹, 콘도예약 등 지시 카. 직무관련자에게 취업을 청탁하도록 지시 타. 개인적 경조사를 직무관련자에게 알리도록 지시 파. 사업장 등에 자신의 외부강의를 주선하도록 지시

5. Q&A

Q1 행동강령책임관은 필요시 부당지시와 관련된 내용을 기관장에게 보고토록 하고 있는데, 이는 비밀 유지 및 신분 보장 의무와 어긋나지 않는지?

→ 행동강령책임관과의 상담이 위반행위 신고에는 해당하지 않으나, 상담의 경우에도 상담자가 불이익을 받지 않도록 위반행위 신고자에 준하여 비밀보장을 해야 함

※「공무원 행동강령」 제23조 3항, 행동강령책임관은 행동강령과 관련한 상담 내용에 대한 비밀준수 의무가 있으므로, 상담자의 신분을 언급함으로써 상담에 따른 불이익을 받게 하였다면 이는 행동강령 위반으로 징계대상이 됨

Q2 행동강령에 위반된다 할지라도 상급자가 지시하는 경우 부하직원은 현실적으로 거부하기 어려운데, 이에 따를 경우 처벌 대상이 되는지?

→ 상급자의 지시이더라도 불복종 사유를 소명하지 않은 채 행동강령에 위반되는 행위를 하면 부당한 지시를 한 상급자뿐만 아니라 지시에 따른 부하직원도 책임을 져야 함

Q3 상급자의 부당한 지시를 행동강령책임관에게 상담·신고할 경우, 행동강령책임관은 상담·신고의 접수를 거부할 수 있는지?

→ 거부할 수 없으며, 행동강령책임관은 상담 및 신고를 처리할 의무가 있음. 이를 거부할 경우, 「공무원 행동강령」 제23조(행동강령책임관의 지정) 위반임.

📖 특혜의 배제

1. 도입배경 및 의의
- 합리적·객관적 기준이 아닌 연고를 바탕으로 한 공정경쟁 저해 등으로 국가행정 및 공직사회 구성원의 신뢰를 저해하는 행위 예방
- 공무수행 중 지연·혈연·학연·종교 등을 이유로 특정인에 특혜 및 차별 금지

2. 참고법률
공무원 행동강령 제2장 제6조

3. 내용해설
- '특혜'의 의미
  - '특혜'란 법령 등 합리적 근거 없이 특정인을 다른 사람이나 집단과 차별하여 우월적 지위를 부여하거나 공정한 경쟁을 저해하는 일체의 행위를 의미
  - 직무수행 상대방이 지연·혈연·학연·종교 등의 관계에 있다는 이유만으로는 특혜라고 볼 수 없으며, 다른 경쟁자와 비교하여 또는 관련 법령 등이 정하는 요건에 위반하여 통상적인 범위를 벗어나는 경제적·사회적 이익 등을 주어야 함
- 위반행위 성립: 지연·혈연·학연·종교 등을 기초로 청탁이나 은연 중의 압력 또는 개입 등을 할 수 있는 정도의 친분관계가 존재하여 직무수행에 부당한 영향을 미칠 수 있는지가 판단의 근거가 됨. 이때 통상적으로 생각하는 고향의 범위(군 단위 도는 시·도 단위)가 중요한 것이 아니라, 지연을 기초로 하여 정실개입의 개연성 있는 정도의 관계가 존속하고 이와 같은 관계가 부당하게 직무수행에 영향을 미쳤는지가 판단의 근거가 됨

4. 위반사례
- 임시직 공무원 채용 시 법적인 절차 없이 지인이나 가족을 채용한 경우
- 정부부처 공무원이 위탁업체 및 하위기관에 부탁하여 가족을 취업시킨 경우
- 학교장이 비공개 특별채용 계획을 수립하여 단독으로 응시한 자신의 자녀를 과학실험 보조원으로 채용
- 모 기관 운영국장이 기관장의 고교 동창인 교수에게 5천만원 상당의 수의계약 용역 발주
- 기초지자체 과장이 ○○지역 언론사 관계자 甲의 청탁을 받고, 甲과 연관성이 있는 연구원 乙이 주관하는 교육 프로그램에 고액의 위탁 교육비 지출

5. Q&A
Q1 기관 내 종교모임이 특정 종교인과의 오찬 모임을 마련하고 기관장에게도 참석을 요청해 왔는데, 기관장이 해당 오찬 모임에 참석할 경우 행동강령 위반인지?
  → 「공무원 행동강령」 제6조는 공무원이 직무를 수행할 때 지연·종교 등을 이유로 특정인에게 특혜를 주거나 차별하는 행위를 금지하는 규정이므로, 사례와 같이 직무와 무관한 경우는 해당되지 않음

▶ 예산의 목적 외 사용 금지

1. 도입배경 및 의의
- 공무활동을 위한 예산을 부당하게 사용하는 것을 금지함으로써 예산 낭비를 방지하고, 예산의 편법·부당 사용을 위한 허위 공문서 작성·업무 내용 왜곡 등의 부당행위를 사전에 차단하여 직무 공정성 제고
- 여비, 업무추진비 등 공무활동을 위한 예산을 목적 이외의 용도로 사용금지

2. 참고법률
공무원 행동강령 제2장 제7조

3. 내용해설
공무원은 여비, 업무추진비, 인건비, 수당, 사업비 등 공무활동을 위한 예산을 목적 외의 용도로 사용하여 소속 기관에 재산상 손해를 입혀서는 아니되며, 예산의 목적 외 사용과 소속기관에 대한 재산상 손해가 동시에 충족되어야 함
- [예산의 목적 외 사용] 예산의 목적이 반영되어 편성된 예산안이 세출예산에 계상된 내용·용도와 다르게 집행한 것을 의미. 허위·과다 청구 등 거짓 또는 부정한 방법으로 예산을 수령하거나 사용하는 행위도 포함됨
- [재산상 손해] 소속 기관의 재산적 이익 또는 가치를 감소 또는 상실시키는 행위를 의미

4. 관련 규정 및 제도 ★☆☆
◇ 클린카드 제도
- 공공기관에서 공식적인 직무수행과 관련이 적은 단란주점, 골프장 등 특정 가맹점에서 사용이 제한되는 법인카드(업무추진비)를 사용토록 하는 제도
- 업무추진비는 클린카드 사용이 원칙임. 즉, 클린카드인 법인카드는 예산의 목적에 맞게 사용 가능한 곳에서만 사용할 수 있으며, 단란주점 등 사용이 금지된 장소에서 사용하거나 휴일에 사적으로 사용하는 행위는 공무 활동을 위한 예산을 목적 외로 사용하는 것으로 행동강령 위반 사유가 됨
- 의무적 제한 업종(클린카드 사용 불가)
  - 유흥업종: 룸싸롱, 단란주점, 가라오케, 가요주점, 클럽, 스탠드바, 카바레 등
  - 위생업종: 미용실, 피부미용실, 사우나, 안마시술소, 스포츠마사지, 네일아트 등
  - 레저업종: 골프장, 골프연습장, 스크린골프장, 노래방, 당구장, 헬스클럽, PC방, 스키장 등
  - 사행업종: 카지노, 오락실, 복권방
  - 기타업종: 성인용품점, 총포류 판매점

● 정치인의 부당한 요구에 대한 처리

. 도입배경 및 의의
- 공무원이 직무수행 중 정치인이나 정당 등으로부터 부당한 요구를 받거나 청탁을 받은 경우의 처리절차를 규정하여 직무 공정성 확보
- 타 부처 공무원, 정치인 등이 부당한 직무 수행 강요 시 소속 기관의 장에게 보고 또는 행동강령책임관과 상담

2. 참고법률
- 공무원 행동강령 제2장 제8조
- 공직자 행동강령 운영지침 제13조

3. 위반사례
정치인, 정당 등으로부터 부당한 직무 수행을 요구받거나 청탁을 받은 경우

▶ 인사 청탁 등의 금지 ★★★
1. 도입배경 및 의의
- 공무원이 직위를 이용하여 인사에 부당한 영향력을 행사하는 행위를 금지함으로써 직무 수행의 공정성을 확보하고, 인사 청탁과 연계된 금품 수수 및 이권 개입 등의 부당행위 방지
- 자신의 임용·승진·전보 등 인사에 부당한 영향을 미치기 위한 청탁의 금지(예외: 근무시간 중 단순한 인사고충상담)

2. 참고법률
- 공무원 행동강령 제2장 제8조
- 공직자 행동강령 운영지침 제13조

3. 내용해설
- 금지행위
  - 공무원이 자신의 인사에 부당한 영향을 미치기 위하여 중간매개자인 타인을 통해 인사업무 담당자에게 청탁을 하는 행위, 자신의 지위를 이용하여 다른 공무원의 인사에 부당하게 개입하는 행위
  - '인사'의 범위: 임용·승진·전보는 물론 포상·징계·시험 등에 관한 사항 포함
  - '직위의 이용': 영향력을 행사할 수 있는 직위에 있는 자가 정당한 절차에 의하지 않고 다른 공무원의 인사에 부당하게 개입하는 행위를 의미

4. 위반사례
- 포상, 징계 등에 있어 청탁하는 경우, 포상 유도를 위해 개입하는 경우
- 모 군청 공무원 A가 자신의 5급으로의 승진을 정치인 B에게 부탁하고 B가 군수에게 A승진을 청탁
- 모 시청 국장 C가 7급 직원 D의 부탁을 받고 총무과장 E에게 D의 승진을 청탁

5. Q&A
Q1 자신의 인사와 관련하여 상급자에게 '상담하는 행위'가 행동강령 위반인지?
→ 청탁이 아닌 단순 인사 상담을 본인이 직접 상급자에게 하는 것은 행동강령 위반이 아님. 다민 공정한 직무 수행을 해치는 청탁에 해당하는 경우 「공무원 행동강령」 제11조(알선·청탁 등의 금 지) 위반임

Q2 부서장이 소속 직원에 대한 인사문제를 인사담당자에게 상담하는 것이 행동강령 위반인지?
→ 청탁이나 부당한 개입의 의도 없이 단순히 소속 직원의 인사 관련 상담을 부서장이 인사담당 에게 하는 것은 행동강령 위반이 아님.

분야	조항
부당이득 수수금지 (제3장)	이권개입 등의 금지
	직위의 사적 이용 금지
	알선 및 청탁 등의 금지
	직무 관련 정보를 이용한 거래 등의 제한
	사적 노무 요구 금지
	직무권한 등을 행사한 부당 행위 금지
	금품 등의 수수 금지
	감독기관의 부당한 요구 금지

🔳 이권개입 등의 금지

1. 도입배경 및 의의

공무원이 직무상 우월한 지위를 이용하여 자신 또는 타인의 부당한 이익을 도모하는 행위를 금지함으로써 공정한 공직사회 풍토 조성

2. 참고법률

공무원 행동강령 제3장 제10조

3. 내용해설

- 지위의 직접 이용: 타인이 아닌 본인에 의해 직위가 직접적으로 이용된 경우를 의미
- 이익: 경제적 이익 외에 금전으로 가액을 산정할 수 없는 것도 포함(특정인에게 유리한 상황, 사회적 명성, 우호적 평판 등)
- 위반행위 성립: 공무원이 자신 또는 타인의 부당한 이익을 도모했는지 여부에 따라 판단되며, 어떠한 이익 등이 실제 발생하였는지 여부가 위반 성립을 좌우하는 것은 아님

4. 위반사례

- 연구과장이 직무 관련 장비업체를 운영하는 동생의 업체에서 연구 장비를 구입하도록 이권 개입하는 경우
- 모 시청 공원녹지과장이 직무 관련 조경업체에 부탁하여 자신의 동생이 운영하는 업체로부터 조경장비를 구입해 주도록 이권 개입
- 모 군청 환경관리과장이 관할 구역 내 골프장에 전화하여 자신의 지위를 거론하며 자신의 친구가 주말 특정 시간에 부킹할 수 있도록 해 줌

🔳 직위의 사적 이용 금지

. 도입배경 및 의의

공무원이 소속기관의 명칭이나 직위를 직무와 무관하게 사용함으로써 자신 또는 타인의 사적 이익을 도모하고, 일반 국민으로 하여금 특정인(단체)이 공신력을 부여받은 것처럼 오해할 수 있도록 하는 행위 금지

2. 참고법률

공무원 행동강령 제3장 제10조의2

3. 내용해설

- 사적 이익: 법령이 보호하려는 법익 및 공익과 관련 없는 모든 이익을 의미하며 경제적 이익은 물론 금전으로 가액을 산정할 수 없는 것도 포함. 또한 사적 이익이 반드시 불법적인 이익이어야 할 것을 요구하지도 않음
- 위반요건: 4개 요건 모두 충족 시 위반행위 성립
  - 직무 범위 외
  - (본인 또는 타인의) 사적 이익 도모
  - 공표·게시 등의 방법
  - 기관 명칭 또는 직위 이용

4. 위반사례

- 자신의 배우자가 운영하는 사업을 홍보하기 위해 인터넷 블록, 광고 등에 자신의 기관 명칭과 직위를 표시하는 행위
- 사적 친분관계에 있는 제3자가 공무원의 직무와 무관한 내용의 출판물을 발행하자 공무원이 소속된 기관의 명칭과 직위를 표시한 추천서, 인사말 등을 기재하여 홍보에 활용하는 행위

5. 허용사례(미해당)

- 금융기관, 인터넷 사이트 등 가입 시 자신의 소속기관 명칭과 직위를 기입하는 행위
- 경조사 축·부의금 봉투, 화환에 자신의 소속기관 명칭과 직위를 기입하는 행위
- 타 기관 및 관련 단체에서 소속 기관의 업무와 관련 있는 행사를 개최할 때 화분, 화환을 보내는 행위

▶▶ 알선·청탁 등의 금지 ★★★

1. 도입배경 및 의의

- 공직사회 내의 의사결정을 왜곡하고, 공정한 업무수행을 저해하는 요인으로 작용하는 알선·청탁 등을 금지함으로써 건전한 공직풍토 조성에 기여
- 공무원의 알선·청탁 등 금지 상대방을 '공직자가 아닌 자'까지 확대하여 공직자에 대한 청탁과 함께 민간분야에 대한 부정청탁까지 포괄적으로 규제할 필요
- 청탁금지법 시행('16.09.28.)으로 공직자에 대한 부정청탁은 금지되었으나 공직자의 민간에 대한 부정청탁은 관리 사각지대로 존재

2. 참고법률

- 공무원 행동강령 제3장 제11조
- 「부패방지 및 국민권익위원회의 설치와 운영에 관한 법률」 제2조, 제3호

3. 내용해설

- 위반 여부 판단
  - 공정한 직무수행을 저해하는 알선·청탁을 함으로써 위반행위가 성립하며, 알선·청탁의 대가로 뇌물(재산적 가치가 없는 이익도 포함)이나 재물(재산적 가치가 있는 이익)을 수수하지 않았더라도 행동강령 위반
  - 또한 알선·청탁한 사항의 실현 여부와 관계없이 행동강령 위반 행위 성립

청탁금지법상 '부정청탁 금지'와의 차이
• 청탁금지법은 모든 청탁이 아니라 인·허가 등 14개 부패 빈발분야의 직무와 관련하여 법령을 위반하거나 지위·권한을 벗어나 처리하도록 하는 부정청탁행위만을 규율대상으로 지정 • 행동강령에서는 법령 위반뿐만 아니라 내부기준 위반 등을 포함하여 자기 또는 타인의 부당한 이익을 위해 공정한 직무수행을 해치는 일체의 알선·청탁 등을 금지

4. 부정청탁 사례

유형	부정청탁 사례
1호 (금전출연)	• 재원 마련 위해 사기업에 금전적 요청, 출연 요구 • 기업에 비용을 부담케 하는 준조세 관행(미소금융, 미르재단) • 부실기업에 대한 대출 요구
2호 (인사·징계)	• 민간기업 사장(임원 등) 퇴진·교체 요구 등 인사 간섭 • 회사 고문(자문) 자리 요구 • 민간기업에 특정인 채용 및 보직 변경 요구
3호 (업무상 비밀)	• 미공개 기업정보(공시 전의 경영실적, 사업계획 등) 유출 • 경영정보, 영업비밀, 기술정보 제공 요청하여 경쟁사의 조직, 인력 정보 등 유출
4호 (계약행위)	• 사기업에 특정업체와 계약 체결 요구 • 특정업체 납품 요구, 일감 배정 요구 • 특정업체의 광고, 협찬 요구(특정업체 선정, 특혜 부여) • 특정기업 기술 이용 요구(소프트웨어 개발) • 거래업체 선정 시 통상 거쳐야 하는 제품시험과 입찰 등 절차를 거치지 않고 특정업체와 수의계약으로 계약 체결 • 특정업자와 공모하여 예정가격을 미리 알려 줌으로써 그 특정업자가 공정한 자유경쟁 없이 공사를 낙찰받을 수 있게 함
5호 (거래행위)	• 계약 조건 변경 • 대출금리 인하 요구 • 항공석 좌석 편의, 골프장 예약, 병원 입찰 예약 • 협력사와의 납기기한 연장 및 입고가 인상
6호 (평가·판정)	입학특혜 및 학사 혜택(성적 평가 등) 부여
7호 (수상·포상)	• 특정인의 작품을 민간기업이 시행하는 공모에 선정되도록 청탁 • 장학생 선정하여 장학금 지급
8호 (감사·조사)	법인의 재산 상황을 감사한 결과를 조작, 위법사실 은폐

5. Q&A

Q1 경찰청 직원이 무면허운전으로 조사를 받고 있는 친구를 위하여 사건의 담당자인 동료직원에게 선처해 줄 것을 청탁하고 친구로부터 이에 대한 대가를 받지 않은 사례

→ 타인의 부당한 이익을 위하여 다른 공무원의 공정한 직무수행을 해치는 알선·청탁을 하였다면, 알선·청탁 대가를 수수하였는지 여부와 관계없이 행동강령 위반

Q2 기관장이 인사 차 찾아온 고향 후배와 환담 중 청사시설 보수 업무 담당국장을 불러 고향후배에게 보수계획을 브리핑하도록 한 후 "후배의 민생해결을 위해 일을 맡겨보라"고 하였음. 현재 동 사업의 시행사 선정작업이 진행 중이어서 기관장의 고향후배가 동 사업을 맡게 될지 여부는 미정인데, 행동강령 위반인지?

→ 타인의 부당한 이익을 위하여 다른 공무원의 공정한 직무수행을 해치는 알선·청탁을 하였다면, 알선·청탁 대가를 수수하였는지 여부와 관계없이 행동강령 위반

▥ 직무 관련 정보를 이용한 거래 등의 제한 ★★★

1. 도입배경 및 의의

공무원이 직무 수행 중 알게 된 정보를 사적으로 이용하여 본인 또는 타인의 재산적 이익을 도모하는 부정행위 방지

2. 참고법률

공무원 행동강령 제3장 제12조

3. 내용해설

- 직무수행 중 알게 된 정보: 정보의 귀속이나 출처가 어디인지를 불문하고 직무수행 과정에서 알게 된 일체의 정보(해당 직무를 수행하지 않으면 접근이 차단되어 한정된 관계자가 독점하고 있는 상태의 정보를 의미하며, 정보의 접근 및 열람에 있어 공무원이 일반인보다 우월적 지위에 있어야 할 것임)

직무 관련 정보를 이용한 거래 등의 검토가 필요한 기관
• 주식 등 유가증권 거래 규제: 금융위원회, 기획재정부, 산업통상자원부, 중소벤처기업부, 특허청, 국세청, 금융감독원, 각급 기관의 기금 운용부서 등 • 부동산 거래(투자) 규제: 국토교통부, 농림축산식품부, 지방자치단체(도시계획, 도시개발, 건설 담당부서 등), 한국토지주택공사 등

4. 위반사례

- 공무원이 코스닥 미등록기업을 조사하면서 직무상 취득한 정보를 이용하여 다량의 주식을 취득한 후 거액의 차익 실현
- 세무담당 공무원이 세무조사를 하면서 알게 된 기업 정보를 이용해 주식에 투자
- 도시개발 담당 공무원이 도시계획 수립과정에서 얻은 정보를 가족 및 친인척 명의로 계획구역의 부동산을 취득해 차익을 얻는 경우
- 건설행정부서 담당 공무원이 그린벨트 해제정보를 사전에 이용해 토지를 매입 후 매각하여 차익을 얻는 경우

📖 사적 노무 요구 금지 ★★☆

1. 도입배경 및 의의

- 공사 구분 없이 직무관련자나 부하직원 등 직무관련공무원의 노동력을 사적으로 사용하는 전근대적 관행 일부 잔존
- 상사의 업무와 무관한 사적 노동력 제공 요구가 부적절하다는 인식이 공직사회 내 형성
- 공무원이 우월적 지위를 이용하여 직무관련자나 직무관련공무원의 노동력을 사적으로 사용하는 행위 규율 필요
- 공무원이 직무관련자 또는 직무관련공무원으로부터 사적인 노무를 제공받거나 요구 또는 약속하는 행위 금지

2. 참고법률

공무원 행동강령 제3장 제13조의2

3. 내용해설

- 공무원이 직무관련자 또는 직무관련공무원으로부터 사적인 노무를 제공받거나 요구 또는 약속하는 행위 금지
  - 금지 대상을 명확히 하기 위하여 공무원이 자신의 직무권한을 행사하거나 직위·직책 등에서 유래하는 사실상 영향력을 행사하여 사적인 노무를 제공받거나 요구·약속하는 경우로 구체화
- 예외적으로 다른 법령 또는 사회상규에 따라 허용되는 경우 적용 제외

4. 위반사례

- 청소업체 관리업무 담당 공무원이 업체 미화원들로부터 자신이 입주할 아파트 청소 편의를 제공받음
- 모 군청 간부공무원은 기관 행사인 1박 2일 과정의 워크숍 진행과정에서 심야시간에 부하 직원에게 라면을 끓여오도록 지시
- 중앙부처의 일선기관 상급자가 자신의 세탁물을 하급자로 하여금 세탁소에 맡기고 찾아오도록 지시

📖 직무권한 등을 행사한 부당행위의 금지(갑질 금지 의무 규정) ★★★

1. 도입배경 및 의의

- 공직사회에서 공무원 상하간, 상급기관과 하급기관 간, 공무원과 민간인(직무관련자) 간에 다양하게 발생하고 있는 '갑질'행위에 대한 사회적 비판과 개선요구가 높아짐에 따라 공공분야의 갑질 사전 예방 및 적발 처벌을 위한 제도적 기반 마련 필요
- 공무원 행동강령에 일반적 갑질 개념 및 금지 의무 규정을 신설하여 시행함으로써 공공분야 갑질로부터 선도적으로 근절하고, 그 노력과 성과를 민간으로 확산
- 자신의 직무권한을 행사하거나 지위·직책 등에서 유래되는 사실상의 영향력을 이용하여 부당하게 자신의 이익을 추구하거나, 직무관련자, 직무관련공무원, 하급기관 등에게 부당하게 불이익을 주는 행위 금지

2. 참고법률

공무원 행동강령 제3장 제13조의3

3. 내용해설

- '갑질'의 개념 규정: 자신의 직무 권한을 행사하거나 지위·직책 등에서 유래되는 사실상의 영향력을 이용하여 부당하게 자신의 이익을 추구하거나, 직무관련자, 직무관련공무원, 하급기관 등에게 부당하게 불이익을 주는 행위
- 금지되는 '갑질' 행위의 유형 구체화: 공무원이 소속된 조직 내부에서 또는 조직 외부(공무원 vs 민간인, 공무원 vs 소속·산하 기관)와의 관계에서 발생할 수 있는 '갑질'을 5개 유형으로 구체화하여 금지

금지되는 갑질 행위(제13조의3) 각호	
금지유형	금지행위
민원인에 대한 갑질 (외부 직무관련자)	담당 공무원이 인·허가 등 신청인에게 불이익을 주거나, 제3자에게 이익 또는 불이익을 주기 위하여 부당하게 그 신청 등의 접수를 지연하거나 거부하는 행위
기관 내 직원 간의 갑질 (조직 내부)	직무관련공무원에게 ① 직무와 관련 없는 부당한 지시·요구를 하거나, ② 직무의 범위를 벗어나 부당한 지시·요구를 하는 행위
외부 개인 / 기관·단체에 대한 갑질 (외부 직무관련자)	물품·용역·공사 등 계약과 관련하여 직무관련자에게 공무원 자신이 소속된 기관의 업무 또는 부담의 이행을 전가하거나, 자신이 소속된 기관이 집행해야 할 업무를 부당하게 지연하는 행위
소속·산하기관에 대한 갑질 (상 / 하 공공기관 간)	공무원 자신이 소속된 기관의 소속기관 또는 산하기관에 자신이 소속된 기관의 업무를 부당하게 전가하거나, 그 업무에 관한 비용이나 인력을 부담하도록 부당하게 전가하는 행위
조직 내·외부, 개인 / 기관·단체에 대한 포괄적 갑질 (보충적 금지)	직무관련자, 직무관련공무원, 공무원 자신이 소속된 기관의 소속기관 또는 산하기관의 권리·권한을 부당하게 제한하거나, 의무가 없는 일을 부당하게 요구하는 행위

4. 위반사례

- ○○부 A부서는 업무 관련 산하기관 B, C에게 인력 지원을 요구, 각각 1명씩 총 2명의 인력을 비공식 파견 형태로 지원받아 이들에게 A부서의 업무를 수행하도록 함
- D시는 관내 E업체와 공사 계약을 하면서 담당 공무원의 착오로 누락된 부대시설비 등 1,600만원을 E업체가 부담하도록 떠넘김
- ○○기관장은 부하직원들에게 특정 단체 가입신청서 작성 및 제출을 지시하는 등 특정 단체 가입을 요구함
- ◇◇청 간부는 부하 직원들에게 술값을 대신 내도록 하고 술자리 후 자신의 승용차를 직원이 집까지 대리운전 하도록 한 경우

5. Q&A

Q1 공무원 조직 내에서 벌어질 수 있는 폭행, 폭언 등 인격 모독 행위가 공무원 행동강령상 금지되는 갑질 행위에 포함되는지?

→ 조직 내에서의 폭행, 폭언 등 인격 모독 행위가 단순하게 공무원 행동강령상 금지되는 갑질 행위라고 단정할 수는 없음. 폭행, 폭언 등 인격 모독 행위가 벌어진 원인, 구체적 상황 등에 대한 검토가 우선적으로 필요하며, 인격 모독 행위가 행동강령상 금지되는 5가지 유형의 갑질 금지와 관련하여 벌어진 것인지를 면밀히 검토하여 신고대상이 되는지를 결정할 것임

Q2 조직 내 갑질을 신고한 공무원에 대한 조직 내 왕따, 따돌림 등에 대한 보호조치가 있는지?

→ 부패방지권익위법 제67조(준용규정)에 따라 공직자 행동강령을 위반한 행위를 신고하는 경우에 대해서도 부패방지권익위법 제62조의2(불이익 조치 등의 금지)부터 제66조(책임의 감면 등)까지의 규정을 준용하고 있음. 따라서 조직 내의 행동강령상 갑질을 신고한 공무원은 부패방지권익위법에 따라 신분보장, 불이익 처분 일시 정지, 신변보호 등의 보호치를 받을 수 있음.

▶ 금품 등의 수수 금지 ★★★

1. 도입배경 및 의의

공무원이 금품 등을 수수하는 관행을 근절하고, 공적 직무를 이용한 부당한 이익 취득을 차단하여 청렴의식을 제고함과 아울러 공정한 직무수행을 보장하여 공직사회에 대한 국민 신뢰 확보

2. 참고법률

- 공무원 행동강령 제15조
- 공무원 행동강령 제16조

3. 내용해설

- '수수 금지 금품등'의 주요 내용
  - 공무원이 직무 관련 여부 및 기부·후원·증여 등 그 명목에 관계없이 동일인으로부터 1회에 100만원 또는 매 회계연도에 300만원을 초과하는 금품등을 받거나 요구 또는 약속하는 행위 금지
  - 공무원이 직무와 관련하여 대가성 여부를 불문하고 1회에 100만원 이하의 금품등을 받거나 요구 또는 약속하는 행위를 금지
  - 공무원은 자신의 배우자나 직계 존속·비속이 자신의 직무와 관련하여 공무원이 받는 것이 금지되는 금품등(수수 금지 금품등)을 받거나 요구 또는 제공받기로 약속하지 아니하도록 하여야 함
  - 공무원은 다른 공무원 또는 그 공무원의 배우자나 직계 존속·비속에게 수수 금지 금품 등을 제공하거나 그 제공의 약속 또는 의사표시를 해서는 아니 됨
- '수수 금지 금품등'의 예외사유: 공무원의 일상적인 사회생활을 보장하고 과도한 제한 소지를 방지하기 위한 예외사유
  - 중앙행정기관의 장 등 또는 상급자가 제공하는 금품등: 중앙행정기관의 장등이 소속 공무원이나 파견 공무원에게 지급하는 금품등 또는 상급자가 위로·격려·포상 등의 목적으로 하급자에게 제공하는 금품등(상급자와 하급자는 직무상 명령에 복종해야 하는 관계이므로 같은 기관 소속 공무원 사이에서만 성립 가능)
  - 사교·의례 등 목적으로 제공되는 음식물·선물·경조사비 등: 중앙행정기관의 장 등이 정하는 가액 범위 안의 금품등
  - 채무의 이행 등 정당한 권원에 의하여 제공되는 금품등: 사적 거래(증여는 제외)로 인한 채무의 이행 등 정당한 권원(權原)에 의하여 제공되는 금품등
  - 친족이 제공하는 금품: 공무원의 친족(「민법」 제777조에 따른 친족)이 제공하는 금품
  - 단체의 기준이나 장기적·지속적 친분관계에 따른 금품
  - 공식적인 행사에서 통상적·일률적으로 제공되는 금품(교통, 숙박, 음식물)

- 기념품·홍보용품 등이나 경영·추첨을 통하여 받는 상품(불특정 다수에게 배포하는 목적)
- 사회상규에 따라 허용되는 금품: 법질서 전체의 정신이나 배후에 놓여 있는 사회윤리 내지 사회통념에 비추어 용인될 수 있는 금품
  - 예 외교관례상 선물을 거절하는 것이 결례가 되는 경우, 원활한 외교업무 수행을 위해 소속기관 장이 정한 최소한의 선물, 원활한 직무수행을 위해 제공되는 간단한 음식물 또는 교통편의로서 다음 각 목에 어느 하나에 해당하는 경우(장시간의 업무 협의 중 구내식당에서 식사 또는 간단한 외부 식사, 지도·감독기관 방문 시 의례상 제공되는 음료, 대중교통 이용이 불가능하여 불가피하게 이동하는 경우 등)

4. 위반사례
- 교장 24명가량이 모 금강산 전문 여행사로부터 학생들의 수학여행 사전답사 명목으로 금강산 무료 관광한 경우
- 공무원이 직무관련업체의 법인카드를 넘겨받아 과 회식, 직원 야근 식대 등으로 사용한 경우

5. Q&A
◇ 금품등 수수 금지
Q1 학생들을 대상으로 모 사단법인이 주관하는 해외문화체험행사와 관련하여, 계약업체에서 관례적으로 일정 수의 학생당 교사 1명에게 무료로 교통 및 숙박을 제공하는 경우 행동강령 위반인지?
→ 계약 대상 업체로부터 정당한 사유 없이 무료로 교통 및 숙박을 제공받는 행위는 행동강령 위반임

Q2 성수기 콘도 예약을 하지 못하는 상황에서 가족 여행을 위하여 산하단체 직원을 통해 전망 좋은 콘도를 예약한 경우 이것도 금품등의 수수 금지 위반인지?
→ 콘도 예약을 하지 못하는 상황에서 직무관련자에게 전망 좋은 콘도 예약을 부탁하여 이용하였다면 이는 편의제공을 받은 것으로 볼 수 있어 비록 콘도요금을 자비로 부담하였다 하더라도 행동강령 위반임

◇ 수수 금지 금품등의 예외사유: 음식물
Q1 공무원이 직무와 관련된 자로부터 3만원의 저녁식사를 접대받고, 주변 카페로 자리를 옮겨 6천원 상당의 커피를 제공받은 경우는?
→ 식사접대행위와 음료접대행위가 시간적·장소적으로 근접성이 있으므로 1회로 평가 가능하며, 이 경우 접대받은 음식물의 합산 가액이 3만원을 초과하여 예외사유에 해당되지 않으므로 행동강령 위반임

Q2 결혼식에 참석한 하객에게 가액기준(3만원)을 초과하는 음식물을 제공할 수 있는지?
→ 경조사에 참석한 하객에게 식사를 제공하는 것은 우리 사회의 전통 관습이고 불특정 다수인에게 제공하는 것이므로, 3만원을 초과하는 식사도 사회상규에 따라 허용되는 금품등에 해당함

Q3 국공립대학에서 연구개발을 함께 하기 위해 A사 관계자에게 5만원 상당의 식대를 제공하였는데, 이에 대한 보답으로 이후 A사가 국공립대학 관계자에게 5만원 상당의 식사 제공 가능한지?

→ 국공립대학 관계자가 연구개발사업을 함께 할 예정에 있는 A사 관계자로부터 월활한 직무 수행 등의 목적으로 제공되는 가액범위(3만원)를 초과하는 식사를 제공받는 것은 행동강령 위반임. 원활한 직무수행 등을 위한 식사인지 여부는 연구개발사업의 성격, 공동사업자 선정 주체 등 제반 사항을 종합적으로 검토하여 판단해야 할 것임

◇ **수수 금지 금품등의 예외사유: 선물**

Q1 7만원 상당의 선물을 받은 경우 선물의 가액기준(5만원)을 초과한 2만원만 반환하면 되는지?

→ 가액범위를 초과하는 선물을 받은 경우 선물 전부가 수수 금지 금품등에 해당하므로 받은 선물 전부를 반환해야 함

Q2 업무협조가 필요한 부처 및 부서 방문 시 소액의 음료수를 들고 갈 수 있는지?

→ 원활한 직무수행, 사교 / 의례 목적으로 제공되는 5만원 이하의 선물은 수수 금지 금품등의 예외사유에 해당되어 허용됨

Q3 중학교 1반 학생 30명의 학부모들이 각 2만원씩 각출하여 마련한 60만원 상당의 선물을 담임교사가 받을 수 있는지?

→ 학생 지도, 평가 등의 업무를 담당하는 담임교사와 학생, 학무보 간에는 직무관련성이 인정될 수 있음. 담임교사와 학부모 간에는 원활한 직무수행 또는 사교 / 의례 등의 목적이 인정된다고 보기 어려우므로 선물을 받을 수 없음

Q4 스승의 날 찾아온 졸업생으로부터 35만원 상당의 화장품 선물세트를 받았는데 돌려줘야 하는지?

→ 교사와 직무관련성이 인정될 수 있는 자는 재학생, 학부모 등이며, 졸업생은 특별한 사정이 없다면 직무관련성이 인정되지 않을 것으로 보임. 따라서 직무 관련성이 없는 졸업생이 스승의 날에 단순히 감사의 뜻으로 제공하는 선물(1회 100만원 이하)은 받을 수 있을 것임

▶ 감독기관의 부당한 요구 금지

1. 도입배경 및 의의

감독 · 감사 · 조사 · 평가를 하는 기관에 소속된 공무원은 자신이 소속된 기관의 출장 · 행사 · 연수 등과 관련하여 감독 · 감사 · 조사 · 평가를 받는 기관에 부당한 요구 금지

2. 참고법률

• 공무원 행동강령 제3장 제14조의2
• 공무원 행동강령 제20조

3. 위반사례

• A자치단체가 개최하는 ○○행사와 관련하여 물품 등의 지원요청을 받은 B산하기관은 예산의 목적 · 용도에 맞지 않게 요구 물품을 구매하여 지원한 경우
• ○○업무를 수행하는 공공기관이 해당 업무와 관련된 국제 세미나에 참석하면서 감독부처의 요청을 받고 감독부처 소속 공무원을 포함한 출장단을 구성하여 여비를 지원한 경우 등

분야	조항
건전한 공직문화 풍토 조성 (제4장)	외부강의 등의 사례금 수수 제한
	경조사의 통지와 경조금품의 수수제한 등

▶ 외부강의 등의 사례금 수수 제한

1. 도입배경 및 의의

- 외부강의 등을 매개로 한 고액의 사례금 수수는 뇌물로 악용되어 정책결정을 왜곡시키고, 민간 유착요인으로 작용하는 등 공직사회에 대한 국민의 불신을 야기
- 외부강의 등을 명목으로 외부기관 및 단체에 금전을 요구하거나 유착되는 등의 부패를 차단하고, 지나친 외부강의 등으로 직무수행을 소홀히 하거나 고액의 강의료를 수수하는 등의 부조리를 방지하기 위해 외부강의 등의 사례금 수수 제한

2. 참고법률

- 공무원 행동강령 제4장 제15조
- 공무원 행동강령 운영지침 제17조, 제18조

3. 내용해설

- 외부강의 등의 범위: '외부강의 등'이란 공무원이 자신의 직무와 관련되거나 그 지위·직책 등에서 유래되는 사실상의 영향력을 통하여 요청받은 교육·홍보·토론회·세미나·공청회 또는 그 밖의 회의 등에서 한 강의·강연·기고 등을 의미

'외부강의 등'에 해당하지 않는 경우
<ul><li>소속 기관 장의 사전 겸직허가를 받고 학교에 출강</li><li>사회자와의 개별 방송 인터뷰에 응하는 경우</li><li>서면심사·서면자문 등에 응하는 경우</li><li>시험출제위원으로 위촉되어 시험출제 업무를 하는 경우</li><li>각종 법령에 의한 위원회 위원으로 위촉되어 회의에 참가</li><li>각종 연주회, 전시회 등에서 연주, 공연, 전시 등 행위</li></ul>

4. 위반사례

- 행정 공무원이 매월 10회 이상 학원에 출강한 후 미신고하는 경우
- 시청 도시계발계획국장이 A협회 연수회 강사로 출강하여 50만 원 상당의 강의료를 받고 미신고한 경우

▶ 경조사의 통지 제한

1. 도입배경 및 의의

직무관련자에게 경조사 통지 금지 등 건전한 경조사 문화의 정착을 위하여 솔선수범

2. 참고법률

공무원 행동강령 제4장 제17조

3. 위반사례

- A시청의 국장이 자녀 결혼 청첩장에 축의금을 위한 계좌번호를 명시하여 직무관련업체에 통지하는 경우, 혹은 직무관련업체로부터 축의금 300만 원을 수수한 경우
- 초등학교 L교사는 학부모들에게 자신의 결혼식 청첩장을 보내고, 학생들에게 학부모를 대동하고 참석하도록 독려
- 상급자의 모친상을 직무관련단체인 관내 모든 건축사들에게 FAX로 통지

분야	조항
위반 시의 조치 (제5장)	위반 여부에 대한 상담
	위반행위의 신고 및 확인
	징계 등
	수수 금지 금품등의 신고 및 처리

▶ 위반 여부에 대한 상담

1. 도입배경 및 의의

- 공무원이 알선·청탁 여부, 선물 수수 가능 여부 등이 분명하지 않은 경우, 행동강령책임관과 상담한 후 처리토록 함으로써 행동강령 위반 소지를 사전에 차단하여 부패 위험으로부터 공직자를 보호
- 행동강령책임관은 상담내용, 상담결과를 기록·관리

2. 참고법률

- 공무원 행동강령 제5장 제18조
- 공직자 행동강령 운영지침 제24조

PART
07

3. Q&A

Q1 행동강령 위반 여부가 불문명한 경우에는 어떻게 하는지?

→ 공무원은 알선·청탁, 금품 수수 등에 대하여 행동강령 위반 여부가 불문명한 경우에는 소속 기관의 행동강령책임관(보통 감사 또는 윤리업무 담당부서의 장)과 상담한 후 처리하여야 하며, 국민권익위원회 홈페이지 행동강령 위반 신고상담코너를 이용하거나 국민권익위원회 110콜센터로 상담 가능함

▶ 위반 행위의 신고 및 확인

참고법률

- 공무원 행동강령 제5장 제19조
- 공직자 행동강령 운영지침 제21조, 제27조, 제31조

▶ 징계 등

참고법률

- 공무원 행동강령 제5장 제20조
- 공직자 행동강령 운영지침 제28조

▶ 수수 금지 금품등의 신고 및 처리

참고법률

• 공무원 행동강령 제5장 제21조
• 공직자 행동강령 운영지침 제19조, 제26조

출처 | 2023년 공무원 행동강령 업무편람

POINT 05 공무원의 의무

01 공무원의 의무

공무원은 국가기관의 담당자로서 국가에 대하여 봉사하는 것을 그 임무로 하므로 이에 대응하는 특별한 의무를 부담한다(「헌법」 제7조 제1항·「국가공무원법」 제1조, 제55~66조).

번호	공무원 의무	공무원 의무 분류 체계			
1	성실의 의무	공무원 6대 의무	공무원 7 대 의무		공무원 13대 의무
2	복종의 의무				
3	친절·공정의 의무				
4	비밀 엄수의 의무				
5	청렴의 의무				
6	품위 유지의 의무				
7	종교 중립의 의무				
8	직장 이탈 금지			공무원 4대 금지의무	
9	영리 업무 및 겸직 금지				
10	정치 운동의 금지				
11	집단 행위의 금지				
12	선서의 의무				
13	영예 등 수령 규제				

⓪② 공무원 6대 의무

1. 공무원 6대 의무

번호	의무 및 법규	내용	위반사항
1	성실의 의무 (「국가공무원법」 제56조·「지방공무원법」 제48조)	모든 공무원은 법령을 준수하며 직무를 성실히 수행하여야 한다.	• 부작위, 직무태만 또는 회계질서 문란 • 소극행정 • 부정청탁 및 부정청탁에 따른 직무 수행 • 갑질행위, 성비위 관련 또는 갑질행위를 은폐하거나 필요한 조치를 하지 않은 경우 - 예산, 기금, 국고금, 보조금, 국유재산, 물품 등의 횡령, 배임, 절도, 사기 등
2	복종의 의무 (「국가공무원법」 제57조·「지방공무원법」 제49조 본문)	• 공무원은 직무를 수행함에 있어서 소속 상관의 직무상 명령에 복종하여야 한다. • 다만 이에 대한 의견을 진술할 수 있다(지방공무원법 제49조).	지시사항 불이행으로 업무 추진에 중대한 차질을 준 경우
3	친절·공정의 의무 (「국가공무원법」 제59조·「지방공무원법」 제51조)	공무원은 국민, 주민 전체의 봉사자로서 친절하고 공정하게 집무하여야 한다.	–
4	비밀 엄수의 의무 (「국가공무원법」 제60조·「지방공무원법」 제52조).	공무원은 재직 중은 물론 퇴직 후에도 직무상 알게 된 비밀을 엄수하여야 한다.	• 개인정보 부정이용 및 무단유출 • 비공개 자료 등 중요 공문서 무단 유출 • 비밀 분실 또는 해킹 등에 의한 비밀 침해 및 비밀 유기 무단방지 • - 그 밖의 보안관계 법령 위반
5	청렴의 의무 (「국가공무원법」 제61조·「지방공무원법」 제53조).	공무원은 직무와 관련하여 직접 또는 간접을 불문하고 사례·증여 또는 향응을 수수할 수 없으며, 직무상의 관계 여하를 불문하고 그 소속 상관에게 증여하거나 소속 공무원으로부터 증여를 받아서는 아니된다	• 직무 관련 여부 및 그 명목과 관계없이 동일인으로부터 1회 100만원 또는 매 회계연도 300만원을 초과하여 금품 등 수수 • 직무와 간련하여 대가성 여부를 불문하고 1회 100만원 이하의 금품등 수수 ※ 금품 등 수수액 100만원 미만일 경우 최소 "감봉" 100만원 이상일 경우 최소 "강등" 처분
6	품위 유지의 의무 (「국가공무원법」 제63조·「지방공무원법」 제55조 제1항 제2호)	• 공무원은 직무의 내외를 불문하고 그 품위를 손상하는 행위를 하여서는 아니 된다(국가공무원법 제63조·지방공무원법 제55조). • 공무원이 이상과 같은 의무에 위반한 때에는 징계 사유에 해당되어 징계 처분을 받게 된다(국가공무원법 제78조 제1항·지방공무원법 제69조 제1항 제2호).	성폭력, 성희롱, 성매매, 음주운전, 불건전한 이성교재, 도박, 폭행, 사기, 마약투여 등

2. 복무 징계 관련 예규

◇ 복종의 의무 위반

1. 직무상 명령의 요건

- 특별한 규정이 있는 경우 외에는 구술이나 문서 등 어느 형식에 의하여도 무방하나 직무명령은 일정한 요건을 갖추어야 함

직무상 명령의 요건
• 정당한 권한을 가진 소속 상관이 발(發)하여야 하고, • 부하의 직무 범위 내에 관한 명령이어야 하며, • 그 형식이 법정 절차를 구비하여야 하고, • 그 내용이 적법한 것이어야 함

- 정당한 권한을 가진 소속 상관이 발(發)한 것일 것
  - '소속 상관'이란 그 기관의 장 또는 보조기관인지의 여부에 관계없이 당해 공무원의 직무에 관하여 실질적인 지휘·감독권을 가진 자[2]를 말함
- 하급자의 직무범위 내에 속한 사항일 것
  - 직무상의 명령이 유효하게 성립하기 위해서는 하급자의 직무범위 내에 속하는 사항에 대하여 발하는 명령이어야 함
- 법정의 형식과 절차가 있으면 이를 갖추어야 함
  - 직무명령은 다양한 절차 및 형식이 존재하나, 관련 법령에서 별도의 절차 및 형식을 규정하고 있는 경우 이를 준수하여야 함
- 그 내용이 적법한 것이어야 할 것
  - 상관은 위법한 행위를 명령할 직권이 없으므로 그 명령은 합법적이어야 함

2. 위법한 명령에 대한 복종의무 발생 여부

- 직무상 명령의 요건 중 어느 하나에라도 흠이 있는 경우에는 직무상 명령에 해당되지 않고 복종의무가 발생하지 않음
- 이 경우 부하는 상관의 명령에 대하여 의견을 진술할 수 있고, 상관의 위법한 명령에 따라 범죄행위를 한 경우에는 상관의 명령에 따랐다고 하여 부하가 한 범죄행위가 위법하지 않다고 할 수 없음. 상관의 명령이 위법할 때에는 직무상의 지시명령이라 할 수 없으므로 이에 따라야 할 의무는 없음

관련 판례(대법원 2013.11.28. 선고 2011도5329 판결)
공무원이 그 직무를 수행함에 있어 상관은 하관에 대하여 범죄행위 등 위법한 행위를 하도록 명령할 직권이 없는 것이며, 또한 하관은 소속상관의 적법한 명령에 복종할 의무는 있으나 위와 같이 명백히 위법 내지 불법한 명령인 때에는 이는 벌써 직무상의 지시명령이라 할 수 없으므로 이에 따라야 할 의무가 없음

---

2 기관의 장뿐만 아니라 보조기관인 상관과 기타 지휘·감독권을 가지는 상급자 포함

※ 상급기관이 하급기관에 대하여 훈령이나 직무명령을 발한 경우, 하급기관은 그 훈령에 따라야 하므로 상급기관의 장이 하급기관에 대한 소속 상관이 됨

> **관련 판례(대법원 1988.2.23. 선고 87도2358 판결)**
>
> 공무원이 그 직무를 수행함에 있어 상관은 하관에 대하여 범죄행위 등 위법한 행위를 하도록 명령할 직권이 없는 것이고, 하관은 소속 상관의 적법한 명령에 복종할 의무는 있으나 그 명령이 참고인으로 소환된 사람에게 가혹행위를 가하라는 등과 같이 명백한 위법 내지 불법한 명령인 때에는 이는 벌써 직무상의 지시명령이라 할 수 없으므로 이에 따라야 할 의무는 없음

3. 복종의무 위반 판단시 고려사항

공무원의 어떤 행위가 소속 상관의 직무상 명령에 위반된 것인지 판단하기 위해서는 해당 관청이 행하는 공무의 종류, 당해 직무상 명령이 발하여진 동기, 상황, 추구하는 공익의 내용, 당해 직무의 성질, 담당 공무원의 재량 또는 판단여지의 존부 등을 종합적으로 고려하여야 함

◇ 비밀 엄수의 위반

1. 목적

* 정부의 중요정책이 사전에 상용 정보통신서비스와 개인소유 정보통신매체를 통해 외부로 유출된 사고 발생을 계기로 공무원의 비밀 엄수의 의무* 위반 사건 처리 기준을 마련, 공직기강을 확립하고 공무원의 책임성 강화에 기여하고자 함

    * 「국가공무원법」 제60조(비밀 엄수의 의무) 공무원은 재직 중은 물론 퇴직 후에도 직무상 알게 된 비밀을 엄수하여야 한다.

2. "비밀 엄수의 의무" 위반

* 「국가공무원법」상 "비밀"
    - 형식적 비밀은 각급 기관에서 그 중요성과 가치의 정도에 따라 Ⅰ급 비밀, Ⅱ급 비밀, Ⅲ급 비밀로 구분함(보안업무규정 제4조)
    - 국가공무원법상 "비밀"이라 함은 ① 법령에 따라 비밀로 지정된 사항, ② 정책 수립이나 사업 집행에 관련된 사항으로서 외부에 공개될 경우 정책 수립이나 사업 집행에 지장을 주거나 특정인에게 부당한 이익을 줄 수 있는 사항, ③ 개인의 신상이나 재산에 관한 사항으로서 외부에 공개될 경우 특정인의 권리나 이익을 침해할 수 있는 사항, ④ 그 밖에 국민의 권익 보호 또는 행정목적 달성을 위하여 비밀로 보호할 필요가 있는 사항(공무원 복무규정 제4조의2)임
    - 국가 공무의 민주적, 능률적 운영을 확보하기 위하여 실질적으로 비밀로서 보호할 가치가 있는지, 즉 그것이 통상의 지식과 경험을 가진 다수인에게 알려지지 아니한 비밀성을 가지고 있는지 또한 정부나 국민의 이익 또는 행정목적 달성을 위하여 비밀로서 보호할 필요성이 있는지 등이 객관적으로 검토되어야 할 것임
    - 공무원이 지켜야 할 비밀은 공무원의 직무상 소관범위에 속하는 비밀사항뿐만 아니라 공무원이 직무를 수행하는 과정에서 직·간접으로 알게 된 모든 비밀적인 업무 내용, 즉 행정내부에서 생산된 것은 물론 행정객체인 개인과 법인의 비밀적인 사항까지를 포함
    - 상용 전자우편이나 민간SNS의 경우에는 단기간 내에 광범위한 사람들에게 급속하게 전파될 수 있는 특징이 있어 공무원이 업무자료를 송·수신할 경우에는 정부에서 공식적으로 인정하는 방법으로만 하여야 하므로, 전자우편·메신저 사용시 공무와 사적 사항을 명확하게 구분하여야 할 것임

3. 퇴직공무원
- 공무원은 재직 중은 물론 퇴직 후에도 직무상 알게 된 비밀을 엄수하여야 함(국가공무원법 제60조)
- 행정기관의 장은 공무원이었던 자가 퇴직 후 비밀을 누설할 경우 징계책임을 물을 수는 없으나, 형사책임을 물을 수 있고 [형법 제126조(피의사실 공표), 제127조(공무상 비밀의 누설)], 공무원 재임용도 거부할 수 있으므로 「공무원 직무관련 범죄 고발 지침」(국무총리 훈령)에 따라 고발하여야 할 것임

4. 이해충돌
- 공직자는 공직을 이용하여 사적 이익을 추구하거나 개인이나 기관·단체에 부정한 특혜를 주어서는 아니 되며, 재직 중 취득한 정보를 부당하게 사적으로 이용하거나 타인으로 하여금 부당하게 사용하게 한 경우(공직자윤리법 제2조의2)에는 '성실 의무' 위반 및 '비밀 엄수의 의무' 위반에 해당됨
- 공직자는 업무처리 중 알게 된 비밀을 이용하여 재물 또는 재산상의 이익을 취득하거나 제3자로 하여금 취득하게 한 경우(부패방지 및 국민권익위원회의 설치와 운영에 관한 법률 제7조의2)에도 '성실 의무' 위반 및 '비밀 엄수의 의무' 위반에 해당됨
- 직무와 관련된 비밀을 누설하거나 직무와 관련한 정보를 이용한 경우에는 부당한 이득 여부와 상관없이 '비밀 엄수의 의무' 위반 징계기준을 적용하여야 함

03 공무원 7대 의무: 공무원 6대 의무 + 종교 중립의 의무

번호	의무 및 법규	내용
7	종교 중립의 의무(「국가공무원법」 제59조의 2)	• 공무원은 종교에 따른 차별 없이 직무를 수행하여야 한다. • 공무원은 소속 상관이 제1항에 위배되는 직무상 명령을 한 경우에는 이에 따르지 아니할 수 있다.

04 공무원 4대 금지 의무

1. 공무원 4대 금지 의무

번호	의무 및 법규	내용
8	직장 이탈 금지 (「국가공무원법」 제58조)	공무원은 소속 상관의 허가 또는 정당한 사유가 없으면 직장을 이탈하지 못한다.
9	영리 업무 및 겸직 금지 (「국가공무원법」 제64조)	• 공무원은 공무 외에 영리를 목적으로 하는 업무에 종사하지 못하며 소속 기관장의 허가 없이 다른 직무를 겸할 수 없다. • 금지되는 업무로는 직무능률의 저해, 공무에 부당한 영향, 국가이익침해, 정부에 불명예 등을 초래할 염려 있는 업무등이 해당한다.

10	정치 운동의 금지 (「국가공무원법」제65조)	• 공무원은 정당이나 그 밖의 정치단체의 결성에 관여하거나 이에 가입할 수 없다. • 공무원은 선거에서 특정 정당 또는 특정인을 지지 또는 반대하기 위한 다음의 행위를 하여서는 아니 된다.
11	집단 행위의 금지 (「국가공무원법」제66조)	공무원은 노동운동이나 그 밖에 공무 외의 일을 위한 집단 행위를 하여서는 아니 된다. 다만, 사실상 노무에 종사하는 공무원*은 예외로 한다. * 정보통신부 및 철도청 소속의 협업기관과 국립의료원의 작업현장에서 노무에 종사하는 기능직과 고용직 공무원

2. 복무 징계 관련 예규

◇ 영리업무 금지

1. 영리업무의 개념

- 영리업무란 계속적으로 재산상의 이득을 취하는 행위를 말함
  - 계속성이 없는 일시적인 행위로 계속적인 수입이 발생하는 경우는 업무가 아니므로 금지 또는 허가의 대상이 아님
    ※ 계속성의 기준: ① 매일·매주·매월 등 주기적으로 행해지는 것, ② 계절적으로 행해지는 것, ③ 명확한 주기는 없으나 계속적으로 행해지는 것, ④ 현재하고 있는 일을 계속적으로 행할 의지와 가능성이 있는 것
  - 공무원은 겸하려는 행위가 누가 보더라도 명백하게 계속성이 없는 행위라고 볼 수 있는 경우가 아니라면, 반드시 소속 기관의 장에게 겸직허가를 신청하여야 함

2. 복무규정 제25조 본문에 따른 금지요건

① 공무원의 직무 능률을 떨어뜨릴 우려가 있는 경우
  - 근무시간 내에는 전적으로 직무 수행에 전념하여야 하고, 근무시간 외의 시간에 다른 영리업무(비영리업무 포함)에 종사함으로써 평소 직무 수행에 지장을 주어서는 안 됨
  - 근무시간 외의 시간에 겸직업무에 종사하는 것은 겸직허가의 대상이 될 수 있으나, 다음과 같은 경우에는 직무 능률을 떨어뜨릴 소지가 있음
    - 근무시간과 겸직업무 종사시간을 합한 시간이 점심 및 저녁시간(각 1시간), 휴게시간을 제외하고 1주 52시간, 1일 12시간을 초과하는 경우 ※ 단, 시간 외 근무시간은 제외함
    - 자정 이후에도 근무하는 심야업종인 경우
    - 그 밖에 소속 기관의 장이 겸직업무의 성격상 직무 능률을 떨어뜨릴 우려가 있다고 인정하는 경우

② 공무에 대하여 부당한 영향을 끼칠 우려가 있는 경우: 공무[3] 수행에 공정성을 확보하고 부당한 영향을 끼칠 가능성을 차단하기 위하여 공익과 사익의 이해충돌 가능성이 있는 영리업무(비영리업무 포함)에 종사하는 것을 금지함

③ 국가의 이익과 상반되는 이익을 취득할 우려가 있는 경우: 공무원은 국민 전체에 대한 봉사자로서 국가 및 공공의 이익을 최대한으로 도모하여야 하고 그에 반하거나 충돌될 우려가 있는 영리업무에 종사하는 것은 금지됨

공무란 원칙적으로 그 공무원의 법령상 소관 직무를 말함

④ 정부에 불명예스러운 영향을 끼칠 우려가 있는 경우
- 영리업무가 사회 통념상 볼 때 바람직하지 못하여 정부의 명예나 신뢰를 저해할 우려가 있는 경우에는 금지되어야 하나, 그 판단은 상당한 합리성과 객관성이 있어야 함
- 국가나 공공에 위해를 끼치거나, 유흥·사행업 등 선량한 풍속을 해치거나, 여성·장애인·학생·노인 등 사회적 약자를 이용하는 등 사회적 비난을 초래할 우려가 있는 경우에는 반드시 금지
⑤ 영리업무가 위 ① 내지 ④에 해당되지 않는 경우에는 복무규정 제26조에 따른 겸직허가를 받아 그 업무에 종사할 수 있음
- 다음과 같이 국가 및 공공의 이익을 위해 영리업무 겸직이 특히 필요한 경우에는 이를 허가할 수 있음(국가안보상의 이유, 국가의 대외경쟁력 강화, 그 밖의 공익을 위한 업무)
- 「국가기술자격법」에 따른 기술 분야 자격증소지자(「자격기본법」에 따른 국가 공인 민간자격증 소지자 포함)로서 해당 산업분야 발전과 과학기술진흥에 특히 기여할 수 있다고 인정되는 경우
- 그 밖에 전문지식·기술이 요구되는 직위에 소속 기관의 장이 특히 필요하다고 인정하는 경우
- 관련법령에서 겸직금지 또는 전업의무를 규정하고 있는 전문자격증 소지자의 경우 공무원 신분을 보유하고 있는 동안에는 그 자격증 관련 영리업무에 종사할 수 없음
  ※ 변호사법 제38조에 따라 변호사는 변호사업을 영위하면서 보수를 받는 공무원을 겸할 수 없음

◇ **겸직허가** ★★★
1. 대상: 복무규정 제26조 제1항에 따른 직무
   - 영리업무: 복무규정 제25조 본문에 따른 금지요건 [위 2.-다.-(1) 내지 (4)]에 해당하지 않는 영리업무
   - 비영리업무: 영리를 목적으로 하지 않는 계속성이 있는 업무
2. 허가기준
   - 겸직허가 대상인 업무에 종사함으로써 공무원의 직무 능률을 떨어뜨릴 우려가 없는 경우, 공무에 대하여 부당한 영향을 끼칠 우려가 없는 경우, 국가의 이익과 상반되는 이익을 취득할 우려가 없는 경우, 정부에 불명예스러운 영향을 끼칠 우려가 없는 경우에만 허가
   - [심사대상] 다음 사항에 대해 겸직허가 대상 여부, 허가기준 부합 여부 등 겸직허가 여부에 대한 제반 사항을 심사
     1. 인터넷 개인방송 활동
     2. 부동산 임대업
     3. 과도한 겸직수익 발생
     4. 직무 관련 지식·정보를 이용한 겸직 활동 사항
     5. 그 밖에 면밀한 검토가 필요한 사항

◇ **「공무원의 인터넷 개인방송 활동 지침」** ★★★
1. 기본방침

> ▶ 인터넷 개인방송 활동이란 본인 또는 다른 사람의 콘텐츠(영상, 음성)를 인터넷 플랫폼을 통해 다수의 인터넷 이용자와 공유하고 상호소통하는 일체의 행위
> ※ 인터넷 개인방송 플랫폼: 네이버TV, 아프리카TV, 유튜브, 트위치 등

가. 직무와 관련 없는 사생활 영역의 개인방송 활동(취미, 자기계발 등)은 원칙적으로 규제 대상이 아님

나. 직무와 관련된 개인방송 활동은 소속 부서장에게 사전보고를 하고 홍보부서와 협의를 거쳐 가능

   ※ 기관 방송채널을 통한 정책 설명, 전문지식·경험 공유 등 업무 효율성을 제고하는 활동은
   적극 권장

2. 준수할 사항

> ▶ 직무관련 여부를 떠나 공무원으로서 지켜야 할 의무로 다른 사생활 영역 활동(예 저술, 번역)에도
> 동일하게 적용되는 사항임

가. 직무상 알게 된 비밀 누설 금지(「국가공무원법」 제60조)

   ※ 브이로그 등을 통해 비공개 직무정보가 공개되지 않도록 각별히 유의

나. 직무 내외를 불문하고 공무원으로서 품위 유지(「국가공무원법」 제63조)

   ※ 타인의 명예나 권리 침해, 비속어 사용, 허위사실 유포, 폭력적·선정적 콘텐츠 제작·공유
   하는 행위 등 금지

다. 정당이나 그 밖의 정치단체의 결성 및 가입 관련 행위, 선거에서 특정 정당 또는 특정인을 지
   지·반대하기 위한 행위 금지(「국가공무원법」 제65조)

라. 직무 능률을 떨어뜨리거나, 공무에 부당한 영향을 끼치거나, 국가의 이익과 상반되는 이익을 취득
   하거나, 정부에 불명예스러운 영향을 끼칠 우려가 있는 행위 금지(「국가공무원 복무규정」 제25조)

   ※ 업체 등으로부터 협찬을 받아 특정 물품을 홍보함으로써 금전 또는 물품을 얻는 행위(예
   직·간접광고), 인터넷 개인방송을 통해 후원 수익을 취득하는 행위 등 금지

마. 동의 없이 타인(동료, 고객 등)이 등장하는 콘텐츠를 제작·공유함으로써 타인의 초상권을 침
   해하는 행위 금지

3. 겸직허가 ★★★

가. 겸직 신청 대상

   (1) 수익창출 요건이 있는 경우*: 인터넷 플랫폼에서 정하는 수익창출 요건을 충족하고, 이후
      에도 계속 개인방송 활동을 하고자 하는 경우

      * 유튜브의 경우 구독자 1,000명, 연간 누적재생시간 4,000시간 이상의 수익이 창출될
        수 있는 기본요건

   (2) 수익창출 요건이 없는 경우*: 인터넷 플랫폼을 통해 수익이 최초 발생하고, 이후에도 계
      속 개인방송 활동을 하고자 하는 경우

      * 아프리카 TV의 구독료는 별도의 수익창출 요건 없이 바로 수익발생

나. 겸직 허가권자: 소속 기관의 장

다. 겸직 허가기준

   (1) 소속 기관의 장은 콘텐츠의 내용과 성격, 콘텐츠의 제작 및 운영·관리에 소요되는 시간과
      노력 등을 구체적으로 심사하여 준수할 사항*을 위반하지 않고, 담당 직무수행에 지장이
      없는 경우 겸직허가

      * 직무상 비밀누설 금지, 품위 유지, 정치운동의 금지 등 「2. 준수할 사항」

(2) 소속 기관의 장은 인터넷 개인방송 활동이 공무원으로서 준수할 사항을 위반한 경우, 그 내용 및 정도 등을 고려하여 허가 불허, 콘텐츠 삭제 요청, 활동 금지, 징계 요구 등 조치

05 공무원 13대 의무: 공무원 6대 의무 + 공무원 4대 금지 의무 + 기타 의무

번호	의무 및 법규	내용
12	선서의 의무 (「국가공무원법」 제55조)	공무원은 취임할 때에 소속 기관장 앞에서 대통령령등으로 정하는 바에 따라 선서(宣誓)하여야 한다. 다만, 불가피한 사유가 있으면 취임 후에 선서하게 할 수 있다.
13	영예 등 수령 규제 (「국가공무원법」 제62조)	공무원이 외국 정부로부터 영예나 증여를 받을 경우에는 대통령의 허가를 받아야 한다

▌POINT 06　부정청탁 및 금품 등 수수의 금지에 관한 법률(청탁금지법·김영란법)

01 청탁금지법

- 부정청탁, 금품 등 수수 근절을 통해 공직자 등의 공정한 직무수행을 보장하고 공직사회에 대한 국민의 신뢰를 확보하기 위한 법으로 적용대상은 공공기관, 공직자, 공무수행사인으로 분류된다.
- 공공기관은 헌법기관, 중앙행정기관, 지방자치단체, 학교법인 등을 의미하고 공직자는 국가지방공무원, 국직유관단체의 장과 임직원, 각급 학교의 장과 교직원, 학교법인 및 언론사의 대표자와 임직원 모두 해당된다. 마지막으로 공무수행사인은 공공기관의 의사결정에 참여하는 민간위원, 공공기관의 업무 위탁·위임수행자, 공공기관 파견 민간인, 심의 및 평가업무 담당의 외부 전문가가 해당된다.

▪▪ 청탁금지법상 직무 관련 조항

구분	내용	조항
금품등 수수	공직자등은 직무와 관련하여 대가성 여부를 불문하고 1회 100만원 이하의 금품등을 받거나 요구 또는 약속 금지	제8조 제2항
	공직자등의 배우자는 공직자등의 직무와 관련하여 수수 금지 금품등을 받거나 요구 또는 약속 금지	제8조 제4항
외부 강의등	공직자등은 자신의 직무와 관련되거나 그 지위·직책 등에서 유래되는 사실상의 영향력을 통하여 요청받은 외부강의등의 대가로서 대통령령으로 정하는 금액을 초과하는 사례금 수수 금지	제10조 제1항

02 부정청탁의 금지(제5조)

직접 또는 제3자를 통해 직무를 수행하는 공직자등에게 부정청탁을 하거나 부정청탁을 받은 공직자등이 부정청탁에 따라 직무를 수행하는 행위를 금지한다.

제제내용	• 제3자를 통하여 부정청탁한 사람은 1천만원 이하의 과태료 • 제3자를 위하여 부정청탁한 사람은(제3자를 위하여 부정청탁한 공직자 등) 2천만원 이하의 과태료 (3천만원 이하의 과태료) • 부정청탁에 따라 직무를 수행한 공직자 등은 2년 이하의 징역 또는 2천만원 이하의 벌금
예외사유 (제5조 제2항)	• 법령·기준에서 정하는 절차·방법에 따라 특정한 행위를 요구하는 행위 • 공개적으로 특정한 행위를 요구하는 행위 • 선출직 공직자·정당·시민단체 등이 공익적인 목적으로 제3자의 고충민원을 전달하는 행위 • 법정기한 안에 처리해 줄 것을 신청·요구하거나 그 진행상황 ·조치결과 등에 대하여 확인·문의하는 행위 • 직무 또는 법률관계에 관한 확인·증명 등을 신청·요구하는 행위 • 질의 또는 상담형식을 통하여 직무에 관한 법령·제도·절차 등에 대하여 설명이나 해석을 요구하는 행위 • 그 밖에 사회상규에 위배되지 아니하는 것으로 인정되는 행위

03 금품 등의 수수 금지(제8조)

공직자등은 직무와 관련하여 금품 등의 수수를 금지하며, 직무와 관련이 없는 경우에도 1회 100만원(매 회계연도 300만원)을 넘는 금품 등의 수수를 금지한다.

제제내용	• 1회 1백만원(매 회계연도 3백만원)을 넘는 금품 등을 수수한 공직자 등과 제공한 사람: 3년 이하의 징역 또는 3천만원 이하의 벌금 • 직무와 관련하여 1회 1백만원 이하의 금품 등을 수수한 공직자 등과 제공한 사람: 수수 금액의 2배 이상 5배 이하의 과태료
예외사유 (제8조 제3항)	• 공공기관이 소속 공직자 등에게 지급하거나 상급 공직자 등이 위로·격려·포상 등의 목적으로 하급 공직자 등에게 제공하는 금품 등 원활한 직무수행, 사교·의례 또는 부조의 목적으로 제공되는 대통령령으로 정하는 가액 범위* 안의 음식물·경조사비·선물 * 음식물 3만원, 선물 5만원(단, 농수산물 및 농수산가공품은 10만원), 경조사비 5만원(단, 화환·조화는 10만원) • 정당한 권원에 의하여 제공되는 금품 등 • 공직자 등의 친족(「민법」 제777조에 따른 친족)이 제공하는 금품 등 • 직원상조회·동호인회·동창회·향우회·친목회·종교단체·사회단체 등이 정하는 기준에 따라 구성원에게 제공하는 금품 등 • 직무와 관련된 공식적 행사에서 주최자가 참석자에게 통상적 범위에서 일률적으로 제공하는 교통, 숙박, 음식물 등 • 불특정 다수인에게 배포하기 위한 기념품 또는 홍보용품 등이나 경연·추첨을 통하여 받는 보상 또는 상품 등 • 그밖에 다른 법령·기준 또는 사회상규에 따라 허용되는 금품, 그밖에 다른 법령·기준 또는 사회상규에 따라 허용되는 금품 등

❹ 신고처리 절차

부정청탁	금품 등 수수
• 최초 부정청탁: 거절의사 표시 • 동일한 부정청탁: 소속기관장에게 신고(국민권익위원회, 감독기관, 감사원, 수사기관에도 신고 가능)	• 소속기관장에게 신고(국민권익위원회, 감독기관, 감사원, 수사기관에도 신고 가능) • 제공자에게 반환·거부의사 표시(반환 곤란한 경우 소속기관장에게 인도)

신고내용에 대한 감사·수사·조사

▼

• 수사 필요성이 있는 경우 수사기관에 통보
• 과태료 부과 대상자 관할 법원 통보(소속기관장)
• 징계, 직무 배제 등 조치, 부정청탁 내용·조치 사항 공개(소속기관장)

출처 | 국민권익위원회

❺ 청탁금지법 위반과 공무원 의무 위반

• 공무원이 청탁금지법을 위반한 경우에는 기본적으로 성실 의무 위반으로 징계대상이 됨
• 금품등을 수수하지 않은 '부정청탁' 및 '부정청탁에 따른 직무수행'은 성실 의무 위반 징계기준을 적용하여야 함
• '금품등의 수수'와 관련하여는 직무관련 여부에 따라 청렴의 의무 위반 또는 품위 유지의 의무 위반의 징계기준을 적용하여야 함

(예시 1)
동일인으로부터 1회에 100만원 또는 매 회계연도에 300만원을 초과하는 금품을 받거나 요구 또는 약속한 경우
① 직무관련성이 있는 경우 ⇨ 청렴의 의무 위반
② 직무관련성이 없는 경우 ⇨ 품위 유지의 의무 위반

(예시 2)
동일인으로부터 1회에 100만원 또는 매 회계연도에 300만원 이하의 금품을 받거나 요구 또는 약속한 경우
① 직무관련성이 있는 경우 ⇨ 청렴의 의무 위반
　　※ 일정 금액을 초과하는 음식물(3만원), 선물(5만원), 경조사비(5만원)의 경우, 청탁금지법상 과태료 부과 대상이면서 동시에 국가공무원법 징계대상임
　　※ 일정 금액 이내의 음식물(3만원), 선물(5만원), 경조사비(5만원)의 경우라 하더라도 원활한 직무수행 또는 사교·의례, 부조 목적을 벗어나는 경우에는 청탁금지법상 과태료 부과 대상이면서 동시에 국가공무원법상 징계대상임

② 직무관련성이 없는 경우 ⇨ 청탁금지법상 처벌대상은 아니나, 공무원으로서의 품위를 손상한 것으로 인정되는 경우에는 품위 유지의 의무 위반이 될 수 있음

06 Q&A

Q1 100만원을 초과하는 금품 등

직무관련성이 전혀 없는 고향친구 B가 공무원인 A에게 결혼 축하 의미로 150만원 상당의 가전제품을 선물한 경우 청탁금지법 제9조에 위반되는지?

A1 청탁금지법상 공직자 등은 직무 관련 여부 및 그 명목에 관계없이 동일인으로부터 1회 100만원 또는 매 회계연도 300만원을 초과하는 금품 등을 수수할 수 없고, 직무와 관련하여서는 그 이하의 금품 등도 수수가 금지되나(청탁금지법 제8조 제1항, 제2항), 청탁금지법 제8조 제3항 각 호의 예외사유가 존재하는 경우는 허용될 수 있다. 따라서 직무관련성이 인정되지 않는 자로부터 1회 100만원 범위 내에서 금품 등을 제공받더라도 같은 법상 제재대상에 해당하지 않을 것이나, 100만원을 초과하는 금품 등을 제공받는 것은 법 제8조 제3항 각 호의 예외사유에 해당하지 않는 한 허용될 수 없다.

Q2 '1회'의 의미

○○언론사 직원과 업무 관련 협의 후 3만원 이하의 식사를 제공하였고, 3일 후 다시 만나 5만원 이하의 선물을 제공하였을 경우에 각각 청탁금지법 제8조 제3항 제2호의 가액 범위를 넘지는 않으나 합산되어 청탁금지법 위반이 되는지?

A2 청탁금지법상 1회의 제공으로 평가되기 위해서는 시간적·장소적 근접성, 시간적 계속성 등이 인정되어야 한다. 3일 정도라면 특별한 사정이 없는 한 시간적·장소적 근접성이나 시간적 계속성 등을 인정하기 어려워 1회로 평가되기 어려우므로, 3만원 이하의 식사 제공과 5만원 이하의 선물 제공은 각각 별개의 행위로 볼 가능성이 크다. 따라서, 원활한 직무수행, 사교·의례의 목적으로 가액 범위 내의 식사·선물을 제공한 것이라면 두 행위 모두 청탁금지법상 제재 대상에 해당하지 않을 수 있다.

Q3 직무관련성의 범위

건축, 토목, 기계와 같이 직군 전체를 직무 범위로 구분하는지 아니면 자신의 업무를 범위로 하는지. 예를 들어, '도로 시설물' 유지관리 업무 담당자가 '철도 시설물' 자문을 하는 경우에도 직무관련성이 있는지?

A3 청탁금지법상 직무관련성 판단 시 공직자의 직무 내용, 직무와 금품 등 제공자의 관계, 쌍방 간 특수한 사적인 친분관계가 존재하는지 여부, 금품 등의 다과, 금품 등을 수수한 경위와 시기 등의 제반 사정을 참작해 직무 수행의 공정성의 의심 여부를 판단하게 된다. 해당 사안의 경우 단순히 직군 범위나 소관 업무만으로 직무관련성을 판단하기는 어려우며 해당 공직자 등의 직위, 직무 범위 등 제반 사정을 종합적으로 고려하여 직무관련성 여부를 판단해야 한다.

Q4 직무관련성 인정 여부(공공기관 내 상·하급자)

B국 C부서 상급자(과장)와 D국 F부서 하급자(사무관)를 동료로 보아 직무관련성이 없다고 간주할 수 있는지?

A4 공공기관 내 직무상 지휘·감독관계에 있는 하급자와 상급자 간에는 원칙적으로 직무관련성이 인정된다고 봄이 상당하다. 직무상 지휘·감독관계가 아닌 경우 당사자 간의 관계, 수수 경위와 시기 등을 개별 구체적으로 검토할 필요가 있으나, 공공기관 내 하급자의 직속 과 또는 국 이외에 다른 과, 국의 상급자는 직무관련성이 인정된다고 볼 만한 특별한 사정(인사·감사부서, 인사위원회 위원 등)이 없다면 원칙적으로 직무관련성이 인정되지 않는다고 본다.

Q5 신고 및 반환 인도의 시기

공직자 A가 직무관련자로부터 돈을 받고 두 달 정도 보관하고 있다가, 불안하기도 하고, 내사 등 움직임이 있는 것 같아 나중에 신고하고 돈을 돌려주었을 경우 공직자는 면책 대상이 되는지?

A5 공직자 등은 자신이 수수 금지 금품 등을 받거나 그 제공의 약속 또는 의사표시를 받은 경우 소속기관장에게 지체없이 서면으로 신고하여야 하고, 수수 금지 금품등을 받거나 그 제공의 약속이나 의사표시를 받은 경우 이를 제공자에게 지체 없이 반환하거나 그 거부의 의사를 밝혀야 한다(청탁금지법 제9조 제1항, 제2항).

공직자 A의 경우 두 달 정도 돈을 보관하고 있었으므로 지체없이 신고·반환한 것으로 보기는 어려우며, 지체없이 신고·반환할 수 없었던 정당한 사유가 없다면 제재대상에서 제외된다고 보기는 어렵다. 다만, 신고·반환이 지체되기는 하였으나, 자진하여 신고·반환하였으므로 청탁금지법상 제재를 감경하거나 면제할 수 있는 사유에 해당할 수 있다(청탁금지법 제15조 제3항).

※ 신고 및 반환의 '지체없이'의 의미는 '불필요한 지연 없이'를 의미하며, 지체없이 할 수 없었던 정당한 사유가 있는 경우에는 그 사유가 종료된 후 즉시를 의미한다.

Q6 수수 금지 금품등 신고

과거 직무와 관련 있던 사람이 대략 5천원 가량의 음료수 한 박스를 놓고 다녀 갔다. 바로 돌려주려 했으나, 제공자가 이미 떠나고 없는 상태의 경우 청탁금지법 제9조에 따라 반드시 소속기관장에게 신고를 해야 하는지?

A6 공직자 등을 수수 금지 금품등을 받은 경우 소속기관장에게 지체없이 서면으로 신고하여야 하므로(청탁금지법 제9조 제1항) 청탁금지법상 수수 금지 금품등에 해당하지 않는다면 신고의무가 발생하지는 않는다. 단, 수수 금지 금품등 해당 여부는 직무의 내용, 당사자의 관계, 금품 수수 시기 및 경위, 법령상 가액 범위 준수 여부 등 제반사정을 종합적으로 고려하여 판단해야 한다.

POINT 07 이해충돌방지법

01 이해충돌방지법

1. 의의
공직자의 직무수행과 관련한 사적 이익추구를 금지함으로써 공직자의 직무수행 중 발생할 수 있는 이해충돌을 방지하여 공정한 직무수행을 보장하고 공공기관에 대한 국민의 신뢰를 확보하기 위한 법이다. (2022.05.19 시행)

2. 적용대상
국회, 법원, 중앙행정기관, 지자체, 공직유관단체, 공공기관, 교육청, 국·공립학교 등 모든 공공기관 공무원, 공직유관단체·공공기관 임직원, 국공립학교장·교직원 등 공직자(사립학교 교직원, 언론인은 제외)

3. 도입배경
- 새로운 부패유형에 대한 통제 및 국민의 신뢰 확보
  - 가족 채용 비리, 퇴직공직자에 대한 전관예우 등 공직자의 개인적 이해관계와 결부된 부패사건으로 인해 국민적 불신 야기
  - 공직자의 부정한 사익추구 행위를 막고 직무수행의 공정성을 담보하기 위해서는 이해충돌 상황을 적절히 관리하고 통제할 필요
- 실효적인 공직자 사적 이해관계 관리장치 강구
  - 국민권익위는 「공무원 행동강령」 개정(대통령령, '18.4.17. 시행)을 통해 이해충돌 방지 규정을 공직사회에 선제적으로 도입·시행 중
  - 다만, 행동강령은 행정부만 적용되어 공공부문 전반에 통일적인 제도 운영이 어렵고, 제재 수단이 징계로 한정되어 징계규정 적용이 곤란한 선출직 등에 대해서는 실효성 있는 제재에 한계. 이에 새로운 윤리기준으로서의 규범성과 위반자에 대한 실질적인 처벌 등을 통한 이행력이 담보될 수 있도록 상향 법제화
- 국제사회 눈높이에 걸맞는 공직자 행위기준 정립
  - 미국, 캐나다, 프랑스 등 OECD 선진국들은 '이해충돌방지법'을 제정하여 공·사익 간 충돌 상황을 제도적으로 규제
  - 우리나라도 국제 기준과 OECD 가입국 수준에 걸맞는 공직윤리 정립을 위해 공직자 이해충돌방지를 위한 법제도 확립 필요

02 이해충돌방지를 위한 10가지 행위 기준

공직자의 직무수행 과정에서 발생할 수 있는 부정한 사익추구를 예방할 수 있도록 공직자가 해야 할 5개의 신고·제출 의무와 하지 말아야 할 5개의 제한 및 금지행위 등 총 10개의 행위기준 규정

■■ 이해충돌방지법상 공직자의 행위기준

신고·제출 의무	제한·금지 행위
① 사적이해관계자 신고, 회피 의무	⑥ 직무 관련 외부활동 제한
② 공공기관 직무 관련 부동산 보유, 매수 신고	⑦ 가족 채용 제한
③ 고위공직자 민간부문 업무활동 내역 제출	⑧ 수의계약 체결 제한
④ 직무관련자와의 거래 신고	⑨ 공공기관 물품 등의 사적 사용, 수익 금지
⑤ 퇴직자 사적 접촉 신고	⑩ 직무상 비밀, 미공개 정보 이용 금지

POINT 08 적극행정

01 적극행정

1. 개념

공무원이 불합리한 규제의 개선 등 공공의 이익을 위하여 창의성과 전문성을 바탕으로 적극적으로 업무를 처리하는 행위

- [장점] 참신한 문제해결방안을 찾을 수 있도록 도와줌
- [키워드] 미래지향적, 변화지향적, 자기주도적, 공익지향적

> **근거규정**
>
> **헌법 제7조** ① 공무원은 국민 전체에 대한 봉사자이며, 국민에 대하여 책임을 진다.
> **국가공무원법 제56조 【성실 의무】** 모든 공무원은 법령을 준수하며 성실히 직무를 수행하여야 한다.

2. 목적: 공공의 이익 증진

- 급변하는 행정환경 속에서 행정의 유연한 변화가 필요하다(그러나 변화의 지향점은 언제나 공공의 이익이다).
- 정책품질 제고, 대민업무 개선, 내부 업무 효율성 향상 등 다양한 모습으로 나타날 수 있다.
- 「공무원 행동강령」 등에 의해 금지되는 이권개입, 알선·청탁, 금품·향응 수수 등의 행위가 연관되어 사적인 이해관계가 있다고 판단되는 경우 '적극행정 면책' 등을 받지 못할 수 있다.

3. 필요성: 변동성(variability), 모호성(ambigjuity), 불확실성(uncertainty), 복잡성(complexity)

- 코로나19, 기후환경의 변화 등 사회환경의 급속한 변화와 빠른 속도로 진행되는 과학기술의 발전 등으로 인해 행정환경이 급격히 변화하고 있다.
- 이에 반해 정부의 제도화된 법률과 경직된 문화는 환경 변화를 반영하는 데 한계가 있다는 우려가 증가하는 상황 속에서 국민의 기대치 충족과 책임감 있게 일하는 공직사회를 만들기 위해 '적극행정'이 도입되었다.

02 적극행정의 오해: 성과가 있어야만 적극행정이다?

- 결과가 아닌 행위 자체가 판단 기준이다.
- 공익을 위해 적극적으로 최선을 다한다면 적극행정이며, 반드시 특정한 효과가 발생하여야 하는 것은 아니다.
- 다만 성과가 분명한 경우 우수공무원 선발 등에 있어 고려될 수 있다.

근거규정

적극행정 운영규정 제14조【적극행정 우수공무원 선발등】① 중앙행정기관의 장은 반기별로 위원회의 심의를 거쳐 다음 각 호의 어느 하나에 해당하는 공무원을 적극행정 우수공무원으로 선발해야 한다.
1. 적극적으로 업무를 추진하여 성과를 창출한 공무원
2. 창의적·도전적인 정책을 추진하고 성과 달성을 위해 노력한 공무원
3. 그 밖에 적극적인 업무태도로 소속 공무원에게 모범이 되는 공무원
③ 인사혁신처장은 적극행정으로 모범적인 성과를 창출한 공로가 있는 공무원을 선발하여 포상하거나 포상금을 지급할 수 있다.

---

03 적극행정 구성요소

창의성	• 새로운 개념이나 방법을 찾아내는 특징 • 참신한 문제해결방안을 찾을 수 있도록 도와줌 　예 새로운 행정수요나 행정환경 변화에 선제적으로 대응하여 새로운 정책을 발굴·추진하는 행위 등
전문성	• 직무와 관련된 지식, 경험 및 역량 • 적절한 해결방안을 모색하거나 창의적인 아이디어의 실현 가능성을 높임 　예 불합리한 규정과 절차, 관행을 스스로 개선하는 행위, 신기술 발전 등 환경변화에 맞게 규정을 적극적으로 해석·적용하는 행위, 규정과 절차가 마련되어 있지 않지만 가능한 해결방안을 모색하여 업무를 추진하는 행위 등
적극성	• 통상적으로 요구되는 정도의 노력이나 주의 의무 이상을 기울여 업무를 처리하는 특성 • 국민의 입장에서 최대한 '가능한 방법'을 찾아 노력 　예 업무관행을 반복하지 않고 가능한 최선의 방법을 찾아 업무를 처리하는 행위, 이해충돌이 있는 상황에서 적극적인 이해조정 등을 통해 업무를 처리하는 행위 등

04 적극행정 실천유형

- 신규발굴형: 창의적 아이디어로 기존에 없던 공익가치 창출
- 성과고도형: 기존업무의 완결성을 높이거나 헌신적인 도전으로 공익가치 증진
- 협력강화형: 협력관계 구축 및 이해관계를 조정하여 공익가치 증진
- 불편해소형: 불합리한 기존 업무상 문제를 해결하여 공익가치 저해 개선
- 선제대응형: 향후 발생할 것으로 예상되는 공익가치 훼손 예방

05 사전컨설팅제도 ★★★

1. 개념
사전컨설팅제도는 일선 행정현장에서 제도나 규정이 불분명하거나 선례가 없어 적극행정이 주저되는 사안에 대해 의견을 구하고, 의견대로 업무를 처리할 경우 책임을 면제해주는 제도이다.

2. 도입배경
2009년부터 공직자가 공익을 위해 적극적으로 일하는 과정에서 발생한 잘못에 대해 중대한 과실이 없는 한 책임을 묻지 않는 [적극행정면책 제도]를 도입 및 운영하여 적극적 공직문화 조성을 위한 다양한 노력을 기울여 왔지만, 법령의 해석이나 운영과정에서 기존 관행을 탈피하지 못하는 공직자의 행태를 근본적으로 해결하는 데 한계가 있었다. 이에 업무를 처리하기 전 제도·규정이 불분명하거나 선례가 없어 적극행정이 주저되는 사안에 대해 자체 감사기구의 판단만으로 해결되지 않을 경우 감사원의 도움을 받는 사전컨설팅제도가 도입되었다.

3. 사전컨설팅과 적극행정면책과의 연계

법률	「적극행정면책 등 감사소명제도의 운영에 관한 규칙」 제5조 제2항

판단기준	• 사전컨설팅에 따른 업무 수행시 적극행정 면책 판단기준
	  – [동일성] 동일한 사안에 대해 사전컨설팅 의견을 받아 그 의견대로 업무를 처리하였는지
	  – [충분성] 판단에 의해 필요한 정보를 충분히 제공하여 사전컨설팅 의견을 받았는지
	  – [사적인 이해 관계의 배제] 감사원 감사를 받는 자와 대상 업무 사이에 사적인 이해관계가 없는지

4. 사전컨설팅 사례

경제활성화 및 민간경제활동지원	• 코로나19 특별재난지역 내 전기요금 감면에 대한 사항 • 코로나19에 따른 금융지원 관련 적극행정에 관한 사항 • 금리 규제 안내 및 구제제도 관련 대국민 공동 홍보 방안에 관한 사항
국민 권익보호 및 불편해소	• 노인일자리(공익할동) 참여자 활동비 선지급 관련 • 주택건설사업 부지 내 공유재산(구거) 양도에 관한 사항
국민 안전확보 및 생활환경 개선	• 코로나19 역학조사 지원시스템 개발에 관한 사항 • 사업시행자의 토양오염 정화비용 부담에 관한 사항 • 도시철도역사 내 약국 개설등록에 관한 사항
업무 지원을 통한 행정효율제고	• 건설사업관리용역 계약변경에 관한 사항 • 공동급식지원센터의 출연기관 지정고시에 관한 사항
기관 간 이견조정	• 개발제한구역 관리계획 변경에 관한 사항 • 항만재개발사업 수분양자의 준공 전 토지 사용에 관한 사항
업무처리 기준 제시	• 정부비축 천일염의 처리에 관한 사항 • 보조사업으로 조성된 주차장 부지 내 공용건축물 건립 가능 여부 • 연구개발비 이월에 관한 사항

07 적극행정 면책제도 ★★★

1. 개념

적극행정면책제도는 '감사소명제도'의 하나로, 공직자 등이 불합리한 규제를 개선하거나 공익사업을 추진하는 등 공공의 이익을 증진하기 위해 고의 또는 중과실 없이 업무를 적극적으로 처리한 결과에 대하여 그 책임을 면제 또는 감경해주는 제도이다.

2. 면책제도의 필요성

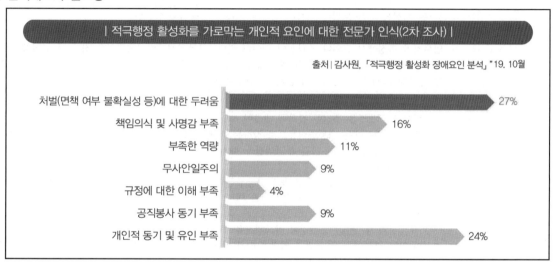

| 적극행정 활성화를 가로막는 개인적 요인에 대한 전문가 인식(2차 조사) |

출처 | 감사원, 「적극행정 활성화 장애요인 분석」 "19. 10월

- 처벌(면책 여부 불확실성 등)에 대한 두려움 27%
- 책임의식 및 사명감 부족 16%
- 부족한 역량 11%
- 무사안일주의 9%
- 규정에 대한 이해 부족 4%
- 공직봉사 동기 부족 9%
- 개인적 동기 및 유인 부족 24%

3. 적극행정 감사면책

개념	공직자가 공공의 이익을 위하여 업무를 적극적으로 처리한 결과에 대해 고의 또는 중과실이 없는 이상 감사단계에서 징계 또는 문책요구 등의 책임을 면제 또는 감경해주는 제도

법적 근거	• 「감사원법」(제34조의3, 적극행정에 대한 면책)
	   – 감사원 감사를 받는 사람이 불합리한 규제의 개선 등 공공의 이익을 위하여 업무를 적극적으로 처리한 결과에 대하여 그의 행위나 고의나 중대한 과실이 없는 경우에는 이 법에 따른 징계 요구 또는 문책 요구 등 책임을 묻지 아니한다.
	• 「공공감사에 관한 법률」(제23조의2, 적극행정에 대한 면책)
	   – 자체감사를 받는 사람이 불합리한 규제의 개선 등 공공의 이익을 위하여 업무를 적극적으로 처리한 결과에 대하여 그의 행위나 고의나 중대한 과실이 없는 경우에는 이 법에 따른 징계 요구 또는 문책 요구 등 책임을 묻지 아니한다.
	• 「적극행정 운영규정」(제16조, 징계요구 등 면책)
	   – 공무원이 적극행정을 추진한 결과에 대해 그의 행위에 고의 또는 중대한 과실이 없는 경우에는 감사원법(제34조의 3) 및 공공감사에 관한 법률(제23조의2)에 따라 징계 요구 또는 문책 요구 등 책임을 묻지 않는다.

4. 적극행정 징계면책

개념	적극행정 징계면책 제도는 공무원이 공공의 이익을 위하여 성실하고 적극적으로 업무를 처리한 결과에 대하여 징계단계에서 고의나 중과실이 없는 이상 징계를 면제해주는 제도
면책 조건	• 공공의 이익 증진을 위한 경우 　- 감사 및 징계대상이 된 사람이 담당 업무 및 해당업무를 처리한 방법이 국민편익증진을 위한 것이거나 국민불편해소, 경제 활성화, 행정효율 향상 등 공공의 이익을 증진하기 위한 행위일 경우에 해당된다. • 적극적으로 처리한 경우 　- 공공의 이익을 위해 새로운 업무처리 방식을 시도하거나 문제점 해소를 위해서 필요한 조치를 하는 등 개선을 위한 노력을 기울여 업무를 처리하는 행위를 말한다. • 고의 또는 중대한 과실이 없는 경우 　- 업무처리 과정에서 고의나 중과실이 없어야 한다. 공무원징계령시행규칙은 징계 등 혐의자와 비위관련직무 사이에 사적인 이해관계가 없고, 대상 업무를 처리하면서 중대한 절차상의 하자가 없는 경우에 고의 또는 중과실이 없는 것으로 추정한다고 규정하고 있다.
법적 근거	• 「국가공무원법」(제50조의2, 적극행정의 장려) 　- 공무원이 적극행정을 추진한 결과에 대하여 해당 공무원의 행위에 고의 도는 중대한 과실이 없다고 인정되는 경우에는 대통령령등으로 정하는 바에 따라 이 법 또는 다른 공무원 인사 관계 법령에 따른 징계 또는 징계부가금 부과의결을 하지 아니한다. • 「적극행정 운영규정」 　- (제1조, 목적) 이 영은 행정부 소속 국가공무원의 적극행정을 장려하고 소극행정을 예방 및 근절하는 등 국민에게 봉사하는 공직문화를 조성함으로써 국가경쟁력의 강화와 국민의 삶의 질 향상에 이바지함을 목적으로 한다. 　- (제17조, 징계 등 면제) 공무원이 적극행정을 추진한 결과에 대해 그의 행위에 고의 또는 중대한 과실이 없는 경우에는 징계 관련 법령에 따라 징계의결 또는 징계부가금 부과의결(이하 "징계의결 등"이라 한다)을 하지 않는다. • 「지방공무원법」(제75조의2, 적극행정의 장려) 　- 공무원이 적극행정을 추진한 결과에 대하여 해당 공무원의 행위에 고의 또는 중대한 과실이 없다고 인정하는 경우에는 대통령령으로정하는 바에 따라 징계의결 등을 하지 아니한다 • 「지방공무원 적극행정 운영규정」 　- (제1조, 목적) 이 영은 지방자치단체 공무원의 적극행정을 장려하고 소극행정을 예방 및 근절하는 등 주민에게 봉사하는 공직문화를 조성함으로써 주민의 삶의 질 향상에 이바지함을 목적으로 한다. 　- (제16조, 징계 등 면제) 공무원이 적극행정을 추진한 결과에 대해 그의 행위에 고의 또는 중대한 과실이 없는 경우에는 징계 관련 법령에 따라 징계의결 또는 징계부가금 부과의결(이하 "징계의결 등"이라 한다)을 하지 않는다.

출처 | 적극행정ON, 적극행정면책제도(감사원)

01 소극행정

1. 개념
- 공무원의 부작위 또는 직무태만 등 소극적 업무행태*로 국민의 권익을 침해하거나 국가 재정상 손실을 발생하게 하는 행위
- 소극적 업무행태
  - [협의의 의미] 법령에 하도록 규정되어 있는 일을 하지 않는 업무행태
  - [광의의 의미] 할 수 있는 일을 하지 않는 업무행태
  - 법령상으로는 부정적인 결과 발생을 포함하여 정의하고 있으나, 학계에서는 업무태도 등에 초점을 맞추어 보다 폭넓은 개념으로 접근하기도 함
  - 다만 적극(소극)행정의 개념은 행정환경의 변화 등에 따라 지속적으로 재정립할 필요 있음
- [키워드] 형식주의적, 보신주의적, 조직이기주의적

> **근거규정**
> 공무원 징계령 시행규칙(총리령) [별표 1] 징계기준
> "소극행정"이란 공무원의 부작위 또는 직무태만으로 국민의 권익침해 또는 국가 재정상의 손실을 발생하게 하는 업무행태를 말한다.

02 소극행정 유형

- 적당편의: 문제해결을 위한 대책마련보다는 적당히 형식만 갖추어 업무를 처리하는 행태
- 책임회피: 소관 업무를 불이행 또는 태만히 하거나, 책임을 지지 않은 행태
- 불합리한 관례답습: 법령이나 지침 등의 변화에도 불구하고, 과거 규정에 따른 업무처리, 기존의 불합리한 업무관행 답습, 규정 본래의 취지를 벗어나는 등의 업무행태
- 기타 관중심 행정: 직무권한을 부당하게 행사하거나, 본인이 처리해야 할 업무를 명백한 이유 없이 처리하지 않거나, 대상자에게 전가하는 행태

03 적극행정 및 소극행정 영향요인

구분		내용
개인적 요인		• 적극행정에 대한 공직자의 책임의식 및 사명감 부족, 모험기피 및 혁신의지 부족, 보상에 대한 불안
제도적 요인		• 행정 현실에 적용하기 불합리한 제도나 절차(법률·규정 등 포함) 존재 • 새로운 행정수요에 대응하지 못하는 제도나 절차의 존재
조직적 요인		• 권위적이고 강압적인 리더십, 하향식 의사결정, 부서 간 갈등 • 업무의 복잡성, 책임소재 모호, 순환보직에 따른 전문성 결여 등 • 적발 위주의 감사, 지나친 형식주의 등 • 부처 업무에 대한 정책 및 계획 수립을 산하기관에 미루는 경향
환경적 요인	내부	• 변화를 거부하는 냉소적 조직문화 • 신분보장으로 인한 소극적 문화, 관료주의의 만능화(폐쇄성), 조직적 책임의식 부족, 적극행정을 장려하지 않는 문화 • 중앙행정기관 등 기관장의 짧은 임기와 임기 내 성과달성 추구 문화
	외부	• 국회나 지방의회 등의 행정통제 증가, 행정부의 정책적 대응에 대한 수요 폭증 등

POINT 10   적극행정제도 개선사항 및 적극행정 활성화방안

01 적극행정 지원제도 운영의 문제점

• 소송 지원 등 적극행정을 추진하는 공무원에 대한 보호부족이 38.0%(1,779명)로 가장 높게 인식
• 그 외 적극행정을 추진하는 기관 내 전담조직 및 인력부족 23.7%(1,108명), 적극행정 공무원에 대한 인센티브 부족 19.4%(910명), 적극행정에 대한 공직사회 및 대국민 홍보 부족 16.9%(792명) 순으로 응답
• 기타의견: 규정과 기준(면책 여부 판단기준)의 모호성(주관적 해석 가능), 절차의 복잡성, 면책에 대한 신뢰성 부족(확실히 면책될지에 대한 의심), 사후 귀책논란 발생 여부(외부 사정기관에 의한), 제도 악용 가능성(조직 내외적인 정치적 도구로의 이용, 법치주의 근간을 위태롭게 하는 사항)에 대한 방지책 부족 등

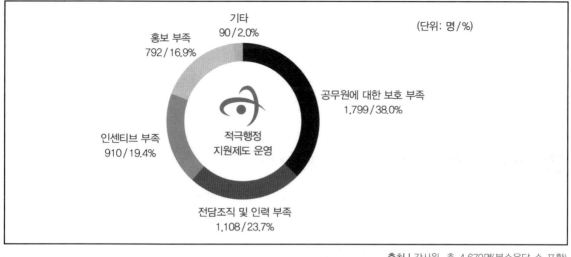

출처 | 감사원, 총 4,679명(복수응답 수 포함)

02 적극행정 지원제도의 개선사항

공직사회의 적극적 행정풍토를 조성하기 위해 사전컨설팅 제도, 적극행정면책 제도 등 다양한 적극행정 지원제도를 운영 중이며 적극행정 지원제도의 원활한 운영이 이뤄질 때 적극행정이 실천될 수 있다

1. 적극행정 지원제도 전체(사전컨설팅제도, 적극행정면책제도)에 대한 개선요구사항

구분	제시 의견
지원제도 전반 관련	• 적극행정 지원제도뿐만 아니라 적극행정을 위한 환경조성(포상제도 확대, 유연한 제도 운영, 일선근무지의 권한이양 등)이 우선 • 적극행정은 개인 혼자 이해하고 실현할 수 있는 영역이 아니므로 조직이 이해하고 조직이 책임을 지는 제도적 보완 필요 • 적극행정을 하였으나 사후 문제가 발생되면 형평성 및 절차상 잘못된 행정행위로 보고 징계를 주는 실정으로 면책된 사례를 통해 징계 양정기준을 세밀하게 정할 필요 • 인센티브 등 유인책을 제시하고 있으나 면책 등도 결국 책임 문제를 개인에게 지우는 것으로 합리적인 방식인지 의문
모범사례 관련	• 모범사례 포상, 사례집 배포, 교육 등이 적극적으로 이뤄질 필요 • 모범사례에 대한 포상을 확대하여 적극행정이 되도록 지원하고 소극적인 행정이나 갑질 사례 공유 필요 • 모범사례는 행정행위로 인한 긍정적인 측면이 있는 사례로 선정 • 모범사례 포상, 사례집, 교육 등이 형식적으로 이뤄지지 않도록 유도하고 모범사례 포상 범위 확대 및 콘테스트 개최 • 모범사례에 대한 포상과 함께 특별 가산점 제공 등 추가적 방안 검토 필요 • 면책보다는 포상에 더 중점을 둔다면 공무원들의 소극행정 예방 가능

적극행정 지원에 관한 우려 관련	• 법원 판례나 소송으로 결정되어야 할 사안들이 담당자의 재량으로 비춰질 소지가 있고 향후 쟁송의 여지가 있는 등 행정질서 문란을 초래할 우려 • 자칫 안 되는 것도 되도록 만들어주는 것이 적극행정이라고 오인되지 않도록 공직자뿐만 아니라 민간에게도 홍보 필요
기타	• 중앙부처나 상급기관에 질의할 때 가부 등에 대한 보다 명확한 해석 제공이 필요하며 해당 기관에서 알아서 판단하라는 답변은 불필요

03 적극행정 활성화 장애요인 및 활성화 방안 ★★★

적극행정을 펼쳐야 할 공직자가 적극행정을 하지 못하는 이유(장애요인)를 살펴보는 것은 적극행정 활성화를 유도함에 있어 중요한 요소기 된다.

1. 공직자가 생각하는 적극행정 활성화 장애요인

- 공직자들이 적극행정을 하지 못하는 이유(복수응답 수: 총 4,736명)로는 공직문화 등 환경적 요인이 가장 큰 것으로 인식(33.7%, 1,594명)
- 그리고 불합리하거나 현실에 맞지 않는 절차 등 제도적 요인(26.2%, 1,242명), 적극행정에 대한 공직자의 책임의식 부족 등 개인적 요인(20.9%, 988명), 권위적이고 강압적인 리더십이나 적극행정을 가로막는 내부통제 운영 등 조직적 요인(16.6%, 784명) 순으로 응답

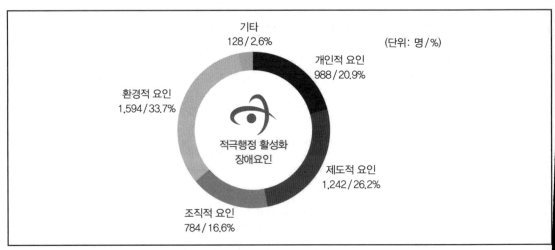

구분	제시 의견
개인적 요인	• 책임지기 싫어하는 인식, 다음 담당자에게 떠넘기는 무책임, 공직자로서 자신의 신분의 불이익 등 • 법과 규정, 민원에 대한 막연한 저항감, 법 테두리를 벗어난 적극행정 추진 시 부담감 • 적극행정으로서의 판단 및 면책여부 불확실, 해석하는 입장에 따라 적극행정이라 생각할 수도 아닐 수도 있다는 사고, 법규정에서 벗어나 적극적으로 해석하기에는 미래 결과 예측에 대한 확신 부족 • 추후에 면책을 신청하느니 아예 업무를 소극적으로 하는 것이 낫다는 개인의 인식 문제 등

제도적 요인	• 현장 및 현실에 맞지 않는 법·절차, 제도와 현장업무의 불일치, 행정현실(상황)에 적용하기 불합리한 절차나 제도, 현실과 규정의 괴리(특히, 해석이 불문명한 경우) • 하급기관(지방자치단체 등)에서 별도 수립하여 운영하는 규정·지침의 근거가 되는 상위 법령 및 규정 모호, 유권해석과 판례에 따른 차이 존재 • 엄격히 정해진 규정(규정에서 정해진 절차는 시간이 오래 걸리며 경직된 상위지침으로 인해 현장에서의 적극행정의 어려움 존재) • 업무추진의 복잡성(여러 기관이 연관된 경우 기관마다 해석이 다르고 비협조적인 기관 존재하며 문제 발생 시에도 어려움 발생), 민원 발생 시 복잡한 행정 절차로 시간이 지체되어 민원인 불만 초래 등
조직적 요인	• 과도한 행정업무로 인해 적극적인 업무 추진을 고민할 시간 부족 • 적극행정을 실시한 공직자에 대한 보호 장치 미흡 • 상급자와 견해를 달리할 경우 이를 거부하고 적극행정 추진 어려움 • 전문성 부족, 순환 보직으로 교육 없이 인수인계하고 실무에 투입됨으로써(특히, 지방공무원) 재량권 발휘 불가, 할 수 잇는 것인지 혹은 법령에 저촉되는 일인지 판단 불가한 이유로 소극적 추진 • 개인뿐만 아니라 부서·조직차원에서 적극행정을 독려할 기제 부족

환경적 요인	공직 내부	• 경직된 공직문화, 적극행정을 하지 않아도 문제가 되지 않는 문화 • 새로운 업무방식보다 기존 관례를 따르는 경향 등 • 적극행정으로 인한 개인 불이익이 많다는 인식(개인 책임, 보호 부족 등) • 소극행정, 선례답습, 무사안일, 업무 최소화에 익숙한 문화
	공직 외부	• 국가시책이 수시로 변경됨으로써 적극행정이 추후 잘못된 업무로 변질될 가능성 • 정책 추진 시 정책감사에 대한 두려움(정권이 바뀜에 따라 정책감사 기조 등이 변경) • 적극행정으로 인해 발생하는 예상치 못한 민원 발생

2. 공직자가 생각하는 적극행정 활성화를 위한 개선사항

구분	제시 의견
인식개선	• 공직자(국민에 대한 봉사자)로서의 인식개선과 적극행정에 대한 공직자들의 잘못된 인식(눈에 띄려 한다 등) 및 조직 내 관리자 인식(보수적 판단 등), 공직에 대한 사회 인식 개선 필요 • 감사기관 및 부서의 인식(잘못을 지적하기 위한 감사가 아닌 적극행정에 대한 발굴을 위한 장치로서의 감사 활용 등) 변화 필요 • 편안한 마음으로 적극행정 지원제도를 활용할 수 있다는 인식 개선 • 소극행정 행정업무에 대한 비판적 자세 함양을 위한 교육과 인식 개선
전담인력 및 조직 (전문성 포함)	• 행정의 부담을 가중시키지 않고 적극행정 지원제도의 취지를 달성할 수 있도록 전담인력 및 조직 확보 • 사안 발생 시 즉각적이고 실질적인 도움을 지원하기 위해 분야별 전문성 확보 필요
실적주의 강화	적극행정으로 인한 불이익이 아닌 실적에 따른 포상, 승진가점 등 인센티브 제도 필요
면책기준 명확화 및 사례 발굴	적극행정에 대한 면책기준을 명확히 설정하고 적극행정으로 모두가 인정하는 사례를 많이 발굴하여 제시
공직자에 대한 보호 강화	소송 지원, 감사 부담, 악성 민원 대응 등 공직자가 보다 적극적인 업무 추진을 할 수 있도록 제도적·조직적 보호 및 지지 필요, 조직이 개인을 보호해준다는 믿음 형성 필요
기타	• 관련기관 및 부서의 빠른(적절한) 협조, 소극행정 신고제도 필요 • 향후 정책 방향의 변경이 있더라도 적극행정에 대해서는 '후속 조치는 없다'는 제도적 장치 필요

07

▶ 참고 전문가 의견: 적극행정 장애요인 극복방안

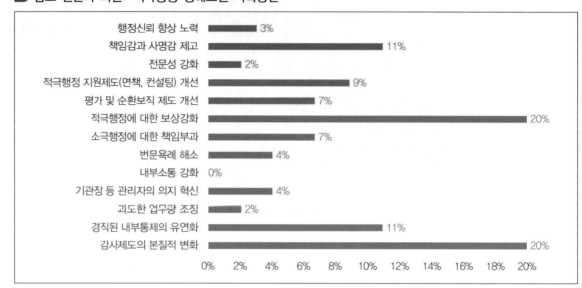

출처 | 감사원, 적극행정 활성화 장애요인 분석

대안책	주요 내용
적극행정에 대한 보상 강화	• 면책과 더불어 일에 대한 형평성에 입각한 보상과 승진 등 필요 • 연공서열에 의한 보상은 적극행정을 유도하기 위한 내재적 동기를 가로막는 요인
감사제도의 본질적 변화	• 감사기관(회계감사, 적발 위주 감사)의 변화(혁신지원센터, 즉 행정 혁신을 지원하는 컨설팅, 자문 기관으로 변모 필요) • 감사관행 개선(명확히 법령을 위반하지 않은 사안이나 감사목적 이외의 사안에 대해서는 추가 감사 지양 및 실적 위주의 감사관행 개선 필요)
책임감과 사명감 제고	• 국민에 대한 봉사자로서 사명감과 책임의식을 갖고 국민에 대한 행정서비스를 제공한다는 의식 필요 • 적극행정의 요체는 해당 업무를 추진하는 담당자와 부서·기관이 주체이므로 장기적으로 공직가치 등에 대한 교육 필요 　－ 적극행정에 대한 직접적인 보상이나 적극행정면책, 사전컨설팅과 같은 제도 등은 단기적 처방
적극행정 지원제도 개선	• 현재와 같이 적극행정에 대한 홍보를 지속적으로 시행하고, 적극행정에 따른 인센티브 강화 • 면책 신청 확대를 위한 공직사회의 자체 인식 제고를 위한 교육과 홍보 강화

부록
국가직 직렬별 기출요약

세무직

- 일반과세자 vs 간이과세자 / 사업소득 vs 근로소득
- 원천징수가 무엇인가?
- 국세와 지방세의 차이가 무엇인가?
- 국제조세에 대해 공부를 많이 하신것 같은데 어려운 점은 없었는지?
- 국세청에 대해 조사를 많이 하신 거 같은데 정책 중 잘한 점과 개선할 점은?
- 부채는 어떤 요건이 모두 충족될 때 인식(계상)하는가?
- 전표제도라는 것은 무엇인가?
- 손익분기점(BEP)이란?
- 인가와 허가의 차이는 무엇입니까?
- 국세기본법의 기간과 기한
- 국세징수권의 소멸시효
- 납세의 의무에 대해
- 과세 대상
- 가산세는 무엇인지?
- 국세의 환급절차에 대해
- 납세자의 권리에 대해
- 고액상습체납자의 명단공개의 기준에 대해
- 강제적 징수의 유형에 대해
- 압류의 효력은

고용노동 · 직업상담

- [직업상담] 직업상담사로서 첫 상담에서 중요시해야 하는 것
- [고용노동 · 직업상담] 노동시장 유연성에 대해 말하라.
- 전일제 근로자를 시간선택제 근로자로 전환하는 정책의 장단점에 대해 설명해보세요.
- 대학생 취업보조금 1단계 사업효과가 미비합니다. 2단계를 시행해야 될까요?
- 청년내일배움공제 프로그램에 대해 아는대로 설명해보세요.
- 고용노동부 부처와 관련하여 가장 본인에게 아쉬운 사회적 이슈는?
- 청년실업률 문제 심각한데, 이에 대한 해결방안에 대해 말씀해 주세요.
- 중소기업의 인력확충 방법에 대해 생각해본 적 있나?
- 근로감독관들이 업무가 많다. 이에 대한 해결방안을 말씀해주세요.
- 고용노동부 공무원으로서 어느 부처와 협업할 일이 있을까?
- 실업의 원인과 해결방안을 한번 말해보세요.
- 고용노동부는 고용률을 책임지는 부서인데, 본인이 생각하기에 고용률이 낮은 원인은?

- 최저임금 상승으로 인해 예상되는 문제점은?
- 부당노동이 무엇인가?
- 청년취업패키지의 개선사항은?
- 탄력근무제에 대해 알고 계시나요?
- 재량근무제에 대해서는 알고 있나요?
- 정년나이 아나요? 정부에서 정년 관련하여 추진하는 시책과 장단점 말해보세요.
- 중소기업 기피현상을 해결할 방안에 대해 말해보세요.
- 고용노동부는 고용, 노동, 산업안전 등 여러 가지 분야를 담당하는데, 제일 중요하다고 생각하는 분야는?
- 장애인의무 고용제도 아십니까? 이 정책의 단점이나 허점에 대해 말해보세요.
- 장애인 취업률을 높이기 위한 정책이나 방법을 제안해보세요.
- 현재 고용상황의 안정화와 미래의 고용상황에 대한 대비 중 무엇이 중요하다고 생각합니까?

◈ 경찰행정

- 어린이 교통문제 해결방안
- 교통법규 말고 다른 법 어긴 적 있는가?
- 본인이 경찰청 공무원으로 임용되었을 때 가장 중요시할 덕목은?
- 경찰청 홈페이지도 보고 한 거 같은데 개선점이 있다면?
- 실제 업무를 진행하다 보면 경찰이랑 업무에서 갈등이 발생하는 상황이 많아요. 만약 본인이라면 어떻게 대응할 건가요?
- 아무래도 경찰행정직으로 들어오게 되면 상관이 경찰일 텐데 경찰조직 내에서 갈등이 있으면 어떻게 할 것인가?
- 경찰청에 지원하신 건데 혹시 아까 말한 탄력순찰제 같은 제도 말고 관심 있게 본 다른 제도가 있어요?
- 음주운전 전과자를 채용하는 것에 대해 어떻게 생각하는가?
- 성폭력 형사 처벌까지 받은 사람을 채용하는 것에 대해 어떻게 생각하는가?
- 검찰과 경찰 간의 수사권 갈등에 대한 본인의 의견
- 경찰조직이 빅데이터를 다뤄야 하는 이유에 대해 말해보세요.
- 경찰박물관 방문해보셨습니까? 장단점에 대해 설명해보세요.
- 자치경찰제에 대한 개인적인 견해
- '성범죄자 알림e'에 대해 알고 있는가? 실효가 있는가?
- 경찰조직을 홍보하는 데 있어서 어떤 식으로 방향을 잡아야 가장 좋을까요?
- 공익제보의 필요성과 문제점. 이에 대한 향후 발전방안과 대처방안
- 경찰행정직 공무원이 되면 수당 등을 경찰에게 지급할 일이 많은데 규정에 맞지 않는데 경찰이 수당을 달라고 하는 경우가 있어요. 그럴 때 어떻게 할래요?
- 우리나라가 치안강국이다. 근데도 국민들의 인식은 좋지 않다. 무엇이 문제라고 생각을 하냐?
- 디지털 성범죄 등 디지털범죄가 요즘 많은데 어떤 방법으로 해결할 수 있을까요?

❖ 우정직

- 우체국 물류지원단이라고 알고 있는가?
- 우체국에서 물류업무에 대해 하청 밀어내기라는 평을 받고 있다. 어떻게 생각하는가?
- 우리나라에서 우체국 예금 비슷한 거라도 최초로 시행한 게 언제라고 생각합니까?
- 핀테크 앱 써본 적 있으세요? 소감은?
- 우체국에서 보험을 하는 게 타당하다고 생각하나요?
- 우체국 보험상품 중 알고 있는 게 있을까요? 일반 금융업체의 보험상품과의 차이점은?
- 우정사업본부에서 국민들에게 봉사하기 위해 자체적으로 실시하는 제도들이 뭐가 있을까요?
- 우체국 금융이 타 금융업체들과 어떤 점이 다르다고 생각합니까?
- 본인은 우정사업본부의 인재상 중 어떤 면에 가장 잘 부합하는지 말해보세요.
- 보험, 예금 업무 등을 해야 할 때 생소한 부분일 텐데 할 수 있습니까?
- 점점 우편보다 이메일, 메신저를 더 많이 이용하는데, 우편 활성화 방안이 있다면?
- 우정사업본부가 독립적으로 재정을 운용하는데, 수익성을 지속할 수 있을 것이라고 생각하는지?
- 우정직 업무가 어려운데 실무에 가면 어떠한 정책을 하고 싶은지, 생각 해본 게 있나요?
- 우체국 택배가 타 사기업 택배에 비해 강점을 보이는 것은 무엇이라고 생각합니까?
- 민원이 힘들 때 어떻게 대처하겠습니까? 민원인이 화가 났을 때 대처 방안은?
- 우체국 관련 최근 뉴스에 대해 말해보세요.
- 우체국이 금융업무까지 맡으면서 부패, 비리문제에 대해 더 가까이 직면할 수밖에 없는데, 이에 대한 해결방안은?
- 요새는 우표도 국민들 개개인 사진으로 만들어주는 서비스도 시행 중인데, 활용해본 적 있습니까?
- 우편박물관 방문해본 적 있습니까? 어땠나요?
- 우리나라 우체국의 우편요금은 어떤가요? 비싸다고 느껴지나요?
- 우편요금이 합리적으로 국민들에게 다가가려면 금액조정, 프로세스 홍보 등 어떤 방안이 필요하다고 생각합니까?
- 우체국쇼핑 이용해본 적 있나요? 본인이 생각하기에 개선할 점은 무엇이라 생각합니까?
- 무인우체국의 장단점에 대해 설명해보세요.
- 본인이 무인우체국 관리 사무관으로 발령받게 되었다 치고, 현 시스템에서 추가해야 할 부분이나 감해야 할 부분이 있다고 생각합니까?
- 규격 외 우편물은 무엇입니까? 어떤 종류가 있을까요?
- 요금후납과 요금별납의 차이점은?

❖ 출입국관리직

- 심사부스에서 왜 2인 1조로 근무한다고 생각합니까?
- 본인은 관찰력이 뛰어난 편인가요? 그런 성향으로 이득을 본 경험이 있으면 한번 말해보세요.
- 본인이 심사과 직원인데, 여권스캔만으로 잘 판단이 서지 않는다. 그런데 뒤에는 줄이 너무 밀려 있다. 이럴 때는 어떻게 하겠습니까?
- 본인의 실수로 재심사대상자가 그냥 심사대를 통과해버렸다. 어떻게 대처해야 할까요?
- 본인 실수로 자격미달 외국인이 국내에 체류하게 되었는데, 만약 그 외국인이 범죄를 저질렀다면?
- 불법체류자를 어떻게 생각하나?

- 출입국관리국 홈피에 업무 관련하여 가장 인상적인 부분은?
- 출입국관리직 공무원이 꼭 가지고 있어야 할 자격은?
- 우리나라 비자는 총 몇 가지 종류인가요?
- 본인의 일도 밀려 있는데, 외국어를 잘한다는 이유로 자꾸 통역부탁으로 불려다닌다. 어떻게 하시겠습니까?
- 출입국관리직은 상명하복이 분명하고 업무분위기가 딱딱할 수 있다. 여자가 괜찮겠습니까?
- 제주도나 지방공항같이 집이랑 먼 곳으로 발령받게 되면 그래도 일하시겠습니까?
- 출입국관리직과 관세직의 차이점은 무엇이라 생각하나요?
- 여권과 사증의 차이는?
- 불체자 추격 중에 다칠수도 있다. 그래도 이 일이 하고 싶은가?

◈ 보호직

- 소년원이 어떤 곳인지?
- 보호직 공무원을 지원하셨으면 보호관찰법에 대해 잘 아시겠네요?
- 본인이 관리하는 보호관찰대상이 금지구역으로 들어갔는데, 생계를 위해 어쩔 수 없다며 눈감아 달라 간절히 요청합니다. 관리관으로서 어떻게 하시겠습니까?
- 자기기술서에 지원 부처로 소년전담과라고 적었는데 어디서 알게 됐나요? (경험을 묻는 질문)
- 보호관찰소에서 하는 업무에 대해서 알고 있습니까?
- 청소년 꿈 키움센터에서 하는 업무에 대해서 알고 있습니까?
- 위치추적 관제센터에서 하는 업무에 대해서 알고 있습니까?
- 분류심사원에서 하는 업무에 대해서 알고 있습니까?
- 소년원 근무는 교대근무도 하는데 괜찮겠어요?
- 특히, 소년전담을 하고 싶다고 했는데 그렇게 생각한 경험이 있나요?
- 현실에선 보호관찰관 한명이 200명 정도를 담당하는데 이름도 모르는 경우가 많다. 그래도 다 이해하고 의사소통 할 것입니까?
- 자신이 보호직 공무원으로 남들보다 나은 강점 말해보세요.
- 보호관찰소와 소년원의 차이가 뭐라고 생각하느냐? 비슷한 점은 무엇이냐?
- 소년법 개정 내용과 그것에 대한 자신의 생각을 말해보시오. 그리고 소년법 개정 내용을 아는 대로 말해보시오.
- 소년법 적용기준을 낮춰야 할까요?
- 형사 미성년자 연령기준을 낮추는 게 좋을까요?
- 보호관찰소에서 하는 일이 보호관찰 말고 또 다른 것이 무엇이 있는지 알고 있나요?
- 갱생보호 대상자에 대한 자립 지원사항들이 현재 어떻게 진행되고 있나요?
- 사회봉사명령 또는 수강명령은 누가 집행합니까? (보호관찰관)
- 전자발찌를 착용하게 되는 범죄는 무엇인가요?
- 부정기형이란?
- 보호관찰기간이 지난 거 말고, 또 어떤 경우에 보호관찰이 종료되는가?
- 보호직 공무원이 위급한 상황에 사용할 수 있는 보호장구는 무엇이 있나요?
- 보호관찰관이 하는 업무를 간략하게 요약해보세요.
- 보호관찰소와 소년원의 차이가 뭐라고 생각합니까? 비슷한 점은 무엇인가요?

- 재소자들에 대한 교정·교화를 위한 마음가짐이나, 사회로 나아가야 할 국민이라는 것을 생각하는 마음은 좋으나, 실무에 임하다 보면 사소한 문제로 혹은 자신의 교도소 내 순간적인 상황을 모면하기 위해 배신 하는 경우가 생긴다. 좌절할 수도 있는데 어떻게 할 것인지?
- 수용질서와 교정·교화 중 무엇이 더 중요하다 생각하는가? 또 그 이유는 무엇인가?
- 수용자의 유혹에 어떻게 대처하겠는가?
- 동료의 위법행위를 알았을 때 어떻게 대처하겠는가? 설득하였음에도 불구하고 계속 한다면 어찌 하겠는가?
- 교도관은 청렴성이 중요하다. 청렴성으로 인하여 교정조직이 얻게 되는 이익이 무엇인가?
- 최근 교도소 신식건물 신축으로 세금낭비라는 이야기가 있다. 어찌 생각하는가?
- 교도소 내 노래방 설치에 대해 어찌 생각하는가?
- 마지막으로 하고 싶은 말은 무엇인가?
- 교도소 방문 시 장점, 단점은 어떤 점이 있나요?
- 현재 교정행정과 그 과에 대해 개선해야 할 점이 무엇이 있을까요?
- 좋은 교도관이란 어떤 교도관인가?
- 교도소 방문한 경험? 느낀 점?
- 구금이란?
- 계호란?
- 구속은 왜 하는 것인가?
- 수용자와 수형자의 차이
- 소년원과 소년교도소의 차이
- 구치소와 교도소의 차이
- 용의자, 피의자, 피고인의 차이
- 수형자의 권리구제 수단은?
- 법과 원칙을 지켜야 한다는 내용이 담긴 법조문 아는 것을 말해보세요.
- 교도소 출수 시 편의를 봐달라는 재소자가 있다.
- 허가받지 않은 차량 이용한다는 협조 등을 요청할 때 어떻게 할 것인가?
- 교정직에 근무해서 교정·교화를 하고 싶은데, 실제로 교정·교화되는 비율이 얼마 되지 않는 것에 대해 어떻게 생각하십니까?
- 난동 피우는 재소자를 어떻게 할 것인가요?
- 유력인사가 구치소에서 변호사와의 접견을 핑계로 접견실을 장시간 독점하고 있다. 당신이 교정시설 주무관이라면 어떻게 할 것인가?
- 교도소장이 된다면 교도소 건립을 반대하는 주민을 어떻게 할 것인가요?
- 교도소에서 가장 자주 일어나는 사고가 무엇인지 알고 있나요? 대처방법은?
- 수용자가 자살이나 자해를 시도하고 있을 때 어떻게 할 것인가요?
- 재소자가 변호사접견제도를 악용한다면 어떻게 할 것인가요?
- 형행법의 목적과 기능에 대해 설명해보세요.
- 과밀수용 해결방안에 대해 본인만의 아이디어가 있다면 제시해보세요.

검찰직

- 회사대표가 돈을 횡령하고 해외도피를 하려는 상황에서 불구속수사를 하고 있는데, 언론에서는 구속수사를 강력하게 주장하는 상황이다. 이 상황에서 어떻게 하겠는가?
- 열차사고로 인명피해가 발생한 상황에서 음주운전 등을 확인하기 위해서 채혈한 기관사의 혈액이 말라서 감정을 할 수 없는 상황이 발생하였다. 이 상황에서 담당 수사관이라면 어떻게 하겠는가?
- 검찰수사에 연루된 친한 동창생이 본인에게 검찰수사와 관련된 정보를 요구하고 있다. 어떻게 대응하겠으며 그 이유는?
- 갑(甲)이 을(乙)을 폭행했다는 폭행사건에 대해 유일한 목격자 병(炳)은 행방이 불분명하고 갑의 범죄를 입증할 명백한 증거가 없는 상황이다. 부서장은 절대 이 사건이 무죄가 나지 않도록 최선을 다하라고 하고, 동료 수사관 A는 방해만 하는 상황에서 어떻게 대처하겠는가?
- 검찰수사관 상황실에서 근무 중이다. 벌금 미납자로 온 사람이 눈동자가 풀리고 팔뚝에 주사자국이 보이는 등 마약을 한 것으로 강력히 의심되지만, 강제체포 요건이 되는지는 고민할 필요가 있어 보인다. 현재 이 사람은 보호자의 도움으로 벌금을 완납했기 때문에 석방해야 되는 상황이다. 어떻게 행동할 것인지?
- 덩치가 작은 편인데 검찰에서 범죄인을 잘 대할 수 있겠나? 심문 능력이 있겠나?
- 검찰은 야간 업무가 많고 수사는 어느 정도 지나야 할 수 있는데 괜찮나?
- 수사와 공소의 차이점?
- 법원, 검찰, 경찰의 차이점?
- 피의자가 거짓말을 하거나 억지를 부리면 어떻게 하겠는가?
- 피의자를 다루면서 말만으로는 힘들 텐데?
- 친구들이 경범죄를 저지르면?
- 검찰 이미지를 어떻게 생각하나?
- 체포할 때 해야 하는 것?
- 체포한 이후의 절차는 어떻게 되는가?
- 수사를 어떻게 할 것인가?
- 수사를 하다보면 탁 막힐 때가 있는데 그때는 어떻게 하겠나?
- 검경 수사권 조정문제에 대해 어떻게 생각하는가?

방재안전직

- 방재의 날이 언젠지 아세요?
- 방재안전직이 직무만족도 최하라던데, 어떻게 생각합니까?
- 재난관리 공무원이 키워야 할 능력은 무엇이라 생각합니까?
- 방재안전 관련 자격증이 따로 생겨야 될까요?
- 시 차원에서 교육과정을 운영한다면, 재난관리 전문가가 되기 위해 어떤 교육을 받고 싶나요?
- 현재 우리나라의 재난관리 가이드라인이 충분하다고 생각하나요?
- 본인이 방재안전 관련해서 어떤 부분에 장점이 있습니까?
- 안전점검의 날은 언제인가요?
- 폭염을 대비하기 위한 계획은 무엇이 중요한가요?
- 재난을 예방할 수 있다고 생각합니까?
- 소방공무원이 우리나라 인재를 현장에서 관리하는데, 방재안전직은 소방이랑 뭐가 다른가요?

- 행정 위주의 재해예방업무란 무엇을 의미하나요?
- 우리나라 안전에 가장 큰 문제점은?
- 안전관리 대행업자가 행정처분을 할 수 있나요?
- 대형화재나 큰 재난 생기면 밤에도 나와야 됩니다. 괜찮으세요?
- 안전시설 점검을 나갔는데, 숙박업주가 욕을 하며 협박을 한다. 어떻게 할 건가요?
- 풍수해 저감대책에 대해 아는 것 말해봐라.
- 재해예방 4단계에 대해 설명해보세요.
- 예방대비대응복구가 뭔지 말해봐라.
- 특별재난지역 선포란? 선포되는 지역은 뭘 얻는지?
- 4차 산업혁명을 방재안전에 활용하는 방법은?

☷ 외무영사직

- 공공외교의 개념에 대해 설명해보세요.
- 현재 국제사회의 외교패러다임이 어떻게 변화하고 있다고 생각합니까?
- 독도 영유권 분쟁에서 일본 주장의 가장 큰 약점은 무엇인지 짧게 설명해보세요.
- 영사관과 대사관의 차이는?
- 총영사관의 역할은?
- 한반도를 둘러싼 4강은?
- 대사, 영사, 공사의 차이에 대해 설명하라.
- 한류보급에 대해 외무영사직 공무원으로서의 역할은?
- 국립 외교원의 역할은?
- 영사관 근무 중 자신이 여권을 분실한 한국인이라고 주장하는 사람이 있는데, 신분을 확인할 수 있을 만한 신분증도 없고 주민번호도 대지 못하는 상황에서 횡설수설한다. 어떻게 대처?
- 영사관에서 근무하는데 탈북자가 영사관 문을 두드리는 경우 어떻게 대처하겠는가?
- 해외 출장 중 한국인이 폭행당하는 것을 목격하면 어떻게 하겠는가?

☷ 전기직

- 전기직 공무원이 주로 하는 일은 알고 있습니까?
- 전기직렬 관련 자격증은 무엇을 가지고 있습니까?
- 우리나라 전기안전 인식 수준이 어느 정도 된다 생각합니까?
- 신에너지와 재생에너지 등이 있는데 신에너지 3가지에 대해 말해보세요.
- 방역이나 재난업무에 같이 투입된다면 어떻게 하겠습니까?
- 절연전선을 적용할 때 유의사항과 적용방법을 설명해보세요.
- 일반 배전방식과 대용량 배전방식의 차이점은 무엇입니까?
- 점검 업무 투입 시 어떻게 사전 준비를 할 것인가요?
- 전압의 정의는 무엇입니까?
- 재난상황이나 전시에 블랙아웃현상이 일어날 수 있는데, 예방할 수 있나요?
- 전력과 전력량의 차이는 무엇입니까?

전산직

- 개발담당으로 가신다면 야근을 피할 수 없을 텐데 괜찮으시겠습니까?
- 전산시스템에서 개별서버와 통합서버의 장단점을 비교해보세요.
- 전사시스템의 효율적 운영을 위해서는 무엇이 젤 중요하다고 생각하나요?
- 개인정보 보호 중요한데 기술적으로, 제도적으로 어떻게 해야 할까?
- 정보보안과 개인정보보안의 차이 말해보세요
- 그럼 요즘 주민등록번호 등 개인정보 보호랑 데이터 수집이 또 중요하잖아요. 균형을 어떻게 하실래요?
- 대기업의 국가산업 관련 소프트웨어 개발을 제한하는 법에 대하여 어떻게 생각하나요?
- 자신이 보안 업무 담당자라면 가장 크게 생각하는 가치가 뭐라고 생각하세요?
- 개인정보 보호법에 대해 어떻게 생각하나?
- 개인정보 관련 중요성이 점점 중요해지고 있는데, 이런 위험 요소를 줄이려면?

통계직

- 빅데이터 활용 시 관련 기관에서 자료를 제공할 수 없다고 한다 어떻게 할 것인가?
- 통계조사업무를 하려는데 빅데이터 활용으로 표본조사를 하려 했으나 해당 통계는 빅데이터로 업무를 한 사례가 없다 어떻게 할 것인가?
- 그럼 등록센서스방식이 무엇인지 말해볼 수 있는가?
- 국가 경쟁력(정부효율, 기업효율, 인프라, 경제성장 부분으로 평가) 하락의 원인과 해결방안
- 통계자료를 활성화할 방안
- 정보공개청구의 장점과 단점
- 공무원인 자신이 통계자료를 잘못 내어 책임을 지고 감봉징계를 받았는데 알고 보니 상사가 이익단체의 압박에 의해 고의로 바꾼 것이었을 경우 이 사실을 알릴 것인가?
- 통계자료를 보도에 내보내야 하는데 미흡한 부분이 있으면 과장이 그냥 보내라고 요구하는 경우에 어떻게 대처할 것인가?

토목직

- 도로법에 의한 도로분류를 해보세요.
- 도로와 철도에 있어서 도로가 가질 수 있는 경쟁력
- 콘크리트 타설 시 준비작업, 타설중, 양생중, 관리 및 균열 대책 등 각각의 과정에 대한 설명
- 현장 관리자로 혼자 있는데 거푸집이 터져 버렸다. 어떻게 하겠습니까?
- 요즘과 같이 비가 많이 내리면 경사면이 많이 무너지는데 이에 대한 대책은 무엇이 있나요?
- 도로 파손의 종류와 대응대책에 대해 말해보세요.
- 지반이 연약한 곳의 기초설계 방법은 어떻게 해야 합니까?
- 허용응력설계법과 극한강도설계법에 대해서 설명하시오.
- 극한강도설계법에 의한 안전율 검토에 대해서 설명하시오.
- 토목직렬 업무는 관리감독을 하는 일과 민원을 대하는 일을 동시에 하는데, 어느 쪽에 비중을 두는 것이 좋을까요?
- 공사 중 난조건이 생겼다고 할 때 어떻게 대처하겠습니까? (이대로 강행, 야간작업 병행, 신공법 적용)

❧ 건축직

- 건축물의 정의는?
- 건축법의 목적은?
- 건축직 공무원이 구체적으로 하는 일은?
- 불법 건축물 단속 중 사촌의 건물인 것을 알게 되었다면 어떻게 하시겠습니까?
- 한국건축의 특징에 대해 말해보세요.
- 건물 시공을 위한 법률 중 건축법을 적용할 줄 알아야하는데, 건축법에는 무엇이 있나요?
- 건물 급수방식 4가지에 대하여 설명해보세요.
- 도시환경에 대한 본인의 견해에 대해 말해보세요.

❧ 방송통신직

- 방화벽에 대해서 아는 대로 얘기해 보세요.
- 드론 보급률이 높아짐에 따라 전자파 혼선에 따른 문제가 야기될 수도 있는데, 이에 대한 해결책을 제시해 보세요
- 방송통신 분야는 기술발전 속도가 빨라, 특히 해당 부처 공무원들의 자기개발이 필수적이다. 임용 후 어떻게 자기개발을 할 건지 말해보세요.
- 네트워크 장애가 생기는 경우, 자다가도 출근해야 하는 경우가 있다. 타 직렬에 비해 급작스러운 업무가 생길 가능성이 있는 직렬인데, 잘할 수 있을까요?
- 부처 내에 유선 선로 작업하는 데 있어서 수많은 선들이 매우 불편한데 이를 개선하는 방법은?
- 방송통신직은 민원 응대교육을 받을 필요가 없을까요? 있다면 이유는?
- 통신분야가 급격히 발전하고 있는데 임용된 후에도 지속적인 자기개발에 대한 계획은 있는지?
- 불법무선국 단속에는 많은 인력과 비용이 들어간다. 이 부분을 절감할 수 있는 자신만의 아이디어가 있으면 말해보세요.
- 건설현장에서 사용하는 무전기 때문에 기지국 혼선이 발생하기도 한다. 이를 예방할 수 있는 방법이 있을까요?

❧ 일반기계직

- 국내에서 신재생에너지를 어떻게 도입하는 게 좋을지?
- 기계직 공무원들이 기피하는 부서는 어디일까요? 이유는?
- 직무에 있어서 4차 산업혁명 요소들 중 어떤 것들을 활용할 수 있을까요?
- 금속의 동소변태, 자기변태에 대해 설명해보세요.
- 금속의 열처리 방법에 대해 설명해보세요. (담금질, 뜨임, 불림, 풀림, Sub-zero treatment)
- 베르누이 방정식이란?

◈ 화공직

- 환경영향평가란?
- 환경영향평가 대상사업이란?
- 환경정책기본법, 환경보전법 들어본 적 있을 텐데, 무엇인가요?
- 환경보존과 개발이 대립될 때 자네가 담당자라면 어떻게 대처하겠나?
- 신재생에너지와 재생에너지의 차이
- 폐수방류시설 지도점검 시 꼭 알아야 할 기본수칙에 대해 말해보세요.
- 기후변화협약에 대해서 설명해보세요.
- 교토의정서의 기후변화유발물질 중 아는 대로 말해보세요.
- 규정 밖의 것을 요구하는 악성 민원인에 대한 해결방안은 무엇인가요?

◈ 농업직

- 로컬푸드에 대해서 알고 있나요? 로컬푸드 사례 알고 있는 것이 있나요?
- 우리나라 식량 자급률은?
- 현재 정부에서 농지를 개발할 수 있도록 풀려고 생각하는데 그것에 대한 생각과 근거를 말해보세요.
- 빅데이터 활용방안을 이용한 유통구조 개선에 대해 더욱 자세히 말해봐라.
- 농촌이 고령화되면서 노동력이 부족해지고 있다. 이에 대한 해결책은 없는가?
- 농촌에 젊은 층이 많이 없는데 왜 그런 것 같은가?
- 쌀 소비 감소에 대해서 알고 있느냐? 현재 1인당 쌀 소비량이 얼마인지 아느냐?
- 농업 6차산업화에 대해 말해보라. 6차산업화와 관련하여 어떤 점을 개선해야 하는가?
- 최근 농업의 소득이 많이 좋지 않은데 이 문제 어떻게 해결해야 되는지?
- 우리나라 농산품의 국가경쟁력을 높이기 위해 어떻게 해야 한다고 생각해요?
- 우리 농산물이 수출할 가치가 있다고 생각하나?
- 농촌인구 감소대책은?
- 기후변화가 되면 우리 농업이 변해야 할 것은 무엇인가?
- 우리나라 농업이 처한 가장 큰 문제점은 무엇이라고 생각하는가? 해결 방안은?
- 지역농업 발전방향
- 정부의 지원이 농업발전에 도움이 되는가? 어떠한 지원을 해야 하는가?

◈ 임업직

- 산림청에서 하는 생애주기별 맞춤형 산림서비스가 있는데 구체적으로 어떤 서비스들을 제공하는지?
- 산림보호와 산림개발 대립 많은데 어떻게 할 것인지?
- 소나무 재선충에 대하여 아는 대로 말해보세요.
- 도시열섬현상
- 녹지자연도와 생태자연도의 차이
- 녹지율을 높이는 방법
- 탄소배출권거래제도
- 침·활엽수 중 어느 것이 더 탄소를 많이 흡수하는지?

- 소나무 재선충에 대해 아는 것
- 우리나라 숲의 공익기능 평가액
- 산림을 법에 따라 6가지로 분류하라.
- 3대 산림재해는?
- 산사태 발생 시 가장 먼저 할 조취사항 및 대응법
- 기후변화와 관련해 앞으로 산림에 생길 문제점과 해결책을 4차 산업의 구체적 활용방안으로 말하라.
- 파리기후변화협약이 무엇인지?
- 탄소상쇄제도에 대해 설명하라.
- 4차산업혁명과 산림의 관계
- 지구 온난화, 열섬현상에 대한 해결책을 조경에 접목시켜서 대답해보세요.
- 본인 소유 산을 개발했다고 공무원들이 사용도 못하게 묶어 놓는다면 어떻게 할 것인가?

memo

memo

memo

memo

memo